U0783991

ARNOLD SOMMERFELD
ATOMPHYSIKER UND KULTURBOTE

阿诺尔德·索末菲传

原子物理学家与文化信使

〔德〕米夏埃尔·埃克特 / 著　方在庆　何钧 / 主译
方在庆 何钧　黄佳　王秋涛　朱慧涓　徐志凌 / 译　方在庆 / 校

湖南科学技术出版社

图书在版编目（CIP）数据

阿诺尔德·索末菲传：原子物理学家与文化信使/（德）米夏埃尔·埃克特著；方在庆，何钧主译. —长沙：湖南科学技术出版社，2018. 4

（科学家传记系列）

书名原文：*Arnold Sommerfeld：Atomphysiker und Kulturbote 1868—1951 Eine Biografie*

ISBN 978-7-5357-9249-5

Ⅰ. ①阿…　Ⅱ. ①米…　②方…　③何…　Ⅲ. ①阿诺尔德·索末菲（1868-1951）—传记　Ⅳ. ①K835. 166. 11

中国版本图书馆 CIP 数据核字（2017）第 100948 号

ANUOERDE · SUOMOFEI ZHUAN　YUANZI WULIXUEJIA YU WENHUA XINSHI

阿诺尔德·索末菲传：原子物理学家与文化信使

著　　者：［德］米夏埃尔·埃克特
译　　者：方在庆　何　钧　主译
责任编辑：孙桂均　吴　炜
文字编辑：陈一心
出版发行：湖南科学技术出版社
社　　址：长沙市湘雅路 276 号
　　　　　http：//www. hnstp. com
湖南科学技术出版社天猫旗舰店网址：
　　　　　http：//hnkjcbs. tmall. com
邮购联系：本社直销科 0731-84375808
印　　刷：湖南凌宇纸品有限公司
　　　　　（印装质量问题请直接与本厂联系）
厂　　址：湖南省长沙市长沙县黄花镇黄花工业园
邮　　编：410137
版　　次：2018 年 4 月第 1 版
印　　次：2018 年 4 月第 1 次印刷
开　　本：710mm × 1000mm　1/16
印　　张：34.75
字　　数：530000
书　　号：ISBN 978-7-5357-9249-5
定　　价：98.00 元

目录

中文版序

100 年前，阿诺尔德·索末菲扩展了玻尔模型。爱因斯坦写信祝贺道：“在我看来，您的光谱研究是最美的物理经验”，“通过它们，玻尔的观念才让人完全信服”。玻尔-索末菲模型让索末菲在慕尼黑大学的研究所成为国际原子理论的中心。索末菲为第一代理论量子物理学家迈入现代物理学的新时代铺平道路。沃尔夫冈·泡利、维尔纳·海森伯和量子力学的其他创始人正是从他的“理论物理学托儿所”走出来的，当时索末菲就是这样称呼他所在的慕尼黑大学研究所的。索末菲也关注他的领域在国际上的新发展。1928 年，他做了半年的环球旅行，也在中国待了几天。“我在上海待了 3 天。”他在 1928 年 12 月 1 日给他妻子的信中写道。正如他在这次旅程的其他地方所做的那样，他在中国也做了有关原子物理学的演讲。在同济大学，他甚至用他的母语(德语)发表了演讲。“因为这所大学都是用德语给中国学生授课。”他对妻子这样解释道。

这本传记除了探讨了这样的主题外，还涉及了许多其他方面。我试图将索末菲及其科学放在社会背景下，时间长度涵盖了从德意志帝国到纳粹时期以及两次世界大战。科学日益国际化的网络联系，让其他国家的人们对索末菲也产生了很大兴趣。我非常高兴的是，在这本索末菲传的美国版出版后，目前中文版又将面世，使得用中文就可以了解索末菲的生活和工作。由一位像方在庆教授这样对德国科学史如此精通的专家主持中文版的翻译，是我的巨大荣誉。我对直接参与这项翻译工作的何钧先生、黄佳、徐志凌、朱慧涓女士和王秋涛先生，以及为本书的中译本顺利出版费尽心血的湖南科学技术出版社表示衷心感谢！

米夏埃尔·埃克特，2015 年 9 月

序言 9

阿诺尔德·索末菲是谁？他与马克斯·普朗克(Max Planck，1858—1947)、阿尔伯特·爱因斯坦(Albert Einstein，1879—1955)和尼尔斯·玻尔(Niels Bohr，1885—1962)同为理论物理学的奠基人。在他有生之年(1868—1951)，理论物理学逐步发展成为一门独立学科。他最著名的成就之一是对尼尔斯·玻尔建于一世纪前的原子理论的精致化。即便在21世纪的物理学家那里，“玻尔-索末菲原子结构”以及“索末菲精细结构常数”仍然是通用的概念。而对于老一辈的物理学家来说，索末菲这个名字会让他们想到第一个现代理论物理学“学派”以及被视为“原子物理学圣经”的《原子结构和光谱线》。凭借众多版本和译本，这本传奇教科书遍布世界各地，把一代又一代物理专业的学子领进了核物理领域。此外，一套六卷本的《理论物理学讲义》，也散发着索末菲作为教师的人格魅力，在其过世很久之后仍有新版再版。在慕尼黑大学——这个索末菲自1906年起执教和研究并长达三十余载的地方，索末菲学派的传统仍在“阿诺尔德·索末菲理论物理学研究中心”延续。如今这里讨论着弦理论和理论物理学其他领域内最新的研究成果。一个世纪前，这个慕尼黑的“理论物理学的摇篮”(索末菲喜欢如此称呼他的研究所)是新兴的量子理论的一个避风港。索末菲门下汇聚了众多的诺贝尔奖得主，包括彼得·德拜(Peter Debye，1900—1958)、马克斯·冯·劳厄(Max von Laue，1879—1960)、沃尔夫冈·泡利(Wolfgang Pauli，1900—1958)、维尔纳·海森伯(Werner Heinsenberg，1901—1976)、莱纳斯·鲍林(Linus Pauling，1901—1994)和汉斯·贝特(Hans Bethe，1906—2005)。但一生中得过81次诺贝尔奖提名的索末菲却一次都未能梦想成真，摘得桂冠，这个颇为不幸的纪录，至今也没有物理学家打破。[1]

我们需要一本索末菲的传记，并不仅仅是因为他对现代物理学的巨大贡献。
10 索末菲在数学和技术上的影响也有目共睹。对熟悉液压转动轴承理论的工程师而言，“索末菲数”是他们的一个术语；在这一技术学科中，索末菲称得上是“摩擦学执牛耳者”之一。[2] 而且，索末菲在其专业领域之外也备受关注。20世纪20年代，为了提高德国的国际声誉，他以“文化大使”的身份在国外奔走游说。[3]“第三帝国”时期，他成了一群纳粹理论家的标靶，这群人企图借助所谓“德意志物理学”来取代以索末菲为首的、被指责为具有犹太人特点的“理论家集团”(Theoretikerkonzern)。索末菲退休后，这个群体最狂热的成员——一名空气动力学教授——成为其继任者。从1939年起，这所曾以现代物理学闻名的研究所成了狂热纳粹在随后几年中的宣传场所；这段历史后来被当作科学史上“受意识形态主导的科学带来灾难性后果”的一个典型例子。[4]

---

[1] 见第14章第6节。

[2] 见第5章第3节。

[3] 他儿子恩斯特·索末菲(Ernst Sommerfeld，1899—1976)这样称呼他，见第10章。

[4] 见第11及12章。

本书使用的方法

一个影响力十分广泛的物理学家（比如索末菲）的传记，其内容不能仅仅满足于呈现主人公一生在科学上的成就，还必须对该人物在世期间出现的历史事件的意义做出评价。这样的传记在科学史中才能占有一席之地。但是，在有关较早时代的伟大思想家和博学鸿儒的许多传记中，专业历史人士的研究成果鲜有体现，以致历史学家长期以来对各类传记感到某种不满，尤其是科学家的传记。有批评指出，这种写作体裁的理论基础薄弱，往往显得陈旧过时。传记被视为历史主义的遗物，“一种早已落伍的、关于重大事件和伟大人物的历史编纂学的遗骸，坚守此道的历史学家仍相信能通过直觉和想象去把握和呈现历史演变的内在逻辑和其传记人物的行为”。从近来的社会史的视角来看，这恰恰是让专业历史人士不满的地方。事实上，一本关于弗里茨·哈伯（Fritz Haber，
1868—1934）的传记在其前言部分论及此事，它显示了今天的科学传记体裁在何 11
种程度上远离了历史主义的英雄崇拜。对于现代的历史学科而言，传记是“挑战”，也是“机遇”，它们的职责是揭示“个人命运与其所处历史环境的交织关系”。具有社会史印记的传记既追溯“历史中的个体行动空间”，也“同样以微观视角”去关注历史学鲜少涉及的历史细节。“就这一点而言，弗里茨·哈伯一生

的轨迹是最好的体现。”[5]

这种方法也适用于编写索末菲传记，他与哈伯同龄，生日只差几天，两人的人生轨迹也有几处交集。然而，即使一本现代科学家传记承担了社会史和科学史的义务，那些因家庭背景或某种其他方式而形成的，并让传记对象的一生变得独一无二的个人性格特质，也要求传记作者比以“微观”为导向的历史学家有更多的移情能力，以此尽可能使读者更接近其传记对象的个性。在以分析为导向的历史研究中，这样的亲密度是一种禁忌，因为历史学非常讲究临界距离。但对于传记作者以及其他擅长这类体裁的理论家而言，移情仍是极其重要的一个前提。叙事中必须呈现出这种亲密度，为此，传记作者要采用尽可能真的陈述，而且不用特别的术语来使其模糊晦涩。[6] 在科学史领域，传记一向都很难保持它的独立地位。一方面，著名科学家的传记作者如果表现出移情，便会招致对过时的英雄崇拜的非议；另一方面，传记通常被当作说明社会环境下的科学过程的工具。但恰恰当其不仅呈现出当时的科学问题，也表现出科学家终其一生的雄心、激情和道德选择时，科学传记才最具说服力。不管怎样，这是一个
12 科学史家对于将传记纳入其专业领域的看法。[7] 而身为传记作者和科学史家，并在这两个领域均有所贡献的托马斯·索德奎斯特(Thomas Söderqvist)也曾主张，科学家传记仍需从这方面解放自身，并仔细想想其自身体裁的优势。科学传记是一种关于存在所面临的选择的体裁。索德奎斯特创造了“存在主义式的传记”这个术语。科学家的传记作者必须要让观众理解个体存在所面临的选择，正是这些选择让其成为了科学家。[8] 这远超出了在社会学—历史学的启发下将科学史融入社会环境的要求。科学传记有一套自己的规则和方法，并不仅仅是一种服务于科学史的工具。[9]

不过，像索末菲这样的现代理论物理学家，其传记从另一个角度看又如走

[5] Szöllösi-Janze, *Fritz Haber*, 1998, S. 12；此外亦见于：Szöllösi-Janze, *Lebens-Geschichte*, 2000；Daston/Sibum, *Scientific Personae*, 2003.

[6] Frank, *Other*, 1985.

[7] Jo-Nye, *Scientific Biography*, 2006.

[8] Söderqvist, *Existential Projects*, 1996.

[9] Söderqvist, *History and Poetics*, 2007.

钢丝，需极为谨慎小心。没有完成物理学专业学习的人，几乎不知道要从何处着手研究索末菲工作的细节。对于数学家和物理学家的传记作者来说，这是一项特别的挑战：既要忠于科学内容，而又不能对读者提过高要求，以便使其仅需学习一门专业便能读懂传记。如果优先考虑科学内容，数学家或物理学家的传记通常一方面有描述生平的章节，另一方面有研究数学或物理细节的章节，其中还夹杂公式和专业术语。如果优先考虑广泛的可读性，那么科学内容往往中途就夭折了。但是，传记的叙事准则要求其在描述上达到一种平衡，不能出现阅读风格迥异的章节。科学传记作者们长期以来对这些问题争论不休。[10] 在数学家传记中，一讨论非常抽象的主题，似乎就无法在更专业的科学化和更广泛的可读性之间取得妥协；但在物理学中，即便再复杂的分支学科领域，往往都与经验世界的物体之间存在一种明显的关联，因此这类传记看上去能够对主要思想做大致的介绍。在一本关于维尔纳·海森伯的传记中，这一点就得到了极 13
其出色的展示。[11]

在索末菲得意门生那儿行得通的，在索末菲这儿也应该行得通。它至少鼓励人们采用类似的方式，成功地将生活和工作同时呈现出来，从而满足现代科学传记的要求。

除了方法论要求外，科学家传记还面对科学史的前提问题。这首先涉及任何传记都不可或缺的来源。在物理学史上，索末菲早就引起了关注，因此人们很早就开始从物理学史方面收集与其工作相关的原始资料。收集索末菲原始资料的工作，始于 20 世纪 60 年代“量子物理学史原始资料（*Sources for History of Quantum Physics*，*SHQP*）”这一项目。[12] 连同量子物理学史的其他原始资料，索末菲的许多信件和手稿被以微缩胶片形式，保存在量子物理学史档案（*Archive for the History of Quantum Physics*，*AHQP*）中，供许多科学史家研究。人们最初主要关注原子物理学和量子物理学的发展，因此首先从这一角度分析索末菲

[10] Hankins，*Defence*，1979；Carson/Schweber，*Studies*，1994.

[11] Cassidy，*Uncertainty*，1992.

[12] Kuhn 等，*Sources*，1967.

的工作。[13] 但 AHQP 档案也为传记进路提供了最初的机会。[14] SHQP 项目结束后，索末菲的学生，例如阿尔弗雷德・朗代（Alfred Landé，1888—1976）、沃尔夫冈・泡利和维尔纳・海森伯后来也成为物理学史的研究对象，因此索末菲学派的重要性越发突显出来。[15]

20 世纪 80 年代，慕尼黑大学前索末菲理论物理学研究所保存的部分遗物和
14 索末菲后人的收藏，使得索末菲的原始资料扩充了不少。在随后的 20 年中，一个在德意志博物馆举办的展览、一本关于索末菲学派的专著和两卷索末菲科学通信集，与在线信件数据库一道，为人们提供多种途径来认识索末菲的遗产。[16] 这同样也为未来全面描绘索末菲的生活和工作打下了基础。特别是，索末菲的大量信件往来能让人们了解索末菲个性中更为私密的部分。这一点对于能让索末菲自己讲述他生活的许多方面，进行真实的叙事，同时在“存在主义式的传记”意义上仍忠于自身体裁的作品来说，是最重要的前提。

---

[13] Hermann，*Diskussion*，1967；Hermann，*Frühgeschichte*，1969；Nisio，*Formation*，1973；Kragh，*Structure*，1985.

[14] Forman/Hermann，*Sommerfeld*，1975；Benz，*Sommerfeld*，1975.

[15] Forman，*Alfred Landé*，1970；Forman，*Environment*，1967；Forman，*Doublet Riddle*，1968；Heilbron，*Kossel-Sommerfeld Theory*，1967；Cassidy，*Core Model*，1979；Meyenn，*Paulis Weg*，1980，1981.

[16] Eckert u. a.，*Geheimrat*，1984；Eckert，*Atomphysiker*，1993；Eckert/M・rker，*Arnold Sommerfeld. Wissenschaftlicher Briefwechsel*，2000，2004（以下简称为 ASWB I 及 ASWB II）；http：//www. lrz. de/～Sommerfeld/AS_www. html（Stand：4. 10. 2012）.

致谢

就这样一部如此依赖原始资料的著作而言，首先要感谢索末菲后人同意引用索末菲的信件。特别要感谢索末菲的外孙女莫妮卡·拜尔(Monika Baier)，她提供了她外祖父大量的私人遗物并就其家庭背景提供了诸多宝贵信息。对于存放索末菲通信的多家公共机构的档案保管员所提供的帮助，这里也表示衷心感谢。文献目录表明这一项目得到了多大的支持。为了更方便阅读和避免歧义，引自信件和其他原始资料的章节段落已被改为符合现代拼写规范的文本；其他则尽可能保留原有的文本。本书摘录的许多信件，在通信集中可以找到全文。这种情况会给出其所在通信集的卷数以供参考(例如 ASWB I 和 ASWB II 分别是《索末菲科学通信集》的第一卷和第二卷(*Arnold Sommerfeld—Wissenschaftlicher Briefwechsel*, *Band I und II*)的缩写；因为这些通信集里的信件按时间顺序排列，所以无需标明页码或是信件编号)。因此读者有机会在通信集中查看相应信 15
件的全文，并通过其前后信件加以理解。索末菲的私人信件还未对外公开，它们只能以日期标注，并无引用源。

在撰写一名科学家传记之初，通常会优先考虑其已发表的著作而非未发表的遗作。这种做法反映出该科学家一生的科学工作在其同时代人眼中的地位。

这类传记工作多始于科学家的“整十”生日。[17] 在索末菲 60 岁、70 岁和 80 岁的寿辰之时就有纪念文集以兹庆祝。1968 年，值索末菲百年诞辰之际，慕尼黑大学的物理学家举办了“索末菲百年诞辰纪念大会”和“单电子原子、双电子原子物理国际研讨会”。当时，索末菲在理论物理学研究所的继任者弗里茨·波普(Fritz Bopp，1909—1987)受巴伐利亚科学院的委托，计划以 4 卷本文集的形式出版索末菲最重要的科学论文。[18] 笔者由衷感谢参与了这一筹备工作的全体人员。[19] 而在整理科学通信时，本书的编辑(笔者本人和卡尔·梅克尔[Karl Märker])也得到了慕尼黑大学物理系(尤其是哈拉尔德·弗里奇[Harald Fritzsch]和赫伯特·瓦格纳[Herbert Wagner])和巴伐利亚科学院(特别是前院长阿尔努夫·施吕特[Arnulf Schlüter])的支持。还要特别感谢路德维希-马克西米利安慕尼黑大学物理系主任(阿克赛尔·沈策勒[Axel Schenzle])，在他的资助下，本书被译成英文。

笔者还要感谢那些同样以历史角度关注索末菲及其研究领域的科学史界同行，笔者也十分欣赏这些人的工作。首先是约翰·L. 海尔布隆(John L. Heilbron)和保罗·福尔曼(Paul Forman)，实际上他们是最初将研究索末菲付诸
16 实践的 SHQP 项目的参与者。其次是阿明·赫尔曼(Armin Hermann)、乌尔里希-瓦尔特·本茨(Ulrich-Walter Benz)和卡尔·冯·迈恩(Karl von Meyenn)，他们把这火花带到了德国。近年来，柏林的马克斯·普朗克科学史研究所关于量子物理学的一个新项目[20]就索末菲在现代原子和量子理论网络中的研究和教学所做的相关分析，进一步推动了这一工作的进展。作为一本关于索末菲的传记，本书有幸参与了这一项目。逐一列出这项目以及在这几十年中研究过量子物理学史——也是索末菲传记中相当重要的一部分——的所有朋友和同事的名字，未免过于夸张。

---

[17] 见第 14 章。

[18] Sauter，*Sommerfeld*，1969.

[19] 对于要感谢的这些人，如果没有在传记中出现则不会附上其生卒年份(关于弗里茨·波普见第 13 章)。若无法查证其生卒年份的，首次出现时则以注释形式说明。

[20] http：//quantum-history. mpiwg-berlin. mpg. de/main/上网时间：2012 年 10 月 4 日。

回过头看，尽管量子力学是索末菲所有研究领域中最重要的部分，但索末菲在数学、物理和技术领域的一些工作，虽稍显暗淡，却也是他漫漫科学长路上不倦的追求，理应被囊括于他的传记之中。因此，科学史家和传记作者们也要感谢所有致力于研究索末菲在这些方面的工作的同仁们，得益于他们，本传记的研究在许多方面都有改善，在本书的参考文献目录中可以看到他们的名字和著作。还要特别感谢我在德意志博物馆研究所的同事们，那里的环境特别适合科学史工作。最后但同样重要的是，感谢德意志研究联合会，没有他们的资金支持也就不会有这一项目。

第一章 柯尼斯堡之根 17

“人们以为是自身在推动事情的发展，其实是自己被环境推着向前走！”刚获得格丁根大学任教资格的索末菲在给父母的一封信里，回想起自己在通往高校教师职业路上的决定性的一步时曾如是感念说，那时他26岁。进入“德国的学者之家”并没有让他觉得值得大书特写。他发现，“完全是环境迫使我成为这样的”。但他似乎感到这里有必要追溯一下自己的柯尼斯堡之根。“当我们的父亲每晚埋首书卷，从研究和吸收知识中得到纯粹的愉悦时，当我们的母亲每日不辞辛劳，只为做好自己分内之事时，这种环境必然会唤起我们这些孩子的坚定抱负。”[1]

但这种“环境”并非仅是他的家庭环境，也包括柯尼斯堡——这座他生于斯长于斯的城市——的氛围。首任普鲁士国王腓特烈一世（Frederich I.，1657—1713），1701年在柯尼斯堡加冕。一生都在柯尼斯堡度过的伊曼努尔·康德（Immanuel Kant，1742—1804）曾在这座城市洒下德国启蒙运动的光辉。虽然柯尼斯堡实际上只是东普鲁士省的首府，但任何像索末菲那样家族深深扎根于此的人，都不会觉得自己是外省人，反而会自豪地觉得自己是普鲁士精神和文化中心的居民。[2]

---

1 致父母，1895年3月12日。［索末菲所寄出的信件只标明收信人（致某某），所收到的信件则只注明寄信人（某某来信）。如果没有给出档案号（例如在此处），那即是索末菲家族私人持有的信件。］

2 Gause，*Geschichte*，1996.

1.1 童年

索末菲家族在柯尼斯堡的历史可追溯至 1822 年，当时阿诺尔德的祖父在这里定居，作为“宫廷邮政秘书”在普鲁士公职部门中立住了脚跟。他是一名音乐
18 家的儿子，在普鲁士腹地长大，但很快就适应了柯尼斯堡的生活，并在那里成家。他八个子女中的一个以家族史的方式记录下了第一代索末菲族人在普鲁士省会城市的命运。[3] 这部家族史所记录的，是那些年德国历史大浪潮的一个缩影。家中长子——威廉·索末菲(Wilhelm Sommerfeld，1817—1866)，是一名大学生和兄弟会成员，参加了引发 1848 年革命的自由运动。据家族史记载，他因“不愿为国王服务”而放弃法律学业，转做报社编辑，后又因发表一篇反对军方的文章而初次入狱，不过监禁时间很短。家族史自豪地记录道：“在 1848 自由之年，人们能在拥护自由的队伍前列中看到他。”威廉写了反对君权的小册子，结果被判以“大不敬”的罪名，要入狱三年。他逃到了汉堡，想移民美国，不料被捕并引渡回了柯尼斯堡。三年的牢狱生涯让他身心俱残，无法重新适应中产阶级的规律生活。1866 年 6 月 6 日，也是威廉刚过完 49 岁生日的第二天，他饮弹自尽。

当阿诺尔德·索末菲在 1868 年出生时，这个家庭仍对他伯父的惨死记忆犹新。作为威廉的弟弟，阿诺尔德的父亲弗兰茨·索末菲(Franz Sommerfeld，1820—1906)与不幸的威廉关系特别亲密。他俩都上过老城区文法中学，也都在柯尼斯堡大学学习。不过弗兰茨的兴趣不在法学，而在医学和科学。我们可以从家族史中得知，“花卉和矿物是他当时的热情所在，他同时也是一名狂热的收

---

[3] *Mütterchens Erinnerungen*，索末菲和劳施宁家族史由艾玛·劳施宁(Emma Rauschning，1830—1916，娘家姓索末菲)讲述，其女安娜·劳施宁(Anna Rauschning，生于 1861 年，卒年不详)在 1926 年 2 月记录成文。DMA，NL 89，016，Mappe1，2.

集爱好者”。在完成医学学业后，弗兰茨过了多年单身汉的生活，由妹妹“小敏”(Minchen，1828—1915)照顾。一直单身的小敏后来成了一名教师，她似乎也对学习怀有“坚定抱负”。1862年，当弗兰茨与采齐莉·玛缇亚斯(Cäcilie Matthias，1836—1902)——一位波茨坦建造商的女儿——结婚时，他已经42岁了，在柯尼斯堡拥有一家受人尊敬的诊所。“即便如此，这对夫妇仍不得不大幅缩减开支， 19
首要原因是哥哥威廉的许多债务还有待偿还；次要原因则是弗兰茨的业余爱好花销很大。”[4]

虽偶有经济上的困难，但弗兰茨·索末菲和塞西莉·索末菲显然并未对未来心存不安。他们的长子出生于1863年，受洗名为瓦尔特(Walter Sommerfeld，1863—1917)。在家务活方面，塞西莉有一直和他们住在一起的母亲——奥蒂莉·玛缇亚斯(Ottilie Matthias，1811—1893)的帮助。尽管仍有厄运袭来——1864年一个教名为阿诺尔德的婴儿夭折了，1866年又传来了威廉自杀的消
息——但他们总能无所畏惧地朝前看。 20

当塞西莉在1868年12月5日生下另一个儿子时，这对与命运抗争的父母再次将孩子取名为阿诺尔德。两年后，阿诺尔德有了一个小妹妹——玛格丽特(Margaret Sommerfeld，1870—1880)。“格雷琴(Gretchen)[5]”是这个家庭的掌上明珠。

在孩子们这张摄于19世纪70年代的合照中，小玛格丽特的表现说明了她懂得如何自信地坐在她的哥哥们旁。虽然不幸的伯父的债务和父亲的收集爱好让孩子们没法奢求些什么，但他们也不缺什么。阿诺尔德在钢琴和绘画上都展现出了艺术天赋，正如他的一些手绘作品所表现出的那样。

然而这个家庭并没能逃脱厄运。玛格丽特在1880年死于猩红热，这一不幸给她的父母和两个哥哥带来了巨大的痛苦。索末菲一家人在很长一段时间内都
把玛格丽特的生日(1870年3月2日)和忌日(1880年3月27日)作为纪念她的 21
日子。[6]

---

[4] *Mütterchens Erinnerungen*，DMA，NL 89，016，Mappe1，2.

[5] 格雷琴，玛格丽特的昵称。——译者注

[6] 致母亲，1895年3月1日。

图 1 阿诺尔德(左)和哥哥瓦尔特以及妹妹玛格丽特(约 1874 年)

心爱妹妹的早逝和伯父的悲剧结局——诸如此类的家庭悲剧，或许让阿诺尔德在幼年时就有了不屈服于逆境的人生哲学导向。虽然在威廉饮弹自尽时阿诺尔德尚未出生，但威廉之死可能促使弗兰茨教导他的孩子们为“生活大事件”做好准备。另外，柯尼斯堡在 19 世纪七八十年代的氛围也发挥了作用，它鼓励

图 2　类似于这幅少女肖像的水彩和素描展现了阿诺尔德·索末菲的艺术天赋

着某种被称为“普鲁士美德”的东西。关于这些美德，成年后的阿诺尔德·索末菲在 1905 年的一篇报纸文章中如此写道：“尽职和自律，尽全力完成指派给我们的任务，置个人舒适和乐趣于一边，完全献身于更大的体系中，轻视无用的假象，信仰善的力量——这就是我们对美好的德语中‘理想主义’一词的所有理解。”[7] 这段话写在普鲁士首相和德意志帝国宰相奥托·冯·俾斯麦(Otto von Bismarck，1815—1898)的 90 岁诞辰之际。对于年轻的索末菲来说，俾斯麦正是普鲁士美德的典型化身。

---

[7]“奥托·冯·俾斯麦 90 诞辰”(Der 90. Geburtstag Otto von Bismarck)，载于《亚琛汇报》(*Aachener Allgemeine Zeitung*)，1905 年 4 月 4 日。DMA，NL 89，022.

1.2 中学时代

然而阿诺尔德的童年和少年时代并非只有尽职和自律。多年之后，他的一位校友回忆了他与索末菲以及另外三位朋友是如何享受在柯尼斯堡文法中学的日常生活的。这“形影不离的五人组”——他们以此自称——的恶作剧让他想起了路德维希·托马斯(Ludwig Thomas，1867—1921)的捣蛋鬼故事。这位作家有着与索末菲类似的学生时代。而对于他们的老师，索末菲的校友则没什么好听的评价。“我们都有些什么榜样啊！你知道么?！路易·施维多普(Louis Schwiedop)[8]，虽然看起来博学，但更像半个白痴，总是围着一条棕色的围巾，
22 还不停地玩弄他那长长的、带有各种垂饰的金表链。”这位校友对老城区文法中学校长的评价也令人不敢恭维。他是“一个真正的校园暴君”，对于那些有纪律问题的人，“棍棒就是终极手段”。[9]

校友的回忆在事情过去30多年后才将被诉诸笔端，难以被视为一个可靠的历史资料。但它的确表明，对这“形影不离的五人组”来说，普鲁士训练和培养顺从态度的教育并非卓有成效。“In tyrannos”(“反对暴君”)是席勒的戏剧《强盗》中的格言，也被阿诺尔德和他的校友们绘在了他们的旗帜上。在一起阅读的晚上，他们沉迷于“华伦斯坦、圣女贞德、塔索等”，感受着德国古典主义在狂飙突进运动时代的精神[10]。“我要思想和创作上的自由：世界已经在行动上束缚我

---

[8] 未发现生平记载。

[9] 恩斯特·艾伦特(Ernst Ellendt)来信，1920年6月20日。DMA，HS 1977—28/A，81. 所提到的校长是鲁道夫·默勒(Rudolf Möller)，他在1863年至1885年间管理学校。在柯尼斯堡城市史中，默勒与当年其他高中校长(Friedrichskolleg、Wilhelmsgymnasium和Kneiphöfisches Gymnasium)被评价为学识渊博的人。见：Gause，*Geschichte*，1996，Band 2，S. 598—599.

[10] 暗指席勒的戏剧《华伦斯坦》(*Wallenstein*)和《奥尔良少女》(*Die Jungfrau von Orleans*)以及歌德的戏剧《托尔夸托·塔索》(*Torquato Tasso*)。

们了”，从歌德《托尔夸托·塔索》的诗句中，生活在19世纪80年代的柯尼斯堡的“形影不离的五人组”一定会看到自己的影子。[11]

私下的“读书会”激起了阿诺尔德的文学热情，尤其是对德国古典文学，这明显表现在他的学校成绩中。阿诺尔德自1875年起就读的柯尼斯堡老城区文法中学，是德国最古老的人文中学之一。在这些精英学校中，德语、拉丁语和希腊语并不仅仅只是单纯的语言课程。正如新人文主义所倡导的那样，也如威廉·冯·洪堡(Wilhelm von Humboldt)将其作为普鲁士教育政策指导原则的“柯尼斯堡中小学计划”(1809)所系统阐述的那样，学校通过古典时期和德国古典文学时期的典范，向学生灌输一个理想主义价值体系。阿诺尔德在这些科目中通常会得到一个“优”，相当于当时老城区文法中学五分制的最高等级“1”。

当时这位15岁的中学生就如下主题：

> “今天仍是如此——最好的礼物
> 从来千金难换” 23

写了一篇文章。他在文中明确拒绝了物欲横流的人生观(“但所有这些舒适和安逸在崇高的美德、健康、幸福、满足和[大自然凭自己的喜好将其分与贫者和富人的]天分面前显得多么黯然失色？而缺少它们，即使拥有最丰富的物质，生活也是空虚而悲伤的[……]在精神生活中，钱仅仅是为了使人之精神中的内部宝藏得见天日的机制。”)，得到了一个“良”(相当于“2”)。对此，他的老师评论道：“这太过于忽视财富了！”[12]两年后，他的毕业证书对他的成绩有如下评定：他的德语能力，“在阅读和写作上都相当好”，“因此尽管他的中学毕业论文只得到了‘通过’的分数，他的总体表现可被评为‘优’”。[13] 根据他的毕业证书，他在其他科目的成绩也得到了最高等级“优”。只有在体育上，他得到了“良”。十年前，小学老师给8岁的阿诺尔德几乎所有科目的分数都是“及格”，而在德语和算术

---

[11] Goethe, *Torquato Tasso*, 2005, Vierter Aufzug, Zweiter Auftritt. 歌德，《托尔夸托·塔索》，2005，第4场，第2幕。

[12] 1884/85学年带有作文的练习本(Schulheft mit Aufsätzen 1884/85)，1884年5月12日的作文。

[13] 高级中学毕业证书(Reifezeugnis)，1886年9月15日签发。DMA, NL 89, 016.

方面甚至仅仅得到了倒数第二差等级的“勉强及格”。[14]

当索末菲多年后回忆起在老城区文法中学的日子，他认真强调自己不只对数学和物理感兴趣。他“所有的科目，包括古代语言，都是同样优秀”，并“相较于精确科学，对文学和历史更感兴趣。”[15]无论如何，他终身都保持着对德国古典文学的欣赏。

1.3 大学时代

在优秀地完成高中毕业考试后，阿诺尔德·索末菲看起来并未决定好他未
24 来的职业道路。他的毕业证书上说他想要投身于“建筑业学习”。这或许是由于“奥卿”(人们如此称呼他外祖母奥蒂莉)，向他描绘这一职业为理想职业，因为她英年早逝的丈夫曾是一名王国的政府建筑师。也有可能是，在结束中学生活后，这名毕业生想要学习更实用的专业？在他年少时，施工在柯尼斯堡随处可见，所以他肯定认为建筑师这一职业很有意义。城市的最后几处城门在 19 世纪 60 年代就已经被拆除，因为在人们眼里，它们只会妨碍交通。在这场建设狂潮中，即便是诸如柯尼斯堡火药塔这种历史悠久的建筑也未能幸免，它在 1888 年被拆毁。他同学在回忆当年的情景时说道：“你肯定已经听说过‘柯尼斯堡破城槌社团’，我们每天都把老赌场的墙拆成一小片一小片的，因为墙阻碍了交通。”[16]随着交通量日益增大，横跨普瑞格尔河的老木桥已经落伍，自 1879 年起

[14] 成绩报告单(Zeugnis)，预备学校 1 班(Vorschule 1. Klasse)，涵盖 1886 年 7 月 31 日至 9 月 30 日期间。这一套记分体系与现在稍有不同。——译者注

[15] A. Sommerfeld：*Autobiographische Skizze*，verfasst 1919 und ergänzt von für den Abdruck in Arnold Sommerfelds Gesammelten Schriften 1968，Band Ⅳ，S. 673—679(A. S.) und S. 679—682(Bopp). [A. Sommerfeld：*Autobiographische Skizze*，撰写于 1919 年并在 1968 由弗里茨·波普(Fritz Bopp)为《索末菲全集》卷Ⅳ重印补充，S. 673—679(A. S.)以及 S. 679—682(Bopp).]以下简称为 *Autobiographische Skizze*，ASGS Ⅳ.

[16] 恩斯特·艾伦特来信，1920 年 6 月 20 日。DMA，HS 1977—28/A，81.

被现代的钢结构代替。此外，对饮用水的需求也随着城市人口的增长而增加，人们在 1887 年兴建一座大坝来解决这一难题。就在几年前，通过一个大城市排水系统的建设，污水和厕所排泄物的处理已开始从根本上转向现代化。在索末菲上大学时，柯尼斯堡引入了电力。城里在 1888 年建起了一座电站，并在 1890 年向第一批家庭和企业供电。[17]

索末菲在数学和自然科学学科上成绩优异，拥有学习工程或建筑的良好资质。不过他并没有坚持毕业证书中所提到的抱负。如果要成为土木工程师，他将不得不离开柯尼斯堡，另寻一个有技术高等学院的地方。在柯尼斯堡阿尔贝图斯大学[18]，他无法学习工程专业。不过由于他显然尚未确定自己未来从事何种职业，因此离家另谋他处一事似乎可以暂缓。而且，“雅贝蒂娜”[19]（一般这么简称它）的声誉极好。这所建于 1544 年的大学，在 18 世纪随着它最有名的教授——伊曼努尔·康德的到来而享誉世界。19 世纪，卡尔·古斯塔夫·雅各布·雅可比（Carl Gustav Jacob Jacobi，1804—1851）、弗里德里希·威廉·贝塞尔（Friedrich Wilhelm Bessel，1784—1846）和弗朗茨·恩斯特·诺伊曼（Franz 25
Ernst Neumann，1798—1895）让它在数学、天文学和理论物理领域名声大震。在其他领域也有知名教授。柯尼斯堡城市史学家如此总结该校在 19 世纪上半叶的发展：“总体说来，俾斯麦时期是雅贝蒂娜的一段好时光。”此外，雅贝蒂娜的这些“中产阶级”教授们认为自己有义务“让当地受教育阶层知晓他们的学术成果”。他们定期与柯尼斯堡市民在他们的城镇寓所或其他合适的场所中见面。“他们在更私密的圈子和集会里见面，而非在华丽的沙龙中。这些人来自不同的圈子，有商人，银行家，还有学者。”柯尼斯堡历史学家如此描绘大学对 1848 年革命前夕的城市精神生活的影响。“他们在晚上阅读，讨论，朗诵原创诗歌。人们甚至在聚会和家庭内部集会上阅读。”[20]

雅贝蒂娜在 19 世纪下半叶也有著名教授。赫尔曼·冯·亥姆霍兹（Hermann

---

[17] Gause, *Geschichte*, 1996, Band 2, S. 570—577, 639—661.

[18] 即柯尼斯堡大学。德国的大学名称前大都有一些前缀，比如，慕尼黑大学又称“慕尼黑路德维希-马克西米连大学”（Ludwig-Maximilians-Universität München）。——译者注

[19] 即柯尼斯堡大学。——译者注

[20] Gause, *Geschichte*, 1996, Band 2, S. 450—461.

von Helmholtz，1821—1894)在柏林获得“物理学帝国宰相”的美誉之前，就曾活跃在这儿的生理学系中。柯尼斯堡大学在数学领域也星光熠熠。弗迪南德·林德曼(Ferdinand Lindemann，1852—1939)教授在 1882 年证明圆周率 π 是一个超越数，而他在数学领域之外也享有盛誉。在他这儿，一个经典的几何学问题——“圆求方问题”得到了解决；他明确证明，仅靠直尺、圆规和等面积正方形无法做出一个圆。1884 年成为该校副教授的阿道夫·胡尔维茨(Adolf Hurwitz，1859—1919)，以及两年后成为无薪讲师(Privatdozent)的大卫·希尔伯特(David Hilbert，1862—1943)，也在数学领域为雅贝蒂娜增添了他们的光辉。

1886 年 9 月，索末菲在柯尼斯堡大学注册入学。他第一个学期打听各种课程信息。在其学习手册上的登记条目清楚表明，他在 1886/87 学年的这个冬季学期并没有做出明确选择。他注册了国民经济学、经济学、人种学、政治党派、
26 德国私法、微积分、伦理学原理、康德的纯粹理性批判、比较解剖学和脊椎动物分类学的相关课程。[21] 在这些课程中，有一些令他终生难忘。他参加了一个由律师费利克斯·达恩(Felix Dahn，1834—1912)——此人在柯尼斯堡作为一名作家和当地历史学家同样有名——主讲的“关于古代日耳曼法律文书”的课程。索末菲在多年后还提到了雅贝蒂娜自然科学系主任，主任给他寄了张博士学位 50 周年的荣誉证书。他也提到了未在入学学习手册中列出的课程，比如考古学家古斯塔夫·希尔施菲尔德(Gustav Hirschfeld，1847—1895)的“古希腊考古学”。追忆往昔，他认为在雅贝蒂娜的学习“不仅在专业上，也在总体上”令他受益匪浅。[22]

不过这已有了半个世纪之隔，索末菲的回忆大大地美化了他的学生时代。同期的原始材料告诉我们的则是另一个故事。他对他的物理学教授们毫无热情。他从来都不把卡尔·帕普(Carl Pape，1836—1906)——他曾在第三学期时上过这位老师的实验物理课，或者保罗·福克曼(Paul Volkmann，1856—

---

[21] 学生手册(Studienbuch)，1886/87 学年冬季学期登记条目(*Einträge*)。

[22] 致柯尼斯堡大学自然科学系主任，1941 年 11 月 10 日。DMA，NL 89，017，Mappe 2，4.

1938)——他从第四学期到学业结束都跟随该老师学习理论物理，看成是能把这门课上得有趣的教授。他在一次回忆雅贝蒂娜的物理学家的时候，提到了“没用的帕普和福克曼等”。那时他刚毕业两年，记忆依然清晰。[23] 当然，这一评价又不及索末菲 50 年后的回忆那样客观。但即便是科学史家，也将 1890 年左右的时期视为曾经辉煌的柯尼斯堡物理学的衰退期，当年它在辉煌时代也曾激起过像古夫斯塔·基尔霍夫(Gustav Kirchhoff，1824—1887)这类学生在诺伊曼的研讨班上讨论理论物理学的热情。[24]

第一个学期过后，索末菲开始选修偏向技术的课程，但无论如何其首要注意力肯定不在物理学上。索末菲的入学学生手册上的登记条目说明，他的主要兴趣首先集中在数学上。从第二学期开始，他注册了林德曼几乎所有的课程(平 27
面解析几何、立体几何、任意函数和定积分、微积分、非欧几何、不变量理论、偏微分方程式理论、分析力学、函数论、欧几里得几何学、阿贝尔函数论、几何基础、变分法以及阿贝尔函数的应用)，还定期参加他的研讨班，在课上学生必须通过自己的工作来解决数学问题。从第三学期开始，他的课表上又增加了胡尔维茨的几门课(椭圆函数、保形映射和代数方程)；从 1889 年开始，则又增加了希尔伯特的课(数论以及其他更高等的数学科目)。正如索末菲后来在一篇讣告中写道的那样，他觉得与仅年长其 6 岁的希尔伯特之间有着一个“基于年少回忆和同乡会”的友谊纽带。[25]

事实上，任何时候从一所大学转到另外一所大学，对于大学生活来说都是十分常见的。与学术上的这种“不断漫游”[26]的潮流相反，只在一个地方完成全部学习，反倒显得不寻常。索末菲后来把他对雅贝蒂娜的忠诚归因于柯尼斯堡大学数学系的人才济济。[27] 但还有另外的原因使他不愿离开柯尼斯堡：他是一名狂热的兄弟会成员。“一个男孩扎根于父母的家中；一个男人扎根于他所建立的家庭。一个年轻人则扎根在志同道合的年轻人的团体中。”一名兄弟会成员以此阐

---

[23] 致其母，1894 年 1 月 5 日。

[24] Olesko，*Physics*，1991，S. 442—443.

[25] Sommerfeld，*David Hilbert*，1943.

[26] Pyenson/Skopp，*Physicists*，1977.

[27] Autobiographische Skizze，ASGS Ⅳ，S. 673.

明这种情感联系。[28] 索末菲加入了“日耳曼尼娅”。在雅贝蒂娜的其他兄弟会还有“歌西娅”、“阿勒玛尼娅”和“条顿尼娅”。这些名字使人想起源自于反拿破仑解放战争的民族主义狂热，这种狂热也反映在这些兄弟会间，虽然他们彼此间常激烈争斗。日耳曼尼娅成立于 1843 年，在索末菲读大学期间是柯尼斯堡最重要的兄弟会。加入日耳曼尼娅是许多柯尼斯堡家族的传统。索末菲家族史如此记
28 录阿诺尔德的哥哥：“瓦尔特是一位优秀学者和时髦的学生(日耳曼尼娅)。”[29]在一份“老会友”名单中，阿诺尔德被登记为“索末菲三世，阿诺尔德”，排在哥哥瓦尔特和另一个亲戚弗里茨·索末菲之后，他们分别于 1882 年和 1885 年加入柯尼斯堡的日耳曼尼娅。到了 1893 年，索末菲家族的姻亲劳施宁家族使这个家族中的日耳曼尼娅成员数增加到了 10 个。[30] 要做一名“时髦学生”意味着决斗场上击剑时要有漂亮潇洒的身姿。一名兄弟会成员也要有诸如千杯不醉和纵情欢歌之类的多种才能，招架住社交场合的各种状况。

除了以一名日耳曼尼娅学生的美德为典范外，索末菲也认识到他作为一名公民的社会责任。“我们大学生，无论是在大学时期，还是在将来的职务中，都受到国家的优待。因此，我们比其他人有更多理由认真履行我们对国家的义
29 务。”在 1890 年的兄弟会快报《兄弟会一览》中，他如此告诫他在柯尼斯堡的同窗。这种动力源自于“战时医疗志愿勤务兵协会”，这是一个早年建立的红十字组织。由于起初这个协会在学生中几乎没什么影响，索末菲便呼吁兄弟会成员加入其中。他劝说人们加入红十字医疗课程，因为和平时期也可以“从最简单的医疗救治方法中获益良多”，人们能“合理治疗那些可能要么被完全忽视，要么被迫落入庸医之手的人。”[31]

除了唤起同窗的社会良知外，其他的点滴记忆也证明了索末菲是一名热情的兄弟会成员。终其一生，他一直都保存着用金属配件(“啤酒钉”)装饰的《德国

---

[28] Popp, *Geschichte*, 1955, S. 43. 关于德国学生兄弟会的历史，参见 Jarausch, *Studenten*, 1984。

[29] Mütterchens Erinnerungen, DMA, NL 89, 016, Mappe1, 2.

[30] Germania, *Festschrift*, 1933.

[31] Sommerfeld, *Genossenschaft*, 1890; Riesenberger, *Das Rote Kreuz*, 2002, S. 111—112.

图 3　作为“时髦的学生”的阿诺尔德，与他来自日耳曼尼娅兄弟会的朋友的一次划船郊游，约 1890 年

大学生酒歌曲全集》，当中包括那些学生在“大学生酒会”豪饮后传唱的歌曲。从外表也能了解他“时髦的”学生生活：前额上的一道疤是他在柯尼斯堡日耳曼尼娅的决斗场地“招架住”决斗的证据。学生时代的这部分经历似乎在后来让他感到颇为尴尬。他的学生兼朋友保罗·埃瓦尔德（Paul Ewald，1888—1985）曾写道：“我记得有一次与他谈到在柯尼斯堡的日子，他指着他的疤说自己，‘当时我还年轻气盛’。”[32]

[32] Ewald，*Sommerfeld als Mensch*，1969，S. 9.

1.4 一场竞赛

但学生时代的即将结束无疑提醒这个“时髦的学生”，除了在日耳曼尼娅决斗场地的决斗外，他还要应对其他挑战。他回忆起大学的最后一个学期时说：“听了希尔伯特关于理想论的课，我觉得自己对极抽象的数学领域特别感兴趣。”[33]“理想论”是抽象代数的一部分。当时希尔伯特恰好决定进一步发展这一领
30 域。[34] 他有机会在课堂上向少数几个学生传达在纯数学最高领域做研究的感受。而索末菲自己却走上了通往应用数学这块低地的科学之路。这因“柯尼斯堡物理—经济协会”主办的一次有奖征答而起。问题如下：“协会希望能尽可能丰富柯尼斯堡对地表温度的观测在理论上的应用，以了解地球温度变化及其原因。”获胜者将得到 300 马克的奖金。[35]

一名县长在 1790 年建立了“物理—经济协会”，最初希望以此促进东普鲁士的农业发展。他的传记作者将他描述为一个立志“提高祖国农业”的人。这解释了这个协会名称中的定语“经济的”，因为这个词在 18 世纪主要指农业及其相关物。与之相应，东普鲁士的地主是最初的赞助者。其章程宣称“协会旨在教育大众自然世界多物种的相关知识，促进自然世界物种的繁荣”，同时“它致力于推进农业、经济和所有相关科学(主要是自然科学)的发展”。[36] 纵观其历史进程，“物理—经济协会”历经多次变迁。它的历史研究者将之划为四个时期：它在前 25 年完全致力于农业；1814 年至 1829 年被称为“文学”时期；接着是一直持续到 1858 年的“大众科学”时期；随后自然科学才作为组织的重点脱颖而出。随着一

---

[33] Autobiographische Skizze，ASGS Ⅳ，S. 674.

[34] Reid，*Hilbert*，1996，Kap. 5；Frei，*Briefwechsel*，1985，S. 89—91.

[35] *Schriften der physikalisch-ökonomischen Gesellschaft zu Königsberg in Pr.*（以下简称为 *SPGK*）31，1890，S. 4—6.

[36] Stieda，*Geschichte*，1890，S. 40.

个用于测量柯尼斯堡植物园地温的工作站在1872年的建立，“促进科学工作，尤其是那些关系到东普鲁士省的工作”被付诸实践。[37]

“物理—经济协会”的这些倡议与柯尼斯堡大学的诺伊曼的志向不谋而合，
他在很久之前就已将温度测量作为其教学和研究的主要领域。诺伊曼视其为向 31
未来的高中教师展示物理研究原则的有效手段。以温度测量为例，工作时需要处理仪器操作、测量方法论、误差估计和对测量数据进行理论分析的问题。从19世纪30年代末开始，诺伊曼给参加其研讨班的学生分配测量不同深度的地温以及从地热扩散的测量数据得出结论的任务。这引发了更广泛的数学、气象和地球物理问题。由于诺伊曼经常将这种地温测量作为他所指导的博士论文主题，因此把测量工作站建在诺伊曼及其学生的植物园以便他们科学地照管，这完全合理。[38]

1890年，当植物园中的新建筑威胁到地球温度测量工作的进展时，“物理—经济协会”认为自己有责任合理利用已收集到的大量数据。协会仿照18世纪一些大型学会的可靠先例，发起了这次有奖征答。那些大型学会通过这类有奖征答为雄心勃勃的研究者们提供了扬名科学界的机会。一个七人委员会负责竞赛的构想和执行。委员会成员在1889年12月9日于柯尼斯堡大学实验物理研究所首次会面，并通过对德国境内外的类似测量站的全面考察，首先突出了此次任务的全球性。随后在1889年12月11日和19日的两次会议上，他们又就有奖征答条文和奖金数额达成了一致。1891年2月1日被定为递交参赛作品的截止日期。[39]

在随后的会议上，身为诺伊曼学生和柯尼斯堡大学理论物理学研讨会负责人的福克曼，秉承其老师的精神，认可地温测量方法的科学意义。为了说明委员会举办这次竞赛的目的，他引用了对太阳如何加热地球以及太阳辐射能在大气中留存的比例这两个问题的阐述。1868年，诺伊曼的另一位学生在一项理论
研究中得到了以下结论：在太阳光垂直照射的情况下，大约只有四分之一的热 32

[37] Stieda, *Gedächtnisrede*, 1889.

[38] Olesko, *Physics*, 1991, S. 348—360.

[39] 1890年1月2日会议。见：SPGK 31 (1890), S. 4—6.

量被地球吸收。福克曼代表评奖委员会表示，希望能够通过自1872年所收集到的测量数据获得更加精确的结论。此外，还有一系列更深入的问题："平均温度何如随着深度增加而升高？地球内部温度如何？地球的长期冷却是怎么回事？地球现在的气温条件似乎是有机生命存活的前提，这种气温条件已经持续了多久？——换句话说，有机世界的年龄是多少？"[40]

因而，对于这些重大问题，人们希望能通过分析20余年来累计收集的已有温度测量数据来找到它们的答案。从这方面来看，有奖征答在向19世纪的重大争议性问题靠近。"地球的长期冷却"是地理学在地球起源方面争论的焦点。水成论者与火成论者争论地球固态地壳究竟是由原始海洋逐渐沉积形成的水成岩构成，还是由火山物质历经亿万年冷却和凝固形成的火成岩构成。在19世纪中期，火成论者的观点占了上风。但如果地球在其形成时期是一个炽热的液态火球，后来逐渐冷却固化，那么热传导理论又如何能提供关于地球年龄的信息呢？必须对此做进一步假设：地球的内核是否依然是液态的熔岩还是已经固化？而如果地球内部是液体的话，那固定地壳的边界又在哪里呢？[41] 威廉·汤姆孙(William Thomson，1824—1907)，即后来的开尔文勋爵(Lord Kelvin)，将地球比作一个一旦从锅中取出，便会逐渐冷却的煮鸡蛋。他假设了地球初始阶段刚好处在使熔岩凝固的温度。在约瑟夫·傅里叶(Joseph Fourier，1768—1830) 1882年建立的热传导理论的帮助下，他得出了地球年龄不可能超过4亿年的结论。物理学由此卷入了地质学家们关于岩石形成和其他与地质时期相关的地质历史进程问题的激烈争论中。再者，汤姆孙对地球年龄的估算与达尔文进化论
33 冲突：根据进化论，4亿年的时间跨度对于高等物种的出现来说似乎太短。[42] 福克曼在谈到将"有机世界的年龄"作为有待征答解决的重大问题之一时，也提到了这一点。汤姆孙的理论以位于爱丁堡的苏格兰观测站的数据为基础，这个观测站为柯尼斯堡的同行树立了榜样。但就目前所涉及的一系列观测范围而言，福克曼断言："我们柯尼斯堡观测站是最重要的观测站之一，当然除此之外，爱

---

[40] 1890年1月2日会议。见SPGK 31 (1890)，S. 3—4.

[41] Brush，*Debates*，1979.

[42] Burchfield，*Darwin*，1974.

丁堡——那里仅在 1837 年至 1854 年间观测——也是最重要的。”[43]

在如此高的期望下，有奖征答在柯尼斯堡大学引发了热烈讨论。实验物理学教授帕普、理论物理学教授福克曼和数学教授林德曼是评奖委员会的成员。索末菲上过这几位教授的课，也完成了他们的研讨班任务。有奖征答必定是索末菲家中谈论的一个话题，因为索末菲父亲长久以来便是“物理—经济协会”成员。而作为一名狂热的自然爱好者，索末菲肯定会注意到其中地质学和生物学之间的联系。不管最初的动力来自何方，他逐渐对这个题目产生了兴趣。最初，他通过与其他同学一起对温度计“日夜进行持续观测”以解决这一问题。[44] 他已经“有一段时间忙于当地温度观测站的观测”，他在一份内容详实的手稿中如此写道，这份手稿可能是参加有奖征答的论文草稿。他得出的结论是：“只有当温度函数发展到能真正以傅里叶级数来演算时，才能像理论要求那样实现对数据的全面处理。”[45]

依照基于傅里叶级数的方程式，无论多么复杂的周期函数都可以表示为正弦和余弦函数之和。隐藏在多年收集数据之下的周期性温度函数显而易见，因为温度值的升降需要反映日周期、年周期以及其他可能的周期，如太阳黑子的
规律性重现。鉴于没有给出温度函数 $f(t)$ 的解析式，只有基于数值记录的曲线 34
图形，所以索末菲决定用傅里叶级数

$$f(t)=\sum_{O}^{\infty}a_n\cos(nt)+b_n\sin(nt)$$

来表示。据此，可以通过乘以各自的正弦或余弦函数将傅里叶系数表示为一个不可分割的温度函数：

$$a_n=\frac{1}{\pi}\int_0^{2\pi}f(t)\cos(nt)dt \text{ 以及 } b_n=\frac{1}{\pi}\int_0^{2\pi}f(t)\sin(nt)dt\text{ 。}$$

问题由此便回到积分计算。由于给定的 $f(t)$ 是图形函数，所以只需仪器便可解决这些计算。在 19 世纪便已存在多种用于机械求积法的装置。甚至是专用

---

43 1890 年 1 月 2 日会议。见 SPGK 31 (1890)，S. 4.

44 1891 年报告。见 SPGK 32 (1891)，S. 68.

45 手稿(Manuskript)，未注明日期[可能是 1891 年]。DMA，NL 89，026.

于傅里叶系数的装置，即所谓的“谐波分析仪”，也已投入使用。[46] 此前它们被用来解决类似的问题，诸如潮汐的计算。但由于这样一台仪器价格昂贵，索末菲便产生了亲自制造一台谐波分析仪的想法。索末菲为此求助于福克曼的助手埃米尔·维歇特(Emil Wiechert，1861—1928)，此人是索末菲在数学物理研讨班的练习课中认识的技能熟练的实验员，于是他想方设法将这个想法化为具体计划。虽然研究所的技工接受委任，负责这个项目，最后却花了很长时间才将其完成，导致索末菲无法在提交作品的截止日期——1891 年 2 月 1 日——前将装置投入使用。随后他又在理论操作中犯了一个错误，便撤回已提交的参赛作品。但他认为这次失败也有重要的意义，正如他在自传中所说：“我提交的参赛作品包含了不少独特的方法，对于当时的我来说是很新颖的，但由于边界条件中一处重要地方无法得到满足，我撤回了作品。我的工作在数值处理方面还不够成熟，显然，它只是停留在对数学普遍性的探讨中。”[47]

35 虽然索末菲并未实现个人目标，赢得比赛，但他在柯尼斯堡地温测量的工作标志着他未来的学术生涯中的一个重要开端。1891 年 5 月 14 日，“数学博士候选人 A. 索末菲先生”向“物理—经济协会”演示装置，关于谐波分析仪的报告也被记录在协会年报上。这是索末菲发表的第一份科学作品。[48]

1.5 博士论文

当时，索末菲完成了在柯尼斯堡大学最后一个学期的学习。根据他的学习
36 成绩报告单，他还向数学物理研究所展示了谐波分析仪，[49] 不过随后他主要研究

---

[46] Dyck, *Katalog*, 1892; Fischer, *Instrumente*, 1995; Fischer, *Instrumente* Ⅱ, 2002.

[47] *Autobiographische Skizze*, ASGS Ⅳ, S. 673—679.

[48] Sommerfeld, *Maschine*, 1891.

[49] 毕业证书(Abgangszeugnis)，1891 年 11 月 14 日。DMA, NL 89, 016, Mappel. 7.

图 4　22 岁的阿诺尔德·索末菲在使用“谐波分析仪”。为了评估柯尼斯堡的地表测量结果，索末菲与埃米尔·维歇特一起在柯尼斯堡大学物理学研究所制造了这一装置。基于不同深度的温度随时间变化的数值，他试图发现周期性规律，这一规律也许与太阳黑子运动周期或其他原因有关

以傅里叶级数和傅里叶积分为代表的随机函数的理论基础。他对这个主题如此着迷，以至于将其作为自己的博士论文。[50] 他在回忆学业的最后阶段时表示：“我就在几个星期内构思和写完了它。”[51]他在 1891 年 7 月 28 日通过了“博士学位答辩的口试”，并于 1891 年 10 月 24 日被授予博士学位。可以肯定的是，他的表现还有不少瑕疵，因为他的拉丁语博士文凭上写着：“及格”。[52] 尚不清楚是什么使他接受了自己的“及格”成绩。在博士论文最终得到认可前，新晋博士不管怎样都必须要有耐心。他博士论文的导师林德曼对他的论文的态度看起来更像是忍受而非珍视。而“物理—经济协会”——其有奖征答提供了最初的研究动

[50] Sommerfeld, *Functionen*, 1891.

[51] *Autobiographische Skizze*, ASGS Ⅳ, S. 673—679.

[52] 博士证书(Doktorurkunde), DMA, NL 89, 016, Mappel. 7。

力——也对索末菲推导出来的数学结论没有丝毫兴趣。索末菲在三年后写信告诉他母亲："在柯尼斯堡没一个人读它。"[53]

这篇论文在柯尼斯堡受到如此之少的关注，难道是因为它是一个纯数学理论，而不像其他诺伊曼学派的数学物理学论文那样表明在实际测量、理论分析和物理结论间的联系吗？如果将之与那些柯尼斯堡地温竞赛委员会评定获奖的参赛作品相比较，这就清楚了。获胜者是一名来自哥达的高中老师，当然他本人不属于诺依曼学派，但他的获奖作品的确大致符合这一传统的标准预期。他"在各方面都满足任务的相关意图"，评奖委员会在其评奖词中如是说。对于一位来自俄罗斯"磁气象"天文台的地球物理学家的参赛作品，委员会如此强调："非常成功，在某种程度上堪称表率。"鉴于地表的复杂情况，这篇论文从一开始
37 就宣称数学分析是不可能的。[54] 总之，在这两个参赛作品中，"物理—经济协会"只奖励他们想要听到的声音。福克曼在最后"评价 1872 年至 1892 年间的柯尼斯堡温度观测站"时，确实提到了通过索末菲和维歇特制造的谐波分析仪，该仪器可以"根据每日出现的所有异常来追踪每年的温度变化"。但他却没有提到索末菲的博士论文。[55]

一名科学家的第一项研究通常会在其生命中占有特殊的地位，即便是在索末菲更广阔的研究历程中这一阶段只一笔带过。当索末菲在 50 多年后将其关于理论物理的讲稿以书的形式出版时，柯尼斯堡地温测量问题获得了迟来的青睐。这项任务是，对于给定的地表温度随时间变化的数值(其中温度呈现周年性的升降)，在深度不断增加的情况下，确定温度的时间变化函数。如果可以用傅里叶级数来表示解，那么通过第一个系数，就可以表示与地表时间进程相关的温度下降会随着深度增加而延迟。在索末菲所选择的案例中，4 米深度的温差是地表温差的 1/16；可以肯定的是，这个深度有一个半年相位差的影响。由于这一相位差，在很深的地下室里"冬天比夏天暖和(或者当排除所有空气温度造成的影

---

[53] 致母亲，1894 年 6 月 9 日。

[54] 1891 年 1 月 4 日会议。见 SPGK 32 (1891)，S. 32—37. Olesko，*Physics*，1991，S. 356—360.

[55] Volkmann，*Beiträge*，1893，S. 61.

响后便会是这样的结果)”，索末菲如此解释这一结论。[56]

作为一个教学案例，在柯尼斯堡竞赛中所提出的热传导问题甚至在半个世纪后被证明也是有用的。当初它对索末菲的事业没有任何作用。他对此投入的所有努力，只有当他遇到格丁根大学数学家费利克斯·克莱因(Felix Klein，1849—1925)的圈子时，才为他赢得了远比被柯尼斯堡大学教授所承认的更多的认同。但就目前而言，他在学术生涯的道路上还要克服其他更多障碍。 38

1.6 电动力学的力学基础

由于索末菲将柯尼斯堡热传导问题主要视为一个数学难题，因此他选择了林德曼而非福克曼做其博士导师，尽管他与维歇特在后者的研究所里一起设计了谐波分析仪。林德曼对物理学的兴趣与其他希望在物理学中的微分方程领域展示自己能力的数学家一样明显。例如他在“柯尼斯堡物理—经济协会”做了“关于分子物理学”的报告，这个主题实际上更多地隶属于他的物理学同事的领地。对于这次跨界涉足相邻的物理学，林德曼解释说是威廉·汤姆孙引发了他的兴趣。林德曼认为，他也许能“通过展开级数来更精确地讨论相关公式”，以此解决汤姆孙所留下的某些未解决问题。[57] 汤姆孙和林德曼认为分子是机械实体，可以像坚固的实体那样震荡。而且当时人们认为，借助以太、电学、磁学和光学也都能用力学的方式解释，以太规定了处在其中的分子按照特定的数学定律进行力的交换。

英国物理学家詹姆斯·克拉克·麦克斯韦(James Clerk Maxwell，1831—1879)已在20年前证明了这些法则，并将它们建立为四个方程式。“麦克斯韦方程组”还得到了光波在以太振荡中横向传播的结论。海因里希·赫兹(Heinrich

---

[56] Sommerfeld，*Vorlesungen*，Band VI，1948，S. 68—71.

[57] Lindemann，*Molekularphysik*，1888.

Hertz，1857—1894)又向前推进一步。他通过自己在1888年进行的著名实验表明，麦克斯韦假定的以太振荡不仅适用于光波，也适用于波长长得多的不可见电磁波。维歇特在柯尼斯堡向“物理—经济协会”报告了赫兹实验。[58] 索末菲在多年后回忆道：“当时大学的师生们都在煞费苦心地消化和吸收逐步出现的赫兹实验的结论，并用同样难懂的麦克斯韦原始论文陈述来解释它们。”但当看到赫兹
39 在1890年发表于《物理学纪事》(*Annalen der Physik*)的《论运动物体的电动力学的基本方程》时，他突然就明白了它们的意义。在这篇论文中，赫兹未做任何力学解释，直接将麦克斯韦方程组当成“公理体系的顶端”。他将基本问题都用方程组本身来表示，没有借助任何力学概念，而麦克斯韦本人则是将他的理论建立在这些力学概念上。[59]

不过，实际上索末菲对此的理解并不像他所描述的那样是一瞬间领悟的。获得学位后不久，他开始撰写第二篇科学论文，仍不理解为何要将麦克斯韦方程组当成“首要遵循的公理”，而是用力学的方式去努力建立它们。汤姆孙刚出版的《数学和物理学论文》第三卷则进一步推动了这方面的研究，这本书立即在柯尼斯堡引起了人们相当大的兴趣。除了来自爱丁堡地面温度观测站的一份测量分析外，这一卷也包括一篇对麦克斯韦方程组进行力学阐述的论文。[60] 汤姆孙将这些方程组归于以太的作用。为了满足要求，他假设以太是变化的，时而是某种弹性固体，时而是某种无摩擦的液体。索末菲跟进这一想法，写出了一篇论文，投给《物理学纪事》。他修正了汤姆孙“准弹性”以太的假说，以此得到一个方程组，与赫兹关于非导体电磁现象的方程一致。通过将之归结于以太一种“似黏性”的特性(即认为它像一种油性液体而非一种刚性的弹性体)，他得到了关于导电体的赫兹方程组。他总结道：“据此，导体和非导体之间的不同就是以太在导体中表现得像带有摩擦力的液体，而在非导体中则像一个固态实体。”[61]

与他的博士论文相反，这篇文章并没有被束之高阁。理论物理领域中最负盛名的权威人物——路德维希·玻尔兹曼(Ludwig Boltzmann，1844—1906)肯定

---

[58] Sitzung am 6. Juni 1898. 见 SPGK 30 (1889)，S. 33—34.

[59] Sommerfeld，*Vorlesungen*，Band Ⅲ，1949，S. 2—3.

[60] Thomson，*Motion*，1890，S. 462

[61] Sommerfeld，*Darstellung*，1892，S. 139.

带有极大兴趣对它进行研究，因为他不嫌麻烦，给还在物理学界默默无闻的索末菲写信，“我已经为此在我最近的论文里加了一些注释，不久后将会发表在《魏德曼年鉴》(*Wiedemanns Annalen*)中”，索末菲在玻尔兹曼的信中读到：“其中，有一个注释包含了我对您的论文的反对意见；当然在这一意义上，我承认 40
您的方法的重要性。”[62]在索末菲的论文中，玻尔兹曼看到了相关证据能够说明“所有的力学表达式，如果它们只满足特定的一般条件，必将导出电磁方程组”。[63] 在1891年和1893年出版的玻尔兹曼关于麦克斯韦理论的讲义中，当回顾麦克斯韦方程组的力学表达式时，他也提到了索末菲的工作。玻尔兹曼表示为了解释特定的电动现象，麦克斯韦假设在以太中的微粒像“球轴承”一样运作。索末菲放弃了这一假说，“并因此陷入了新的困难中”，就像玻尔兹曼批评的那样。但这样的批评却让索末菲感到自己有了尊贵的同伴，因为在这一点上玻尔兹曼认为，汤姆孙的“准刚性以太”也容易受到批判。[64] 玻尔兹曼自己也尝试了几种力学解释，甚至还在他的课上展示了用以演示的模型。[65] 能与麦克斯韦和汤姆孙相提并论——即使是被批评，肯定也给23岁的索末菲带来了一种巨大的成就感。他后来回忆道：“对我来说，这篇论文最有价值的地方在于它引起了玻尔兹曼的注意。”至于这篇在《物理学纪事》上首次发表的文章所涉及的实际内容，事后回想起来，会让他感到难为情：“我很快就意识到，这类力学解释的尝试得不到什么结果。”[66]

为了获得在文法中学教书的资格，索末菲接下来注册了国家考试。他需要再提交数学、物理学和哲学科目相关的论文。在化学和矿物学方面，他只需要通过口试。关于宗教和德语两科，他也必须接受口试以证明他的综合素养。他这一阶段的学习在1892年6月成功完成。“皇家科学考试委员会”宣布索末菲获得在高中高年级里教授数学、物理、化学和矿物学科目的资格。至于必须提交 41

---

[62] Von Ludwig Boltzmann，17. November 1892. DMA，HS 1977—28/A，31. 也见于 ASWB I，S. 49.

[63] Boltzmann，*Medium*，1893，S. 96.

[64] Boltzmann，*Vorlesungen*，第二部分，1982，第一讲，S. 6.

[65] Dyck，*Katalog*，1892，S. 405—408.

[66] *Autobiographische Skizze*，ASGS Ⅳ，S. 675.

的三个领域的书面工作，他的博士论文被当成是数学方面的论文得到认可。至于物理学论文，他对在《物理学纪事》发表的论文的标题[《对 W. 汤姆孙爵士的新近工作的说明——从物理的力学表达式入手》]稍作改动，也获得了通过。"它符合要求，"证书写道，"尤其值得赞扬的是，作者通过自己观点扩展了视野。"在哲学科目上，索末菲为纪念柯尼斯堡的康德传统，写了一篇名为《对康德概念中数量和时间关系的考察》的论文。就像考试委员会所称赞的那样，它拥有"独立的思考与缜密的思维"。

在口头考试中，索末菲在数学科目上的表现"在所有方面都很好，部分领域掌握相当深入的知识"。他在物理考试中展现出"在电学领域拥有相当丰富的知识，在热力学理论和弹性理论方面也是如此。但在光学领域和仪器知识方面仍有所欠缺"。在化学领域，他展现了"相当全面和可靠的知识"；在矿物学中，他已经"深谙物理和晶体的一般特性，也能准确认出放在他面前的矿物。在进一步的检查中，尽管有零星欠缺，但候选人始终都能迅速找准方向。他也熟悉地质学的一般理论"。他在哲学考试中也表现得无懈可击。索末菲展现出了"一种最令人愉悦的、对哲学重要体系和原则的熟悉"。[67]

---

[67] 首席教师资格(Oberlehrer-Zeugnis)，1892 年 6 月 25 日签发。DMA，NL 89，016.

第二章　定航向 43

经过了六年的学习，索末菲获得了博士学位并通过了教师资格考试，这让他对未来充满信心。柯尼斯堡大学数学物理专业的毕业生通常会从事文法中学教师的工作，现在他也算是其中的一员了。[1] 但教师资格证只说明他拥有从事这一职业的专业技能。在最终拿到证书之前，他还要经历一年的见习期，向人们证明他有从事教学工作的实际能力。但索末菲还不能立即做这件事。因为他现在还得服兵役。作为一所人文主义传统的文法中学的毕业生，他属于特权阶层，可以缩短服役的时间，用“一年期志愿兵”代替通常为三年的服役期。

2.1　错失良机

在服兵役前，索末菲先去南部旅行了一次。阿尔卑斯山中的天地对这位来自柯尼斯堡的东普鲁士人有着一种神奇的吸引力。“在阿尔卑斯山！你们当然知

1 Volkmann, *Franz Neumann*, 1896, S. 59—67; Olesko, *Physics*, 1991.

道这个词有多么吸引人!”他寄往家中的信这样写道。这封信展示了一个23岁的人在生活上的强烈欲望，所有那些在学生时代没来得及做的事，他都渴望去经历。其中包括亲近自然世界的远足，也包括音乐和艺术上的享受。“今天第一次去远足，也第一次浑身湿透。”他在到达加米施-帕滕基兴后记下了这句话。楚格峰向他展示了“它亲切而略带阴郁的面庞，但随后，啪！浓雾拉起了帷幕，就像在拜罗伊特剧院一样”。他在面对云雾笼罩的群山时想起拜罗伊特并非巧合，因为他把这次旅行与参加瓦格纳歌剧节联系起来。他对巴伐利亚生活方式的迷恋不比对阿尔卑斯山和瓦格纳歌剧的迷恋少。他去了“各式各样的啤酒吧”，在那
44 里慕尼黑给他留下了一个“天堂般的印象”。他如此比较慕尼黑和柏林(行程之初，他在柏林住了几天)：这里的一切“更悠闲，更合理；而柏林的商业味更浓，更爱炫耀”。巴伐利亚式的热情好客在这里的“啤酒吧”随处可见，但这里的艺术和文化也同样不俗。他参观了古代雕塑博物馆中的古代雕塑，也极其喜欢沙克画廊中阿诺尔德·勃克林(Arnold Böcklin，1827—1901)、安瑟尔姆·费尔巴哈(Anselm Feuerbach，1829—1880)等其他19世纪大师的画作。“然后我去了慕尼黑一处你们不知道的景点，维尔姆浴场。花坛间散布着各种水池、岩洞和温度各异的喷泉，清澈的维尔姆湖为之提供水源。人们要经过一个巨大的青蛙喷泉，接着游进蓝色的岩洞，然后穿过另一个红色岩洞，再用各种方式洗浴。所有的一切就像勃克林的画作一样美妙。”[2]

他必定也想过，既然参加拜罗伊特音乐节、游览阿尔卑斯山和慕尼黑的景点并非此次旅行的唯一目的，那为什么不把工作和娱乐结合起来呢？德国数学家协会的年会将于1892年9月在纽伦堡举行。为此，本次年会的组织者，慕尼黑高等工学院高等数学和分析力学的教授瓦尔特·迪克(Walther Dyck，1856—1934)准备举办一个数学模型和仪器展览，谐波分析仪也被列入展品。索末菲希望在慕尼黑逗留期间能向迪克介绍自己，并和他讨论有关自己与维歇特精心设计的谐波分析仪的演示问题。[3] 他写信告诉父母“迪克教授不在家”，同时

[2] 致父母，1892年8月25日。

[3] Hashagen, *Walther von Dyck*, 2003, S. 419—424.

还请教维歇特“关于着正装的场合”的经验。[4] 显然，遵守这类场合下的社会规范对于他来说并不是无关紧要的问题。

但1892年8月底去拜访迪克是一个极为糟糕的选择，因为不久前汉堡爆发霍乱，迪克为避免纽伦堡年会被取消正忙得焦头烂额。人们担心，人群大量聚集将导致瘟疫进一步蔓延，无法控制。最终迪克怀着沉重的心情在9月1日决定取消年会，原因正如他给一位同事的信中所写的那样：就是因为纽伦堡的人们 45
“害怕50名数学家”。[5] 会议被取消的事让索末菲极为沮丧。得知这一消息时他在[南蒂罗尔的]梅拉诺，当时他每天都在那里详细研读报纸，“急于找到霍乱的新闻”。他抱怨“即便是博尔扎诺宜人的环境也无法让他摆脱烦恼”，哀叹自己现在失去了到纽伦堡“在社交上更接近”数学界知名人士的良机。[6] 不过机缘巧合，他在度假的地方结识了这些名人中的一位——蒂宾根大学的数学家亚历山大·冯·布里尔(Alexander von Brill，1842—1935)。布里尔是一名徒步登山旅行爱好者，他也一直保存着那段“关于我们在山上初次见面的快乐记忆”，正如多年后他写给索末菲的信中所说的那样。[7] 索末菲原本能在纽伦堡年会上加深他与布里尔的“真挚友情”，也能认识其他更多顶尖的数学家。他也本将有机会通过谐波分析仪的展示从而收获在柯尼斯堡辛勤劳动的果实。

“这该死的坏运气!! 我原本十分乐意为此放弃攀登奥茨山四顶峰中的一两个。”他又一次流露出因纽伦堡年会被取消而来的愤怒。但他并没有让这毁了他的假期。“用一句大言不惭的话讲，除此之外，一切都如我所愿，”他自豪地写道，“我精力十足的攀登已经赢得了大家的钦佩。”有一名登山向导告诉他，他可以“登上任何高峰”。当然，他的脚还是使他想起穿着不舒服的鞋袜穿越雪地时所忍受的辛劳；他不确定“这是由于冻伤，或者只是一般的用力过度所致”。他在路上和一个美国人结为朋友，他们蹒跚跛行，打赌谁才是“这项运动的更伟大的烈士”。同时，他也打消了父母对他沉迷过于惊险的登山冒险的忧虑。他所进

---

[4] 致父母，1892年8月25日。

[5] Hashagen, *Walther von Dyck*, 2003, S. 424.

[6] 致父母，未注明日期[1892年9月初]。

[7] 亚历山大·冯·布里尔来信，1928年12月25日来信。DMA，HS 1977—28/A，41.

行的登山活动“没有危险，只是耗费体力”，因为天气好，他又“完全不会眩晕”，所以即便“所谓的危险路线”也“绝对安全”。他几乎没有眩晕感，而且他认为“眩晕根本就是骗人的谎话，或者更确切地说是因为害怕”。[8] 最后，他信中的语气透露出他与父母的关系是多么紧密：“亲爱的妈妈，你那充满爱意和关心的信，
46 使我充满与你们在一起的渴望。我必须承认，之前我几乎完全就关注眼前的事，只有听到有关霍乱的消息时才会想起柯尼斯堡。”[9]

19 世纪曾多次爆发霍乱，人们基本上认为这种无法避免的传染病就是一种宿命般的劫难。但 1892 年 8 月中旬在汉堡爆发的霍乱疫情被载入了史册。[10] 这场疫情爆发的凶猛程度前所未有，由此引发的对传染病的恐慌远远超出了汉堡市的范围，正如索末菲在南蒂罗尔的反应那样。公众对其进程的关注也几乎超过之前任何一次疫情。截至 8 月 20 日，有 115 例病患和 36 例死亡报告。两天后，病例数增加了两倍，并有 200 人死亡。数以千计的汉堡居民恐慌地逃离城市。但与此同时，政府终于开始采取措施以控制疫情。帝政当局委任罗伯特·科赫(Robert Koch，1843—1910)从柏林出发前往汉堡，他在 10 年前发现了霍乱病原体，现在则领导着一所新成立的传染病研究所。科赫确认疫情是由汉堡的饮用水引起的。寄生在人体肠道的霍乱病菌，通过粪便排泄进入易北河，并从那里再次进入饮用水。8 月 26 日，官方记录有 995 例病患和 317 例死亡报告。当天，汉堡市政府对科赫的评估进行了回应，并发布一条警令：禁止饮用未煮沸的水。到 9 月初，报告感染和死亡的记录已经开始下降。人们又花了更长一段时间才实现汉堡饮用水的净化；之后无论在汉堡或德国其他地方都没有再次爆发霍乱。预防措施起到了作用，虽然各地的措施有时可能显得过于夸张，比如取消德国数学家协会纽伦堡年会，毕竟相对而言参会人数很少。年会及相关数学模型和仪器展一同被改为一年后在慕尼黑举行。[11] 这对索末菲而言于事无补，因为 1893 年时他正在服兵役，无法参加会议。

---

[8] 此处索末菲用了一个双关词。Schwindel 既有“眩晕”之意，也有“骗局”之意。——译者注

[9] 致父母，未注明日期[1892 年 9 月初]。

[10] Evans，*Tod*，1990.

[11] Hashagen，*Walther von Dyck*，2003，S. 419—436；Dyck，*Katalog*，1892，前言。

1892 年 9 月，在结束阿尔卑斯之旅返回柯尼斯堡的途中，他获知阿道夫·胡尔维茨邀请他去苏黎世联邦理工学院(ETH)做助手的消息，当时胡尔维茨已 47
经被任命为费迪南德·格奥尔格·弗洛比尼斯(Ferdinand Georg Frobenius，1849—1917)在 ETH 的继任者，而索末菲曾经上过他有关函数论和椭圆函数的课。但是索末菲母亲写信告诉胡尔维茨，她儿子旅行归来后就必须开始服兵役。索末菲一得知此事，就立即致信胡尔维茨说："当我母亲写那封信时，她以为我服役的时间不能推迟。"但他从军方当局获悉，肯定是可以延期的。"我立刻给您发电报；但令我极其失望的是，这已为时已晚。"他本应该"迅速抓住这一职位"，因为他"太热爱科学工作，所以不能轻率地放过任何与学术相关的联系"。因此他别无选择："唯有咒骂自己那些天花了太多时间旅行，也恳请您在未来有空缺职位时想起我。如果您能在我服完兵役后，也就是[18]93 年 10 月，马上为我提供职位，我必将感激不尽。如果我的要求不算过分的话，能否劳烦您给我报个信儿，您是否能在这个期限内给我提供任何职位。"[12]

2.2 服兵役

索末菲没有等到他所期待的重新聘任的通知，不过曾被视为助手候选人的事实坚定了他继续追求学术的决心。在柯尼斯堡一年期的志愿兵役结束后，他本来能够完成教学试用期，经过这个最后的阶段，他便可以收获一份安稳的工作，成为一名高中教师。但他现在的志向更为远大。他想要获得大学任教资格，并成为一名大学教授。如果跟胡尔维茨在苏黎世的 ETH 工作一事已被证实是不可能的话，那么就寻找其他大学。也许他当时已梦想着在费利克斯·克莱因的羽翼下从事数学研究了，正是克莱因在这些年里让格丁根成为世界数学中心。还在上希尔伯特的课时，索末菲肯定就已经把克莱因当作偶像了，因为自 1886

[12] 致胡尔维茨，1892 年 9 月。SUB，Mathematiker-Archiv 79，260. 也见于 ASWB I.

48 年起希尔伯特就与克莱因有密切的书信往来。想必希尔伯特会在柯尼斯堡的学生们面前热烈赞扬克莱因，否则就很奇怪，毕竟他不久后便追随克莱因来到了格丁根大学。[13]

图 5　完成学业后，索末菲以“一年期志愿兵”的身份，在柯尼斯堡的一个步兵团服役。但他却不是一名富有激情的士兵。第一次世界大战爆发时，他曾写信给一名同事说他“未感觉‘他自己’是个强壮的军人”(见第 7 章)

但索末菲不可能在当兵时实现他的职业梦想。1892 年 10 月 1 日，他到第 43 步兵团报到。[14] 该兵团驻扎在柯尼斯堡，兵营恰好就坐落在他父母家附近的堆石

[13] Frei，*Briefwechsel*，1985.

[14] Bescheinigung，DMA，NL 89，016，Mappe1. 7.

坝上。一年期志愿兵可以选择他们服役的兵团和地点。他们也无需住在军营中， 49
所以索末菲在服役时可以住在家里。之所以对受过教育的人享有只服一年期志愿兵役的特权，是想在受过教育的市民阶层中培养对军队的友好态度。[15] 索末菲在其关于“战时志愿医师协会”的论文中就已清晰无疑地表达了这种态度。他曾在《兄弟会一览》中写道：“尤其在我们这个人人倾尽全力保障祖国军事防御能力的时代，我们要特别重视保持这方面的忠诚。”[16]

从身体上讲，相比于攀登阿尔卑斯山，兵役对于索末菲也不是什么太大的挑战。“简单说一下今天的情况，尽管炎热但我还没断气，尽管到处是灰尘，我也没被呛到。”1893 年仲夏，他在从马祖里[17]寄回家的信中如此描写一次军事演习：“但有一天的训练有点过分；不过我还能忍受。”然而，他对军事训练毫无热情。“听到嘹亮军歌能使我的耳膜爆裂。”他有一次写道。还有一次，他取笑一名“向军官们展示自己才智”的将军，这位将军的演讲使他“在一堆稻草中睡着了”。大演习时的来信表明，即使环境恶劣，他也能招架住，并知道如何在任何情况下都做到最好。“优美的环境，融洽的同伴关系，好的给养，”他在一张明信片上写道，“紧张的训练对我大有裨益。”即便很劳累，他也仍有心情欣赏马祖里湖泊的美丽风光。经过了一天艰苦行军后他写道：“我现在的驻地极美，就在极美的科斯诺湖畔。想象一个大湖，有 5000 米长，2000 米宽。岸边覆盖着森林和草地，左右绵延，直至消失在一片绿色中。湖水清澈美丽，风儿拂过掀起阵阵白
浪，蔚蓝的天空也为湖水增添了明媚的色彩。”[18] 50

---

[15] Mertens, *Bildungsprivileg*, 1990.

[16] Sommerfeld, *Genossenschaft*, 1890, S. 220.

[17] 即 Mazury，原属德国东普鲁士，“二战”后划归波兰。——译者注

[18] 致母亲，1893 年 7 月底至 9 月初。

2.3 矿物学间奏曲

索末菲还没服完兵役，就从一位家族朋友——玛格丽特·埃尔德曼(Margarete Erdmann，1864—1948)处获悉，几年前从柯尼斯堡大学调至格丁根大学的矿物学家特奥多尔·利比施(Theodor Liebisch，1852—1922)正在寻找一名助手。这位朋友告诉他："我曾向阿德尔海德(Adelheid)提到过您很可能愿去格丁根。"阿德尔海德是上面所提到的矿物学家的夫人。但另一位教授的夫人——利斯贝特·林德曼(Lisbeth Lindemann，1861—1936)却从未听说过这事。林德曼夫人是索末菲博士导师的妻子，她丈夫同年被聘请至慕尼黑大学任教。教授夫人们大概也不想轻率推测；所以，大家都对这件事保密。"利斯贝特目前什么都不知道"，这位家族朋友补充道。而关于这中间究竟发生了什么，她原话如下："阿德尔海德问我您是否可能会愿意接受他丈夫助手的职位；我说，在确定这件事在10月时是否还有效，以及利比施教授怎么看这件事之前，我都不会对您透露半点。我今天刚收到了教授的一封信。他说如果您能联系他的话，他会很高兴的，因为他听到的都是对您的称颂。我们首先要知道您究竟是否愿意接受这一职位。阿德尔海德认为您可以从中学到很多。"[19]

"您可能会去格丁根"这句话表明，即使没有利比施提供助手一职，索末菲也不会继续选择成为普鲁士教育系统内的文法中学老师。自1886年起，克莱因就一直致力于将格丁根变为数学的圣地麦加。通过与具有同样传奇色彩的人物——在普鲁士文化部推行新高校政策的弗里德里希·阿尔特霍夫(Friedrich Althoff，1839—1908)——之间的合作，克莱因所产生的巨大影响力扩及到了数学教席的任命以及他专业领域的其他事务，远远超出了格丁根大学的范围。即使是科学政策领域，普鲁士在德意志帝国内部也起着主导作用，而阿尔特霍夫

[19] 玛格丽特·埃尔德曼来信，1893年7月7日。

将克莱因视为盟友和知己，他们有同样的抱负，并竭尽全力地实现它们。鉴于资源有限，阿尔特霍夫想将科学权威集中到那些某一传统学科特别突出的大学 51
中，以此建立起德国科学的灯塔。例如，考古学应在柏林大学得到繁荣发展。而像卡尔·弗里德里希·高斯(Carl Friedrich Gauß，1777—1855)、古斯塔夫·勒热纳·狄利克雷(Gustav Lejeune Dirichlet，1805—1859)和伯恩哈德·黎曼(Bernhard Riemann，1826—1866)那样卓越的数学家都曾在这里工作过的格丁根大学，它的数学成果肯定应该更加闪耀。[20] 而格丁根大学的自然科学学科也都受益于这一荣耀，格丁根在这些学科中均展现出了重要的传统；人们只需要想到物理学家格奥尔格·克里斯托夫·利希滕贝格(Georg Christoph Lichtenberg，1742—1799)，或化学家弗里德里希·韦勒(Friedrich Wöhler，1800—1882)便可知道这一点。在"阿尔特霍夫体系"中，即便是地位优越的教授也成为一枚高校政策算计中的棋子，按情形进行布阵，这就引发了人们不同的反应，有怨言也有称赞。但无论如何，通过与阿尔特霍夫合作，克莱因的地位得到了大幅提升。

除了享有数学家的声誉外，克莱因身上还闪烁着科学组织者的光芒。例如，在1892年将海因里希·韦伯(Heinrich Weber，1842—1913)调至格丁根的任命中，他就扮演了这一角色。韦伯在1875年至1883年间任教于柯尼斯堡的阿尔贝蒂纳，希尔伯特也可算作他的学生。[21] 克莱因与韦伯一起建立了格丁根数学协会，并重组了格丁根科学协会。即便索末菲的兴趣主要在于"伟大的费利克斯"——当时数学圈中如此尊称克莱因，韦伯肯定也进一步加强了格丁根对索末菲的吸引力。1893年夏天，克莱因代表德国数学界出席了在美国芝加哥举行的世界博览会。[22] 当时威廉皇帝统治下的德意志帝国利用这次机会，通过德国大学的展览大出风头，跻身世界强国中的一流文化大国。从这方面看，数学是一项特殊的资产。通过狄利克雷、黎曼等伟大数学家的肖像和高斯的半身像，以及一场集教科书、专业公报、数以百计的博士论文和大学授课资格论文于一体的

---

[20] Rowe，*Felix Klein*，1989；Tobies，*Development*，2002.

[21] Peter Roquette：Heinrich Weber，David Hilbert，and Königsberg，1992. http://www.rzuser.uni-heidelberg.de/~ci3/weber.pdf (上网时间：2012年10月5日).

[22] Parshall/Rowe，*Emergence*，1994，Kap. 7.

展览，克莱因向世界表明在这一领域德国处于世界一流的地位，[23] 甚至还以大幅
照片的形式展出了索末菲非常希望在 1892 年的纽伦堡演示的谐波分析仪(仪器
52 本身也大致同时在慕尼黑展出。原定于纽伦堡的展览，后因霍乱爆发而取消)。
在世界博览会后的几周里，克莱因一直留在芝加哥做客座讲座，他在讲座中进
一步强调了德国原创的数学成就。他随后致信希尔伯特，称他“在芝加哥有机会
通过一系列讲座来介绍一项独特的计划”。[24]

对索末菲来说，在格丁根担任助手的职位肯定来得正是时候，即便只是在矿物研究所工作。如果有人以理论家的身份来从事这一领域工作，那么从矿物学到数学还要跨越诸多桥梁。这一职位或许也使索末菲想起了和父亲漫游在东普鲁士乡间寻找矿物标本的时光。“柯尼斯堡物理—经济协会”对于矿物学的科学价值有高度评价，索末菲的父亲弗兰茨·索末菲是其会员，而索末菲从 1891 年 12 月起也加入其中；它的档案文件中记载了一些关于他父亲和其他成员爱好矿物的回忆。[25]

那为什么不选矿物学呢？当索末菲在 1893 年 9 月脱下军装再次投身于他的
事业时，他很可能问过自己。利比施曾在 1884 年至 1887 年间担任雅贝蒂娜大学
的矿物学教授，并“以一种严谨的数学精神”从事他的矿物学研究，这使他尤其
与林德曼以及福克曼成为亲密同事。[26] 因此，即便在格丁根大学矿物研究所，索
末菲肯定也不必觉得他的柯尼斯堡之根被完全切断。阿德尔海德·利比施给她
丈夫的助手以近乎母亲般的关怀，利比施本人显得“加倍可亲”，索末菲在到格
丁根不久后便致信父母说；利比施甚至同他“去酒吧”，并帮他寻找公寓。利比
施向他的新助手展现了自己最好的一面。“他说，我们将在这个冬天写一本书，
我们要准备论文，我们还得去维也纳参加自然科学家大会。”索末菲大概预感到，
如果为这位上司工作，就将只会有极少时间让他继续发展自己在数学方面的兴
53 趣。“他显然需要完全合作。我能应付这些吗？我很担心。”[27]

---

[23] Hashagen, *Walther von Dyck*, 2003, S. 434.

[24] 克莱因致希尔伯特，1893 年 10 月 27 日，重印于 Frei, *Briefwechsel*, 1985, S. 99.

[25] Franz Sommerfeld, *Familie der Quarze*, 1900.

[26] Schulz, *Theodor Liebisch*, 1922, S. 419.

[27] 致父母，1893 年 10 月 9 日。

除了开始怀疑自己是否能通过矿物研究助手的工作来为他的学术生涯设定正确航线的疑虑外，还有部分思乡之情。至少通过他的信件，他向母亲保证他会一直与家里保持联系。“无论如何，我保证，你将会从我这儿听到一切你可能会感兴趣的事情，无论悲喜；如果只是草草记下无意义的事，那么这些密密麻麻的蹩脚小字又是用来做什么的呢?”他恢复了对他和利比施的工作的信心。“我上午 9 时到 11 时以及下午 4 时到 8 时都在研究所里，但迄今为止的这段时间里，我一直在忙与研究所基本不相干的工作。我唯一担心的就是，最终我是否能进入正确的研究领域。”他当然不想完全投身于矿物学，因为他太喜欢数学了。从这点看，毫无疑问他从一开始便注定会离开利比施。利比施提出了一个方案，试图让这项研究领域更加吸引索末菲：“利比施认为我应该研究晶体学，这要求数学经验；他希望一年后我能完成这门分支的大学任教资格论文。”就算这个建议再吸引人，它也不能打消索末菲的根本顾虑。他向他母亲解释道：“另一方面，这类工作需要不少实验技巧。它们其实是物理学，不是数学。”[28]

大致看看利比施发表的作品就知道索末菲的担忧不无道理。1893 年 2 月，格丁根科学院发表了利比施的一篇名为“论光学双轴晶体干涉色的光谱分析(I)”的报告，当中涉及对晶体光学现象的显微观察，并没有数学分析。附加的“I”暗示了利比施将在接下来的论文中继续深入研究这类晶体。[29] 索末菲担心，未来在矿物研究所的工作只能腾出极少时间，用在自己真正的兴趣上。“一旦涉及观
察，就不会有太多完全纯粹的数学研究。瓦拉赫教授劝我不要从事像利比施教 54
授所设想的那种职业；在他看来，利比施风格的矿物学在德国并不太受欢迎。”[30]

索末菲很快发现格丁根化学家奥托·瓦拉赫(Otto Wallach，1847—1931)是一个值得信任的顾问。瓦拉赫同样也来自柯尼斯堡，甚至还是索末菲的远亲。他的父亲是东普鲁士政府的副首相。瓦拉赫母亲一方可以追本溯源至腓特烈大帝(Friedrich der Große，1712—1786)时代，当时一位在柯尼斯堡的先人被征召来重组普鲁士的行政部门。由于两人都来自柯尼斯堡，所以索末菲将年长他近

---

[28] 致母亲，1893 年 10 月 13 日。

[29] Schulz，*Theodor Liebisch*，1922.

[30] 致母亲，1893 年 10 月 13 日。

20岁的瓦拉赫视为一位父亲般的朋友，可以向他敞开心扉。过着单身汉生活的瓦拉赫偶尔也会邀请他过来。“他有特别多的事要做，而且非常勤奋。”索末菲在瓦拉赫家待了一晚后说道，那晚他被招待以一瓶“相当危险的西班牙葡萄酒”，也许还有来自格丁根大学教授圈的一些内部信息。[31] 他越了解这个化学家，就越敬佩他。索末菲如此形容瓦拉赫：“始终如一，工作勤奋，极具洞察力，和蔼可亲，乐于助人。”对他的助手们来说，他是“最好的上司”，他会解释研究所的每项任务：“应该如何开始、进行和完成。一切工作依据一个大计划进行，以彻底搜寻化学中的一个领域(萜烯)，而一切都在他的掌控之中。他并不夸耀他的重要性。我每两周拜访他一次，每次大概一小时，有时会留下来吃晚饭。”[32]

当索末菲写下这些时，他已经在矿物研究所当了四个月助手，可能已经非常后悔当初没有听从瓦拉赫的意见辞职不干。利比施最初只向他的助手展现出他最好的一面。在这位助手来到格丁根两周后，利比施对他来说仍是“一个出色的男人，一个真正的男人”。“对比其他教授，他就像森林中一棵笔直的橡树。
55 而据我所听到的，那些教授们接触到有影响力的同事(比如克莱因)或部长级的大人物(阿尔特霍夫)时腰弯得像小柳树一样。”与利比施的午间漫步特别“迷人”，他可以从中听到那些他“不愿诉诸笔墨”的格丁根学术生活。利比施尽心尽力“教他圆滑地面对当地棘手的大学生活和流言蜚语”。这包括去家中拜访的惯例，有可能成为私人讲师的人都要找这样的机会向大学教授们介绍自己。接下来的一个周日，他告诉父母他打算开始他的“拜访之旅”。“必须要穿燕尾服。其他任何装束都不可饶恕，如果穿其他服装，就意味着所有关于大学任教资格的希望都会终结。”他母亲告诫他警惕这个陌生城市的“诱惑”，不过他觉得她过虑了。“从对我生活方式的描述中，你可以看到这里并没有追求奢侈享乐的地方。此外，那些你大概能想到的诱惑在这里完全不可能。另外，这里的每个人都知道周围邻居的不少短处。”他认为格丁根“极其小城镇化”。“迄今还没在晚上单独外出过。这里的生活一切顺利。此外，很少有母亲能像您那样，如此自信体面地把

[31] 致母亲，1893年10月29日。

[32] 致母亲，1894年2月17日。

她们的儿子送往异乡。所以不用担心！”[33]

在谈论完这一“拜访之旅”的两周后，索末菲戴着一顶显然是为此而买的“大礼帽”，已经向几位格丁根教授表达了他的敬意，其中包括这所大学的学监——理论物理学家沃尔德玛·福格特(Woldemar Voigt，1850—1919)，他在此后不久为索末菲提供了一份助教奖学金。[34] 在其他方面，索末菲也没有让他母亲担心。他向远在柯尼斯堡的父母保证他有着“世上最健康的生活方式”。有啤酒屋的慕尼黑固然有更大的吸引力。但他了解到，“‘啤酒’，这一理应为德国人所爱的饮料，在这里其实有名无实”。当时，在中午与利比施散步也成为了他日常生活中的一个固定节目。如果不下雨，这经常会变为数小时的闲逛。此外，他遵从父亲的意见加入了一个包括“几名讲师、一些实习教师和一名中尉”的体操队，每星期在体育馆碰一次面，每次晚间一小时。“我觉得这很有趣。”[35]

他的父母想送他一架钢琴作为圣诞礼物，他也能借此培养他的音乐才能。 56
但索末菲所租住的公寓却不具备这样的条件。“只要我一弹琴，我就有可能会被赶出来的。整栋楼都是饱学之士，保持其绝对的安静事关名誉。所以即便我特别想要，我也不能接受这份用心准备的圣诞礼物。”但他也不必完全放弃钢琴，他在他上司家有机会弹琴，虽然只有趁其不在家时，因为利比施不理解“这类胡闹”。索末菲也向父母详细介绍了他在格丁根的栖息处。“一张相当大的书桌，一个从地板到天花板的大书柜，一张小沙发，旁边还有桌子、镜子、小衣橱和铁炉子。我受够了这个铁炉子。要么房间是冷的，要么这铁家伙烤干人的脑袋。”但总体上他对他的公寓还是很满意。房东太太为他提供带有咖啡和蛋卷的早餐，并在晚上送来面包、黄油、香肠和奶酪，作为房租的适度补贴。“此外，最主要的[是]，她会给我煮一壶好茶。我相信她没有多收我的钱。替我擦鞋、服务等都没有额外费用；都包括在了120马克(年租金)里。”在午餐时间，他在“王室酒店花了1马克——包括啤酒和小费在内是1.15马克”吃饭。利比施建议他这么做，因为在便宜的地方吃饭会有损他的声誉。但他不怎么享受这种文雅

[33] 致父母，1893年10月13日。

[34] 致母亲，1893年10月31日。

[35] 致父母，1893年10月29日。

的用餐风格。“人们坐在一张长长的桌子旁聊天，更多时候，没人聊天。”[36]

索末菲以每年120马克的租金，找到了一间相当经济实惠的公寓。他做助手的薪水是每年1200马克。[37] 在19世纪90年代的格丁根，一间两室或三室的小公寓的租金通常约为180马克。像索末菲这种刚爬上学术生涯上第一个阶梯的准讲师，又没有其他收入，离中产或上层阶级仍然很遥远。例如，1890年，在最低收入水平上的一名格丁根警务人员，年薪为1125马克到1275马克，另有
57 240马克的住房补贴。一名会计可能赚2400马克到4000马克。[38] 所以关注日常开支，对索末菲来说并不完全是次要的琐事。若考虑到还要顾及学术上的礼节，那么索末菲的日常开销记录可以作为一个参考，从中可以了解他准备为他的事业花多少钱。

至于他在矿物研究所的工作，索末菲很快便觉得它们不像最初那么“可怕”了，但却越发觉得乏味和浪费时间。

他必须得为一本矿物学年鉴整理“一个冗长的索引”。矿物研究所更像一个博物馆，他在这里与学生面对面的机会只有每周一次的实习。“收藏品一直被严实地遮盖着，无人问津，但却井井有条。”他工作中最愉快的职责就是偶尔帮他上司“解决更偏向于数学的问题”，“他[指利比施]对那些了解得不多”。他最近
58 已能证明福格特在一本出版物中“从麦克斯韦那儿汲取很多”，但却没有说明这一来源。这使利比施“无比高兴”。“当我们独自惬意地坐在博物馆时，利比施经常问：我们这样不是很开心么?”[39]

但没过多久，索末菲便开始了解到他上司某些令人不太愉快的地方。“利比施今天非常阴沉，”他在11月初写道，“我想他妻子昨天太晚回家了，所以我今天没和他去散步。”[40]利比施的情绪和在矿物研究所时常单调的工作败坏了他的日子。索末菲在一周后再次抱怨他的上司：“像他通常好的时候那样，他有时候脾气也一样差。”“现在他已有一天，更确切地说，有四天特别爱挑刺。这个时候我

---

[36]致父母，1893年10月29日。

[37]致父母，1893年11月27日。

[38]Saldern, *Göttingen*, 1999, S. 16—17.

[39]致父母，1893年10月29日。

[40]致母亲，1893年11月7日。

图 6　索末菲认为他在格丁根大学矿物研究所担任助手的工作是“在矿物学上消磨时光”。他把希望全部寄托在费利克斯·克莱因身上，克莱因向他许诺了一个数学讲师的职位

只和他谈最基本的事。他到底在恼怒什么？他是在生他妻子的气(有个工作日她想和我们出去走走，但他没邀请她这么做)，还是在生我的气(索引整理有点拖延，但工作也很乏味，我整天都得坐着，按字母顺序排列小卡片，不停地瞎忙，弄得我胳膊酸痛)，或者是他开始感冒了？”[41]他上司的情绪让索末菲的内心极为煎熬。一周后他又给家里写信说：“不与他人坦诚相交，实在有违我的本性，而且我现在和他相处还得谨慎。”“利比施夫人肯定很不容易。我很乐意更多些时间和她待在一起，但这不可能，这样的事情是不被允许的。我需要一个能与之完全真诚交往的人，这是我的本性。利比施夫人也差不多是这样。我对她尽可能表现得友好，但我们彼此不能见面。”[42]

---

[41]致母亲，1893 年 11 月 14 日。

[42]致母亲，1893 年 11 月 19 日。

他与他的情绪化的上司间的距离越远，与他上司妻子间的共鸣就越强。“她真是个好人。”他写信告诉他的母亲。他母亲长期以来都是阿德尔海德·利比施的朋友。“她非常喜欢你，鉴于她在这过着完全与世隔绝的生活，只能与她的4
59 个孩子说话，只能见到她的丈夫，自然会珍惜与她远方朋友们美好的回忆。”[43]事情变得越来越荒唐。“好吧，这是一个关于我和利比施关系的开诚布公的简短说明，”他在几周后向柯尼斯堡寄的信中这样说，“和利比施一比，奥赛罗[44]完全不值一提。这不是很可笑么？利比施嫉妒，疯狂地嫉妒。他禁锢他妻子，绝不允许她与任何男性讲话。对此我有最可靠的来源。关于下面利比施夫人告诉我的一番对话，你有什么想说的么？她：‘索末菲博士可以在周一晚上你去爱斯基摩(他丈夫的男子社团)时来看我。’他：‘那我就退出爱斯基摩。’这就是问题所在！利比施是病态的妒忌。由此便可以看出，人们在生活中遇到的困难，其根源是多么疯狂！我很肯定，他的妒忌毫无理由，我都没必要作保证；整件事真的太荒谬，太愚蠢，太疯狂了。”[45]就在索末菲的信中谈到这个“奥赛罗”的同一天，这个故事中的“黛丝德莫娜”——阿德尔海德·利比施也写信到柯尼斯堡。她向索末菲的母亲保证，她会为索末菲着想。[46]

从愤怒的“奥赛罗”的角度看，他妻子对他助手的母亲般的关爱完全不能平息他的愤怒。但除了妒忌，还有其他原因使利比施“极其猜疑，喜怒无常”，正如索末菲在家书中剖析他上司的性格时所说：“他讨厌格丁根和他所有同事。一有机会(也就是说，在他还会和我说话的那阵儿)，他就会贬低格丁根的环境、礼节和仪式。没人像他那样沉迷于礼节，也没有人比他更容易被礼节上琐碎的小事冒犯。”此外，利比施对他在数学上表现出比对矿物学更大的兴趣也感到不满。“在这点上，我也不完全怪他。或许我不应该只是将这一职位作为参与一些数学课程的手段而接受它。这惹恼了他。但我从一开始就没有隐瞒这点。”现在，利比施最初的友好已经转向了反面。“我这几个星期在研究所以这种方式所扮演

---

[43]致母亲，1893年11月27日。

[44]莎士比亚《奥赛罗》中的悲剧主角，因信谗言，掐死自己的妻子。得知真相后，拔剑自刎。——译者注

[45]致母亲，1893年12月20日。

[46]阿德尔海德·利比施致索末菲母亲，1893年12月20日。

的角色，真的一点儿都不值得羡慕。为此我有点可耻地恼火起来。”[47] 60

2.4 坚持，还是放弃?

三个月后，索末菲不再与上司在散步时聊天，这曾使他如此快乐。利比施也尽量避免直接与助手接触。关于此类日常生活细节，索末菲写道：“起初，我们总是一起走回家。”“但最近，这蠢驴有几次找了琐碎借口自己回去，就是为了避免和我走在一起。我现在尽可能让自己不再受其影响。我为自己感到不值。我已经告诉他，如果他觉得自己能找到一个更好的助手，那我很乐意辞职；我不可能在上班时坐着什么都不干，每月便把 100 马克装进口袋里，这是有损名誉的事。然后他装聋作哑，什么都没说。”[48]

准备辞去助手一职表明，索末菲决定不再妥协以违背内心动机为代价去追求学术生涯。“现在你们会说，我可以这么安稳地在研究所工作，如果我什么都不用为他做就更好了。”他写信时预计他父母可能会反对。“是的，但科学工作不同于手艺活，人们必须得对其有热情，觉得舒适，而现在在研究所，我的大部分想法会受阻。”他再次回顾起最初是什么使他能忍受在矿物研究所的日常生活。“我最喜欢周六上午；学生们会过来，我要向他们解释晶体。我从中得到乐趣，并在这个过程中学到许多。我希望每天都有实习。”在这封密密麻麻长达 8 页的信的结尾处，他试图冷静审视他的情况和他的上司：“我前面已经狠狠痛骂自己一顿了。我生气并非没有道理，他的喜怒无常真的惹到我了。不过我也得说句公道话。他有他的优点。他精力充沛，有铁一样的纪律，同时智慧非凡。他也可以为别人做很多，只要他们没有触及他的诸多逆鳞之一。”但利比施之前的助手们也不能长期忍受他，这一点让索末菲感到“些许满意”。他们“平均至多待满

---

[47]致母亲，1893 年 12 月 20 日。

[48]同上。

61 一年。显然没人能和他合得来。”无论如何，他仍被邀请去利比施家过即将到来的圣诞节，他将其归因于他母亲好友的说项。“我宁愿和瓦拉赫一起过，但他到时会在柏林。所以我可能最后还是会去利比施家。我现在相当习惯他那张讨人嫌的脸。我不觉得自己还能重新取悦他，但我也不在乎。毕竟我其他方面的生活相当舒适；基本上，走在一条没有通过母亲关怀和朋友好意来事先为我铺平的小路上，我也能对自己感到满意。所以不用为我担心！”[49]

一般人在面对助手职位行将终止时都会有疑虑，但他的父母看完信后并没有十分悲观。索末菲在平安夜写信回柯尼斯堡说：“你们强调事情有趣的一面挺对的；我也是这么看的。”虽然他根本没在利比施家里过圣诞。相反，他用这几天假期去拜访了他的哥哥。他哥哥成了一名医生，在莱茵河畔的哈滕海姆附近的精神病院工作。至于他自己的职业问题，他只是写道，他计划向林德曼致以新年问候时，“谨慎暗示他能否聘用我的问题”。为了杜绝在柯尼斯堡和格丁根间的流言蜚语，他让他母亲保证严守秘密。“如果你必须写信给利比施夫人，也要同样如此。自然也不要在这提到任何妒忌的字眼，”他急切地请求道，因为他已经答应阿德尔海德·利比施对此保持缄默。“但我欠你们更多，因此相比答应她保守秘密，我还是更愿意打破誓言告诉你们这个秘密。”[50]

其实索末菲来到格丁根只有几周后，就很清楚自己在矿物研究所的情况并不好。但这也不是他唯一的担忧。1893 年秋天的这几周里，他的情绪如坐过山车般跌宕起伏。他的外祖母奥蒂莉逝世了。[51]“奥卿”——她在家中的昵称——在柯尼斯堡他父母家中一直陪伴他度过了整个童年和少年时代。“所以家里将少一个我所爱的人，而多一座坟墓！”他在得知她的死讯时写信回柯尼斯堡说。这个
62 悲伤的情景让他想起了妹妹的夭折。“当时我们多么凄凉绝望！亲爱的母亲，请你行行好，替我在奥卿的坟前献上一个花环。唯有鲜花能向逝者传达爱意。”此外，他也担心他哥哥。还是一名医科大学生时，他哥哥就开始对吗啡上瘾，而在其作为一名神经科医生的工作中又不断面临复发的风险。瓦尔特的情况时好

---

[49]致母亲，1893 年 12 月 20 日。
[50]致父母，1893 年 12 月 24 日。
[51]致父母，1893 年 10 月 29 日。

时坏，这是无数信件中的令人忧心的话题。为了能至少缓解父母在这方面的痛苦，阿诺尔德写信告诉父母他刚收到瓦尔特“一封非常好的信”。“他看起来挺快乐的。”而他年老的母亲忧闷地沉思默想，让她总往坏处去想，他不希望再听到她的这类话了：“于我而言，在很长的时间内你仍将是我年轻的母亲，我们也会常在一起，朝气蓬勃，健康快乐。”[52]

思乡，与利比施关系紧张，对已走上的职业道路的怀疑，对哥哥的担心，这些就是索末菲在1893年结束时的想法。当他在圣诞假期末从莱茵河旅行归来时，“奥赛罗”事件暂时平息。“瓦尔特身体垮了，愁容满面，吃不下饭”，他向远在柯尼斯堡的父母汇报了哥哥的状况。不过他认为这是最近一轮流感引起的，没有理由“去怀疑吗啡”。瓦尔特的处境有些艰难，他和他上司之间也有不愉快；他“宁可在其他人手下工作，对此我完全理解”。瓦尔特在索末菲的“印象中绝未有过任何精神疾患；这些天里，我们手足情深，十分理性地讨论所有事；如果他有任何患病的明显迹象，我是不可能不知道的”。所以，一起度过的圣诞假期“对我俩来说，都是一段舒适的休养时间”。[53]

但不消几日，格丁根的“奥赛罗”又让他认识到，自己作为一名助手每天所面临的日常处境是多么棘手。显然，阿德尔海德·利比施已经把她和索末菲母亲的通信中的某些段落念给她丈夫听了，以此提醒他，他的妒忌毫无根据。这更加证实了索末菲认为他上司“有点疯狂”的猜想。他大概在这时就已下定决心 63
尽快结束这一荒诞事。在一封致林德曼的新年信中，索末菲就已经告诉他“格丁根的各种情况”，并询问他“是否能雇用我”。回复他的——据他告诉他母亲的那样，并非林德曼本人，而是林德曼的妻子，她给他寄了一张“慕尼黑啤酒明信片”。“上面写道她已经向迪克提到我了，而且将不会放弃，等等，等等。我只能说，上帝将我从我的朋友那儿拯救出来吧。”[54]

就教授夫人所应具有的诸多美德而言，缄默不在利斯贝特·林德曼的美德之内。索末菲父母因此担心，关于阿诺尔德与利比施难以相处的流言蜚语，现

[52]致父母，1893年11月4日。

[53]致母亲，1894年1月2日。

[54]致母亲，1894年1月5日。

在可能会在格丁根和慕尼黑间引起骚动。为了减少他母亲的这种担忧，他写信道：“你们放心，我已经向林德曼夫人说明了此事，”“我在这里没看到任何危险。首先，她既帮不上忙，也不会对我造成任何伤害。其次，她会守口如瓶的。”至于相关的“奥赛罗”事件，他已经自己澄清了。“到目前为止没有再发生妒忌的事了。但它已在他心中种下了怨恨，这不会从他坚硬的脑壳里被连根拔出。”[55]阿德尔海德在一封信中向索末菲母亲保证，她不会让阿诺尔德独自面对麻烦。“但我真的为他担心，我就像爱我儿子一样爱他，一直将他视为我可靠的好朋友——而情况也会如此保持下去的。”[56]

相反，上司和助手间已经破裂的关系，却无法修复。“出于我那严苛的暴君的要求，工作时间我一直要坐班。”索末菲在家书中说，“其他教授(瓦拉赫和福格特等)，只在有需要助手干活时才让他们来。利比施的规矩真够幼稚。”他能从利比施那里争取到的唯一让步，是他能在工作时间去听克莱因的课。“我们都很惊讶，您能让‘特奥多尔’这么好地允许您每天在 11 点到 1 点间去大学。”索末菲如此描述他与福格特研究所一名助手的对话。“一般情况下，他对工作时间抓得
64 特别死板。再说他还允许您去克莱因那儿，其他助手和他相处时总是有冲突。”别的助手认为这是他与利比施关系好的一个表现。他认为这非常好笑：“这帮天真可笑的家伙!”被迫将其进一步追求数学的野心搁置一边让他特别不快。“他似乎通过随便给我些什么事做，就将我隔离在数学家的圈子之外。这太让人痛苦了。”[57]

与此同时，索末菲早就已经试图接触那些和他一样刚刚开始自己职业生涯的人了。他的室友，保罗·德鲁德(Paul Drude，1863—1906)，使他注意到了在格丁根市政公园的一家酒馆内的“无薪讲师之桌”。他很高兴加入其中。这是“一个极其舒服、有趣而又刺激的聚会”，充斥着“诸多行话和玩笑”，他崇拜这个圈子。[58] 每周一晚上的体育锻炼也是一个他喜爱的消遣。他可以在这里，至少在短时间内，忘记在他乖戾上司的警惕目光下那繁琐的工作。当他再次拿起笔时，

[55]致母亲，1894 年 1 月 20 日。

[56]阿德尔海德·利比施致索末菲母亲，1893 年 1 月 16 日。

[57]致母亲，1894 年 1 月 20 日。

[58]致母亲，1893 年 11 月 19 日。也见于 ASWB I.

他的乐观又一次占得上风。他在这样一个晚上致信家中道：“我刚从体育馆回到家，或更准确地说，是从啤酒馆。”“至于其他方面，我过得很快乐。”他“在一个桌友那看到一架新钢琴”，所以他在这方面不再需要依靠在利比施家中极少的机会了。现在，所有的痛苦便是缺少时间投身数学。“盯了一整天的晶体后，我晚上回到家时通常筋疲力尽；之后便无法再工作了。”[59]

在1月27日的“皇帝诞辰日”——威廉德国的一个节日，利比施为他提供了
一个再次和家里详细汇报的机会。与节日相映，索末菲以政治新闻的形式传达
了与他上司关系的最新转变：“你们已经听说重大国事了么？矿产帝国的统治者
已经与他最尊贵的第一部长和解了。他邀请部长在28号，也就是星期天分享一
瓶葡萄酒，并许诺在他别墅一楼客房那至高的餐桌边上给部长留下最好的位置。
部长感谢统治者至高无上的青睐垂爱，人民欢欣鼓舞。这无上的荣光正像他无 65
上的愤怒一样心血来潮。”他不知该如何解释这种态度的突然转变。“由于俾斯麦
已经测量了一些晶体，因此不可能把这一特殊功劳归于部长。他总是坚持帝国
的利益，也真不知道他的功绩能重振什么新路线。”[60]

但他在“和解晚餐”后才将信寄出，还说了另一件表现出利比施坏脾气的事。“皇帝诞辰日”处在狂欢节中。在狂欢节期间，格丁根大学的教授们会展现出学者生活中不那么严肃的一面。在这类狂欢派对中最受欢迎的一个游戏便是表演“活的画”。名画所描绘的场景均由客人呈现，这常使堂堂的格丁根学者被迫摆出各种奇怪的姿势，大大取悦了所有参与者。人们在艺术史家罗伯特·菲舍尔(Robert Vischer，1847—1933)家中精心准备这些派对；它们被视为格丁根当地的盛会。“当我到那里时，菲舍尔教授的夫人正走到利比施旁，”索末菲说道，“请他模仿一幅画中的荷罗孚尼(Holophernis)，佯装头颅被砍下来。菲舍尔夫人是一位举手投足都合乎贵族样式的女士，来自于一个富裕的维也纳家庭，是一个漂亮的女人。她客客气气地向利比施提出了自己的要求，而他以一种相当机智而又愉快的方式回绝了她。但她刚一走开，他就表现出无限愤慨，在桌上一言不发，没有说再见就离开了。他认为这是一种侮辱人的过分要求，并对他妻

---

[59]致母亲，1894年1月25日。

[60]致母亲，1894年1月27日。

子大发雷霆，因为她没使菲舍尔夫人远离他。”为了说明利比施愈加古怪，他将其行为与格丁根流行的其他欢闹举动进行比较。在物理化学家瓦尔特·能斯特(Walther Nernst，1864—1941)家中举行的一个派对上，他和其他客人都喝得“完全醉醺醺的”。“无与伦比!”索末菲对这个晚上赞不绝口，并且它充满着“无拘无束的欢乐”。“我们很自在，就好像在家里一样。这真棒。我们的那位最后给我们照亮回家的路的主人——无法独自一人上楼！除了我之外，所有人都是科学明星，而我正在秘密地绽放。”[61]

66 菲舍尔家里的“狂欢节魔法”再次诱发了利比施奥赛罗般的情绪和坏脾气。索末菲在派对后告诉他母亲：“对于她的夫君来说，利比施夫人高兴过头了。”这是“一个最无拘无束嬉笑的夜晚”，“著名的格丁根刻板完全消失了”。女主人知道该如何准确给“活的画”安排各种各样的个性，让“人们觉得在看原画”。例如，福格特扮演了阿尔布雷特·丢勒(Albrecht Dürer)在其自画像中的样子，一位格丁根大学教授的妻子成了一位祈祷的修女——而“对于所有这些杰出(其中部分非常懂音乐)的客人们，我必须配以恰当的音乐”。索末菲第一次上门拜访，还未来得及向人们介绍自己是利比施的助手，就已经以钢琴家的姿态亮相，并为人熟知了。“我弹了以下曲子：《名歌手》(阿尔布雷特·丢勒)、门德尔松的《船歌》(威尼斯夫人)、《悲怆奏鸣曲》(安琪儿)、《魔笛》、《唐璜》和《军队进行曲》，等等，一切都很顺利。”主人在随后“向导演——福格特副院长(Prorektor)，以及乐队队长——索末菲博士祝酒”。“看上去，我与菲舍尔夫人的关系变得类似于我之前和林德曼夫人的关系——而前者更微妙些，就像今天的活动这样。日后我可能会被邀请到家里喝咖啡。”[62]

但索末菲的母亲似乎不太相信教授夫人们如此喜爱他的儿子。阿德尔海德·利比施甚至向他吐露了自己的婚姻问题。“你对她的评价有些不对，”他试图打消他母亲的猜疑，“她不应该因为和我谈论了她丈夫而遭受责备。首先，我们是好朋友；其次，她这么做部分是为我着想。至少当她第一次打破沉默时，我看得出，这对她来说是难于启齿的。既然我已经知道了这一创伤，那她与我倾

---

[61]致母亲，1894年1月27日。

[62]致父母，1894年2月10日。

诉心事也很自然。”菲舍尔家的“狂欢节魔法”让他看到了“科学明星们”爱好交际的一面。他是一名钢琴能手的名声迅速传遍了整个小城，就连没有参加聚会的克莱因夫妇也“十分清楚他在菲舍尔家中的音乐表演”。随后，对菲舍尔的一次“饭后拜访”，格丁根大学实验物理学教授爱德华·里克（Eduard Riecke，
1845—1915)的邀请，以及一场由福格特指挥的音乐会演出，都使他感到非常高 67
兴。[63] 利比施的助手在使自己名扬格丁根的路上走得很好——虽然一开始只是作为一名善交际的钢琴家以及教授夫人们的宠儿。

2.5 走近克莱因

矿物研究所职位的最大好处，便是他可以追求他的数学爱好。在到格丁根 4 个星期后，索末菲就写信告诉父母这一点。他参加了克莱因开设于 1893/94 学年冬季学期的关于超几何函数难点的课程，而且只要一有机会就去数学阅览室——在那里他也可以学习克莱因之前的课。虽然利比施向他形容克莱因是一个难以接近的权威，但索末菲很快就清楚事实并非如此。从第一次见面，他就发现克莱因“相当和蔼”，一点也不难接近。带着明显的好兴致，他写信给他母亲说：“名气难道不是一件糟糕的事吗？当我见到克莱因时，他说：我早就听闻您的大名了，您就是制造谐波分析仪的那个人。下次我必须得匿名旅行了。”[64]在第一次见面时，克莱因还邀请他参与数学专题讨论会。[65] 他与克莱因越熟悉，与利比施就越疏远。关于他上司与克莱因的关系，他如此写道：“在所有的同事中，他特别讨厌克莱因。”“‘卑鄙’、‘虚伪’、‘贪恋权势’，这些措辞算最温和的了。他自己以前跟我说，我应该去上克莱因的课，而现在却为此大动肝火。当

[63] 致母亲，1894 年 2 月 17 日。
[64] 致父母，1893 年 10 月 29 日。
[65] 致母亲，1893 年 10 月 31 日。

我每天去上课时，我都觉得他焦虑不安。此外我一再称赞克莱因的演讲，他却认为相当糟糕。”[66]

与利比施关系越差，索末菲就越希望能在克莱因的羽翼下继续自己的事业。
68 不幸的是，克莱因已经有一个助手了——他在25岁生日时写信告诉家人，而且比他“强得多”。“如果你们喂他士的宁[67]，或许克莱因就会聘我了。但即使这样也完全不可能。”[68]然而他并没有放弃成为克莱因助手的希望，而是决心“尽可能打动他，不再将我的光芒隐于木桶中”。看起来他成功了，因为克莱因真的在1894年3月许诺他一个助手职位。虽然这一职位在几个月后才会成为现实，但索末菲却立马告知利比施这一消息，以免他从其他人那里获知此事。“非常好。”利比施报以略带挖苦的友好口吻——并宣布索末菲在研究所的职位还剩一个月期限。“我当然说：‘如您所愿，教授先生。’可又突然觉得自己被抛弃驱逐！成为助手的喜悦也就这样结束了，哎！唯有希望这不会是捡了芝麻丢了西瓜!!”[69]

这对他远在柯尼斯堡的父母来说可不是什么好消息。与此同时，越来越多的迹象表明，瓦尔特可能保不住他在莱茵河畔哈滕海姆附近诊所的职位了，而他又再次沉溺于吗啡，以逃避对自己职业生涯的厌恶。对儿子们的担心造成了父母沉重的精神负担。“我还会做另一件事，”阿诺尔德向他的母亲保证，“我明天会去拜访利比施夫人。向她解释瓦尔特的情况，告诉她你们对我终止助手一职很担心。”可以肯定的是，他认为父母对他未来的担忧毫无根据，但“我与瓦尔特两人的遭遇相似，我为此感到很难过，而我也千方百计想要减轻你们的担忧。”如果瓦尔特没能保住他的职位，索末菲便想让他来格丁根。这里有一个“妥善管理的精神病院”，瓦尔特或许能在那里做一名志愿者。一名“讲师之桌”成员与这家机构的负责人很熟，所以他希望能借此为瓦尔特说说好话。“无论如何，我宁愿自己为他的事情操心，也不想听闻你们为此忧虑的消息。”[70]

其实索末菲心底里很高兴利比施终止助手职位，这使他离开矿物研究所变

[66]致母亲，1893年12月20日。

[67]士的宁(Strychnin)，一种中枢神经兴奋剂。——译者注

[68]致母亲，1893年12月25日。

[69]致母亲，1894年3月4日。也见于ASWB I.

[70]致母亲，1894年3月15日。

得容易多了。回想起来，他认为接受这一职位，对他来说，从一开始就是“根本上的错误”。“所以我越早结束它越好”，他写信给母亲说。而且，利比施还给解 69
雇披上了“根据双方协议”的外衣。从之前利比施没一个助手能与他长期相处这一事实看，情况对他来说也不算尴尬。在格丁根所有的人都知道这责任在谁。为了避免在家中产生任何流言蜚语，他也准备了一套说辞：“至于在柯尼斯堡，我就只说自己和上司处不好，或者如果你们愿意，我会说，我仍是一名助手，只是先前的职位与将来的职位合并了而已。”[71]

索末菲寄往柯尼斯堡的信显得对矿物学家利比施不太有利。鉴于这些描述，人们在读到《矿物学、地质学和古生物学文摘》(*Centralblatt für Mineralogie, Geologie und Paläontologie*)上利比施的讣告时，就会非常惊讶了。利比施在格丁根大学工作的 21 年里“乐于”“吸引有天赋的学生到他研究领域中。他带着满足和感激回忆了与他所有格丁根助手的忠诚合作。”利比施“在这段时间收获最丰盛，因此也是他勤劳的一生中最快乐的一段时光”。[72] 索末菲也在利比施的助手名单上，但这份名单也可作为一个证据，证明事实上没有一个助手能长期忍受利比施。[73]

虽然克莱因的助手一职的归属在 1894 年 3 月仍悬而未决，但对索末菲来说，这只是时间问题。但利比施在随后不久撤回了解雇通知，因此从表面看似乎一切如故。利比施向格丁根大学学监解释道，他的助手“请求将他的职位保留到今年 9 月 30 日，因为他家中突生变故，使他不能像他所计划的那样，全身心地准备数学专业的大学任教资格考试”。[74] 利比施所说的“突生变故”，毫无疑问暗指索末菲哥哥吗啡成瘾。无论如何，取消解雇让索末菲远在柯尼斯堡的父母松了
一口气。索末菲心中五味杂陈。“保住我的职位使你们高兴，这对我来说就是最 70
大的满足。”他向他的父母保证。在内心深处，现在还要继续矿物研究所那单调麻木的工作，不能全身心献于数学，则使他苦恼。他猜瓦拉赫也会“对此狠狠痛骂”。将他兄长作为一名志愿者安置在格丁根附近的精神病院的希望也破灭了。

---

[71] 致母亲，1894 年 3 月 16 日。

[72] Schulz, *Theodor Liebisch*, 1922, S. 420.

[73] 矿物研究所助手一职的频繁变动记载于格丁根大学监管档案中，UAG, Kur 1522.

[74] 利比施致学监(Kurator)，1894 年 3 月 29 日。

相反，瓦尔特进了另一家医院——作为一名病人。索末菲致信家中道："这乱七八糟的生活令人心碎。"但对于"没用"这个词——他母亲在面对儿子们第一份专业工作的失利时这么说，他觉得毫无道理。"根本不是这样！克莱因根本没有觉得我没用，利比施也没有。我只有在与他的怪脾气作战时才没用。"[75]

2.6 物理学，还是数学？

学期结束后，索末菲要去柯尼斯堡完成一个为期两个月的军事训练。作为一名一年期志愿兵，他可以在假期中通过这类训练逐步满足预备役军官资格。就这样，他从下士升到了中士，最终成为预备役军官。[76] 他在 1894 年 4 月和 5 月训练期间住在父母家，再次回到童年和学生时代所熟悉的环境中。"当我离开时，"他回到格丁根后写道，"我突然想到我真的应该感谢你们热情欢迎我回家，因为我已不再是一个孩子，可以毫无顾忌地接受父亲和母亲所给予的一切好处。"[77]

虽然名义上索末菲仍是利比施的助手，但他仍将 1894 年 6 月重返格丁根视为他人生新篇章的开始。首先，他搬进了镇子边的一间新公寓(谢尔德路 23 号)，
71 这里比离此地只有几条街的老公寓(海因霍茨路 30 号)要舒适。"风景非常好，而且很安静。在这工作打开窗户能看到青山绿树。"[78]另外，他也希望在这里能更好地追求他的音乐爱好。"我的房东有一架钢琴，"他越说越起劲儿，"真是太诱人了！"[79]

---

[75]致母亲，1894 年 4 月 1 日。UAG，Kur 7522.

[76]亚琛行政区命令证明(Bescheinigung des AachenerBezirkskommandos)，1911 年 4 月 20 日。DMA，NL 89，016，Mappe1. 7.

[77]致母亲，1894 年 6 月 8 日。

[78]致母亲，1894 年 6 月 9 日。

[79]致母亲，1894 年 6 月 15 日。

但现在他仍不得不待在矿物研究所里，在他看来这纯属是浪费时间。“利比施这儿的苦差事实在愚蠢至极。我对此真的觉得痛苦。顺便提一下，他费尽心思表现出友好。他是名副其实的挂图收集癖。我已经画了几打了。”当他汇报“当前工作”时，他指的不是矿物研究所的工作，而是为了能够获得大学任教资格成为克莱因的助手而进行的数学研究。但就在他内心渴望集中全部精力研究数学，将其作为他真正的研究领域时，沃尔德玛·福格特为他提供了理论物理研究所的一个助手职位。在和福格特交谈后，他写信告诉母亲他“将几乎什么也不做”，而仍然为他在大学中的数学任教资格奋斗。“这些人对我有惊人的信任。我对实验方法论一无所知，我也这么告诉福格特了。我担心自己会出丑。”福格特是“一个好人”，但他在科学上并未引起索末菲的兴趣。福格特的前助手们使索末菲确信，在理论物理研究所选择自己的研究课题时，他将有很大的自由度。但最重要的因素是他仍未收到克莱因的职位确认消息。“我应该怎么办?”[80]

他在两周后告诉父母，他拒绝了这一职位，因为他不想“再次在一个不合适的职位上”，忙于那些他不感兴趣的事。他也与克莱因讨论了这件事。“事实上，他建议我接受福格特的职位。他想象中的我很喜欢物理，实际上我还不到那程度。但今天，他似乎为我下学期空无一职感到高兴。”[81]

此后，在矿物研究所的日子变得愈发难以忍受。“在利比施那儿的工作令人
讨厌，足以使人发疯。高度乏味，从早上九十时到晚上六七时。”利比施现在确 72
实非常友好，但这只有些许安慰。“我宁愿他不这么友好，而且不以这样不负责任的方式来浪费我的时间。”[82]

在1894年这个夏天，留给他研究数学的时间只有晚上和周末。“下个学期将是一段美妙时光，而在矿物学上浪费时间对我来说就是一场噩梦。”他以这种方式表达了对克莱因助手职位的渴望。每当谈到与克莱因的对话时，他总是滔滔不绝。他与克莱因“闲聊了……神话般的两个小时”，克莱因“机智、博学、豁达而又真诚”。与之相比，他对他在矿物研究所的上司的描写则天差地别：“最近，

---

[80] 致母亲，1894年6月15日。
[81] 致父母，1894年6月27日。
[82] 致母亲，1894年7月4日。

我差点就喊利比施'中士先生'了。哈哈!"[83]

临近期末，索末菲得到了一个让他兴奋不已的惊喜。这个惊喜使他在半夜给母亲写了一封长信。"我刚从数学协会的周年庆典上回来，乐得要熬夜写到筋疲力尽。好了，我是应该，还是不应该告诉你们我听来的消息呢?"然后他就一股脑儿全说了：玻尔兹曼的一位前助手刚从慕尼黑回来，惊讶于索末菲没有在柯尼斯堡继续就理论物理学完成大学任教资格论文。"他说玻尔兹曼十分看重我在电动力学上的工作。现在事情是这样的！你们坐稳了，不要从椅子上跌下来！玻尔兹曼把我名字放到他在慕尼黑的继任者名单的第 7 或第 8 位上!!!"1894 年夏天，玻尔兹曼辞去了他在慕尼黑的教席，回到奥地利出任维也纳大学的理论物理学教授。索末菲难以相信自己在慕尼黑的玻尔兹曼继任者候选名单上，最初还以为这个消息是个玩笑。所以他让父母保持沉默。"这件事太疯狂了。可怜的玻尔兹曼疯了，这真的太悲伤了。但更悲伤的是，我现在处于我是否应该转到物理学的两难境地上。"至少有一瞬间，他不确定从事数学研究的决定是否正确。"克莱因也希望我在物理学上能获得大学任教资格，"他陷入沉思，"这就是任何在一个领域的边缘地带工作的人所遇到的。数学家们认为我是一个物理学
73 家。而如果我成为一名物理学家，他们毫无疑问又会把我看作一个数学家。"他希望转告玻尔兹曼，他将会在格丁根这里成为一名数学家，并和物理学说再见。但如果玻尔兹曼想让他去维也纳做助手，"我会去，并成为一名物理学家"。最后，他再次让他的想象力自由驰骋："你们想象一下，我是德国最伟大的物理学家(在赫兹死后和赫尔姆霍兹中风后)的继任者。这太傻了。算了！我最后还是要成为一名数学家的。但我要让利比施从他妻子那里才知道这个新闻。这种恶作剧，一定会惹恼他!"[84]

他在数学协会年会庆典上听到的一切，甚至在几天后仍回荡在他的脑海中。这其中也与他的博士导师林德曼的妻子有些关系。她"的无拘无束在慕尼黑是出

[83] 致父母，1894 年 6 月 27 日。

[84] 致母亲，1894 年 7 月 29 日。也见于 ASWB I. 海因里希·赫兹(Heinrich Hertz, 1857—1894)卒于该年的 1 月 1 日。赫尔曼·冯·赫尔姆霍兹(Hermann von Helmholtz, 1821—1894)卒于 1894 年 9 月 8 日。

了名的”，让他觉得十分有趣的是，她曾“征服了”玻尔兹曼，并说服他“买了一只大狗。而玻尔兹曼从那时起，每隔15分钟就要跑出来，让这个畜牲遛遛弯儿。简直让人捧腹！”[85]

当他父母想要知道，关于玻尔兹曼在慕尼黑的继任者的消息，是否有人在开他的玩笑时，他回答：“事实上，玻尔兹曼在考虑他的继任者时提到了我的名字。同样可以确定的是，我当然也从未被真正纳入考虑范围，而且玻尔兹曼有一大偏好，他十分看重纯数学假说的价值，就类似于我当时发表在《魏德曼年鉴》上的文章。”他的父母反对他不顾一切要在下个月时结束在利比施处的工作，认为在这种情况下他最好接受福格特的助手一职。对此他故作淡定：“好吧，当要选择大学讲师这一职业时，人们必须从一开始就放弃金钱。”克莱因肯定提供职位，只是没定什么时候。“对我来说，无论从1894年10月，还是从1895年10月开始，都不重要。在福格特那儿的一年除了浪费时间，没有别的。福格特也希望我成为一名物理学家。到时也可能发生类似在利比施那儿的冲突(虽然可能不会以这么蠢的形式)。所以相信我，这是我人生小船在这里转向所带来的必然后果。”[86]

---

[85]致父母，1894年8月3日。

[86]致父母，1894年8月24日。

75

第三章　在格丁根任克莱因助手

“我对克莱因以前的课极感兴趣。人们可以在阅览室里查阅它们。”索末菲在1893年11月到格丁根后不久给家中写信说道。在1888/89学年冬季学期一个关于物理学中的偏微分方程的课程中，克莱因也讨论了热传导。索末菲满意地发现，克莱因的做法与他参加柯尼斯堡地温测量大赛的作品所追求的理论方法，有着“相当有趣的相似性”。“这绝对证明不了我是一个克莱因，而是证明这种方法能够让人们走得很远，去到他和我曾到达的地方。事实上，我向前一步的尝试至今没有成功。”[1]在物理学中微分方程的另一个课程中，克莱因的讲稿包含如此多迷人的数学，在它的衬托下，物理内容则显得暗淡无光。索末菲对此钻研越深，就越想将其作为他未来的研究对象。

---

[1]致母亲，1893年11月19日；Klein，*GesammelteMathematische Abhandlungen*，Band 3，1923，Anhang，S. 7.

3.1 物理数学

克莱因在他的课中一再向他的学生强调，数学与物理学彼此间的联系是如何的紧密。没有什么比人们在从电学到声学中均使用的偏微分方程更能清楚地说明这一点。1888 年 10 月，克莱因在第一次课时如此阐述这一学期的目标："以一种系统的方式同时讨论所有这些微分方程，正是我在当前课程中给自己所设的任务。"而在之前关于势论的课程中，他的信条也是"数学及其应用，尤其是与物理学不可分割。而且数学家从他们的角度去探索这种联系也是有益的：不 76
仅有益于这些应用研究，也有益于从应用中吸收力量的纯数学自身"。[2]

这些进路对克莱因来说太平常不过了。1872 年，他在其日后闻名的"埃尔朗根就职演讲"中就是这样解释的："许多所谓的数学物理学探索，其实是纯数学探索。""人们更愿意把它们放到另一种范畴内，即物理数学的范畴内。"[3] 这种数学在 1888/89 学年冬季学期他关于物理学中的偏微分方程的课上完全成为了中心。克莱因强调这里所涉及的方法并不是新的。在这方面，他尤其把黎曼当作一个伟大的榜样。对于黎曼来说，数学向物理学靠拢几乎是理所当然的。克莱因建议他的学生从原始文献中获取对黎曼著作的个人理解。"数学阅览室会为此向你们提供必要的帮助。"[4]

在阅览室学习克莱因的这些课程和黎曼的著作时，索末菲对于许多他已经熟悉的东西有了新的认识。虽然物理现象各式各样——电、磁 、光学、热传导、弹性和声学等，但涉及的偏微分方程常常是同一类型。势论偏微分方程、拉普拉斯方程和泊松方程对力学的重要性就像它们对电学和磁学一样。振动方程和

---

[2] "偏微分方程 I，88/89 学年冬季学期"课程笔记。SUB Cod. Ms. F. Klein 15H.，S. 1.

[3] Rowe，*Antrittsrede*，1985，S. 133.

[4] "偏微分方程 I，88/89 学年冬季学期"课程笔记。Cod. Ms. F. Klein 15H.，S. 3.

热传导方程也是如此。“物理数学家”能够看到，在大量物理现象的背后，有一个清晰的微分方程的基础框架，其中很大一部分与所谓的边界值问题相关。这个边界值问题想解决的是，如何从一个函数在给定区域上的已知分布值出发，推导出一般的时空行为。

对此，按照克莱因的说法，有两种方法：第一种方法，对解做级数展开，
77 然后进一步确定系数。另一种方法从各个微分方程对应的“基本解”入手；接下来第二步必须调整基本解以满足事先给定的边界值。总之，“与物理观念无条件结合”告诉人们应如何求解函数。在这里，我们又再次看到了克莱因的“物理数学”概念指的是什么：物理学为微分方程的解提供了“存在性定理”，甚至在数学上尚未给出证明的情况下也是如此。“通过这种结合，我们希望这不仅有益于物理学，也首先有益于我们自己。”[5]

在克莱因的“基本解法”中，索末菲立刻认出了他自己求解热传导方程的方法。他让母亲把他“那时候的测温工作”手稿寄给他。因为——在芝加哥世博会和迪克组织的慕尼黑数学仪器和模型展之后——克莱因也对谐波分析仪感兴趣，索末菲意识到这是一个向克莱因展现其才华的好机会。他在 1893 年 11 月 7 日写信回柯尼斯堡说：“我将于 4 周后在当地数学专题研讨会上就分析仪和我的博士论文做报告。”他希望他的报告能打动克莱因，但也觉得相当没有把握，因为在自己博士论文已取得的成果的基础上，他没有什么实质性进展。“从这个破玩意搞不出什么东西；或许你们觉得是个好消息，但我却不这么认为。”[6]

克莱因做事滴水不漏。他邀请索末菲在做报告的前几天参加一次事先讨论。“离去的时候，我心满意足。”索末菲告诉他母亲，自己“给他留下了一个好印象，也希望我的报告能增强这一好感”。[7] 他在这次讨论中就很清楚，他的主题已经引起了克莱因极大的兴趣。“会谈的结果很有成效。我告诉他，可以借助米塔格-莱弗勒定理的扩展在空间中构建三重周期势。他告诉我，阿佩尔——一位非常
78 优秀的巴黎数学家——有一篇论文涉及这点。他翻开这篇论文，并将中间一段

[5]“偏微分方程 I，88/89 学年冬季学期”课程笔记。SUB Cod. Ms. F. Klein 15H.，S. 7781.

[6]致母亲，1893 年 11 月 19 日。

[7]致母亲，1893 年 12 月 4 日。

念给我听，说人们可以在米塔格-莱弗勒定理的扩展之下构建三重周期势。这看起来很好。我很满意地离开了。我觉得我已给他留下了深刻印象。”[8]

瑞典数学家马格努斯·哥斯塔·米格塔-莱弗勒（Magnus Gösta Mittag-Leffler，1846—1927）的定理论述了带极点的特定函数的存在。在19世纪80年代，这是一个被广泛讨论的数学研究对象。索末菲提到它，说明他了解函数论中最高深的领域。[9] 他随后肯定在阅览室仔细研究了得到克莱因如此高度评价的巴黎数学家保罗·阿佩尔（Paul Appell，1855—1930）的著作。阿佩尔在1892年发表了一项关于热传导方程类微分方程的研究。阿佩尔引用了索末菲的博士论文来概述卡尔·魏尔斯特拉斯（Karl Weierstrass，1815—1897）所建立的理论，这肯定让索末菲雀跃不已。[10]

通过1893年12月5日，也就是他生日这天的报告，索末菲正式在格丁根数学家们面前亮相。“署名者就‘数学物理中的基本解法’发表了演讲，同时还报告了他的博士论文”，他随后在数学协会的记录簿——演讲者们将自己报告的摘要登记于此——上写道。首先，他解释了基本解的概念，认为这是一个物理学中的微分方程的解，对应一个处在没有边界的无限域中的点源。从这一基本解出发，可以通过格林函数，用积分来表达一个给定边值的有界域的解。使格林函数成为解边值问题的起点，也就意味着人们可以用积分表示任意函数，正如他在其论文中更详细的描述。他借此将他的论文转到与克莱因如此看重的基本解法相一致的方向上。[11]

因此在实际应用这种方法时，首先须依各个边界条件确定格林函数。[12] 对 79
此，由威廉·汤姆孙（William Thomson）引入势论的镜像原理被证明尤为成功，借助这一原理，可在界面以下建立起通过源（在势论中指点状电荷）的镜像在给定界面起支配作用的边界条件。索末菲将这一操作方法用于热传导理论。不过这

---

[8] 致母亲，1893年12月5日。

[9] Turner，*Mittag-Leffler Theorem*，2007. 关于函数论的历史，见 Bottazzini，*Calculus*，1986.

[10] Appell，*Sur l'équation*，1892，S. 209.

[11] 格丁根数学协会1号记录本（ProtokollbuchNr. 1 der Mathematischen Gesellschaftzu Göttingen）（从1893年复活节至1896年2月）. SUB Cod. Ms. Math. Archiv49：1.

[12] Tazzioli，*Green's Function*，2001.

只有在点状热源通过镜像将空间完全填充的情况下才会成功。索末菲承认，“因此能以这种方式解出的问题并不多”。但这一方法或许也可以用于“温度分布不明晰”的情况；因此，仍需对“有支点的曲面上的热传导”做进一步的探索。由此，他使镜像方法对函数理论产生了迄今为止还未被认识到的价值。[13]

索末菲通过这类扩展延伸的工作踏上了数学物理这块处女地。就一般基本解法而言，可能不会有像索末菲那样新的描述了。就像克莱因在其讲课中所阐释的那样，它在势论中几乎成为了一个标准步骤。这个方法也被用于热传导问题。“就在今天中午”，索末菲在做完报告的那天晚上写道，他在阅览室看到了“两篇署名贝蒂的论文”。在意大利数学家恩里科·贝蒂(Enrico Betti，1823—1892)的热传导理论中以及其他一些未被索末菲提及的论文中，可以看到，“源点法”——人们也如此称呼它——早在19世纪60年代就为人所用。可能是他对这些早期论文的不了解引起了一些批评，因为他在演讲完后写信回家说他本来可以做得更好。尽管如此，他的心情还是很好：“人们会看到，我是懂一些东西的。”对他来说，最重要的是他“利用这次机会更大大接近了”克莱因。[14]

80 根据克莱因在那些年的其他课程，可以明显看出，索末菲的报告与克莱因的“数学物理”计划竟如此契合。在谈到“有支点的曲面上的热传导”时，索末菲给黎曼曲面的概念赋予了一种物理意义。在1891/92学年冬季学期的一堂课上，克莱因用一种极为相似的方式将黎曼曲面描述为“势能基底”。[15]

不久前，克莱因让他的学生弗里德里希·珀克尔斯(Friedrich Pockels，1865—1913)将1888年至1890年他关于“势论”“物理偏微分方程”和“拉梅函数”的讲义中包含的“新想法”发展成一本关于偏微分方程“$\Delta u+k^2u=0$”的书的基础，“不仅因为它们对于无数物理问题都有突出的重要性，也由于它们能被视为势论方程的新的一般化”。[16] 在索末菲身上克莱因看到了一个天赋和野心兼具，怀着满腔热情要亲自用物理学解决数学问题的数学家。“我和克莱因的关系很棒”，

---

[13] 格丁根数学协会1号记录本(从1893年复活节至1896年2月)。SUB Cod. Ms. Math. Archiv49：1.

[14] 致父母，1893年12月5日。Burkhardt，*Entwicklungen*，1908，S. 1239.

[15] Klein，*RiemannscheFlächen*，1985，S. 8.

[16] Pockels，*Differentialgleichung*，1891，S. 1—2.

索末菲在做完报告的几周后写信告诉他母亲。“最近我从他那收到了一封‘情书’：我准备去看他；他想和我讨论工作。我接下来还要做另一个报告，关于最近几篇法国的论文。克莱因事必躬亲，但没时间读完所有这些东西，所以想要关于它们的简要汇报。他很快为我想出了一个明确的研究领域。我准备就我的上一次演讲，尽快为《数学年鉴》写一篇短论文。”[17]

在修改报告以便其发表于这本著名的数学刊物时，索末菲对其主题做了一次特别的加工：他将解偏微分方程的可选步骤——基本解法与级数展开法，归因于两个不同的物理学基本概念——超距作用与接触作用。级数展开法对应于接触作用的观点，即变换只通过穿越紧邻的区域从一处传播到另一处。而根据超距作用，点源甚至能在相邻空间域没有相互作用的情况下将它们的效应传递 81
到远处。例如，在势论中，函数 $f(r)=1/r$ 是一个“基本解”。它表明一个单位源在距离 r 处产生的力的作用如何减少。人们可以通过求和或对源分布做积分运算得到源在空间分布的效应。在热传导中，用类似的方式，人们从“温度极”出发，通过一个“基本解”构造出适合于一个给定温度分布的解。这种方法的特殊魅力在于它扩展了函数论。索末菲用“黎曼曲面上的基本解”这个标题归纳最后三部分。作为示例，他思考在一个由两条相交直线所界定的区域内部有温度极的镜像。两直线交角不同，在直线上形成的温度极的镜像也不同。若不断对称地重复直线包围的楔形区域，会发现整个平面会被覆盖多次。在数学上，这意味着对“光滑表面”已知解函数的概括，可以通过在黎曼曲面上积分求得。[18]

3.2 “之后我将会成为无薪讲师”

经过这次严峻的考验后，索末菲多次被克莱因召唤“接见”[19]，通过不断地接

---

[17] 致母亲，1894 年 1 月 5 日。

[18] Sommerfeld, *Theorie der Wärmeleitung*, 1894.

[19] 致母亲，1894 年 2 月 17 日。

受挑战——做报告或发表论文——而使自己的等级晋升。例如，在来到格丁根的第一个学期末，索末菲就做了一个题为“由偏微分方程获得的实变函数”的报告。[20] 如果说在1893年12月的首次报告后，索末菲对自己是否有能力在克莱因羽翼下完成大学任教资格论文仍抱有怀疑，那么这次报告和为《数学年鉴》所写的文章则打消了他的疑虑。“这一刻，最蓝的天空在格丁根微笑。”他写信回柯尼
82 斯堡，好让父母分享他的喜悦。克莱因许诺在秋天为他提供一个助手职位。“当前只有一个小坎。他现在的助手计划获取大学任教资格，因此需要一份奖学金。如果他得到了，一切顺利的话，他就会辞去他的职位。他非常有可能得到它，因为格丁根这儿刚安排了一项奖学金。一切就像按计划进行的那样。之后我将会成为无薪讲师，解决那些克莱因没时间解决的问题。嘿嘿!”他的年薪还是1200马克——和他不喜欢的矿物研究所职位薪金一样多，但这个职位上他每天都能有机会和克莱因聊天。“万岁!”[21]

有时间在数学阅览室学习，并且受到其他数学家的尊敬，使索末菲在矿物研究所乏味的日常工作变得不那么煎熬。他现在越来越清楚，他在柯尼斯堡的博士导师并不理解他工作的意义。“这里的人们所感兴趣的正是我所感兴趣的，”他在1894年6月致信他母亲，“例如，现在在巴黎的布克哈特教授，他读了我的博士论文，并对之赞赏有加。”[22] 海因里希·布克哈特(Heinrich Burkhardt，1861—1914)于1889年在格丁根通过了他的大学任教资格，他被公认为是函数论和特殊函数领域内的专家。索末菲也很快找到了他的大学任教资格论文的主题。一旦“基本解法”被证明适用于热传导，随后也将会为其他物理学微分方程开拓新的解法。

这方面尤其是体现在波动方程上，当时它常常被选为数学博士论文的题目。[23] 自赫兹时代起，人们就知道，能用麦克斯韦方程组来描述电磁现象——包括光的漫射。而对于光的衍射，从这些方程组中，也很容易为电场和磁场的不

---

[20] 格丁根数学协会1号记录本(从1893年复活节至1896年2月)。SUB Cod. Ms. Math. Archiv49：1.

[21] 致母亲，1894年3月1日。

[22] 致母亲，1894年6月9日。

[23] 例如，Pockels, *Differentialgleichung*, 1891.

同分量导出“$\Delta u+k^2 u=0$”型波动方程，场分量 u 是一个位置和时间函数，“波数”k 表示波长的倒数。当衍射阵列边界上的场分量采用给定值时，就可以求得解，而用数学语言来说，这是一个经典的边界值问题。但即使在最简单的情况下，这也被证明是一个庞大的数学任务。此前甚至没人能成功地对直边墙的衍 83
射给出一个解，更不用说是一道狭缝或光栅了。狭缝后出现的明暗衍射条纹，物理学家简单地将之解释为光波的重叠，在数学上却是一道未解的难题。物理学家们采用了惠更斯原理，根据该原理，位于孔被照亮的一侧的每一个点所发出的光线射向四面八方，它们互相叠加，基于波动的性质，某些位置变暗，而某些位置变亮。这在数学上可以作如下描述，假设从衍射孔进入的波前上的每一点都发出一个球面波，在观测位置就能检验到这些球面波的重叠。基尔霍夫(Kirchhoff)将这一想法发展成一套严格理论，借此能很好地定量描述很多衍射现象。但惠更斯原理只是近似可用，而在例如狭缝孔宽度和波长属于同一数量级时，则完全失效。此外，不同场分量的边界条件与惠更斯原理并不兼容。简而言之，对物理数学家来说，惠更斯原理并非解决衍射问题的合适方法。

但想要评论诸如克里斯蒂安·惠更斯(Christiaan Huygens，1629—1695)这样的物理学史上的英雄，自然非同小可。“此外，对我来说，基尔霍夫先生使事情变难了。”索末菲在 1894 年 10 月致信他母亲道，“我有充分的理由相信，物理学家在光学中所做的这些最基础的数学处理都是废话和无稽之谈。但我不能在我的论文里就这样简单地说。无论如何，我必须得把他读透。”[24]可能在几个月前，索末菲就已选择衍射问题作为他的大学任教资格论文题目，并且预想着很快就会获得成功。“要是事情能进行得更快些就好了，”他在 6 月中旬的家书中显得颇为急躁，“一切都非常美好而新颖。数学方法相当优雅而物理结果具有非常重要的意义。我期待从中获得巨大成功。从今天开始后的第 3 周我将做一个演讲。”[25]他猜测克莱因会用这次机会来决定他是否能将这一研究作为一篇大学任教资格论文。

但数学处理上的难度超出他的预期。而“在矿物学上消磨时间”又让他的心 84

[24]致母亲，1894 年 10 月 3 日。
[25]致父母，1894 年 6 月 15 日。

情更加低落。[26] 就在演讲原定日期前不久，他写信回家，称利比施让他无法“集中工作”。[27] “明晚我要在克莱因那儿，”他在 7 月 20 日写信回家道，“我的论文变得比之前更长也更好。”[28]之后他又碰到了许多新的困难。“也就是说，最近几天我的衍射研究毫无进展，相反，它在两个方面已然滞后，而我相当绝望。因为克莱因没空，演讲被推迟到了下周五。所以，继续下苦功夫吧。”[29]不过，最后演讲进行得“大体满意”，就像索末菲在 1894 年 8 月 3 日告诉他父母的那样。“所以，这就是用系统的数学方法处理了光的衍射。对于至今未正确处理这一主题的物理学家们，我已经给他们那过时的想法带去了一些值得思考的东西。”克莱因称赞他，告诉他这一工作“为本学期画上了漂亮的句号”。[30]

索末菲在数学协会的记录簿上总结自己的演讲时也没有掩饰自己的才华。“署名者说明了，可以由黎曼曲面上的微分方程‘$\Delta u+k^2u=0$’的解得到某些特殊衍射问题的精确解。”他由此直接谈到了其方法的基本点。类似于他在热传导中处理超距作用和接触作用假说的不同观点时所使用的方法，在这里，他比较了物理学在处理光学问题时所用的两个基本观点——“微粒说”和“波动说”。前者不能完全解决衍射问题，因为它只能描述以直线传播的光线。只有波动学适用于衍射问题。在一面墙边缘处的衍射中，波动方程的解导向一个“黎曼双空间”内的积分，以墙边缘作为“分支截面”。他以此将黎曼曲面概念推广到三维空间。
85 当光在一个平面从作为“衍射屏”的坐标原点沿着直线传播时，黎曼双空间简化为一个以坐标原点为支点的双叶黎曼曲面。索末菲由此回到了熟悉的普通函数论领域。“这时会出现很容易的函数，可以用贝塞尔函数表示。”[31]

索末菲也把这次演讲写成了一篇论文；1894 年 12 月 8 日，克莱因把它提交给格丁根科学院以发表。索末菲在这篇文章中尚未透露衍射问题的解法，他想

---

[26]致父母，1894 年 6 月 27 日。

[27]致父母，1894 年 7 月 16 日。

[28]致父母，1894 年 7 月 20 日。

[29]致母亲，1894 年 7 月 29 日。

[30]致母亲，1894 年 8 月 3 日。

[31]格丁根数学协会 1 号记录本（从 1893 年复活节至 1896 年 2 月）。SUB Cod. Ms. Math. Archiv 49：1.

在大学任教资格论文中再揭晓。但他确信无疑的是，可以“根据与观察现象的比对”来实现他的方法，而且它已经得到了“一个相当令人振奋的一致性”。“普通衍射理论的公式看起来或多或少都是我们精确公式很好的近似。”[32]

3.3　阅览室与模型收集

索末菲在 1894 年 8 月通过他的演讲向格丁根数学协会介绍了他的大学任教资格论文主题，协会“大体满意”，但暂时还改变不了他在矿物研究所的糟糕境况。就在冬季学期开始的几周前，他希望获得克莱因助手一职的愿望也破灭了。克莱因当时的助手，恩斯特·里特(Ernst Ritter，1867—1895)，没能辞去他的职位，因为他一直指望的奖学金落空了。但索末菲肯定必须在 1894 年 10 月 1 日这天放弃他在利比施处的职位，他的继任者已经到了。“一个有些害羞的人。可怜的小兔子!!”[33]不久克莱因告诉他，里特的奖学金竟在最后关头被批准了，由此“实现了我们早先约定的前提条件”。“所以我终究十之八九还是会成为助手，”
索末菲得意洋洋地写道，“关于福格特的职位，此刻谁是对的? 如果我当时和福 86
格特定下的话，现在想必会十分懊恼。不入虎穴，焉得虎子。”[34]

职位也在几天后正式确定了。索末菲被任命为克莱因的助手，为期两年，从 1894 年 10 月 1 日开始生效。[35] 他的年薪还是 1200 马克。但从利比施手下苦役般的工作中解脱出来后，索末菲终于可以全神贯注地投入到他认为是自己天职的数学中了。与一年前接受矿物研究所的职位不同，他现在很清楚作为克莱因助手，等待他的是什么。管理阅览室是他的主要职责之一，还有收集数学仪器和模型，这属于克莱因管理范畴，现在也是他的管理工作，索末菲对此早已很

---

[32] Sommerfeld，*Theorie der Beugungserscheinungen*，1894，S. 342.

[33] 致母亲，1894 年 9 月 19 日。

[34] 致父母，1894 年 10 月 5 日。

[35] Curatorialrescripte 1891 - 94. SUB Cod. Ms. F. Klein 2B.

熟悉了。克莱因在到格丁根不久后，为了模型收集，就从英国购得了一台谐波分析仪。[36] 那时他本人对克莱因而言就是“制造谐波分析仪的那个人”[37]，所以不言而喻，模型收集对他而言有着“某种重要意义”。[38]

克莱因将阅览室和模型收集视为其数学教育事业的必需品。早在收到格丁根大学的聘书时，克莱因就要求一间“数学阅览室和工作室”，就像1881年他在莱比锡大学所建成并投入使用的那种。在当时，现在由索末菲担任的角色由克莱因的助手瓦特尔·迪克承担。[39] “我在格丁根首先需要的”——克莱因在接受格丁根的聘任前就曾约定——“是几个房间，在那里，我先前学期课程的讲义能向研讨课中程度较高的学生和外地年长的数学家等开放，此外还要陈列我所要求的某些其他辅助的文献资料和一些可能的模型。”[40]从1886年起被正式命名的“数学物理研讨课阅览室”设在与模型收集室相邻的房间内，这间收集室由克莱因的
87 前任在早年间所建。大学为此替克莱因指定了一名“私人助手”，负责照看模型收集室和阅览室。若想使用阅览室，人们需要像加入协会那样登记注册。在1894年索末菲担任这一职务后，阅览室名声渐盛。使用者数量从1894年的约30人上升到1910年的300多人。即便在1912年退休后，克莱因仍旧管理模型收集室和阅览室，就像他与大学管理委员会争论的那样，这些机构与他个人的指导方针如此吻合，以至于不能指望他的继任者能在没有他协助的情况下正确地管理它们。[41]

至于阅览室的配置，正如克莱因在1892年就向大学学监表明的那样，不仅要为“纯数学”，还要为与数学相关的学科准备好最新的文献。“要以一种适合我们听众的方式对应用数学、数学物理学，及至数学天文学等学科加以考虑。”他追求“用数学代表整个相关范畴”，希望“关注数学与相邻学科领域以及实际生活问题的联系”。[42] 克莱因自1893年从芝加哥世博会回来后就特别清楚，他将从根

[36]致母亲，1893年11月7日。

[37]致父母，1893年10月29日。

[38]致母亲，1894年3月4日。

[39]Hashagen，*Walther von Dyck*，第9章第2节。

[40]引自Frewer，*Lesezimmer*，1979，S. 29.

[41]Frewer，*Lesezimmer*，1979，S. 30—48.

[42]Curatorialrescripte 1891 - 94. SUB Cod. Ms. F. Klein 2B.

本上改革格丁根大学的数学课程。在他1893年12月10日的私人笔记中，我们能找到“新格丁根计划”的条目，其下包括“女性进入大学学习”“中学的兴趣”和“技术”三条子目。每一项均与学生入学率的增长相关，因此也关系到阅览室和模型收集室使用量的增加。在女性进入大学学习方面，他遇到了来自大学学监的“强烈阻挠”：“这比社会民主党还糟，他们只是想消除财产差异”，学监反驳他道：“您是想消除性别差异！”[43]但到了1894年，恩斯特·赫普夫纳(Ernst Höpfner，1836—1915)出任新学监，他在这方面表现得比他前任开明多了。就所涉及的“中学的兴趣”而言，克莱因希望通过诸如假期课程等方式引起文法中学的教师对数学的兴趣。关于“技术”，克莱因谈到了一个特别棘手的话题，因 88
为工程教育隶属于高等工学院，而这些年来它们正在为取得与大学同等的地位而苦战。[44]

索末菲在1894年还无法想象，作为克莱因的雄心壮志的执行者，等待他的是什么。新的日常生活起初看上去十分平静。他也没必要急着获得他的大学任教资格，而是“比较温和地继续追求”，他在1894年10月初写信回柯尼斯堡说。[45] 但安逸的时光没有维持太久。1895年春，克莱因翻修了阅览室。“我星期六去搬东西了。”他写信给父母。他指的不是搬到一间新公寓，而是在阅览室搬书和重新布置家具。“我在这个过程中看起来像个扫烟囱的。”[46]拆掉了一堵内墙，使得工作台的数目从20增加到了35。[47] 这段时间里，克莱因正待在瑞士的蒙特勒治疗流感。但他通过助手的汇报知道翻修的进展如何。索末菲在翻修两周后写信说：“阅览室的主要工作已经完成了。”“就剩下贴墙纸和刷墙。照明用的是奥尔白炽灯。”一切都被考虑到了：把传统的煤气灯换成几年前才发明的煤气白炽灯(这种灯是通过在煤气火焰中加热涂有特殊材料的细网棉或丝织物来引起发光照明)，这种照明上的改变是现代化的一部分，就像设立书柜，为放置那些专业期刊和单行本做准备一样。首先考虑的是功能性，但审美方面也被纳入考量。

---

[43] 引自 Jacobs，*Felix Klein*，1977，S. 17.

[44] Manegold，*Universität*，1970.

[45] 致父母，1894年10月9日。

[46] 致父母，1894年3月12日。

[47] Frewer，*Lesezimmer*，1979，S. 49.

比如，索末菲就建议做一个新的双立柜，以使阅览室中的高斯半身像不会被夹
在两个原有的高柜子中间——“我想他会觉得有点儿压抑”，他如此向克莱因解
释这个措施。他在其中完全意识到了翻修必须符合的财务限制。购置更多家具
89 “将不得不延后，直到研讨班经费不再像现在这么紧张”，他如此写道，等候克
莱因的指示。[48]

翻修后的阅读室不仅加强了它作为格丁根数学的社会和精神中心的地位，除此之外，它有了更多的意义。格丁根数学阅览室是专业图书馆的一个榜样，学生在这可以借助最新的技术文献，并通过与助手和教授之间的互动，对本学科的教学和研究有一个鲜活印象。“我想特别提醒你们注意我们的数学阅览室，”克莱因在 1895 年一个面向文法中学教师的演讲中强调，“它全天开放，节假日不关门，以最方便的形式向学生提供所有相关文献。”[49]

让格丁根数学阅览室如此吸引人——从大一新生一直到博士和大学任教资格的获得者——的是克莱因各个助手精心誊写的课程讲稿。1893 年秋，在索末菲刚到格丁根几个星期时，就曾满腔热情地写到这点，几十年后当他回想起自己任克莱因助手的日子时仍印象深刻。阅览室“当时在礼堂三楼一间简朴的房间里”。“不是洛克菲勒的大厦，但配置齐全，尤其还有外国文献。我的主要任务就是在克莱因每周 4 个小时的演讲之后整理他的讲稿，然后交给他，他会从头到尾地认真修改后再誊抄。”[50]

3.4 大学任教资格

索末菲的大学任教资格论文“进展良好”，他在 1894 年 10 月初写信回柯尼斯

---

[48] 致克莱因，1895 年 3 月 25 日。SUB，Klein 11，1065 C. 也见于 ASWB I.

[49] Klein，*Unterricht*，1895.

[50] Sommerfeld，*Geburtstag*，1949.

堡说。兴奋加急躁迫使他加快进程。“如果我现在的观点发表了，我将会很骄傲。今天早晨我已经用所有音调和旋律唱了一首长长的凯旋之歌；当然，这还为时尚早。”[51]

90 索末菲未曾试图在家书中解释与他的大学任教资格论文相关的数学细节，所以人们只能猜想，他在1894/95学年冬季学期修改论文时经历的那些激动人心和艰难困苦的时刻。但最终完成工作前，他再次向数学协会做了报告，因此至少可以重构他工作的最后一幕。就涉及的基本方法而言，他提到了自己先前的报告。现在他首要关注的，是要使衍射过程中的物理现象与数学计算相一致。这是一个“奇怪的事实”：在几何光学中，无论多么复杂的排列，总能立刻找到解；但是考虑到波动性，即便是最简单的情况也会遇到极大困难。“原因就在于，在几何光学中假定波长无限小。在这种假设下，平面波辐射等任意状态的分解可以通过微分方程的交叉点来解释。”由于基尔霍夫的理论“隶属光学几何”，所以索末菲对其表示“相当大程度的保留”。他并没有展开对基尔霍夫的批评，而是通过对比自己精确的理论与基尔霍夫的方法，以直接反驳后者。他在此完全基于克莱因的物理数学概念，早在描述其热传导理论中的“曲面上的热传导”时他就已经这么做了。现在他谈到了“黎曼曲面上的光线运动”。他的理论为衍射屏前后的不同区域提供了近似方程，其中方程各项分别被解释为入射、反射和衍射光线。他发现，只有在小角度衍射的情况下才与基尔霍夫理论相符；而在大角度衍射中，他的公式与亨利·庞加莱(Henri Poincaré，1854—1912)用完全不同方式发现的解相符。在结尾处他还引用了一篇刚发表的柯尼斯堡大学博士论文，它同样也质疑了传统的衍射理论。[52]

91 通过这次报告，索末菲希望在誊清他的大学任教资格论文的样稿前再次确认一些他觉得需要弄清楚的事。值得注意的是，这涉及衍射现象的物理学方面，而非数学上的问题。在一份手稿中——它很可能是索末菲大学任教资格论文的草稿——索末菲将论文分成数学和物理两部分，后者几乎占了三分之二。也就

---

[51] 致母亲，1894年10月3日。

[52] 格丁根数学协会1号记录本(从1893年复活节至1896年2月)。1895年1月15日的登记条目。SUB Cod. Ms. Math. Archiv 49：1；Poincaré，*Polarisation*，1892；Maey，*Beugung*，1893.

是在这部分内容里，他从根本上批评了基尔霍夫的衍射理论。[53]

索末菲在报告结束的三周后正式向格丁根大学哲学学院提交申请，以期被授予“数学专业的授课许可”。正式的大学任教资格受理程序由此启动，这是德国高校中的准大学教授们在被允许以无薪讲师身份授课前必须经历的阶段。[54] 克莱因在这个学期担任院长，他将这份大学任教资格申请转交给院里，并召集了一个大学任教资格委员会。福格特作为大学任教资格论文的第二仲裁人，从物理学的角度予以评判。他很快在评议中加上了自己的鉴定意见，特别强调索末菲“在他的数学研究中始终从物理学问题”出发。“我们始终迫切需要这种能够保持相邻学科联系的年轻人。”索末菲以“一种相当新颖的方式”推导出了针对衍射问题“精确计算的公式”。有些地方“仍未完成”，而且“也没有像我所期望的那样有条不紊”。但这些批评并没有削弱对他的正面评价。索末菲已经解决了一个“大问题”，并踏出了解决这个大问题的“决定性第一步”。在理论物理学方面也是如此：索末菲的大学任教资格论文是“最受欢迎的成果，在某些方面将会开创衍射理论发展史的新纪元”。其他大学任教资格委员会成员一致同意克莱因与福格特的正面评价。此后，剩下的程序就是走过场。委员会在随后于 1895 年 2 月
92 21 日召开的会议上一致同意索末菲进入“大学任教资格的后续步骤”。[55]

接下来，大学任教候选人必须在一个专题研讨会中回答院内教员的提问。那之后还有一次试讲，他可以准备 3 个题目，然后委员会从中选出一个。索末菲的第一个题目是“论数学和物理学概念间的相似性”，这给了他阐述“物理数学”本质的机会。通过第二个题目“论一般 θ 函数”，他本可以展示自己在偏微分方程领域是一个行家。第三个题目是“论数学中的图像法”。[56] 与前两个题目不同，这个题目旨在展示数学研究能如何同样地获得实用的结果。克莱因“让他发誓保密”，告诉他应该准备第三个题目。“这对我来说非常痛苦，”他写信告诉他

---

[53] Manuskript，*Mathematische Theorie der Beugung*，未注明日期。AHQP，Microfilm 23A，Sections 3—4.

[54] 大学任教资格申请（Habilitationsgesuch），1895 年 2 月 6 日。Dekanatsakten，F. Klein，1894 - 95. UAG Phil. Dek. 180a.

[55] Dekanatsakten，F. Klein，1894 - 95. Göttingen，UAG Phil. Dek. 180a.

[56] Dekanatsakten，F. Klein，1894 - 95. Göttingen，UAG Phil. Dek. 180a.

的父母，“因为我已经解决了第一个，而对第三个没什么可说的。”[57]就像克莱因所暗示的那样，委员会决定让索末菲就最后提到的这个题目进行陈述。

对索末菲来说这几周紧张而忙碌。在冬季学期末，他再次向数学协会做报告，其中他将自己大学任教资格论文中在数学方面引人瞩目的几点作为报告的中心问题。[58] 为了即将到来的试讲，索末菲让他的父母给他寄几张之前为芝加哥世博会准备的柯尼斯堡谐波分析仪的大寸照片。为了做好充分的准备，他放弃了其他的休闲活动。他写信回柯尼斯堡说：“我被邀请去参加 3 月 2 日和 3 日的舞会。今天我已经把它们都拒绝了，必须停止闲混。”但他没有放弃所有的社交活动。“费舍尔的魔法盛宴”像去年一样，再次在这个狂欢季举办。他不能也不会缺席，因为抛开娱乐的一面，他在其中也可以作为格丁根学者团体的一名准 93
成员而展现自己：“格丁根有一半人都出席了。都是些大人物：副校长、学监等。”他在次日给父母的一封 6 页长的信中说道，希望他们将这封信看作一份“娱乐公报”。就像去年一样，他凭借音乐才华再度闪耀。“7 首抒情歌，两首咏叹调，3 首二重奏，一首小号，一首四手联弹，还有一首联弹。我久经考验的肖邦在美丽的大钢琴上弹得相当不错。我以前弹肖邦固然比这次更好，但因为完全凭记忆，也没有卡顿，还是引起了很大轰动，当然我在伴奏中也表现得体。我在这里作为音乐家的名声已经得到了充分肯定。”但他却以另一种不同方式结束：“大约 10 点时，客人们准备去吃饭。这是自助餐，所有人都快乐随意地坐在一起。然后费舍尔夫人碰了碰她的杯子，并极可爱地以一首诗向她的‘艺术家们’敬酒。此刻必须要回应。而这重任显然落在了我身上。现在我必须向你们坦承：我事先有所准备，我预感到‘艺术家们’会被敬酒，并想了一小段感言，这正是个好时机。所以我没有犹豫，同样也碰了碰我的杯子，并进行我深思熟虑的演讲。我敬谢对我们艺术家的颂词，并转到费舍尔家中的艺术精神，暗指树立在我面前的诗人费舍尔的大理石半身像，大力盛赞费舍尔太太，并向费舍尔一家敬酒。既然我能顺利地接上之前的祝酒词，后面的即兴演讲也就不在话下了。

---

[57]致父母，未注明日期[1895 年 2 月末]。

[58]格丁根数学协会 1 号记录本(从 1893 年复活节至 1896 年 2 月)，1895 年 2 月 26 日的登记条目。SUB Cod. Ms. Math. Archiv49：1.

总而言之，我给大家留下了深刻的印象。达官权贵们可能恼怒于我作为最年轻的人，却抢走了他们的高谈阔论的机会。利比施当时也在场，他自然对一切都非常生气。愿他如此！冯·维拉默维茨-默伦多夫先生是除了克莱因之外大学里最耀眼的明星，我今天听到他对旁边的人说：'他弹得非常好，他的演讲也不错，我觉得我们可以免去他的专题研讨会。'你们可以想象，在这晚剩下的时间里，我就是这样以最饱满的精神扮演了主角。"[59]

大学任教资格专题研讨会于1895年3月7日召开，克莱因因病缺席，由瓦
94 拉赫代替。它与定于3月11日的试讲一样"极为成功"，正如大学任教资格档案上简要记录的那样。[60] 对于格丁根大学哲学学院来说，大学任教资格不过是一直按照同一议程进行的过程。但对索末菲来说，这一学术仪式意味着进入格丁根的学术世界。尽管事先已有十足的把握能够成功，他还是向远在柯尼斯堡的父母做了详细的报告。他说他已在大学任教资格专题研讨会上取得成功，"但它或许可以进行得更顺利"。他对试讲倒没有什么不满。"首先是一个宏伟的礼堂。有8位正教授，所有在校的数学专业学生，4位小姐，许多我在当地的熟人，还有枢密院顾问、大学学监赫普夫纳博士。我口若悬河。"他"通过在一开始引用康德"给演讲"增添了一份哲学色彩"；思路很清晰，还有许多细微之处处理得很好。这些都被很好地传达给了听众，而且我的陈述大胆而又虔诚。我感到为这样的精英团体布道十分有趣。他的许多朋友和同事也都为他热烈庆祝这件喜事。"我们喝酒，开玩笑，甚至跳舞！"现在他可以将自己算作"德国学者之家的正式成员"了。接下来必须印名片，以便向大家公布。这个大学城对此也有一个特别的仪式。索末菲接下来会"开心两天，穿着正装四处走动来拜访所有教授。但仅仅这样做是不会被接纳的，要事先交给这家的仆人一张名片，由其递送；如果还希望能被这家人邀请的话，就要递送两张名片。不幸的是，我得给很多人家里递名片，因为我结识的人太多了"。这封写给父母的信长达8页，字迹密密麻

---

[59] 致父母，未注明日期[1895年2月末]。古典语言文学家乌尔里希·冯·维拉默维茨-默伦多夫(Ulrich von Wilamowitz-Moellendorff，1848－1931)与克莱因一样同为阿尔特霍夫知己。

[60] Dekanatsakten，F. Klein，1894－95. UAG Phil. Dek. 180a.

麻，最后他在结尾敬词中写上了“良好的祝颂，你们的无薪讲师阿诺尔德”。[61]

3.5 无薪讲师

索末菲在寄回柯尼斯堡的信中反复描述格丁根的学术氛围，他即将以准大
学教授的身份进入这一氛围。他有一次写信给父母说，“大学生”这个词有一种 95
“同情的味道。”而对于某些教授，“就连‘无薪讲师’这个词也有一股轻蔑的味道”。[62] 在每个场合都可察觉准学者的社会地位，就像在费舍尔家的“魔法盛宴”那样，在“无薪讲师之桌”也同样如此。

要了解学术等级，撇一眼大学课程总目录便足矣：在那里罗列每一个学院的教授时，不是根据他们的专长领域，而是根据他们的地位，用红字标出“正教授”“副教授”“无薪讲师”和“[教外语或练习课的]教师”。哲学学院还要向柏林报告每一个大学任教资格议程的结果，普鲁士文化部在那里汇编预备大学教师的档案。[63]

一名大学教师凭借无薪讲师的官方身份，最初只有权在其学院内授课。但 96
有关部门的通知显示，有更多权利与这种身份相关。作为无薪讲师的人可以被任命为大学教授，只要其个人教研能力满足职位要求。所以对于一位初出茅庐的无薪讲师来说，其教学与研究在本校以外的大学中扬名很有必要。就研究方面而言，大学任教资格论文通常是进一步的出版物的基础。索末菲对此并不担心。甚至格丁根大学的实验物理家也对他的论文表示“相当高的赞美”，索末菲写信告诉父母。“大学任教资格论文不会这么原样出版，实际上，我会在假期里

---

[61] 致父母，1895 年 3 月 12 日。也见于 ASWB I.

[62] 致父母，1894 年 8 月 3 日。

[63] 哲学学院致学监，1895 年 3 月 11 日。Dekanatsakten，F. Klein，1894 - 95. UAG Phil. Dek. 180a.

图 7　在"无薪讲师之桌"的午餐是索末菲的社交活动之一，自 1895 年起索末菲在那里作为格丁根学者圈子的准成员展现自己

将其分成 3 篇不同的论文。剩下的将被纳入之后的一篇综述中。"[64]

他也毫不担心他的教学能力。如果他的大学任教资格报告已让他乐于向他所在的学院中的教授"精英团体""布道"，那给学生们上课就更是小菜一碟了。并且克莱因也是他在这方面的一个优秀榜样——"这样的课!"他多年后赞不绝口，"精心准备，传达透彻，每小时都是一个小而全的杰作。每 10 分钟都是一次简明的总结陈述"。[65]

索末菲最初的课是有关数学的专业领域。他每学期都讲不同的课，这给了他掌握各种数学主题的机会。在格丁根任无薪讲师的三年中，他讲授了概率论、

---

[64] 致父母，1895 年 3 月 12 日。也见于 ASWB I.

[65] Sommerfeld, *Geburtstag*, 1949, S. 289.

射影几何学、变分法、曲面理论和二阶偏微分方程。从 1896/97 学年冬季学期起，他另外又讲授了微积分的导论课。“索末菲的课总是条理分明地汇集大量材料，讲到各种应用，听他的课特别受启发。”奥托 · 布鲁门塔尔（Otto Blumenthal，1876—1944)在多年后回忆其在格丁根的数学学习时说。在那些课程中，使他“最难忘的”是索末菲关于物理学中的微分方程和变分法的课，他为 97
这两门课精心做了笔记，放在数学阅览室以供阅读。“当我思索促使我从事数学研究的最大动机是什么时，我觉得很可能是当时提供的丰富资源。教育特别多样化，索末菲还为我们提供了一条持续不断地通向物理学的道路，还有无数材料可供全面研究。这其中让我印象最深刻的是数学阅览室，以及那里普遍存在的同志般的情谊。”[66]

布鲁门塔尔对他在格丁根的大学生涯保留有如此正面的回忆，不仅是因为索末菲的课。有克莱因这样辛勤的组织者，格丁根大学在那些年里上升成为世界数学中心。[67] “1894 年秋：百科全书的开始”，克莱因在他的个人日记如此记录一个计划。这个计划将表明，从没有一门学科像数学这样，不仅对本学科，而且对相邻的学科，例如力学、物理学和天文学，都有广泛的重要性。在 1895 年，他记道：“圣灵降临节：在格丁根的促进协会。初等几何纪念文集(因而我会在此探讨精确数学。这方面的策略是：考虑将陀螺仪作为第二本纪念文集。)8 月：在巴登的工程师协会。‘亚琛和约’[68]。秋：组建保险学研讨课。”[69]克莱因通过这些简略勾画描绘出了最重要的计划，想要以此实现他的雄心壮志。关于初等几何和陀螺仪理论的“纪念文集”应该是向数学和自然科学课程促进协会表明他致力于发展高级中学的课程。[70] 在 1895 年 10 月 1 日开设的“保险学研讨课”成为了德国科学保险业的萌芽；奥格尔格 · 博尔曼(Georg Bohlmann，1869—1928)在克莱因的指导下，先于索末菲一年获得大学任教资格，由他教授保险数学这一新

---

[66]引自 Lorey，*Studium*，1916，S. 351—353. 布鲁门塔尔对索末菲关于变分法课程的手誊本，可在格丁根大学数学研究所阅览室查阅。

[67]Rowe，*Felix Klein*，2001.

[68]此处指克莱因与工程师协会之间就数学教学达成某种程度的和解，见本书第二章有关内容。——译者注

[69]Jacobs，*Felix Klein*，1977，S. 18.

[70]Tobies，*Felix Klein*，2000.

领域的课程。[71]

98 索末菲作为“伟大的克莱因”的助手直接参与了这些活动。“在格丁根已经发生了各种奇怪的事情”，他在 1895 年 6 月致信柯尼斯堡。“首先，在圣灵降临节前后，有一个数学教师大会。这些人过去总是猛烈抨击大学。他们太脱离实际，不考虑学校的需求。我的克莱因做了什么？他牢牢抓住了他的反对者们的软肋，去年秋天他参加了上次会议，并以格丁根的中学和大学联合集团的名义(注意，没人曾听说过它)邀请教师们把他们下一次开会的地点迁移到格丁根。现在突然一切都和风细雨了。这 3 天一直很热闹，无数的祝酒词和演讲都表露出对彼此的赞赏。欢迎晚会、正式晚宴、克莱因和哲学家们的科学发言，参观各个研究所(教师们在一个下午的 3 时到 8 时间成群结队地相继穿过 10 个研究所)。为此，我有各种各样的事要做，而且必须在旁处理一切琐事。”[72]

克莱因认为高等工学院的工程师培训不足，所以也忙着针对他们发起类似的行动。由于工程师们觉得自己在争取与大学平等的解放运动中受到了损害，克莱因便在亚琛的德意志工程师协会(VDI)大会上，向高等工学院真正承认其工程教育的权利(阿尔特霍夫称其为“亚琛和约”，暗指那些史上著名的和平协议)，但他也没有完全放弃在大学里建立服务于技术的研究机构的希望。[73]

克莱因的措施不仅针对数学在技术和中学课程中的应用，同样还涉及纯数学。这种决定性的路线确立的时候，正是索末菲在格丁根大学做无薪讲师的那几年。一切的开端是希尔伯特在格丁根的任命，自 1894 年 12 月起，克莱因与阿尔特霍夫就开始一起努力促成希尔伯特的调任。“离假期越近，我就越对即将到来的调动感到高兴。”希尔伯特在 3 月 4 日从柯尼斯堡致信克莱因道。[74] 希尔伯特在克莱因身边作为格丁根大学教授的第一个学期，同样也是索末菲作为无薪讲
99 师的第一个学期。在这一职位上，他还负责管理数学协会的记录簿，把一些特

[71] Bohlmann, *Versicherungsmathematik*, 1900; Koch, *Bedeutung*, 2005; 也见于 http://www.stochastik.math.uni-goettingen.de/index.php?id=18 (上网时间: 2012 年 10 月 5 日).

[72] 致母亲，1895 年 6 月 15 日。

[73] Manegold, *Universität*, 1970, S. 136—144.

[74] 引自 Frei, *Briefwechsel*, 1985, S. 121.

殊事件或报告人自己不做登记的条目一一记录在案。例如，索末菲在会议记录“1895 年 6 月 10 日”的条目下写道“庆祝庞加莱莅临格丁根特别大会”。“克莱因教授报告，圣灵降临节这天成功举办教师聚会。庞加莱先生谈了当曲面 S 上的势能值[是]给定值时，能够证明存在空间正则势能。”希尔伯特谈到了“伽瓦罗数域判别式的基础”。这次庆祝大会以“展示一个圆锥曲面圆规和两个解三次方程的设备”结束。[75] 正是这种纯数学与应用数学间富有成效的密切互动，使格丁根在那些年成为世界数学中心。此外，还有那种由年轻讲师散发着的无拘无束的风格，他们无疑减轻了克莱因绝对权威的印象。1895 年，希尔伯特刚满 33 岁，索末菲 26 岁。“但是，关于他的情况就和希尔伯特一样，我脑海中对他的印象既有课堂上的，也有私底下的接触，无法区分，”布鲁门塔尔写道，“因为我与索末菲主要是通过陀螺仪变得关系亲密，也定期参加希尔伯特的‘数域漫步’。当然这些人际交往大多发生在我的学生时代。”[76]

“陀螺仪”和“数域”这两个术语或许看似集中体现了纯数学和应用数学间的对立，但对克莱因的助手索末菲而言，两者关系密切。“使我极为高兴的是，他下学期的课将只讲两小时数论，还有两小时陀螺仪运动。”关于克莱因在 1895/96 学年冬季学期的课，他写信回柯尼斯堡道。[77] 用“只”来表达喜悦，源自于他必须得整理这两份讲义以供数学阅览室陈列，此外，其中的陀螺仪讲义还要作为高级中学教师“促进协会”准备的纪念文集。“但克莱因占据了我大量的假期时光。”他在这个学期后抱怨道。[78] 他以极大的热情地谈陀螺仪理论，这将会成为一个占据他多年时间的研究领域。换句话说，书信中的哀叹不应被误解为他厌恶这一 100
主题。这同样适用于数论。他滔滔不绝地谈道：“你们不知道它有多美!”“在数学上还从未有过这样优雅的实现方法。一般讨论数论用的都是冗长且极其抽象的概念。但克莱因站在那里，在黑板上画了一些图像，讲着看似相当远的内容，

---

[75] 格丁根数学协会 1 号记录本(从 1893 年复活节至 1896 年 2 月)。SUB Cod. Ms. Math. Archiv49：1.

[76] 引自 Lorey，*Studium*，1916，S. 352.

[77] 致母亲，1895 年 10 月 12 日。

[78] 致母亲，1896 年 2 月 17 日。

然后反掌之间完成得和数论家一样，甚至更好。”[79]

这证明了索末菲在为克莱因整理讲义和准备自己的课时都没有冷待“物理数学”。克莱因认为，索末菲通过他的大学任教资格论文已经“打开了一个领域，而这个领域大有可为”；还敦促他在《数学年鉴》和《物理学年鉴》上发表一些文章。再往后，他还将“在一本专门的概论书中”发表他的方法。“我们会等着的。事情在大多数情况下都会如克莱因所愿进行。”[80]但这次事情却没有朝着克莱因所希望的方向发展，因为索末菲想让衍射理论“再搁置一段时间”，正如他在 1895 年 4 月向他母亲承认的那样，他当时正把更大的精力投入另一个研究论题，但他一句也没有提到究竟是何论题。[81] 不过庞加莱的访问让他在几周后再次将注意力转回衍射理论中：“由于庞加莱也在研究衍射(唯一一个发表了一篇切合实际的文章的人)，所以他对我的事非常感兴趣。”他在庞加莱到访后写道。“我结结巴巴试着说一些法语，他也说一些磕磕绊绊的德语，然后交谈在相互不理解中草草收场。正是与庞加莱的谈话，克莱因特别敦促我在今天前完成我的记录。整件事就是这样！”[82]

不过直到最终出版还要经历相当长的时间。这让索末菲得以比原计划更透
101 彻地研究了庞加莱的衍射理论。“我的论文已经写完了。它非常美，真的非常好，一切变得甚至比我最近所敢想的更美。对此庞加莱会印象深刻的。”他在 1895 年 7 月写信回柯尼斯堡说。[83] 的确，庞加莱在随后的一部关于衍射理论的著作中宣称，索末菲的方法“极具创见”。[84]

这一有关索末菲天才之作的消息出来后，再过一段时间，他的论文才出现在《数学年鉴》上。“克莱因觉得我应该就衍射做一个报告。”1895 年秋德意志自然

---

[79]致母亲，1897 年 11 月 30 日。Klein, *Zahlentheorie*, Band 1 和 Band 2，1896.

[80]致母亲，1895 年 2 月 15 日。

[81]致母亲，1895 年 4 月 17 日。

[82]致母亲，1895 年 6 月 15 日。关于庞加莱的访问，见格丁根数学协会 1 号记录本(从 1893 年复活节至 1896 年 2 月)，1895 年 6 月 10 日的登记条目. SUB Cod. Ms. Math. Archiv 49：1.

[83]致母亲，1895 年 7 月 19 日。Sommerfeld, *Mathematische Theorie der Diffraction*, 1896, S. 371f.

[84]Poincaré, *Sur la Polarisation*, 1897, S. 313.

科学家和医生协会的年会在吕贝克召开，就在会议开始的几个星期前，索末菲写信这样告诉母亲。“在一个人有能力并且主题也适合演讲的情况下，提升自我当然总是一个好主意。”[85]和自然科学大会一同召开的还有德国数学家学会——索末菲在不久前刚成为其 224 号会员。在联合部门的会议中，数学家和物理学家可以就两个学科感兴趣的进展交换意见。索末菲简短地向这个专题研讨会展示了他衍射理论的成果。“我的报告顺利开始了，”他在一张寄回柯尼斯堡的明信片上写道，“我的发言条理分明，并且时间安排得当。[我]给数学家们留下了一个非常好的印象。我不清楚物理学家是否也是如此。”[86]三天后，他又更详细地报告了人们对他报告的反应。“物理学家们完全没有理解我的东西，即便是玻尔兹曼，也只是在第二天克莱因给他解释了几件事之后才懂。但数学家们都深受启发，例如，布里尔教授(Prof. Brill)就是如此。他是我在阿尔卑斯山上结识的朋友，我享受和他一起重温我们当时的经历。”不过在物理学家中，至少还有一个人重视他的理论。西格弗里德·恰普斯基(Siegfried Czapski，1861—1907)是物理光学专家，他代表在耶拿的蔡司工厂的恩斯特·阿贝(Ernst Abbe，1861—1907)，“来吕贝克主要是听我的报告”，并“十分急切地”邀请他去耶拿会见阿贝并了解他的工作。“这自然要等到下次机会。”恰普斯基写了“一本关于光学的优秀著作”，并且是“伟大的阿贝(耶拿大玻璃厂负责人，那里为全世界生产显微镜 102
和设备)的得力助手。阿贝提出了一个全新的显微镜理论，是普遍公认的第一权威”。[87]

在其他方面，吕贝克的自然科学家大会对这位初出茅庐的无薪讲师来说也是一次难忘的经历。他在那里亲眼见到了玻尔兹曼，并见证了当代物理学最伟大的一场辩论——关于热力学的争论：所有的物理现象是否都能由力学中的能量守恒定律单独推导出。通过他们在吕贝克的辩论，玻尔兹曼和克莱因动摇了首先由奥格尔格·黑尔姆(Georg Helm，1851—1923)和威廉·奥斯特瓦尔德(Wilhelm Ostwald，1853—1932)提出的热力学基本概念，这件事影响如此深远，

[85]致母亲，1895 年 7 月 25 日。

[86]致母亲，1895 年 9 月 21 日。Sommerfeld，*Diffractionsprobleme*，1895.

[87]致母亲，1895 年 9 月 24 日。关于恰普斯基，见 Flitner/Wittig，*Optik*，2000

索末菲甚至在半个世纪后仍对这一事件记忆犹新：“玻尔兹曼的论证坚定有力。当时我们比较年轻的数学家都站在玻尔兹曼这边；我们很清楚，仅凭一个能量方程，连物质单个质点的运动方程都无法推导出，更不用说任意自由度系统的运动方程了。”[88]索末菲在事情结束几天后给他父母描述当时的情况，将其形容为不同物理学方向间的一场斗争：“两天会程中，奥斯特瓦尔德(莱比锡)和玻尔兹曼间的持续对决非常有趣，两人分别代表物理学中两个不同的方向，非数学和数学。玻尔兹曼自如地运用他全部的独创思想以及粗俗的语言攻击对手。另一个人，一个机智的骗子，极尽所能地为自己辩护，但数学家们一致认为他出尽洋相。”[89]

在从吕贝克返回后，索末菲再次将与他大学任教资格论文相关的问题作为一个要交付格丁根数学协会的报告主题。他通过一个例子证明通常被用于光学的方法只能获得近似解，而只有在非常短的波长范围内时，近似解才与他数学理论的结果一致。他这次的例子不涉及衍射，而是光的反射和折射，即从一个
103 点源发出到分离平面上的光被两个相邻介质反射或折射。[90]他写信告诉父母演讲“非常精彩”，“希尔伯特也觉得结果非常好”，甚至物理学家们也表现出很大的兴趣。

表 1　　索末菲在格丁根数学协会的演讲

1893 年 12 月 5 日	数学物理学中的基本解法
1894 年 2 月 27 日	关于法国数学家的工作(特别是皮卡[Picard])
1894 年 8 月 3 日	方程“$\Delta u+k^2u=0$”在黎曼曲面中的解
1895 年 1 月 15 日	论衍射数学理论
1895 年 2 月 26 日	论特定发散的发展
1895 年 5 月 7 日	方程“$\Delta u+k^2u=0$”分支解的产生
1895 年 6 月 10 日	向庞加莱致敬的特别会议

[88] Sommerfeld，*Ludwig Boltzmann*，1944，S. 25；Körber，*Briefwechsel*，1961，S. 118—120.

[89] 致父母，1895 年 10 月 5 日。

[90] 格丁根数学协会 1 号记录本(从 1893 年复活节至 1896 年 2 月)。1895 年 11 月 12 日的登记条目。SUB Cod. Ms. Math. Archiv 49：1.

续表

1895年7月7日	概率积分
1895年11月12日	反射和折射问题
1896年2月18日	射影几何学
1896年6月9日	关于庞加莱的潮汐理论(1)
1896年6月30日	关于庞加莱的潮汐理论(2)
1896年7月14日	关于曲面论中的某些定理
1896年11月24日	关于皮亚诺(Peano)和沃特拉(Volterra)在陀螺仪理论方面的新工作
1897年3月3日	物理学中的微分方程
1897年5月11日	论导线上的电波
1897年5月28日	论黎曼手稿
1897年7月2日	论椭圆函数的数值计算
1897年7月30日	论变分法

他也许想将这个主题扩充为一本内容详实的论著，因为他宣布他要将“一个全新的问题引入到工作中”。考虑到他作为助手的职责——特别是整理克莱因关于数论和“陀螺仪”的讲义——这一论著从未实现也就不足为奇了。在1895/96学年的冬季学期，他已经决定开设一门射影几何学课程。“一小时的课需要花两小时准备”，他如此描述必须为此花费的时间。[91]“我在这个过程中发现了形形色色的新事物，我觉得，这些将会产出一篇像样的论文。”他也希望进一步利用这一主题。“明天我将就我的课程向数学协会做报告。”[92]无论如何，他在学期结束时对自己相当满意：“我在上周五出色地结束了我的课程。我还为最后一次课准备了一道特别的美味佳肴，最后在巨大的跺脚声[93]中离去。当人们从我这里学到许多，而且对其维持长久的兴趣时，我会有一种非常愉快的感觉。”[94] 104

[91]致母亲，1895年11月17日。

[92]致父母，1896年2月17日。

[93]在德国，每当演讲完毕，大家或用手敲桌子，或用脚跺地来表达对演讲的满意。——译者注

[94]致母亲，1896年3月10日。

3.6 订婚

对于为什么索末菲没将其所有的出版计划变为现实，除去作为克莱因助手的职责外，也还有其他充分的理由。“我的桌友们打算在这个冬天办一个化妆舞会，或者去格丁根游乐场滑雪橇。”他在大学任教资格论文完成的前几周向柯尼斯堡报告说。[95] 在这封信上有他人笔迹所写的一个附注：“阿诺尔德扮演老教授，我扮演他女儿。”这一附注是在索末菲结婚很久后加上的。这个“我”指索末菲的妻子约翰娜·赫普夫纳（Johanna Höpfner，1874—1955），那时她是格丁根大学学监时年 20 岁的女儿。这一附注大概是要暗示孩子们，他们这对未来的夫妇相
105 识于何种场合。“雪橇远足令人如此满意。”索末菲在他下一封致柯尼斯堡的信中写道。“格丁根的小姑娘们真的相当友好，而且容易满足。我们有 10 位乐师，整个旅途都在我们耳边吹奏，然后还为晚上的舞蹈伴奏。我从这儿去的路上与本地学监最喜欢的女儿一起骑行。感谢上帝，这一切都过去了。”[96]

索末菲当时没有想到，他会在一年后与学监的女儿订婚。“你还知道吧，那是在春天”，他后来以这行情诗让他的新娘回想起他们在 1896 年春——在雪橇远足的一年多后——开始的恋爱。[97] 1895 年 10 月，索末菲还嘲笑一位无薪讲师，这个人和一位格丁根大学教授的女儿订婚，之前也没有发表任何文章就立马获得了另一所大学的教授席位。“难道我也应该找一个这样的好岳父？”[98] 如果当时他能预感到自己会成为恩斯特·赫普夫纳的女婿的话，那他肯定会克制住这番嘲讽。大学学监权力很大，代表大学从建筑施工到人事任命的所有管理事务的最高权威，并在这些方面对各个政府部门负责。

---

[95] 致父母，1894 年 12 月 22 日。

[96] 致父母，1895 年 1 月 10 日。

[97] 致约翰娜，未注明日期。

[98] 致母亲，1895 年 10 月 16 日。

在小小的大学城里，对于那些还没有正式订婚的恋人来说，要不逾越礼节而又能倾诉感情很难。当被谈论到的一对涉及学监女儿和在教授派对上受欢迎的无薪讲师时，一旦违反礼节就会引发丑闻。但感情要适应格丁根礼节并不那么容易，所以 1896 年阿诺尔德和约翰娜曾“在春天”秘密订婚。[99] 他们显然利用阿德尔海德·利比施——他们分别称她为“岳母/婆婆”——的邀请来见面。此外沟通方式就只剩下信件了：“虽然邮差本人其实并不可爱，但有段时间对我来说他是格丁根最受欢迎的人。”索末菲曾在 1896 年夏初写信给约翰娜说，虽然两人只隔着几个街区。“我明天会沿着指定路线漫步，虽然我通常想避免在大街上约 106
会。”[100]在另一封情书中，索末菲恳求“爱神”帮忙阻止“可能会出现的同事”陪同他，这样他就不会错失转瞬即逝的良机，经由眼神交汇来约会。“另外，不久之后我们就可以再次利用岳母了”，他安慰着自己和他的“小翰[101]”。每当经过学监家时，他总会心跳加速，但却不敢“抬眼看”，就像他曾承认的那样。“我们确实感觉到自己处在一个神魂颠倒的境地。”[102]

对于正式订婚，阿诺尔德本来想等到完成他下一个军事演习之后，而演习将在夏季学期后的假期中进行。但阿诺尔德和约翰娜间的恋爱关系不可能保密那么久。索末菲的母亲已经在 1896 年 7 月初到格丁根拜访时见到了她未来的儿媳约翰娜。阿德尔海德·利比施利用这次拜访，把约翰娜、阿诺尔德及其母亲一起邀请到家中。“明天是我们的周年纪念日，你记得吧？那是在利比施家的绿 107
色房间里，在一个炎热的七月天。”约翰娜在一年后致信阿诺尔德母亲，回忆起 1896 年 7 月 9 日这一天。“然后我们穿过摇曳着红色罂粟花的田野。那一天在我眼前仍如此清晰逼真，想到那一天，我问候你一千次，亲爱的妈妈。”[103]

但只要约翰娜父母没有认可，这种关系就得继续保密。“最最亲爱的妈妈，”约翰娜如此称呼她未来的婆婆——现在与假婆婆阿德尔海德·利比施一起被算为同谋者。“你来和他一起决定，当然我愿意做一切看上去最终对你们俩都好的

[99]在一封写于 1914 年 3 月 24 日的信中，索末菲让他妻子想起了秘密订婚这件事。

[100]致约翰娜，1896 年 6 月 19 日。

[101]约翰娜的昵称。——译者注

[102]致约翰娜，1896 年 7 月 1 日。

[103]约翰娜致阿诺尔德母亲，1897 年 7 月 8 日。

图 8　在他们于 1896 年春“秘密”订婚后，索末菲在同年 7 月正式向格丁根大学学监之女约翰娜·赫普夫纳求婚

事。”她写信同意他们将正式订婚时间提前。[104] 在这种情况下，作为秘密新郎的阿诺尔德几乎没有表现出他一贯的自信。“我亲爱的小妈妈！你会在今天收到一封完全私人性质的信件。”他在他母亲回柯尼斯堡两个星期后写信给她。在格丁根“又有一大堆流言蜚语”。尽管做了所有预防，他与约翰娜的关系却并没有如他所愿地隐藏下去。在他正式向学监求亲前，即将到来的订婚已经成了人们议论的话题。他询问一位合得来的无薪讲师：“我们是否表现得过于明显?”而这位朋友确实认为，他和约翰娜在最近的一次社交活动中“俨然一对新婚燕尔的夫妇”。于是他被“强烈地动摇”了，不知是否最好还是不要将他们原定的订婚时间提前。“不要感到惊奇，如果我在 10 月前就已让你们吃惊的话。也许我明天会去学监

[104] 约翰娜致阿诺尔德母亲，1896 年 7 月 11 日。

那儿，也可能在星期六前，也可能我又重新冷静下来了。我此刻恨整个格丁根，也对我自己和这个世界感到恼火。”[105]

5天后，他在“一种相当心悸的状态下”决定不再推迟正式订婚仪式。前些日子里，关于秘密新婚夫妇的流言四散，以至于人们开始祝福约翰娜订婚了。“这给了我最后一击，实际上我很早就已经下定决心了。”他写信告诉父母。在赫普夫纳家，约翰娜和她的姐姐海伦妮接待了他，因为学监还不在家。“我们坐着聊 108
了很久，而爸爸还不见踪影。他通常会在他办公室里工作很久。最后，出人意料地，他走进房间。我磕磕巴巴地开始我精心准备的演讲。他相当感动，而且立刻明白他基本上不需要再就这件事说什么了。”但学监的妻子，听到这个消息十分惊讶，以至于不愿即刻给出她的祝福。“所以小翰和我决定直接围攻她。我特别殷勤，尽可能地吻她的手。妈妈认为，她得先对我有所了解，还抱怨小翰不信任她。我整个晚上都呆在那里。我们称呼对方为‘你’并尽我们所能地牵着手。我在晚饭后为妈妈弹了几曲肖邦，以使她平静。她其实挺平静的，只是不愿意这么快被打败。岳父显然惧内。晚饭后，当我们坐下喝一瓶葡萄酒时，我们举杯敬酒，没有说话。最后，我恳请第二天再来拜访，也得到了准许。明天可能还会有一些小冲突。但我坚信，我们会在白天结束前完全和解。”现在只需要就正式的订婚日期达成一致。“我们在7月23日星期四的学监庆典上订婚，不能更早，”他告诉父母，“不然岳母会很生气。到时我的好岳父也将束手无策。”[106]

如他所料，“岳母”在第二天也同意了，所以再也没有什么能阻碍订婚公开了，而也可以印刷用于这类喜事的常规通告了。这个消息也传到了遥远的柯尼斯堡。当阿诺尔德一个童年的伙伴听到“在你们教授村”订婚时，他提醒阿诺尔德回想起他曾在多年前许下的一个承诺：“不管我们——这个‘我们’指另一个朋友——中的谁先订婚，”“都欠其他人一篮香槟(或者更多？我想是这样的!)……所以你看，我的好朋友，订婚也有它的弊端。”[107]

---

[105]致母亲，1896年7月20日。

[106]致父母，1896年7月25日。

[107]阿图尔·海格斯特(Arthur Heygster)来信，1896年8月5日。

109

第四章　克劳斯塔尔

在格丁根的数学氛围中，索末菲过得非常愉快。尽管有时会错过或推迟一些计划好的文章发表，在给父母的书信中他对自己职业的未来充满自信。作为克莱因的学生，他可以期待或早或晚在某个大学或高等工学院获得一个数学教席。他当助教在 1896 年 9 月到期，希望接下来能获得无薪讲师奖学金。他的前任就是靠这样一个奖学金度过教授任命前的等待期的。考虑到克莱因和赫普夫纳与决定该奖金的普鲁士文化部的阿尔特霍夫的亲密关系，他估算自己的机会应该还不错，但是柏林的通知迟迟未到。“阿尔特霍夫至今未提奖学金的事。”他在 1896 年 9 月的军事训练中写给未婚妻的信里这样说[1]。现在，他并没有心情扮演士兵的角色。他特别盼望为了看望未婚妻而去格丁根的几次旅行，尤其希望他未来的岳父能在奖学金一事上及时施以援手，这样他在即将到来的冬季就不必依赖父母的资助了。

---

[1] 致约翰娜，1896 年 9 月 6 日。

4.1 来自美国的工作机会

至今为止奖学金仍没有着落。但索末菲对未来仍是信心满满。格丁根是世
界的数学中心；世界上任何地方如果有一个教席空缺，格丁根肯定是找人才的
首选地。一年前，索末菲之前的克莱因的助手，恩斯特·里特尔(Ernst Ritter)
收到位于美国纽约州伊萨卡的康乃尔大学的聘用邀请。他接受了这一邀请，但
染病死于跨海去美国的途中，未能到任。[2] 于是，该邀请顺延给了索末菲。“他 110
们希望填补里特尔的位子。”他向在柯尼斯堡的父母报告说。该职位每年有 1000
美元的薪水，按当时的汇率合 4000 马克。“我会要准备很多课程，但升迁的可能
性很大。”[3]

这些年来，美国康乃尔大学一直在建设自己的数学系，在美国克莱因被认为是这方面的一个典范[4]。克莱因“实际上”建议索末菲接受这一聘用邀约。“他的理由是这样表达的：‘一个人的成长是要满足他更宏大的目标的。’在这个过程中，他很想塑造美国的大学体系。”索末菲如是描述克莱因在此事上的动机。克莱因认为“德国的环境过于狭隘”，并认为他(索末菲)只要喜欢总是可以回归“老朽的德国”。而瓦拉赫则极力劝他拒绝。瓦拉赫知道索末菲在格丁根过得“非常舒适”，于是警告他美国的情况则完全不同[5]。在“与希尔伯特散步并专门讨论这个问题后”，索末菲最终表现出“相当坚定拒绝的立场”，这对于他在柯尼斯堡的父母也是极大的安抚，因为看着他们的前景如此光明的儿子移民美国将会令他们心痛不已的[6]。

---

[2] Klein, *Ritter*, 1895.

[3] 致父母，1896 年 1 月 6 日。

[4] Cochell, *History*, 1998, S. 144—146; Parshall/Rowe, *Emergence*, 1994, S. 213.

[5] 致父母，1896 年 1 月 12 日。

[6] 致父母，1896 年 1 月 16 日。

但是，克莱因的建议和康乃尔大学的聘请并非完全没有作用。半年后，索末菲还在犹豫他是否应该接受这一聘请。他的父母则竭尽全力阻止。“美国可能是未来之乡，美元之乡，可能在许多方面会超越德国；尽管如此，在科学方面，德国到现在为止，在目的纯正性和不断产生的严肃工作这两方面都是绝对领先的。”阿诺尔德的母亲在阿诺尔德和约翰娜订婚后不久给格丁根大学学监的信中如是说，她假设学监失去女儿对他将是同样的痛苦。他儿子将要移民对她和她
111 丈夫来说是如此的“不能认同，所以希望他放弃这个念头”。或许她指望学监的影响力能够帮助索末菲在德国获得一个教席，特别是当她反问道：“为什么他要把本可以服务于祖国的年轻力量送去国外?”[7]学监为了让阿诺尔德的母亲放心通过回信表露了他的心境：“对于美国的看法我与您和您先生的看法没有本质的不同。”[8]阿诺尔德的父亲为避开这一危险也尽其所能。“美国究竟和阿诺尔德有什么关系!”他在给他的未来儿媳的信中这么写道。“在我看来，美国配不上他的优秀。如果他能实现令人钦佩的东西，要让其有益于自己的祖国而不是美国！所以，亲爱的小翰[9]，为了我们的和你的利益努力劝说阿诺尔德放弃这一疯狂的念头吧。”[10]

但4周后，要他去美国的召唤仍未完全停息，尽管情况已经变得越来越清楚，即阿诺尔德可能不会听从这一召唤。“我还是在8号和9号和你父亲在格丁根见面吗?”在利用演习中的短假去学监家访问前，他这样问约翰娜，“不然我要请求你尽可能完整地转达他对于美国的意见。”搬到美国对于未婚妻也会是很辛苦的，为了安抚她，他补充说，他已经决定要拒绝美国的邀约了。“别害怕!”他脑子里正在历数各种在德国获得教席的可能性。“一个数学家刚在格赖夫斯瓦尔德去世。舍恩弗里斯能否去那里任职，布克哈特去苏黎世或者基尔呢? 把我的推荐私下告诉你父亲吧。”[11]

---

[7] 采齐莉·索末菲(Cäcilie Sommerfeld)致恩斯特·赫普夫纳(Ernst Höpfner)，1896年7月30日。

[8] 恩斯特·赫普夫纳致采齐莉·索末菲，1896年8月2日。

[9] 约翰娜的昵称。——译者注

[10] 弗朗茨·索末菲(Franz Sommerfeld)致约翰娜，1896年8月11日。

[11] 致约翰娜，1896年9月3日。

阿图尔·舍恩弗里斯(Arthur Schönflies，1853—1928)是格丁根应用数学的正教授。海因里希·布克哈特是希尔伯特在格丁根的助手。由于约翰娜不清楚为什么阿诺尔德要关心其他人的职业机会，所以他在随后的一封信中澄清了自己的想法。如果这两人被调离格丁根，就可能为他腾出位子：“舍恩弗里斯/布克哈特的组合将变为索末菲/格丁根。”如果舍恩弗里斯教授离开，他认为自己继
任该职位的机会很大。可以肯定的是，布克哈特作为讲师从 1889 年就在等待教 112
授职位了，如果没有在其他地方的教授席位邀约，他将会被给予优先考虑。舍恩弗里斯作为讲师从 1884 毕业直到 1892 才被授予应用数学的教授席位，该席位的设立是克莱因努力的结果。按需排队等候的讲师成了竞争对手。“舍恩弗里斯的领域完全是我自己的领域。”索末菲向他的未婚妻解释，“我去年研读舍恩弗里斯的讲座并不是没有目的的，而是获得了很大的收获。希尔伯特和克莱因都知道。”[12]

4.2 赴任克劳斯塔尔矿业学院

要将近一年的时间后，索末菲才不再忧虑自己学术前途的不确定性。与此同时，约翰娜也变得熟悉了讲师们对他们的职业机会微妙的观察。“最近，虽然，圣人菲利克斯自己说一切都将会很美好的，”一次她向柯尼斯堡写道，“圣人菲利克斯”是克莱因，而“非常美好”指的是索末菲对克莱因有关陀螺理论的讲座的阐述。让精于控制的克莱因感到满意，这再一次为希望提供了理由，即他的未婚妻或许可以指望不久就会有一个职位，或许甚至就在格丁根。舍恩弗里斯、布克哈特、希尔伯特及其他数学家一起曾“在他家吃饭”，她继续说道，好像是为了一口气说完。数学家弗朗茨·迈尔(Franz Meyer，1856—1934)也在，他是克莱因最早的一个学生，来自克劳斯塔尔矿业学院。聚会的目的是为了“欢送

---

[12] 致约翰娜，1896 年 9 月 6 日。

[布克哈特]。”[13]

布克哈特实际上很快就被苏黎世大学聘用了。[14] 但格丁根并没有位置空出来给索末菲。相反，来自克劳斯塔尔的数学家的出席暗示了一个不同的安排，因为迈尔等待去柯尼斯堡就职。1897 年 4 月，克劳斯塔尔的矿务总局向其上级管理机构——柏林贸易和工业部，提出要为克劳斯塔尔的数学教席物色一位继任
113 者。这件事落在阿尔特霍夫的桌子上，他和克莱因商议后，向贸易和工业部提交了舍恩弗里斯、索末菲和格奥尔格·舍费尔斯(Georg Scheffers，1866—1945)的名字作为候选人名单，三人都是克莱因的学生。舍费尔斯 1880 年在莱比锡就开始修克莱因的课程了，是达姆施塔特高等工学院的数学教授。[15] 约翰娜很高兴排在克劳斯塔尔名单中的第一位的名字是舍恩弗里斯而不是索末菲，因为与格丁根相比，这座在哈儿茨山的乡镇对她没有吸引力。“这真是太好了，阿诺尔德不需要去克劳斯塔尔，”她写信给柯尼斯堡，“他讲课很开心，让我每一天都很快乐。”舍恩弗里斯则要在“去那里的路上抱怨”。[16] 她又用诗一般的语言表达了她和阿诺尔德对未来的期待。当提及索末菲为克莱因陀螺理论写讲义时，她充满诗意地写道：[17]

现在陀螺已经完成了，
菲利克斯，我请求你，快快让我亲爱的当上教授；
有薪水的正教授啊，
这样大牌人物也不敢低看我们！

在发表文章这一对学术生涯如此重要的方面，索末菲基本上还拿不出来什么。他希望仅仅通过推广自己的复分析的理论方法就能在这方面扬名立万。这些方法在热传导和衍射理论已经通过验证：“用我推广的汤姆孙镜像法可以解决

---

[13] 约翰娜致采齐莉·索末菲，1897 年 3 月 4 日。

[14] Liebmann，*Erinnerung*，1915.

[15] 宗教教育与医学事务部(Ministerium der geistlichen Unterrichts- und Medicinal-Angelegenheiten)致贸易与工业部(Ministerium für Handel und Gewerbe)，1897 年 5 月 7 日。GSA，Akte I，HA Rep. 121 DII，Sekt. 6，Nr. 102，Bd. 4.

[16] 约翰娜致采齐莉·索末菲，4. 1897 年 5 月。

[17] 未注明日期，大概 1897 年 5 月。

的边值问题很多，”1897 年春他写信给正在制订去英国旅行计划的克莱因，“我希望您也能从中找到一些乐趣，”他请求克莱因将论文交付发表，“也许可以提交给伦敦的数学学会。否则，英国人是不会读的。基于同样的原因，我希望在德国杂志发表。”[18]当发表在著名的德国“克雷尔杂志（*Crelle Journal*）”：《纯数学和应 114
用数学杂志》的希望破灭后，在英国，克莱因满足了他的愿望。该文几个月后在《伦敦数学学会期刊》上刊出。[19]

同时，克劳斯塔尔的职位任命出现了一个新的转折。矿务总局调整了候选人名单顺序，将某位“W. 格罗塞哲学博士，不来梅的中学教师”放在最高位置。索末菲仍然在第二位。舍恩弗里斯被挪到第三位。舍费尔斯的名字被从名单上划掉了，该位置由两位新的“科学助理教师”填补。经过“全面考量这一形势后”任命了索末菲。他是由阿尔特霍夫亲自向部里推荐的。此外，在 29 岁的年纪，他比名单上的第一位候选人年轻 10 岁，这意味着在计算他的薪金时将适用更年轻的履职年龄。[20]

教席任命相关事件中的这一新转折不久就在格丁根变得众所周知了。“对于突然再次浮出水面的克劳斯塔尔的机会，您怎么看?”索末菲写信给他的母亲。他也知道幕后的原因，当然在正式公文中是没有提及的：“我的朋友舍恩弗里斯”没有被提名，“主要是因为他的犹太身份，但借口说他的申请是敷衍应付，这样他肯定不能以必要的热情投身工作”。[21] 三天后，他补充说，此事“离最终决定还很远”。如果他接受这一任命，“就能在圣诞举行婚礼”。一个稳定的教授职位将会允许他和约翰娜建立家庭。不过他也坦白说，他“对这一科学性相对不足的职位，以及冬季的闭塞，仍存有抵触”，[22] 一天之后，约翰娜补充道：“是的，仍然悬而未决，幸好到了这个时候我们已经无法影响结果，我们只需耐心地等

---

[18]致克莱因，1897 年 3 月 18 日。SUB，Klein 11，1042.

[19]Sommerfeld，*Potentiale*，1897.

[20]备忘录，1897 年 6 月 25 日。GSA，Akte I，HA Rep. 121 DII，Sekt. 6，Nr. 102，Bd. 4.

[21]致母亲，5。1897 年 6 月。从这个谈话可以看出，在威廉皇帝时代，犹太裔的讲师和副教授就遇到了在大多情况下并非明确显露出来的反犹主义，在多数情况下阻碍了他们学术提升的通道。为此可参见，Strauss/Kampe，*Antisemitismus*，1985；Hammerstein，*Antisemitismus*，1995.

[22]致母亲，1897 年 6 月 8 日。

115 待关于我们的决定，往最好的方面考虑，并快快乐乐的。”[23]一个月之后仍不清楚克劳斯塔尔的职位结果如何，而新婚夫妇表达了宽慰：“和舍恩弗里斯一样我们也不会去那里了。”[24]但其后弗朗茨·迈尔写信给索末菲道：“您的情况似乎是非常有希望的。”他只需要耐心等待一段时间。迈尔暗示克劳斯塔尔方面对于聘用意见不一致，也许不是每个未来的同事都会热烈欢迎索末菲。[25]

但克劳斯塔尔聘用的决定在 1897 年夏季学期结束之前还是到来了。“已经定了我将在 10 月 1 日去克劳斯塔尔。”索末菲向柯尼斯堡报告说。他也描述了幕后的操作，这一定是克莱因或他未来的岳父向他透露的：“起初我的可能性是渺茫的，因为柏林倾向于舍恩弗里斯(与克莱因的愿望一致)，而克劳斯塔尔偏好不来梅的一位中学老师格罗塞博士。[26] 后者一定是和克劳斯塔尔有些关系，似乎是其他一些讲师的朋友或亲属。克劳斯塔尔的人拒绝舍恩弗里斯的候选资格，部分基于反犹的立场，部分是因为舍恩弗里斯自己留给他们一个较差的印象并没有表现出任何积极性。然而，矿业学院所属的贸易部则对高中教师提出了原则性反对意见。”至于物质条件方面，他应该很满意：“起薪 3800 马克 ＋ 480 马克住房补助，另外 1/4 的演讲费用和部分的考试费，”至少比他的前任多出了额外的1000 马克收入。“所以在金钱方面，我认为从表面上比较该职位优于同级别教授。”他如是总结克劳斯塔尔的优势。作为“缺点”，他列举了“科学的闭塞”，以及他要开的讲座都是水平较低的。“我在这里[格丁根]做过的演讲，如在上学期，我总是能够讲自己的研究材料，让我自己和我的学生们都很高兴，但在那里[克劳斯塔尔]将是不可能的。然而，这样的讲座可能在格丁根以外的任何地方都不可能。科学的闭塞可能“没有那么糟糕”，他安慰自己；借助他的自行车
116 和火车，“如果有必要每个星期天”都可以去格丁根。[27]

1897 年 7 月 23 日，在克劳斯塔尔的矿务总局通知了柏林贸易部索末菲已接

---

[23] 约翰娜致采齐莉·索末菲，1897 年 6 月 9 日。

[24] 约翰娜致采齐莉·索末菲，1897 年 7 月 8 日。

[25] 迈尔(F. Meyer)来信，1897 年 7 月 12 日。

[26] 没找到传记资料。

[27] 致母亲，1897 年 7 月 17 日。

受这一聘用。[28] 同时约翰娜去哈儿茨山旅行了一次，察看了克劳斯塔尔。她回来后显得“非常愉快”，索末菲向父母报道。他已经收到这样的报价，一个公寓的租金每年 600 马克“包含一层的 4 个大间 2 个小间，还有几个房间在二层。该建筑听说按照克劳斯塔尔的标准是非常豪华的，完全是用石头建造的。我们肯定会租这一栋”。[29] 当然，该聘任正式确认又用了几周时间。在冬季学期开始前几天聘任书才到。“国王和皇帝陛下，”以标准的德国官场用语，柏林贸易部长在 1897 年 9 月 23 日通知克劳斯塔尔的(矿务总局)，“慷慨接受了我的请求，并通过 1897 年的 9 月 13 日的这封委任信，陛下任命格丁根讲师阿诺尔德·索末菲博士至联合矿业学院及克劳斯塔尔矿业学院永久教授之席位。”[30]

在格丁根学界，索末菲曾经向家人写道：“连私俸讲师这个字眼都有贬义的味道。”[31]他被任命为教授意味着这种状况的结束。在经济上，索末菲现在也可以轻松许多。他作为克莱因助教的职位只有两年的期限，已经在 1896 年秋季结束了。此后，他父母从柯尼斯堡寄钱给他，直到在 1897 年 4 月他终于收到讲师的奖学金。“我能用这么多钱干什么呢?”他骄傲地写道，当他了解到每年 1200 马克的奖学金，正好和他三年前在矿物学院开始做利比施的助手的工资完全一样时。 117
“你们给的 300 马克，再加上下学期很多课程费，以及在酝酿中的没有上限的“陀螺仪版税”。我得去给自己开一个储蓄帐户了。”[32]“陀螺仪的版税”他还要再等上几个月，准确地讲，他为克莱因陀螺仪理论的讲座写的文章的第一册在 1897 年 7 月才出版。[33] 课程费之外不止三倍于讲师奖学金的克劳斯塔尔教授工资在等着他，至少他可以把带有“贬义”的讲师经历永远抛在身后了。

但仍有一些东西克劳斯塔尔的任命没有改变。其中就有陀螺仪理论的文章，仅刊出了第一册(196 页!)，还远没有完成。对于克莱因来讲，这是一个意义特

---

[28] 王室矿业管理部[Königliches Oberbergamt (Referent Bannizer)]致贸易工业部，1897 年 7 月 20 日(1897 年 7 月 23 日发布)。GSA, Akte I, HA Rep. 121DII, Sekt. 6, Nr. 102, Bd. 4.

[29] 致父母，1897 年 7 月 22 日。

[30] 索末菲人事档案(Personalakte Sommerfelds)。Clausthal, Archiv der TU Clausthal.

[31] 致父母，1894 年 8 月 3 日。

[32] 致父母，1897 年 4 月 1 日。

[33] Klein/Sommerfeld, *Theorie des Kreisels*, Heft 1, 1897.

殊的题目，他想以此作为一个典型例子说明纯数学在力学、天文学和物理学等学科的应用。“克莱因陀螺仪的演讲将由托伊布纳以特刊出版，并将献给在圣灵降临节的高中教师大会”——索末菲在早期如是向父母描述陀螺仪项目。“克莱因期待巨大的成功。通过这一渠道，他希望能将高中老师和工程师们争取到大学的一方，让他们从此不再像过去那样批评我们了。”[34]对克莱因来说，这是一本数学书的工程。读者将“在一定程度上熟悉复分析方法”，书的简介如此介绍道。[35]

克莱因在讲课中只是简单提及的内容，索末菲则要在书中详细阐述。“陀螺仪”成为一个长期的重要任务，而约翰娜也得一起忍受。索末菲在写给未婚妻的一封信中，演绎瓦格纳的浪漫歌剧《罗恩格林》(Lohengrin)中一段来描述自己撰写“陀螺仪”第二册中的一章时的心境。[36]“我真的不能每天写信给你，你永远不能问我什么时候陀螺仪工作会结束。”约翰娜有一次读到，“克莱因的鞭子永远在
118 我背后督促进度。”[37]索末菲在快要搬到克劳斯塔尔之前透露这一情况在第二册刊出后也不会有任何改变。“我是在10月8日搬家，但我仍泡在陀螺仪的工作中。”他向柯尼斯堡写道。[38]“刚才全神贯注地沉浸在陀螺仪工作中，”三周后他在给约翰娜的简洁的明信片中写道，她在举行婚礼前将待在格丁根。[39]

花了数月，陀螺仪原理第二册才终于刊出。[40] 即使那时仍看不到尽头，对于索末菲来说，尽管该工作耗时费力，他很享受将这一内容以最清晰的方式呈现，深度探讨一些应用，这些应用是克莱因在授课中从未想到的。第三和第四册的刊出则要等几年之后，这部鸿著最后共计近一千页。[41] 最后，这一工作对于克莱因自己来说都显得凌乱无序；他将这种“奇特的安排”归结为制作过程的复杂，

[34]致母亲，1896年2月22日。

[35]Klein/Sommerfeld，*Theorie des Kreisels*，Heft 1，1897，S. 6.

[36]致约翰娜，1897年1月12日。

[37]致约翰娜，1897年1月16日。

[38]致母亲，1897年10月2日。

[39]致约翰娜，1897年10月22日。

[40]Klein/Sommerfeld，*Theorie des Kreisels*，Heft 2，1898.

[41]Klein/Sommerfeld，*Theorie des Kreisels*，Heft 3，1903；Heft 4，1910.

而不是某种内在逻辑所导致的结果。[42]

1896 年 12 月，在克莱因助理的职位刚刚结束而讲师奖学金尚未批准期间，索末菲从与克莱因同为《数学年鉴》编辑的杜克(Dyck)那里获得一份工作，为前 50 册编索引。克莱因希望能免除自己前任助理的这一劳动："但索末菲哪里还能找到时间?"他请杜克考虑。"第一，最重要的，现在他需要完成我已经做了一年的陀螺仪讲座。"[43]不过，索末菲开始承担了这一相当机械的工作，约翰娜加入了工作，以至于《年鉴》的索引在格丁根数学家术语里被称为"约翰娜索引"。[44] 即使这工作不需要繁琐的计算，它却证明非常耗时。"诸多事情中，论文索引必须要在年内完成，约翰娜一直写到手指出血。"索末菲在 1897 年 3 月报道索引工作进 119
展时说道。[45] 总的来说，这项工作又多耗了一年才完成。《数学年鉴》前 50 卷的"综合索引"在 1898 年底才刊出。[46]

4.3 矿业学院

1897 年 10 月 1 日他就任于矿业学院教授的职位之前，索末菲再一次躲进科学的世界。9 月底，德国自然研究者与医生协会，连同德国数学协会联合在不伦瑞克举行年度大会。"继续看好自然研究者协会，"索末菲从本次会议给在格丁根的未婚妻写道，"我和各种我在科学上一直敬畏的人交谈过了。"他与来自亚琛的物理学家威廉·维恩(Wilhelm Wien，1864—1924)讨论衍射理论；与来自慕尼黑高等工学院的奥古斯特·弗普尔(August Föppl，1854—1924)和塞巴斯蒂安·芬斯特瓦尔德(Sebastian Finsterwalder，1862—1930)讨论矢量分析和几何；与属于

---

[42] Klein, *Abhandlungen*, Band 2, 1922, S. 658—659.

[43] 克莱因致杜克，1896 年 12 月 25 日。BSB, Dyckiana, Schachtel 5.

[44] 克莱因致杜克，1897 年 4 月 6 日。BSB, Dyckiana, Schachtel 5.

[45] 致母亲，1897 年 3 月 11 日。

[46] 序言上的日期为"1898 年 6 月"；Sommerfeld, *Generalregister*, 1898, S. VII.

俄罗斯的多帕特大学应用数学教授阿道夫·克内泽尔(Adolf Kneser，1862—1930)讨论变分法。他还“在玻尔兹曼报告后的讨论中站起发言”，他并未展开细节地解释道，“这一切对你来说可能相当乏味。你感兴趣的可能是这一点：我是在数学里游泳，而且我感到非常快乐。”[47]即使是关于他自己的演讲题目，他也只写着“向一个较小的数学家圈子做了说明”，并“获得了热烈的赞同”。[48]

自然研究者大会后，索末菲没有立即返回克劳斯塔尔，而是先去了格丁根。“我亲爱的已经从不伦瑞克回来，很高兴，满脑子是数学。”约翰娜向柯尼斯堡写道，“我很高兴他这些天是如此享受，现在已经焕然一新，又回到与他所有的同事相分离的孤独中去了。”阿诺尔德补充说，他“在不伦瑞克从早上 9 点到晚上 7
120 点，酒宴不断，其后，边喝啤酒边开‘晚上的’会议”，直到深夜，并“显著地同玻尔兹曼重温了旧日友情”。[49]

同时，约翰娜为她的未婚夫在克劳斯塔尔的新开始尽其所能地做准备。婚礼前 3 个月，他仍然要应付没有她到“上边来”的境况(克劳斯塔尔位于哈儿茨山上段的一个高位平原上，比格丁根海拔高 450 米)，她安排了一个管家帮他洗衣服，洗盘子，照顾日常生活等小细节。其余的将由房东，克劳斯塔尔的教授威廉·汉佩(William Hampe，1841—1899)的妻子照看。汉佩从 1867 年开始在矿业学院教化学，将会帮助索末菲熟悉哈儿茨山矿区的其他习俗。这些将非常不同于他们在格丁根已经习惯了的方式，这一点在当初来哈儿茨山旅行时就很明显了。即使算上旁边的泽勒菲尔德，当地人口只有 14000 人，还不到格丁根的一半。克劳斯塔尔和泽勒菲尔德几个世纪以来就与采矿相关联。1811 年，一所矿区学校在克劳斯塔尔创立，为来自上哈尔茨矿区采矿和铸造管理局官员提供教育。1864 年，这所学校变为“克劳斯塔尔矿业学院”。[50]

1866 年战争之后，克劳斯塔尔所在的汉诺威王国，变成了普鲁士的一个省。因为普鲁士在柏林已经有了一个矿业学院，所以克劳斯塔尔矿业学院被认为是多余的。我们从 1907 年的一部关于矿业学院的专著中读到：“在这种情况下，从事

---

47 致约翰娜，1897 年 9 月 22 日。

48 Sommerfeld, *Beweis*, 1897.

49 致父母，1897 年 9 月 26 日。

50 Clausthal, *Bergakademie*, 1883, S. 2.

采矿和铸造的人们的完整的学院式教育起初被认为是不必要的，相关训练应该仅限于那些已经专注学习自然科学，以及希望参加技术相关的课程以获得采矿和铸造工艺过程操作的实用概念的学生。”克劳斯塔尔的矿业学院没有让它自己被边缘化，尽管面对各种缩减政策但仍然发展成一所健全的学术机构。“自从1892年，普通教师从一开始（像他们在高等工学院的同僚一样）就由国王授予四 121
级顾问教授的头衔，而此前要至少经过或长或短时间的服务才能被授予‘教授’或‘矿业顾问’的名号。”[51]

当索末菲刚开始在克劳斯塔尔的工作，他的房东就“征用”他去喝茶，并将关于新单位他所有需要了解的及其最近的变化悉数告知。“汉佩一家”是“非常友好的”。索末菲向他在格丁根的未婚妻报告说：“我唯一的担心是汉佩伯伯有各种各样的徒步计划，并要组织一起去哈尔茨堡游览。我们必须在这方面有所防备。”总体而言，克劳斯塔尔向他展示出“最友好的欢迎姿态，可以说是笑得合不拢嘴。碧空如洗，只有从村舍烟囱冒出的缕缕青烟袅袅向上，散于蓝山晨风之中。一切浸染：一种友好的绿色”。[52]

但刚到第二天，有关克劳斯塔尔情况的报道就不再那么诗情画意了。“同事关系令人烦心。”他向在柯尼斯堡的母亲写道。[53]在给约翰娜的信中他更具体地描述到：“昨天早上，我外出走访，施纳贝尔和布拉图恩接待了我。”他在描述与金属铸造和勘探测绘专业的教授卡尔·施纳贝尔（Carl Schnabel，1843—1914）和奥托·布拉图恩（Otto Brathuhn，1837—1906）首次会面的情况时写道：“其他人都不在家。施纳贝尔值得介绍一下。他很有风度、十分活泼。上来就批评汉佩和克勒。说汉佩敏感、好争吵，克勒脑子不好使。总而言之，相互贬损就是每天在克劳斯塔尔的公干。每个人都攻击其他人，所有人又都攻击我们善良的汉佩伯伯。”[54]古斯塔夫·克勒（Gustav Kohler，1839—1923）是采矿学教授和矿业学院在位的校长，“一个令人愉快的好人”，根据索末菲在两天后很偶然地遇到他之后留下的印象，“晨酒后有些微醉的样子”。同时，他也遇到了技术力学和物理学

---

[51] Clausthal，*Festschrift*，1907，S. 37—42.

[52] 致约翰娜，1897年10月9日。

[53] 致母亲，1897年10月10日。

[54] 致约翰娜，1897年10月10日。

教授，奥斯卡·霍佩（Oskar Hoppe，1838—1923）和恩斯特·格兰（Ernst
122 Gerland，1838—1910）。霍佩是位非常可敬的老绅士，曾邀请他过来坐坐。索末菲描述格兰“相对年轻，非常活泼，非常好，不停地谈论音乐。我们一定会和这两位相处得很好，还有克勒也是。他的房东是一个问题：“该如何对待他呢？他叫我去拜访他，和他一起出去散步，但所有人都警告我不要这样做。”[55]

到了第二天，索末菲明白了这些警告是有道理的。“他渴望陪伴的需求已经让我开始无法忍受了。”索末菲同汉佩散步回来后抱怨道。他希望是约翰娜在他身边而不是汉佩。“如果是你和我一起漫步在那条路上该是多么美好啊!!!”他对克劳斯塔尔周围下哈尔茨山的风景赞美道。除此以外，克勒介绍他加入一个类似男子俱乐部的圈子，在那里“他过得非常愉快”。“一个游戏室，一个阅览室，一个客厅。我经常是和两位上矿业学院的顾问在一起。”[56]他同事们的“相互谩骂”令他十分不安，但约翰娜快来了的念头给了他一些安慰。秋景的美丽在减轻失望苦恼方面起到了一定作用：“太宏伟了，”在徒步穿越克劳斯塔尔的周边后，他滔滔不绝地讲述道，“山谷里雾气蒸腾，轻纱一样遮挡着视线，使得视觉效果倍加有趣。宏伟的杉木林，青苔像绿色的毯子，空气纯净得难以置信！我真是幸运，能够持续保持着夏天的清新。我要满怀感恩地好好品味一下这大自然。”[57]

然而，他的教学任务很紧，限制了他对自然风光的欣赏。索末菲需要教三门大课：代数与分析、平面解析几何、微分与积分，每一门课每周 4 个小时。此外，还有一门两小时的三角学。[58]“我很满意，”他在第一次授课之后说，“但学生们是否也满意，我不得而知。”[59]在每周 14 小时的授课之外，还要准备矿厂职员的入职考试，这在开始的时候对于出题考官的考验甚至大于应试者，因为在格
123 丁根他所熟悉的大学里的相关程序要宽松许多。“我想我给人留下了很好的印象。”他对自己仍不熟悉的考官角色进行自我评估时说道，“考试从 8 点持续到 12

[55]致约翰娜，1897 年 10 月 12 日。

[56]致约翰娜，1897 年 10 月 13 日。

[57]致父母，1897 年 10 月 15 日。

[58]Programm der Königlichen Bergakademie zu Clausthal，Lehrjahr 1897—1898. TU Clausthal，Archiv.

[59]致约翰娜，1897 年 10 月 17 日。

点。之后，再喝点晨酒。”[60]但并不总是那么令人满意。“今天，另一个考试，”他一周后写道，“不幸的是，一个学生考砸了，部分是我的过错。但他也真是太笨了。”[61]

为了让自己和那些“渴望者们”(用来称呼将来可能进入采矿业的候选人们)不至于在考试中过于受挫，索末菲邀请他们到他家里，给他们展示他们在什么方面还没有达到即将到来的挑战。“这些人知道的是如此之少，显然他们全体都会不及格。他们将在两周后回来；那时我会看他们各自往脑袋里塞了多少东西，并会相应地调整我的问题。没有人会失败，因为‘渴望者们’在这普遍受到宠爱，如果我们中有人让学生不及格，矿厂主管会不赞成的。其实考试就是个笑话。”[62]

两周后，应试者回来了，几乎不比之前知道得更多，他自言自语说这“真是一件痛苦的差事”。“渴望者们”也抱怨他的课太难了。“如果我不能找到合适的基调，教授职位的乐趣也就基本消失了。”在不久之前，一些格丁根数学界的朋友访问他时，格丁根大学占主流的自由学术教学与矿业学院的严格指令式授课之间的区别再一次被精准地聚焦于视野中。“归根结底，我真的为克劳斯塔尔觉得可惜。通过这些学术访问，我重温了我可爱的格丁根讲座：这和在一些最后还是无法理解的琐碎小事上被折磨完全不同。”[63]

尽管如此，他还是决心在当前情况的基础上全力以赴。在此，他合群的性
格是一个重要资产，在这个哈尔茨矿区的传统小镇上，不仅只有在教室里教授
才可以证明自己对学校的忠诚。每年 12 月 4 日，“巴巴拉节”也提供了这样一个 124
机会。“巴巴拉酒吧很好；我做了一个演讲，并像原始人一样早早地回家。”他之
后写信给未婚妻，显然，她担心在这种场合里他也必须证明他对酒的自控力有
多好。“一点也没有沾。”借此他表明，巴巴拉节没有给他留下丝毫的宿醉。[64] 几
天后他很高兴有几个人和他说起他的“巴巴拉酒吧的演讲”，它给人们普遍留下

[60] 致约翰娜，1897 年 10 月 20 日。
[61] 致约翰娜，1897 年 10 月 27 日。
[62] 致约翰娜，1897 年 11 月 4 日。
[63] 致约翰娜，1897 年 11 月 19 日。
[64] 致约翰娜，1897 年 12 月 4 日。

一个良好的印象。[65]

索末菲向他的教授同事们最好地展示他善于社交的一面是在其他教授的家里被招待的时候。“当然，我宁愿待在家里，悠闲地给你写点什么，或有关陀螺仪方面。”约翰娜从一封写在一个类似聚会邀请之前的短信中读到。在这个小山城里，所有人都相互熟识，职业和家庭问题很难分开，把新同事放在显微镜下仔细研究的，不只有矿业学院的教授们，还有他们的家庭成员。“稍后见！不得不去应酬这些。唉！”这是索末菲当晚书信体的结尾。[66] 从容应付这些对他的社交能力的测试需要现场的勇气，更要感谢他曾“收获过成堆荣誉”的钢琴技能。[67]

4.4 婚礼

一个在克劳斯塔尔矿业学院的教授要被完全接受，一定要回请他的同事们。在与约翰娜的婚礼和准备婚房之前，向他的教授同事们及家人发邀请已经不可能了。从社交角度考虑，这一计划在圣诞节举行的婚礼也是一个非同寻常的事件。新娘是格丁根大学学监的女儿，如此安排婚礼日期可以让约翰娜的姐姐海
125 伦妮也可以在同一天结婚，这一双婚婚礼很自然会在格丁根举行而不是克劳斯塔尔，这一安排并非无足轻重。

早在9月，他就写信给柯尼斯堡报告说这一重要事件将在圣诞节期间发生。“婚礼将紧接着圣诞节。”[68]他父母将会先来克劳斯塔尔访问他两天，“检查一下他的生活安排”，然后他们会一起旅行去格丁根。在那里，他们将和学监一家一起庆祝圣诞节。

---

[65]致约翰娜，1897年12月7日。
[66]致约翰娜，1897年11月30日。
[67]致约翰娜，1897年12月17日。
[68]致父母，1897年9月2日。

图 9　1897 年圣诞节期间大学学监女儿们的双婚婚礼是格丁根的一场重大社交活动。在照片上 左：海伦妮·赫普夫纳和她的新郎路德维希·隆布勒，中间：学监的儿子威利·赫普夫纳，右：约翰娜和阿诺尔德

在婚礼宾客人数预估这一事宜上，细致的规划是必要的。要邀请的亲戚、朋友和熟人列了一个名单，其中哪些人可以给安排住宿，以及何时何地等。就各种与结婚礼品有关的想法交换意见。有时，这一婚礼策划很有些战略军事行动的特点：准备到最微小的细节。现在“终于，婚礼的决战”已经打完，索末菲一次写给柯尼斯堡的信中说道。1897 年 12 月 27 日被定为结婚日。传统的婚前 126
派对被决定放弃。相反，“只有直系亲属”将于婚礼前夜在赫普夫纳家聚会。邀请名单上列了 80 人，“其中大约有 60 人会来”。[69]

在随后的关于“婚礼战役”的报道中，约翰娜补充了阿诺尔德忘记提及的细节，例如，“燕尾服的问题”，阿诺尔德的礼服买了两年了，“很少使用，”所以，约翰娜没有听她婆婆的建议，不想为婚礼买一套新的。她“不想同时伺候两套高

[69]致母亲，1897 年 10 月 31 日。

档的晚礼服不被飞蛾和老鼠侵犯”，她写信时已经在预想偏僻的克劳斯塔尔的乡村情景。但在提及她姐姐未来的丈夫，路德维希·隆布勒(Ludwig Rhumbler，1864—1939)时，她提出了又一个理由：“路德维希不想也不会买一套新的燕尾服；婚礼上他肯定会穿已经6年的那套老的。”这也是出于“周到体谅”的考虑，不能让[阿诺尔德]的新礼服使其难堪，“尤其是现在他可能已经敏感，人家会拿自己的地位和‘教授’相比”。约翰娜也发现感情问题才是关键。“看吧，您不能总是说‘不知我们的幸福是否会持续’之类的话，”她对婆婆批评道，“好吗？不要再这样说了。这让我伤心。现在到我和我亲爱的一起离开只有7周半了，只要世界不在此之前结束！”[70]

世界并没有结束。在格丁根，约翰娜继续为婚礼做着准备，而阿诺尔德在给“渴望者们”上数学课，并继续他对陀螺仪理论的阐述。“陀螺仪在怒吼，将会有人遭受其难，”当某个周末他因没有像往常一样去格丁根而安慰约翰娜道，“我不能连续三个周日离开它，如果第二册要在圣诞前准备好的话。我已经如此许诺自己，这样我才可以心安理得地进入神圣的婚姻。”[71]在那个时候，尽管她的身体缺席，约翰娜已经融入克劳斯塔尔的环境里：“上星期六我在俱乐部。”索末菲向格丁根报道说。那里，在俱乐部成员的发言中，作为教授未来的妻子，约翰娜的健康受到大家“极为隆重”的举杯祝福。[72]

越临近圣诞假期，婚礼的准备工作越发忙乱。这对新婚夫妇为避免双方父母对于圣诞节的庆祝活动和婚礼安排的误解就已经忙得不可开交了。“母亲写信说她没有收到参加你的圣诞庆祝的邀请或请求。你父亲亲口告诉我的，我自然已经写信报告家里。”索末菲的母亲曾威胁过，如果没有及时收到邀请，就将和他在克劳斯塔尔过圣诞节。他请求约翰娜给婆婆写封短信，从而使得邀请函显得更正式，“你写几句话就足够；不需要你父亲写”。[73]

127 即将到来的婚礼对他在克劳斯塔尔的同事也是一件不同寻常的事情。一天早晨，克勒和汉佩来访，每个人胳膊下夹着一张画。“《海边的城堡》(不是别

[70]约翰娜致阿诺尔德的母亲，1897年11月3日。

[71]致约翰娜，1897年11月19日。

[72]致约翰娜，1897年11月23日。

[73]致约翰娜，1897年12月15日。

墅），和《春天》，都是由波克林绘画，克林格尔蚀刻。”瑞士画家阿诺尔德·波克林(Arnold Böcklin，1827—1901)是索末菲最喜爱的艺术家之一。他在1892年第一次访问慕尼黑沙克画廊时就表达了对于波克林作品的强烈兴趣。这一婚礼礼物则给他带来更大快乐。“绝对的精致，装饰房间的上等佳品，出色的做工，颜色对比用最有力的蚀刻色调完美实现，镶在金珠嵌边的漂亮黑框里，整体给人高度的绘画印象。”[74]

婚礼本身同样以温暖的细节保存在家庭记忆中。赫普夫纳家的一位女性朋友报道在格丁根大学教堂举行的这次双婚婚礼现场时说，“教堂挤满了围观者”。仪式开始，新婚夫妇步入。“伴着风琴的声音，海伦妮挽着隆布勒的手臂，在他们后面，小翰与索末菲进入礼拜堂。姐妹俩都很美丽可人。小翰友善的眼睛里闪着幸福的光芒。两对新人结为夫妇[首先是隆布勒夫妇，然后索末菲夫妇]。四位同时获得祝福，这一点我觉得真是让人感动。”在“赞美主”的声音里，客人离开教堂，在婚宴上，克莱因敬酒祝福新婚夫妇们。说到索末菲，这位编年史家陷入了滔滔不绝的状态中。“他是这样[一位]友好而真诚的人，他对每一个人都很友善——我认为小翰与这个勇敢的小个子男人在一起将会非常幸福。”如是 128
的索末菲——仅1.65米，比约翰娜要矮——留在了这篇回忆录里。[75]

继格丁根庆典后，约翰娜和阿诺尔德以一个蜜月旅行开始了他们的新婚生活。“索末菲夫妇当晚到了卡塞尔。”我们从一份婚礼报道中读到。从卡塞尔，他们的旅程途经马尔堡到达法兰克福。“我们转了一些啤酒酒吧，”索末菲写信给他的父母说道，“第二天一早去了歌德的房子，这不大的地方真正有着一个奇异的气场。”后一天，他们的行程在维茨尔堡结束，一个“地道的大肚瓶[76]，喝得我们俩都有点醉了。我们的两位主人，给我们推荐了这一瓶，他们看出我们是蜜月情侣(实际上所有人都看出来了)，这引得小翰很不快”。旅途经过浪漫的陶伯河上游罗滕堡(“充满古风，很小巧，典型的中世纪筑造风格，如此迷人的小城

[74]致约翰娜，1897年12月21日。

[75]安娜·温德兰(Anna Wendland，海伦妮·赫普夫纳的一位女友)致约翰娜的一位姑姑(Die Doppelhochzeitsfeier meiner Nichten Helene und Johanna aus einem Bericht von Frl. Anna Wendland aus Hannover von M. Hubler in Berlin)，未注明日期。

[76]指弗兰肯葡萄酒。——译者注

镇!")到达慕尼黑。"面对总火车站和玻璃宫(艺术展)。位于有轨电车路线上……"这是写在格伦瓦尔德大酒店的信纸上关于蜜月旅行的一段记述。在这里，他们计划尽情享受着慕尼黑艺术博物馆，去阿尔卑斯山山麓的游览，享受他们被拖了很久的二人世界。索末菲为了让他的父母放心而写道："我们的生活中从来还没有连续这么顺利过。我们有这样美好的天气，如此精心制定的行程安排。我们可能会在卢伊特波尔德咖啡馆喝着潘趣酒迎接 1898 年。"[77]

8 天后，他们已经开始了返程。"让我跟你描述一下，"约翰娜以闲谈的笔调写信给婆婆，"到昨天为止，我们一直在慕尼黑闲逛。简直是太漂亮了——每一天天气都变得更加柔和，天空更加湛蓝，太阳更加炙烈。"在新年当天，他们去了一趟施塔恩贝格湖，并攀爬了派森贝格山。在慕尼黑接下来的日子里，他们游览了"美术馆、古代雕塑展览馆、沙克画廊、大教堂和圣母大教堂"，阿诺尔德
129 访问了他的一些同行同事。这些同事中最首要的是他在大学的论文导师费迪南德·林德曼，在约翰娜的评价中，他是一个"非常可爱的好人"。究竟是由于阿诺尔德在论文之后对于导师一定会有的那种复杂的心情，使她策略性地回避更多评论，还是在这一话题上他确实没有什么可以补充的，仍是一个未有定论的问题。林德曼夫人似乎出乎意料地主导了蜜月情侣的日程安排。她坚持向他们推荐蒂罗尔画家弗朗茨·德弗雷格尔(Franz Defregger，1835—1921)，此人在慕尼黑艺术圈小有名气。但约翰娜并没有从利斯贝特·林德曼(Lisbeth Lindemann)希望他们了解的德弗雷格尔民间艺术风格中获得什么。"星期二下午，我们被允许，或者说在她的庇护下，不得不去德弗雷格尔工作室访问，在那里他的另一个快乐的、平凡的蒂罗尔农舍画和有点柔弱的圣母等作品正在制作中。德弗雷格尔本人给人留下很好的印象，简单、诚实、真诚。利斯贝特不断巴结他，这边要点儿，那边骗点儿。"约翰娜挖苦地写道。无论如何，慕尼黑艺术的乐趣给了这对新婚夫妇"在许多冬天的夜晚里可以追溯的美好记忆"，阿诺尔德在他的 7 页纸的信尾补充道。他们"非常高兴他们进行了这次旅行"。[78]

---

[77]致父母，1897 年 12 月 31 日。

[78]致母亲，1898 年 1 月 7 日。

4.5 陀螺仪和电动力学问题

回到克劳斯塔尔冬季的僻静之后，富于艺术气息的慕尼黑想必感觉上像是另一个世界。不过他们没有什么时间回味美好的经历。假期结束后，索末菲在矿业学院的教学工作又开始了，而约翰娜则要忙着搬进两人的爱巢公寓。许多结婚礼物都是家具和墙饰，被送到克劳斯塔尔，等待小两口妥当处置。除此之外还有蜜月旅行中购置的艺术品，例如文艺复兴时期佛罗伦萨雕塑家安德里亚·德拉·卢比亚(Andrea Della Robbia，1435—1525)的圣母玛利亚浮雕的复制品。阿诺尔德写信给母亲说："我们有这么多圣母玛利亚的东西，会被人家当作 130
天主教徒。"还有那些推迟到婚礼之后的拜访和回访。"我们一上午就全干完了，60 次拜访，当然是坐的马车。"[79]

对同事们的应酬不可能一蹴而就。另外每个下午都有邀请去参加"无聊的茶会"。约翰娜写信告诉柯尼斯堡，这些茶会"无论有没有理由"她都一概拒绝。还不如好好伺候自己的丈夫，平庸的讲座和频繁的同事来访让他觉得越来越索然无味。"今天我家老公又吃到了可口的本地甘蓝汤；在我看来，他相当健壮，不过实际上他要忍受许多事情。不管怎样，我们俩都过得不错，我们一起能非常出色地承受一切。"[80]字里行间的语气以及"实际上"和"不管怎样"这些词语，清楚表明"索末菲教授和夫人"不得不尽力适应此地。如果天气情况允许，乘雪橇进入上哈儿茨大雪覆盖的森林，那确实是"非常美丽"。他们觉得待在按自己趣味布置起来的公寓里就很快活，不过一旦说起在某个同事家里的聚会，语气就不同了："聚会实在很无聊，回到家真高兴。不过我们举止都很得体，给人留下很

[79] 致母亲，1898 年 1 月 28 日。

[80] 约翰娜致婆婆，1898 年 2 月 11 日。

好印象。”[81]

不过小两口的生活不局限于克劳斯塔尔。1898 年 3 月 1 日，索末菲在驻扎在格丁根的 82 步兵旅开始了为期 7 周的军训。[82] 在此期间，他和约翰娜住在岳父母家中，因为约翰娜不愿意自己一个人待在克劳斯塔尔。虽然被晋升为预备役中尉，索末菲也没有什么可高兴的。服役两周后他写着：“军事生活总是让人
131 智力迟钝。我几乎没法做任何工作。”后来又写下：“总是要早起。完成了一次夜间训练。冷得不得了，我晚上待在马厩里。”不过他决心尽量利用环境。“尽管如此，我觉得格丁根的气氛对我的数学有好处。有不少时间和克莱因在一起。”[83]一周后他抱怨军训太浪费时间：“美好的时光就这么浪费了。对希尔伯特、克莱因和舍恩弗里斯的几次数学访问让人焕然一新。”这封信是父亲生日那天寄给父母的，在结尾处他又叹道：“ 现在我得回去工作了，也就是无所事事地傻站着。”[84]到了军训快结束的时候，预备役军官们被允许有更多的自由时间。不过就像约翰娜向柯尼斯堡提到自己丈夫对克莱因的“数学访问”时所写的，所谓自由时间不过是“每天几小时的菲利克斯任务” 罢了。[85]

1898 年那个春天，“菲利克斯任务”实际上就是讨论陀螺仪理论。在 2 月底离开克劳斯塔尔之前不久，约翰娜告诉婆婆“托伊布纳出版社一个劲地催陀螺仪的事，现在到了第 5 章，阿诺尔德在写第 6 章”。[86] 这一章的内容是关于椭圆函数和一些可以用来以数学语言优雅地描述陀螺仪运动的“自旋参数”。运动方程可以用所谓埃尔米特-拉梅微分方程表达。物理学家和工程师们可能还未能理解这一章的妙处，但是一位数学家肯定会激动不已：正像第二册的出版前预告中声明的，这些微分方程的解可以“直接以椭圆方程形式写出，无须很多中间计算”。到这里“纯理论”部分就结束了。“第三册也就是最后一册”将被用来展示

---

[81]约翰娜致婆婆，1898 年 2 月 26 日。

[82]服兵役证明，1911 年 4 月 20 日。DMA，NL 89，016；免除军训(Freistellung für militärische Übung)，1898 年 2 月 8 日和 28 日。索末菲人事档案，Archiv der TU Clausthal.

[83]致母亲，1898 年 3 月 15 日。

[84]致父母，1898 年 3 月 22 日。

[85]约翰娜致婆婆，1898 年 4 月 11 日。

[86]约翰娜致婆婆，1898 年 2 月 26 日。

“理论与实际经验的符合程度，以及需要做何种修正才能使之应用到来自物理学和天文学的实际数据上”。[87]

在起草克莱因的这部分陀螺仪理论讲义时，索末菲也不是仅仅限于一个执
行者的角色。从这些讲义中需要完成的绝不只是为高中教师协会准备的“关于陀 132
螺仪的小册子”。[88] 这一点在第一册之后就已经明显。克莱因的讲义确定了方向，
但是“圣人菲利克斯”在合作中给予前助手充分自由。在谈到第三册的作者时，
克莱因解释说“在第三册中，索末菲实际上包括了”地球物理学和天文学的应用。
当然在第二册出版的时候，离第三册面世还有 5 年时间。[89]

这样约翰娜所谓的“菲利克斯任务”就不仅仅是听取克莱因的指示，并将其转化为可以发表的文句而已。这是一个师生之间的互动，其中学生不断带入自己的观念，直到最后给整个项目烙下自己的个人印记。当他还在构造第二册“陀螺仪运动的纯理论”之时，索末菲已经着眼于将来的章节，与实际应用者讨论应用问题。还是自己一个人在克劳斯塔尔的时候，他就在信中告诉约翰娜：“我还得给一个斯图加特人写一封长信。他正在用陀螺仪理论处理炮弹运动问题，在一些关键地方犯了错误，寻求我的建议。”[90]这个“斯图加特人”是斯图加特高等工学院的卡尔·克兰茨(Carl Cranz，1858—1945)。他 1883 年的博士论文就是关于弹道学的，20 年后，作为柏林军事科学院弹道学实验室主任，他成为德国这个领域的权威。索末菲随后写道，自己寄给克兰茨“10 页对开纸的计算”。[91] 克兰茨表示感谢，并且作为回报许诺将来帮助索末菲写“一节投射体运动”。[92] 1898 年 4 月，索末菲从格丁根的军训和“菲利克斯任务”回到克劳斯塔尔之时，一封来自于这位斯图加特弹道专家的信件已经在等着他，还有一份克兰茨急于发表的关于投射体陀螺运动的论文手稿。“您以前想找另一个军事应用的例子，”他解

[87] Verlagsanzeige zu Klein/Sommerfeld：*Theorie des Kreisels*，Heft 2，1898.

[88] Klein，*Abhandlungen*，Band 2，1922，S. 509.

[89] Klein，*Abhandlungen*，Band 2，1922，S. 659.

[90] 致约翰娜，1897 年 11 月 19 日。

[91] 致约翰娜，1897 年 11 月 23 日。

[92] 克兰茨来信，1897 年 11 月 30 日。DMA，HS 1977—28/A，56.

133 释说，“我这里给您提供一大堆。”[93]在另一封信中克兰茨还写道，实际应用者们中关于投射体自旋作用的普遍看法和章动、进动的观念都需要澄清。经过对文献的全面彻底研究，他确信“情况非常混乱”，“大家抄来抄去，从不说明”。[94]

索末菲与这位弹道专家的通信是陀螺仪理论越发奇特应用的前奏。这一理论和实践的交互作用，要到 1910 年第四册出版时，才以白纸黑字的形式公布。通信往来很快就成为索末菲日常经历的一部分，不仅仅是在弹道问题上，还有陀螺仪在鱼雷制导和船舶稳定中的应用。与此同时，就像索末菲在 6 月初告诉柯尼斯堡的那样，1898 年夏天，他还一直被“紧迫催促”完成第二册。预定的出版日期是“7 月底”。[95] 仅仅是头两册陀螺仪的理论部分就已经写到 512 页。到了 8 月中，在一年一度的自然研究者大会上，应克莱因的要求，出版社将刚刚印出的一些第二册关于陀螺仪的样书送给经过选择的一些同事。当年的自然研究者大会是在杜塞尔多夫举行的，索末菲从会上写信回家说：“很多对陀螺仪的正面评价。”[96]经过在穷乡僻壤的克劳斯塔尔待了几个月后，他终于在杜塞尔多夫得到期待已久的机会，与自己领域的同行们相聚。约翰娜将丈夫的汇报转达给自己的婆婆，说阿诺尔德“对整个自然研究者参会群体都很满意”，“他在那里很愉快，这让我很高兴；克劳斯塔尔在数学上与世隔绝，他很需要这个机会振奋一下”。[97]

陀螺仪第二册的良好反应还不是索末菲在杜塞尔多夫自然研究者大会上如此愉快的唯一原因。前一年在不伦瑞克，德国数学协会和自然研究者协会联合
134 召开会议。正像年度报告中记录的那样，这次和之前的的年会完全不同的地方，是突出了报告者之间的“内部关系”，内容非常有重点，成功地“把整个力学和数论一起作为会议的中心”。[98] 在杜塞尔多夫大会上，“流型理论以及现代电动力学

---

[93]克兰茨来信，1898 年 4 月 3 日。DMA，HS 1977—28/A，56. 亦见 ASWB I. Cranz, *Untersuchungen*，1898.

[94]克兰茨来信，1898 年 4 月 23 日。DMA，HS 1977—28/A，56.

[95]致父母，1898 年 6 月 3 日。

[96]致约翰娜，1898 年 9 月 19 日。

[97]约翰娜致公婆，1898 年 9 月 23 日。

[98]*Jahresbericht der Deutschen Mathematiker-Vereinigung*，6，1898，S. 3.

的数学理论成为会议中心”。[99] 电动力学这个题目仿佛是为索末菲量身定制一般。1892 年他在《物理学年鉴》发表的第一篇物理论文就是关于这个题目的，得到了玻尔兹曼的首肯。在杜塞尔多夫大会上，他的报告“电动力学的一些数学问题”处理的是电磁波沿导线的传播问题。索末菲经常和格丁根的同事们讨论这个问题，并曾在数学协会上做过讲座。[100] 1898 年 9 月 21 日晚他写信给克劳斯塔尔的妻子说：“今天我做了报告，”“虽然听众不多，但是引起很大关注。”[101]

初看起来，沿线传播的电磁波不像是一个很有意义的题目。从物理学家的角度来看，除了在自由空间之外，电磁波也能沿着导线传播，这是一个已知现象，海因里希·赫兹十几年前就研究过。当时的假设是沿导线的传播速度和空气中一样，都等于光速。赫兹测量到的速度确实显著低于光速，不过这是因为一个错误，已被庞加莱于 1892 年纠正。然而问题并未因此得到解决。赫兹假设的是一个无限细的导线，甚至都无法在线表面建立电场和磁场的边界条件；庞加莱的基础是有限厚度的导线，但是他假设电力线与线的表面垂直，这等于是把光速传播的计算结果包括在初始假设中。现在索末菲将其当作一个数学边界 135
值问题，类似于他教授资格考试论文中的光学衍射问题。他在报告中解释说，通过遵守有限厚度导线的所有边界条件，得到了“一个确定的，非零的局部衰减以及确定的低于光速的传播速度”。[102] 当时已经完成的实验并未测到对光速的偏离，或许是因为差别太微小；但利用他的理论，索末菲证明了在一些条件下，导线上的传输速度会明显小于光速。“我刚想清楚一个例子，”在杜塞尔多夫大会后他写给一个同事，“在该情形下，电磁波将沿一根导线以 1/2 光速的速度传播。这一结果无疑会让物理学家们起鸡皮疙瘩。”[103]

在杜塞尔多夫大会的报告中，索末菲觉得自己更像是一名数学家而不是物

---

[99] *Jahresbericht der Deutschen Mathematiker-Vereinigung*, 7, 1899, S. 3.

[100] 索末菲 1897 年 5 月 11 日就“线波”做的报告，Vortrag Sommerfelds am 11. Mai 1897 über “Drahtwellen”。《格丁根数学学会会议记录簿》(Protokollbuch der Mathematischen Gesellschaft zu Göttingen). SUB, Cod. Ms. Math. Archiv 49：2. Des Coudres an Sommerfeld, 241897 年 10 月 24 日，DMA, HS 1977—28/A, 62.

[101] 致约翰娜，1898 年 9 月 21 日。

[102] Sommerfeld, *Drahtwellen*, 1898; Sommerfeld, *Aufgaben*, 1898.

[103] 致卡尔·龙格(Carl Runge)，1898 年 11 月 3 日。SBPK, Nachlass 141.

理学家。尽管如此，他还是满意地注意到自己也受到了物理学家们的尊重，并几乎被认为是他们中的一员。“早些时候，柏林的普朗克作了发言，”他写信给约翰娜，描述了下午数学、天文和物理各学部召开的联席会议，该会议以索末菲的报告结束。马克斯·普朗克(Max Planck，1858—1947)作了题为“从数学的角度看麦克斯韦电学理论”的报告，这一题目立即让索末菲感到有话要说。“我参与了辩论，有不少是英雄所见略同，”他之后在描述与普朗克的第一次见面时写道。普朗克作为教授在柏林大学讲授理论物理学，是理论物理学作为一门独立学科的少数代表之一。他从普朗克那里获得了“对他过去和未来工作的一大堆赞美”，“接下来一起喝啤酒时也很能处得来，”索末菲写信给克劳斯塔尔提到，“简而言之，我对自己和世界都很满意。”[104]

136 索末菲在《物理学年鉴》上发表了电磁波沿导线传播的综合理论。[105] 而从数学的角度看来，索末菲迎合杜塞尔多夫大会的主题焦点是明智的。在解导线中电磁波的边界值问题的过程中，他迎战了一个超越方程，其本身就是一个很好的问题。索末菲给出了一个近似计算的步骤，可以逐步求解这个方程。他给希尔伯特发了关于这一问题的一篇简述文章“以及一个请求：如果您觉得它还不至于太无聊的话，请提交给《格丁根新闻》”，[106] 这次杜塞尔多夫大会还带来额外的成果。他写信告诉约翰娜，说自己“陈年的衍射文章”也得到了认可，连“伟大的庞加莱”也赞扬了他的衍射理论。[107]

因此，在偏远的克劳斯塔尔待了一年后，索末菲完全可以对自己的科研成果感到满意。他的科学出版物的名单变长了，其中有些论文还越发引起数学家和物理学家的注意。在这个自然研究者大会之后，不仅普朗克，还有玻尔兹曼、威廉·维恩和亨德里克·安东·洛伦兹(Hendrik Antoon Lorentz，1853—1928)，(他们也在杜塞尔多夫)，都认为他是一个有志向的年轻同事，真的应该有一个比克劳斯塔尔矿业学院这样一个在智力上毫无刺激可言的更好的环境。但数学

[104]致约翰娜，1898 年 9 月 21 日。

[105]Sommerfeld，*Fortpflanzung*，1899.

[106]致希尔伯特(Hilbert)，1898 年 11 月 22 日．SUB，Cod. Ms. D. Hilbert 379A. Sommerfeld，*Auflösung*，1898.

[107]致约翰娜，1898 年 9 月 19 日；Poincaré，*Polarisation*，1897.

教授产生空缺的可能性很小。而理论物理在大多数大学仅由讲师和副教授出任。威廉·维恩两年前表述了同名的维恩位移定律，并在杜塞尔多夫大会上宣读了一篇电动力学理论的奠基性文章，在亚琛技术大学也只能屈居副教授。1898 年 6 月维恩在评论这一领域的情况时说到“德国的理论物理学实际上基本是完全荒芜的”，在玻尔兹曼放弃后，就连在慕尼黑大学[的理论物理学教授]这样重要的一 137
个教授席位也“实际上已不复存在”，“目前还没有理论物理学的市场”。[108]

4.6 为《百科全书》系列丛书组稿而旅行

威廉·维恩是不得已对理论物理学的状况做出这一评估的，因为索末菲试图说服他接受这个本来是克莱因交给索末菲个人的任务：接手以物理学为专题的《数学科学百科全书》第 5 卷的编辑这一克莱因全力推进的工作。对此，索末菲写信给维恩道：“克莱因要我来做编辑。而我一直都在忙于出版陀螺仪相关的工作，未来很长一段时间也将如此，所以如果有可能的话我希望摆脱掉这一宿命的安排。在所有我建议的替代编辑人选中，只有您是他真心愿意接受的人选。您方便接受这项工作吗？毫无疑问，在德国所有的物理学家和数学家之中，您最适合这项任务。”任务包括为特定的题目找到适合的作者，并与他们合作确定相应内容的范围，以及对于已提交的文章进行细致的审评。“克莱因本人希望通过以下方式参与编辑过程：他计划环球旅行几个月，以便把分散在各处的专家集合起来(这一工作有困难但很有必要，尤其是在技术领域，但并不需要您的直接参与)，与他们一起成立一个临时项目组，说服他们一起来合作。具体地讲，他是在考虑意大利、荷兰，或许也包括英格兰。”索末菲尽全力让维恩感兴趣：“这里最棒的是您将有机会在很大程度上在数学物理的一次阐释上打上您个人信

---

[108]维恩来信，1898 年 6 月 11 日。DMA，HS 1977—28/A，369. 亦见 ASWB I.

条的印记，而这或许会成为未来几十年的样本。”[109]

维恩的回答则将当年的理论物理状况放在了聚光灯下。尽管数学物理作为
138 一个学习科目在多数的大学都有，作为研究也完全被物理学家们接受为一种具体的科学工作，但是一个物理学家如果把理论物理作为他的全部职业，会冒极大的风险。许多物理学家只是偶尔做点理论。[110] 在其热辐射的文章之后，维恩已经是一位出名的理论学者，但他仍然拒绝负责《数学科学的百科全书》的理论物理部分，理由就是理论物理的非常不乐观的就业前景。他不得不“将当时的形势纳入考量”，所以只要他行事还想着自己的“表面职务”，就得“让自己专注于纯实验的工作”。[111] 得到这个答复后，索末菲作好准备继续执行“菲利克斯任务”。约翰娜对这件事的反应是“非常复杂的”，正如她向公公婆婆所坦诚的：“最初我非常反对，但阿诺尔德已经逐渐开始喜欢这一意向了，我也就逐渐习惯了。”[112]阿诺尔德让他在柯尼斯堡的父母相信这一情况可以是对他完全有利的。他依然和克莱因“相处得很融洽”。在陀螺仪工作的同时，进行《百科全书》的工作有助于他保持和克莱因的接触并能认识一起合作的科学专家们，这只会有利于他未来的事业。[113]

这一《百科全书》项目对索末菲来说并不陌生。准备工作从 1894 年就开始进行了。还在格丁根当助手的年代，他就有很多机会目睹克莱因与瓦尔特·杜克和弗朗茨·迈尔一起将这一雄心勃勃的工作付诸实施。[114] 索末菲自己也要负责其中一篇文章的写作：《百科全书》微积分卷的编辑海因里希·布克哈特曾于 1896 年提议他来撰写《偏微分方程理论中的边界值问题》这篇文章。[115] 不过要等到杜塞尔多夫大会之后索末菲才开始动笔。1898 年 11 月他致信希尔伯特说：“现在我

---

[109]致维恩，1898 年 6 月 2 日。DMA，NL 56，010. 亦见 ASWB I.

[110]Jungnickel/McCormmach，*Mastery*，1990，S. 159—165.

[111]维恩来信，1898 年 6 月 11 日。DMA，HS 1977—28/A，369. 亦见 ASWB I.

[112]致公公和婆婆，1898 年 6 月 12 日。

[113]致父母，1898 年 7 月 8 日。

[114]Hashagen，*Walther von Dyck*，2003，Kap. 21；Tobies，*Mathematik*，1994.

[115]埃米尔·皮卡德来信，1896 年 6 月 12 日。DMA，NL 89，012；致 Klein，1897 年 3 月 18 日。SUB，Klein 11，1042.

在努力撰写《百科全书》偏微分方程那篇文章。应该很有意思。”[116]不过文章到一年 139
之后才写成，而整卷书的出版更是要到几年之后。[117] 对于编辑和作者来说，《百科全书》相关的事务需要有耐心。

计划中关于物理学的第5卷也是在杜塞尔多夫大会之后才开始成形。为了启动这一项目，克莱因与索末菲踏上旅途去招募项目预定作者中的几位人物。启程之前他致信洛伦兹说：“我的想法是首先与您细致讨论整个数学物理部分，然后通过您结识荷兰数学物理圈子。如果您同意，数学物理部分的编辑索末菲教授也将参与我们的讨论。”[118]杜塞尔多夫大会结束一天后，索末菲在荷兰赞德福特一家海边旅馆给妻子写信，提到就连在“自然研究者大会期间”，克莱因还在杜塞尔多夫约了编辑们(除了索末菲之外，还有舍恩弗里斯、布克哈特和弗朗茨·迈尔)，经常召开“《百科全书》会议”。天性喜欢旅游和刺激的索末菲，公务出差之际也要顺便游玩一番。“我盼着去阿姆斯特丹。从地图上看，完全就是威尼斯。无数河港水道遍布全城。从火车上看就很独特。有的地方铁路两边都是水。空气宜人。”[119]一天之后，他满意地汇报了看到的伦勃朗展览：“太华丽了，10个画廊都塞得满满的，主要是肖像画，令人难忘；这个展览只是伦勃朗作品的1/10而已。”[120]

第二天克莱因和索末菲去莱顿拜访洛伦兹。“洛伦兹是我见过的最聪明而有魅力的人之一。”其个性显然给索末菲留下深刻印象。“对于克莱因范围广泛的科
学要求，他欣然同意。与此同时也像一个典型的善于世俗享乐的荷兰人一样， 140
用最精致的晚餐招待我们，还带来了妻子和3个孩子。10点半当我们回到招待所的时候，我告诉克莱因自己还是想给你写信，他说那样的话不如让我也给他妻子写信。你想像得出接受这项任务我有多高兴！”[121]

---

[116]致希尔伯特，1898年11月22日。SUB，Cod. Ms. D. Hilbert 379 A.

[117]布克哈特来信，1900年1月12日。DMA，NL 89，006；Picard来信，1900年4月25日。DMA，NL 89，012；Wirtinger来信，1900年4月26日。DMA，HS 1977—28/A，373. Sommerfeld，*Randwertaufgaben*，1904.

[118]克莱因致洛伦兹，1898年9月5日。AHQP/LTZ—1.

[119]致约翰娜，1898年9月25日。

[120]致约翰娜，1898年9月26日。

[121]致约翰娜，1898年9月27日。

接着访问了荷兰物理学家迭德里克·约翰内斯·科特韦格(Diederick Johannes Korteweg，1848—1941)和约翰内斯·迪特里克·范·德瓦尔斯(Johannes Diterik van der Waals，1837—1923)之后，克莱因继续旅行去巴黎会见自己熟识的数学家们。索末菲则去科隆与在那里等他的妻子会合。对约翰娜来说，莱茵河谷和童年的记忆联系在一起。那时她父亲还是科布伦茨一所中学的校监。[122] 与约翰娜沿莱茵河共度一程之后，索末菲自己去看望正在德累斯顿附近一家诊所为吗啡上瘾而求医的哥哥。访问之后他向母亲汇报说：“幸福的莱茵之旅后，皮尔纳之行令人伤心。”瓦尔特看上去“很可怜，非常抑郁，尤其是想到你们的时候；不过总的来说很理性。除了有一点紧张，其他没有什么不对劲。他承认过去几周用了些鸦片，但是说没有注射吗啡”。回克劳斯塔尔的路上，阿诺尔德中途在戈斯拉尔停留，看看能否在一家“当地机构”医治哥哥的病，“当然专门治吗啡上瘾的最好，这一家不是。我会继续去找。还是那个问题：如果是要临时的好转，那么任何一家靠谱的机构都可以；如果是要治愈，恐怕哪里都没办法”。他还想承担瓦尔特的治疗费用。“(尽管有荷兰和莱茵之旅)，因为花费少于收入，我一直在存钱。”[123]

回到克劳斯塔尔之后，对哥哥的担忧和矿业学院乏味的教学又交织在一起。当然讲课本身对索末菲不是问题，因为他教书已经到了第二年。但是学生们缺乏热情，让他也毫无兴致。索末菲邀请“渴望者”到家里做客，他们也没有热情。
141 “上周一天晚上我们请来 15 个学生，”约翰娜致信柯尼斯堡说，“他们非常乏味；一直到半夜，阿尔伯特都在拼命试图和他们交谈，让他们活跃起来，但是徒劳无功。”克劳斯塔尔社区也一样不合他们口味。不过他们还是竭尽所能从上哈尔茨矿业小镇的社交生活得到点乐趣。约翰娜汇报说他们“设法”加入了一个很小的阅读俱乐部，“我们非常经典，读的是埃斯库罗斯(Äschylos)[124]。克来天奈斯拖(Klytämnestra)[125]一直忙于针线活，错过了入场。我们俩当然是读得最棒的。

[122]致婆婆，1898 年 10 月 22 日。

[123]致母亲，未标明日期［1898 年 10 月］。

[124]古希腊诗人。——译者注

[125]剧中阿伽门农之妻。——译者注

一共有五对夫妇和两个女儿，都是讲理的人”。不过汇报另一件事的时候她就没开玩笑，而这件事改变了他们克劳斯塔尔生活的方向。在给婆婆的信中她这样传达自己怀孕的消息：“我们期望着到了春天就有自己的孩子了。”“如果我没有算错，孩子将于4月底出生。”[126]

在小两口喜悦的期待中，克劳斯塔尔冬天的时光似乎格外地拖长了。矿业学院的日常工作索然无味，索末菲则从自己《百科全书》的文章以及陀螺仪的工作中寻求慰藉。一天他去拜访汉诺威高等工学院的数学家卡尔·龙格(Carl Runge，1856—1927)，二人曾经通信讨论索末菲关于沿线电磁波的结果。“我看到工学院这边很有兴趣，同时又得以谈论数学。”当然约翰娜“一个人在家很寂寞”。[127] 她的圣诞节在格丁根度过，而索末菲在那里又要面临“菲利克斯任务”。在写信时他就已经在期待一个工作繁忙的圣诞假期，觉得自己会“在图书馆工作整天”。“现在一位鱼雷军官正努力从我这里索取信息，他想给鱼雷加上自旋。”[128]正像索末菲告诉柯尼斯堡的，对约翰娜来说，这次在格丁根的逗留也很烦心。这一次的问题不是索末菲的“菲利克斯任务”，而是“赫普夫纳家里的不幸状 142
况”。约翰娜的母亲病了，而父亲身体和精神上都累垮了。为此索末菲想尽量早点回克劳斯塔尔，担心妻子在格丁根让人郁闷的环境里待得太久，“14天后会完全失去引以为荣的圆润泛红面颊”。[129] 一向充满信心的约翰娜，现在也黯然无光：“太令人悲伤了!”她致信柯尼斯堡，“这边的事情很烦心。妈妈的情况很久都没有这么糟糕；爸爸被不断的家庭不幸和身体不适累垮了，看到我们来了都高兴不起来。”[130]

回到克劳斯塔尔，这个冬季学期余下的部分倒是波澜不惊。“我们完成了社

---

[126]约翰娜致婆婆，1898年11月13日。

[127]致母亲，1898年12月5日。

[128]致母亲，1898年12月21日。Bei dem »Torpedoofficier« handelte es sich um den »Torpedo-Oberingenieur« Carl Diegel (1854—1931) von der »Kaiserlichen Torpedowerkstatt Friedrichsort« in Kiel，参见，Sommerfelds Korrespondenz in DMA，NL 89，007，und Broelmann，*Intuition*，2002，S. 136—138.

[129]致母亲，1898年12月30日。

[130]约翰娜致婆婆，1898年12月30日。

交应酬的义务，”约翰娜告诉婆婆，“那不过是上个周日和上上个周日请来7个学生吃晚饭而已。其他的可以等到下个冬季；几乎没有人邀请我们。所以我这个冬天不欠谁的。”[131]

然而这个学期并未像期望的那样和平结束。事件发生在一位获任亚琛高等工学院职位的同事的欢送会上。索末菲致信柯尼斯堡说：“教工中有一个怪人施纳贝尔，老酒鬼，不正经。”他“这一次明显地出丑了”。[132] 索末菲没有提到卡尔·施纳贝尔是如何引起摩擦的，不过在此之后这位同事又有劣迹记录在案。施纳贝尔“醉醺醺地”，先是被两个学生“送去厕所”，然后被抬到课堂上。学院的工作人员宣誓作证说：“授课时间连半个小时都没有，”“因为我回去的时候，这位先生已经不在那里了。”[133]索末菲和一位同事徒然地指望施纳贝尔会被开除。约翰娜向婆婆讲述这些事件时说他们“想阻止其他胆小鬼再次放过施纳贝尔事件，累
143 得筋疲力尽。”[134]然而在矿业学院，这些事件都被大度地纵容。在大多数同事的支持下，施纳贝尔从一个讲求实际的人转变为一位“科学家和‘文艺之子’”。一个世纪之后这个矿业小镇仍然骄傲地保存着关于他的记忆。[135]

这一“施纳贝尔事件”以及其他被称为“胆小鬼”同事们，对索末菲在克劳斯塔尔的教授经历产生不良影响。但是4月30日期待已久的孩子的出生，压倒了矿业学院每天的琐事。第二天索末菲给柯尼斯堡的信开头写到：“亲爱的爷爷，亲爱的奶奶！”“终于出生了，是个男孩。”对约翰娜来说，这次生产是“非人的折磨”，新生儿几乎在过程中窒息。“脐带绕上了婴儿的脖子，使他来到这个世界的时候发黑发青。医生立即开始给他做大量呼吸运动，在空气中摇荡他。自那之后，他就舒服地躺在小小的摇篮里，时不时高兴的时候咯咯地叫起来，看上去很健壮。接下去的描述表现了父亲自己高兴的心情：“体温37.4摄氏度，小脸颊，发红，心情舒畅。我们希望一切顺利。他的名字是恩斯特，纪念死去的叔

131约翰娜致婆婆，1899年3月1日。

132致母亲，1899年3月14日。

133卡尔施纳贝尔(Carl Schnabel)个人档案，1899年6月28日会议记录。Archiv der TU Clausthal.

134约翰娜致婆婆，未标明日期[1899年6月底]。

135Müller, *Carl Schnabel*, 2000.

父。如果是个女孩，我们会给她起名格蕾琴。我们想要的就是男孩。”[136]

之后的一段时间，寄往柯尼斯堡的信件常常像是医疗报告，因为约翰娜从难产后遗症中恢复得很缓慢。6 个多星期之后，约翰娜才觉得自己已经从生产及其导致的综合征的影响中恢复过来，她致信婆婆写道：“您不知道在我尖叫和哭泣的时候，阿诺尔德多么照顾我，给了我多大的支持。”“对丈夫来说，孩子的出生也不是什么轻而易举的事情。”[137]

这段时间，克莱因在格丁根进一步向前推进《百科全书》项目。索末菲在照顾约翰娜的时候让父母放心：“我当然会躲着克莱因。”不过他还是向克莱因表示自己愿意合作进行《百科全书》的进一步计划。“这对我内在外在都有好处。比如说 144
去英格兰的计划。当然不是没有限度的。”[138]克莱因决定自己担任《百科全书》第四卷(力学)的编辑。通过前往英格兰、威尔士和爱尔兰，他希望能够招募到英国数学家和物理学家充当这一卷的作者。剑桥是首先教授数学物理概念的地方，进行得也最深入，并表现在像霍勒斯·兰姆(Horace Lamb)的《水力学》这样的教科书中，给克莱因留下深刻印象。[139] 某个英国教科书作者也可能被考虑作为《百科全书》物理卷的作者；因此克莱因想带着索末菲同行。[140]

索末菲从没有去过一个用他的母语所不能理解(即不讲德语)的国家。一年前荷兰《百科全书》之旅会见的洛伦兹和其他科学家能够讲非常好的德语。克莱因 1893 年和 1896 年在美国待过不少时间，英语不成问题。但是索末菲的英语水平自从柯尼斯堡中学选修英语的时代之后就每况愈下。为了准备这次旅行，他利用一切机会重温英语技能。在和克莱因一起去格丁根开会路上的一个火车站，他寄给约翰娜一张明信片，上面用英语写道：“阳光明媚，没有下雨。”“我非常想念你，喜欢你和小心肝普特尔。”[141]他对克莱因也显示自己的英语水平，出发前 3 个星期他用英语写道：“说到去英国的路途，我希望你考虑是不是从卡塞尔走

[136]致父母，1899 年 5 月 1 日。

[137]约翰娜致婆婆，1899 年 6 月 19 日。

[138]致父母，1899 年 5 月 25 日。

[139]Klein，*Abhandlungen*，Band 2，1922，S. 508；Warwick，*Masters*，2003.

[140]克莱因致杜克，1899 年 7 月 2 日。BSB，Dyckiana，Schachtel 5.

[141]致约翰娜，1899 年 6 月 16 日。

比汉诺威更近更便宜。我自己会去询问这条路线的情况，然后把信息告诉你。”“我写的英语是不是和母语一样好？”[142]

就像一年前的荷兰之旅一样，索末菲不想错过艺术和文化。从伦敦给约翰
娜的第一封信里，他就极力赞扬在[英国]国家美术馆看到的文艺复兴时期的艺
145 术。在威斯敏斯特修道院，他站在“你的朋友莎士比亚”和“我的朋友牛顿”[143]的墓
碑前。在南肯星顿街的科学博物馆，他感叹于詹姆斯·瓦特的第一台蒸汽机，
“巴贝奇计算器”，以及开尔文勋爵的一台谐波分析仪。索末菲不得不放弃参观
圣保罗大教堂和大英博物馆，因为克莱因那边也得应付，他说得也很清楚，带
着索末菲就是为了“随时听用”。不过二人之间的关系肯定是相当放松的，因为
索末菲也和克莱因“用英语开玩笑”。索末菲的这封信件在第 9 页纸上以“Godby,
my dearest[144]，我还得写信给几个英国人”[145]结尾。

接下去的几天都是在伦敦和剑桥开会。在剑桥三一学院停留时索末菲写道：
“我受到能想像到的最好的接待。”“这里对我工作的兴趣明显超过德国。”[146]他会见
146 了约瑟夫·约翰·汤姆孙(Joseph John Thomson，1856—1940)，而约瑟夫·拉
摩(Joseph Lamor，1857—1942)则送给他一本《论文集》作为礼物。几天后，索末
菲离开了剑桥。“感觉是这里生活不错，在物质和精神上都给予我能够想像到的
最好的接待。”虽然汤姆孙在“沿导线电磁波问题上”是他的竞争对手，不过领先
的是自己。“他非常有风度地承认了这一点。”索末菲尤其印象深刻的是受邀访问
在力学上颇有著述的数学家爱德华·劳斯(Edward Routh，1831—1907)。这里
他还会见了剑桥另一位数学权威，乔治·加布里埃尔·斯托克斯爵士(Sir George
Gabriel Stokes，1819—1903)，“他已年过八旬，风度翩翩，一生在科学上硕果

[142]致克莱因，1899 年 7 月 10 日。SUB，Klein 11. 亦见 ASWB I.

[143]因为约翰娜爱好艺术，索末菲是科学家。——译者注

[144]意为“再见，我亲爱的”。原文为英语，有拼写错误。Godby 应为 Goodbye. ——译者注

[145]致约翰娜，1899 年 8 月 5 日。Mit der》Babbadge Rechenmaschine《 war die》Difference Engine《von Charles Babbage gemeint.

[146]致约翰娜，1899 年 8 月 9 日。

图10　30岁的索末菲和菲利克斯·克莱因（两位坐着的女士中间）访问英国数学家乔治·布赖恩（在索末菲旁边）。布赖恩被招募参加《数学科学百科全书》写作，他的热力学文章后来给索末菲带来一些麻烦

累累”。[147]

在这之后的日程是拜访瑞利勋爵（Lord Rayleigh，1842—1919）。在艾瑟克斯特林宫庄园，索末菲“冷不防又一次遇见英国最高等的贵族”。“瑞利勋爵是氩气的发现者，重要著作的作者。他妻子是巴尔弗大臣的姐姐，妻妹是苏格兰阿尔吉尔公爵（Duke of Algir）”。庄园坐落在一个公园之中，“半个小时才能穿过”，让索末菲吃惊的是，仆人不但满足客人们的需要，而且还帮助打开行李箱。“我

[147]致约翰娜，1899年8月11日。有关与J. J. Thomson的竞争，见Sommerfeld, *Fortpflanzung*, 1899, S. 234.

的英语水平，让我在这个群体中实在难堪。唯一能做出的流利表达[148]是午饭后贝多芬和肖邦的乐章。估计晚饭后会请求我继续。瑞利勋爵工作非常勤奋，总是不断离开去察看他的实验。他在这里有一个私人实验室。”[149]

这次旅行还包括了在爱尔兰都柏林和威尔士班戈的停留。从英格兰寄来的明信片和信件上眼花缭乱的地址变化，让这几个星期在格丁根和父母待在一起的约翰娜闹不清整个行程。她写信给柯尼斯堡的公公婆婆说自己的老公去了伦
147 敦。“之后他就在那里和剑桥到处访问数学家和参观博物馆，有时在学院，有时在勋爵大人家里。无论到哪里他都会给我写来兴致勃勃的(信件)。”最近她向班戈又寄了一张明信片，不过很多信件寄到时肯定都迟了，“因为这位好先生一直到处跑”。[150]

4.7 “陀螺仪+《百科全书》=亚琛推荐”

两次《百科全书》旅行之后，克莱因和索末菲得以开始具体规划力学(IV)和物理学(V)两卷。因为克莱因要求他接下来在慕尼黑举行的自然研究者大会上汇报项目进度，索末菲一开始就让洛伦兹从荷兰口头确认合作意愿。[151] 他也向卡尔·龙格、威廉·维恩、马克斯·普朗克和其他人发出类似的信件。此时情况已经很清楚，这个编辑工作，还有陀螺仪理论的阐述，将会占用很多时间。原因是必须首先争取潜在的作者同意索末菲、克莱因和几位“核心作者”发展的观念。全体一致的同意是不可能的，这在索末菲自己从前在柯尼斯堡的老师保罗·佛克曼那里就表现得很清楚：“就《百科全书》来说，作为一名理论物理学

[148]原文 satz 为双关，有“句子”和“乐章”之意。——译者注

[149]致约翰娜，1899 年 8 月 13 日。

[150]致岳父母，1899 年 8 月 19 日。

[151]致洛伦兹，1899 年 9 月 2 日。RANH，Lorentz，Invent. —Nr. 74. 亦见 ASWB I.

家，我无法全心全意赞成这种把物理数学化的想法，而这正是这个项目的核心。理论物理学是一门独立学科，虽然与数学关系密切，但是并不因此就从属于数学。”[152]在这种情况下，作为责任编辑，索末菲能够得到广受尊重的理论物理学权威玻尔兹曼对项目的支持，不啻是是初战告捷。在慕尼黑讨论《百科全书》时他写信回柯尼斯堡汇报说：“玻尔兹曼赞成我之前的编辑作法，是非常重要的，”“而且他也会参与合作。”[153]

回到克劳斯塔尔之后，他在英格兰与斯托克斯和瑞利，以及慕尼黑与玻尔 148
兹曼的会见，想必感觉像是在另一个世界的经历。在矿业学院，优先的是其他的事情。“施纳贝尔因为醉酒事件受到柏林严惩，被罚款 100 马克。”索末菲在信中提到施纳贝尔事件的最新进展，“尽管矿务总局及其听证会偏袒一方，我们还是取得胜利。”[154]不过对于这一“胜利”也没有什么值得高兴的。“今天是考试第 4 天，整个上午我都不得不坐在施纳贝尔旁边，没说一句话。”之后不久他写道，“关系真不错!”[155]

在这个 1899/1900 冬季学期中，索末菲早就明白自己不会长久待在克劳斯塔尔。他指望自己在此期间获得的科学认可，甚至包括在英国的，能够让他胜任合适的大学或者高等工学院的教授位置。这只是时间问题。他的同事弗里德里希·克洛克曼(Friederich Klockmann，1858—1937)获任亚琛职位，在 1899 年春天的告别聚会上，曾经发生一场臭名昭著的“施纳贝尔”事件。1899 年 6 月当克洛克曼告诉索末菲，在亚琛很快就有一个力学教授的位置空缺的时候，索末菲已经对自己和父母(当然是严格保密)设想了自己会被推荐填补这一职位。[156] 一个月之后，他给克莱因用英语写了一封信，提到：“我写信求您，有机会的话要在柏林无论如何帮我一把。”他找克莱因推荐的“原因是德国人说的‘好心自有(陀螺仪+《百科全书》)好报(亚琛推荐)’”。“在亚琛的秘密联络人”告诉索末菲他目前

---

[152]佛克曼来信，1899 年 10 月 3 日。DMA，HS 1977—28/A，348. 亦见 ASWB I.
[153]致母亲，1899 年 9 月 25 日。
[154]致母亲，1899 年 10 月 10 日。
[155]致母亲，1899 年 10 月 20 日。
[156]致父母，1899 年 6 月 8 日。

排在候选人名单第 3 位。[157] 不过到了 10 月，他告诉柯尼斯堡，说岳父那边听阿尔特霍夫说亚琛想要“一名技术人员而不是数学家”。[158]

正当这一机会似乎已经丧失之际，另一个比亚琛更好的机会却出现了。阿
149 图尔・舍恩弗里斯被聘为柯尼斯堡的教授，这样就空出来格丁根的位置。与克莱因和希尔伯特一起在格丁根当数学教授——多么理想！然而舍恩弗里斯很快披露了“大师的”意图，打破了他的幻想。

“克莱因想要的是一个年轻人，对他惟命是从。”最好等着让克莱因“自己去找人，让他去克劳斯塔尔找您”。[159] 舍恩弗里斯在格丁根腾出的教授位子被弗里德里希・谢林(Friedrich Schilling，1868—1945)填补，他是克莱因的博士生，并选择画法几何作为自己数学研究方向，显然比索末菲更符合克莱因的期望。[160]

寻求教授职位的希望和失望的起伏不定，陀螺仪和《百科全书》的任务又导致大量的通信，内容涉及弹道学、鱼雷制导、偏微分方程以及理论物理的各个题目，互不相干。尽管如此，索末菲总能挤出时间做自己的研究。从英国回来后他写信告诉父母，自己正忙于一篇关于 X 射线衍射的论文，“很可能非常美妙”。[161] 对于这个 1895 年发现的辐射，4 年后人们对其性质还一无所知。可能最初吸引他研究这一课题的推动力还是来源于约翰娜。二人订婚后不久，索末菲写信告诉父母未婚妻“对伦琴射线”很感兴趣：“我要把自己知道的一切相关的东西总结一下送给她。”[162]在格丁根他很可能有机会和维歇特讨论过这个问题。维歇特认为 X 射线是 X 射线管中阴极射线粒子轰击阳极产生的以太脉冲，其传播遵从麦克斯韦的电动力学定律。根据这个观点，X 射线应该显示波特有的衍射现象。荷兰物理学家赫尔曼纳斯・哈格(Hermanus Haga，1852—1936)和科内利斯・温德(Cornelis Wind，1867—1911)确信他们让 X 射线通过非常细的狭缝的
150 实验证实了这一衍射现象，而索末菲则希望用自己的数学衍射理论为这些实验

---

[157]致克莱因，1899 年 7 月 10 日。SUB，Klein 11. 亦见 ASWB I.

[158]致母亲，1899 年 10 月 10 日。

[159]舍恩弗里斯(Schönflies)来信，1899 年 9 月 20 日。DMA，HS 1977—28/A，311.

[160]Schilling，*Geometrie*，1900.

[161]致父母，1899 年 8 月 28 日。

[162]未标日期的片断[大约 1896 年 9 月]。

提供必要的理论基础。[163]“我实际上是想请您帮忙。”他致信维歇特请求对方审阅自己关于X射线的手稿。他首先想知道“从物理观点看论文是否表述清楚，易于理解”。[164]一周之后他向洛伦兹透露“自己关于X射线的初步结果”，希望能引起“您在格罗宁根杰出同事们(哈格和温德)的兴趣”。[165]

在之前自己关于电动力学、热传导和衍射的论文之后，这是他进一步深入物理学领域，当然是从数学立场。光波在半平面衍射的严格解，使得索末菲更加希望能够利用之前在狭缝衍射中使用的“分枝解方法”。但是以太中脉冲形式的运动需要和他之前工作主题波动不同的处理方法。索末菲的新理论描述的电磁波冲击边缘时对以太的激励，是突然发生之后同样突然结束的暂时过程。不过要与哈格和温德的狭缝实验比较，则需要更深远的物理考虑，这是索末菲准备在之后另一篇论文中要做的。因此他把1899年11月提交给新成立的刊物：《物理杂志》(*Physikalische Zeitschrift*)的《笔记》(*Note*)仅仅看作是一份临时报告。[166]

然而他并未马上继续完成X射线的衍射。“我也不瞒着您们了，”约翰娜写信给柯尼斯堡的婆婆说，“阿诺尔德被叫到柏林。”他们已经不抱希望的亚琛高等工学院的教授职位，可能一下子成为现实。“这个消息对您和对我们都不啻是一个重磅炸弹，虽然去年夏天开了不少玩笑，我们已经放弃了离开的希望，还装修了房子，思想上准备留下来了。现在我的‘小兔子’蒸爆了，我坐在这里，思虑
万千，只能对我的可爱的小普特尔(Puttl)诉说，他当然一声不吭。现在的可能 151
性很大；不过我还是请求您保持沉默，直到我们告诉您进一步的消息。”[167]

4天后新消息就到了：索末菲致信柯尼斯堡说“亚琛方面不惜一切代价要我去”。由于职位是力学教授，他又要面临一次调整。索末菲告诉柏林文化部负责高等工学院的官员自己是“一名数学家，现在还没有准备好”，但是那位官员只是轻描淡写地说他“以后总是可以回归数学”。索末菲要求给自己一个星期时间

---

[163] Wheaton, *Tiger*, 1983, S. 29—33.

[164] 致维歇特，28，1899年10月28日。SUB, Wiechert.

[165] 致洛伦兹，1899年11月6日。RANH, Lorentz, Invent. —Nr. 74.

[166] Sommerfeld, *Beugung*, 1900.

[167] 约翰娜致婆婆，1899年11月26日。

来考虑，但是马上就告诉母亲自己会接受这一个职位。他已经向柏林贸易部申请辞去克劳斯塔尔的教授职务。预计到亚琛就职的日期是 1900 年 4 月 1 日。“复活节搬家！天啊！明年一年都是艰难的工作，适应新职务。”不过这个“天啊”换来终于能够离开克劳斯塔尔的巨大解脱。“我自己格外高兴能摆脱和这里同事还有学生的所有问题。”[168]

索末菲唯一感到遗憾的是，由于在亚琛必须全力关注“技术应用”，他将不得不放弃“X 射线和这类蠢事”。[169] 此事很快传到格丁根，那位理论物理学家也表示遗憾。福格特高度评价索末菲新发表的 X 射线衍射理论：“您美妙的结果让我感到，如果在新的位置上您被迫离开刚刚华丽开场的工作，对于理论物理恐怕是一大损失。我要祝贺您获得新的任命，但是喜悦之情也因此冲淡。不幸的是，受过全面教育而又有理论物理学观念的数学家太少了。”[170]

[168]致母亲，1899 年 11 月 30 日。

[169]致母亲，1899 年 12 月 6 日。

[170]福格特来信，1899 年 12 月 3 日。

第五章　亚　琛 153

索末菲不留恋克劳斯塔尔。1899 年 12 月 8 日，约翰娜给索末菲母亲的信中写道："现在我们肯定要去亚琛了，精神焕然一新。"离开亚琛是 3 个月之后的事情，不过对她来说，对"气氛和诸多社会条件的改善"的兴奋期待已经让在哈尔茨山腹地的最后一个冬天不那么难熬。[1] 和土里土气的克劳斯塔尔比起来，亚琛这个普鲁士莱茵省的"皇帝之城"(Kaiserstadt)肯定是特别有吸引力。当年卡尔大帝选择这个阿登山脉和艾菲尔高原脚下的城镇作为自己的政府所在地，绝不只是因为温泉的缘故。从 18 世纪开始，这里就是有钱人向往的地方，他们长途跋涉来到这里休养几个星期，恢复元气。19 世纪的工业革命使得亚琛的人口爆发性增长。1815 年当它被割让给普鲁士王国的时候，亚琛有大约 3 万居民。到了世纪末，已经超过 13 万。19 世纪中叶，大亚琛成为德国工业化程度最高的地区的一部分。1970 年成立的"亚琛皇家莱茵-威斯特法伦多种高等工学院"的使命是为不断成长的工业界培养工程师，很快自己也蓬勃发展起来。[2] 虽然处于远离柏林的王国西部边陲，但丝毫也不影响它的重要地位。水利工程教授尼古劳斯·

[1] 约翰娜致婆婆，1899 年 12 月 8 日。

[2] Laurent，*Entwickelung*，1920，S. 7；Duwell，*Grundung*，1970；Ricking，*Geist*，1995.

霍尔茨(Nikolaus Holz，1868—1949)谈起皇帝经常从柏林临幸亚琛时说道：“我们西部引以自豪的是皇帝陛下对我们的技术十分看重。”[3]

154 与克劳斯塔尔相比，亚琛的工作很明确是一个提升，但同时要求更重视工程，这使得索末菲有些担心。在高等工学院里在最广泛的意义上教授力学这个题目，和理论力学中仅仅在数学上有意思的地方钻研下去(陀螺仪理论就是一例)，还是有相当区别的。他预计亚琛那边的气氛会是“现在工程师们很嫉妒理论学家，他们会对我吹毛求疵”。不过索末菲决心已定，“要在岗位上努力工作，树立一个典范，表现数学家也能满足技术的要求”。[4]

5.1 任命的背景

考虑到索末菲和克莱因的密切关系，工程学科的教授们对他的到来抱有怀疑是很自然的事情。5 年前索末菲就曾写信给柯尼斯堡的父母说到克莱因的工作：“多年来他一直致力于科学和工程的结合。”“他希望把多种高等工学院从汉诺威搬到格丁根，以求建立科学的实践和实践的科学。”[5]克莱因甚至加入了德国工程师协会(Verein Deutscher Ingenieure，简称 VDI)以表达自己对技术的重视。不过工程科学的代表们却认为他这是要破坏他们为高等工学院争取和大学平等待遇的努力。为此克莱因不得不公开放弃自己接管高等工学院高级工程课程并将这些课程转移到大学中去的计划。这场斗争就发生在亚琛高等工学院举行的

---

[3] Nikolaus Holz：Festrede zur Begehung des zweihundertjährigen Bestehens des Königreiches Preussen und zur Vorfeier des zweiundvierzigsten Geburtstages Sr. Majestät des deutschen Kaisers und Königs von Preussen Wilhelms II.：gehalten am 18. Januar1901.(1901 年 1 月 18 日在庆祝普鲁士国王成立 200 周年暨预祝德国皇帝兼普鲁士国王陛下威廉二世 42 岁生日上的讲话) http://darwin. bth. rwth-aachen. de/opus3/volltexte/2009/2782/pdf/1901_Holz. pdf (上网时间：2012 年 10 月 5 日)。

[4] 致母亲的信，1899 年 12 月 6 日。

[5] 致母亲的信，1894 年 11 月 30 日。

德国工程师协会的年会上，当时亚琛高等工学院正在庆祝建校 25 周年。同时一些高等工学院的代表也支持与大学和解，并赋予克莱因在格丁根大学内建立倾
向应用科学的研究所的权利，条件是不威胁到高等工学院在工程教育上的垄断 155
地位。[6]

然而这一“亚琛和解”[7]并未永久地消除敌意。几位高等工学院的代表在柏林-夏洛滕堡高等工学院机械工程教授阿洛伊斯·里德勒(Alois Riedler，1850—1936)的带领下，向大学数学家们发起进攻。他们要求在高等工学院中将数学仅仅作为一个辅助科学，由比大学教授更接近工程的教授们来讲课。不但克莱因和大学数学教授，就连高等工学院的数学教授们也反对这一看法。这样一来这个问题就成为高等工学院内部的斗争。数学、物理学、化学、力学和其他领域都被从具体的工程科目(建筑、土木工程以及机械工程)分离出来，属于普通科学系。1896 年，高等工学院普通科学系的全体 33 位数学家联合发表一个声明，宣布根据高等工学院的使命，数学科目是“一门基本科学，而不是经常认为的一门辅助科学”。[8]

这又激起了工程学教授们的反击。57 名工程系的代表们联署了一份宣言，发表在《建筑与工程科学杂志》(*Zeitschrift für Architektur und Ingenieurwesen*)上，开头即指出：“对于工程师的教育来说，数学只是一门辅助科学，并没有根本的基础意义。”这一针对大学数学家的抗议变成了一个“反数学运动”。[9] 宣言的第 7 条涉及索末菲在亚琛要教授的科目：“对力学所有分支的介绍完全是工程领域的任务。”[10]差不多是按照同样的精神，1899 年 4 月，水利工程代表向亚琛高等
工学院校长提议，就力学教授的任命一事，应当选择“一位受过技术训练的候选 156
人”。[11]

3 个工程系(I 建筑、II 土木工程、III 机械工程)与普通科学系(V)的意见相

---

[6] Manegold，*Universität*，1970.

[7] Klein，zitiert in Jacobs，*Felix Klein*，1977，S. 7.

[8] Hensel，*Auseinandersetzungen*，1989，S. 73 und Anhang 11，S. 284.

[9] Ebd.，S. 55—82.

[10] Ebd.，S. 76 und Anhang 12，S. 286—28.

[11] Holz 致 TH Aachen 校长的信，1899 年 4 月 13 日。Akte 875，Hochschularchiv der RWTH Aachen.

左。最后斯图加特高等工学院的约翰·雅各布·冯·魏劳赫(Johann Jacob von Weyrauch，1845—1917)被排在首位，柏林矿业学院的弗里茨·克特尔(Fritz Kötter，1857—1912)名列第二。弗里茨·克特尔是刚刚就任亚琛高等工学院画法几何教授的恩斯特·克特尔(Ernst Kötter，1859—1922)的哥哥。索末菲在这个候选者名单上列第三位。几个工程系抗议说年纪最大的魏劳赫不会接受任命，这样不管是克特尔还是索末菲，“一名纯数学家将就任这个力学职位”。在给普鲁士文化部的申述中，他们解释说为了“在高等工学院真正有益地全面讲授力学，合适的候选人应当首先是一名工程师”。[12] 普通科学部则认为这是对其既定推荐权的侵犯，并在亚琛高等工学院董事会上提出动议，要求正式谴责各工程系，并取消部里提到的工程系提名投票的授权。这一动议以微弱差距被否决。接着普通科学系自己直接向部里重申自己的名单。如果“只能考虑工程师”，就会“违背长久以来建立的，在高等工学院的任命中只考虑候选人的能力、知识和成就的做法”。[13]

在遥远的克劳斯塔尔，索末菲和妻子对亚琛的内部事务了解得很清楚。在给当时留在格丁根的妻子的一封信中，索末菲推测说，魏劳赫“太老”，不会接
157 受任命。“克特尔在亚琛有个弟弟，正在为他游说。我们只能等着瞧。”[14]很明显在任命过程的这一阶段，克莱因尚未积极参与。柏林部里同意了工程系的申述，指示亚琛高等工学院追加提名两个候选人。[15] 工程系提出的人选是一位商业学校的教师和两位政府建筑师。对此普通系立即提出强烈抗议：“没有任何信息能够支持后面这几位先生。”在向部里提出的反对意见中，还提到“系里没有听说过”这些候选人。[16]

---

[12] 第Ⅰ、Ⅱ和Ⅲ系负责人致波色(Bosse)部长，1899 年 7 月 15 日。Berlin，GSA，I. HA Rep. 76 V b，Sekt. 6，Tit. III，Nr. 6，Bd. III，Blatt 66—68.

[13] Bredt，Kotter，v. Mangoldt，Wüllner 致波色部长，1899 年 7 月 24 日。GSA，I. HA Rep. 76 V b，Sekt. 6，Tit. III，Nr. 6，Bd. III，Blatt 69—71.

[14] 约翰娜写给父亲的信，未标日期［1899 年 6 月底］。

[15] 文化部长施图特致 TH Aachen 的信，1899 年 6 月 19 日。Akte 886，Hochschularchiv der RWTH Aachen.

[16] Gutachten der Abteilung V bezüglich Ministererlass No. 22436 T，1899 年 6 月 25 日. GSA，I. HA Rep. 76 V b，Sekt. 6，Tit. III，Nr. 6，Bd. III，Blatt 72—74.

接下来事情就搁置起来了。10 月 10 日索末菲向柯尼斯堡汇报说“我岳父最近和阿尔特霍夫讨论了亚琛的情况”，“阿尔特霍夫觉得亚琛那边不会有什么结果，因为几个工程系希望找一个工程师，而不是数学家”。[17]两天后亚琛高等工学院校长向柏林询问“填补力学教授空缺一事是否迫切，还是要按部就班地进行任命工作”。[18] 11 月 2 日，校长提议先由土木工程系的两位教授在 1899/1900 冬季学期暂时代理力学教授职务。[19] 这样至少在这个学期，工程系能够有办法满足自己的需要。文件并未显示使得天平向索末菲一方倾斜的线索。魏劳赫确实被问到是否愿意去亚琛，[20] 但是正如预料之中的，他不想离开自己在斯图加特高等工学院的教授职位。和工程系提名的两位候选人一样，排第二位的弗里茨·克特尔也被跳过，显示克莱因很可能替索末菲在阿尔特霍夫那里做了工作。1899 年
11 月，普鲁士文化部的代表通知索末菲来到柏林“讨论具体情况”。[21] 之后不久 158
索末菲就接受了任命。他向部里提出的唯一要求是考虑到亚琛的高昂的生活成本，将年薪从 5500 马克提高到 6000 马克。[22] 得到批准后，到 1900 年 4 月 1 日，一切障碍都已扫清。[23]

索末菲的数学同事把他获任当作一个胜利。基尔大学的保罗·施特克尔(Paul Stäckel，1862—1919)觉得“很高兴看到在目前情况下”“一位大学数学家”能够有机会在亚琛高等工学院任教，并向索末菲致以“衷心祝愿”。[24] 斯特拉斯堡

---

[17] 致母亲的信，1899 年 10 月 10 日。

[18] 曼戈尔特(Mangoldt)致施图特(Studt)，1899 年 10 月 12 日。GSA，I. HA Rep. 76 V b，Sekt. 6，Tit. III，Nr. 6，Bd. III，Blatt 102.

[19] 曼戈尔特致施图特，1899 年 11 月 2 日。GSA，I. HA Rep. 76 V b，Sekt. 6，Tit. III，Nr. 6，Bd. III，Blatt 61.

[20] 诺伊曼(Naumann)致魏劳赫(Weyrauch)，1899 年 8 月 31 日。GSA，I. HA Rep. 76 V b，Sekt. 6，Tit. III，Nr. 6，Bd. III，Blatt 91.

[21] 诺伊曼致索末菲，1899 年 11 月 24 日。DMA，NL 89，019.

[22] 致施图特，1899 年 12 月 1 日。GSA，I. HA Rep. 76 V b，Sekt. 6，Tit. III，Nr. 6，Bd. III，Blatt 103—104.

[23] Bestallungsurkunde(任命书)，1900 年 1 月 13 日。GSA，I. HA Rep. 76 V b，Sekt. 6，Tit. III，Nr. 6，Bd. III，Blatt 112—118；致 Althoff，1900 年 1 月 23 日. GSA，I. HA. Rep. 92 Althoff B，Nr. 178/2.

[24] 施特克尔(Stäckel)来信，1900 年 2 月 2 日。DMA，NL 89，013.

大学的海因里希·韦伯(Heinrich Weber，1842—1913)的祝贺中还表达了希望：“通过对您的任命，加强高等工学院严格的数学方向。”[25]各高等工学院的数学家们对任命索末菲也很满意，在同样有着“反数学运动”的慕尼黑高等工学院，塞巴斯蒂安·芬斯特瓦尔德(Sebastian Finsterwalder，1862—1951)来信写道：“我向您表示衷心祝贺，甚于亚琛方面。”“您一定能够提高工程师们对理论的尊重程度，并有助于消除双方之间不幸产生的敌意。”[26]

5.2 靠近技术

从职位任命的幕后斗争和数学家们的反应看，索末菲怀疑自己的工程同事
159 会对他“吹毛求疵”也不是没有道理。索末菲获任对他们来说就是一场失败。1900 年 3 月 30 日，也就是索末菲就任亚琛教授的前两天，柏林高等工学院理论力学和电气工程教授阿道夫·斯拉比(Adolf Slaby，1849—1913)在普鲁士贵族院的一篇著名演讲中抨击了克莱因的目标。即使在“亚琛和解”5 年之后，里德勒、斯拉比和其他工程师运动的代言人仍未放弃解放高等工学院的奋斗，并把克莱因看作是一个威胁。1898 年成立的“格丁根应用物理和数学促进会”，被克莱因加入了重工业的内容。在斯拉比看来这足以显示克莱因并未放弃其初衷。作为威廉二世的私人顾问，斯拉比是克莱因的强大对手，绝不可等闲视之。斯拉比犀利的声明中指出，克莱因的设想和目的是让大学来培训“总参谋部”的工程师，这样高等工学院的任务就只剩下培训“现场工程师”。[27]

斯拉比的讲话发表在很多技术期刊中，并且在索末菲到亚琛就职时成为大

[25]韦伯(Weber)来信，1900 年 2 月 4 日。DMA，HS1977—28/A，356.

[26]芬斯特瓦尔德(Finsterwalder)来信，1900 年 1 月 29 日。DMA，NL 89，008. 亦见 ASWB I. 有关慕尼黑的“反数学运动”，见 Hashagen，*Walther von Dyck*，2003，S. 207—225.

[27]Manegold，*Universität*，1970，S. 207.

家日常谈话的内容。作为克莱因的学生，他一开始就感受到压力。1900 年 4 月，克莱因本人也忙于应付“斯拉比事件”。[28] 甚至在两个月之后，亚琛和格丁根之间的往来信件还在谈论“斯拉比及其同伙”。索末菲告诉克莱因，工程教授们把他当作特洛伊木马。“最近我在一个大会上有力地反击了对您目标的质疑，这个大会的主题是您的’方针’以及里德勒的评论。由于保密的原因，我不能涉及更多细节。”[29]对克莱因来说，索末菲从亚琛汇报的“培养与工程师的友谊”“当然是非常重要的”。阿尔特霍夫就通知说：“他要和斯拉比一起去访问亚琛，希望能把事情搞定。”[30]在这次访问中，斯拉比和克莱因达成一项“关于大学和高等工学院职责划分的协定”(根据阿尔特霍夫 1900 年 7 月 8 日的记录)，其中规定工程师的 160
教育完全由高等工学院负责，“彻底排除这个领域内任何竞争的念头”。阿尔特霍夫称之为“二次亚琛和解”。[31]

不过对于高等工学院中工程领域教授们对大学理论家的不满，语言是不够的，必须以行动来消除。在这点上索末菲和基尔鱼雷工程师卡尔·迪格尔(Carl Diegel，1854—1931)保持通信联系很有益处。后者写信给他说：“我很高兴您继续关注鱼雷，并在遥远的西部为海军服务。”并为此送来一个鱼雷制导用的陀螺仪。他说索末菲可以保留这个陀螺仪作为亚琛高等工学院的收藏，并主动提出要提供一个鱼雷中使用的完整的“直线轨迹装置”。[32] 索末菲高兴地接受了。3 周后克莱因报告说索末菲向同事展示了这一装置。“这对索末菲来说等于是一个实习报告，反应非常好。”之后校长告诉他这是“一个进步，有利于增进我和亚琛同事，以及大学和高等工学院之间的理解”。[33]

在这几个月中，索末菲还投入更多精力进行《数学科学百科全书》的编辑工作。对科学学术和实用技术之间差别的体验，一定十分生动。马克斯·亚伯拉罕(Max Abraham，1875—1922)在信中道歉说：“我到今年冬天才能动手写电动

---

[28] 克莱因(Klein)来信，1900 年 4 月 25 日。DMA，HS1977—28/A，170. 亦见 ASWB I.

[29] 致克莱因，1900 年 6 月 13 日。SUB，Klein. 亦见 ASWB I.

[30] 克莱因来信，1900 年 6 月 21 日。DMA，HS1977—28/A，170. 亦见 ASWB I.

[31] Manegold，*Universität*，1970，S. 213—214.

[32] 迪格尔(Diegel)来信，1900 年 5 月 23 日。DMA，NL 89，007；Broelmann，*Intuition*，2002，S. 136—138.

[33] 致克莱因，1900 年 6 月 13 日。SUB，Klein. 亦见 ASWB I.

力学的文章。""我还要代理克莱因的研讨会。"亚伯拉罕1927年在普朗克手下完成博士学位，当时正在格丁根当讲师。这是他非凡的理论学家生涯的第一步。这肯定让索末菲想起自己在格丁根的时光。亚伯拉罕的授课资格论文的主题是"具有自由端的导线中的电振荡"，与索末菲对沿导线的电磁波的研究关系密切。他
161 们之间的通信很快就变成了关于这种波的数学难题的本行讨论。"我本来可以期望这个级数在更大的域中收敛，这样就可以用到马可尼的情况中。"亚伯拉罕这里提到了古列尔莫·马可尼(Guglielmo Marconi，1874—1937)最近的实验。索末菲还向他介绍了约拿丹·策内克(Jonathan Zenneck，1871—1959)。作为费迪南德·布劳恩(Ferdinand Braun，1850—1918)在斯特拉斯堡的助手，策内克也在进行电磁波传播的实验。"我一定会联系策内克博士，"亚伯拉罕回复说，"不幸的是，这些技术专家观点各不相同，申请的专利也不一样。"[34]

马可尼、布劳恩和策内克这些名字本身就表现出亚伯拉罕和索末菲通信中讨论主题的实际重要性。无线电报在世纪之交成为一项全球技术。[35] 在充分研究索末菲沿导线波的工作后，亚伯拉罕祝贺他得到了"具有基本重要性"的成果。[36]因此这可以是一个很好的机会，可以向工程师们展示理论在无线电报领域中的价值，而这个领域又是斯拉比格外看重的，因为他本人就是早期无线电技术的先驱者之一。1900年夏天与亚伯拉罕的通信中，索末菲很可能想到了这些，结果使他在工作中更加重视无线电报，并在整个一生中都一直关注这一领域。不过现在他忍住不发，原因是对力学教授们来说去研究无线电技术是不务正业。另外以斯拉比为典型的工程师运动，主要代表是力学领域(水利工程、土木工程和建筑)的工程师，而不是电气工程师。[37]

不过对于索末菲这样的理论学者来说，关键不是问题是属于哪一个领域，
162 而是解决它的数学手段。如果使用的数学语言是一样的，"纯"物理学的基本问题和工程应用就没有什么区别，比如都是边界值问题。索末菲写信告诉卡尔·施瓦兹希尔德(Karl Schwarzschild，1873—1916)说目前自己不会继续研究衍射

---

[34] 亚伯拉罕(Abraham)来信，1900年5月28日。DMA. HS1977—28/A，1.

[35] Aitken，*Syntony*，1976；Hong，*Wireless*，2001.

[36] 亚伯拉罕来信，1899年4月27日。DMA，HS1977—28/A，1.

[37] Hensel，*Auseinandersetzungen*，1989，S. 75.

理论，“原因是对于我的新工作，像润滑油的流体力学这样的课题，比起纯以太的电动力学更有意义”。[38]

索末菲利用1900年9月在亚琛召开的自然研究者大会的机会，向自己机械工程系的同事们，公开宣示自己向技术投诚。他报告的题目“水力学的最新研究”本身就表现出它更主要地是面向工程师们，而不是物理学家和化学家。当天的会议日程写道：“报告人首先提到了数学物理方法中的流体运动理论（流体力学）与技术方法（水力学）之间的矛盾。”索末菲对比了从层流的流体力学微分方程推导出来的摩擦力定律和湍流摩擦力的经验定律。后者迄今为止还无法从理论推导出来。他提到几年前奥斯本·雷诺（Osborne Reynolds，1842—1912）在英国进行的层流到湍流的转变实验。这从理论上可以看作是一个稳定问题。他对陀螺仪中的类似问题很熟悉。他还举出细长物体的转动为例。绕某个特定轴的旋转是稳定的，但是绕与稳定轴垂直的另一个轴的旋转却前后摇摆。不过就算只讨论流体力学可以解释的稳定层流，理论对于工程也是有益的，因为可以计算“机器中的润滑作用”。[39]

这个半页打印纸的报告记录，是当前索末菲投身满足技术需求的唯一证据。至于这一宣示是否足够让他在亚琛的工程同事们满意，就不清楚了。1900年11月索末菲致信克莱因，说自己的“感觉”是“这里的工程师越来越接受自己”。在 163
另一方面，索末菲并未赢得工程系的同事们的尊重。“大多数工程师对物理和数学研究都一样缺乏了解。”[40]他需要费些力气“做技术调整”。在教学上也是如此。他希望给与工程学生自己领域的实际体验，而不仅仅是以黑板粉笔为手段。为此索末菲申请经费采购“机械教具”。作为资深同事，汉诺威高等工学院的卡尔·龙格帮助他编辑了一个适合作为课程演示的教具名单。他想到的有诸如“水力装置”和“一个展示屈曲公式的装置”。名单很长。[41] 他对自己新领域的教科书也不满意，尤其是关于水力学的。在自然研究者大会上的报告之后，他就已经

---

[38]致施瓦兹希尔德（Schwarzschild），1900年7月16日。SUB，Schwarzschild.

[39]Sommerfeld，*Hydraulik*，1900；Jackson/Launder，*Osborne Reynolds*，2007.

[40]致克莱因，1900年11月8日。SUB，Klein 11. 亦见 ASWB I.

[41]致龙格（Runge），1900年11月14日。DMA，HS1976—31. 亦见 ASWB I；亦见 Akte 941 in Hochschularchiv der RWTH Aachen.

深入这一领域。慕尼黑高等工学院的奥古斯特·弗普尔(August Föppl,1854—1924)是工程力学的首席权威和著名的教科书作者，不过这并未阻止索末菲批评其水力学教科书缺乏理论内容。[42]

在关注水力学的同时，索末菲也致力于流体力学基本方程性质的问题。洛伦兹当时刚刚发表了一篇关于湍流产生的论文，索末菲在给他的信中说："数学家很喜欢其中的一个存在性证明，物理学则理所当然地不感兴趣。"除了层流方程之外，如果能证明存在"流体力学方程的非线性积分"，那么"就会有非常坚实的基础……不幸的是，近期还没有数学家敢于从事这个存在性证明"。[43]

他是否已经把自己排除在数学家之外了呢？无论有没有这样的证明，索末
164 菲都要把自己报告中的言论付诸行动，做水力学中有意义的湍流计算。不过除了洛伦兹之外，就连索末菲和克莱因十分崇敬的那些英国权威们，雷诺、开尔文勋爵、瑞利勋爵，都在这个问题上栽了跟头。索末菲希望能够比前人走得更远些，最好能在洛伦兹获得博士学位25周年纪念文集中有出彩贡献。不过最后他也只能向洛伦兹承认自己的努力"悲惨失败"了。[44]

在水力学上折戟之后，索末菲希望能在材料强度的研究中展示数学的用处。他联系了不久前以"屈曲现象"论文在奥古斯特·弗普尔手下获得博士学位的慕尼黑机械工程师路德维希·普朗特(Ludwig Prandtl，1875—1953)。普朗特把自己的博士论文寄给索末菲，并声称自己将要发表一篇题为《论行进中的起重机梁的屈曲》的论文。他还计算了埃伯菲尔德悬挂铁路梁的"屈曲载荷"，不过并未引起有关官员的重视。"如果您想进一步了解，我很高兴送给您一份论文复印件。"[45]这正是索末菲感兴趣的东西，也是体现他研究工程问题的最理想方式。埃伯菲尔德悬空缆车[铁路]1901年3月1日正式通车。索末菲在土木工程系的同

---

[42]弗普尔来信，1900年10月7日。DMA，HS1977—28/A，97. Foppl，*Vorlesungen*，1899，S. 421.

[43]致洛伦兹，1900年10月8日。RANH，Lorentz，inv. nr. 74. 亦见ASWB I. 致Lorentz，1900年12月10日。

[44]RANH，Lorentz，inv. nr. 74；Darrigol，*Worlds*，2005，S. 208—218；Eckert，*Birth*，2010.

[45]普朗特(Prandtl)来信，1901年2月11日。DMA，HS1977—28/A，270. 亦见ASWB I；Prandtl，*Kipperscheinungen*，1900.

事在普鲁士王国建立200周年纪念讲话中谈到，之前皇帝陛下都曾为这一工程
莅临帝国西部。在回格丁根看望父母的路上，索末菲带上了普朗特的博士论文
作为阅读材料。他觉得文章非常出色，因而推荐普朗特去汉诺威高等工学院作
力学教授。在给龙格的信中索末菲写道："他显著地丰富了不稳定弹性平衡态的
知识。"在汉诺威，工程系和普通科学系的关系也很紧张。作为数学家的龙格属 165
于后者。索末菲在信中也间接谈到当时臭名昭著的宿怨："我觉得您们系最好能
压倒III系，哪怕是靠着工程师的建议。不管怎么说，普朗特在科学上、数学上
和物理上都受到良好培训。"[46]

5.3 技术鉴定专家

到任亚琛刚一年多，索末菲的"技术适应"已经达到如此地步，可以游刃有余地担当起作为榜样的英国式的"咨询工程师"。半年前，他还认为工程师们缺乏对物理和数学研究的理解；现在他觉得："只要不让工程师们觉得我们盛气凌人，我们就能与他们友好相处。其实在大多数情况下我们的确有些傲慢，而他们的不满也很合理。"这是给威廉·维恩的信中的话。维恩自己也曾在亚琛高等工学院当了几年物理学副教授，看到这些偏向工程师的话语可能会大吃一惊。索末菲接着说，现在工程师们把他看做是技术问题的科学顾问，"就连一直以来让我最难以接近的克希也是如此"。[47] 奥托·克希(Otto Köchy，1849—1914)是亚琛高等工学院机械工程系教授。

在世纪之交的年代里，威廉二世的德国工业加速发展，工程教授们的课外任务也越来越多。1902年8月1日，柏林公共工程部通知索末菲，他被任命成

[46]致龙格，1901年3月27日。DMA，HS1976—31.

[47]致维恩，1901年5月29日。DMA，NL 56，010. 亦见ASWB I.

为柏林"皇家技术测试办公室"成员，任期3年。[48]

在那些索末菲依然被奉为专家的技术挑战上，也有一些问题在科学上颇有意义。索末菲曾经这样表述土木工程系结构工程教授赫尔曼·博斯特(Hermann Boost，1864—1941)交给他的一个实例："让我们假定一栋建筑物座落在一些梁
166 上，好让铁路线从下面穿过。建筑物里面需要安装一台蒸汽机。"蒸汽机高出地面10米，其活塞的往复运动会传递到整个建筑上。"我们面临的问题是这些梁的强度要达到多少，才能使整个建筑的移动不高于某个极限，比如说半个毫米?"[49]

索末菲选择这个问题示范给德国工程师协会亚琛地区分会。对于高等工学院的教授们来说，加入技术爱好者们当中很有益处，虽然他们不是工程系的成员。[50] 在索末菲看来，学会是一个很好的论坛，传达他对技术的重视。高出地面10米的蒸汽机造成整个建筑摇摆，对任何工程师来说都是一项格外挑战。它也清楚显示了数学处理的必要性，因为并无现成理论可以计算梁的强度需求。索末菲以固定在桌面的发动机为例展示了这个问题的意义。他在发动机飞轮上附加一块不平衡配重，在转速增加时使得桌子前后摇动。通过增加发动机的推力，使得桌子产生强烈共振。桌腿的水平移动远远超过抵消不平衡配重的离心力带来的静态偏移。这是一个动力学现象，无法用工程师们熟悉的结构静力学解决。下面紧接着又是一个新现象：继续增加发动机推力不是增加其转速，从而导致桌子振动加剧。增加的输入能量被传给桌子的振动，而不是转动。索末菲将这
167 个范例应用到实践中，讲道："通过燃烧掉更多的昂贵的煤，工厂主并未让机器做更多的功，而是弄松自己的基础！"[51]

在蒸汽机时代，这类共振现象司空见惯。它不只是无谓地消耗"昂贵的煤"的问题，而且关系到令人费解的灾害性后果。奥古斯特·弗普尔致信索末菲说：

---

[48]公共工程部(Ministerium für Öffentliche Arbeiten)来信，1902年7月31日。DMA，NL 89，019，Mappe 5，2.

[49]Sommerfeld，*Beitrage*，1902.

[50]有关协会的自我介绍，见 http://www.vdi.de/1672.0.html(上网时间：2012年10月5日).

[51]Sommerfeld，*Beitrage*，1902.

“我觉得造成多人死亡的明兴施泰因大桥的倒塌，主要原因就是您讨论的这类共振现象。”[52]他这里谈到的是1891年的一场灾难，造成73人丧生，131人受伤(其中多人重伤)的灾难事件。令人困惑的是当时的桥梁建筑专家无法解释其原因。按照建筑静力学的规范，这座桥的设计载荷是上面行驶火车的好几倍。在推测桥梁倒塌原因时，有人根据幸存者的目击报告提出可能是某种动力学现象导致了这场灾难：根据这一推测，桥的倒塌“不是突然的，而是多次的上下起伏造成的”。[53] 通过对德国工程师协会亚琛地区分会的这一展示，索末菲触动了当时工程师的敏感神经。后来很多关于共振现象的讲座都提到这个“摇桌”。在“摇桌”实验的展示之后，茵斯布鲁克的一位数学家同事威廉·维尔廷格(Wilhelm Wirtinger，1865—1945)告诉索末菲自己从在场的工程师们那里听到“各种有意思的东西”，“比如在摇摆的火车头的例子中也观察到过类似的事情”。[54] 这样索末菲展示的现象成为工程师和科学家进一步研究的基础。通过“摇桌”表现的现象在非线性动力学历史上被称为“索末菲效应”。[55]

接着弗普尔让索末菲关注另一个一直以来在《电工技术杂志》上引发多种观点的振荡现象：交流电路中并联机器的所谓“摆动”，也就是“电流在并联机器间 168
的来回涌动”。[56] 对这个问题索末菲很快也找到了一个解。“我的出发点是对‘感应摆’这个装置的研究。这是为了教学目的做的，很好地表现了现在研究的这个现象的实质。”这样索末菲就利用力学现象表现了并联电路中电“摆动”的基本原理，二者都是一个受迫振动和其中一个相关机器独立振动的耦合。他拿一个用钉子悬挂的怀表作为例子。平衡弹簧的运动使得怀表产生受迫振动；同时又有普通单摆的运动，而后者的周期由怀表到固定点的距离决定。两个振动的耦合就是大家熟知的“拍”。[57] 柏林通用电气公司工程师古斯塔夫·贝尼施克(Gustav

---

[52] 弗普尔来信，1901年10月27日。DMA，HS1977—28/A，97.

[53] *Schweizerische Bauzeitung*，20. und 27. Juni，18. und 25. Juli 1891.

[54] 维尔廷格(Wirtinger)来信，1901年12月18日。DMA，NL 89，014. 亦见ASWB I.

[55] Eckert，*Sommerfeld-Effekt*，1996.

[56] 弗普尔来信，1902年1月31日。DMA，HS1977—28/A，97；Föppl，*Pendeln*，1902.

[57] Sommerfeld，*Pendeln*，1904，S. 273.

Benischke，1867—1947)对索末菲的感应摆模型很感兴趣，并邀请他到柏林参观工厂。[58] 不过最后这个“拍”理论还是派不上实际用场。贝尼施批评索末菲没有考虑到“最新的相关文献”。在实际中观察到的振荡远比索末菲计算的复杂。[59]

索末菲并未因此泄气，并继续以工程问题作为自己的研究课题。他得到的鼓励不仅来自于亚琛高等工学院工程系的同事，还有专家咨询的邀请。例如德国钢铁加工协会就曾向他咨询工字梁的屈曲极限。在交流机器的摆动问题上，
169 他只是做了理论分析。这一次他不满足于此，而是通过亚琛罗特-埃德钢铁加工公司的水压机进行实验，验证了结果。之后他就可以告诉委托人，说自己的看法是屈曲的危险不大，因为屈曲阈值远高于实际中的负荷。[60]

就像在其他实际工程任务中一样，索末菲利用这个问题展示了自己对技术问题的数学—物理方法。在德国工程师协会亚琛地区分会的讲座中，他用台钳固定一块钢板的一边，让它在垂直竖立以及下垂的情况下摆动。当配重加到钢板上之后，竖立的钢板的摆动一直比下垂钢板的慢。当配重大到超过钢板的弹性回复力时，振动就都停止了。通过对这个问题的数学处理，索末菲显示了其中起作用的物理量。[61] 他还展示了如何从螺旋弹簧的纵向和扭转振动计算线的弹性模量。这个方法让索末菲十分得意，因此成为亚琛实验物理学家阿道夫·维尔纳(Adolph Wüllner，1835—1908)纪念文集文章的主题。在给威利·维恩的信中他说自己“已经成了弹性领域的实验物理学家和摄影师”。[62]

很多像索末菲一样从大学开始事业起步的数学家和物理学家，看到他在亚琛这么快就适应了工程师同事的期望，都感到非常吃惊。马克斯·亚伯拉罕在谈到索末菲 1902 发表的一篇文章时写道：“您真是一位不错的工程师。”这是给亚琛高等工学院的一份关于机车制动的备忘录中的文章，在其中他调查了制动压

[58] 贝尼施克(Benischke)来信，1902 年 4 月 17 日。DMA，NL 89，005.

[59] 贝尼施克来信，1904 年 4 月 20 日。DMA，NL 89，005.

[60] Sommerfeld，*Knicksicherheit*，1906；Sommerfeld，*Nachtrag*，1907.

[61] Sommerfeld，*Vorrichtung*，1905.

[62] 致 W. 维恩，1905 年 4 月 15 日。DMA，NL 56，010；Sommerfeld，*Lissajous-Figuren*，1905.

强、制动时间以及制动距离之间的关系，以求推导出最有效制动工作条件。[63] 关于机车制动的研究是摩擦过程基本理论的前奏。

铁路车厢轴承中就发生着这样的摩擦过程，人们可以设想摩擦表面无润滑 170
的接触以及存在某种润滑介质减轻摩擦的两种情况。对前一种“干”摩擦的情况，最早的理论可以追溯到查尔斯·奥古斯汀·德·库仑(Charles Augustin de Coulomb，1736—1806)。而在另一方面，有润滑的摩擦是一个流体力学问题，并未得到充分研究。在铁路工程中后者更重要，索末菲试图在这方面作根本研究。他请求之前亚琛的一名学生在铁路厂调查机车车轴轴承箱的磨损情况，得到的报告是：“我很高兴地汇报，看上去实际情况与您的理论相符。”根据索末菲的理论，流体力学摩擦的最大磨损点不同于干摩擦。[64] 得到确证之后，索末菲发表了自己的轴承摩擦的流体力学理论。[65] 像埃德蒙·朗道(Edmund Landau，1877—1938)这样的纯数学家觉得这是堕落到应用数学的泥潭，这个泥潭现在可以起个名字叫“润滑油”了[66]。但是在另一方面，工程师却对此赞不绝口。[67] 索末菲的润滑介质中的摩擦理论成为经典。通过引入一个无量纲的量(“索末菲数”)，可以比较不同轴承的摩擦性质。这样在摩擦学这个关于摩擦现象的工程科学中，索末菲被认为是领域的先驱者之一。[68]

索末菲在工程师圈子中的地位也清楚表现在他与柏林高等工学院铁路工程教授奥古斯特·冯·博里斯(August von Borries，1852—1906)的通信中。起因是德国机械工程师协会赞助的奖金竞赛，“目的是完成一本机车制造的教科

[63] 亚伯拉罕来信，1902 年 12 月 9 日。DMA，HS1977—28/A，1；Sommerfeld，*Eisenbahnbremsen*，1902.

[64] 恩斯特·贝克尔(Ernst Becker)来信，1903 年 4 月 3 日。DMA，NL 89，005. 亦见 ASWB I.

[65] Sommerfeld，*Schmiermittelreibung*，1904.

[66] Richard Courant，Interview von Thomas S. Kuhn und M. Kac，9. Mai 1962. AHQP. http://aip.org/history/catalog/icos/4562.html.(上网时间：2012 年 10 月 5 日). Ostrowski，*Zur Entwicklung der numerischen Analysis*，1966.

[67] 弗拉姆(Frahm)来信，1904 年 7 月 4 日。DMA，HS1977—28/A，99.

[68] Dowson，*History*，1998，S. 653—656，把索末菲认为是：“摩擦学人”(Men of Lubrication).

171 书”。[69] 柏林铁路教授希望和索末菲合著这本教科书，他想让索末菲负责“力学理论部分，也许还有热学理论部分”。[70] 索末菲同意了。柏林和亚琛之间通信往来讨论纲要草稿。他们还讨论了最近的铁路技术的文献，特别是关于“机车的破坏性运动”的，这是几篇最近博士论文的题目。[71] 不过机车教科书项目停留在预备计划阶段，1906 年博里斯去世后就自行终止了。

从学术职位的取舍也能看出索末菲对技术的偏向。1904 年汉诺威高等工学院将他作为一个数学教授职位的候选人加以考虑。和 4 年前在亚琛被工程系当作数学特洛伊木马不同，汉诺威的情况正好反过来。他向妻子描述汉诺威的内部讨论时写道，高等工学院公共课系的一位数学家反对任命他，但是“工程师们全力支持我”。不过谈判到普鲁士文化部那里搁浅了。柏林宣称“在任何情况下我们都不会让索末菲离开工程力学”，挫败了汉诺威工程师们的企图。[72] 同时在亚琛高等工学院，索末菲对工程的投入得到的回报是 1905 年给他配备了一名助手。他挑选了当年获得工程学学位的彼得·德拜(Peter Debye，1884—1966)担任这一职务。[73] 1904 和 1905 年，德国工程师协会亚琛地区分会选举索末菲为秘书。[74] 另外德尔夫特大学邀请他担任应用力学教授，不过他没有答应。[75] 看上去
172 索末菲已经决定了自己未来的学术方向。1905 年夏天他写信给维恩说：“在这里我的研究和地位都不错，亚琛的生活也非常愉快。”[76]

---

[69] In：*Glasers Annalen für Gewerbe und Bauwesen*，1. Juni 1904，S. 205.

[70] 博里斯(Borries)来信，1904 年 6 月 12 日。DMA，NL 89，006.

[71] 博里斯来信，1904 年 10 月 29 日、11 月 18 日、1906 年 1 月 5 日。DMA，NL 89，006.

[72] 致约翰娜，1904 年 8 月 10 日。

[73] Acta betreffend Etat und Rechnungswesen，19. August 1904 bis 6. November 1906. Akte 844；Debyes Diplomurkunde，Akte 36c，Hochschularchiv der RWTH Aachen.

[74] VDI Aachener Bezirksverein，http://www. vdi. de/1672. 0. html（上网时间：2012 年 10 月 5 日）.

[75] Jacob Cardinaal 来信，1906 年 7 月 4 日。DMA，HS1977—28/A，48；de Haas 与 Cardinaal 来信，7. Juli1906 年 7 月 7 日. DMA，NL 89，019，Mappe 5，3.

[76] 致 W. 维恩，1905 年 7 月 4 日。DMA，NL 56，010.

5.4 家庭生活

1900年春天当索末菲带着妻子和孩子搬到亚琛时，考虑到人丁增加，他已经租下了一栋有7个房间的房屋。[77] 半年后约翰娜生下一个女婴，起名叫玛格丽特。两个月后，骄傲的父亲在名为恩斯特，绰号普特尔的1岁半儿子的相册上题道："8月5日，他有了一个小妹妹格蕾琴，一开始他就对她又小心又好奇。每次他接近妹妹的摇篮都会哼起'格蕾琴之歌'：哈、哈、哈。这也许是他给妹妹起的名字。最近(10月)他成了一个骑士的典范。他吻小妹妹的小手和脸颊道晚安。"[78]

1903年暑假7月到9月，索末菲被征召去萨克森服役期间，约翰娜去格丁根和父母待在一起。9月，自然研究者大会在附近的卡塞尔举行，索末菲在恩斯特的相册里记下了"包括玻尔兹曼在内的很多参加者"来到格丁根。他记得特别清楚地是4岁儿子评论自己小妹妹的餐桌礼仪："你吃饭的样子和玻尔兹曼伯伯一样。"[79]

谈到索末菲与同事之间的友好关系，家庭生活和事业是密不可分的。1900年10月，洛伦兹来到亚琛的索末菲家里做客。[80] 洛伦兹和玻尔兹曼与威廉·维
恩都是《数学科学大百科全书》物理卷的"关键作者"。[81] 去荷兰访问洛伦兹之后， 173
索末菲写信给他说："孩子们经常谈到洛伦兹蛋糕和蛋糕洛伦兹。对他们来说您的名字让人喜欢和尊敬，就和他们父母的名字一样。"[82]

---

77 Nachweis Mietverhaltnis. Aachen，Akte 842，Hochschularchiv der RWTH Aachen.

78 Album für Ernst.

79 Album für Ernst.

80 洛伦兹来信，1900年10月6日。DMA，HS1977—28/A，208. 亦见 ASWB I.

81 致 W. 维恩，1901年7月6日。DMA，NL 56，010.

82 致洛伦兹，1902年8月27日。RANH.

图 11　1901 年亚琛的家庭田园诗：格蕾琴和恩斯特让索末菲的家庭充满生气

在随后几年中索末菲给家庭成员和同事的信件，表现出他对孩子们前途非常关心。1904 年 2 月 5 日，约翰娜又生了一个男孩，起名叫阿诺尔德·洛伦兹。索末菲后来在一次去荷兰访问洛伦兹之后写信说："我们本来不想让您和其他人知道洛伦兹(虽然我们连名字都没拼写对)这个名字[83]。""但是您在车站迎接我们 174
的时候，我妻子忍不住告诉了您。我在莱顿就讲过，我妻子很喜欢您。希望您能从她的诗句里也看出这一点。当然她写的算不上什么好诗，但是我是真心同意诗句中的内容。"[84]

索末菲和学生的交流也不仅限于在课堂上以教授的身份。一名以前的学生有一次致信索末菲说："您可能还记得我。"他很高兴"参加您带领的到吉洛佩湖的自行车旅行，我们对自行车运行中的稳定性及其背后的原因进行了很长时间 175
的探讨"。[85] 对这种出于个人兴趣而不仅仅是课程计划而来参加他的科学教育的学生，索末菲非常重视。他写信给亚琛高等工学院校长支持任命彼得·德拜为自己的助手时说，德拜"在力学和理论物理学上的造诣是自己努力的结果"。[86] 他邀请这样的学生到家里来，在放松的环境中加深兴趣。多年后索末菲回忆瓦尔特·罗戈斯基(Walter Rogowski，1881—1947)和彼得·德拜时写道：" 他们一起研究远远超出高等工学院课程水平的理论物理学著作，例如德鲁德的光学，甚至麦克斯韦的论文。""这一对科学双胞胎经常在我家问问题，吸收新的思想。"[87] 就连会议中的家信，也是科学和私人内容夹杂。他不时以言辞表达对妻子的爱，也显示出当时的工作内容。在弗普尔告诉他并联机器的"摆动"之后几个星期，索末菲给妻子的信中结尾写道："再见了我的小感应摆，我心心相应的爱人。""我们两个摆长相等，协调一致。回去以后会用我会用自己的装置展示给你看。"[88]

---

[83] 索末菲儿子的名字洛伦兹(Lorenz)和物理学家洛伦兹的名字洛伦兹(Lorentz)拼写差一个 t。——译者注

[84] 致洛伦兹，1906 年 12 月 12 日。RANH. 亦见 ASWB I.

[85] 恩斯特·贝克尔来信，1902 年 11 月 12 日。DMA，NL 89，005.

[86] 致波切斯(Borchers)，1904 年 12 月 12 日。Akte 844，Hochschularchiv der RWTH Aachen.

[87] Sommerfeld，*Lehrjahren*，1950.

[88] 致约翰娜，1902 年 3 月 27 日。

图12　亨德里克·阿图恩·洛伦兹，荷兰理论物理学元老，是索末菲年长的朋友。1904年约翰娜生下一个男孩，取名阿诺尔德·洛伦兹

之后不久在1902年4月，索末菲去柯尼斯堡看望病重的母亲。他向寄来《百科全书》手稿的洛伦兹写信道歉，“因为我十分担心母亲的病情”，停留的时间超过预期。[89] 母亲的病情迅速恶化，5月末索末菲通知高等工学院校长说：“电报
176 叫我今晚去柯尼斯堡给母亲送终。”[90]几天后，在给约翰娜的一封8页纸的感人长信中，他描述了母亲的去世和葬礼，以及母亲去世后自己在柯尼斯堡父母家中

[89]致洛伦兹，1902年4月29日。RANH.

[90]致布罗伊勒(Bräuler)，1902年5月31日。Akte 910，Hochschularchiv der RWTH Aachen.

的感受："勤劳的母亲从房间的每个角落注视着我；每一面墙壁，每一张桌子都留下她的印记；我们的心里都是她。"[91]

1906 年，索末菲的父亲也去世了。[92] 对兄弟的担忧也给他们在亚琛的幸福家庭生活蒙上阴影。一次访问瓦尔特之后，索末菲写道："他还离不开止疼药。不过也不敢说他确实有病，也没有什么根据。"这种不确定性让他感到绝望："我是不是该写信告诉他：与其服用止疼药，还不如现在就开枪自杀。如果情况就是这样，我也没有其他办法。"[93]瓦尔特最后被送进布雷斯劳附近的洛伊布斯的一家精神病院。索末菲去看望他时，看到自己兄弟"麻木，悲惨"的状态，十分震惊。[94] 没有任何改善的希望。瓦尔特在那里又待了 13 年，直到 1917 年 56 岁时去世。[95]

5.5 职责和偏好

活泼可爱的孩子们以及东普鲁士坚强的性格，从摇篮时期就开始培养的责任感和勤勉，帮助他度过了这些抑郁的时期。母亲去世后索末菲致信克莱因，告诉他自己会立即恢复行使《百科全书》编辑的职责："昨天我已从柯尼斯堡奔丧之旅返回。"[96]之后不久他就告诉克莱因自己在接下来的暑假还会接着研究"陀螺仪"。[97] 不算在亚琛高等工学院的其他工作，《百科全书》和《陀螺仪理论》的第三册这两项工作已经足够一个人的日常工作负荷。 177

到 1902 年时，距离克莱因最初的陀螺仪讲座已经过去 7 年，距离第二册的

[91] 致约翰娜，1902 年 6 月 3 日。

[92] 致约翰娜，1906 年 1 月 25 日和 2 月 4 日。

[93] 致约翰娜，1901 年 4 月 1 日。

[94] 致约翰娜，1904 年 1 月 3 日。

[95] Todesanzeige，in：*Königsberger Hartungsche Zeitung*，18. September1917.

[96] 致克莱因，1902 年 6 月 9 日。SUB，Klein 11，1062.

[97] 致克莱因，1902 年 6 月 27 日。SUB，Klein 11，1062. 亦见 ASWB I.

完成也有 4 年。对于索末菲来说，陀螺仪这项工作更多地是一项责任而不是个人兴趣。在第二册中，虽然页码已经到了 512 页，但是内容也只是推进到陀螺仪运动的椭圆方程表达。本来第三册是准备以陀螺仪理论的应用结束全书。但是索末菲收集的资料迅速膨胀，使得项目无法按计划进行。他在第三卷前言中写道："如此一来，本册只能包括陀螺仪理论在天文学和地球物理中的应用；工程及物理应用将放到第四卷(也就是最后一册)中。"[98]

正像克莱因一次对索末菲坦白的那样，他一直"对我们的陀螺仪很不放心"。当时索末菲还在等待亚琛的任命结果。[99] 甚至在一年之后，克莱因的担忧也没有减轻。索末菲致信克莱因说："我一直想写信给您，对未能读过手稿表示歉意，""过去 3 周的讲座，我只有在一个周末有时间研究陀螺仪。"[100]他不断地让克莱因放心。1902 年初他致信克莱因请求开会讨论关于摩擦效应对陀螺仪运动的影响一章，信中说："虽然几次被中断，陀螺仪工作进展还是不错。"[101]虽然索末菲保证要在暑假努力写书，克莱因这边似乎并未放心。他找到卡尔·施瓦兹希尔德帮忙，希望能够加快天文学应用这一章的进度。索末菲高兴地接受了这一帮助，但是也申明自己不会放弃项目的控制权。"我的设想是在陀螺仪一事上您的工作主要还是指导批评，而不是自己亲自动手写。"他写信重申自己作为唯一作者的
178 角色。"为了保持手稿的一致性，必须由我来完成。在那之后，如果您愿意在出版前经我同意重写一些章节，我会非常高兴。"[102]

从那以后，工作进度变得更加顺利。由于自己对天文学拿不准，索末菲将手稿的一些部分寄给施瓦兹希尔德斧正，让他"严格批评"。[103] 通过二人努力，这一章终于成型了。[104] 看起来对这次合作双方都感觉愉快，因为"尊敬的同事"这一正式的称呼变成了"亲爱的施瓦兹希尔德"和"亲爱的索末菲"。双方交流的口气很友好，并且都及时通知对方自己在陀螺仪理论上的工作结果。在天文学一章

---

[98] Klein/Sommerfeld, *Theorie des Kreisels*, Heft 3, 1903, Vorwort.

[99] 克莱因来信，1899 年 11 月 15 日。DMA，HS1977—28/A，170.

[100] 致克莱因，1900 年 11 月 8 日。SUB，Klein 11，1061.

[101] 致克莱因，1902 年 2 月 15 日。Stuttgart，Teubner-Archiv，Sommerfeld.

[102] 致施瓦兹希尔德，1902 年 7 月 26 日。SUB，Schwarzschild 743. 亦见 ASWB I.

[103] 致施瓦兹希尔德，1902 年 8 月 12 日。SUB，Schwarzschild 743.

[104] 致施瓦兹希尔德，1903 年 1 月 26 日。SUB，Schwarzschild 743.

得以完成时，索末菲请求维歇特对陀螺仪的地球物理应用部分作一个评审，施瓦兹希尔德写信给他说：“按克莱因说的，下次到格丁根来的时候让您忙得打转。”[105]

事实上确实应当马上着手陀螺仪最后一章的写作。当克莱因催促他加紧的时候，索末菲承认：“您提醒我陀螺仪的事情，很对。”[106]不管怎么说，说明的材料很丰富，比如到亚琛就职时从基尔送来的鱼雷导向的“直线轨迹装置”。其他方面的材料也不少，比如“车轴装置的陀螺仪效应”就曾经是机车项目中与柏林铁道工程教授讨论的课题。[107] 如果说索末菲将陀螺仪工作的完成推迟了，那么原因不会是缺乏材料或者在责任感重压下的麻痹，而是另有其他更重要的事情。

其中最重要的是《百科全书》的物理卷。提交到他这里的手稿经过仔细修改
后，以“册”的形式出版，之后又集合成分卷。在亚琛的几年中，索末菲共完成 179
出版了这样的 4 册书共 10 篇文章。1903 年 4 月发表的第 1 册包括 3 篇文章，共 160 页。接下来 1904 年 4 月的第 2 册有 3 篇文章共 280 页。1905 年 10 月和 1906 年 4 月的两册书各自都有 2 篇文章，分别是 159 和 171 页。换句话说，在这些年间他编辑的文章共有 800 页，而这项工作覆盖的主题和他自己的学术领域并无多少共同之处。[108]

考虑到大多数作者都是声名卓著，以及对《百科全书》项目的崇高期望，准备一篇文章对于编辑来说也是不小的挑战。尽管一般认为作者才是其领域的专家，编辑工作也不是简单地改进修辞细节。对于英国数学家乔治·哈特利·布赖恩(George Hartley Bryan，1864—1928)所著的《热力学综合基础》，索末菲首先需要把英文手稿翻译成德文。就这篇文章来说，对文章内容的兴趣并未帮助减轻工作的负担。布赖恩是有名的怪人，[109] 其性格特征肯定也表现在手稿中，索

[105]施瓦兹希尔德来信，1903 年 3 月 29 日。DMA，HS1977—28/A，318.

[106]致克莱因，1904 年 11 月 8 日。SUB，Klein 11，1064.

[107]博里斯来信，1904 年 11 月 18 日。DMA，NL 89，006.

[108]*Enzyklopädie*，Band V. 这套百科全书的部分卷的内容可以上网查找，网址如下. http://gdz.sub.uni-goettingen.de/no_cache/en/dms/load/toc/?IDDOC=183743（上网时间：2012 年 10 月 5 日）.

[109]Anonym [L. B.]，*Bryan*，1933.

末非不得不密密麻麻写了四页纸，向布赖恩解释翻译过程中的一些改动。[110] 这之后又出了其他问题。荷兰热力学实验专家海克·卡默林·昂尼斯(Heike Kamerlingh Onnes，1853—1926)为《百科全书》贡献了一篇关于热力学的文章(《态方程》)。他致信索末菲说两篇文章不一致。[111] 索末菲又将布赖恩的手稿送给福格特和洛伦兹要求评估。福格特"在很多地方都有异议"，并觉得应该让普朗克来写
180 这篇文章。"他肯定会写得比布赖恩好。"[112]洛伦兹也提出一系列反对意见，使得索末菲不得不再次修改。[113]

与之相反，洛伦兹提交的两篇电动力学的《百科全书》文章对索末菲来说成为另一种不同的挑战。在这里，责任感和他个人的偏好是天平的两端。与热力学不同的是，他自己很熟悉电动力学。即使是面对洛伦兹这样的权威，在这个领域他也可以以专家身份交换想法，将自己的观念带进讨论中。在对《麦克斯韦电动力学理论》一文组织纲要的反应中，索末菲明白显示自己也有发言权。"我很清楚，"他对洛伦兹自信地写道，"从场方程出发可以简化您的表述，这也是采用这个方式的原因。"但是他建议不要开门见山，而是引入一段对麦克斯韦前人工作的历史介绍。关于自己 1892 年关于以太模型与电动力学关系的文章，他建议："让读者清楚这些研究意义不大……您在纲要中提到我的名字，那是在抬举我。如果文章中也是这样，那么首先应该提到开尔文勋爵，我是接续他的工作；还有赖夫，他推广了我的想法，使之更有效。"[114]

里夏德·赖夫(Richard Reiff，1855—1908)是图宾根大学的数学家，他从索末菲 1892 年的以太模型出发，试图通过弹性介质的性质从纯机械方式描述电的本质。[115] 他被看作是以太理论的专家，以及关于电动力学历史背景的《百科全书》文章的预期作者。但是让索末菲编辑赖夫的手稿时，却高兴不起来。例如索末

---

[110]致布赖恩(Bryan)，1902 年 2 月 10 日。DMA，HS1977—28/A，45.

[111]卡默林·昂尼斯(Kamerlingh Onnes)来信，1902 年 9 月 28 日。DMA，HS1977—28/A，160.

[112]福格特(Voigt)来信，1902 年 10 月 18 日。DMA，HS1977—28/A，347.

[113]致洛伦兹，1903 年 1 月 6 日。RANH. 亦见 ASWB I. Bryan，*Grundlegung*，1903.

[114]致洛伦兹，1901 年 3 月 21 日。RANH. 亦见 ASWB I.

[115]Reiff，*Elasticitat*，1893

非曾告诉维歇特，关于卡尔·诺伊曼(Carl Neumann，1832—1925)，赖夫写了“一段毫无意义的文字，被我删掉了”。他将赖夫德手稿转交给维歇特审阅，后者自己也提出一些意见。“我希望您的信会激发我自己研究诺伊曼，并按照自己 181
的观点介绍他。”[116]洛伦兹也对赖夫的手稿提出一系列意见，使得索末菲越发觉得自己需要研究赖夫提到的这些历史工作。到最后他增添和修改的内容如此之多，以至于这篇文章成为二人合写的作品。[117]

对洛伦兹文章的编辑，就要让人满意得多。索末菲致信洛伦兹感谢他，说《麦克斯韦电动力学理论》一文的手稿“相当精彩”，并且“完全符合编辑工作的目的”。经过仔细讨论其结构之后，他显然对文章有着特别兴趣，不过还是谨慎地批评说本来可以“有一些地方更详细一些，物理上更清楚一些”。他也没有立即接受第一个草稿，而是要求洛伦兹“为了读者方便”做一些细化，并敦促他对电动力学的各种符号做一个清楚的说明。“在这方面我非常希望能成就真正有用的东西，将来的作者可以有效利用。在写作文章的过程中您想必已经很清楚使用的符号是否有效。就题目本身来说，如果您在各个地方只是为了迁就我，那是非常令人遗憾的。”[118]对于那些让他回想起自己在格丁根年代“物理数学”的主题，他也给与评论。“就给定初始条件下麦克斯韦方程的可解性问题，我想要区分唯一性问题和存在性问题。”一个严格的存在性证明，也可以证明唯一性。不过他向洛伦兹保证这会是“多余和费力不讨好的”，不应该出现在文章中。只有“正统的数学家”才会觉得这个“存在性问题”值得深入研究。[119] 另一方面，就符号问题达成一个解决方案对索末菲来说十分重要。这不但能帮助《百科全书》的其他作 182
者，而且还能进一步成为电动力学的标准。索末菲给洛伦兹的信中强调这个问题的重要性：“在我们《百科全书》符号的激发下，德国物理学会也在研讨符号的事情。”[120]

---

[116]致维歇特，1903 年 1 月 29 日。SUB，Wiechert.

[117]洛伦兹来信，1903 年 2 月 24 日。DMA，HS1977—28/A，208；致洛伦兹，1903 年 2 月 24 日。RANH，亦见 ASWB I. Reiff/Sommerfeld，*Standpunkt*，1904.

[118]致洛伦兹，1902 年 2 月 29 日。RANH.

[119]致洛伦兹，1902 年 7 月 5 日。RANH.

[120]致洛伦兹，1903 年 1 月 6 日。RANH.

除了电磁量的符号，用以表述麦克斯韦理论的矢量运算符号也需要标准化。在《物理杂志》上索末菲报告说经过与洛伦兹、威廉·维恩和埃米尔·科恩(Emil Cohn，1854—1944)“多次协商之后”，他的建议得以实现。他还希望《百科全书》作者们的影响力能够使得自己的建议被广泛接受。[121]为此索末菲参加了1903年德国数学会提议成立的“矢量委员会”。不过在那里他未能像在《百科全书》中那样，实现自己期望的标准化。矢量代数和矢量分析中的拼写和符号一直未能统一。[122]

对索末菲来说，编辑洛伦兹的第二篇《百科全书》文章《麦克斯韦理论的推广——电子论》也不仅仅是履行责任。19世纪末电子被发现之后，之前盛行的机械以太观念被关于宇宙的电动力学模型所取代。作为介质的以太，仅仅传递镶嵌于其中的电子之间的电动力学作用，已经完全不同于19世纪的机械以太。如果说以前(就像索末菲1892年在其青年时期的工作中那样)人们曾经试图将麦克斯韦方程建立在机械基础上，现在的任务是用电动力学以太中电子的运动解释所有物理现象，而作为基础的以太是自明的。就像数学中的公理一样，麦克斯韦方程是最根本的基础，所有物理理论都建立在它之上。但是在数学上实现它，
183 却被证明是极其困难的。需要对麦克斯韦方程的精湛把握才能推导出可以被实验证明的结论。从19世纪80年代早期开始，洛伦兹就在这方面发表了无数文章。[123] 对《百科全书》来说，没有人比他更有资格来处理这个主题，以及它带来的所有的悬而未决的问题。在关于麦克斯韦的文章中[124]洛伦兹可以总结当前多少已经确立的知识，但是在电子论方面他进入的是一片处女地。研究一个电子的电场和磁场需要区分静止参考系和运动参考系。这里的运动是在最实在的意义上的。就连电子的形状，以及更大物体的形状，都要被看作是可变的，并且依赖于参考系。[125]

---

[121]Sommerfeld，*Bezeichnung*，1904.

[122]Reich，*Vektorrechnung*，1995.

[123]McCormmach，*Lorentz*，1970.

[124]Lorentz，*Maxwells elektromagnetische Theorie*，1904.

[125]Lorentz，*Elektronentheorie*，1904.

5.6 电子的“超级力学”

索末菲伴随洛伦兹一起进入电子论的新领域。他也和其他《百科全书》作者讨论这个主题，尤其是马克斯·亚伯拉罕。后者于 1902 年在其论文《电子动力学》中发表了电动力学世界观的某种宣言。[126] 得知索末菲对这一结果感兴趣，亚伯拉罕非常高兴，并把自己电子论研究的“最后总结”告知对方。这个“最后总结”之后不久就发表在《物理学年鉴》上。[127] 索末菲也和威廉·维恩、维歇特和施瓦兹希尔德交换对这一领域最新发展的看法，并把可能对洛伦兹《百科全书》文章写作有用的东西都及时告诉他。[128] 从克莱因那里索末菲得知电子论在格丁根已经成为深入研究的焦点。这可能激发了他要在这个领域发表自己文章的想法。 184
1904 年 1 月，他向施瓦兹希尔德透露自己正“全力以赴”地研究电子论。[129] 作为回复，施瓦兹希尔德寄来了古斯塔夫·赫格洛茨(Gustav Herglotz，1881—1953)刚刚提交给格丁根科学院的论文《关于电子论》的校样。[130] 赫格洛茨当时正在费利克斯·克莱因手下写自己的教授资格论文。和其他格丁根理论学家一样，他也觉得这个题目主要是一个数学挑战。通常在这种情况下，同一个物理问题可以有多种数学处理手段。索末菲确定赫格洛茨电子论“在根本上不同于”自己的电子论，从而松了一口气。“我有一个奇妙的公式，可以用任意一套电子直线运动来

---

[126] Abraham, *Dynamik*, 1902; Goldberg, *Abraham Theory*, 1970.

[127] 亚伯拉罕来信，1902 年 12 月 9 日。DMA，HS1977—28/A，1. Abraham, *Prinzipien*, 1903.

[128] 致维歇特，1903 年 1 月 29 日。SUB，Wiechert；施瓦兹希尔德来信，1903 年 3 月 29 日。DMA，HS1977—28/A，318；致施瓦兹希尔德，1903 年 3 月 31 日。SUB，Schwarzschild 743；亦见 ASWB I；致洛伦兹，1903 年 4 月 25 日。RANH. Schwarzschild, *Elektrodynamik I-III*, 1903.

[129] 致施瓦兹希尔德，1904 年 1 月 10 日。SUB，Schwarzschild 743.

[130] Herglotz, *Elektronentheorie*, 1903.

严格而简易地确定一个场。以此为出发点我能推导出关于电子的所有已知结果。”[131]

仿佛是为了加强自己在格丁根理论学家圈子中的存在感，索末菲将自己的电子论也提交格丁根科学院发表。[132] 在第一部分中，他假定电子为球形，推导出任意运动形式的电子的电磁场公式。关于电子电荷的分布，他考虑了两种可能：在球体中均匀分布，或者仅仅在电子球表面分布。就第二种情况，他在1904年6月向施瓦兹希尔德写道：“值得注意的是我用全新的方法重新构建了亚伯拉罕和赫格洛茨的结果，并且把二者综合在一起。”[133]多年后索末菲批判性地评价自己的这一理论。“我对这一长期而艰难的研究期望很高，”不过却“没有成果。”[134]爱因斯坦的相对论使得电动力学世界观失去基础。1905年之前提出的各种电子论，
185 只有一些零碎被保留下来(比如场和势在不同参照系中的转换公式系统，也就是“洛伦兹变换”)。[135]

不过在1904年，像索末菲在其电子论中展示的猜想被认为是先驱性的突破。1904年8月他在海德堡参加第3届国际数学大会，“报告了关于电子的机制”。在家信中他写道：“今天早上我做了报告”，“到目前为止，在应用数学部分，我的报告显然是最好的”。对这个题目的热烈反应使他得意洋洋，虽然他觉得自己的报告“并未被完全理解，不过超级力学已经起飞了”。[136] 在报告的开始他讲到电子论是“数学物理中最年轻也是最有希望的分支”。由于电子在自己的电场中运动，会引起一些非同寻常的现象。在这个电子的“超级力学”中，会有无外力的振荡以及“普通力学”中不会发生的旋转运动。举例来说，如果“转动潜能”被转化为“平动动能”，电子可能从原子中喷射出来。在应用这一概念解释令人迷惑的放射性现象时，索末菲指出：“镭原子结构中的电子吸收转动能，是很

---

[131]致施瓦兹希尔德，1904年1月30日。SUB，Schwarzschild 743. 亦见 ASWB I.

[132]Sommerfeld，*Elektronentheorie I-II*，1904；Sommerfeld，*Elektronentheorie III*，1905.

[133]致施瓦兹希尔德，1904年6月12日。SUB，Schwarzschild 743. 亦见 ASWB I.

[134]Autobiographische Skizze，ASGS IV，S. 673—679.

[135]Darrigol，*Origins*，1996；Darrigol，*Electrodynamics*，2000；Janssen/Mecklenburg：*Mechanics*，2007.

[136]致约翰娜，1904年8月10日。

自然的事。”这一转动能到平动动能的转化也许可以解释“贝克勒尔 β 射线”。[137]

在那些年中神秘的放射性射线是大量深入研究的主题。[138] 1903 年，安托万·昂利·贝克勒耳（Antoine Henri Becquerel，1852—1908）、玛丽·居里（Marie Curie，1867—1934）以及皮埃尔·居里（Pierre Curie，1859—1906）由于发现放射性而获得诺贝尔奖，但是其本质并未为人知晓。唯一没有争议的是它有三种不同的形式，用希腊字母表的前 3 个字母命名，还有就是它们都是从原子内部发射的。由于相对被研究得较多的阴极射线是电子，因此认为在放射性中也是电子起着作用。图宾根物理学家弗里德里希·帕邢（Friedrich Paschen，1865—1947）代表的看法认为，不光是能被电场和磁场偏转的贝克勒尔 β 射线是 186
电子，而且明显地无法偏转的 γ 射线也是电子。[139] 由于包裹 γ 射线源的容器总是带上正电，这就显示源包含飞走的带负电的粒子。至于 γ 射线不能被偏转的原因，帕邢的想法是它们经过所施加的场的时候速度极快——甚至可能超过光速。当然在所有电子论中电子速度和光速的比值都是很重要的，因此光速有了一个特殊的意义。不过在 1904 年的时候，还不清楚光速是一个无法逾越的极限。对索末菲来说，在某个特殊情况下“空间电荷分布中超越光速是完全可能的”。[140]

那么 γ 射线是不是超光速电子？1904 年 2 月，索末菲致信威廉·维恩说：“最近我主要在考虑帕邢的 γ 射线。”[141]显然他觉得自己的电子论可能会派上用场。在海德堡数学大会的报告之后，他前往图宾根亲自观察帕邢的 γ 射线实验。[142] 在这个例子中他的“超级力学”提出电子会在自己的场中自行加速。在给出电子所受作用力的方程的同时，他论证说：“一个无外力的准加速超光速运动是可能的。”这个问题“对镭 γ 射线理论来说很迫切”，但是他并不急于给出答案。不过对他来说，“这个运动很可能是超高速并且自加速的”。[143] 起初帕邢觉得这个想法

---

137 Sommerfeld，*Mechanik der Elektronen*，1905.

138 Hughes，*Radioactivity*，2003；Malley，*Radioactivity*，2011.

139 Paschen，*Strahlen*，1904；Paschen，*Kathodenstrahlen*，1904；Wheaton，*Tiger*，1983，S. 61—65.

140 Sommerfeld，*Elektronentheorie II*，1904，S. 384.

141 致 W. 维恩，1904 年 2 月 18 日。DMA，NL 56，010.

142 致约翰娜，1904 年 8 月 12 日。

143 Sommerfeld，*Elektronentheorie II*，1904，S. 408—409.

187 十分荒谬，“难以置信，除非有明确无误的实验证据”。[144] 在感谢索末菲这位提出“超级力学”的理论家“对超光速可能性的有意义的讨论”时，他写道：毫无疑问，在发表这些实验结果的时候，他会恰当地提到索末菲“对自加速的预言”。[145] 正像索末菲给洛伦兹的信中所写，得知实验结果与理论解释并不矛盾之后，他也对自己理论的“荒谬结果”更有信心。索末菲对这一事情十分重视，要求洛伦兹向阿姆斯特丹科学院呈交一片简短的相关文章。他的助手德拜“对荷兰语和对电子论一样精通”，担负了翻译手稿的任务。[146] 两天后索末菲向克莱因道歉，说自己不得不推迟“陀螺仪”工作，因为“我的电子超级力学最荒谬的推论已经为γ射线实验所证实……因此现在脱不开身”。[147]

然而这一乐观情绪并未持续很久。帕邢对自己的实验结果失去了信心。[148] 一开始他确实相信自己从实验上证实了γ射线的自加速，不过这一信心未能持续多久。测试结果来自于照相底板，这些底板被置于离源不同距离处，通过一块铂板的遮挡来控制取得不同的曝光时间，产生不同程度的变黑。[149] 现在索末菲心里对自己的超级力学也没底了。虽然帕邢确实报告说自己“实际上”证实了“超光速”，但是正像一周后索末菲给洛伦兹的信中所述，在他的“荷兰备忘录”中，“由于自己感觉不确定，所以并未提到”帕邢的报告。[150] 帕邢自己也推迟了发表计划。圣诞假期后他在信中向索末菲道歉说“推迟发表γ射线结果的还有另外的原
188 因”，“一些作者对γ射线就是阴极射线这个看法有保留”。镭源容器的正电荷可能是放射性的次级效应，“γ射线可能其实是X射线”。[151]

接下来的几个月里证明了批评意见是正确的。γ射线被证实是电中性的。帕邢观测到的实验容器的正电荷是γ射线离开镭源时的电离造成的。[152] 1905年2

[144] 帕邢(Paschen)来信，1904年10月23日。DMA，HS1977—28/A，253.
[145] 帕邢来信，1904年10月26日。DMA，HS1977—28/A，253. 亦见ASWB I.
[146] 致洛伦兹，1904年11月6日。RANH. Sommerfeld，*Afleiding*，1904.
[147] 致克莱因，1904年11月8日。SUB，Klein 11. 亦见ASWB I.
[148] 帕邢来信，1904年11月4日。DMA，HS1977—28/A，253.
[149] 帕邢来信，1904年12月6日。DMA，HS1977—28/A，253.
[150] 致洛伦兹，1904年12月14日。RANH.
[151] 帕邢来信，1905年1月11日。DMA，HS1977—28/A，253. 亦见ASWB I.
[152] Wheaton，*Tiger*，1983，S. 65.

月，当索末菲完成自己电子论论文的第三部分时，他修改了先前的超光速电子的观念。之前为他的“超级力学“带来许多关注的东西，现在被他称为是“没有根据的推论”。他最初的 γ 射线是突然产生的超光速电子的观念也因此不能成立：“γ 射线不可能是超光速运动的电荷，因为在没有外力的场中这样的运动是不可能的。就连 γ 射线是光速电子的假设也很难成立。”[153]对于这一转折，帕邢在给索末菲的信中清醒地写道自己“又一次得到沉痛的教训，在确信无疑之前不可轻易下断语”。[154]

尽管索末菲的“超级力学”没有能够解释 γ 射线的本质，作为一个高等工学院的教授，他的工作还是得到物理学家的赞赏。在格丁根，希尔伯特在 1905 年夏季学期组织了关于电子论的一个研讨会，赫尔曼·闵可夫斯基（Hermann Minkowski，1864—1909）、维歇特和赫格洛茨都作为共同组织者参加。其他参加者中还有刚刚完成学业的马克斯·玻恩（Max Born，1882—1909）和马克斯·劳厄（Max Laue，1879—1960）。在两周的时间里，索末菲电子论的文章成为研讨会的内容。[155] 1905 年 9 月底，索末菲自己在梅兰举行的自然研究者大会上又一次谈及电子论问题。这时他认为超光速运动在“物理上是完全不可能的”，但是 189
也不能根本排除。他的理论的价值在于指出需要多么奇怪的假设才能导致物理上要超过光速的可能性。[156]

5.7 “实际上我不适合当工程教授，我是一名物理学家”

电子论也促使索末菲着手研究当时物理学中其他的迫切问题。其中最显著的是 X 射线的本质问题。根据维歇特和其他人的观念，X 射线是电子轰击 X 射

---

[153] Sommerfeld, *Elektronentheorie III*, 1905, S. 202—204.

[154] 帕邢来信，1905 年 6 月 12 日。DMA，HS1977—28/A，253. 亦见 ASWB I.

[155] Pyenson, *Physics*, 1979.

[156] Sommerfeld, *Bemerkungen zur Elektronentheorie*, 1906.

线管对阴极产生的电磁脉冲，在以太中以光速传播。索末菲在1900年计算这种脉冲的衍射时，采用了这一观念。[157] 不过那时他处理的仅仅是脉冲在狭缝后的展宽，而不是产生这一脉冲的电子轰击过程。轰击产生X射线属于电子论的范畴。1905年5月在给威廉·维恩的信中，索末菲说实际上自己想要"详细写出从我的方程出发处理X射线能量的方法"。不过后来他放弃了这一工作。[158]

一年之前，维恩为维尔纳纪念文集所写的，由索末菲编辑的文章《阴极射线能量与X射线以及次级射线能量的关系》，激起了索末菲对这些问题的兴趣。在其中维恩报告了对电子轰击能量的测量。根据这一测量结果他得出了X射线脉冲的宽度。[159] 就像对洛伦兹的《百科全书》文章一样，在维尔纳纪念文集的情况中，索末菲也不仅仅是局限于一般的编辑工作，而是深入讨论了维恩提出的X射线的发生问题。在一封10页的信件结尾他抱歉地写道："前面这些内容，是我
190 以一个'电子专家'而不是编辑的身份写的。作为编辑，对您的文章我不需要审阅即可发表。"[160]

之后两人继续讨论这些问题。索末菲有一次告诉洛伦兹说，自己在维尔茨堡访问维恩时，两人"广泛讨论了电子……我们觉得要是您也在场就好了，可以评判一些问题"。[161] 索末菲甚至还将X射线作为一个特别讲座的主题，这对于一个高等工学院力学教授来说非同寻常。1905年4月他致信维恩说："按照您的要求，我仔细考虑了X射线的能量方程，还以'电子论'为题目作了一个讲座。"[162]他甚至与德拜一起开展了X射线强度空间分布的实验。根据他的理论电子减速与能量在不同方向上的发射有一个关系。他告诉维恩"在聪明的助手的帮助下我做了这些定性试验"。这些实验的结果可能是促使他在发表电子论文章时去掉了X射线的发生部分的原因之一，因为实验没有显示"任何X射线强度与入射阴极射线角度之间的关系"。他的结论是电子在轰击时走了一个曲折的路线，因此在减

---

[157]参见第4章，以及Wheaton，*Tiger*，1983，S. 33—40.

[158]致W. 维恩，1905年5月13日。DMA，NL 56，010. 亦见ASWB I.

[159]Wien，*Kathodenstrahlen*，1905；Wheaton，*Tiger*，1983，S. 110—113.

[160]致W. 维恩，1904年2月18日。DMA，NL 56，010. 亦见ASWB I.

[161]致洛伦兹，1904年5月29日。RANH. 亦见ASWB I.

[162]致W. 维恩，1904年4月15日。DMA，NL 56，010. 亦见ASWB I.

速过程中其方向不断变化。“其方向性可以从曲折路线的平均值外推出来。”不过他很清楚这完全是一个猜想而已。“伦琴发现 X 射线 10 年之后的今天，我们还是不知道它的机制，真是丢人啊。”[163]

正当索末菲在长篇信件中向维恩解释自己对 X 射线的想法之时，后者收到来自慕尼黑大学的请求，问他是否推荐索末菲担任原本为玻尔兹曼设立的理论物理学主任职位。玻尔兹曼在那里待了 4 年后就离开了慕尼黑，使得这个职位
从 1894 年起就一直空缺。之前莱比锡大学曾经有过一个类似的询问(和之前在 191
慕尼黑的情况类似，玻尔兹曼在那里只待了很短时间后就于 1902 年离开)，维恩的回复是索末菲“完全没有能力……指导一个[理论物理学]研究所，以及物理专业学生的研究”。[164] 关于电子论和 X 射线的讨论显然改变了维恩的评价，慕尼黑聘任委员会在纪录中写着“像玻尔兹曼、洛伦兹和维恩这样的非常著名的理论物理学家”都支持索末菲。他被“描写为一位和蔼的同事和优秀的教师”。尽管索末菲在亚琛高等工学院的教学和研究主要是在工程而不是理论物理学领域，但是最近他致力于“电子论”，显示了对“理论物理学问题”的兴趣。伦琴自 1900 年起就是慕尼黑路德维希·马克西米利安大学物理教授，他一直徒劳无功地想找人充任理论物理学教授一职。只是在拒绝柏林帝国物理高等工学院(*Physikalisch Technische Reichsanstalt*)主席一职后，巴伐利亚文化部才同意他的要求。伦琴最中意的人选是自己的同胞，“电子专家”中的最高权威洛伦兹。但是后者不愿离开莱顿大学，拒绝了伦琴的邀请，使得慕尼黑只能另选他人。[165]

对这些幕后活动索末菲一无所知。只有在收到伦琴的电报，要求他送去简历和发表文章目录后，[166] 索末菲才明白，显然“慕尼黑那边有事”。他合理地猜想威廉·维恩是“这件事情的主要推手”。想到可能作为玻尔兹曼在慕尼黑的继承者，以 X 射线物理作为自己主要研究方向，使索末菲十分兴奋。在那里他的研

---

[163] 致 W. 维恩，1905 年 5 月 13 日。DMA，NL 56，010. 亦见 ASWB I.

[164] 致奥托·维纳(Otto Wiener)的信的草稿，未标日期。DMA，NL 56. Nr. 5882. 亦见 ASWB I，S. 156—157.

[165] 哲学学院第二部聘任委员会报告，1905 年 7 月 21 日。UAM，Personalakte Sommerfeld，E-II-N. Eckert/Pricha，*Boltzmann*，1984；Jungnickel/McCormmach，*Mastery*，1990，S. 274—278.

[166] 伦琴(Röntgen)来信，1905 年 6 月 29 日。DMA，HS1977—28/A，288. 亦见 ASWB I.

192 究也不一定局限于理论方面。他问维恩“有无可能在伦琴研究所偶尔做一些实验研究，或者我需要十分小心地提出这类要求”，“在慕尼黑我能拥有一名助手吗？或者带一名助手去？”在另一方面，他已经十分适应亚琛的生活，在高等工学院的工程为主导的环境里也游刃有余。“对我里来说，离开亚琛这个决定比想象中艰难。”[167]

不过伦琴的消息离慕尼黑的任命还差得远。得到像玻尔兹曼、洛伦兹和维恩这样著名物理学家的支持并不意味着索末菲高居候选者名单首位。聘任委员会中包括数学家费迪南德·林德曼和奥雷尔·福斯(Aurel Voss，1845—1931)，天文学家胡戈·冯·泽利格(Hugo von Seeliger，1849—1931)和伦琴。林德曼提出异议说索末菲的一些文章“至少从数学观点看并非无懈可击”。[168] 比如说，在林德曼看来，索末菲的电子论的推导是基于不可靠的极限趋向。对于索末菲 1899 年关于沿导线波的文章，他也有一些地方不能同意。[169] 索末菲极力平息林德曼的异议。在给自己博士导师的 8 页纸的信件结尾，他写道：“如果我的老师觉得我滥用他过去传授给我的数学才能，那真是很难过的事情。”[170]然而林德曼并没有满意。只是由于聘任委员会中的其他成员都支持索末菲，林德曼的反对显得形单影只。索末菲的名字仍然在最后的小名单上，排在并列第一的科恩和维歇特之后，名列第二。[171]

这些对他个人以及在候选人名单上排名的讨论，索末菲并非一无所知。他
193 感谢维恩“在林德曼反对的情况下”为自己说了好话，并保持了风度。他提到维歇特“在很多方面都比我强”，而且认为就算维歇特不去，他自己的机会也不见得就有多大。[172] 直到 1906 年，慕尼黑职位的结果才变得明朗。就像预想的那样，

---

[167]致 W. 维恩，1905 年 7 月 4 日。DMA，NL 56，010. 亦见 ASWB I.

[168]哲学学院第二部聘任委员会报告，1905 年 7 月 21 日。UAM，Personalakte Sommerfeld，E-II-N.

[169]林德曼(Lindemann)来信，1905 年 7 月 5 日。DMA，HS1977—28/A，203. 亦见 ASWB I.

[170]致林德曼，1905 年 7 月 5 日。Munchen，DMA.

[171]哲学学院第二部聘任委员会报告，1905 年 7 月 21 日。UAM，Personalakte Sommerfeld，E-II-N.

[172]致 W. 维恩，1905 年 11 月 5 日。DMA，NL 56，010. 亦见 ASWB I.

最初邀请的是维歇特，但是他不想离开格丁根。索末菲从维歇特母亲那里得知这个消息后，转告了维恩。“除非我们的朋友林德曼做出有力反击，按现在情况我可能会得到邀请，并且会接受。”[173]科恩被跳过应该是因为他是犹太人，他后来一直都没有找到正教授的职位。[174] 7 月 17 日，伦琴致电索末菲告诉他任命书马上就会发出。[175] 7 月 23 日，巴伐利亚文化部发出正式任命书。[176] 几天后，索末菲请求普鲁士文化部允许他辞去亚琛职务，理由是他觉得理论物理学才是自己“真正的专业领域……从收入上，在慕尼黑倒不见得会比亚琛强”。[177]

所有了解索末菲的人都知道他寻求的不仅仅是一个职务，而是对内心的召唤。希尔伯特祝贺他说：“在慕尼黑，您将得以进入物理学的殿堂，这是所有科学之母，在她的怀抱中您将感到幸福。”[178]在会见索末菲后，维恩写信给他母亲，说自己也感到在这些天里索末菲“对慕尼黑的任命很高兴”，“他热切期待着自己的新工作”。[179] 亚琛机械工程系的一位同事对索末菲将要离开工程力学感到“惆怅”，但是理解转向理论物理学“完全符合您内心的意愿”。索末菲曾经告诉他：“实际上我不适合当工程教授；我是一名物理学家。”[180]

173致 W. 维恩，1906 年 7 月 5 日。DMA，NL 56，010. 亦见 ASWB I.

174Jungnickel/McCormmach, *Mastery*，1990，S. 278.

175伦琴来信，1906 年 7 月 17 日。DMA，HS1977—28/A，288. 亦见 ASWB I.

176Anton von Wehner 来信，1906 年 7 月 23 日。DMA，NL 89，019，Mappe 5，2.

177致诺伊曼，1906 年 7 月 29 日。GSA，I. HA. Rep. 121 D II，Sekt. 6 Nr. 10.

178希尔伯特(Hilbert)来信，1906 年 7 月 29 日。DMA，HS1977—28/A，141. 亦见 ASWB I.

179W. 维恩致母亲的信，1906 年 7 月 31 日。DMA，NL 56，Nr. 5088.

180鲁默尔(Rummel)来信，1906 年 8 月 3 日。DMA，NL 89，012. 亦见 ASWB I.

195 # 第六章　慕尼黑

慕尼黑的职位如此吸引索末菲的原因，不只是慕尼黑大学玻尔兹曼理论物理学教授席位的光环，或者作为理论家和伦琴（Wilhelm Conrad Röntgen，1845—1923）一起研究X射线的挑战。慕尼黑，“博物馆之城”，在那个年代，以艺术和生活乐趣之都闻名于世。[1] 在研究阶段结束之时，索末菲被慕尼黑令人惊异的绘画和雕塑收藏以及各个酒吧的巴伐利亚啤酒所征服，第一次有了“天堂般的感觉”。他选择慕尼黑作为蜜月之旅的地点，绝非偶然。约翰娜也欣喜地被丈夫对这个城市的热情感染。

世纪之交的慕尼黑处于转变之中，传统和现代紧密交织。像资产阶级无比厌恶的埃里希·米萨姆(Erich Mühsam，1878—1934)这样的波希米亚式知识分子，以及他们喜爱的资产阶级“文学王子”托马斯·曼(Thomas Mann，1875—1955)，都以慕尼黑郊区的施瓦宾区(Schwabing)为根据地。索末菲是他最喜爱的艺术家阿诺尔德·波克林的追随者之一，“画家中的王子”弗朗茨·冯·施图克(Franz von Stuck，1849—1940)，以及他的学生保罗·克莱(Paul Klee 1849—1940)和瓦西里·康定斯基(Wassily Kandinsky，1866—1944)还有他们的“蓝骑

---

[1] Bauer，*Prinzregentenzeit*，1988；Prinz/Kraus，*München*，1988；Bauer，*Geschichte*，2008.

士”派，当时正是艺术界关注的中心。艺术之外，慕尼黑的技术也同样为世人景仰。1903 年，奥斯卡·冯·米勒(Oskar von Miller，1855—1934)建立了一座“德意志自然科学和技术杰作博物馆”，开放之后不久即闻名世界。施瓦宾区的武尔姆浴池(Würmbad)的水池、人造的山洞和喷泉曾经让 1892 年访问慕尼黑的索末菲惊喜异常，它属于工程师奥古斯特·昂格雷尔(August Ungerer，1860—1921)，后者是慕尼黑历史上有轨电车技术的先驱。在慕尼黑电气就是从马拉街车转向电力街车开始的，然后发展到公共照明，最后进入私人住宅。那些年中 196
慕尼黑的政治气氛也活跃起来。专制政府成为施瓦宾讽刺杂志《呆子》(*Simplizissimus*)[2]以及政治滑稽歌剧中被鞭挞和讽刺的对象。在施瓦宾，可以看到艺术、科学、技术、新和旧，波希米亚主义和资产阶级生活方式和谐并存。

所有这些也许都影响了索末菲，使他在 1906 年决定搬进施瓦宾。当然也可能只是出于现实的考虑。索末菲注重家庭，有三个小孩，作为一个大学教授，他需要宽敞的别墅或者公寓，距离大学不能太远，以便同事和学生在优美的环境中轻松步行来访。“我租下利奥波德大街(Leopoldstrasse)87 号，这已经快到边上了，离昂格雷尔浴池(Ungererbad)[3]不远；是一间漂亮的寓所，就是要爬三层楼。”索末菲这样描述他的新居。[4] 这块地方今天看上去是属于市区的居民区，当时却是市镇的边缘。[5] 离英国花园(Englischen Garten)及其克莱恩汉兹洛赫(Kleinhesseloher)湖的田园风光，只有几分钟步行的路程。是和教授以及学生们散步的好去处，就像以前格丁根的海恩堡(Hainberg)一样。往北是一片算是较开阔的地带，已经准备开发，但是在 1906 年，还是孩子们玩乐的场地。寓所里有几个大房间，可以布置成一个招待学生和同事的宽敞地方。当年索末菲的一个学生保罗·埃瓦尔德(Paul Ewald，1888—1985)回忆说：“在学期聚会时，前三个房间之间的双扇门大开，地方很宽敞，15 到 20 个客人也不会觉得挤。”[6]索末

---

[2] 这是一本 1896 年在德国创刊的嘲讽周刊，一直出版至 1967 年，1944—1954 年中断，1964 年后变成双周刊。——校者注

[3] 其前身为武尔姆浴池(Würmbad)，后来以东家奥古斯特·昂格雷尔(August Ungerer)命名。——校者注

[4] 致 W. 维恩，1906 年 9 月 12 日。DMA，NL 56，010.

[5] Munchen，*Munchen-wie geplant*，2004，S. 86.

[6] Ewald，*Arnold Sommerfeld als Mensch*，1969，S. 11.

非步行 20 分钟就能走到施瓦宾另一边的大学。这样在慕尼黑，他的科学事业和家庭生活也可以完美兼顾。离开亚琛确实有点舍不得，但是索末菲希望慕尼黑成为他和家庭的久居之地。阿尔卑斯山脚，巴伐利亚诸多湖泊，风景如画，是周末郊游的好去处，也是索末菲移居慕尼黑的另外的缘由，而移居慕尼黑，似乎是索末菲生命中一个积极的转折点。

197

6.1 学术传统

作为玻尔兹曼的后继者，索末菲不仅仅成为慕尼黑大学理论物理学正教授。来自巴伐利亚文化部长的任命文件规定："这个教授职位同时也是州数学和物理设备陈列馆馆长(理事)。"[7]这个职位背后的历史很长。[8] 1827 年，大学从兰茨胡特搬到慕尼黑之后，建立了一个管理保存巴伐利亚州科学藏品的"综合陈列室"，里面包括矿物、动物、人种学的收集，物理和数学设备陈列室，还有博根豪森天文台，以及其他在世俗化进程中没收的，由巴伐利亚科学院，大学或者法院保管的王室藏品。为保管这些收藏，设立了一系列政府资助的馆长职位，依例由大学相应领域的主任充任。慕尼黑的物理教授以及学术委员卡尔·奥古斯特·施泰因海尔(Carl August Steinheil，1801—1870)，格奥尔格·西蒙·欧姆(Georg Simon Ohm，1789—1854)，数学和天文学家菲利浦·路德维希·冯·塞德尔(Philipp Ludwig von Seidel，1821—1896)，以及最近的玻尔兹曼都曾经负责"数学和物理设备陈列室 "。这些藏品包括一些有价值的仪器，以前放在在巴伐利亚科学院专门的房间里，不过到 19 世纪末已经很少作为教学科研设备使用了。到了玻尔兹曼任上，这个馆长的任务也就是编辑一下清单而已。自己不但能捞一笔不菲的外快，得以使用科学院的房子，还另有一位助手和一位技工以

---

[7] 维纳尔(Wehner)来信，1906 年 7 月 23 日。DMA，NL 89，019，Mappe 5，2.

[8] Bachmann，*Attribute*，1966.

供支使。[9]

如果说在玻尔兹曼时期这个设备陈列室已经更像是一间博物馆而不是从事教学和研究的机构，1906 年索末菲当上馆长的时候就更是如此。还在他搬到慕尼黑之前，室中一些有历史意义的仪器已经转送给奥斯卡·冯·米勒的新博物馆，但是没有取消原有机构。索末菲从任命文件中得知：“数学和物理设备陈列 198
室的人员配备包括一名起薪大约 1200 马克的助手，一名同时也是服务员的机械工，起薪 1500 马克外加 255 马克补贴；实际的预算是 1800 马克一年。”这个馆长的职务让他的年薪增加了 2000 马克，总数达到 6900 马克。[10]

通过另外的事后协商，索末菲又得到更多的收入。他给威利·维恩写道：“我的年资又多加了 500 马克。”[11]这样一来，他的财务状况比在亚琛挣 6000 马克一年的时候强了不少。在伦琴当主任的大学物理研究所，索末菲只有一间办公室，不过在任命书中写明了这只是暂时的。“在即将开始的大学扩建的新大楼项目中，一些订好的房间(42、42、35 和 57 平方米，还有旁边的 50 平方米的教室)是计划分给理论物理学研究所的。”[12]

实际上，要到三年以后，大学在阿梅利安大街(Amalienstrasse)的扩建工程才得以完工交钥匙，索末菲才感觉作为自己研究所的主任他和伦琴平起平坐了。在此期间，他和从亚琛带来的助手德拜只能屈居在狭小的办公室里。除了伦琴研究所的办公室，他能支配的空间只有科学院的设备陈列室的房间，还是在半小时路程之外的老城区诺伊豪瑟尔大街上以前的耶稣会学校里。“通向设备陈列室的木头楼梯又宽又平，有着漂亮板条覆盖的扶栏。要经过二楼的收藏室入口，里面的动物标本放不下，一直堆到楼梯平台，”埃瓦尔德回忆说，“其中一间屋子是能坐 20 到 25 个学生的教室，里面是板凳，课桌和一个大黑板。德拜就坐在隔壁，较大的屋子是教授的。”[13]

索末菲还得耐着性子领教其他的学术传统。虽然理论物理学主任的位置从 199

---

[9] Koch, *Konservatorenamt*, 1967; Litten, *Trennung*, 1992.

[10] 维纳尔来信，1906 年 7 月 23 日。DMA，NL 89，019，Mappe 5，2.

[11] 致 W. 维恩，1906 年 9 月 12 日。DMA，NL 56，010.

[12] 维纳尔来信，1906 年 7 月 23 日。DMA，NL 89，019，Mappe 5，2.

[13] Ewald, *Erinnerungen*, 1968, S. 538—539.

1894 年就一直空着，教学活动并没有受到实质影响。理论物理学主要课程由两位副教授担任。其中一位，莱奥·格雷茨(Leo Graetz，1856—1941)，19 世纪 80 年代和马克斯·普朗克一道从慕尼黑大学讲师的位置上爬越学术生涯的第一道阶梯。尽管他在电学领域造诣颇高("格雷茨整流电路")，是教科书的作者，但是未能从副教授的层次再升一步。伦琴觉得作为理论物理学家他不够格坐上玻尔兹曼教席的交椅，这使得格雷茨非常不快，伦琴和他的关系因此疏远。索末菲的到任对格雷茨是进一步的打击。伦琴也承认他等于"从某种程度上被降职了"。不管别人怎么看待他，对于 50 岁的格雷茨，这肯定不是什么高兴事儿。在这个年龄他不能指望别的大学给他正教授职位。"为了在这事上让他好受些，向文化部提了一个建议，授予格雷茨物理正教授的头衔和等级(但是没有完全的相应的权利)。"[14]对格雷茨来说，这不过是一剂安慰药而已。他对伦琴的不满也投射到索末菲身上。后来的情况显然也没有什么改善。几年后德拜得到一个职位，但是不得不因此和怨恨他的同僚共事。索末菲给他的祝贺信写道："如果你只碰上这么一个'格雷茨'，那还算幸运的。"[15]反过来，在格雷茨看来，索末菲就是个暴发户，应该一直待在数学界。他在 1926 年的一篇题为《过去一百年的物理学及其在慕尼黑的实践》的报纸文章中写道："有那么一类理论物理学家，他们是计算高手，知道怎么把自己创造的等式应用到特殊的孤立的问题上；他们是披着物理学家外衣的数学家，数学家常常觉得他们是不错的物理学家，而物理学家觉得他们是不错的数学家。"[16]

200 和格雷茨一起担负起整个理论物理学教学重任的是阿图尔·科恩(Arthur Korn，1870—1945)。1895 年起他开始作为讲师，1903 年起升为副教授。索末菲的到任也让科恩觉得自己被忽略了。伦琴对一个同事写道，他的免职是自己提出的："表面上是因为他的学生大多数被索末菲的到任吸引走了，实际上是为了得到升职。"科恩是犹太人，不缺钱，因此受到伦琴反犹主义的歧视："那些臭

---

[14]伦琴致策德尔(Zehnder)，1906 年 12 月 27 日。In：Zehnder，*Röntgen*，1935，S. 112；Jungnickel/McCormmach，*Mastery*，1990，S. 278—281.

[15]致德拜(Debye)，1920 年 8 月 6 日。MPGA，Abt. III，Rep. 19 (Debye). 亦见 ASWB II.

[16]*Münchener Neueste Nachrichten*，1926 年 11 月 26/27 日。

气熏天的有钱人只要能像犹太人那样厚颜无耻，就能玩弄这种手段。”[17]伦琴的语句使人们看到犹太讲师和副教授职业生涯面临的障碍。和格雷茨不同，科恩没有留在慕尼黑，而是去了柏林，后来在回忆慕尼黑岁月的时候也是愤愤不平。1909年他对《柏林日报》说：“我被他们撇下了，受到很大打击。肯定是因为伦琴教授，学院才抛弃了我，在这个事件上他在学院极其霸道。”[18]

除了格雷茨和科恩，理论物理学还有一位讲师威廉·当勒(Wilhelm Donle，862—1926)。他在伦琴的前任手下获得了授课资格，并且在巴伐利亚士官团(Kadettenkorp)，也就是巴伐利亚陆军军官学校教授数学和物理。他在大学里教的是一些特殊领域，只是对格雷茨和科恩教授的主要课程的一个补充。1907年当勒成为王家巴伐利亚炮兵和工程学校的正教授，但是这不影响他在慕尼黑大学教授特别课程，以及和大学的联系。[19]

玻尔兹曼教席长期空置并不意味着1906年10月1日索末菲到任之前大学里没有理论物理学。1906—1907年的冬季学期，课程表里列出格雷茨和科恩的分析力学课程(每周5小时)，位势理论和球谐函数(每周4小时)，以及当勒的关于光的电磁理论特别讲座(2小时)。[20] 在这个学期，索末菲教授了《麦克斯韦理论 201
和电子论》。[21] 虽然没有在课程表中列出来，但是也没有怎么减弱慕尼黑理论物理学表面上的阵容。在之后的几年，索末菲的课程也并不突出，似乎仅仅是和格雷茨，当勒并列，以代替1908年离开慕尼黑的科恩。

相邻的数学领域开出的课程也很让人景仰。三位正教授：林德曼、阿尔弗雷德·普林斯海姆(Alfred Pringsheim，1850—1941)和奥雷尔·沃斯(Aurel Voss，1845—1931)，以及两位副教授卡尔·德勒曼(Karl Doehlmann，1864—1926)、爱德华·冯·韦伯(Eduard von Weber，1870—1934)，开出的课程覆盖

---

[17] 伦琴致策德尔，1906年12月27日。In：Zehnder，*Röntgen*，1935，S. 112.

[18] Litten，*Korn-Röntgen-Afföre*，1993，S. 46.

[19] Vorlesungsverzeichnisse der Ludwig-Maximilians-Universität München，http://epub.ub.unimuenchen.de/view/lmu/vlverz=5F04.html(上网时间：2012年10月5日)；关于Donle，见 http://litten.de/fulltext/donle.htm(上网时间：2012年10月5日).

[20] http://epub.ub.uni-muenchen.de/1124/1/vvz_lmu_1906—07_wise.pdf(上网时间：2012年10月5日).

[21] DMA讲义草稿，NL 089/028.

了几乎所有的数学分支。强烈侧重于应用数学的人可以在隔壁的高等工学院选择合适的选修课，教师有杜克、塞巴斯蒂安·芬斯特瓦尔德(Sebastian Finsterwalder，1862—1951)、安东·冯·布劳恩米尔(Anton von Braunmühl，1853—1908)和维尔海姆·库塔(Wilhelm Kutta，1867—1944)。[22] 对于一个想要决定在哪里深造而比较慕尼黑和其他大学的课程的学生，索末菲不会给慕尼黑增添什么分量。当时的物理学生看来，索末菲并不比格雷兹和科恩更有名。慕尼黑大学以前没有单独的理论物理研究所，这对于教学内容也算不得什么明显缺点。大部分学习相关数学和物理课程的学生毕业时拿到的都是教师文凭。1906 年只有柏林大学、格丁根大学、柯尼斯堡大学和莱比锡大学有独立的理论物理研究所。既然大学讲师和副教授们在学术生涯中对理论物理只需要浅尝辄止的接触，未来的物理学家就没有必要特别看重哪一所大学。[23]

202

6.2 关于电子论的争论

索末菲的到任却让伦琴在 1906 年就看到了慕尼黑物理学新时代的曙光。他对一个同事朋友写道："我觉得索末菲是一个很好的同事和战友。我又可以兴高采烈地讨论物理学了，他的听众对他讲的麦克斯韦理论和电子论很感兴趣。我们对出现的问题的看法并不总是相同，不过这并不重要。正好相反，争论对于研究主题本身还有我们的理解都有促进作用。"[24]在索末菲这边，他"非常满意"慕尼黑的环境；伦琴对他"在科学上和公务上都极其友善"。[25] 他没有提及格雷兹与科恩对他上任的憎恨。

---

[22] Toepell，*Mathematiker*，1996，Kap. 6 und 7；Hashagen，*Walther von Dyk*，2003，Kap. 14.3.

[23] Jungnickel/McCormmach，*Mastery*，1990，S. 287.

[24] 伦琴致策德尔，1906 年 12 月 27 日。In：Zehnder，*Röntgen*，1935，S. 112.

[25] 致 W. 维恩，1906 年 11 月 23 日。DMA，NL 56，010. 亦见 ASWB I.

更大的麻烦出在他以前的博士导师那里。林德曼对索末菲电子论的反对已经在聘任委员会中引起过麻烦。这次他又向巴伐利亚科学院提交100页的长文，公开发难。1907年1月，索末菲写信给维恩："现在林德曼在科学院对电子理论发言了，按他的看法，所有人都错了，不光是洛伦兹，您、我、亚伯拉罕，甚至麦克斯韦方程，在数学上都是自相矛盾的。"[26]尽管懂行的人都看出来，为了揭露索末菲的所谓谬误，林德曼自己已经走火入魔，索末菲也不能等闲视之。既然争论已经上了科学院的论坛，在伦琴的建议下，索末菲以一篇反驳文章回应，也交科学院发表。"公开反驳他是对的，"亚伯拉罕也同意，"不然的话，再错误的东西也会误导一些公众。"[27]争论持续很久，表现为一系列反驳和对反驳
的反驳，都记录在科学院备忘录里。[28] 两年毫无意义的争论之后，索末菲垂头丧 203
气地告诉威利·维恩："人家提醒我不要搭理他最近在电子理论问题上的瞎扯。"[29]

从科学的观点看，这场争论对索末菲没有什么不良后果。洛伦兹让他确信自己"从来不觉得"电子论像林德曼说得那么错误。所以他都懒得从自己的立场去反驳。"如果早知道这个争论是由于您的任命引起的话，说不定我会想到，您可能会希望我掺乎进来。也许那都不必要了，您的根据坚如磐石，不需要什么帮助。"[30]林德曼心目中伟大的数学家，1882年证明π是无理数的菲利克斯·克莱因，写信给索末菲："林德曼让我很痛心。关键是他缺乏合适的物理经验，单纯依靠计算，而计算结果的累积误差导致他误入歧途！一个天赋英才的人，落到这个悲惨的结局。"[31]

当然对各种形式的电子论的批评也不是没有根据。但是这些根据不在于数

---

[26]致W.维恩，1907年1月15日。DMA，NL 56，010. 也可参考ASWB I. Lindemann，*Bewegung der Elektronen. Erster Teil*，1907；综合介绍可见Eckert，*Mathematik*，1997.

[27]亚伯拉罕来信，1907年6月18日。DMA，HS1977—28/A，1.

[28]Sommerfeld，*Bewegung der Elektronen*，1907；Lindemann，*Bewegung der Elektronen*，*Zweiter Teil*，1907；Lindemann，*Elektronentheorie*，1907；Sommerfeld，*Diskussion*，1907；Lindemann，*Elektronentheorie II*，1907.

[29]致W.维恩，1908年6月20日。DMA，NL 56，010. 亦见ASWB I.

[30]洛伦兹来信，1907年11月13日。DMA，HS1977—28/A，208. 亦见ASWB I.

[31]克莱因来信，1907年11月20日。DMA，HS1977—28/A，170.

学领域，而是与每个理论的基本物理假设及其引出的结论有关。在所有的电子论中，电子的质量是都取决于速度；但是到底电子作为一个粒子是只有在运动的时候才通过自场而获得质量（被称为“表观质量”），还是在静止的时候也具有“实实在在”的非零质量，就没有一致的意见了。另外对电子是刚性的还是随速度不同改变形状，各种理论给出的答案也不相同。根据洛伦兹电子论，接近光速的电子呈椭圆形——这被称为“弹性”电子。与之相反，亚伯拉罕的理论推测刚性电子始终保持球形。对于运动电子质量和速度的关系，亚伯拉罕和洛伦兹的理论也给出了不同结果。

204 通过电子在磁场中的偏转可以测出电子质量，人们期望这个实验结果可以决定哪个理论是正确的。波恩大学的实验物理学家瓦尔特·考夫曼（Walter Kaufmann，1871—1947）准备从事这个实验。索末菲的电子论是对亚伯拉罕理论的一个推广，也是基于刚性球形电子。考夫曼发表了一系列实验结果之后，索末菲兴高采烈地写给维恩：“您知道刚性电子假设大获全胜了吗？洛伦兹的可变形电子的公式落在实验误差之外。”[32]考夫曼的测量结果也动摇了爱因斯坦刚发表不久的相对论。相对论从更广义的原理出发也推导出了洛伦兹运动电子定律。由于最终结果一致，一开始爱因斯坦理论曾经被认为不过是又一个新的电子论。这使得电子论的实验检验更加紧迫。

考夫曼的测量结果也成为1906年“自然研究者大会”的中心话题。普朗克也觉得这个结果“明显更符合球形电子论而不是相对论”。不过不同理论值之间的差别，还是小于理论和实验数据的差别。[33] 报告之后是一场生动的讨论，其中内容也不全是严格客观的。相比亚伯拉罕理论，普朗克更“倾向于”洛伦兹-爱因斯坦理论。前者基于的电动力学世界观认为所有物理现象都可以最终归结于电动力学，这对普朗克来说有失狂妄。索末菲对“普朗克的消极观点”不敢苟同，表示自己站在亚伯拉罕这一边。“关于普朗克先生提出的原理，我想斗胆地说40岁以下的绅士会支持电动力学假说，而40岁以上的会支持力学相对性假说。我

[32] 致W. 维恩，1905年11月5日。DMA，NL 56，010.

[33] Planck，*Messungen*，1906.

支持电动力学。”[34]讨论中索末菲的这个妙语引发的“娱乐效果”也被恰当地写进会议记录中。当时他离 40 岁还差两年。洛伦兹和普朗克显然都不止 40 岁了，但是 205
被索末菲硬塞进“消极观点”老代表阵容的爱因斯坦，只有 27 岁。

所以说物理学家也在争论电子论问题。但是和林德曼不同，物理学家们觉得主要问题不在数学，而是悬而未决的原理性问题以及偏转实验的难度。由于伦琴觉得电子论问题的澄清有助于解决 X 射线一些难题，考夫曼的实验很快成为他和索末菲讨论的主题。“他不认为考夫曼的实验明确地不利于相对论原理，”索末菲给维恩的信中谈到伦琴的立场，“测量结果不是非常精确。”这些讨论也让索末菲更关注相对论。“我已经研究了爱因斯坦的理论，觉得很有意思。我不久要在佐恩克研讨会作相关报告。”这个以莱昂哈德·佐恩克(Leonhard Sohncke，1842—1897)命名的研讨会，历史悠久，是慕尼黑大学和慕尼黑高等工学院的物理学家的联合活动。佐恩克曾在高等工学院担任物理学正教授。在爱因斯坦发表相对论一年后，在这个活动上作相关报告，反映了索末菲对它的重视程度。尽管和大部分物理学家一样，索末菲开始也只是把相对论当成洛伦兹电子论的一个变种。当维恩发现爱因斯坦理论缺少“电动力学质量”这个电磁世界观的基本性元素时，索末菲回复说“从爱因斯坦或者洛伦兹的理论”都能导出惯性。但是这个理论需要作进一步的工作“才能被用来处理任意电子运动”。[35] 又过了一年，物理学家们才学会从电子运动之外的视野来理解相对论。大家曾经期望公认的权威洛伦兹在这件事上能够出来说句话。1907 年索末菲写信给莱顿的洛伦兹说：“但是现在我们都热切等待您对爱因斯坦所有论文的看法。”虽然他认为爱因斯坦理论是“卓越”的，但是也有点教条晦涩。“英国人就搞不出这种理论；也许这是犹太人抽像概念模式的一种表现，就像科恩[36]的情况。我希望您能以实际 206
的物理内容充实这个卓越的概念轮廓。”[37]

就像伦琴对科恩的情况，索末菲的言辞表明即使是“精确科学”的代表人物

[34] Diskussionsbemerkung zu Planck, *Messungen*, 1906, S. 761.

[35] 致 W. 维恩，1906 年 11 月 23 日。DMA, NL 56, 010. 亦见 ASWB I.

[36] 此处是指德国物理学家，理论电动力学家埃米尔·科恩(Emil Cohn，1854—1944)，此时在施特拉斯堡大学任教。——校者注

[37] 致洛伦兹，1907 年 12 月 26 日。RANH, Lorentz, inv. nr. 74. 亦见 ASWB I.

们也不能免于反犹主义偏见。不过索末菲对爱因斯坦的偏见，伴随着无比的赞赏。在1907年自然研究者大会上，他捍卫爱因斯坦的理论，反击各种错误的评解，[38] 之后二人很快开始了漫长的通信交流，这些信件清楚展示了彼此之间的仰慕。那时候爱因斯坦还在伯尔尼专利局工作，并无可以让他和教授们平等交流的学术资历。索末菲文辞中的敬意确实让爱因斯坦很感动，他回复时写道："您的来信让我惊喜异常；从来没有物理学家在接近我时一开始就这么开放慷慨。"虽然如此，爱因斯坦并未接受索末菲的电磁世界观。"我的观点是一个满意的理论中，电子应该就是一个解。或者说，不应该需要一个外部的生硬'假设'才能避免电子质量分散的必要前提。"[39]

和爱因斯坦的通信，让索末菲越来越疏远自己几年前还投入大量精力的电子论的"假设"。另外，波恩大学物理学家阿尔弗雷德·布赫尔(Alfred Bucherer，1863—1927)的新的偏转实验表明实验结果更接近洛伦兹-爱因斯坦理论，而不是亚伯拉罕-索末菲的刚性电子论。索末菲写信给洛伦兹说："我要向您祝贺，布赫尔让相对论获胜。"[40]在给维恩的一封信中，他承认"对我来说爱因斯坦理论的很多东西现在很清楚了，比如e不能是生硬外加到理论中的"。[41]

这样他再次证实了自己3年前颇具娱乐效果的声明。在1910年初给洛伦兹
207 的一封信中，他写道："我改信相对论了。"——这时他正好41岁。"闵可夫斯基的系统形式和诠释尤其帮助了我的理解。"[42]1907年赫尔曼·闵可夫斯基(Hermann Minkowski，1864—1909)意识到如果把空间和时间坐标同等对待，相对论的表达形式将格外优美。1908年在科隆的自然研究者大会上，闵可夫斯基在题为"空间和时间"的报告的开始就提出："从现在开始，空间和时间作为互相分离的存在的观念要成为历史了，二者的某种结合才是独立的。"[43]索末菲曾经和闵可夫斯基谈论过自己的本行电子论，二人的私人关系也很好。[44] 在科隆的会议

[38] Sommerfeld，*Einwand*，1907.

[39] 爱因斯坦来信，1908年1月14日。DMA，NL 89，007. 亦见 ASWB I.

[40] 致洛伦兹，1908年11月16日。RANH，Lorentz，inv. nr. 74. 亦见 ASWB I.

[41] 致W. 维恩，1909年4月21日。DMA，NL 56，010. 亦见 ASWB I.

[42] 致洛伦兹，1910年1月9日。RANH，Lorentz，inv. nr. 74. 亦见 ASWB I.

[43] Minkowski，*Raum*，1909；Walter，*Minkowski*，1999；Walter，*World*，2010.

[44] 致约翰娜，1908年9月22日。

上他顺便和闵可夫斯基去七山做了一次远足。[45] 这是两人最后一次碰面。之后不久闵可夫斯基死于急性阑尾炎并发症。索末菲给闵可夫斯基最后工作的格丁根大学的卡尔·龙格写道："命运又一次表现了精致的残酷，她带走了我们当中身体和头脑最完好，事业如日中天的一个。我们也非常喜欢闵可夫斯基。"[46]之后，索末菲开始一项个人项目推进闵可夫斯基的目标，以从某种意义上继承他的科学遗产。这成为1909—1910年冬季学期他特别讲座的主题。再往后，在《物理学年鉴》的一篇分为两个部分的文章中，他赞扬了"闵可夫斯基对空间—时间的深刻诠释。"[47]

1909年加入索末菲研究所的马克斯·冯·劳厄，担负起进一步的工作，以更好地理解摆脱了电子论"假设"的相对论。给学院写信推荐劳厄在他的研究所任职的报告中，索末菲说劳厄的几篇简短的论文"成功地"充实了相对论。[48] 两年之后，在闵可夫斯基和索末菲开辟的道路上，劳厄写成了他的第一个阐述相对 208
论的专著，帮助后代的物理学家不至于被各种互相矛盾的电子论所迷惑。[49]

6.3 索末菲学派的起源

在慕尼黑初期岁月，索末菲亲身经历相对论从电子论概念的重压下解放出来的过程，并在其中做出了自己的一份贡献。这个过程绝非象牙塔内与世隔绝的研究者的科学工作。它是积极生动的思想交流的产物。其中的参与者，不仅仅是那些鼎鼎大名的理论物理学家们，还包括名不见经传的物理学工作者，[50] 大

---

[45] 致约翰娜，1908年9月24日。

[46] 致龙格，1909年1月15日。DMA，HS1976—31. 亦见 ASWB I。

[47] Sommerfeld，*Relativitätstheorie I*，*II*，1910.

[48] 致慕尼黑大学哲学学院二部，1909年4月20日。UAM，OC I 36.

[49] Laue，*Relativitätsprinzip*，1911；Janssen/Mecklenburg，*Mechanics*，2007.

[50] Pyenson，*Collaboration*，1978；Staley，*Generation*，2008，Part III.

部分是彼此互不相识，但是都处于充满未知数的学术生涯的开始阶段的博士生和讲师。索末菲就职慕尼黑的几年后，情况开始变化。索末菲鼓励他的学生们在课堂之外热烈辩论电子论和相对论原理。当学生们被邀请他家里的时候，索末菲听到不少反馈。学生们把他麦克斯韦理论课程里用的一些词句，编进一首顺口溜来讽刺他，主题是相对论和日常生活经验的矛盾：[51]

力学乃无比渺小，
运动速度微不足道，
我斗胆来把反调唱：
以太纯洁，物质肮脏。

虽然相对论是慕尼黑物理学家们讨论的一个主要话题，但也不是唯一内容。而且索末菲的圈子也不纯粹只是理论学家，还包括伦琴研究所和高等工学院的实验物理学家，以及其他领域的同事。在亚琛，索末菲自己和德拜也做 X 射线
209 实验。在慕尼黑一开始他也想开展类似的项目。[52] 在伦琴研究所工作的阿布拉姆·费奥多罗维奇·约飞(Abram Fedorovich Ioffe，1880—1960)回忆说，索末菲刚开始到慕尼黑的时候，“为了积累经验，他希望每天在我的实验室工作两个小时”。约飞建议他去一个已经成为“某种物理学家俱乐部”的咖啡馆。[53] 这个慕尼黑宫廷花园里的咖啡馆在多年中逐渐变成了一个特别的机构。午饭后物理学家们聚到这里喝咖啡，很自然地谈话就变成了一个研讨会，大理石桌子正好当黑板。有时外地来慕尼黑访问的同事也参与其中。对于索末菲的学生们，能在轻松随意的气氛里见到这么多老师的杰出同事，宫廷花园咖啡馆成为难以磨灭的记忆。[54]

210 到附近山区的旅行，夏天的郊游，冬天的滑雪，提供了更多的机会进行放松的物理讨论。作为滑雪运动早期的发烧友之一，索末菲是一个长距离越野滑

---

[51] Ewald，*Sommerfeld als Mensch*，1968，S. 12.

[52] 致 W. 维恩，1905 年 7 月 4 日。DMA，NL 56，010. 亦见 ASWB I.

[53] Ioffe，*Begegnungen*，1967，S. 39.

[54] Ewald，*Fifty Years*，1962，S. 33—34；Paul Epstein，对爱丽丝·爱泼斯坦(Alice Epstein)的访谈，1965 年 11 月 22 日和 1966 年 2 月 8 日。加州理工学院档案 http://oral-histories. library. caltech. edu/73/(上网时间：2012 年 10 月 5 日)。

雪手。埃瓦尔德回忆说："就算没有发展到最优美的形式的地步，索末菲至少属于德国最初一代的滑雪爱好者。那时候滑雪还和饥肠辘辘的挪威农夫的形象联系在一起。"每个冬季学期结束的时候，大家到米滕瓦尔德集合。维恩在那里有一个乡间别墅，经常招待朋友和同事。"这样我们很多学生可以完全放松地和自己的教授讨论问题。"[55]

图 13　对索末菲的很多学生来说，巴伐利亚山区的滑雪旅行是慕尼黑学生时代难忘的经历

保罗·埃瓦尔德最初到慕尼黑来实际上是为了学习数学。他被一个同学拉到索末菲的一节课上，产生了浓厚的兴趣，放弃了数学而转向理论物理学。索末菲也非常照顾他。埃瓦尔德回忆说："这是一个长久而深厚的家庭式的友情的开始。你爬上四五层楼道索末菲家门口，走进公寓，里面的房间很宽敞，天花板高高的。最后的一间家庭起居室，是索末菲太太的领地，摆放着精心培养的鲜花，第一时间向客人展现着独特的个性。"慕尼黑的这些"某种意义上的波希米

[55] Ewald，*Sommerfeld als Mensch*，1968，S. 10.

亚时光”对埃瓦尔德是难以忘却的。“40多岁，正当盛年的索末菲，孩子们还小，温柔而极富同情心的贤妻良母，一小撮精干团结的学生。”[56]1908年春，索末菲家又添了一个小生命。在约翰娜生产之后不久，索末菲给家里写信说：“拍拍小麻雀，亲亲三个大的。”[57]“麻雀”是指埃卡特(Eckart，1908—1977)，他和“三个大的”恩斯特(Ernst，1899—1976)，玛格丽特(Margarethe，1900—1977)，阿诺尔德·洛伦兹(Arnold Lorenz，1904—1919)一起让家庭生活更充满生气。

埃瓦尔德的回忆也许有些美化。但是当时的很多通信也证明索末菲的个人
211 生活和科学事业和谐兼顾。尤其是每个冬季学期结束后的滑雪活动。1907年索末菲从米滕瓦尔德写信回家：“我们到这儿了。除了维恩，还有一个从格赖夫斯瓦尔德来的，一个柏林人，两个叫施瓦兹希尔德的人。”[58]那“两个叫是施瓦兹希尔德的人”是卡尔·施瓦兹希尔德和他的弟弟，慕尼黑著名画家阿尔弗雷德·施瓦兹希尔德(Alfred Schwarzschild，1874—1948)。“柏林人”是两年后成为索末菲手下讲师的马克斯·劳厄。那个“从格赖夫斯瓦尔德来的”是朱利叶斯·赫韦格(Julius Herweg，1879—1936)，一个以研究火花放电，阴极射线和X射线著名的实验物理学家。后面几年经常加入米滕瓦尔德圈子的有格赖夫斯瓦尔德来的理论物理学副教授古斯塔夫·米(Gustav Mie，1868—1957)和威利·维恩的堂弟，致力于新的无线电报领域的马克斯·维恩(Max Wien，1866—1938)。索末菲和他的博士生在这个圈子里得到的很多启发，变成宫廷花园咖啡馆里“物理俱乐部”持续讨论的内容，甚至成为索末菲研究所博士论文的原动力。

德拜是索末菲的第一个博士生。早些时候在亚琛，索末菲曾经写信给威利·维恩提醒他注意德拜：“我有一个很聪明的助手，想跟你做博士。”[59]那时候索末菲没想到自己最后会成为德拜物理学位的导师。在宫廷花园咖啡馆，德拜被认为是慕尼黑物理界一颗冉冉升起的明星。约飞回忆说：“索末菲常常很难注意到我们的交谈，所以他的助手德拜很快就超过了我们所有人。”[60]德拜的博士论

---

[56] Ewald, *Sommerfeld als Mensch*, 1968, S. 11.

[57] 致约翰娜，1908年4月7日。

[58] 致约翰娜，1907年3月10日。

[59] 致W. 维恩，1905年6月20日。DMA，NL 56，010.

[60] Ioffe, *Begegnungen*, 1967, S. 39.

文选题可能是来自和卡尔·施瓦兹希尔德讨论小球光衍射。施瓦兹希尔德对于太阳光对彗星尾的作用感兴趣，因此想研究小球对光的散射。后来“半径大于波长的球体”这个概念就是这样产生的，雨滴就是这样的小球。[61] 索末菲在谈起德拜博士题目的物理意义时写道：“我们的实际研究目标是彩虹。”[62]这个问题的微 212
分方程，只能用半径远小于或者远大于波长的球体的情况近似求解。对于后者的情况，按照索末菲给学院的报告中的说法，[63] 德拜“通过一个非常精巧的复数分析方法”成功地导出贝塞尔函数的近似公式。这样德拜不但精彩地掌握了球体(彩虹)和圆柱体细线对光的衍射，而且在物理数学意义上对特殊函数这个数学领域做出了重要贡献。

索末菲 1908 年指导的第二个博士论文也是来源于同事圈子的建议。马克斯·维恩发明了一个利用螺线管自感测量电路环境极微小差别的装置，叫作“维恩电感计”。尽管其物理原理早就为人知晓，但是要实现它需要更详尽的实验和理论研究才能。索末菲觉得这个问题很适合曾在华盛顿特区国家标准局工作过的弗雷德里克·格罗佛(Frederick W. Grover，1876—1973)。这个美国学生请了一年假来到他手下攻读博士学位。电感计理论需要实验验证，但是老科学院那点地方成了问题。格罗佛抱怨实验设施不够。他到慕尼黑来的目的主要是聆听索末菲讲课并进行理论研究。对于实验部分，他错误地以为索末菲的“实验室”是和伦琴在大学楼的实验室联在一起的。在这种情况下，他希望索末菲能让他在理论没有实验验证的情况下毕业。[64] 索末菲一开始向他保证会采购必要的设 213
备，[65] 不过最后还是让他仅以理论部分的结果毕业了。他以时间不够向学院请求谅解，格罗佛必须回到美国标准局，“可望在那里继续他的实验部分的工作”。[66]

---

61 致施瓦兹希尔德，1908 年 5 月 2 日。SUB，Schwarzschild. 亦见 ASWB I.

62 致施瓦兹希尔德，1908 年 5 月 9 日。SUB，Schwarzschild. 亦见 ASWB I.

63 致哲学学院第二部，1908 年 7 月 23 日。UAM，OC-I-34p. 亦见 ASWB I；Debye，*Feld*，1908；Debye，*Lichtdruck*，1909.

64 格罗佛(Grover)来信，1908 年 4 月 8 日。DMA，NL 89，008.

65 致格罗佛回信草稿，1908 年 4 月 8 日后。DMA，NL 89，008.

66 致哲学学院第二部，1908 年 6 月 30 日。UAM，OC-I-34p. 关于格罗佛在标准局的工作，参见 Cochrane，*Measures*，1966，S. 74—109.

图 14　在亚琛，作为一个学工程的学生，彼得·德拜已经引起索末菲的注意。1905 年，索末菲聘任他作为自己的助手，并在自己搬到慕尼黑理论物理学研究所后邀请他作为自己的助手。1908 年获得博士学位，1910 年获得授课资格之后，德拜被聘任为爱因斯坦在苏黎世大学职位的后继者

除了这个电感计的例子，还有其他博士生须要做实验的情况。[67] 索末菲“实验室”里格罗佛的那些电气实验设备拆掉之后，采购了一些用来研究层流到湍流
214 的转变的流体力学设备。路德维希·霍普夫(Ludwig Hopf，1884—1939)从

[67] Eckert, *Mathematics*, 1999.

1906—1907 冬季学期开始参加索末菲的课程，到 1909 年 7 月他提交了博士论文，其中实验部分为《论一条河流（水道）中的湍流现象》，理论部分是《论船舶的波》。索末菲在评论中写道“他实际上实验技巧不高”。但是说他“极其热爱自己的课题，非常执著”。霍普夫的课题也是索末菲感兴趣的领域。在船波中观察到一个现象，让他回忆起自己的电子“超级力学”。这里人们可以研究“速度在声速或者光速之上的情况”。对他来说更重要的还是霍普夫关于湍流产生的实验工作。这个工作继承了雷诺关于管道中层流（泊肃叶流）向湍流转变的经典研究。索末菲早年在亚琛的时候，就曾致力于此。他的理论处理仅仅构想了一个方向（奥尔-索末菲方程），还不能预测湍流转变的具体细节。[68] 霍普夫计划研究的是自由表面的湍流转变。[69] 和管道中的情况类似，低速下的层流会在某个阈值下开始变得不稳定，然后转变为湍流。霍普夫建造了一个长方形的水槽，水以不同角度从中流过。加入蔗糖可以调整水的黏滞度。实验的目的是确定水流从层流变为湍流的临界雷诺数 $R = Uh\rho/\mu$ （U = 平均流速，h = 水槽宽度，ρ= 密度，μ=黏滞度）。多年以后德拜还开心地说起“我还记得他扛进来一大袋蔗糖用来配置溶液的样子”。[70] 实验的结果却不是很明确。在开放的槽里，水的表面张力成为一个额外的变量，使得本来就十分复杂的湍流转变变得更加难解。[71] 215

另一个博士生是希腊来的交换学生德米特里奥斯·洪德洛斯（Demetrios Hondros，1882—1962）。他和霍普夫一样是从一开始就参加了索末菲的课程，并于 1909 年毕业。考虑到他的数学倾向，索末菲建议洪德洛斯把沿导线的电磁波理论的推广作为自己的论文课题。10 年前在克劳斯塔尔当数学教授的时候索末菲自己也曾致力于这个领域。一开始，他计划了一个“复杂（可能过分复杂）的题目”叫作《弯管处的波发射》，希望能够用来解释马可尼天线的原理，也就是用水平弯曲的导线来控制波的传播方向。尽管洪德洛斯未能解决这个问题，索末 216

---

[68] Eckert，*Birth*，2010.

[69] 致哲学学院第二部，1909 年 7 月 5 日。UAM，OC-I-35p.

[70] Peter Debye，由库恩（T. S. Kuhn）和乌伦贝克（G. Uhlenbeck）主持的访谈，1962 年 5 月 3 日。AHQP. http://www.aip.org/history/ohilist/4568_1.html（上网时间：2012 年 10 月 5 日）.

[71] Hopf，*Turbulenz*，1910.

图 15　1909 年路德维希·霍普夫在索末菲手下以一篇流体力学博士论文完成学业。“湍流问题”，层流向湍流转变的计算，是索末菲弟子不懈应对的挑战

菲在评价其论文的报告中还是觉得其工作结果“有益，有的地方让人惊异”。分析结果指出有两种沿导线传播行为不同的电磁波。能被观察到的只有所谓主波。另一类型的所谓亚波由于趋肤效应而难以观察到。这个趋肤效应在普通情况下导致波幅值在导线内部削减，但是这里却使其向外表减弱。[72] 本来只是完全限于理论意义的结果，很快也表现出实际应用价值。毕业一年后，在和德拜合著的一篇论文中，洪德洛斯证明对于“介质线”情况正好相反，能够发射的是亚波而

---

[72] 致哲学学院第二部，1909 年 6 月 15 日。UAM，OC I 35 p；Hondros，*Drahtwellen*，1909.

不是主波。[73] 这些理论结果对电子通讯的重要性在后来得以体现。[74]

尽管在慕尼黑最初的五年，索末菲只能因陋就简，临时利用分散在大学和科学院的资源。但是教学成就依然可观。到1910为止，已经毕业了六位博士生：德拜、格罗佛、洪德洛斯、霍普夫、鲁道夫·泽利格(Rudolf Seeliger，1886—1965)，还有弗里茨·诺特(Fritz Noether，1884—1941)。慕尼黑的理论物理学开始声名远扬。早在1908年，爱因斯坦还在伯尔尼专利局工作的时候，就告诉索末菲："要是我在慕尼黑有时间的话，也会去听你的课，充实自己的数学物理知识。"[75]但是进来时专业基础不够好的学生马上就会觉得听索末菲的课太吃力。埃瓦尔德回忆说：针对某一门课他对洪德洛斯建议，"老生中间搞一个现代问题的研讨会，好让我们这些新生明白讲的是什么"。不让索末菲参加，德拜就行了，这样学生就不会因为教授在场，而不敢随便问问题。洪德洛斯把这个建议告诉德拜，德拜又转告索末菲。索末菲"睿智而温和"，点头同意了，还贡献了 217
一包雪茄"来磨练学生们的思维"。[76]

对于创造历史的重大发明的回忆往往有事后诸葛亮的成分。为了和更大的"佐恩克研讨会"相区别，索末菲这里的被称为"索末菲研讨会"，而它的起源曾经成为一个谜团。索末菲在《自传概述》中写道："一开始我就毫不动摇地努力通过研讨会和讨论会在慕尼黑建立一个理论物理学摇篮。"[77]不过开始的时候连什么是"研讨班"什么是"研讨会"也不清楚，德拜觉得二者没有什么区别，他多年后回忆说："我们想搞研讨班，但是是那种不要教授参加的研讨班，这样就不用怕出丑丢人。"一开始索末菲想参加，"但是我们不同意。我们不要他，只要他的雪茄"。[78] 根据另外的回忆，这个创意最早是想要有比每月一次的佐恩克研讨会更

---

[73] Hondros/Debye, *Elektromagnetische Wellen*, 1910.

[74] Zinke/Brunswig, *Hochfrequenztechnik*, Kap. 5. 4. 2.

[75] 爱因斯坦来信，1908年1月14日。DMA，NL 89，007. 亦见 ASWB I.

[76] Ewald, *Erinnerungen*, 1968.

[77] Sommerfeld, Autobiographische Skizze, ASGS 4, S. 677.

[78] Debye，由库恩(T. S. Kuhn)和乌伦贝克(G. Uhlenbeck)主持的访谈，1962年5月3日。http://www.aip.org/history/ohilist/4568_1.html（上网时间：2012年10月5日）.

频繁的每周一次的谈论会，而且最好别那么正式。[79] 伦琴的助手彼得·保罗·科赫(Peter Paul Koch，1979—1945)也声称自己有部分的发明权。他和德拜以及伦琴的另一个学生恩斯特·瓦格纳(Ernst Wagner，1876—1928)发起了一个“没有大人物的”的研讨会，后来发展成为有名的索末菲研讨会。[80]

保存完好的研讨会注册记录，证实这个制度是 1908—1909 年冬季学期开始的。最早的记录表明它一开始不是一个纯理论的研讨会。第一个讲座是关于极隧射线的多普勒效应，在后来的过程中，实验物理学家频繁发言。比如说科赫
218 在 1909 年 1 月 27 日做了一个《太阳的塞曼效应》的报告。那个学期最后一个研讨会的主题是《有两个啤酒扎的旋转凳子的动量》。[81] 就连“磨练学生们的思维”的手段也被记录下来了。作为大学的讲师，德拜有权开教学指导会，所以院长“同意在他指导下于 6—8 点，122 号教室开展高年级学生的研讨会。至于会上抽烟的问题，虽然不符合一般的规定，如果所有参加者不反对，也可以暂时允许”。[82]

这样看起来索末菲研讨会几乎有了正式地位，但实际上它还是非正式的。在进行过程中经历了诸多变化。最初的“没有大人物”的设想让位给新的研究目标的需求。虽然在 1908/09 年冬季学期索末菲只出现了一次，他后来经常利用这个研讨会来展示自己的研究进展。另外相联系的还有一个用来讨论主要课程上涌现出来的问题的“研讨班”。比如 1910/11 年冬季学期的一份布告内容是这样的：“研讨班：力学练习题，2 小时，星期二 5 点到 7 点。”当时索末菲的系列课程开到“分析力学”。一战后这个研讨会变成学生测试自己研究能力的地方。会上的报告变成申请博士论文的某种面试。最初的“研讨班”变成了“练习课”。这两种研讨班都和 19 世纪的研讨班概念不同。柯尼斯堡阿尔伯蒂娜的诺伊曼研讨班，慕尼黑大学的数学物理研讨班以及其他的类似的研讨班，其目的主要是针对高中教师的教育，最后演变成各个大学的物理和数学研究所。[83]

---

[79] Epstein，接受爱丽丝·爱泼斯坦的访谈，1965 年 11 月 22 日和 1966 年 2 月 8 日。加州理工学院档案. http://oralhistories. library. caltech. edu/73/(上网时间：2012 年 10 月 5 日)。

[80] 科赫(Koch)致索末菲，1944 年 8 月 6 日。München，UB，Sommerfeldnachlass.

[81] Münchener Physikalisches Mittwochskolloquium，DMA，1997—5115.

[82] 赫特维希(Hertwig)致索末菲，1910 年 11 月 3 日。DMA，NL 89，030.

[83] Olesko，*Physics*，1991；Toepell，*Mathematiker*，1996，Kap. 5. 3。

发生在研论会和研讨班的情况，也发生到了课程讲座上。经过几年的时间，索末菲的课程变成了固定的周期循环。从 1906/07 年冬季学期开始，课程相继为： 219
麦克斯韦理论/电子论、辐射理论、气体动力学、热传导，扩散和电传导、以电子论为重点的电动力学、光学、矢量分析、物理学的偏微分方程，到后来这些课程才演变为规范的六个学期一轮的周期系列课程。这个系列课程也是索末菲的教科书系列的基础：1. 力学，2. 塑性介质力学，3. 电动力学，4. 光学，5. 热力学，6. 物理学的偏微分方程。除了这些每星期 4 节的基础课程，索末菲还有一个两小时的特别讲座，主讲自己当时从事的研究，听众限于程度比较高的学生。

索末菲的教学体系经历了几年的时间才逐渐成熟，获得高度评价。但是从刚开始不久大家就意识到一个引人注目的慕尼黑的理论物理学的学派正在演化成型。当然柏林、格丁根、柯尼斯堡和莱比锡都有理论物理学研究所，但是谁也比不上慕尼黑的物质设备和课程。当时的惯例是，理论物理学还是讲师和副教授们的领域。1911 年当耶拿大学开始物色一个理论物理学家时，它的正教授想的是要从“索末菲或者普朗克学派吸引一个优秀的讲师。当然犹太血统越少越好”。[84] 理论物理学从讲师级别的研究课题变成一个独立的领域，经历了艰苦的变化过程。1913 年一位弗莱堡大学的数学物理副教授问索末菲“其他大学的数学物理学家的条件如何”，他只有一间屋子，同时用来做研究办公室，行政办公室，设备器材储藏室和教学用品储藏室。[85] 相比之下，索末菲在慕尼黑的条件就像天堂一样。

6.4 用数学手段来处理 220

1909 年索末菲批评研究热辐射的各种方法时说：“很不幸，在讨论中大家只

[84] 马克斯 · 维恩(Max Wien)致威廉 · 维恩(Wilhelm Wien)，1911 年 10 月 13 日。DMA，NL 56，Nr. 849.

[85] 约翰 · 柯尼斯堡格(Johann Koenigsberger)来信，1913 年 1 月 8 日。DMA，NL 89，010.

是表达观点，没人用数学手段处理这个问题。”[86]但是不管数学手段如何精湛，在这个课题上也看不到有什么突破的办法，所以他自己也转向其他领域了。索末菲一直把“用数学手段来处理”当作是一个能在新课题上带来成功的方法。在一个领域内成功的方法有时可以应用到其他领域。比如说，他希望在亚琛研究过的特定形状的钢铁厂轨道的(压)屈曲阈值的计算，“能够类比应用于流体力学和湍流临界速度的理论计算，暂时地，我有一个糟糕的超越方程，等着讨论”。[87]他这里指的数学方法，两年之后得以发表，在湍流研究的历史上被称为“奥尔-索末菲”方法。他没有能得到这个“糟糕的超越方程”的解，但是相关的辩论开创了一个有意义的新研究领域。[88]

类似地，他把自己1899年在克劳斯塔尔当教授时提出的用于解决沿导线电磁波问题的方法转到一个新的应用。在和索末菲的争吵中，林德曼对索末菲数学程序的质疑，不只是在电子论中，也包括沿导线的电磁波的问题。这也许是1906年索末菲又一次回顾自己在克劳斯塔尔工作的原因。在这个过程中，他意识到可以“把处理导线周围电磁波问题的方法用到简单得多的沿光滑表面传播的电磁波情况。我想这就是无线电报的情况”。[89] 换句话说，索末菲觉得天线发射
221 出的电磁波不像光波一样直线向周围空间发射，而是沿着地球表面走，跟随地球曲率，就像沿导线的电磁波一样，跟随导线弯曲。乔纳森·策内克进一步推进了这一想法。他感谢索末菲通读他的论文手稿《论光滑电磁波在光滑导体表面的传播及其和无线电报的关系》并在其中提到索末菲在沿导线电磁波问题上的贡献。[90] 策内克从在斯特拉斯堡给无线电先驱费迪南德·布劳恩当助手开始自己的职业生涯。从1900年起他一直和作为一个百科全书条目作者的索末菲保持经常通信，并且和索末菲一样一直关注技术应用。1908年他撰写的《无线电报入门》一书中提到“只有沿地球表面”传播的波才能解释无线电信号可以传播到因为地

---

[86] 致W. 维恩，1909年4月21日。DMA，NL 56，010. 亦见 ASWB I. Kuhn，*Black-Body Theory*，1978.

[87] 致龙格，1906年6月9日。DMA，HS1976—31.

[88] Sommerfeld，*Beitrag*，1909；Eckert，*Birth*，2010.

[89] 致洛伦兹，1906年12月12日。RANH，Lorentz inv. nr. 74. 亦见 ASWB I.

[90] Zenneck，*Fortpflanzung*，1907，S. 849 and 865.

球表面曲率遮挡而互相无法看见的远距离。“因为波沿地球表面传播，跟随地球曲率。换句话说，电磁波不像光那样沿直线传播。”[91]

这样策内克和索末菲一起挑战当时认为无线电报的电磁波和光波的空间传播方式一样的统治观念。著名的赫兹实验不是表明可以像控制光束一样控制电磁波吗？赫兹的电磁波被金属镜子反射，被等距棱镜折射。但是沿导线的电磁波是表面波。即使在弹性理论中，空间波和表面波也不一样。地震波同时包含二者的成分。无线电报会不会也是这样？归根结底，这还是一个寻求不同边条件的偏微分方程的解的问题。只是这个解即使是在平滑平面波的情况下也绝非易事。策内克认为自己的分析不是对这个问题的一般性的理论处理。他的步骤是“专门为了沿导线的电磁波的情况”进行的，所以把索末菲的工作作为表面波 222
进入无线电报领域的开始。[92]

当索末菲埋头解决这个问题时，他很可能觉得需要用数学手段展开“攻击”。1909 年 1 月，他向巴伐利亚科学院提交了自己的结果。之后很快又在《物理学年鉴》[93]上发表了相关的一般性理论，题为《无线电报波属于哪一种类型？是赫兹的空气中的波，还是沿长线的电动力学波？》。对这一个根本性的问题，他开始长达 71 页的分析，给出了一系列复分析方法，通过自己提出的微分方程的复变积分解提供有物理意义的表达。在一个例子中，他试图证明平坦地面上的天线发生的电磁场包含空间波和表面波。在另一个例子里，他努力表明不同的地的状况对波的发射的影响。之前的文章在计算波的传播时总是假定理想导体表面。索末菲在自己的理论中利用复数的材料常数区分了不同的地和空间的特征，表明在不同性质的地和空气中传播的波可以用“某种无线电报的相似律”来表达。他引入一个包含了复数材料常数的“距离数”来代替离开天线的实际距离，用来比较不同地和空气情况下的波的慢速矢量。理论物理学界立即热烈接受了这一理论。洛伦兹祝贺索末菲说：“您关于表面波的发现非常优雅，解决了长距离传

---

[91] Zenneck, *Leitfaden*, 1909, S. 221—222.

[92] Zenneck, *Fortpflanzung*, 1907, S. 856.

[93] Sommerfeld, *Ausbreitung*, 1909.

播的疑问。”[94]福格特从格丁根来信说：“这一切太有意思，太优雅了！”[95]施瓦兹希尔德热情洋溢地评论：“这个解很精彩，就像变魔术一样。”[96]

无线电报的发展当时正炙手可热，不只是理论家对索末菲工作会产生兴趣。
223 因此他以技术需要为重点，在《无线电报和电话年鉴》上发表了新理论的一种表述，其中强调了地的组成。[97] 在自己学校里，无线电报中波的传播也成为研究课题。结束在莫斯科的研究后来到索末菲研究所的保罗·爱泼斯坦(Paul Epstein 1883—1966)接受了任务，计算并画出地面上天线周围的场线分布。结果以爱泼斯坦原创贡献，作为索末菲《无线电报和电话年鉴》文章的插图发表。[98] 索末菲还安排了另一个学生，在博士论文的框架内，进一步发展有重要意义的理论应用分支。在给学院的报告中，索末菲说这个工作要解答“一个到目前为止很困惑的问题”也就是“无线电报中弯折马可尼发射器的原理”。早在洪德洛斯作博士的时期，索末菲就开始对这个问题感兴趣。在古列尔莫·马可尼(Guglielmo Marconi，1874—1937)著名的跨大西洋电报实验中，用的天线显示有水平和垂直两个部分。这种情况下为何能够产生方向性，是个难题。索末菲推测“表面下的地可能起了重要作用，就像我以前一篇文章中研究的更简单的对称垂直天线的例子一样”。论文“完全证实”了这个猜想。作者哈罗德·冯·赫舍尔曼(Harald von Hörschelmann，1878—1941)表明，这个效应是由于发射器附近的垂直地电流造成的，结果就像为了按特定方向性设置的两个相位相反的天线一样。方向效应来源于天线附近地的电导性不佳而引起的干涉效应。“电导良好的周围介质(海水)保证接下来远距离传输的方向性。”[99]

从1910年前后慕尼黑关于无线电报的一系列论文，可以看出“用数学手段
224 来处理”已经成为索末菲“摇篮”的一个个性特征，“用数学手段来处理”这个词也

---

[94] 洛伦兹来信，1909年3月21日。DMA，HS1977— 28/A，208.

[95] 福格特来信，1909年4月9日。DMA，HS1977—28/A，347.

[96] 施瓦兹希尔德来信，1909年4月19日。DMA，NL 56，010. 亦见 ASWB I.

[97] Sommerfeld，*Ausbreitung*，1910.

[98] Epstein，*Kraftliniendiagramme*，1910.

[99] 致哲学学院第二部，1911年1月7日。München，UAM，OC I 37p. Hoerschelmann，*Wirkungsweise*，1911.

在有理论倾向的学生中流传开来。爱泼斯坦兴奋地告诉朋友保罗·埃伦费斯特(Paul Ehrenfest，1880—1933)，自己“每天都和德拜，索末菲以及劳厄交流”，并鼓励他到慕尼黑来。[100] 埃伦费斯特已在玻尔兹曼指导下从维也纳得到博士学位，当然乐于在索末菲手下完成教授资格考试。他问德拜自己能否在慕尼黑得到一个讲师职位，结果是否定的。索末菲要把这个位置留给学校的“自己人”。[101] 因为自己的犹太背景，埃伦费斯特在别处求职到处碰壁后，直接写信给索末菲，至少让他读个博士：“我需要一个德国博士学位才能在莱比锡参加教授资格考试，因为他们不承认奥地利学位。”[102]他希望在索末菲那里读博士尤其可以“学到如何完成一项需要诸多计算的工作”。[103] 索末菲觉得不承认学位一事真是岂有此理，于是邀请埃伦费斯特访问慕尼黑以更好了解这个人，并且随即不顾德拜的反对聘请他做讲师。德拜的态度再一次表现了反犹主义给埃伦费斯特求职造成的麻烦：“要是你在考虑邀请埃伦费斯特的事情，我不能不提出一些保留意见。他有明显的高级犹太神职背景，阴森的犹太法典逻辑会带来极其有害的影响。很多新鲜的没有完全成熟的思路，本来完全可以随意表达，却可能被他扼杀在摇篮里。从这个方面我觉得联系他很危险。”[104]虽然如此，在给洛伦兹的信中，索末菲觉得埃伦费斯特是一个“富于同情心，敏感的人”。“通过在他访问这里时的观察，他不像我之前根据他的论文想的那样，只是一个抽象辩论家。正好相反，他有强烈的物理倾向。他来这里的话我会很高兴。”[105]埃伦费斯特最后没有去慕尼
黑另有其他原因。荷兰莱顿大学在没有经过教授资格考试的情况下，给了他一 225
个正教授职位。这还不是一个一般的正教授，而是继承洛伦兹的位子！[106]

对埃伦费斯特资格的评价，不仅仅表现了当时学术界盛行的反犹主义，也说明当时理论物理学的地位正在不断提高的情况下对理论物理学家的要求。无线电报的例子表明，理论学家在研究一个问题时，不光是数学分析，也需要物

---

[100]爱泼斯坦致埃伦费斯特(Ehrenfest)，1910 年 11 月 19 日。AHQP/EHR19.

[101]德拜致埃伦费斯特，1911 年 5 月 30 日。AHQP/EHR19.

[102]致索末菲，1911 年 8 月 24 日。AHQP/Ehr 25. 亦见 ASWB I.

[103]致索末菲，1911 年 9 月 30 日。DMA，HS1977—28/A，76. 亦见 ASWB I

[104]德拜来信，1912 年 3 月 29 日。DMA，HS1977—28/A，61.

[105]致洛伦兹，1912 年 4 月 24 日。RANH，Lorentz，inv. nr. 74. 亦见 ASWB I.

[106]Klein，*Ehrenfest*，1970，Kap. 8.

理的表述。对索末菲，在格丁根的时候是“物理数学”，现在物理才是真正目的。在评估埃伦费斯特作为理论物理学家资质的时候，索末菲认为对他来说“数学不是最终目的”。“他知道如何把最困难的问题清楚明确地表述出来。把数学的东西转为可以抓住的物理图像。”这对他的教学至关重要。在佐恩克研讨会上听过埃伦费斯特的报告之后，索末菲在这方面给予了极高评价：“他的报告非常高明。我很少听到这么精彩让人着迷的发言。简明扼要、机智、辩证，一切都运用自如，炉火纯青。利用黑板的方式也非常有个性，整个报告的纲要都在黑板上让听众看得清清楚楚。”[107]

对埃伦费斯特一些素质的高度评价体现了索末菲自己对慕尼黑“摇篮”的期望。教学和研究必须互相紧密联系。索末菲自己的老师费利克斯·克莱因就具有把数学概念转化为“可把握的物理图像”的天赋，给他留下深刻印象。现在轮到索末菲自己来实现这个教学理念。在给学生讲课时，他经常通过“用数学手段来处理”引入新的研究领域。他给洛伦兹写信谈到自己开始研究无线电报中的波
226 传导时说：“我的讲座让我有机会把沿长线的电磁波的方法应用到表面电磁波上。”[108]同样地，在向学生建议博士论文选题时，他努力让用来解决物理问题的数学方法从一开始就清楚明了。埃瓦尔德回忆自己向索末菲寻求博士论文选题的建议时写道：“他从一个抽屉里拿出一张大页纸，上面用他的大字体笔迹写着十到十二个研究课题。他一个一个地向我解释这些课题。交流线圈的自感计算，无线电波在有限电导的表面的传播，陀螺仪理论的未解问题，解释伯肃叶流不稳定的新理论，以及其他将来的题目。每一个题目都有自己的意义和独特的数学方法，被索末菲讲得清清楚楚。”[109]

---

[107]致洛伦兹，1912 年 4 月 24 日。RANH，Lorentz，inv. nr. 74. 亦见 ASWB I；1912 年 2 月 5 日埃伦费斯特在佐恩克研讨会上发表过演讲。Münchener Physikalisches Mittwochskolloquium，DMA，1997—5115。

[108]致洛伦兹，1906 年 12 月 12 日。RANH，Lorentz，inv. nr. 74. 亦见 ASWB I.

[109]Ewald，1948 年 8 月 2 日在国际结晶学联合会第一次全体会议上的报告“晶体 X 射线衍射发现的背景”(The Setting for the Discovery of X-Ray Diffraction By Crystals)草稿 S. 21—22。DMA，NL 89，027.(Michael Eckert 翻译).

6.5 “*h* 发现”

尽管在慕尼黑的头几年内索末菲就按自己就职时的构想，把一个临时机构变成了“理论物理学的摇篮”，对于自己的研究却不无失望之处。他的“超级力学”电子论证明不是理解放射性波的关键。这个电子理论也不能回答“到底 X 射线是怎么回事”的问题。[110] 他在慕尼黑最初几年的研究成果，从流体力学到无线电报，对于一个位置不那么崇高的理论物理学家，肯定算是很出色的。但是对于玻尔兹曼的后继者，有没有达到大家的期望呢？

20 世纪初理论物理学家面临的主要困难之一是关于热辐射的。[111] 1900 年普朗克给出了热辐射能量作为波长的函数分布，同时引入了一个新的常数。在此 227
基础上 1905 年爱因斯坦发展了一个更激进的方法，建立了新的辐射理论，并进一步利用普朗克的公式来描述固体比热随温度的变化。看上去在加热或者变冷时能量都是 $E=h\nu$ 的整数倍，其中 ν 在比热问题中是晶格振动的频率，在普朗克热辐射的情况则是热辐射的频率。常数 h 很快开始被人称为普朗克常数，并成为量子力学的象征，但是并无一个明确的理论解释。量子假设成为理论物理学家的特别挑战，索末菲也想解决它。1908 年他在谈起自己将来研究计划时写道：“说不定我也很快要研究辐射现象。”[112]和无线电报的情况一样，他在 1907 年夏季学期利用一个名为“辐射理论”的讲座来让自己和学生熟悉这一新领域。[113] 接下来的冬季学期，他给约翰内斯·斯塔克(Johannes Stark，1874—1957)写信，

---

[110]致 W. 维恩，1905 年 5 月 13 日。DMA，NL 56，010. 亦见 ASWB I.

[111]Kuhn，*Black-Body Theory*，1978. Darrigol，*Disagreement*，2001；Seth，*Quantum Theory*，2004.

[112]致 W. 维恩，1909 年 4 月 21 日。DMA，NL 56，010. 亦见 ASWB I.

[113]授课草稿 DMA，NL 89，028；Seth，*Quantum Theory*，2004.

说想把自己的“以电子论为重点的电动力学”课程“转为普朗克的量子假设”。[114] 之前不久，斯塔克在一个不同的物理现象中发现了一个可能的量子效应。但是这里索末菲不得不面对一个事实，就是用数学手段来处理虽然很有力，但是在这个问题上却没有什么用处。和无线电报不同，在辐射的问题上他没有取得什么值得发表的成果。

这样普朗克的热辐射公式仍然是一个绊脚石。威利·维恩觉得热辐射的问题不可能在麦克斯韦电动力学的框架内得到解决。他给索末菲写信说希望有“一个在原子范围内麦克斯韦方程的扩展”。[115] 1908 年，尽管可能是半心半意，索末
228 菲还是没有放弃电子论，觉得还有潜力没有挖尽。他反对维恩说“还存在有无数振荡周期”，只要还没有把它们考虑进去，就不应该放弃努力。“不过我还不清楚怎么进行量化的研究。”[116]

他和爱因斯坦的讨论也围绕量子理论。1909 年在萨尔茨堡的自然研究者大会上索末菲遇到了爱因斯坦。和大多数其他物理学家一样，他觉得爱因斯坦的光量子假设作为量子论的一个诠释是走得太远了。如果辐射本身是由能量分子组成，这不是和它的波动特性矛盾吗？从可见光到不可见的无线电报，所有各种波长的辐射的波动性都是早已确立的事实啊。索末菲写给洛伦兹说：“从另一方面说，我太老派，现在还不能接受爱因斯坦的光量子假设。斯塔克的光量子，估计也不对您的胃口，我最近还发言反对过。”[117]

最后这句话指的是斯塔克发表的关于对阴极发射 X 射线的空间幅度分布的文章。他发现 X 射线辐射在各个方向上强度不同，并提出了一个量子现象来解释。但是索末菲证明了这个现象可以在经典电动力学的框架内得到解释。[118] 他着手的基础是“众所周知的维歇特-斯托克斯概念”，也就是认为 X 射线是电子轰击 X 射线管对阴极产生电磁脉冲。所有带电粒子的速度变化，包括轰击时的减速，

---

[114] 致斯塔克(Stark)，1908 年 10 月 10 日。SBPK，Stark. 亦见 ASWB I；Hermann，*Diskussion*，1967；Hermann，*Frühgeschichte*，1969.

[115] W. 维恩来信，1908 年 6 月 15 日。DMA，HS1977—28/A，369. 亦见 ASWB I.

[116] 致 W. 维恩，1908 年 6 月 20 日。DMA，NL 56，010. 亦见 ASWB I.

[117] 致洛伦兹，1910 年 1 月 9 日。RANH，Lorentz，inv. nr. 74. 亦见 ASWB I.

[118] Sommerfeld，*Verteilung*，1909.

都伴随电磁波的辐射。尽管这只是麦克斯韦理论的一个应用，但是X射线理论的结果之前还没有被仔细分析过。爱因斯坦高兴地写道："您对X射线能量在不同方向的分布的文章，给我深刻印象，我很久没有在物理界看到这样的东西了。"[119]索末菲的分析让量子理论不至于误入歧途。索末菲对斯塔克写道："我希望能说服您。您用相当假设性的没有根据的光量子理论得到的所有结果，X射
线的制动理论也都能得到。""不是我对量子作用的意义有疑问，而是您的推导对 229
我和普朗克来说都显得可疑。"[120]

虽然在之后和斯塔克的争论中，索末菲占据上风。但是很多与X射线辐射相关的问题并未得到解决。不光是制动理论中提到的对阴极韧致辐射，还有对阴极材料的特征X辐射。韧致辐射展示的是由电子方向决定的一致性的振荡(极化)方向，在X特征辐射中没有主导的振荡方向。索末菲只是证明了经典电动力学可以解释韧致辐射。他假设特征X辐射来源于对阴极材料的原子。"很可能普朗克量子作用在其中起了作用。"[121]X射线管辐射总和中特征辐射和韧致辐射的关系，只能从极化实验中间接推断出来。索末菲在自己的理论中提到了伦琴研究所最近完成的一篇博士论文。韧致辐射中电子在轰击阳极后如何减速也并不清楚。如果像和德拜在亚琛的实验后索末菲假设的那样，是在原子间走之字形曲折路线，那么电子的优先方向会改变，极化程度也随之变化。所以韧致辐射理论需要关于制动过程的进一步的假设。

爱因斯坦向索末菲提出了另一个问题，就是光电效应的波粒二象性。在假想的实验中，爱因斯坦把X射线管包起来，上面只留一个小孔。小孔后面放一块金属板。如果对阴极发射的X射线以全空间球面波的形式通过小孔，一个电子如何能够获得整个球面波的能量，从而得以跃出金属板，而不仅仅是穿过小
孔到达金属板的那一部分能量？他问索末菲，金属板能够"节俭地储存球面波的 230
能量碎片，直到最后凑齐X射线发生时的整个能量，让自己的一个电子获得足

---

[119]爱因斯坦来信，1910年1月19日。DMA，NL 89，007. 亦见 ASWB I.

[120]致斯塔克，1909年12月4日。SBPK，Stark. 亦见 ASWB I；Hermann，*Diskussion*，1967.

[121]Sommerfeld，*Verteilung*，1909，S. 970.

够的势能被激发到空间中吗?”[122]

不久之前，爱因斯坦也接受了热辐射的波粒二象性。[123] 1910 年 8 月，索末菲来到苏黎世和爱因斯坦面对面进一步讨论这些问题。他的学生路德维希·霍普夫也来到苏黎世待了几个月和爱因斯坦共同工作。索末菲给家里写信说早上“弹奏了巴赫的音乐”，现在正一起坐在“气氛浓厚、天花板很低的名叫苹果屋的酒吧里”。这是他喜欢的诗人戈特弗里德·凯勒(Gottfried Keller，1819—1890)最爱去的酒吧。爱因斯坦和霍普夫加上了一些注释，大意是他们在享用“一大堆光量子”的茶点，[124] 等等。几天后霍普夫和爱因斯坦向《物理学年鉴》提交了两篇二人合作的关于热辐射的论文，里面指出普朗克公式不能从熟悉的经典物理定律中导出，必须有一个“对根本观念的更深刻的调整”。[125]

爱因斯坦在给索末菲的信中讨论的是关于 X 射线光电效应的假想实验。大约同时维也纳物理学家埃贡·冯·施魏德勒(Egon von Schweidler，1873—1948)对于 γ 射线是波还是粒子的问题做了一个判例。从一个点源发射的 γ 射线通过一个窗口轰击某种气体，造成气体电离。由于 γ 射线的发生是自发的放射性衰变过程，其强度围绕一个平均值上下变化。每一个衰变事件对应一个 γ 脉冲。如果 γ 射线是波，每个衰变发射的球面波的一部分穿过窗口引起气体电离。电离的程度取决于窗口的角度。如果 γ 射线是粒子，每个穿过窗口的粒子引起
231 的电离强度是一样的。当然在后一种情况只有部分粒子穿过窗口。两种情况对应不同的角度依赖性。施魏德勒因此觉得从统计分析可以确定哪一种诠释是正确的。[126] 当然对于 γ 射线的产生，人们知道的比 X 射线还少。由于 γ 射线的产生总是伴随 β 射线(通过测量电荷，人们已经知道 β 射线就是电子)，人们假设在放射性衰变中，一个电子以 β 射线的形式从原子释放，γ 射线是过程中伴随产生的。以韧致辐射为背景，这个假设自然地认为 γ 射线产生机制与 X 射线相同。减速电子在 X 射线管对阴级带来的后果，放射性衰变释放电子时也可能发生。

---

[122]爱因斯坦来信，1910 年 1 月 19 日。DMA，NL 89，007. 亦见 ASWB I.

[123]Klein，*Einstein*，1964.

[124]致约翰娜，1910 年 8 月 25 日。

[125]Renn，*Einstein's Annalen Papers*，2005，S. 357.

[126]Schweidler，*Entscheidung*，1910；Wheaton，*Tiger*，1983，S. 147—150.

麦克斯韦方程对这两种情形的解释都是基于带电粒子加速运动时产生的电磁辐射。因此索末菲从"施魏德勒实验"中看到了发展韧致辐射理论新的应用领域的机会。

尽管从电子速度变化来寻找 X 射线和 γ 射线起源的想法似乎合情合理，但是因为缺乏对这个速度变化的清晰理解，从想法到实际建立理论之间的步骤却很模糊。索末菲回到威利·维恩早先的测试结果来估计 X 射线韧致辐射中的电子制动距离。接着他计算了撞击能量和制动时间的乘积，得到一个和普朗克常数 h 很接近的"刹车效应"数值。将这个结果应用到 β 射线，对各种放射性物质测量得到的能量都符合索末菲的假设，也就是释放电子时的"效应"对应普朗克常数。"虽然以前的观测值都是假设性的，我们希望做进一步的实验。"索末菲建立自己的程序来说明。"我们将普朗克辐射理论的基本假设应用到放射性发射，假定每一次发射时释放一个作用量子 h。"[127]实际实现这个理论的细节非常复杂。索末菲之前的理论，难点都在数学分析，这次却相反，关键挑战在于评估 X 232
射线和放射性的各种实验结果。结合自己的理论观念从这些结果建立新的物理假设，和早先其他题目中的"用数学手段来处理"相比，是不同性质的理论物理学工作。

1910 年 9 月柯尼斯堡的自然研究者大会上，索末菲表明数学过去曾经是当时仍然是中心。[128] 但是之后不久他就发表了自己的"h 假想"，展现了他更偏向物理的一面。刚刚当选院士的索末菲把巴伐利亚科学院作为自己的论坛，发表了题为《论 γ 射线的结构》的论文，[129] 立即引发活跃的辩论。[130] 1911 年 3 月索末菲从米滕瓦尔德滑雪俱乐部写信回家说："我们对我的发现做了大量讨论。爱因斯坦马上给我写了一封信，莱比锡的某人(维纳)也是。回到家我一定要着手这个工作。"[131]他最想知道的是普朗克的反应。当时普朗克正致力于他的辐射理论的一种

---

127 Sommerfeld，*Struktur*，1911，S. 24—25.

128 Sommerfeld，*Greensche Funktion*，1910.

129 致卡尔·西奥多·冯·海格尔(Karl Theodor von Heigel)，1910 年 12 月 3 日。Archiv der Bayerischen Akademie der Wissenschaften，Protokollband 103. 103.

130 Wheaton，*Tiger*，1983，S. 150—167.

131 致约翰娜，1911 年 3 月 20 日。

新形式。在普朗克的“第二理论”中，只有辐射的发射遵循量子理论，辐射的吸收遵守经典物理。他没有涉及个体原子内的运行机制，而是从统计的观点考察大量“振子”导出了辐射公式。索末菲的 h 假想却是基于原子级别过程的假设。普朗克对索末菲理论的最初反应是“你确定了二者之间的一种关系，这在我的假想里是个空白”。[132] 这样的开场之后，量子理论就占据了讨论的中心。1911 年 7
233 月，索末菲提议巴伐利亚科学院以普朗克对量子理论的贡献聘请他为通讯院士。普朗克的热辐射量子理论，尽管细节还未完全，但是有着“最根本的重要性”。[133] 对自己的 γ 射线发射的量子观念，他的结论直截了当：“一个分子发射和吸收电子时总是遵守一个作用过程 h，同时发出相应的电磁波。”[134]

6.6 第一届索尔维会议

利用自己的“h 发现”，索末菲希望能够证明，即使不假设辐射本身的量子性质，也可以导出近处集中的电磁辐射。和源的距离变大时，辐射即扩散为球面波。而这正是威廉·亨利·布喇格(William Henry Bragg，1862—1942)拒绝索末菲理论的决定性原因。在全部 γ 射线和 X 射线实验中，能量总是沿着辐射的方向，一点扩散的迹象也没有。“至少我看到的事实就是这样。”布喇格致信索末菲说，“在我看来，可以把 X 或 γ 射线看作自我封闭的量子，行进时一切不变，包括形状。”[135]和爱因斯坦一样，布喇格也觉得光电效应是辐射量子本性的最好证据。他在接下来的一封信中写道：“单个初级 X 射线携带一份形式不变的能量，

---

[132]普朗克来信，1911 年 4 月 6 日。DMA，HS1977—28/A，263. 亦见 ASWB I. 关于普朗克的“第二理论”参见 Kuhn，*Black-Body Theory*，1978，Kap. 10.

[133]致巴伐利亚科学院，1911 年 7 月 1 日。Archiv der Bayerischen Akademie der Wissenschaften(巴伐利亚科学院档案馆)，Personalakte Planck(普朗克个人档案).

[134]普朗克来信，1911 年 7 月 29 日。DMA，HS1977—28/A，263. 亦见 ASWB I.

[135]W. H. 布喇格来信，1911 年 5 月 17 日。DMA，HS1977—28/A，37. 亦见 ASWB I.

单个的二次阴极射线从单个初级 X 射线那里获得能量。很难想象谁能否认这个结论。”[136]换句话说，X 或 γ 射线激发的电子获得能量的方式就像是与粒子流碰撞一样。但是对索末菲来说，γ 射线和 X 射线不是粒子，而是脉冲。虽然是在量子过程中产生，但是在其他方面和电磁波并无二致。6 年前他还曾认为 γ 射线是 234
超光速电子。1911 年，索末菲肯定也想过“h 发现”是否不过又是一个幻觉。

如同 1905 年的电子论，1911 年的量子理论是一个——如果不是唯一一个的话——物理学家期望能够解决根本问题的研究领域。普朗克常数 h 的重要性，不止体现在热辐射和光电效应中。所有随温度变化的物理性质在极低温下都成为量子理论的某种范例。设想固体中的原子排列于晶格上，在温度降低时振动减弱。这个过程就遵守一个含有普朗克常数 h 的公式。金属的电阻在接近绝对零度的时候也很好地遵循所谓的“普朗克定律”(普朗克公式在应用于热辐射时的另一名称)的描述：如果原子在静止位置附近的振荡是电子运动以及电流的根本阻力，那么根据普朗克公式，这些振荡的“冻结”将导致迁移率增加，电阻降低。一下子，普朗克常数 h 加入了包括电子电荷 e，电子质量 m，光速 c，玻尔兹曼常数 k 的自然常数俱乐部，成为又一个基本常数，当人们将物质的电、磁、光、热性质归结到原子尺度的过程时，发现它无处不在。和认为 γ 射线是超光速电子的想法不同，索末菲的“h 发现”还不是一个勉强拼凑的理论产出的怪物。它实际是 1910 年前后量子概念炙手可热百花齐放时，其中颇有意思的一枝，当时对它的看法也是如此。

虽然索末菲一开始只是把“h 假设”应用到 γ 射线上，他希望以后能在光电效应和其他基本原子过程中也能确立其重要性。他觉得德拜物理研究的素质在自己之上，准备让德拜帮助自己从事这个工作。1911 年德拜被任命继承爱因斯坦在苏黎世大学的职位，几年后又离开那里去乌得勒支当了一个正教授。索末菲推荐他的第二个讲师劳厄继承德拜在苏黎世的空缺。在给寻找德拜继承者的苏 235
黎世大学实验物理学家阿尔弗雷德·克莱纳(Alfred Kleiner，1849—1916)的推荐信中他评价劳厄：尽管可能不如德拜出色，但是“很适合爱因斯坦和德拜的研究领域”。“我觉得他没有德拜那样出色的对物理现实的特殊洞察力和超群迅速

[136] W. H. 布喇格来信，1911 年 7 月 7 日。DMA，HS1977—28/A，37. 亦见 ASWB I.

的理解。"[137]

对自己学生们身上体现着物理天赋的良好素质知之甚详的索末菲，一定也曾为自己个人并未发表什么杰出的可以称得上是理论物理学里程碑式的研究成果而耿耿于怀。h 理论终于让他作为物理学家可以走上前台了。机会来自布鲁塞尔。比利时化工实业家埃内斯特·索尔维(Ernest Solvay，1838—1922)多年来一直用其财富支持科学发展。1910 年他告诉自己的德国同事瓦尔特·能斯特说自己想支持关于物质结构的研究。能斯特去找普朗克讨论，得出的计划是，之后几年召集少数杰出的物理学家到布鲁塞尔讨论当时物理学的根本问题。会议由洛伦兹主持，参加者为大约 20 个国际知名的物理学家。会议邀请信上写着：我们发现现在自己身处一个物质理论的"新演化"中。会议共有八个讨论主题，从辐射理论延伸到物理化学应用。[138] 索末菲在邀请信的回复中写道："正像我已经告知尊敬的同事能斯特的那样，我非常高兴而且非常有兴趣接受分派的任务。"[139]

索尔维会议要到 10 月底才会开始。索末菲利用 1911 年 9 月在卡尔斯鲁厄德自然研究者大会作为自己的 h 假设综合报告的一个排练机会。主持者希望他作相对论的报告，但是索末菲觉得应当改变题目。原因是相对论已经被物理学界
236 完全接受；相反地，"能量子理论，或者用我更喜欢的说法，作用量子理论"还"明显地处在发展中，有很多问题"。现在已经不可能把热辐射理论或者"物质的分子结构"观念这二者中的任何一个和普朗克(量子)常数分开。h 假设被证明对所有分子过程都是根本性的。用任何原子模型解释普朗克常数都没有意义。人们必须明白："分子的存在是根本性的作用量子的函数和后果……在我看来从电磁学或者力学解释 h 假设是不恰当而没有希望的，就像从力学来解释麦克斯韦方程一样。更好的方式是从 h 假设的诸多后果来理解它，并且把其他的现象归结于它。如果像大家都承认的，现在的物理学需要一个新的根本性的假设作为

---

[137]致克莱纳，1912 年 4 月 3 日。ETH，HS 412. 亦见 ASWB I.

[138]埃内斯特·索尔维致昂利·庞加莱，1911 年 6 月 15 日。http://www.univnancy2.fr/poincare/chp/text/solvay1.xml.(上网时间：2012 年 10 月 5 日). Mehra，*Solvay*，1975，S. 3—11；Barkan，*Witches' Sabbath*，1993；Schirrmacher，*Konzil*，2012.

[139]致索尔维，1911 年 6 月 28 日。Brüssel，Solvay-Archiv，Sommerfeld

补充加入陌生的电磁学世界观，那我觉得作用量子假设是最有资格的。”[140]

从索末菲报告的讨论记录，难以知晓他的 h 假设被接受的程度。[141] 在给妻子的明信片上他觉得自己的报告“挺漂亮”，“爱因斯坦在这！郎之万送来热情致意”。[142] 保罗·郎之万(Paul Langevin，1872—1946)后来成为索尔维会议的秘书。索末菲报告得到弗里茨·哈伯(Fritz Haber，1868—1934)特别的赞扬。作为一个有实际应用观念的物理化学家，他一直怀着复杂的心情跟踪量子问题的讨论。卡尔斯鲁厄会议后他向索末菲坦白，“我以前对量子论是将信将疑”。“你对这个问题的处理教会我相信就算从完全不同的起点出发也能最后导出量子(观念)。我更加坚信量子力学大厦将会屹立不倒。”[143]

哈伯这样的量子理论怀疑者的声明，让动身去布鲁塞尔的索末菲充满自信和期望。会议第二天他写信回家说，“我们每天开会五小时，”“昨晚我左边坐着一个法国人，右边是一个英国人，轮流发言”。会议在大都会酒店召开，环境奢 237
华：“壮观漂亮，房间里每人都有单独的浴室和厕所。我每天早上都洗澡。所有午餐晚餐都是索尔维请客，每次午餐都是 5 道菜以上，真是疯狂！”在这种大排场，礼仪要求相应的正式着装，让索末菲感到不太自在。对奢华的环境感到不习惯的不止他一个人。“昨天和索尔维一家共进晚餐的时候爱因斯坦当然没穿礼服。他根本没有。”[144]

科学辩论一开始，排场和礼节就都烟消云散了。会议日程表本身已经表明，大都会酒店历时五天的报告及现场讨论中传播的物理学发现有多么非常规。洛伦兹在开幕致辞指出当前物质最小粒子的理论都不令人满意，让人感觉死路一条。柏林帝国物理技术研究院院长埃米尔·瓦尔堡(Emil Warburg，1846—1931)，柏林大学物理教授海因里希·鲁本斯(Heinrich Rubens，1865—1922)做了关于普朗克辐射公式实验验证的报告。能斯特讲了量子理论在物理化学中的应用。莱顿大学的海克·卡默林·昂尼斯(Heike Kamerlingh Onnes 1853—1926)

---

140 Sommerfeld, *Wirkungsquantum*，1911a.

141 Sommerfeld, *Wirkungsquantum*，1911b，S. 1068—1069.

142 致约翰娜，1911 年 9 月 27 日。

143 哈伯来信，1911 年 10 月 4 日。DMA，HS1977—28/A，126.

144 致约翰娜，1911 年 10 月 31 日。

报告了关于电阻的新的实验发现。20位受邀报告的物理学家中，总共有12位的报告，虽然涵盖内容广泛，但是都有一个共同点，那就是引发了对量子问题的争议性讨论。[145]

索末菲觉得自己的报告基本上也是一个讨论。他承认自己的说明是“假设性的和不完整的”。他理论中的量子现象包括：a)电子的释放(β射线)以及导致的电磁波辐射(γ射线)；b)电磁辐射从物质中打出电子(光电效应)；c)突然制动时
238 的电磁脉冲辐射(X射线韧致辐射)，和d)粒子碰撞时的电子释放(电离)。普朗克的“振子”概念不适用于这些“非周期”过程。h假设(“在每一个纯分子过程中，每次吸收或者发射一个普适的作用量子”)描述了一个和特定的发生能量积累和发射的作用时间τ(X射线中是制动时间，光电效应中是累计时间，等等)联系的效应。在每一个这样的分子过程中，都以量子形式按照公式$E\tau=h$遵循这个作用量子效应。在这点上，光电效应成了理论的一个难题。索末菲和德拜假定在一个“光电谐振子”中，电磁辐射能量被收集起来，直到足够将电子从其“分子束缚”中解放出来。[146]

索末菲报告引发了属于整个会议中最热烈的讨论之一，在会议报告中占了超过20页。h假设的一个结果从日常生活的经验看显得很荒谬。比较两个涉及能量不同分子过程，因为能量和时间的乘积等于普朗克常数，所以能量大的时间更短。如果把这个假设应用到发射体射入大块质量目标的情况，会得出比起低速发射体来高速发射体反而减速时间更短，穿透距离更短的结果。这显然和弹道学经验矛盾。但是最小微粒的物理学不一定符合日常经验。电子轰击X射线管对阴极发射脉冲时，高速电子对应的制动距离就比低速电子的短(这个过程中，电子制动时产生的X射线脉冲的延展被理解为制动起点和终点发出的光速球面波前之间的面积)。索末菲在自己索尔维报告的一开始就强调，虽然这个结果早已为之前的X射线实验所证实，但是它和弹道知识格格不入。[147]

---

145 Langevin/de Broglie, *Théorie du Rayonnement*, 1912; Eucken, *Theorie der Strahlung*, 1914.

146 Sommerfeld, *Application*, 1912; Sommerfeld, *Bedeutung des Wirkungsquantums*, 1914.

147 Sommerfeld, *Bedeutung des Wirkungsquantums*, 1914, S. 253.

所以违背日常经验，并不能证明 h 假设就一定是错的。相反地，在 γ 射线的情况，一些证据显示索末菲的理论正中要害。在卡尔斯鲁厄的自然研究者大会之后索末菲写信回家说："好像已有人直接观察到我的 γ 射线结构，而且是斯塔克的助手，这是一个很大的成功。"[148]他指的是埃德加·迈尔(Edgar Meyer，1879—1960)的实验。迈尔得到的 γ 射线空间强度分布符合他根据 h 假设计算的结果。[149] 虽然如此，正像讨论显示的那样，怀疑这个假设的很多根据依然存在。例如庞加莱就从 h 假设推出一个和反作用原理(对每一个作用必然有一个大小相等方向相反的反作用"作用＝反作用")矛盾的结果。如果两个不同尺寸的分子按照索末菲的量子作用互相碰撞后再度散开，对较重的分子的排斥需要作用更长的时间才能达到相称的反弹速度。"这样的话，反作用原理就只有统计上的意义了。"庞加莱批评 h 假设说，他的批评还不只是针对 h 假设的，"普朗克教授的概念也面临同样的困难"。[150] 239

布鲁塞尔讨论的各种量子概念中，哪些最后会被证明是正确的，需要等待新的实验结果。索末菲尤其期望新的X射线韧致辐射实验能够证实自己的 h 假设。这个实验的目的是测量韧致核转变发射的X射线"脉冲宽度"λ 对电子能量 E 的依赖性。索末菲理论给出的公式不包括任何对阴极材料常数因子。这样"对阴极材料发射的极化的X射线的硬度(应该)纯粹由轰击对阴极的阴极射线速度决定"。实际上一旦这个公式的正确性被实验确立，最后甚至可以用它准确测量普朗克作用量子。索末菲告诉自己在布鲁塞尔的同事："我的研究所关于这个效应的实验正在准备之中。"[151]

148致约翰娜，1911年9月28日。

149Wheaton, *Tiger*，1983，S. 160—163.

150Sommerfeld, *Bedeutung des Wirkungsquantums*，1914，S. 301.

151同上引，S. 266.

240 ## 6.7 X射线和晶体

布鲁塞尔会议并未对任何理论做出结论，这也不是会议的宗旨。相反，会议之后，关于量子论的讨论比之前更加广泛开放。各种量子概念都从所有可能的角度进行充分讨论和诠释，概莫能外。毫无疑问的是量子物理前途无限。1911年当威利·维恩以其对热辐射定律的发现获得诺贝尔奖的时候，索末菲觉得这更进一步体现了量子理论的重要性与日俱增。他给维恩的贺信写道："明年也许另一个大量子会被授给现代辐射理论。"这是暗示刚刚因为对量子理论的贡献被接受成为巴伐利亚科学院院士的普朗克会成为下一个诺贝尔奖候选人。[152]

索末菲耐心等待自己研究所的X射线实验结果能证实他的 h 假设。他给伦琴的博士生瓦尔特·弗里德里希(Walter Friedrich，1883—1968)提供了自己的第二个助手位置"来解决我的X射线问题"。[153] 弗里德里希的博士论文是《铂对阴级发射的X射线的空间分布》。这几乎正好就是检验 h 假设实验需要测量的东西。当然这类实验成本非常昂贵，因为假设只涉及韧致辐射。要区分韧致辐射和特征辐射需要测量极化，这就需要增加额外的设备。当洛伦兹问起索末菲在布鲁塞尔提到的实验在索尔维会议后何以又进行了3个月时，索末菲答以歌德的二言体诗：

无须拔苗助长，

玫瑰自会绽放。

241 但是他自己却说不出"绽放的概率"是多少，因为实验"还没完成"。[154]

甚至在又过了两个月之后，实验仍然没有结束。柏林大学物理研究所的助手罗伯特·维夏德·波尔(Robert Wichard Pohl，1884—1976)，刚刚以X射线的

---

[152]致W. 维恩，1911年11月12日。DMA，NL 56，010. 亦见 ASWB I.

[153]致约翰娜，1911年7月22日。

[154]致洛伦兹，1912年2月25日。RANH，Lorentz，inv. nr. 74. 亦见 ASWB I.

论文完成教授资格考试。他告诉索末菲其他的实验也确认了X射线能量和轰击对阴极的电子能量的关系，可能引发对 h 假设的进一步研究。[155] 索末菲回复说布鲁塞尔的埃内斯特·卢瑟福(Ernest Rutherford，1871—1937)已经通知他了。但是这些实验结果却不适用，因为它们测量的是X射线的总辐射能量，不是单独的轫致辐射能量。而后者才是关键的。“弗里德里希博士和我在这里已经开始实验，实验设计考虑到了对极化能量的对比测量。这些实验将会像您慷慨的评论说的那样决定我的 h 假设的成败。”[156]

在等待弗里德里希实验结果的同时，索末菲也尝试另一途径。1899年他曾计算过X射线脉冲经过狭缝的衍射(见第四章)。当时的目的是解释X射线在楔形的狭缝开口背后放置的照相底板上造成的发黑现象。两位荷兰物理学家赫尔曼纳斯·哈格和科内利斯·温德已经在这类照相曝光中看到波动性的表现，但是这个波动性的解读颇有争议。10年后，波尔和另一个X射线实验高手伯恩哈德·瓦尔特(Bernhard Walter，1861—1950)重复了狭缝实验。通过利用伦琴的学生彼得·保罗·科赫发明的光度计，照相底板的目视判读(当时曾引起争议)可以不再受主观判断的影响。索末菲希望这方面的证据可以提供弗里德里希极化实验之外另一独立的对他的X射线脉冲产生观念的支持。[157] 索末菲在解释为何要 242
对狭缝实验开始新的分析时写道：狭缝衍射的证据将“建立这个理论的一个基石，明确排除任何类型的X辐射的粒子理论”。从得到的照相底版的发黑情况，索末菲得到的波长(脉冲宽度)最大不超过 4×10^{-9} 厘米。但是由于实验的较大不确定性，他不想“过多强调量化结果”，并且建议做进一步的衍射实验。[158]

在向《物理学年鉴》提交论文之后，索末菲和像过去的每年初一样去米滕瓦尔德滑雪，以便在繁忙的冬季学期后得到放松。这个假期意义重大，因为在这几个星期中进一步的衍射实验——尽管不是索末菲一直设想的那种——成功地

155波尔来信，1912年4月29日。DMA，HS1977—28/A，265. Pohl，*Physik*，1912，S. 9.

156致波尔，1912年5月1日。罗伯特·波尔博士(Dr. Robert Pohl)个人持有遗产(Privatnachlass).

157Pohl，*Physik*，1912，S. 23—37.

158Sommerfeld，*Beugung*，1912，S. 474 und 506.

证明了X射线是波。1912年3月，几个“没有大人物的研讨会”的成员，给米滕瓦尔德的索末菲寄了一张明信片，上面是他们在慕尼黑一家啤酒馆地下室欢乐聚会的照片。他们在那里按常规以保龄球比赛来结束最后一天的研讨会。[159] 保龄球聚会包括了索末菲和伦琴研究所大部分的博士研究生和讲师：埃瓦尔德、劳厄、楞茨(Lenz，1888—1957)、科赫和正要在伦琴手下完成博士学业的保罗·克尼平(Paul Knipping，1883—1935)。两个月后索末菲向巴伐利亚科学院提交一份报告，由弗里德里希起草，克尼平和劳厄加入签署。报告声明这三个联署人在索末菲研究所“从1912年4月21日起即开始从事X射线穿过晶体的干涉实验……主要的思路是。由于晶体空间晶格常数大约是假定的X射线波长的10倍，因此晶格对X射线形成了干涉”。实验的成功，表现在两张照片上规则排列的清楚可见的干涉点斑。[160]

除了这些文件。没有其他当时的信息来源告诉我们1912年4月间干涉实验的动机和过程。由于这个发现，劳厄获得1914年的诺贝尔奖。1920年在诺贝尔颁奖仪式上的致辞里，劳厄描述了实验想法的产生过程：“通过和其他固体和液
243 体的原子距离的对比。我们相当清楚晶体的晶格常数大概是在10^{-8}厘米的量级。另外从密度，分子重量，以及刚刚被异常准确地确立的氢原子质量，可以很容易确认维恩和索末菲对X射线波长为10^{-9}厘米量级的估计。因此当X射线穿过晶体时。波长和晶格常数的对比，非常有利于产生干涉。我立刻告诉埃瓦尔德我觉得能够观察到X射线的干涉现象。”[161]

244 埃瓦尔德刚刚提交了自己关于晶体光学的博士论文。正像索末菲在给学院的推荐信中指出的那样，埃瓦尔德的目的“是要计算理想菱形电子晶格中的色散和双重折射”。[162] 劳厄是光学领域的专家(索末菲曾把《数学科学大百科全书》的《波动光学》条目交给他撰写)，[163] 埃瓦尔德肯定经常从他那里得到不少知识。1

---

[159]克尼平、科赫(Koch)、劳厄和楞茨来信，1912年3月9日。DMA，NL 89，016，Mappe 1，4.

[160]弗里德里希、克尼平和劳厄致巴伐利亚科学院，1912年5月4日。DMA，HS

[161]Laue，*Auffindung*，1920年.

[162]致哲学学院第二部，1912年2月16日。UAM，OC I 38p.

[163]Laue，*Wellenoptik*，1915.

月 8 日，劳厄在佐恩克研讨会上做了题为《光的干涉、多粒子衍射》的报告。[164] 埃瓦尔德的博士论文也涉及大量粒子对光的散射。当然，埃瓦尔德的散射中心是规则排列在空间晶格上的。可以很有根据地假设，劳厄是在和埃瓦尔德的交流中，想到也用同样的晶格，研究 X 射线的传播。劳厄在诺贝尔奖致词中解释说，但是“我们科学界公认的大师们”，是不会接受他的想法的，需要通过“一些圆滑的交际工作”才让实验得以在索末菲研究所完成。[165]

劳厄是如何在讨论埃瓦尔德的博士工作中产生自己的想法，这个想法包括什么内容，以及为什么“需要一些圆滑的交际工作”才使得它得以贯彻，这些都只能通过后来岁月的一些资料重建。[166] 有根据显示劳厄最初的路线是错误的，而“公认的大师们”——他这里指的是伦琴和索末菲——对劳厄的想法的怀疑完全正确。在给索末菲的一封信中，德拜表达了自己的质疑，觉得“劳厄发现”中有巧合的成分，但是暗讽一下后适可而止。[167] 虽然对外界来说，物理学家圈子还算形象完满，但是它和任何一个由独立思考的个体组成的群体一样，内部成员之间并不融洽。在索末菲圈子中，劳厄是被孤立的，使他在之后回忆“慕尼黑的岁 245
月时不无怨恨”。1920 年，当他的诺贝尔奖致词中对于这个发现的历史表述引起新的不和时，劳厄在给索末菲的信中写道：“我有很多不愉快的经历，”“让我就说一点，还不是最坏的一点。当您和弗里德里希，克尼平以及其他年轻同事一起庆祝 X 射线干涉实验时，为什么把我排除在外?”他承认对待索末菲自己的“行为也不总是恰当”，但那是因为自己起初精神脆弱，本来可以期望索末菲能在这件事上看到“情有可原之处”。这些信件没有揭示裂痕之下隐藏的原因。但是显然不是肤浅的。在一次米滕瓦尔德威利·维恩乡间别墅一年一度的聚会即将到来之际，索末菲写道他希望劳厄别来：“恐怕他一来我的快乐就会大打折扣。”[168]

---

[164] Münchener Physikalisches Mittwochskolloquium，DMA，1997—5115.

[165] Laue，*Auffindung*，1920 年。（http://www.nobelprize.org/nobel_prizes/physics/laureates/1914/lauelecture.pdf（上网时间：2012 年 10 月 5 日）：“科学界公认的大师们，看到我提交的想法后，表示怀疑。需要一些圆滑的交际工作，弗里德里希和克尼平最后才被允许按照我的计划开展试验……”

[166] Forman，*Discovery*，1969；Ewald，*Myth*，1969；Eckert，*Disputed Discovery*，2012.

[167] 德拜来信，1912 年 5 月 13 日。DMA，HS1977—28/A，61.

[168] 致 W. 维恩，1916 年 2 月 10 日。DMA，NL 56，010. 亦见 ASWB I.

图 16　研讨会之后，参加者聚集到慕尼黑一家啤酒馆地下室打保龄球。沿桌左起是劳厄，劳厄左手边是爱波斯坦；他们对面，后仰者为埃瓦尔德，埃瓦尔德右手边是科赫

一边在公开场合谈论“劳厄的发现”，一边在庆祝时私下把公认的发现者排除在外。事情到了这个程度，很难指望当事人对事件的表述能做到清醒，客观仔细地对照研究所有能得到线索、声明反声明后，似乎可以这样重建从概念到发现的历程：劳厄计划用初级 X 射线轰击晶格使之发射 X 射线。他期待的是晶体特征辐射的干涉，而不是后来出现的，初级 X 射线的干涉。可能是这个想法遭到了“公认大师们”的反对，因为晶体原子的特征 X 射线发射是不相干的。发射的波并无相位关系，无法形成干涉。索末菲不久前才让自己的“实验助手”弗里德里希负责用于验证自己 h 假设的 X 射线实验，怎么会又让他做这个基于错误观念的实验呢？当弗里德里希犹豫不决时，劳厄找到克尼平作为战友。作为一个实验技师克尼平技艺高超，但是对基础理论概念不是很有经验。当德拜说到巧合在发现过程中的作用不容忽视的时候，可能脑子里想的就是这个。不光是德拜这么想，约飞也持同样的保留意见。最初，用来显示干涉现象的照相底板被放在晶体侧面，这样就只有晶体特征辐射被留影，没有初级 X 射线。他们 246
寻找的现象非常微弱，曝光时间需要很多小时。“一天天过去，X 射线管都异常地炸裂了，底板还是没有变黑。在同一个房间工作的年轻的物理学家克尼平需要在两到三周内离开实验时，但是这个连续实验影响了他自己的实验。为了至少先在照相底板上弄出点东西，他把底板挪动到了正对 X 射线的位置——伟大的发现发生了……”[169]

1912 年 4 月在索末菲研究所地下实验室里发生的故事梗概，应该就差不多是这样。因为索末菲经常出差在外，两位实验者主要自己负责这些设备。刚从 3 月的滑雪假期回来不久，索末菲和约翰娜 4 月初又去了加尔达湖。4 月 10 日，他用托尔博莱大酒店的信笺写给希尔伯特说：“我们让自己享受一个意大利之春。”[170]在干涉图案第一次出现在照相底板上的那一天，约翰娜已经回到慕尼黑的家中。索末菲则应邀前往维也纳作一个报告。[171] 当他及时赶回慕尼黑准备开始新的夏季学期，被告知这个新发现时，一定是非常惊讶。但是，无论干扰现象是

---

[169]Ioffe，*Begegnungen*，1967，S. 40.

[170]致希尔伯特，1912 年 4 月 10 日。SUB，Cod. Ms. D. Hilbert 379 A.

[171]致约翰娜，1912 年 4 月 21 日。

如何产生的，他马上就意识到这是一个轰动性的发现。通常情况下，科学知识通过出版方式向在专业界内宣告，但在这一次，索末菲不想等那么久的时间，同时还要冒着别处听到消息后重复结果抢先发表的风险。在当时科学界关于优先权的争议已经司空见惯。因此，他利用巴伐利亚科学院数学物理组第一次会议向学院秘书提交一份报告，由弗里德里希、克尼平和劳厄签署，“以保障一项科学发现的优先权”。[172]

247 那之后就可以通知慕尼黑之外的同事们，如果没有具体内容，只是基本的事实也可以。“在劳厄的提议下，我的实验室做出了一项非常重大的实际发现。”索末菲写信给埃伦费斯特，“我们正在考虑发表，为了不预支您的惊喜，我不再多说了。”[173]一天之后，在给阿尔弗雷德·克莱纳的信中他也提到“精彩的干扰照片”。[174]阿尔弗雷德此后不久前往慕尼黑，和当时作为苏黎世大学理论物理学教授职位候选者之一的劳厄本人会面。虽然对干涉图案的满意解释还有待做出，所有听到消息的人反应都很热烈。很多个月时间里，晶体的X射线衍射在慕尼黑成为大家全力投入的讨论话题，很快在其他地方也是一样。夏季学期的结束，在格丁根安排了一个星期的讲座，其中索末菲本来的主题是量子论的当前状态。但是正像索末菲告诉施瓦兹希尔德的，他讲的“不是量子理论，而是我们的X射线实验”。[175]

与此同时，索末菲的地下室里的成功故事激起了伦琴的竞争情绪。弗里德里希和克尼平，是他自己的博士生，却在隔壁的理论物理学研究所完成了重大试验发现，让他自己的研究所显得缺乏成果。这个重要的夏季学期后，索末菲夫妇要再去他们在贝希特斯加登纳阿尔卑斯山的夏季住所放松一下。“伦琴想留住弗里德里希。”索末菲告诉已先期前往的妻子，但是他“很不明智地”要求弗里德里希当场做出决定，结果被拒绝了。“对此我很高兴。不光是我需要弗(雷德里希)，而且因为谁也不想经受一场意志的考验。伦(琴)一定也是这么想。”[176] 10

---

[172]1912年5月4日会议记录，DMA，HS1951—5；亦见 Forman，*Discovery*，1969，S. 66.

[173]致埃伦费斯特，1912年5月12日。AHQP/Ehr (25). 亦见 ASWB I.

[174]致克莱纳，1912年5月13日。ETH，HS 412. 克莱纳来信，1912年6月。DMA，HS1977—28/A，171. 亦见 ASWB I.

[175]致施瓦兹希尔德，未标日期[1912年7月初]。SUB，Schwarzschild 743.

[176]致约翰娜，1912年7月20日。

天后，格丁根的讲座已经成为过去。他告诉妻子“进行得很顺利，我还活着，而 248
且比三星期前还鲜活”。在给郎之万的一封信中，索末菲总结了前面几个月的努力：“前一个夏季学期的主要工作是我研究所得到的 X 射线衍射现象。”[177]

这些工作至少有一部分是想及时从理论上正确诠释实验发现。劳厄确实提供了一个有说服力的从空间晶格中产生的干涉图案的说明。但是过程中出现的叠加波的起源仍不清楚。如果是晶体的特征辐射，干涉现象应该只发生在重原子晶体的情况，因为只有他们才有明显的特性 X 辐射。像钻石这样的晶体，仅由碳组成，这种现象不应该出现。然而辐射还是通过钻石晶体在照相底片上留下清晰的干涉痕迹。[178]

这个明显的矛盾在慕尼黑的实验和理论物理学家中引发了相当多的讨论。其他地方也是一片混乱。英国物理学家亨利·莫塞莱（Henry Moseley，1887—1915）当时也因为在这个领域的工作声名鹊起，在给他母亲的一封信中写道：“X 射线干涉的发现者不理解它的意义，给出了明显错误的解释。”[179]威廉·亨利·布喇格和威廉·劳伦斯·布喇格（William Lawrence Bragg，1890—1971）这对父子一开始试图在粒子概念的框架内解释这个现象：也许照相底板上的斑点图案的出现，是因为 X 射线粒子只能沿某些方向上的“渠道”穿过晶体的原子晶格，而这些“渠道”与晶格对称性有关。不过他们很快就确信这个解释和观察数据不符。小布喇格第一个给出了远比劳厄的更合理的解释。照相底板上的点斑图案不是晶体特征辐射的干涉结果，而是来源于某些选定的初级 X 射线的韧 249
致辐射。可以把初级辐射脉冲雨想象为很多不同波长的互相叠加的波列，这些波列在晶体晶格的晶面上被反射。通过一个简单的公式描述两条平行射线在晶体中相邻晶面的反射路径长度，小布喇格用公式表达了哪个波长在何种角度下会重叠加强而对干涉图案产生贡献。这个构想被低角度入射 X 射线的晶面反射实验精彩地证实了（与慕尼黑实验不同的是后者 X 射线是垂直穿过一个小的垂直晶体板）。[180]

---

177 致郎之万，未标日期（大约在 1912 年 8、9 月间）。ESPC，Bestand Langevin.

178 Friedrich/Knipping/Laue，*Interferenzerscheinungen*，1912，319—320.

179 Heilbron，*Moseley*，1974，S. 194—195.

180 Wheaton，*Tiger*，1983，S. 208—212；Jenkin，*Partnership*，2001，S. 381.

之后不久，俄罗斯晶体学家格奥尔格·武尔夫(Georg Wulff，1863—1925)意识到小布喇格反射理论解释的干涉条纹和劳厄的理论一致。[181] 1913年1月，他致信索末菲说："如果晶体分子把从X射线得到的能量以振动形式发射出去，这种'反射'和透射X射线的干涉是同一种现象。"[182]1913年3月，距离发现已经过去快一年，劳厄仍然觉得"极其非同质的入射X射线脉冲在晶体中[可]产生相当精确的波长的振荡，这仍然是一个非常奇怪和有待解释的现象"。[183] 1913年5月，索末菲在一个报告中安慰听众"所有这些都在变化中"。"需要几年时间，再烧掉好几只X射线管，这个领域才会被系统性地搞清楚。"对他来说晶体中的干涉现象是一个例子，表现理论信念可以通过实验得到纠正。"持对立观念的，X射线粒子理论阵营的最有价值最聪明的拥护者布喇格教授，已经被说服加入波动理论阵营，这是晶体照片的一个漂亮胜利。"[184]

250 晶体的X射线干涉发现后一年，虽然对这个现象的一些根本方面仍未了解，但是有一点是清楚的：由于这项发现，诞生了两个新的物理学分支。首先，可能利用晶体来扫描X射线管发出的脉冲雨来确认其包含的不同波长成分。就像可以用一个玻璃三棱镜来展示一束白光中包含的各种不同颜色的光波一样，现在可以用晶体进行X射线波谱分析，这是阐明原子内部一些过程的关键。其次，某些适当波长的X射线可以被用来确认未知的晶体结构。几年后索末菲将"劳厄发现"定为自己研究所历史上"最重要的科学事件"，绝非偶然。[185]

1913年，物理学家还很难猜测作为新的物理学分支波谱学和X射线晶体结构分析能够得到什么样的促动。但是已经很清楚的是，最初对这项发现的热烈反应绝非昙花一现。1913年9月，在伯明翰召开的英国科学协会和维也纳召开的自然研究者大会两个年度会议的报告都以X射线的干涉为焦点。1913年10月下旬在布鲁塞尔召开的第二届索尔维会议上，在总题目"物质结构"之下，实际主题仍然是X射线和晶体。在所有的这些会议上，观众都得到关于最新进展的

---

[181]Wulff，*Kristallröntgenogramme*，1913.

[182]武尔夫来信1913年1月16日。DMA，HS1977—28/A，377.

[183]Laue，*Prüfung*，1913，S. 1000.

[184]Sommerfeld，*Anschauungen*，1913，S. 706.

[185]Sommerfeld，*Institut*，1926.

第一手信息：在伯明翰老布喇格展示了他和儿子根据X射线干涉图案构筑的钻石晶格结构。[186]在维也纳，劳厄和弗里德里希做的报告评估了自从X射线干涉的发现之后的一年半的时间里研究工作的进展。[187] 在布鲁塞尔，劳厄和老布喇格报告了自己的工作供大家讨论，接下来索末菲的讲座，以闪锌矿为例，比较了二者的方法，并利用这个机会强调赞扬了老布喇格“精彩的实验工作”以及“他儿子 251
宏大的理论研究”。[188]

第二届索尔维会议是索末菲一段非凡努力时期的最高点。整个1913年，他都感觉神经处于极度疲劳状态。1913年4月，在南蒂罗尔山区，通过“吃好、睡午觉、散步、戒烟、不谈物理”，他希望能找回在X射线干涉的发现后几个月的混乱中失去的内心安宁。[189] 他寄予厚望并让弗里德里希负责的实验的计划，现在看上去已不重要。X射线的晶格衍射引起的问题现在要优先考虑。在首次的干涉实验之后，他立即安排让弗里德里希获得更好的实验设备。他利用在布鲁塞尔的关系从索尔维设立的物理基金中申请支持进一步的X射线干涉实验。[190] 他的“h 发现”未能为自己的研究所带来的荣誉，X射线干涉却做到了。这些艰辛的努力不是没有代价的。几乎在给妻子的每一封信中，都包含他目前健康状况的信息。在前往布鲁塞尔参加索尔维会议的路上他在亚琛暂停，受到老朋友的精心照顾，并写信回家说：“我很好。对于我，爱是最好的疗法。”[191]几天后他到达布鲁塞尔，他写信安慰约翰娜：“我明显变好了。”“激进的疗法看来又起作用了，这说明我的所有问题都是纯粹歇斯底里性的。”[192]实际上，情况并未好转。之后给郎之万的信中他说：“上次在布鲁塞尔，我感觉很差，几乎不能参加讨论。”[193]

---

[186]Ewald，*Bericht*，1913.

[187]Laue，*Röntgenstrahlinterferenzen*，1913；Friedrich，*Röntgenstrahlinterferenzen*，1913.

[188]Sommerfeld，*Photogrammes*，1921，S. 125).（“brillants travaux experimentaux de M. W. H. Bragg et les magnifiques recherches théoriques de son fils W. L. Bragg”.）；亦见 Ewald，*Intensität*，1914.

[189]致约翰娜，1913年4月4日。

[190]致索尔维基金会，1913年1月14日。ESPC(Langevin).

[191]致约翰娜，1913年10月25日。

[192]致约翰娜，未标日期[1913年10月底]。

[193]致郎之万，1914年6月1日。ESPC(Langevin，L 76/53).

他的信件并未揭示自己真正的痛苦所在。如果真的是“纯粹的歇斯底里”，
252 那可能是因为作为玻尔兹曼继承人持续不断的成功压力。X 射线干涉固然名垂青史，但是这个发现他自己只有部分功劳。在他看来作为理论物理学家自己还没有能和洛伦兹或者普朗克比肩的伟大科学成就。或者这是在 1880 年到第一次世界大战期间困扰许多德国人的所谓的“焦虑时代”的影响？神经崩溃似乎是威廉二世时代的典型现象。[194] 在这方面索末菲夫妇并非特例。在快要搬到慕尼黑之前约翰娜的情绪就很低落。索末菲致信希尔伯特说“最近在亚琛，我妻子健康状况不佳”的时候，自己也刚从神经崩溃中恢复过来。到了慕尼黑，“那些神秘的头晕和心脏感染一下子都没有了”。[195] 虽然如此，对他们情绪健康的担忧并未消散。1914 年 3 月，索末菲满怀希望地为自己和妻子写道：“对我们自己的健康更明白一些，我们俩将来的心理状况会变好，就像之前的那些年一样。”[196]

---

[194]Radkau，*Zeitalter*，1998.

[195]致希尔伯特，1908 年 4 月 28 日。SUB，Cod. Ms. D. Hilbert 379 A.

[196]致约翰娜，1914 年 3 月 24 日。

第七章　和平物理学与战争物理学 253

“塞尔维亚明天开始的大动乱何时会蔓延到德国，这些天里，这个问题的重要性压倒了所有的个人问题和麻烦。事件发展的步伐令人恐怖。”[1] 1914 年 7 月 26 日，在贝希特斯加登度假别墅里，在给妻子的信中索末菲写下了这样的文句。4 个星期之前，奥匈帝国皇储弗朗兹·斐迪南及其妻子在萨拉热窝被谋杀，沿着可怕的逻辑，引发了一系列的连锁事件。首先是哈布斯堡王朝对塞尔维亚的最后通牒(7 月 23 日)，接着是塞尔维亚军队的动员(7 月 25 日)，最后是奥匈帝国对塞尔维亚宣战(7 月 28 日)。接下来是欧洲诸强的合纵连横。沙皇俄国站在塞尔维亚一边，威廉二世宣布支持奥匈帝国。8 月 1 日，德国对俄国宣战，导致俄国的盟友法国发起战争动员。当德国军队越过比利时边境，誓言保卫比利时中立的英国下令军队动员。第一次世界大战开始了。[2]

---

[1] 致约翰娜，1914 年 7 月 26 日。

[2] Berghahn, *Weltkrieg*, 2003.

7.1 “在我看来，政治前途极其黑暗”

“7月危机”和之后战争的爆发使得欧洲陷入妄想的狂乱。“接下来会怎样?大家都生活在疯狂的焦虑中，就像汽车以非常的危险速度在大街上横冲乱撞。”最后，出于对帝国首都政治家们高尚目的的天真信仰，索末菲期望能够以外交手段解决风雨欲来的冲突：“对我来说很明显，皇帝在尽力避免或者推迟战争。
254 但是他能成功么?”[3]对索末菲来说，从年青时代起，国家意识和对政府法令的信任就成为不言而喻的基本政治原则。在亚琛加入民族自由党是他公民情感的表现。[4] 出于政治和伦理信念，索末菲觉得自己对于“优秀的德国理想主义”负有义务，一如他在纪念俾斯麦90周年诞辰的一篇报纸文章中所阐述的：理想主义就是“履行职责，自律，全力投入工作，为了更广大的利益抛开个人舒适和自我放纵，以不称职的伪装为耻，相信美德的力量——这就是德语‘理想主义’的意义。让我们把这些我们固有的品质，我们人民的特征，引入政治领域以及更广泛的精神领域……俾斯麦自己本人不就是一个最好的例子，体现了理想主义的目标和健康的现实手段的结合吗?”[5]

就是在这样的情感之中，索末菲度过了1914年8月战争开始后的最初几个月。在贝希特斯加登纳度过一个短暂的假期之后，他留下家庭独自回到慕尼黑，帮助大学面对战争爆发后的一些变化。大家做好了运送伤病员的准备工作。索末菲问与孩子一起留在度假寓所的约翰娜，“告诉我一旦我们也被召照顾伤员，我们能提供几张床?”谈到慕尼黑的气氛时，他写道，“人们欢欣鼓舞，报纸不停地出号外。”[6]

---

[3] 致约翰娜，1914年7月31日。

[4] 个人文件，BayHStA，MK 35736

[5]《亚琛汇报》(*Aachener Allgemeine Zeitung*)，1905年4月4日。

[6] 致约翰娜，1914年8月20日。

当然他自己个人的参战问题也不是没有浮现过。45岁的索末菲已经不需要担心被征召入伍。他的同事罗曼语专家卡尔·福斯勒(Karl Vossler，1872—1949)比他年轻4岁，向当局报到入伍之后又被送回来。索末菲在8月26日写道："关于我自己的情况，我也不知道多少。"他觉得作为一个预备役军官，自己可能可以帮助"训练新兵"。[7] 不过还没有人急于命令教授大人到军营报到入伍。就是两个月之后，索末菲也不知道是该准备好随时报到入伍，还是准备下个学期的课程。255
他给卡尔·施瓦兹希尔德写道："根据我在陆军总司令部的个人经历，看上去是觉得我没什么用处。""让我留在家里也挺好，我从来没觉得自己强壮到适合当兵。"施瓦兹希尔德作为气象站的指挥官在比利时服役，这让索末菲大大松了一口气。"要是把您送到前线，那就太丢人了。"他还声明自己不像其他很多教授同事那样对战争的爆发兴高采烈。"在我看来，政治前途极其黑暗。哪怕是您的最温和的解决比利时的建议对我来说也毫无意义。我觉得它会妨害我们。"[8]

一战爆发后对中立国比利时的侵犯使得德国在世界公众的眼中成为侵略者。比利时因此成为前所未有的战争宣传的目标。在一封《致文明世界的呼吁书》(*Aufruf an die Kulturwelt*)中，93位德国杰出的知识分子同德意志军国主义团结在一起，否认了协约国对德军在比利时犯下的战争罪行的指控。[9] 在《呼吁书》上签名的受人尊敬的科学家有费利克斯·克莱因，瓦尔特·能斯特和马克斯·普朗克。索末菲在慕尼黑大学的同事签名的有威廉·伦琴和卡尔·福斯勒。索末菲的名字不在上面，但是不知道是他拒绝了还是人家没有要他签名。之后不久，3000多名德国大学教授——这一次包括了索末菲——发表声明，表达了对被国外蔑称为"普鲁士军国主义"的肯定。"德国军队的精神和德国人民的精神并无二致，因为二者是同一的，我们也忝列其中……这一精神不只存在于普鲁士，它在整个德意志帝国各邦国，无论是在战争中还是和平时期，都是一致的。"[10]

很快，索末菲也不再像以前那样，对于教授同事们的战争狂热表示怀疑。

---

[7] 致约翰娜，1914年8月26日。

[8] 致施瓦兹希尔德，1914年10月31日。SUB，Schwarzschild 743. 亦见 ASWB I.

[9] Ungern-Sternberg，*Aufruf*，1996.

[10] http://publikationen.ub.uni-frankfurt.de/volltexte/2006/3235/pdf/A008838631.pdf (上网时间：2012年10月8日).

战争宣传不仅仅影响了作为洗脑目标的大众，也毒害了科学家们之间的气氛。1914 年 11 月 20 日，在《自然科学》上的一篇文章里，洛伦兹向科学赞助人欧内
256 斯特·索尔维表达自己“对于处于深重灾难的比利时人民的同情，而索尔维是比利时人民的光荣代表”。索末菲被激怒了。他对威利·维恩写道：“对于煽动反德意志挺比利时的情绪方面的真相，洛伦兹是不是也应该更谨慎些呢?”应该“明确地”告诉《自然科学》的编辑“在德国的期刊上发表赞美比利时的文章是不适宜的”。[11] 之后不久，针对英国物理学家发出的自己认为是反德意志的声明，维恩提出一份呼吁书，最后登峰造极的要求是“拒绝英语对于科学的不正当的影响”。除非英国科学家也在德语期刊发表研究结果，德国科学家才可以礼尚往来。在引用研究文献方面，“不应该像以前经常发生的那样，把英语作者看得比本国人还重要”。[12] 虽然索末菲根本不了解英国物理学家的声明，还是签字支持了这份呼吁书。仅仅一年之前，上一次在布鲁塞尔的索尔维会议上，使得维恩、索末菲与他们的英国法国同事们之间亲近交流的那种科学国际主义，如今已经荡然无存。

7.2 回归理论

战争爆发之前的几个月，弗里德里希和埃瓦尔德已经表明对“X 射线和晶体”的研究，开辟了一条黄金矿带。[13] 埃瓦尔德和 1914 年 2 月开始在索末菲手下做讲师的威廉·楞茨分享理论物理学研究所两个助手位置中的一个。作为第二个助手，弗里德里希负责研究所地下室的实验工作。现在弗里德里希和埃瓦尔德作为 X 射线技术员在军事医院服役——就像索末菲向慕尼黑一家军事医院捐赠的 X 射线设备一样为战争做贡献。[14] 楞茨在比利时某地做无线电操作员的工作。

---

[11] 致 W. 维恩，1914 年 12 月 25 日。SBPK，Autogr. 1/1253. 亦见 ASWB I.

[12] *Aufruf*. DMA，NL 56，005. 印刷于 ASWB I. Wolff，*Physicists*，2003.

[13] Ewald，*Intensität*，1914；Ewald/Friedrich，*Röntgenaufnahmen*，1914.

[14] 致 W. 维恩，1914 年 12 月 25 日。SBPK，Autogr. 1/1253. 亦见 ASWB I.

虽然如此，索末菲研究所的科学研究并未完全停止。虽然至少在实验意义 257
上，无法继续发掘晶体的X射线衍射这条“黄金矿脉”，即使没有助手索末菲也不缺乏研究课题。1913年，他和德拜联名发表一篇解释光电效应的文章，文章的基础“*h* 发现”最终被证明是错的。[15] 但这不代表他就和量子论分道扬镳。1912年，德拜、马克斯·玻恩(Max Born，1882—1970)和希欧多尔·冯·卡门(Theodore von Kármán，1881—1963)通过对晶格振动能量的量子化解释了固体比热对温度的依赖关系。[16] 索末菲觉得气体的声振动也可以用类似的方式量子化。1913年，在格丁根的一个量子物理会议上，他发表了从楞茨的想法发展出来的一个理论，不过很快就不得不承认这个理论没有前途。[17] 他把这个想法的另一种形式作为博士论文的题目交给阿尔弗雷德·朗代(Alfred Landé，1888—1976)。朗代的工作是要把这个方法应用到光学上。[18] 在回忆中，朗代觉得他的博士论文没有引起其他人的什么特别的兴趣。[19] 从后来看来，当年的量子物理学还没有一个坚实的基础，因此早期量子化的一些尝试往往失败，是不足为奇的。但是按照1914年的观点，德拜的方法在一个领域如此成功，作为博士工作的题目是非常有希望的。索末菲让另一个博士生做的工作是把德拜处理单原子晶格振荡的方法推广到双原子晶体(比如食盐 NaCl)上。每一个晶胞中耦合的两个原子之间的相对往复振荡也会产生电磁波(剩余射线)。这样两个不同的物理现象就结合
在一起了。如果两种原子的质量相差很大，原子热运动会导致振荡变快和变慢， 258
并在剩余射线谱中表现出来。索末菲在报告中强调这一工作的特别优点时说，它出色地证明了这一猜想[20]。

---

[15] Debye/Sommerfeld, *Theorie*, 1913; Wheaton, *Tiger*, 1983, S. 186—88.

[16] Eckert/Schubert/Torkar, *Roots*, 1992, S. 33—34.

[17] Sommerfeld, *Probleme*, 1914；致希尔伯特，1913年10月14日。SUB, Cod. Ms. D. Hilbert 379 A.

[18] Sommerfeld 致哲学学院第二部，1914年4月28日。UAM, OC 1 40 p; Landé, *Methode*, 1914.

[19] 库恩(Thomas S. Kuhn)与海尔布伦(John Heilbron)对朗代的访谈，1962年3月5日。AHQP. http://www.aip.org/history/ohilist/4728_1.html (上网时间：2012年10月8日).

[20] 索末菲致哲学学院第二部，1914年6月26日。UAM, OC I 40 p; Dehlinger, *Spezifische Wärme*, 1915.

作为博士生导师，索末菲通过他的博士生和那些准备教授资格考试者的工作，对新研究途径相关的问题和方法得到一些感觉，并判断是否值得沿着某个途径继续探索下去。即使在原子物理学问题上，量子论也不总是必须的。1912年，弗里德里希·帕邢和他的博士生恩斯特·巴克(Ernst Back，1881—1959)发表了关于磁场中谱线分裂的发现，引发了对磁光效应的新的关注。磁场中谱线分裂这一现象本身早已为人所知，但是“帕邢—巴克效应”的发现，清楚表明对这个现象的理解还非常不足。在最简单的例子中，施加一个磁场导致一条谱线分裂为一组三条。这可以解释为谱线是电子在其原位附近振荡的结果。在磁场中，振荡分为三个部分：和磁场平行的未受扰动的部分和两个旋转方向相反的圆周振荡。[21] 以自己的电子论为背景，洛伦兹以数学方程的形式提出了这个概念，并与发现这个现象的塞曼(Pieter Zeeman 1865—1943)，分享了1902年的诺贝尔奖。当然很快发现这个“正常”塞曼效应实际上是一个特例。更经常被观察到的是“复杂塞曼类型”，分裂谱线超过3条，达到4条，6条，等等。现在帕邢和巴克发现在非常强的磁场中，“反常”塞曼效应转变为“正常”塞曼效应。

在编辑《数学科学大百科全书》时，索末菲已经遇到塞曼效应的问题，但是
259 帕邢—巴克效应第一次激起他为解释这一现象尝试建立自己的理论。解释这个核物理现象不一定需要量子论。他假定3个可能振荡方向的频率只有微小差别，在磁场中，由于3个正常塞曼效应的谱互相交叠，我们首先观察到的是反常分裂的谱型。当磁场强度增大到一定程度，以至于基本频率的能量差别可以忽略不计时，就出现正常塞曼效应的三条谱线。[22] 这对已经提出了类似理论的沃尔德马·福格特(Woldemar Voigt)形成某种挑战。福格特在《物理学年鉴》上发表了一个系列的3篇长文，加强了自己在这一领域中的权威地位。[23] 不过关于发明权的争论并未发生。索末菲声明说：“只要我们还没有谱线的理论，关于磁光效应的理论还只是分散零碎的。”[24]他也承认自己在个人主要领域之外对磁光效应的研究

---

[21] Kox，*Discovery*，1997.

[22] Sommerfeld，*Zeemaneffekt*，1913.

[23] Voigt，*Zeemaneffekte*，1913；Voigt，*Ausbau*，1913；Voigt，*Zeemaneffekte der Spektrallinien*，1913.

[24] 致玻尔，1913年3月24日。DMA，NL 89，015. 亦见 ASWB I.

“显然不能和福格特的理论相比”，他只是想“阐述在强场下的一些情况而已”。[25] 不过这个问题对他来说也是相当重要的。之后不久，索末菲就在慕尼黑讨论会上作了“关于复杂塞曼效应”的报告。[26]

不久以后，当时还不太知名的丹麦理论学家尼耳斯·玻尔发表了一篇谱线理论的新文章，认为电子依照量子定律处于稳定的绕原子核的轨道上，受到电磁辐射时才会在轨道间跃迁。[27] 由此发射的谱线在最简单的氢原子例子中符合谱系经验公式

$$v=N\left(\frac{I}{n^2}-\frac{I}{m^2}\right)$$

其中 v 是谱线频率，N 是所谓的“里德伯—里兹常数”，自然数 n 为相应系列的指数($n=1, 2, 3\cdots$)，$m=n+1, n+2, \cdots$是一个系列内的指数。在 $n=2$ 的情况就是“巴耳末”公式。对于里德伯-里兹常数，玻尔给出的公式为

$$N=\frac{2\pi^2 m_0 e^4}{b^3}$$

260

其中 m_0 是电子质量，e 为基本电荷，h 是普朗克常数。这样这个里德伯—里兹也是其他基本常数的组合。玻尔推出的公式和实验得到的谱系非常符合，而且也没有引入新的参数，使得这一理论吸引了很多关注。不过玻尔模型中的一些假设不是那么让人信服。索末菲在读过玻尔的文章后写信给他说：“在我脑里里一直想用普朗克常数 h 来表达里德伯-里兹常数。几年前我和德拜谈起过这件事。如果说现在我对原子模型总的来说还是多少抱有怀疑的话，这些常数的计算无疑是一个重大成就。”对索末菲来说，玻尔理论对当时正在讨论的塞曼效应和帕邢—巴克效应尤其有意义。他问玻尔：“您想把您的原子模型应用到塞曼效应上吗?”“我也想过要解决这个问题。”[28]

1913 年底，当斯塔克报告了自己“用电场将谱线分裂为分立的成分”的发现

---

[25] Sommerfeld，*Theorie*，1914.

[26] 1913 年 6 月 25 日做的讲演。Physikalisches Mittwoch-Kolloquium. DMA. 1997—5115.

[27] Hoyer，*Introduction*，1981.

[28] 致玻尔，1913 年 9 月 4 日。NBA，Bohr. 亦见 ASWB I.

时，[29] 谱线的课题引起更多的关注。1913 年 12 月 10 日，“新斯塔克效应(包括示范)”成为慕尼黑讨论会上一个实验物理报告的主题。一个月后，爱泼斯坦在佐恩克研讨会上向慕尼黑物理学家们介绍了玻尔的原子模型。1914 年 5 月 27 日，楞茨和索末菲在星期三讨论会上作了“根据玻尔和福格特理论对斯塔克效应的理论研究”的报告。1914 年 7 月 15 日，玻尔本人被邀请做了讲座。[30]

对于原子频谱高级理论的新发现，感觉受到挑战的不只是索末菲、福格特和玻尔。柏林物理学家，柏林物理技术研究院院长埃米尔·瓦尔堡是第一届索尔维会议的参加者，对实验和理论物理学同样感兴趣。他第一个试图用玻尔的
261 原子模型描述电场中谱线分裂。在他之后，施瓦兹希尔德试图不依赖玻尔理论构建塞曼和斯塔克效应的理论，但是未能和测量结果取得一致。[31] 由于这个原因，施瓦兹希尔德和索末菲定期讨论这方面的问题，交换关于谱线的理论想法。当索末菲收到施瓦兹希尔德来自比利时军事驻地的信件，看到其中包含塞曼效应理论的进一步的细节时，他很高兴，觉得对方的服役生活是如此悠闲，还有时间研究科学。他要求施瓦兹希尔德继续在信中讨论科学本行。“下个学期我要开塞曼效应和谱线的课程。这些讨论我很有用。”[32]

和施瓦兹希尔德以及福格特一样，索末菲一开始研究谱线时，并未借助量子概念。当然在他按照洛伦兹和福格特方式建立的帕邢—巴克效应的理论时，利用到的电子振荡概念不太现实。这些理论把电子当成靠弹簧振来振去的小球。但是人们——他写信给施瓦兹希尔德说——可以在完全不改变方程组的情况下重新诠释这个观念。可以“把福格特的准弹性描述完全改写为磁学描述”。[33] 虽然没有得到最后结果，索末菲对塞曼效应的经典理论内在困难的理解无疑是加深了。

除了施瓦兹希尔德，索末菲还和帕邢讨论这些问题。帕邢希望用实验手段搞清“反常塞曼类型”到底是怎么回事。就像塞曼和洛伦兹在世纪之交从理论和

---

[29] 斯塔克来信，1913 年 11 月 21 日。SBPK，Autogr. I/292. 亦见 ASWB I.

[30] Physikalisches Mittwoch-Kolloquium. DMA. 1997—5115.

[31] Warburg，*Bemerkungen*，1913；Schwarzschild，*Bemerkung*，1914；Schwarzschild，*Aufspaltung*，1914.

[32] 致施瓦兹希尔德，1914 年 10 月 31 日。SUB，Schwarzschild. 亦见 ASWB I.

[33] 致施瓦兹希尔德，1914 年 11 月 30 日。SUB，Schwarzschild.

实验上从事对塞曼效应的研究一样，帕邢和索末菲现在开始致力于反常塞曼效应。1914 年 12 月帕邢在给索末菲的一封长信的开头写道："附件是所有塞曼效应类型的一个汇编。"信中他向索末菲透露了他的助手在战时动员之前得到的"包含数年工作的成果"，当时还没有发表。"很不幸，巴克大人从战争开始就杳无音讯，我只好继续推迟发表这些类型，直到打听到他的下落。"[34]索末菲回复帕邢 262
的信件提供了详细的理论模型。这又让帕邢对索末菲透露了自己将来分光实验的计划。抑制他研究热情的是一些不安的心理："也许现在不是开展这些和平时期工作的时候……这里我们被征召参与各种军事工作，我们中的几个人在考虑参军打仗。敌人的优势力量要求我们抵抗到最后一人。"[35]

索末菲自己也处于两难之间。一边是对谱线物理的研究热情，一边是新闻报道战争事件散布的神经紧张。由于军事当局没有征召他，索末菲得以实施他告诉施瓦兹希尔德的计划，在 1914—1915 年冬季学期做了题为"塞曼效应和谱线"的特别讲座。他一定是利用了这个机会，彻底研究了实验室测量和记录恒星频谱照片得到的大量数据资料。

但是有几个系列落到框架之外。英国光谱学家阿尔弗雷德·福勒(Alfred Fowler，1868—1940)观察到一个氢氦混合气的谱系，不符合已经确立的巴耳末公式。美国天文学家爱德华·查尔斯·皮克林(Edward Charles Pickering，1846—1919)在恒星谱中也发现了同样的不寻常谱系。两人都假定这是氢的谱系。帕邢写信给索末菲谈到这个值得注意的系列："我附上皮克林氢系列谱线的一个计算。"根据玻尔的理论，福勒觉得他得到的可能是氦线。这个问题还未解决，我的一个学生正在研究它，不过这个学生目前正在服役。同时我想告诉你，根据我们的实验结果看，也觉得福勒的线系可能是氦线，不过我们必须承认皮克林线系可能不同，也许是氢线。我们要等到所有实验都完成之后才会发表这些证据。不幸的是，由于战争的原因，目前这是不可能的。"[36]

根据玻尔的理论，最初被认为是反常的氢线系列，实际是氦离子的谱线。 263

[34]帕邢来信，1914 年 12 月 15 日。DMA，HS1977—28/A，253.

[35]帕邢来信，1914 年 12 月 21 日。DMA，HS1977—28/A，253.

[36]帕邢来信，1915 年 2 月 7 日。DMA，HS1977—28/A，253.

按照这个解释，就不需要为福勒和皮克林发现的系列假设一个新的定律。他们满足公式

$$v=4N\left(\frac{I}{n^2}-\frac{I}{m^2}\right)$$

其中 $n=3$，或者 $n=4$；唯一和氢线系公式不同的是其中的常数 4，这来源于氦原子核的双电荷。根据氢原子公式的诠释以及里德伯常数的推导，这是玻尔理论的又一个胜利。正如帕邢在信中指出的，尽管还缺少几个证明，现有的证据都鲜明地支持玻尔的观念。在战争的第一个冬天参加索末菲特别讲座的人，包括索末菲自己，都确信这个途径会通向成功。在学期结束他写信告诉维恩："这个学期，我一直在读关于玻尔的东西，只要战争条件允许，我就会有兴趣。""今天 10 万俄国人的消息比巴耳末线系的玻尔解释更受欢迎。我也有很好的新结果。"[37]

7.3 前线来信

索末菲没有透露他得到了什么关于玻尔理论的新结果。1915 年他关注的也不仅仅是物理学研究这些"和平时期的工作"。他提到的 10 万俄国人是指东面前线传回的对俄国第 10 军的毁灭性打击的消息。1915 年 2 月 22 日德国最高指挥部的报告提到："马祖里湖冬季战役的全部歼敌战果已经增加到 7 名将军，10 万

264 余敌人，150 多门重炮，以及无法统计的包括机枪在内的较小的装备。"[38]

除了消息混杂着宣传的官方报告，索末菲也直接得到各个战区事件的信息。学生和同事的信件里却没有什么胜利的好消息。1915 年 1 月，奥托·瓦拉赫写信告诉他："我的出色的学生们在战争中已经损失惨重。"[39]像瓦拉赫和索末菲这

---

[37]致 W. 维恩，1915 年 2 月 22 日。DMA，NL 56，010. 亦见 ASWB I.

[38]官方战争公函（Amtliche Kriegs-Depeschen），http://www.archive.org/stream/amtlichekriegsdeo2contuoft#page/no/mode/2up.（上网时间：2012 年 10 月 8 日）.

[39]瓦拉赫（Wallach）来信，1915 年 1 月 21 日。DMA，NL 89，014.

样的研究所所长，自己没有被征召入伍，但是和学生们通过军邮保持联系，因此变成了非正式的通讯中心。当《物理杂志》的出版者决定向读者们报告德国物理学家的战争经历时，他们委托1915年正担任代理编辑的马克斯·玻恩来向德国和奥地利的综合大学和技术大学的物理研究所主任们搜集相关信息。1915年2月玻恩写信给索末菲说："我们最重要的事情是搞清楚哪个同事在战场服现役，驻扎在哪里。"他收集关于谁获得铁十字勋章或者有其他出色表现的消息。除此之外，"在为祖国服役中英勇牺牲的人的照片和讣告也应得到报道。这些报道表达我们给予祖国保卫者应得的敬意，同时向世界显示，像整个德国科学界一样，物理学界也在危难时刻和祖国团结一致"。[40]

除了《物理杂志》乐于发表的内容，前线来信也向收信人谈到师生关系的个人印象，对战争的态度，以及其他事情。如果说英雄主义和热情是用来灌输给大众的东西，这些信件更多表现的是消极和悲观。[41] 就在陆军最高指挥部向世界发布关于"10万俄国人"的通报的当天，在后备役步炮团服役的奥托·布卢门塔尔写信给索末菲："我的身体状况糟糕透顶，可能离入土不远了。"[42]服兵役的感觉越来越像一片精神荒原。一个学生从伏盖森的基地给索末菲写信说："如果能 265
回到和平时期做研究，我会非常高兴。""在这里一直痛苦地怀念智力活动。也许教授大人可以不时给我寄点《年鉴》什么的小出版物。"[43]索末菲高兴地满足了他的要求。学生回复："多日的紧张之后，我目前在前线之后休息，衷心感谢教授先生给我送来的智力营养。"[44]一天后索末菲收到1911年在他手下获得博士学位的威廉·胡特尔(Wilhelm Hüter)从西线战壕写来的信件，也表达了对"遥远的物理

40 玻恩来信，1915年2月2日。DMA，NL 89，059；*Physikalische Zeitschrift* 16，1915，S. 142—45.

41 有关第一次世界大战时期，士兵准备牺牲的心态(Opfer-Mentalität)，见 Watson/Porter，*Motivation*，2008。

42 布卢门塔尔来信，1915年2月22日。DMA，NL，89，059. [这里是意译，原句后半部分说："vielleicht werde ich jetzt in der Landwirtschaft verwandt."(因德国人死后大都土葬，尸体会在地下腐烂，所以"有农业价值"。)——译者注]

43 朗(Lang)来信，1915年5月1日。DMA，NL 89，059.

44 朗来信，1915年5月10日。DMA，NL 89，059.

学知识王国的渴望”。[45] 在残酷的堑壕战现实中，慕尼黑这个培养理论物理学的王国仿佛在遥不可及的另一个世界。

战前不久在亚琛作教授资格考试的路德维希·霍普夫，在亚琛的一个机动车站度过了战争的第一年。“我帮助回收橡胶，大部分时间坐在办公室里。工作很忙，在高等工学院做不了什么事，科学研究更是几乎没有。不过说到底这不是关键；我希望情况很快会好起来，我对物理学的强烈兴趣能够得到满足；我不介意在目前情况下看到和平——反正我肯定不可能作为战士赢得什么奖章。”在教授资格考试中，霍普夫试图解决索末菲 1908 年构想的湍流问题。他的结论是自己未能导出从层流到湍流的转变。而在实际中则正相反，只要速率足够高（更准确地说是“雷诺数”足够大），任何层流都会变为湍流。在进一步的努力毫无结果之后他写信给索末菲说“湍流问题仍然在睡大觉”。“要是能成功解决这个问题，对我来说比铁十字勋章还有意义。”[46]

索末菲在前线的学生甚至能不时地从研究周边事物满足“对物理学的渴望”。楞茨从西线报告说：“昨天和今天，我们向敌人的飞行物发射了无数的手榴弹和
266 炮弹，都未击中，从我这里看得很清楚。”“根据我目前为止的观察，击中敌机都是偶然的。”[47]物理学和数学还没有被系统地利用来解决军事技术问题，不过情况会很快改变。1915 年 4 月索末菲在柏林逗留，应该是做了一些军事科学问题的咨询，在给家里的信里他写道：“昨天早上我去了炮兵考试委员会”，“西门子和哈尔斯克公司的一位先生邀请我去参观他们的战时生产，真是不可思议”。[48] 他还顺便访问了帝国物理技术研究院，不过像他给妻子讲述的那样，那里的研究基本上还是“和平时期的物理学”。[49] 在前往柏林的路上，索末菲路过格丁根大学，与普朗特讨论了一系列军事科学问题。之后他们通信讨论了关于“炸弹在水和空气中的跌落”以及应该是和潜艇定位有关的“声学问题”。[50] 同时在前线也有

---

[45] 胡特尔（Hüter）来信，1915 年 5 月 11 日。DMA，NL 89，059.

[46] 霍普夫（Hopf）来信，1915 年 11 月 13 日。DMA，NL 89，059. Eckert，*Birth*，2010.

[47] 楞茨来信，未标日期（大概 1915 年 3 月）。DMA，NL 89，059.

[48] 致约翰娜，1915 年 4 月 24 日。

[49] 致约翰娜，1915 年 4 月 20 日。

[50] 致普朗特，1915 年 5 月 9 日。GOAR 2666.

一种新生的愿望，就像 1915 年 5 月楞茨给索末菲的信中写的，觉得物理学家“可以利用自己的科学知识为更伟大的事业服务”。[51] 出于他自己的创意，楞茨曾致力于无线电传输的技术问题，[52] 但是未能得到上级的鼓励。他对军事科学研究组织缺乏军事创意非常惋惜：“我只能说战争和科学的结合更可能在您那里成功，我这里不行。”[53]

那时战争科学对索末菲也只是边缘课题。在大约同时给威利·维恩的信中，他写道，自己从威利的堂弟，柏林的马克斯·维恩那里听到“非常有意思的事情”。在一个新的“技术无线电部门”的机构里，马克斯·维恩开始组织无线电领域的专家应对战争的迫切需要。因为索末菲 1909 年的电磁波扩散理论中研究了地的成 267
分对波传播的影响，他也成为这个专家圈子的一员。但是在 1915 年夏天，这一“战争物理学”的迫切性还不高。他同时写道，自己还“偶然想到了基于玻尔氢线理论的关于斯塔克效应的一个有意思的构想”。[54] 当时索末菲还没有发表任何对玻尔理论的推广工作。不过他肯定在给战壕中奋战的这个或者那个学生的信中提到一些暗示。1915 年 5 月楞茨就曾猜测“谱线问题一定会引出新的好结果”。[55]

在战争中的 1915 年夏天，索末菲和其他人热衷的题目中，广义相对论和玻尔的原子理论一起占据了重要位置。在夏季学期结束之时，索末菲写信给施瓦兹希尔德说：“这个学期我按照爱因斯坦在柏林最新结果的意义讲授了相对论。我对此热情很高，和上个学期对玻尔理论差不多。”他讲授相对论时没有使用“爱因斯坦的令人生畏的张量形式”。[56] 霍普夫也是这样了解爱因斯坦理论的最新进展。他写信给索末菲说这是爱因斯坦数年工作的最高成就：“目前在有限的自由时间里我有时候在这上面绞尽脑汁。您已经有了简化的表达么?”[57]之后不久爱因斯坦在他的广义相对论上取得了突破。在给索末菲的信中，施瓦兹希尔德兴奋地写道：“您看到爱因斯坦在水星近日点岁差上的结果了吗? 他最新的引力理论得出

---

[51] 楞茨来信，1915 年 5 月 17 日。DMA，NL 89，059.
[52] 楞茨来信，1915 年 2 月 20 日。DMA，NL 89，059.
[53] 楞茨来信，未标日期(大概 1915 年 5 月初)。DMA，NL 89，059.
[54] 致 W. 维恩，1915 年 5 月 3 日。DMA，NL 56，005. 亦见 ASWB I.
[55] 楞茨来信，未标日期(大概 1915 年 5 月初)。DMA，NL 89，059.
[56] 致施瓦兹希尔德，1915 年 7 月 31 日。DMA，NL 89，059.
[57] 霍普夫来信，1915 年 11 月 13 日。DMA，NL 89，059.

的结果和观测值相符。"虽然他被转派到孚日山的一个炮兵单位，但是仍然试图完成对爱因斯坦理论的一个推广。爱因斯坦只是简单描述了一个近似解，而施瓦兹希尔德却得到一个严格解。"行星运动和水星近日点的结果都符合爱因斯坦的理论。这是极好的。塞曼和斯塔克效应怎么样？你的数学物理总的情况呢？"[58]

268 这种在战火中仍然高扬的对物理的热情，与各个战场上大多数物理学家不得不面临的日常生活的现实形成了鲜明对照。不是所有的人都像施瓦兹希尔德那样能暂时躲开战火讨论物理学。在索末菲的一个学生寄回慕尼黑的信中写道："目前我们关心的主要是温暖的床、食物、尽量少开火，这样就能麻木不仁地混下去。"他同时也担心"与专业和同事逐渐地(失去)接触"。[59]

7.4 推广玻尔的原子模型

在1915年整年中，给学生和同事的信件里索末菲不断提到他推广了玻尔的原子理论，但是没有说是怎样推广的以及根据的是什么结果。[60] 起初他整个兴趣似乎都是集中在磁光效应上("下个学期我会讲塞曼效应和谱线……")他应该是想把经典理论的电子谐振转化为玻尔轨道(把福格特的准弹性表述全部用磁表述重写……)。1915年1月16日，他在星期三研讨会上作了题为《氢原子斯塔克效应研究中的分裂次数》的报告。[61] 这个构想显示和玻尔认为电子在轨道间只做一次跃迁的看法不同，索末菲觉得在没有外部干扰的情况下，谱线反应的是电子在能级相等互相重叠的圆形和椭圆轨道间的多次跃迁。加上电场之后，不同的轨道受到的影响不同，轨道间跃迁的对应的频率大小就不再相等，表现为原先单条谱线分裂为一组相邻的线。索末菲在这个题目上发表的第一篇论文中论证

---

[58]施瓦兹希尔德来信，1915年12月22日。DMA，NL 89，059. 亦见 ASWB I.

[59]弗里茨·埃克特(Fritz Eckert)来信，1915年12月25日。DMA，NL 89，059.

[60]Nisio，*Formation*，1973；ASWB I，S. 429—493.

[61]Physikalisches Mittwoch-Kolloquium. DMA，1997—5115.

说："斯塔克在精细分析中观察到的随巴耳末线系指数增加的大量成分，支持这个斯塔克效应的观念。"[62]

如果在 1915 年 1 月他就已经有了玻尔模型推广的基本思路，为什么又等了 269
几乎一年才对科学界发表？1915 年 5 月索末菲写信告诉威利·维恩："上个学期，我偶然想到了基于玻尔氢线理论的斯塔克效应的一个有意思的构想。接下去的事情就是把这个思路付诸实现。"[63]在电场中电子不再处于绕原子核的闭合圆形和椭圆形轨道上。索末菲说他之所以要到 12 月 6 日才向巴伐利亚科学院作玻尔理论推广的报告，就是因为无法以玻尔量子形式处理这种非周期性轨道。[64]

但是其实到这时他仍然无法解释斯塔克效应。所以这个困难肯定不是推延的唯一原因。他应该是想等着看到支持玻尔模型的更多证据后，再用量化的椭圆轨道使整个图像更加复杂。1915 年 5 月，索末菲在研讨会上提到了一个证据："爱因斯坦/德哈斯的磁化角动量。"[65]这个效应显示原子中有某种旋转运动。很久之后才搞清楚这是电子内在的自旋，而不是绕原子核的转动。不过当时它证明了在原子中确实是像玻尔宣称的那样，电子转动不伴随能量发射。由于有了新的实验结果的支持，1915 年 8 月当玻尔面对批评捍卫自己的理论时，引用了爱因斯坦/德哈斯效应作为自己量子公式的实质性支持。[66] 在论文中玻尔列举了一连串的其他结果支持自己的理论，其中包括瓦尔特·科塞尔（Walther Kossel，1888—1956）的一篇论文。科塞尔也是慕尼黑物理圈子的一员。他在海德堡学习并于 1911 年师从菲利普·勒纳德（Philipp Lenard，1862—1947）获得博士学位后来到慕尼黑。1913 成为高等工学院约拿丹·策内克的助手。不过他觉得自己和索末菲的圈子更接近。勒纳德给索末菲的信中曾写道："我们共同的学生科塞尔……非常看重你。"很想"接近你"。[67]

在慕尼黑，科塞尔的研究题目是特征 X 辐射。1914 年在检查不同元素的 X 270

---

[62] Sommerfeld, *Theorie der Balmerschen Serie*, 1915, S. 449.

[63] 致 W. 维恩，1915 年 5 月 3 日。DMA，NL 56，005. 亦见 ASWB I.

[64] Sommerfeld, *Theorie der Balmerschen Serie*, 1915, S. 426.

[65] Pysikalisches Mittwoch-Kolloquium. DMA，1997—5115.

[66] Bohr, *Quantum Theory*, 1915, S. 397. 亦见 NBCW 2.

[67] 勒纳德来信，1913 年 9 月 25 日。DMA，HS1977—28/A，198. Heilbron, *Kossel-Sommerfeld Theory*, 1967.

射线吸收的实验数据时，他意识到，在玻尔模型的背景下，出现了一个类似于可见光领域氢原子巴耳末线系的 X 射线谱序规律。[68] X 射线谱线对应的辐射可以被设想为来自于外层轨道到内层轨道的跃迁。一个电子离开内层电子圈后，外层圈的一个电子会来填补留下的空白。两个电子圈层之间的能级差对应发射出的 X 射线的能量。由此可以认为 X 射线谱线的频率代表两个固定状态之间的差别。玻尔这样总结科塞尔发现的精髓："人们会发现这些关系正好对应谱线组合的普通原理。"[69]

读到这里，索末菲可能觉得玻尔已经开始在他自己的院子里摘果子了。无论如何，这最终促成索末菲发表他几个月前就已酝酿的玻尔理论的推广——虽然他还是不能像 1915 年夏天期望的那样解释塞曼和斯塔克效应。就在接下来的冬季学期的开始，1915 年 11 月 27 日的讨论会上一个题为《玻尔最近的工作》的报告中，[70] 他透露说，尽管偶尔离开主题去搞一些"战争物理学"，自己其实一直"像百眼巨人守护者一样"紧盯着玻尔的每一步进展。除了科塞尔的发现，玻尔还声称说要尝试其他想法，而这些想法正是索末菲理论的基础：1915 年 2 月，玻尔就已谈到可能用相对论推广自己的理论以解释对巴耳末线系公式的偏离。当然他只是对圆形轨道做了这个计算，发现不能解释观察到的表现为某些谱线
271 的双裂的偏离。不过在这一点上，他提示用非圆周的轨道解释谱线的双裂，并且声明会在将来发表文章处理这个问题。[71]

索末菲大概就是利用 1915 年 11 月 27 日这个讨论会上的报告作为一个排练。内容之后很快提交巴伐利亚科学院发表，并且通知了同事小圈子。1915 年 12 月 5 日，他写信给威利·维恩："昨天我向科学院呈交了一篇关于巴耳末线系的论文。""最近在维尔茨堡我告诉过您量化椭圆轨道的事；我同时进一步发展了它。"[72] 从一开始，索末菲也一直向爱因斯坦通报进展。1915 年 11 月 28 日爱因斯坦回复说：

---

[68] Kossel，*Bemerkung*，1914；Kossel，*Bemerkung II*，1914.

[69] Bohr，*Quantum Theory*，1915，S. 414). 亦见 NBCW 2，S. 411—412. (It will be seen that these relations correspond exactly to the ordinary principle of combination of spectral lines.)

[70] Physikalisches Mittwoch-Kolloquium. DMA，1997—5115.

[71] Bohr，*Series Spectrum*，1915，S. 334—35. 亦见 NBCW 2，S. 379—80.

[72] 致 W. 维恩，1915 年 12 月 5 日。DMA，NL 56，010.

“我现在就要研究您的两篇论文。”[73]这里谈到的所谓论文正是关于玻尔模型的推广。证据是爱因斯坦接下来的一封信，是附在退回给索末菲的手稿中的，其中有注释说普朗克当时也在研究“一个类似问题。他也在研究谱线问题”。[74] 当时普朗克刚刚向德国物理学会提交一篇论文，其中也展示了对玻尔模型的一个推广，并从不同的起点针对不同的目的得到了几乎和索末菲同样的结果。[75]

这个推广都包含了什么？在自己的氢谱系理论中，玻尔规定氢原子中的电子在圆周轨道上运行，这些轨道离原子核的距离是不连续的。他推测轨道上的电子不发射电磁波。只有在轨道间跃迁的时候才发射或者吸收辐射。根据量子定律 $E=h\nu$，能量差对应谱线的频率 ν。根据玻尔理论，第 n 个不发射电磁波的轨道上的电子能量正比于 $1/n^2$（比例常数 $N=$ 里德伯一里兹常数，这样，两个轨道间的能量差就给出指数为 n 和 m 的系列公式）。索末菲在他的第一篇学术论文中指出
这个巴耳末线系的理论是不完全的，因为它没有包括任何椭圆轨道。而根据原子 272
核与电子之间的静电引力定律，椭圆轨道和圆周轨道一样都是可能的。他想要弥补这一缺陷，同时指出一个解释不符合巴耳末系列公式的其他元素谱系的办法。“根据这里提出的观念得出的解释是：在巴耳末线系中，一些重叠系列的谱线产生的过程其实不同，不光是圆周轨道，还有不同偏心度的椭圆轨道。”[76]

在圆周轨道之外，为了引进椭圆轨道，索末菲推广了量子公式。电子沿绕核的椭圆轨道环路可以用两个运动描述：首先是从核到电子的径矢，旋转一周是 360 度；其次是径向距离变量，从最大值到最小值，循环往复。具有旋转角 ϕ 和距离 r 的旋转和径向运动可以用所谓的相积分 $\oint p_\phi \mathrm{d}\phi$ 和 $\oint p_r \mathrm{d}r$ 描述，其中 p_ϕ 表示角动量，p_r 表示在径矢方向的动量。为了计算这些从属于维度的量值，索末菲建立了量化条件 $\oint p_\phi \mathrm{d}\phi = nh$ 和 $\oint p_r \mathrm{d}r = n'h$。他得到的电子能量公式和玻尔基本相同，唯一的区别是用两个量子数的和代替了一个量子数。索末菲的巴耳

[73] 爱因斯坦来信，1915 年 11 月 28 日。DMA，HS1977—28/A，78. 亦见 ASWB I.

[74] 爱因斯坦来信，1915 年 12 月 9 日。DMA，HS1977—28/A，78. 亦见 ASWB I.

[75] Eckert，*Plancks Spätwerk*，2010.

[76] Sommerfeld，*Theorie der Balmerschen Serie*，1915，S. 425—26.

末线系公式为：

$$\nu=N\left[\frac{I}{(n+n')^2}-\frac{I}{(m+m')^2}\right].$$

由于索末菲公式中两个量子数的和可以被玻尔的一个量子数代替，数学上看来这是不必要的复杂化。但是以物理学家的观点来看，这和玻尔模型有根本的不同。玻尔认为一条谱线明明白白代表的是从一个轨道到另一轨道的跃迁。而在索末菲的阐述中，每一个圆周轨道都对应一个能级相同的椭圆轨道，所以一条谱线可能有不同的来源。索末菲总结自己的结果说："对于所有情况，在我们的构想中，一条氢谱线是不同的分立事件的复杂的叠加。"[77]

273 索末菲于1916年1月8日圣诞假期之后向慕尼黑科学院提交的第二篇论文，更清楚地表达了这一推广的涵义：在环绕原子核的圆周或者椭圆轨道上的电子，只有当它受到原子核的吸引力符合经典库仑定律(即因与$\frac{1}{r^2}$成正比的力)时，椭圆轨道的能量才等于相应的圆周轨道能量。任何对库仑平方律的偏离都会导致能量的不一致，也就是谱线的分裂。像彗星环绕太阳一样，椭圆轨道上的电子可能非常接近原子核而获得很大的速度。索末菲根据相对论计算了轨道运动。"在经典力学中，对应同一个$n+n'$值的不同的圆周和椭圆轨道，能量都是相同的。考虑到电子质量在这些轨道中并不相同，每个轨道的能量就多少有些差别。相应的谱线，或者更确切地说，这个谱线中相应的项就发散成为一组$n+n'$个相邻的谱线或者项。发散的程度取决于这个$n+n'$值中不同轨道数目提供的可能性。在$n+n'=2$的情况下发散成为双线，$n+n'=3$的情况下成为3线，等等。"[78]

这些结果也开辟了新的实验光谱学的前景。1915年12月，帕邢告诉索末菲氦离子谱线显示了一个奇怪的结构。他推测"对应第二轨道的$4N/2^2$项，应该更复杂，分裂得更厉害。研究下去应该会很有意思。要不是因为战争，工作恐怕早就已经开展了"。[79] 帕邢觉得索末菲的理论对大家很少研究的精细结构给出了

---

[77] Sommerfeld，*Theorie der Balmerschen Serie*，1915，S. 448

[78] Sommerfeld，*Feinstruktur*，1915，S. 466—67.

[79] 帕邢来信，1915年12月12日。DMA，HS1977—28/A，253. 亦见 ASWB I.

具体的预测，“令人印象深刻”。[80] 本来是实验结果偏离了理论，现在变成对理论预测的证实。“这么看来，这个‘偏差’正是理论需要的。一个好的理论能解释所有细节！”[81]

按照索末菲的公式，精细结构的分裂正比于原子核电荷的四次方。根据科塞尔的推测，特征X射线谱可以看成电子从外层轨道迁移到内层轨道的结果，那么重原子的X射线谱线分裂应该更容易观察到。索末菲给施瓦兹希尔德的一 274
封信中这样描述了自己理论的一个推论：“我证明对于原子数 $Z=20$ 到 $Z=60$ 的所有元素的测量结果，都符合 $\Delta\nu/(Z-1)^4=\Delta\nu_H$！$\Delta\nu$＝X射线双线的频率差，$\Delta\nu_H$＝氢原子双线的频率差。”[82]X射线的双线可以看成是“放大了$(Z-1)^4$倍”的氢的双线。而后者的精细结构分裂因为太细微还未能在实验中证实。事实上，1915年瑞典X射线光谱学家曼内·西格班(Manne Siegbahn，1886—1978)的一个博士生在博士论文中列出了大量元素X射线谱中的 K 线系列(对应从第二低轨道到最低轨道的迁移)的双线结构。索末菲觉得这些结果“完全地证实了”他的理论。[83] 1915年圣诞节前两天的讨论会上，科塞尔作了关于这个结果的一个报告。[84] 在给威利·维恩的一封信中索末菲高兴地写道：“我的双线—三线构想大获成功”，“塞曼效应的真正理论也要诞生了，这个理论认为双线来源于不同的轨道”。[85]

虽然要等到几个月之后索末菲的理论和它激发的实验才被用来解释塞曼和斯塔克效应，但其进展迅速。1916年3月，帕邢致信索末菲谈到被认为是属于氦离子的一条谱线时说：“您最近的来信使得4686难题的解决成为可能。”在不考虑精细结构的情况下，这条谱线符合巴耳末公式 $\nu=4N(1/3^2-1/4^2)$，对应从玻尔第4轨道到第3轨道的跃迁。但是根据索末菲的理伦，最初的轨道分裂为4条，最终轨道分裂为3条，轨道间能量差距非常微小。这样一共有12种可能的电子跃迁。测量结果证实了索末菲对这条谱线精细结构的理论预测。尽管不能

---

[80]帕邢来信，1915年12月27日。DMA，HS1977—28/A，253. 亦见 ASWB I.

[81]帕邢来信，1915年12月30日。DMA，HS1977—28/A，253. 亦见 ASWB I.

[82]致施瓦兹希尔德，1915年12月28日。SUB，Schwarzschild. 亦见 ASWB I.

[83]Sommerfeld，*Feinstruktur*，1915，S. 460，494，Fig. 3.

[84]Physikalisches Mittwoch-Kolloquium. DMA，1997—5115.

[85]致W. 维恩，1915年12月31日。DMA，NL 56，010.

275 证实所有的12个成分，已发现成分的波长符合索末菲的计算值。帕邢发现“您的理论几乎是完全正确的”，“不能更好了”。[86]

索末菲的工作也得到了理论验证。普朗克的“相空间的结构理论”导出了类似结果。正像索末菲给施瓦兹希尔德的信中所写：“如此不同的出发点，如此不同的思维方式(普朗克，谨慎而抽象，而我有点胆大，随时准备投入实验观测)，

图17　在法国北部前线的威廉·楞茨参与了原子论的推广。在一封前线来信中，他向索末菲展示了巴耳末公式的相对论推广的推导，比索末菲的最初推导更加清楚表达了精细结构常数意义

[86]帕邢来信，1916年3月28日。DMA，HS1977—28/A，253.

却得到同样的结果！”[87]普朗克之前不久曾写信给索末菲，告诉他自己只是临时兴趣，不想继续深入，“因为你来研究这个问题最合适”。[88] 索末菲接着致信和普朗克同为《物理学年鉴》编辑的威利·维恩，告诉他想把自己给科学院的两个报告中提出的理论做成“一个更精炼的形式”，接下来在《年鉴》上发表。“普朗克对相空间的量化和我的公式完全相符。但是他对巴耳末线系的解释很不简明，和我根本不同。”[89]

索末菲对玻尔理论的推广在不同战区的物理学家那里也赢得赞赏。楞次从法国北部的前线寄来长信感谢索末菲向他寄送“关于谱线的精彩结果”，说“我马上就投入了对它的彻底研究”。从索末菲的公式出发，楞次推导出以相对论计算取代巴耳末公式的系列定律，并且确信“形式一定要简洁。因为你的结果中没有直接给出这个定律，我自己把它推导出来了”。[90] 在这个计算中，他提出了一个后来被称为“索末菲精细结构常数”的特征量。

施瓦兹希尔德的反应也很热烈。对于索末菲寄来的提交给巴伐利亚科学院的那篇论文，他回信感谢说：“您在谱线上的工作是一个巨大的进步。”在这封信的 4 页纸上，他接着向索末菲概述了一个更广泛的方法，以天体力学为基础（有角作用变量的哈密顿—雅可比形式），得到了同样的结果。他称赞这个方法说： 276
从这里我们还可以推导出“一个令人信服的斯塔克效应和塞曼效应的说明”。[91] 5 天后他在一封前线寄来的明信片上写道他的方法也符合普朗克的相空间量化。“您已经同意它对塞曼和斯塔克效应的处理吗？量子天空中真是美妙无比。”[92]索末菲回复说自己“不熟悉”施瓦兹希尔德利用的天体力学方法。但是他自己也有一些新东西：为了寻求塞曼效应的理论解释，他向施瓦兹希尔德描述了如何利用相积分在量子公式中表达一个电子的轨道面斜率。[93]

---

[87]致施瓦兹希尔德，1916 年 2 月 19 日。SUB，Schwarzschild 743. 亦见 ASWB I.

[88]普朗克来信，1916 年 1 月 30 日。DMA，HS1977—28/A，263.

[89]致 W. 维恩，1916 年 2 月 10 日。DMA，NL 56，010. 亦见 ASWB I. 有关普朗克的理论，见 Eckert，*Plancks Spätwerk*，2010.

[90]楞次来信，1916 年 3 月 7 日。DMA，NL 89，059. 亦见 ASWB I.

[91]施瓦兹希尔德来信，1916 年 3 月 1 日。DMA，HS1977—23/A，318. 亦见 ASWB I.

[92]施瓦兹希尔德来信，1916 年 3 月 5 日。DMA，DM. NL 89 059. 亦见 ASWB I.

[93]致施瓦兹希尔德，1916 年 3 月 9 日。SUB，Schwarzschild 743. 亦见 ASWB I.

但是他并不能由此解释反常塞曼效应中复杂的谱线分裂。与此同时，他把斯塔克效应交给保罗·爱泼斯坦作为资格考试的题目。战争时期，作为一个俄国公民，爱泼斯坦按对敌国侨民的规定曾被关押，但是被允许留在索末菲的研究所。原子核的中心电场和一个均匀电场的叠加，可以视为天文学"双中心问题"的一个特例，其中一个中心的质量增大，距离无穷远。由于这个原因，爱泼斯坦和施瓦兹希尔德一样利用了天体力学的常用手段，而且再次证明比索末菲自己原来的方法更有效。施瓦兹希尔德和爱泼斯坦几乎同时达到了目标。1916 年 3 月 21 日，施瓦兹希尔德致信索末菲说他"能够很容易地彻底明确解释斯塔克效应"。三天后索末菲回复说爱泼斯坦得到了更广泛的公式，还给出了施瓦兹希尔德缺失的谱线。"爱泼斯坦会在《物理杂志》直接发表一篇临时通告。之后他计划以这个工作在苏黎
277 世通过资格考试。他会直接给您写信。当然他也来听过我关于谱线的讲座，等等。"[94]爱泼斯坦和施瓦兹希尔德几乎同时发表了自己的结果。爱泼斯坦觉得自己的斯塔克效应理论是"一个对玻尔原子模型的新的有说服力的证据"，应该可以说服那些"持怀疑态度的同事"。[95] 施瓦兹希尔德则觉得"第一次应用玻尔公式严格实行量子论就得到和观测结果如此接近的结果，真是十分了不起"。[96]

索末菲把在《科学院报告》上发表的理论送给当时还在英国的尼尔斯·玻尔。玻尔立即和英国同事讨论了这些事情。"读您的文章得到的快乐是我前所未有的。"玻尔的回复是先寄到哥本哈根由他的兄弟哈罗德翻译成德语后再转寄到慕
278 尼黑。一时间里，对原子理论的热情压倒了世界大战引起的不和。玻尔告诉德国的同事说就连欧内斯特·卢瑟福也非常感兴趣。他当时也刚刚完成对自己理论的一个重构，正准备发表。在研究了索末菲的科学院文章后，他在最后一分钟撤回了自己的文章。在这片文章中他试图利用莱顿大学的保罗·埃伦费斯特的"绝热变换"的思想作为新的量子构想的基础。[97] 索末菲不需要在这个想法上消耗很多时间，因为埃伦费斯特自己在之后不久给他的一封 7 页纸长的信中，描述了自己对索末菲的"玻尔椭圆轨道的量化"以及自己的"绝热假设"之间的关系

---

[94] 致施瓦兹希尔德，1916 年 3 月 24 日。SUB，Schwarzschild 743. 亦见 ASWB I.

[95] Epstein，*Theorie des Starkeffekts*，1916，S. 150.

[96] Schwarzschild，*Quantenhypothese*，1916，S. 564.

[97] 玻尔来信，1916 年 3 月 19 日。DMA，HS1977—28/A，28. 亦见 ASWB I.

的看法："运动甲的每一个量子准许的运动形式(相对于不准许的)，通过绝热可逆作用转化为一个量子准许的运动乙(相对于不准许的)。"通过这个假设，埃伦费斯特3年前成功地解释了氢分子的一些性质。"要是我能向您当面讲解整个绝热问题就好了!"埃伦费斯特写信的时候幻想到了战争的结束。[98]

玻尔—索末菲原子理论的成功在格丁根也引起轰动。1915年德拜当上了物理研究所的主任。1916年6月3日，他向格丁根科学院提交了一篇论文，证明爱泼斯坦和施瓦兹希尔德的斯塔克效应理论中的天体力学公式在没有类似天文学过程的时候也是有用的，磁场中的电子运动就是一个例子。这样就可以用相同的方式处理塞曼效应和斯塔克效应。这样德拜等于是在和自己以前的老师竞赛。索末菲当时正准备发表自己在电子轨道的空间量化方面的结果。他在给施瓦兹希尔德的信中已经暗示了这一点。[99] 然而正向他给埃伦费斯特的信中所写的，"和德拜不同的是"索末菲还没有意识到任何塞曼效应的精确理论。[100] 他最关心的还是理论和当时1916年夏天所能得到的实验结果是否高度一致。在给《物 279
理学年鉴》提交的理论的"一个更精炼的形式"中，从天体力学借来的公式不像在施瓦兹希尔德和德拜的工作中那样占据重要地位。更重要的是以图宾根的帕邢研究所为主的分光实验测量结果和理论的一致性。1916年5月21日。帕邢写信告诉他自己的测量结果"在各处都和您的精细结构符合得很好"。"符合到了几个1/1000 A°E的程度。""没有您的理论我们得不到这个结果。因为只有单独的细线很清晰，但是最粗的线却不知道如何分解为更小成分的混合。"[101]4个星期之后，帕邢在总结结果准备向《物理学年鉴》投稿时，重申了自己的保证，就是所有数据"都从各方面仔细检查过了，完全符合理论。所有的偏离都可以归结于测量误差"。[102] 1916年6月30日，他告诉慕尼黑："今天我已经把结果送给维恩，会把校样寄给您。一切都很满意，我敢说，解释得很有力。"[103]对于索末菲提出的一个

---

[98] 埃伦费斯特来信，未标日期(presumably late April，1916)。DMA，HS1977—28/A，76. 亦见 ASWB I.

[99] Debye，*Quantenhypothese*，1916；Sommerfeld，*Theorie des Zeemaneffektes*，1916.

[100] 致埃伦费斯特，1916年11月16日。Leiden，Museum Boerhaave. 亦见 ASWB I.

[101] 帕邢来信，1916年5月21日。DMA，HS1977—28/A，253. 亦见 ASWB I.

[102] 帕邢来信，1916年6月20日。DMA，HS1977—28/A，253. 亦见 ASWB I.

[103] 帕邢来信，1916年6月30日。DMA，HS1977— 28/A，253.

意见，他一周后又写信说：“既然所有计算结果数字的最后一位都要修改，我会把手稿要回来，重写数字表格。”[104]帕那和索末菲就是这样相互配合着向《物理学年鉴》提交了综合性的结果，两篇文章在9月的刊物上前后相继刊出。[105]

7.5 成功

在“更精细的形式”发表之前很久，普朗克就促使柏林物理学家的圈子关注索末菲的理论。[106] 爱因斯坦对索末菲寄来的第一篇科学院论文已经感到“很高
280 兴”，觉得是“一个大发现!”[107]之后在1916年8月，文章在《年鉴》发表后，他写道：“在我的物理学经历中你的谱研究占据了重要位置。只有通过你的工作玻尔的思想才获得完全的说服力，这真是上帝的精巧安排!”[108]出自当时最伟大的理论物理学家之口的赞美之词，向索末菲显示他已超越10年前任命他继任玻尔兹曼的慕尼黑位置时的期望。伦琴也以“慕尼黑数学物理学校已经成为世界最早和最优秀的同类之一”[109]的评价祝贺他的成就。

作为索末菲已经跻身物理学领域崇高殿堂的证明，1916年1月他被维也纳大学哲学学院院长询问是否有意接受理论物理学教席的职位。在不断搬迁的玻尔兹曼工作过的所有地方中，维也纳继承了他最多的荣光。[110] 玻尔兹曼的位置出现空缺是因为1906年他自杀后继承这个职位的弗里德里希·哈泽内尔

---

[104]帕那来信，1916年7月8日。DMA，HS1977— 28/A，253.

[105]Paschen，*Bohrs Heliumlinien*，1916；Sommerfeld，*Quantentheorie der Spektrallinien*，1916.

[106]普朗克来信，1916年5月17日。DMA，HS1977—28/A，263. 亦见 ASWB I.

[107]爱因斯坦来信，1916年2月8日。DMA，HS1977—28/A，78. 亦见 ASWB I.

[108]爱因斯坦来信，1916年8月3日。DMA，HS1977—28/A，78. 亦见 ASWB I.

[109]伦琴来信，1916年1月6日。DMA，HS1977—28/A，288.

[110]维尔廷格来信，1916年1月19日。DMA，NL 89，019，Mappe 5，5. Eckert/Pricha，*Berufungen*，1984.

(Friederich Hasenöhrl，1874—1915)于1915年10月在南蒂罗尔山的堑壕战中阵亡。哈泽内尔为这个职位增添了光彩，为玻尔兹曼的“学派”培养了像汉斯·蒂林(Hans Thirring，1888—1976)，路德维希·弗拉姆(Ludwig Flamm，1885—1964)，埃尔温·薛定谔(Erwin Schrödinger，1887—1961)以及卡尔·赫茨菲尔德(Karl Herzfeld，1892—1978)这样的物理学家[111]。正像哈泽内尔继承人遴选委员会主任数学家威廉·维尔廷格对索末菲所言，哈泽内尔死后，大家也希望能找到声誉卓著的继承者。维尔廷格从和索末菲一起在格丁根的费利克斯·克莱因手下同学的年代就开始了解他。他告诉索末菲，爱因斯坦和劳厄也是被考虑的人选，并且他和教授会一些人都强调要“让德国人掌握这个职位”。[112]

这清楚表明了该任命也带有政治色彩。也就像所有其他带有政治色彩的事件一样，维也纳大学学院对这种条件下哪个候选人更值得优先考虑产生不同的意见。任命的事情被搁置了一年多。1917年3月，维尔廷格致信索末菲说：“我不再是院长了，所以可以畅所欲言。”和爱因斯坦和劳厄的协商没有结果。遴选委 281
员会的物理学家希望将波兰理论学家马利安·斯莫鲁霍夫斯基(Marian Smoluchowski)和德拜列入候选人名单；但是维尔廷格发起一个请愿，要求“将您列为单人提名，而不提名斯莫鲁霍夫斯基”。委员会多数接受了这个请愿，但是少数物理学家仍然坚持提名斯莫鲁霍夫斯基。维尔廷格信中解释了自己和多数同事反对斯莫鲁霍夫斯基的原因：“斯莫鲁霍夫斯基是波兰人，而且自认不讳。这对奥匈帝国中的我们意味着什么，我想德意志帝国的人不会真正理解。你们的政府永远是德意志政府，而对我们来说，德意志这个概念是政府的一个筹码，可以在各种困难的条件下作交易，迎合其他民族。因此我们不得不自己保护自己。”[113]

索末菲没有离开慕尼黑的意思。不过他还是希望奥地利文化部长理解，如果收到聘书自己“会认真考虑维也纳大学的邀请”。“当然考虑到维也纳的生活成本，我的收入也需要随之有实质性提高。”[114]索末菲等了几个月，最后被告知无法

---

[111]Bittner, *Geschichte*，1949，S. 193.

[112]维尔廷格来信，1916年1月27日。DMA，NL 89，019，Mappe 5，5.

[113]维尔廷格来信，1917年3月14日。DMA，NL 89，019，Mappe 5，5.

[114]致奥地利文化部，1916年7月25日。DMA，NL 89，019，Mappe 5，5.

为维也纳大学职位提供高于他目前在慕尼黑的正式收入。[115] 索末菲后来致信希尔伯特说，维也纳的所谓“召唤”“不过是学院和文化部的一个没有法律约束力的问询而已”。“最后结果是我太贵了他们付不起。在那之后，我当然就没法向慕尼黑要求涨薪了。”[116]不过这件事情还没结束。学院按照维尔廷格的提议将索末菲列为单一候选人，并且维也纳文化部也能够付给他一份高于慕尼黑的收入。索末菲因此被邀请去维也纳考察情况。索末菲回来后写信给希尔伯特说：“我觉得那
282 里的条件不错。”“不过巴伐利亚部长把我的薪水涨到和维也纳相当的水平，我当然就决定留在慕尼黑。”[117]接下来，维也纳开始新的遴选工作。斯莫鲁霍夫斯基1917年在战争中阵亡。最后玻尔兹曼以前的学生古斯塔夫·耶格尔(Gustav Jäger，1865—1938)被任命为哈泽内尔的继承人。在慕尼黑，索末菲留下的决定给他带来3000马克的加薪，外加一个“国王枢密顾问”的头衔和等级。巴伐利亚文化部长告知索末菲：“希望尊敬的阁下在这一崇高荣誉中，看到巴伐利亚珍重您的贡献的昭然之意。”[118]

作为“国王枢密顾问”，索末菲成为巴伐利亚州的名流，但也经常伴随着社会义务。1917年10月，他致信威利·维恩说：“上星期一我在多种技术协会作原子模型报告的时候，国王也在场!”[119]其他时候他也被巴伐利亚文化部召去做专家顾问。奥斯卡·冯·米勒创立德意志博物馆，喜欢找科学和工程方面的国王枢密顾问做咨询。索末菲在那些年中因此经常被找去做顾问和展览规划。他和大学物理化学的同事卡西米尔·法杨斯(Kasimir Fajans，1887—1975)一起，高兴地实现了博物馆创立者的意愿，在战争最后一年为“物质结构”展览设计了概念。[120]

在其他方面索末菲也享受着功成名就的喜悦。举例来说，他作为自己领域巨擘的地位，体现在斯德哥尔摩的瑞典科学院向他征询关于1918年诺贝尔物理学奖的意见。他推荐“马克斯·普朗克的量子理论”的时候，把发现的重要性置

[115]克维克林斯基(Cwiklinski)来信，1917年1月11日。DMA，NL 89，019，Mappe 5，5.
[116]致希尔伯特，1917年3月13日。SUB，Hilbert 379 A.
[117]致希尔伯特，1917年7月10日。SUB，Hilbert 379 A.
[118]克尼林来信，1917年7月13日。DMA，NL 89，019，Mappe 5，5.
[119]致W. 维恩，1917年10月24日。DMA，NL 56，010. 亦见ASWB I.
[120]Schirrmacher，*Atom*，2003；Eckert，*Atommodelle*，2009.

于发现者之前，明白地表示自己觉得之后诺贝尔奖应继续奖励量子理论的应用。不过他觉得："像玻尔的硕果累累的研究，虽然足以获得诺贝尔奖，但是毕竟是量子论的产物。不应该在整个量子领域的创立者之前获奖。此时对量子论授奖非常适宜，因为谱线以及原子的量子理论刚刚无可置疑地确立了普朗克思想的 283
根本性质。"[121]当他写下这样的词句之时，肯定也想过自己未来获奖的可能。1918年10月，巴伐利亚科学院要提名索末菲作为1919年诺贝尔奖候选人，请求他起草自己的提名。虽然觉得这样自吹自擂"有点反常"，他还是克服了这个"美好的顾虑"，因为自己的辞句"基于事实，有根有据"。后来他又产生疑虑，对巴伐利亚科学院秘书卡尔·里特尔·冯·格贝尔(Karl Ritter von Goebel，1855—1932)写道："让我来写您应该写的文字，真是荒唐。""也许您应该彻底放弃这件事。"[122]

当时在物理学家中，诺贝尔奖已经成为这个领域至高无上的认可。索末菲却始终无缘问津(参见14章)。但是在1917年，普朗克、玻尔、爱因斯坦都还未获奖，索末菲不会觉得自己是被忽视了，更何况其他荣誉接踵而来。1917年11月，格丁根科学院选举他为通信院士。[123] 半年后他成为维也纳科学院院士。[124] 普鲁士科学院以"对建立谱线的量子理论的贡献"授予他亥姆霍兹奖。1917年1月25日，索末菲得知，授予他此奖项，外加1800马克奖金的消息，"是在庆祝德意志皇帝兼普鲁士国王威廉二世陛下的生日，以及腓特烈二世周年的仪式上宣布的"。[125][126] 索末菲的荣誉也引起荷兰同事的注意。洛伦兹读到新闻后致信祝贺说："您的结果是理论物理学最优美的成果之一。""就是在几年以前，谁能想到，相对论力学能够解开这么多秘密。"[127]希尔伯特也在祝贺他获得亥姆霍兹奖的信中 284

---

[121]致诺贝尔委员会，1917年12月20日。斯德哥尔摩科学院，诺贝尔档案馆。亦见ASWB I.

[122]致格贝尔，1918年10月8日。München，Archiv der Bayerischen Akademie der Wissenschaften，Nachlass Karl Ritter von Goebel.

[123]龙格来信，1917年11月10日。DMA，NL 89，020，Mappe 6，2.

[124]莱歇(Lecher)与维尔廷格来信，1918年5月28日。DMA，NL 89，020，Mappe 6，2.

[125]DMA，NL 89，020，Mappe 6，2.

[126]当时德皇兼普鲁士国王威廉二世与历史上著名的普鲁士国王腓特烈大帝生日相近，故一并庆祝。——译者注

[127]洛伦兹来信，1917年2月14日。DMA，HS1977—28/A，208. 亦见ASWB I.

说："这是进步过程中的喜悦，是如此精彩的事物本身的喜悦。"[128]

7.6 战争物理学

战争中索末菲对玻尔原子论推广给人一个印象，那就是他已完全退回科学的象牙塔内。这个印象是错误的。1915 年 4 月，同事们将陆军和海军技术部门出现的和战争有关的技术问题交给索末菲。对他来说这不仅仅是一个短暂的插曲，而且是军事研究的开始，在 1917 年之后愈发成为一个中心焦点而不是偶然附带的东西。也不光对他是这样。在其他大学，战争研究也愈发地融入专业研究中。[129] 从科学史的观点看，人们可以第一次说"对科学家的动员是推行战争的一项资源"。[130] 像潜艇和飞机这样的新的武器系统赋予战争一个"新的维度"，[131] 对自然科学家和工程师们也是一个新挑战的宝库。虽然索末菲未被征召到技术部门作后备役军官，他对战争研究的参与很快就不只是什么私人兴趣。1916 年，柏林战争部官员弗里德里希·施密特·奥特（Friedrich Schmidt-Ott，1860—1956）与弗里茨·哈伯以及瓦尔特·能斯特合作，建立了一个组织，其功能是"通过国家最优秀的科学头脑和军事头脑间的合作，来推进科学技术的发展帮助战争的进行"。虽然所谓的"威廉皇帝战争技术基金会"（Kaiser Wilhelm Stiftung für kriegstechnische Wissenschaft，简称"KWKW"）是通过一项私人捐赠成立的，但是在普鲁士战争部长领导，由部官员和军官组成的董事会的管理之下，这个基
285 金会实际上完全是个官方机构。[132]

KWKW 开始实质性的工作，将陆军和海军提交战争部的各个军事相关领域

---

[128]希尔伯特来信，1917 年 2 月 18 日。DMA，HS1977—28/A，141.

[129]Berg/Thiel/Walther，*Feder und Schwert*，2009；Busse，*Engagement*，2008.

[130]Ash，*Wissenschaft-Krieg-Modernität*，1996，S. 71.

[131]Trischler，*Räumlichkeit*，1996.

[132]Rasch，*Wissenschaft und Militär*，1991，S. 94—96.

的研究课题形成清单，转交各专家组做进一步的处理。1917 年 1 月和 2 月，战争部通过各大学和工学院的校长通知有相关专长的教授进行课题工作。作为能斯特私人的老相识，索末菲被要求作为物理专家组的成员担任“无线电报领域的理论研究”范围的工作。[133]

他立刻就同意了。索末菲被指定负责的范围是“实际天线形式的理论研究，陀螺”。[134] 作为飞机、船舶和潜艇间的通信手段，无线电报在第一次世界大战期间还不是一项成熟的技术。在陆军中，马克斯·维恩作为无线电部队技术部门的科学主管负责这一领域；海军在基尔的鱼雷视察团也有一个部门开展无线电技术的研究，拥有富于相关经验的大学教授海恩里希·巴尔克豪森(Heinrich Barkhausen，1881—1956)。[135] 陀螺仪在军事技术中的重要性也很显著。能斯特就曾请求索末菲下次有机会去柏林的时候和他“讨论内膛线迫击炮弹的弹道问题”。[136]

无线电报和陀螺仪理论是索末菲长久以来一直很熟悉的领域。在陀螺仪理论上，他可以依靠弗里茨·诺特。此人 1910 年在他手下做学生时，就编辑了《陀螺仪理论》的最后一卷，并协助完成 1913 年新版的修改工作。[137] 战争开始时，诺
特作为士兵前往法国北部前线，但是后来转移到柏林，应该是为索末菲进行陀 286
螺仪理论的弹道应用的研究。为获得更大的稳定性，迫击炮弹在发射时因为内膛线的缘故带有旋转，同时产生陀螺仪理论中所谓的“锥形振动”，导致对轨道的偏离。索末菲在给 KWKW 提交的题为《迫击炮弹道》的报告中指出研究的目标是“通过改变迫击炮弹结构，消除或者限制锥形振动，实现最优的平滑轨迹”。[138] 这份报告没有明确显示索末菲和诺特的合作，但是战后诺特利用索末菲一份未发表的手稿，完成了一篇“投射体振动”的论文，应该是体现了 KWKW 工作的结果。[139] 至于这一理论有无实际军事应用价值，值得疑问。在弹道专家组中代表物理学

[133]能斯特来信，1917 年 2 月 22 日。DMA，HS1977— 28/A，241.

[134]Rasch，*Wissenschaft und Militär*，1991，S. 100).

[135]Krauß，*Rüstung*，2006，S. 123).

[136]能斯特来信，1917 年 3 月 2 日。DMA，HS1977— 28/A，241. 有关其他应用，见 Broelmann，*Intuition*，2002，S. 295—310.

[137]诺特(Noether)来信，1913 年 7 月 12 日。DMA，HS1977—28/A，246.

[138]致 KWKW，未标日期[1918 年 3 月]。DMA，NL 89，019，Mappe 5，6. 亦见 ASWB I.

[139]Noether，*Berechnung*，1919 年.

家的卡尔·克兰茨，在一本教科书中写道："索末菲和诺特利用复变积分对问题的处理，给读者很高的智力享受，不过结果与观测到的弹道偏离并不一致。"[140]

从现存资料，只能零星地复现索末菲的军事研究。KWKW 的文件和很多陆军档案一起在二战中似乎被毁掉了。[141] 索末菲给 KWKW 的报告是反映该组织委任的具体项目情况的极少数文件之一。在报告中他只是简略介绍了"迫击炮弹道"项目的范围。该项目始于陆军炮兵测试委员会的一项任务。索末菲在无线电报领域对军事的贡献更加深入全面。除了在柏林的陆军无线电报部队，主要的研究由海军在基尔的鱼雷检查团进行。一个单独的部门在那里负责水下电报。不过在 1914 年战争开始时，水下通信的重要性还未显示出来。从 1915 年秋天才开始开展以声波为主的更广泛的研究。索末菲的工作领域是电磁波在水下的传播。在给 KWKW 的报告中，他研究的目标是海军的"流线电报"。这个项目是
287 1917 年 5 月"和巴尔克豪森的一次谈话中"成型的。目的是"通过缓慢变化的交流电构建潜艇之间或者陆地到潜艇的通信工具"。[142] 在介质中交流信号的吸收由电导率 σ 和频率 ν 的乘积决定(穿透深度正比于 $1/\sqrt{\sigma\nu}$ 就是根据这一理论)，所以海水的高电导率使得低频信号的传播更有效。但是实验确定的"临界波长是计算值的好几倍"，使得索末菲只得想法利用吸收程度低得多的地。他因此将"浅水中的流线电报"作为个人研究题目。在其中，他利用自己 1909 年以来关于无线电报中波传播的结果作为模板，计算了信号的传播，"之前的空气和地，分别对应现在的地和水。之前是波在空气中传播，在地中耗散。现在是交流电在地中传播，通过一种表面浅层效应进入水中"。其他"流线电报"的计算是关于"所谓的交流电罗盘，就是潜艇通过载有交流电的电缆自我导向"。另一个计算的目的是要评估两种不同的天线形式哪种更好：由潜艇拖曳一条延伸出来的金属线，还是一个闭环的金属线圈。索末菲给 KWKW 的报告中写道："最后那一项研究也和 1917 年 11 月帝国海军办公室向我提出的一个问题有关。""如何改进无线信号的方向精

---

[140]Cranz，*Ballistik*，1925，S. 358.

[141]Rasch，*Wissenschaft und Militär*，1991，S. 83.

[142]1916 年前水下电报机构的情况，可见签署日期为 1916 年 9 月 28 日的"鱼雷检查——战争日记"("*Inspektion des Torpedowesens. Kriegstagebuch*")，载于 BA-MA，RM 27 III 29.

度，也就是说，如何减小信号接收的角空间。在这方面我的工作还没有结果。”[143]

对于前述天线方向性问题，索末菲的了解可算由来已久。1911 年，他就指 288
导了一篇关于这个题目的博士论文(见边码第 215 页)，并且因为对于这个观念的诸多争议为 KWKW 撰写了一个单独的“表达生动的”报告。[144] 前线来信也提到这个问题。1916 年 4 月，索末菲战前的助手楞茨被要求立即“最高指挥部的战场电报主任办公室”开展理论的实际效果的研究。就像索末菲 1917 年 3 月写给希尔伯特的那样，楞茨从此成为他在“无线电报的军事问题”上最重要的联系人。[145]

索末菲的“方向性的新理论”也激起了空军的兴趣，这主要是在马克斯·维恩所属的无线电报部队的范围。[146] 埃伯哈德·布赫瓦尔德(Eberhard Buchwald，1886—1975)是布雷斯劳大学的一位实验物理学家。虽然没有在索末菲手下做博士，但是因为 1911 年曾在慕尼黑短暂加入索末菲的圈子，之后就以门生自居。1917 年，作为“多布尼茨飞行无线电操作员实验部”的预备役中尉，他对一些设计用来同时研究飞机悬吊天线的方向性以及地面站飞机定位的实验很熟悉。索末菲表示了对这些实验的兴趣。1918 年 7 月底，他又在柏林呆了一周，现场了解自己理论的应用情况。在给家里的信中他说自己“在梅克伦堡州搞了两天的无线电”，实验部的军官对他“非常友善”。[147] 他给女儿写信说自己有一次曾经登上飞机飞行，幸好没有出大事。“最后我们碰上发动机失灵，进行了紧急降落，飞机和人员都没有受到伤害。”[148]

在这件事情上，理论也没有对军事实践产生什么帮助。索末菲曾在信中谈
起自己为基尔的鱼雷视察团所做的工作说“技术困难阻止了理论的应用”。这说 289
明了他对这个领域的军事研究结果“不甚满意”的原因。[149] 在战后，布赫瓦尔德和同事在关于梅克伦堡飞机场的无线电实验报告中，感谢了索末菲“在所有实验讨

---

[143]致 KWKW，未标日期(1918 年 3 月)。DMA，NL 89，019，Mappe 5，6. 亦见 ASWB I.

[144]同上引。

[145]楞茨来信，1916 年 4 月 19 日。DMA，NL 89，059；致希尔伯特，1917 年 3 月 13 日。SUB，Hilbert 379 A.

[146]M. 维恩来信，1918 年 4 月 20 日。

[147]致约翰娜，1918 年 7 月 30 日。

[148]致玛格丽特(Margarethe)，1918 年 8 月 2 日。

[149]致约翰娜，1917 年 8 月 6 日。

论中的建议”。尽管如此，报告也指出这些研究没有产生实际结果。[150] 1920 年的一个教科书式的关于“飞机的无线电报”的报告中写道：“索末菲及其学生们的理
290 论结果即使在地面上也未得到彻底验证；三维空间的情况完全没有解决。”梅克伦堡的实验中也看不到“理论计算和实验”的符合。“因为理论计算根据的简化假设不符合实验的实际情况，本来也不指望会看到二者符合的结果。”[151]1923 年的一本《无线电报和电话》教科书的结论是：“指向性传播的问题并未解决。”[152]在这些战后以专业人士为目标的教科书中，都没有提到索末菲的无线电报电磁波传播理论。这个领域内理论和实践的鸿沟很多年后才被跨越。[153]

不过索末菲也在其他完全不同的方面对德国的战争努力做出了贡献。比如，他在慕尼黑的同事瓦尔特·冯·杜克，领导着一个将根特大学佛来芒化的“研究委员会”头目，拉拢他进来参与为德国的比利时战争目标服务的政治。[154] 该大学准备于 1916 年作为一个佛来芒语大学重新开张，遭到比利时教授们的抵制。德国占领者的计划由于缺乏教师而濒临失败，因此准备为根特大学添加新的人力。当索末菲试图从中立的荷兰为根特大学招募教授时，他被告知这会引起佛来芒人的不快。“我觉得在德国人们不了解佛来芒人的真正观点。虽然他们想把一个比利时大学佛来芒化，具体地说就是根特大学，但是他们要的是作为比利时人自己控制自己的事务，而不是让外国人来主宰。”[155]

这一回复产生了效果：作为避免措施考虑不周的一个警告，索末菲把这封信转发给威廉·维恩以及其他同事。但他并未因此退出其他推销德国战争目的
291 的宣传活动。[156] 1918 年 1 月，他同意请假“去图奈前线作讲座”，在给家里的信中说自己与其他德国教授一起通过“和平物理学”的讲座激发部队士气。[157] 他也利用这个“鼓劲讲座”机会了解无线电报实施中的实际问题，同时对根特大学进行了

[150]Baldus/Buchwald/Hase, *Geschichte*, 1920.

[151]Niemann, *Funkentelegraphie*, 1921, S. 308 and 326.

[152]Lertes, *Telegraphie*, 1923, S. 143).

[153]Eckert/Kaiser, *Nahtstelle*, 2002.

[154]Hashagen, *Walther von Dyck*, 2003, S. 503—536.

[155]卡默林·昂内斯来信，1916 年 6 月 6 日。DMA，HS1977—28/A，160.

[156]致 W. 维恩，1916 年 6 月 15 日。DMA，NL 56，010.

[157]致慕尼黑大学校长办公室，1917 年 12 月 22 日。UAM，E-II-N Sommerfeld.

图 18　1917 年的索末菲和妻子

一次访问。[158] 对杜克来说这次访问“非常重要”，他希望索末菲“回去后能向后方为他在根特的工作成果作证”。[159] 索末菲迫不及待地实现了杜克的愿望。在给《慕尼黑—奥格斯堡晚报》的一篇文章中，他写道，自己“高兴地……得知古老的日耳曼土地上一处之前只能听到法语的地方，现在已被赢回，交给德意志科学。”“新根特大学的建立”是“德国在比利时的政策”中促进唤起“共同的日耳曼文化之根”的“最有效和最有希望的行动”。[160] 德国对根特大学佛来芒化的重视在几个月

[158]致约翰娜，1918 年 1 月 9 日。亦见 ASWB I.

[159]杜克来信，1918 年 1 月 19 日。引自 Hashagen，*Walther von Dyck*，2003，S. 529—530.

[160]Literaturbeilage der *München-Augsburger Abendzeitung*，2 月 26，1918. 类似地，可见 Sommerfeld，*Besuch*，1918；Sommerfeld，*Besuch in Gent*，1918.

后表现得更加清楚。在西线撤退的背景下，是否放弃被认为是“德国佛来芒政策的基石”的根特大学，成为权衡的对象。占领比利时的德国管理机构 1918 年 10 月 3 日的一份内部备忘录中写道：“考虑到这个佛莱芒语大学的象征意义，它的消失意味着德国的比利时政策的整个完结。”[161]

7.7 悲喜交替

索末菲在战争的最后一年可以说是马不停蹄。他的“鼓劲讲座”融合了民族主义宣传、对原子论的热情以及战争物理学。1918 年 4 月，他接受“德国殖民地红十字会妇女协会符腾堡州分会”的邀请，做了题为“海因里希·赫兹以来物理
292 学在德国的发展”的公众讲座。事后他写信给妻子说：“听众很多，至少 1000 千人。”[162]从那里，他的讲座之旅的下一站是布鲁塞尔。他在那里做的弹道方面的专业讲座在“人数不多的听众”中激发了“强烈兴趣”。索末菲和楞茨前后脚来到最高指挥部(“说不定我还能有机会看见兴登堡和鲁登道夫的影子!”)[163]的目的应该是与楞茨讨论无线电报的相关问题。一周之后他又来到柏林参加无线电报部队关于天线方向性的讨论，同时在马克斯·普朗克的 60 大寿庆祝会上致辞，表达了自己对原子论的热情。在给妻子的信中谈到这次访问时他写道：“这次柏林出差很累，不过还是非常不错。”[164]

这些旅行对索末菲来说也像是一场情感过山车。从政治观点来说，战争最后一年，德军获胜无望，使得他非常沮丧。对 1918 年 4 月底的柏林之旅，他之所以还能觉得“非常不错”，主要是在普朗克祝寿会上，他得以向汇集而来的同事们报告自己的慕尼黑学派实现的原子论最新进展。根据精细结构理论，在圆

---

[161]引自 Hashagen, *Walther von Dyck*, 2003, S. 533.

[162]致约翰娜，1918 年 4 月 14 日。Sommerfeld, *Entwicklung der Physik*, 1918.

[163]致约翰娜与恩斯林，1918 年 4 月 17 日。

[164]致约翰娜，1918 年 4 月 29 日。

周和椭圆轨道间有许多可能的跃迁，但是发生的只是少数几个。索末菲给出了
这个问题的解释。在辐射过程中，原子与周围的“以太”耦合，因此量子化的对
象是“原子＋以太耦合系统”。假设辐射是发生在以太而不是原子中，原子终态
和初态的能量差即为以太振荡能量。“发生振荡的是以太，不是原子。”如果是这
样，除了能量之外，角动量也必须守恒。“电子在原子中跃迁时的动量变化，必
须转移给以太。”由此导出的一个选择定律是原子中跃迁的量子数变化只能是1。
除此之外，也得到了关于谱线的极化的结果。[165] 他没有把这个成果攫为己有，而
是归功于阿达尔贝特·鲁宾诺维奇(Adalbert Rubinowicz，1889—1974)的贡献。
后者曾在切尔诺夫策大学作助手。因为一战的关系大学关门后，临时在索末菲 293
慕尼黑研究所工作。当索末菲告知柏林物理学家的反应时，鲁宾诺维奇感觉不
胜荣幸。最让人高兴的是爱因斯坦的反应，他“用‘精致’来评价利用守恒定律来
推导选择和极化定律的想法”。[166]

在柏林物理学家之后，索末菲也和玻尔分享了自己对“量子论和波动论之间
的和好”的喜悦。“波动现象只在以太中存在，遵守麦克斯韦方程，像线性振子
一样按量子论运作，具有不确定的本征频率 ν。原子只是向波动现象提供一定的 294
能量和动量，与振动不直接相关。按照您的 $h\nu$ 频率关系，以太根据获得的能量
确定频率，并根据获得的动量确定极化。”在这之前不久，玻尔曾经把自己一篇
论文的第一部分寄给索末菲，其中通过不同的方法，得到了和鲁宾诺维奇同样
的结果。这种索末菲所谓的“经典辐射和大量子数的量子辐射理论之间有意思的
比较”很快被称为玻尔“对应原理”。不过在索末菲看来，相比之下还是鲁宾诺维
奇的公式“在物理意义上更有启发性”。[167]

在几个星期的时间里，对原子物理学的兴奋压倒了其他事务。在索末菲看来，“量子论和波动论之间的和好”提供了长期以来一直在寻求的对波粒二象性悖论的解释。之后不久，从隆德大学曼尼·西格班实验室传来喜讯。6月1日索

---

[165] Warburg/Laue/Sommerfeld/Einstein, *Geburtstag*，1918，S. 20—22.

[166] A. Rubinowicz：Zur Geschichte meiner Entdeckung der Auswahl- und Polarisationsregeln. AHQP，OHI 1419/4.

[167] 致玻尔，1918年5月18日。NBA，Bohr. 亦见 ASWB I，S. 595—596. 关于玻尔的对应原理构想，见 NBCW 3，“Introduction”尤其是 S. 3—8.

图 19　阿达尔贝特·鲁宾诺维奇为索末菲理论贡献了"选择定律"，即原子中电子跃迁量子数的改变只能是一个单位

末菲向巴伐利亚科学院报告了对 X 射线若干谱线(K_β)的研究结果。根据他的精细结构理论，这些谱线应出现双裂。他在报告中引述了西格班的来信，而后者几天前才通过仔细检查照相底版证实了这些谱线的双裂。[168] 三天后他致信西格班描述自己对这些双线的观点："当一个电子从 M 层跳到 K 层，等效核电荷就变小了……因此核的吸引力也变小了，L 层因此展宽。所以计算初态和终态能量的时候，需要包括 L 项的能量贡献，尽管电子数 q 不变……但是现在不管是圆

[168]Sommerfeld，*Feinstruktur der Kß-Linie*，1918，S. 372.

周还是椭圆轨道，L 层已经分裂为二，根据相对论计算得到的能级贡献也变得不同。”[169]在几个星期的时间里，这个 K_β 双线成为隆德和慕尼黑之间活跃通信的主题。索末菲致信爱因斯坦说西格班提供了“一个关于 X 射线谱的未被预料到的优美的证明……K_β 是一条双线；当一个电子从 M 层跳到 K 层时，L 层展宽，显示双线性质”。他进一步建议爱因斯坦“从柏林某个赞助人那里争取资助搞一个系列讲座……我建议第一个讲座可以由西格班或者玻尔来担任”。[170]

看到这样的计划，似乎在 1918 年夏天战争已经十分遥远。实际上当时南线 295
和西线都是战况激烈。7 月间，奥匈帝国发表公告宣布从阿尔巴尼亚撤军。德军指挥部的战报报道了法军的推进。[171] 德军春季发动的攻势并未带来预期的突破。现在考虑到法—英—美的反攻，德国获得战争胜利的希望已经十分渺茫。1918 年 8 月索末菲致信威利·维恩说：“我有各种科学计划，但是首先关注的是战争问题。”“军事前景再次乌云密布，此时关注军事技术问题，比纯科学研究更让人充实。”战争与和平在他的科学研究中并置，既提供内心的满足，也带来等量的良心不安。“在我的普朗克报告中，您可以看到鲁宾诺维奇谱线极化实验的概述。我觉得很有希望。另外和以前一样我仍然在进行 X 射线和碱金属的双线结构的研究。什么时候我们才能问心无愧地研究这些事情？”[172]在柏林和陆军无线电技术员一起研究“军事问题”时，索末菲致信妻子说：“要是西线战事的消息再乐观些就好了。”[173]三天后，在给女儿的生日贺信中，索末菲表达了“对你，对我们所有人，尤其是对祖国”的美好祝愿。[174] 当鲁宾诺维奇汇报原子论研究中出现的新的“怪事”时，索末菲带着遗憾地回复，“由于各种与战争有关的研究”，自己“无法在量子论上有所作为”。[175]

169致西格班（Siegbahn），1918 年 6 月 4 日。Stockholm，Academie，Siegbahn. 亦见 ASWB I.

170致爱因斯坦，未标日期（1918 年 6 月）。AEA. 亦见 ASWB I.

171官方战争公报，http://www. stahlgewitter. com/18_07_10. htm（2012 年 10 月 5 日上网）。

172致 W. 维恩，未标日期（1918 年 8 月）。DMA，NL 56，010. 亦见 ASWB I.

173致约翰娜，1918 年 7 月 30 日。

174致玛格丽特，1918 年 8 月 2 日。

175致鲁宾诺维奇（Rubinowicz），1918 年 9 月 2 日。

297 # 第八章 量子教皇

战争的结束，以及随之而来的革命风暴，使得情感过山车变得更加令人目眩。1918 年 11 月乌普萨拉大学给威利·维恩的聘书，对索末菲来说就像是要他当逃兵的召唤。要是维恩离弃祖国接受聘任，索末菲定会感觉“耻辱”。[1] 爱因斯坦对“新时代”的信仰，在德国教授中独一无二，对索末菲则是完全无法理解。他给爱因斯坦的一封信以“愿上帝保护您的信仰”结尾。“我发现一切都是不可言喻的悲惨和愚蠢。敌人口蜜腹剑，我们头脑简单。统治世界的不是上帝，而是金钱。”[2] 对一个维也纳的同事他承认自己觉得“德国未来是黑暗上加黑暗……仿佛我们的不幸和革命口号已经消灭了一切自尊和自信的感觉”。[3]

与严峻的政治气氛形成鲜明对比，索末菲对自己领域的未来却非常乐观。理论物理学中令人兴奋的创新，使得爱因斯坦和索末菲搁置了政治分歧。1919 年 3 月，随着巴伐利亚总理库尔特·艾斯纳(Kurt Eisner，1867—1919)遇刺身亡，慕尼黑处在宣布成立苏维埃共和国的前夜，而在柏林政府军则正与斯巴达

---

[1] 致 W. 维恩，1918 年 11 月 12 日。DMA，NL 56，010. 亦见 ASWB I；关于一战后总的政治形势，参见 Ullrich，*Revolution*，2009.

[2] 致爱因斯坦，1918 年 12 月 3 日。AEA，Einstein. 亦见 ASWB I.

[3] 致盖特勒(Geitler)，1919 年 1 月 14 日。亦见 ASWB II.

克同盟战斗[4]。索末菲把他的最新研究成果寄给爱因斯坦，同时要求在下一次德国物理学会会议上搞一个关于这些结果的“小讲座”。[5] 1919 年 5 月 9 日(凡尔赛条约草案公布的两天后)的会议纪要表明爱因斯坦答应了这一请求。索末菲和科塞尔论文的标题是《选择定则和谱序列的位移律》[6]，这不是一篇混杂很多方程的 298
论文，而是一个基于经验的猜想。周期表中序列元素的光谱有一个显著的特点：具有奇数价电子的原子显示双线(如钠的双黄线)；偶数价电子的原子则显示三线。失去一个电子的离子与元素周期表上相邻元素的谱线类型一致。索末菲描述这一“位移律”的本质时写道：“一个元素的火花光谱和周期表上前一位元素具有相同的特性。”这是“为解开光谱现象谜团向前迈进了一步”。[7]

8.1 原子结构和光谱线

科学上，此时的索末菲正处于自己职业生涯的顶峰。通常认为数学家和物理学家作为研究者 30 岁之后就已经过了创造力的峰值，而 1918 年 12 月 5 日年届 50 的索末菲，在理论物理学中的探索却正在进入最高境界。在给爱因斯坦和其他同事的信件中索末菲虽然发泄对政治局势的不满，但这样的段落只是出现在最后。信件的主旨还是当前的物理学，而不是政治。在一封信的开始，他告诉爱因斯坦：“为了一个特定的目的(原子模型的通俗著作)，我需要一个量子统计的基础的简单介绍。”对于政治形势，他在信中认为，“一切都是不可言喻的痛苦和愚蠢”，然后继续用 3 页纸描述他的量子统计概念，并且问道：“您同意这种说法吗？”[8]

---

[4] 指李卜克内西、卢森堡等领导的左派武装。——译者注

[5] 致爱因斯坦，1919 年 3 月 25 日。AEA，Einstein.

[6] Sommerfeld/Kossel，*Auswahlprinzip*，1919.

[7] 致 W. 维恩，1919 年 3 月 27 日。DMA，NL 56，010.

[8] 致爱因斯坦，1918 年 12 月 3 日。AEA，Einstein. 亦见 ASWB I.

两年前索末菲就已勾画了这本“关于原子模型的书”的轮廓。那是在一个“原子和电子论的新实验和理论进展”的讲座课程之后。对这个在讲座目录中被称为是“通俗的，没有复杂数学”的课程，他显然是乐在其中。1916—1917 年的冬季
299 学期后他向希尔伯特写道：“这学期，我讲授了 1 课时的原子结构和光谱线的通俗课程，大约有 80 名观众，其中 12 个是同事，主要是化学家，医学院教师和哲学家。我想把它作为一本书出版。课程很有意思，下学期，我会试着也这么去讲相对论，就是纯粹的概念，没有数学。”[9]随后索末菲讲授的类似的 1 个课时的通俗课程，包括“X 射线和晶体结构”(冬季学期，1917/18)、再一次“原子论”(夏季学期，1918)和“原子结构和光谱线”(冬季学期，1918/19)。1918 年 1 月他在给士兵做的“和平物理学讲座”肯定也包含了这些内容。[10]

在战争结束之前，索末菲就已开始实施这个计划。1918 年 6 月他致信爱因斯坦：“最近两周里，我在撰写一本关于《原子结构与光谱线》的通俗著作，正文读者对象是化学家，补充部分则适合物理学家。”[11]他也多次提到“对于这个领域的半通俗介绍”，[12] 或者一本“非物理学家也能看懂”的书。[13] 无论如何，索末菲毫无疑问是要在自己专业领域之外一试身手。1919 年 3 月，他完成了这本书“除了最后一章之外”[14]的手稿并开始和科学界出版社菲韦格(Vieweg)、托伊布讷(Teubner)和施普林格(Springer)谈判。他告诉维恩自己选定了菲韦格。因为，托伊布讷“不愿意提供帮助”，“施普林格很诱人，但我不信任他们的商业原则，面对当前的犹太政治丑剧，我变得越来越反犹”。[15]

这里索末菲流露了自己深受媒体影响的看法。那些之后不久宣布成立慕尼黑苏维埃共和国的共产主义者和无政府主义革命者，被媒体统称为“犹太人”。[16]除此之外，政治局势似乎没有对他的工作产生什么影响。夏季学期结束后他告

---

[9] 致希尔伯特，1917 年 3 月 13 日。SUB，Cod. Ms. D. Hilbert 379 A.

[10] 致约翰娜，1918 年 1 月 9 日。

[11] 致爱因斯坦，未标日期[1918 年 6 月]。AEA，Einstein. 亦见 ASWB I.

[12] 致施威纳(Swinne)，1918 年 12 月 25 日。DMA，HS1952—3.

[13] 致玻尔，1919 年 2 月 5 日。NBA，Bohr. 亦见 ASWB II.

[14] 致朗代，1919 年 2 月 28 日。SBPK，Landé，70 Sommerfeld.

[15] 致 W. 维恩，1919 年 3 月 27 日。DMA，NL 56，010.

[16] 见 Ullrich，*Revolution*，2009，Kap. 3.

诉维恩，“我关于原子的书将很快付印”。[17] 1919 年 9 月 2 日他在序言上署名，并 300
感谢菲韦格出版社“在最困难的时期华丽地坚持其古老的声誉”。除了这个暗示，以及一带而过地提到自己讲授原子模型的“前线的大学课程”，书中找不到任何出版时种种波折的线索。相反地，作者让自己沉浸在著作主题的狂想陈述中。“我们今天所听到的是一种以光谱语言表达的原子的天籁之声，是整体关系的复调音乐，是复杂秩序与和谐的盎然生机。谱线理论将永远铭记玻尔的名字，但另一个名字普朗克也将随之不朽。量子论是谱线和原子论中所有的整体规则的源泉。她好比是神秘的古代多声部歌曲，光谱音乐为她伴奏，她的韵律决定原子和原子核的结构。”[18]

这本书要等到年底才得以出版和销售。1920 年 1 月，索末菲询问他的瑞典同事曼内·西格班(Manne Siegbahn)：“我想您和您的研究所，以及一些同事已经收到我的书。”[19]尽管在书的前言和许多的信件中他反复强调内容表述的通俗性，索末菲仍然非常在意他的物理学家同事对本书的看法。反馈来得很快。迟迟未能写成《百科全书》光谱条目的龙格第一个感谢他出版这本“漂亮的著作”。他“已经认真研究了书的内容”，并且发现其表述“非常优雅”。但他确实觉得索末菲没有一直保持开头几章里声明的通俗性。虽然如此，它“对于很多读者仍然是一本极好的入门读物”。[20]

专业出版界对这本《原子结构和光谱线》评价很高。詹姆斯·弗兰克(James
Franck，1882—1964)在《自然科学》杂志上对她表示“最衷心的欢迎”，因为这是 301
作者在研究过程中并没有看到完全成熟的结果时写成的：“任何喜欢自然科学的读者都可以自己直接领略那种完全被征服的感觉，自然而然地跟随作者进入一个新世界。而作者及其弟子们的科学直觉对于开辟这个新世界贡献良多。”他把阅读这本书的过程比作一个行家里手和初学者都能利用的登山小道。“虽然很多读者不会跟随领队一直到达峰顶，但是沿途有足够多的瞭望点可以饱览风光，

[17] 致 W. 维恩，1919 年 8 月 9 日。DMA，NL 56，010.

[18] Sommerfeld，*Atombau*，1919，S. viii.

[19] 致西格班，1920 年 1 月 9 日。Stockholm，Akademie，Siegbahn.

[20] 龙格来信，1920 年 1 月 12 日。DMA，HS1977—28/A，298. 龙格的百科全书条目：《元素光谱的系列规律》(*Seriengesetze in den Spektren der Elemente*)到 1925 年才完成。

让人感到不虚此行。”[21]《物理杂志》的审稿人评论说，这本“精彩的著作”对于每一个有志于这个领域的物理学家来说都将是“不可或缺”的。它“非常激动人心”，但是最后几个关于量子问题的章节不太好懂。当然这是由于主题本身的性质，与作者的讲解能力无关。[22] 来自国外的反应也很热烈。塞曼从阿姆斯特丹写道：“这本书读起来就像一部惊险小说。”他发现尽管自己亲自参与其中的一些研究，很多东西对他来说仍然是未知，如光谱位移律。[23]《原子结构和光谱线》刚出版不久即告售罄，出版商不得不印刷了第二版。普朗克写给索末菲：“我祝贺您的著作新版发行。”[24]玻尔从哥本哈根来信说：“在所有善意的评论中，这一条最引人注目……这么短时间内重印，是这本书成功的最好证明。”[25]

《原子结构和光谱线》被广泛地看成是物理学驶向未知领域的一个标志，按照这个比喻，索末菲就是领航的船长。帕邢向索末菲写道：“外国人踊跃谈论德国物理学在战争中依然取得如此进步。”他收到的美国来信饱含对德国物理学家的成就的钦佩。“爱因斯坦和您的工作在那边的会议上产生很大影响。”[26]

302 8.2 德国物理学会的内部纷争

索末菲与普朗克和爱因斯坦被认为是德国物理学的代表。他们的科学权威超越所有政治的差异，德国物理界对他们委以高位和重任，决定德国科学事业的未来方向。作为普鲁士科学院物理数学部终身秘书的普朗克，参与创立了“德国科学应急委员会 ”，该组织主要是根据弗里茨·哈伯的倡议于1920年成立的，

---

[21] *Die Naturwissenschaften* 8 (1920), S. 423.

[22] *Physikalische Zeitschrift* 21 (1920), S. 223—224.

[23] 塞曼来信，1920年1月16日。DMA，HS1977—28/A，380. 亦见 ASWB II.

[24] 普朗克来信，1920年2月15日。DMA，HS1977—28/A，263.

[25] 玻尔来信，1920年11月8日。NBA，Bohr. 亦见 ASWB II，S. 85—86.

[26] 帕邢来信，1920年6月16日。DMA，HS1977—28/A，253.

后来又合并了“德意志研究联合会”(*Deutsche Forschungsgemeinschaft*，DFG)。[27] 战争期间爱因斯坦掌管威廉皇帝物理研究所，当然一开始这个机构只在纸面上，像“应急委员会”一样负责向申请者分配研究资源。[28] 1918 年，索末菲在普朗克和爱因斯坦之后接任德国物理学会(*Deutsche Physikalische Gesellschaft*，DPG)主席。创立于 19 世纪的柏林物理学家协会逐渐演变成为也包括柏林以外物理学家的专业组织。从名义上，“柏林物理学会”1899 年后已成为“德国物理学会”，但实际上，机构仍由柏林物理学家控制。决定性的转变发生在第一次世界大战结束后，而索末菲不得不一直担任中介角色，让别处物理学家感觉没有被“柏林人”主导。[29]

索末菲就职的时候，还想不到这份工作意味着什么。1918 年 6 月 1 日，爱因斯坦写信给他说，“昨天晚上，执行委员会、咨询委员会以及德国物理学会全体会议选举您为主席。当时气氛很热烈”，并随后告诉他这这个职位“没有什么责任”。“如果您碰巧在柏林参加学会会议，就亲自主持一下；否则当地的一个 303
委员会代表您(排在第一顺位的是鲁本斯)。”[30]作为柏林大学物理研究所所长，海因里希·鲁本斯代表的，正是遭到非柏林人谴责的那种柏林物理学家居高临下的态度。几次会议之后，索末菲就明白，德国物理学会主席的工作绝非爱因斯坦描述的那么轻松。在战争的最后几个月，期待中的重组已经无法实现。1918 年 8 月，他在一次董事会议之后致信维尔茨堡的威利·维恩：“关于章程的辩论要推迟到战争结束后。”维恩强烈反对所有来自柏林的控制。索末菲同意 DPG 的利益不再是“柏林高级教师的事情”，但寻求调解冲突。柏林人“没有那么坏”，他们会“欣然地与非柏林人各让一步达成妥协”。维恩挑动酝酿的的物理学会分裂，对索末菲来说是“不可想象的”。[31]

战争结束后，分裂的情绪公开爆发。许多工业物理学家不再把 DPG 视为他

---

[27] Heilbron，*Dilemmas*，1986，Kap. 3；Szöllösi-Janze，*Fritz Haber*，1998，Kap. IX；关于“应急委员会”创立的综合调查，参见 Marsch，*Notgemeinschaft*，1994.

[28] Kant，*Albert Einstein*，1996.

[29] Richter，*Kämpfe*，1973；Forman，*Support*，1974；Wolff，*Konstituierung*，2008.

[30] 爱因斯坦来信，1918 年 6 月 1 日。DMA，HS1977—28/A，78. 亦见 ASWB I.

[31] 致 W. 维恩，未标日期[1918 年 8 月]。DMA，NL 56，010. 亦见 ASWB I.

们的代表，并在1919年创建了自己的组织“技术物理学会”。[32] 战后各物理研究所物质条件的贫乏，使得紧张的气氛雪上加霜。物理学会希望用“物理研究所基金”来改善情况。1918年11月，在“政治形势已经改变”的情况下，成立了一个委员会，以请求资助。[33] 除了爱因斯坦和索末菲，委员会还包括鲁本斯、威利·维恩、弗朗茨·希姆施泰特(Franz Himstedt，1852—1933)和DPG业务主管卡尔·谢尔(Karl Scheel，1866—1936)。尽管阵容豪华，筹措资金的努力却一再失败。[34] 关于DPG章程的会议也没有进展。1919年3月，索末菲写信安慰维恩说：“鉴于目前铁路的条件，在可预见的将来召开大会是不可能的。”[35]两周后，委员
304 会宣布在企业界筹资的努力失败。一位实业家已明白无误地指出：“为研究所提供足够的资源是政府而不是企业界的事情。”[36]

尽管有这些失败，1919年5月董事会会议仍然决定索末菲续任DGP主席，为期一年。[37] 他在这个职位上不得不施展高度的外交技巧，直到威利·维恩在1920年秋天当选主席为止。几个月后，通过地区组织的建立实现了学会机构的分权。但后来另一个争执的目标使得纠纷面临升级。学会的传统杂志《德意志物理学会学报》出版者菲韦格出版社现在日子不好过，拒绝继续向所有DPG成员免费发送。DPG董事会指示一个委员会来关注这个问题，但是又担心提出的解决方案引发新的争议。当时准备把杂志分为一个“内部”和一个“独立”的期刊。“内部”期刊将包括学会新闻，继续对DPG成员免费；“独立”的出版物具有科学期刊的特点，将不再免费派发。[38]

听到这些计划，维恩立刻看出这是要和他同普朗克担任编辑的《物理学年鉴》竞争；他威胁要从DPG辞职。索末菲也不无担心。尤其是菲韦格设想的期刊名称《物理学报》(*Zeitschrift für physik*)容易和现有的希策尔出版社出版的《物

---

[32] Forman, *Environment*, 1967, S. 143—145; Hoffmann, *Etablierung*, 1987.

[33] 鲁本斯(Rubens)来信，1918年11月19日；Scheel来信，1918年11月20日和12月8日。DMA，NL 89，018，Mappe 3，7.

[34] 谢尔(Scheel)来信，1919年3月20日。DMA，NL 89，018，Mappe 3，7.

[35] 致W. 维恩，1919年3月27日。DMA，NL 56，010.

[36] 谢尔来信，1919年4月13日。DMA，NL 89，018，Mappe 3，7.

[37] 谢尔来信，1919年5月11日。DMA，NL 89，018，Mappe 3，7.

[38] 谢尔来信，1919年11月3日。DMA，NL 89，018，Mappe 3，7.

理杂志》(*Physikalische Zeitschrift*)混淆。普朗克致信索末菲说“菲韦格顽固到这种程度”“如果(我们)不听他的，他就拒绝整个合同。”[39]三天以后，爱因斯坦致信慕尼黑说“经过长期反复谈判”，菲韦格得逞了。“就算您或者维恩在这里，结果也是一样。但对于不在这里的人，所有的事情看起来都不对劲，更何况当事的是那些＋［该死的］柏林人。”[40]和爱因斯坦一起在期刊委员会的哈伯补充说，大 305
家都认为不应该牺牲《年鉴》。《物理学报》将带来新的迅速发展，而《年鉴》将保持“其作为重要的文件档案的角色”……如果担心《年鉴》可能受到伤害，我觉得我们补偿他们的最好办法是在您任期结束时支持维恩教授当选学会主席。[41] 在普朗克这边，他让索末菲放心，自己会竭尽全力挽留维恩。最坏的情况，“［宁愿］和菲韦格闹翻，也比让维恩离开学会好”。[42]

然而到最后，“柏林人”不想放弃和菲韦格的合同。圣诞节的前两天，哈伯和普朗克致信索末菲说他们对新一轮谈判的结果不抱期望。普朗克恳求索末菲让维恩“至少暂时不要按照他宣布的那样从学会辞职”。[43] 但索末菲觉得很难做到，因为在这个问题上他自己也倾向于维恩一边。索末菲一定经历了内心的挣扎，因为在回应普朗克的草稿中他已经宣布打算辞去 DPG 主席。维恩很恼火。12 月 23 日他致信索末菲：“在我看来，最糟糕的是柏林人的商业交易行为。”[44]也许是圣诞节日的气氛缓和了索末菲和维恩的情绪，两天后维恩致电索末菲宣布他不会立即撤出，而会等待事件进一步的发展。[45] 这可能使得索末菲也回心转意不再想辞职。12 月 7 日他致信维恩：“我计划去柏林。”他希望通过与 DPG 董事会同事现场协商，能达成一个各方都能接受的妥协。[46] 但是事先本来已经同意的协议修订却未能最后通过。只好等到 1920 年 9 月，紧接着下一届自然研究者大 306

---

[39] 普朗克来信，1919 年 12 月 15 日。DMA，HS1977—28/A，263.

[40] 爱因斯坦来信，1919 年 12 月 18 日。DMA，HS1977—28/A，78.

[41] 哈伯来信，1919 年 12 月 18 日。DMA，NL 89，018，Mappe 3，7.

[42] 普朗克来信，1919 年 12 月 18 日。DMA，NL 89，018，Mappe 3，7.

[43] 普朗克来信，1919 年 12 月 22 日。DMA，NL 89，018，Mappe 3，7.

[44] W. 维恩来信，1919 年 12 月 23 日。DMA，NL 89，018，Mappe 3，7.

[45] W. 维恩来信，1919 年 12 月 25 日。DMA，NL 89，018，Mappe 3，7.

[46] 致 W. 维恩，1919 年 12 月 27 日。DMA，NL 56，010.

会之后在巴德瑙海姆召开的DPG秋季会议上做出最后的决定。[47]

很快又爆发了另一场争吵。物理期刊的重组触动了相互竞争的出版商的利益。在短期内的计划是将《物理学报》与《物理杂志》合并，但是经过出版社之间最初一轮的谈判之后，格奥尔格·希策尔(1867—1924)致信作为DPG主席的索末菲，说自己不可能在这件事上与菲韦格达成协议。他"不准备在没有得到任何补偿的情况下，把一个20年来通过大量财务补贴树立的物理学权威刊物，白送给另一家出版社"。[48] 对于内容定位也存在分歧。一直负责编辑《物理杂志》的德拜，当时已经放弃格丁根大学教授职位转任苏黎世联邦理工学院物理研究所所长。他不希望看到自己的权威被拟任《物理学报》编辑的谢尔侵犯，因而拒绝了将实验和理论物理学分开的方案。"我知道得很清楚，德拜教授不愿放弃接受实验论文的权力。"作为该杂志委员会发言人的哈伯，努力致信各方斡旋。"我想建议两位编辑都被授权接受实验以及理论论文，但是公开要求理论文章最好应发送给德拜，而实验论文优先送给谢尔。"[49]然而德拜和希策尔还不想做任何妥协。希策尔向索末菲宣布："经过深思熟虑，以及对这些问题的仔细权衡后，我已经决定，在我们有史以来最好的编辑之一的领导下，继续出版我的物理杂志。并不遗余力地保持它在国内外享有的高水平。"[50] DPG董事会放弃了所有对出版社
307 之间可能达成协议的希望。瑙海姆会议之前索末菲致信DPG主席当选人维恩："两个期刊的合并因为出版社之间的矛盾而失败。这是因为德拜希望在苏黎世保留编辑权。"[51]

在瑙海姆出现了更多争执。虽然DPG的董事会已经在1919年秋天批准了"通过地区组织"实现分权。通过1920年1月在柏林管理方明确要求下建立"慕尼黑地区组织"，董事会已经向索末菲证明这不只是口惠。但并非每个人都觉得这是从柏林主导下的解放。在一件关于出版的事务上，又爆发了争吵。勒纳德的看法是，DPG新成立的评论杂志，也就是向物理学家提供当前出版物的摘要的

---

[47] Forman, *Naturforscherversammlung*, 2007.

[48] 希策尔来信，1920年4月14日。DMA，MPGA，Debye.

[49] 哈伯来信，1920年1月17日。DMA，NL 89，018，Mappe 3，7.

[50] 希策尔来信，1920年4月14日。DMA，MPGA，Debye.

[51] 致W. 维恩，1920年5月5日。DMA，NL 56，010.

《物理快报》(*Physikalischen Berichte*)，受柏林的物理学家们的控制太多。1920年4月，DPG和德国技术物理学会的经理们联合致信索末菲，表示勒纳德想把这份期刊变成“德国”评论期刊。勒纳德寻求“首先对相对于外国出版物而言的德文文献投入足够的重视”。[52] 索末菲试图安抚勒纳德，让他确信DPG管理方也会邀请非柏林人向《物理评论》投稿。[53] 但勒纳德的问题不止于此。他在1920年夏天的日记中记录了自己已经“聚集了12位德国绅士，可以开始准备成立一个德国物理学会，从狼狈的国际化的柏林物理学会脱离出来”。[54]勒纳德的12名追随者之一的斯塔克，通过向索末菲要求在小专家圈子而不是在瑙海姆大会上对“柏林与德国之间的分歧”举行投票，传递了政变威胁的信号。索末菲以不合DPG管理规则为由拒绝了这个建议。[55]

这番通信之后，索末菲感觉到，勒纳德、斯塔克及其战友在瑙海姆大会的 308
政变计划不只是说说而已。他在8月致信德拜：“请帮助我确保物理学会不会在瑙海姆分裂。”“必须反击斯塔克和勒纳德的煽动行为。”[56]在瑙海姆，勒纳德和他的“12个绅士”在DPG的成员大会讲座上碰头，以便在关键投票前就如何向全体会议表达自己的观点事先取得一致。他们觉得将要继承索末菲任DPG主席的威利·维恩是自己的盟友。维恩如期当选。勒纳德和斯塔克也被选为董事，但是都拒绝就任。勒纳德在日记中写下的理由是：“我们当然不能和公开与祖国为敌的国际犹太人爱因斯坦坐在一起！”[57]政变失败了。勒纳德恼恨地对自己说：“这是因为犹太人和他们的谢尔(德国物理学会执行董事)，意外地碰到阻力和反对。”[58]

索末菲作为即将卸任的DPG主席，在巴德瑙海姆的业务会议上需要费些力气发挥自己职位的影响。然而，相对于同样由勒纳德及其一伙关于搅动起来并在瑙海姆达到高潮的另一争论，有关DPG利益的讨论实在是无足轻重。DPG的

---

[52] 梅(Mey)与谢尔来信，1920年4月28日。DMA，NL 89，018，Mappe 3，8.

[53] 致勒纳德，1920年5月7日。

[54] 引自 Schirrmacher，*Philipp Lenard*，2010，S. 233.

[55] 斯塔克来信，1920年7月23日。索末菲的回信草稿。DMA，NL 89，018，Mappe 3，8.

[56] 致德拜，1920年8月6日。MPGA，Debye. 亦见 ASWB II，S. 78—79.

[57] 引文出自 Schirrmacher，*Philipp Lenard*，2010，S. 234.

[58] 引文出自 Wolff，*Konstituierung*，2008，S. 378.

问题并非关键；爱因斯坦的问题才是。1919 年英国科学探险队对日食的观测证实了广义相对论关于太阳质量导致光线偏折的预言之后，爱因斯坦成为媒体前所未有的狂热的焦点。[59] 国外的热烈反应在德国国内反犹圈子中激起了一个逆反运动。勒纳德这样的物理学家也参与其中。1920 年 8 月 25 日 劳厄从柏林告知索末菲："昨天，20 个公开抗议相对论的游行中的一个发生在我们这里。"其组织者"德国自然研究者工作组 "领袖是一个叫魏兰(Weyland)的"投机分子"。运动的大意是："爱因斯坦是一个剽窃者；支持相对论的人都是宣传家；理论本身是达达
309 主义(他们确实说出了这个词!)。"劳厄和能斯特、鲁本斯一起立即发送一封抗议信给所有的柏林报纸，但"从大厅门口散发的造谣中伤的小册子宣扬的各种反犹政治已经泛滥"，劳厄不清楚自己的信是否有机会见报。他请求索末菲"作为德国物理学会主席……" 在瑙海姆自然研究者大会上"发起一个反决议，要求德国物理学会，或者自然科学家和医师协会对科学斗争的退化表达遗憾"。[60]

爱因斯坦自己面对这些攻击表达了立场。他在《柏林日报》发文说，国际知名的物理学家之中，只有勒纳德曾表示自己是"相对论的公开的敌人"。虽然作为一个"实验物理学大师"的他令人钦佩，勒纳德对理论物理学"并无贡献"。他对相对论的反对是"如此肤浅"，以至于他[爱因斯坦]认为没有必要反驳。[61] 针对这些事件索末菲致信爱因斯坦说自己关注了对他的"柏林抹黑运动"，觉得"非常愤怒"，将与普朗克商讨如何在巴德瑙海姆回应。他希望能够让大会发出一份正式声明："强烈反对'科学界的'谣言煽动，并投票支持您。"[62]爱因斯坦后悔自己一怒之下发表针对勒纳德的公开声明。他希望在瑙海姆大会上能有"某种程度的澄清"，使事情得到解决。[63] 瑙海姆会议前索末菲又一次努力调解爱因斯坦和勒纳德之间的争吵，但在爱因斯坦发表《柏林日报》的文章后，和解已不可能。事实上，勒纳德告诉索末菲就算爱因斯坦道歉，他也会"愤怒地"拒绝。[64]

---

[59] Fölsing, *Albert Einstein*, 1993, S. 488—510.

[60] 劳厄来信，1920 年 8 月 25 日。DMA，HS1977—28/A，197. 亦见 ASWB II; Kleinert, *Paul Weyland*, 1993; Wazeck, *Einsteins Gegner*, 2009.

[61] 引文出自 Kleinert/Schönbeck, *Lenard*, 1973, S. 328.

[62] 致爱因斯坦，1920 年 9 月 3 日。AEA，Einstein. 亦见 ASWB II.

[63] 爱因斯坦来信，1920 年 9 月 6 日。DMA，HS1977—28/A，78. 亦见 ASWB II.

[64] 勒纳德来信，1920 年 9 月 14 日。DMA，HS1977—28/A，198.

这样在巴德瑙海姆勒纳德和爱因斯坦之间的一场公开较量已经无可避免。 310
这时索末菲可以做的只能是确保较量至少保持科学辩论的形式。比赛的场地是疗养院的大礼堂，只有大会的参与者才能进入。主持人普朗克是绝大多数物理学家——无论其政治取向如何——都尊重的科学权威。从发表的报告的字里行间，可以感觉到辩论现场的激动气氛。勒纳德曾反驳说，爱因斯坦相对性原理只有在“封闭的适合领域”才有普遍的合法性。[65] 一个大会现场参加者回忆普朗克成功阻止了辩论“不冷静地离开主题转向人身攻击”。[66] 勒纳德日记条目记载了他是如何毫不妥协地拒绝了所有达成理解的尝试：“我很快离开，来到存衣处去取帽子和雨伞。爱因斯坦就跟在我后面来到存衣处，想和我谈谈。我没说话但是坚决地摇摇头。他再次更迫切地请求，我说：这是不可能的。您已经公开地、傲慢地表达过[意见]了。这时帽子和伞送来了；我赶忙走掉，留下爱因斯坦站在那里。”[67]

这次不幸的意外事件之后，索末菲写信给曾陪同丈夫来到巴德瑙海姆的爱因斯坦的妻子说：“我希望您已从瑙海姆的种种不愉快中恢复过来，最后像我一样为整个危机的过程还算得体感到开心。当然，这一次主要还是要归功于您丈夫的善良和客观，这方面他的对手勒纳德就相形见绌。”[68]

8.3 访问玻尔

作为德国物理学会主席，索末菲感到自己的责任不仅仅是在国内，比如在 311
需要的时候调解不同派别之间的隔阂。他的两年任期正好处于战争与和平之间的过渡时期。当然对德国学术界来说这是战败国不得不接受的不公正的和平。

---

[65] *Physikalische Zeitschrift* 21 (1920)，S. 649—675，此处引自 S. 666—667.

[66] Fölsing, *Albert Einstein*, 1993, S. 526.

[67] Schirrmacher, *Philipp Lenard*, 2010, S. 235.

[68] 致爱尔莎·爱因斯坦(Elsa Einstein)，1920 年 10 月 7 日。AEA, Einstein.

在这种情况下，科学成为强权的一种替代品。在这一点上，因为合成氨这一在军事和民用上都有重要意义的技术而获得1918年度诺贝尔奖的弗里茨·哈伯讲得最透彻。他在1921年讲道：在德国作为一个政治强权崩溃之后，它的“智力大国地位”就显得至关重要。[69] 5年后，他写信给一个荷兰的同事说：“我们知道得很清楚，我们输掉了这场战争，不再占据世界政治或经济主导地位，”“但是我们相信在科学上，我们仍然是领先的国家之一。”[70]

德国科学界的愤恨与1919年协约国倡议的国际科学重组有关。有着丰富传统的“国际科学院协会”（Internationalen Assoziationder Akademien，IAA），战前一直是科学领先国家学者进行国际交流活动的机构。现在它被一个将前同盟国国家排除在外的“国际研究委员会”代替。包括荷兰、瑞士、西班牙和斯堪的纳维亚各国的中立国家的大多数科学家都觉得这种制裁是不公平的。[71] 1920年1月塞曼为刚刚出版的《原子结构和光谱线》一书给索末菲的祝贺信中同时表示了自己对协约国科学政治的不满：“最终全世界将不得不为德国科学所折服。”[72]在这件事情上，爱因斯坦在德国科学家中再次表演了局外人的角色。他给洛伦兹的信中说：“顺便说一下，外国的抵制，让这些人明白自己也需要交流，也不是坏
312 事。”“这样可以肃清之前经济繁荣带来的好大喜功渴望强权的最后残余。”[73]虽然如此，不管爱因斯坦自己是否愿意，他在国外仍被视为德国科学的代表。[74]

爱因斯坦之后，索末菲是战后最早有机会出国的德国科学家。即使在战争期间，他和瑞典同事曼内·西格班仍然保持通信讨论X射线光谱。当西格班邀请他1919年9月间访问隆德大学时，索末菲觉得这是“第一只真正的和平鸽”。[75]尽管如此，他差一点就拒绝了邀请。1919年7月他致信西格班说，一个“难以形

[69] Schröder-Gudehus，*Wissenschaft*，1966，S. 181；Szöllösi-Janze，*Fritz Haber*，1998，S. 545.

[70] 引文出自 Forman，*Internationalism*，1973，S. 163.

[71] Schröder-Gudehus，*Wissenschaft*，1966；Kevles，*Camps*，1971.

[72] 塞曼来信，1920年1月16日。DMA，HS1977—28/A，380. 亦见 ASWB II.

[73] 爱因斯坦致洛伦兹，1919年9月21日。AHQP，LTZ—7；Forman，*Internationalism*，1973，S. 177—178.

[74] Grundmann，*Akte*，2004，S. 182.

[75] 致西格班，1919年6月5日。Stockholm，Akademie，Siegbahn.

容的痛苦”降临到他头上。“我亲爱的，充满希望的15岁的儿子，游泳时溺水身亡！当时我觉得可能不得不取消访问隆德的计划，但我的妻子促使我决定按计划进行，并从中吸取新鲜活力。”[76]1904年阿诺尔德·洛伦兹出生的时候，他们给孩子取的小名叫“乌基”。“乌基”的不幸发生在他们一家到阿默尔湖边霍尔兹豪森访问埃瓦尔德一家人期间。索末菲写信告诉一名同事：“我们连孩子的尸体都没有找到。”[77]对他来说，德国的耻辱命运和个人的悲剧是如此可悲的相似。在给德拜的一封信中，他一厢情愿地回想过去：“那时，德国伟大完好，我们风华正茂，可爱的乌基还在。”[78]不幸淹死的孩子的名字得自物理学家家洛仑兹，索末菲在1921年1月致信这位荷兰人说：“面对不断而来必须忍受的屈辱，如果不是科学进步带来些微的无法剥夺的快乐，生活简直难以继续。”信的结尾谈到家庭悲剧：“阿诺尔德已然长眠在阿默尔湖底，一年有半。自他走后，我们的家庭生活就愁云惨淡；我妻子最可怜，还在缓慢艰难地恢复活力。”[79]

经历重大打击的索末菲在1919年7月接受访问瑞典的邀请时，正在完成《原 313
子结构和光谱线》一书的最后工作。除了校检校样，还有各种细节问题，牵涉到索末菲希望加入的最近的研究结果。他同科塞尔联署的论文《光谱系列中的选择原则及位移律》刚刚发表。这个题目也被加入书中作为光谱线系一章的附录。帕邢刚写信给他说正计划进行关于“您的位移假设”的新的实验。[80] 索末菲想把作为位移假设理论基础的鲁宾诺维奇选择原则也包含在书的内容中适当介绍。[81] 他也计划在瑞典宣讲书中的各个主题。关于在隆德可能的演讲主题，索末菲回复说：“如果我只讲，或者主要讲自己现在特别感兴趣的原子结构和光谱线，包括X射线光谱，应该会符合您的意图。”[82]

对于西格班来说，邀请索末菲也是一件大事。一战以前，尽管在新的X射线谱领域，他已经扬名立万，但就学术地位来说，他只是隆德大学物理研究所

---

[76]致西格班，1919年7月27日。Stockholm，Akademie，Siegbahn. 亦见 ASWB II.

[77]致盖特勒，1919年7月2日。

[78]致德拜，1920年8月6日。MPGA，Debye. 亦见 ASWB II.

[79]致洛伦兹，1921年1月5日。RANH，Lorentz，inv. nr. 74. 亦见 ASWB II.

[80]帕邢来信，1919年6月25日。DMA，HS1977—28/A，253

[81]致盖特勒，1919年7月2日。Sommerfeld/Kossel，*Auswahlprinzip*，1919，S. 244.

[82]致西格班，1919年6月5日。Stockholm，Akademie，Siegbahn.

主任著名光谱学家约翰尼斯·里德伯(Johannes Rydberg，1854—1919)手下的一个助手。1912 年里德伯中风后，西格班即逐渐担负起领导责任，[83] 但是要等到里德伯在 1919 年死亡后才被提升为正教授。通过组织系列讲座，他邀请索末菲以及其他整个斯堪的纳维亚的物理学家到隆德讲学，加强了自己在瑞典物理界的领导地位。附近的哥本哈根大学对索末菲的隆德之行也有相当兴趣。玻尔安排“丹麦科学促进组织”向索末菲发出正式邀请。他写信到慕尼黑说，每个对物
314 理有兴趣的丹麦人都满怀期望等待他的来访。[84] 最后，瑞典最著名的物理学家斯万特·阿列纽斯(Svante Arrhenius，1859—1927)邀请他也到斯德哥尔摩和乌普萨拉演讲。收到这个邀请时索末菲已经在隆德，有了其他旅行计划。因为不希望错过“认识更多的北方瑞典同事”的机会，他修改了旅程计划，结果是隆德之行变成令人印象深刻的斯堪的纳维亚演讲之旅。[85]

战争刚结束就能出国旅行，并非预料之中的事情。索末菲感谢西格班为准备必要文件进行的“强有力的干预”。他在出发前不久致信西格班说，除非最后一分钟煤炭短缺或铁路罢工影响计划，他们应该在 9 月 9 日在隆德见面。他还提供了自己身材的细节，以便西格班想在火车站接他：身材不高(1.65 米)，穿戴为“浅棕色的外套和黑色毡帽”，会把名片别在帽带上“作为识别标记”。[86] 当然只有在家信中，他才会透露对旅程的内心真实感受。到达隆德的前一天，他写信给妻子，想到他们淹死的儿子，以及她将如何熬过这一打击：“行驶在蓝色的波罗的海上，在爱和悲伤中思念你，”“我知道你会摆脱绝望，因为你必须，你必须不让我们四人都痛苦。”他回忆起“乌基”早熟的独特的“有点自信的个性”，敦促妻子也以之为榜样。“我们可以学习他的态度。我也经常因为绝望和自我怀疑而疲惫不堪。我可以以他为榜样，不因为痛心国家的不幸而毁掉自己的积极生活。”[87]

到达隆德后，他的思绪很快就被西格班引到其他方向。两年前，西格班曾

[83] 西格班来信，1918 年 11 月 20 日。DMA，NL 89，013. 亦见 ASWB I；Kaiserfeld，*Theory AddressesExperiment*，1993.

[84] 玻尔来信，1919 年 8 月 30 日。NBA，Bohr. 亦见 ASWB II.

[85] 致阿列纽斯，1919 年 9 月 19 日。Stockholm，Akademie，Arrhenius.

[86] 致西格班，1919 年 9 月 3 日。Stockholm，Akademie，Siegbahn.

[87] 致约翰娜，1919 年 9 月 8 日。

经参加过索末菲在慕尼黑的讲座，为时两个月。索末菲在家信里说“对此我一点印象也没有”。西格班当时 32 岁，前程似锦。索末菲在介绍致辞中祝愿他“征服再征服。”庄重的欢迎仪式之后，索末菲随即被“邀请在西格班处与 12 名绅士共 315
进晚餐”。之后他也没有住进什么无名旅馆，而是被安排到一个同事家里，进入家庭生活，受到“超量优质咖啡”款待。[88]

接下来的 10 天里，索末菲做的讲座中，有 6 个是面向隆德的物理同事，1 个为广大学生，2 个是为天文学家讲解爱因斯坦的广义相对论。作为一个前奏，西格班安排了一个小型会议，由玻尔作开场白。索末菲向妻子报告说会议“包括大约 40 位绅士，其中有来自斯德哥尔摩、克里斯蒂安尼亚[奥斯陆]和哥本哈根的”。“我的演讲非常优雅，于 3 点 15 分开始。”除了玻尔讲英语，讲座和讨论都是用德语。当他写下这些辞句时，离儿子溺水已经过去了整整 3 个月。“悲伤的一天，我们应该在一起纪念，”他想，“我在兴奋的讲座中度过了一整天。只有现在，夜色已深，我才能收拾自己的思绪，与你交流。”[89]两天以后，他写信给小儿子，11 岁的埃卡特，告诉他自己暂时没有演讲。“明天和后天，也就是星期六和星期日，我们要去海边旅行，实际上是海峡，也就是狭窄的海洋水域。你去查一下地图。”自己的衣服和食物也成为信件的话题。在他住宿的东家，以及在众多的晚宴上，“食物多得难以置信”。在开幕晚宴上，他和其他客人一样穿着正式。他们“晚礼服上都有一个绣花领子”，“在瑞典这是博士徽章。晚礼服也因此显得很帅”。[90]

9 月 20 日，他来到附近的哥本哈根作两个报告。[91] 在家信中索末菲满意地写道：其中一天，哥本哈根物理和数学学会为他准备了“丰盛的晚餐”，并在致辞中包含了“非常富有同情心的政治评论”。他被安排在“哥本哈根最好的宫廷酒 316
店，卫生间里还有热水淋浴！”不过最重要的还是与玻尔的会见。玻尔在三天里总是伴随索末菲左右，“非常殷勤”。他们“真正地成为了朋友，”他对女儿写道。他还遇见玻尔的妈妈。“我忍不住告诉年轻的玻尔夫人，看到玻尔有这么好的妻

[88] 致玛格丽特，1919 年 9 月 9 日。

[89] 致约翰娜，1919 年 9 月 10 日。亦见 ASWB II.

[90] 致埃卡特，1919 年 9 月 12 日。

[91] 致玻尔，1919 年 9 月 16 日。NBA，Bohr. 亦见 ASWB II.

图 20　隆德物理会议给索末菲和玻尔提供机会，交流关于原子论在第一次世界大战中的发展的想法。此后，他支持玻尔在哥本哈根建立一个原子研究所的计划

子和母亲照顾，自己非常高兴。两人都担心玻尔工作过度，都让我劝他的同事克努森减少他的工作量。我当然遵命。玻尔就像是爱因斯坦，只是更整洁和精细。”马丁·克努森(Martin Knudsen，1871—1949)当时是哥本哈根大学物理研究所所长。在玻尔处他也会见了英国数学家戈弗雷·哈罗德·哈代(Godfrey Harold Hardy，1877—1947)，他在世界大战中赢得了和平主义者的声誉，当时
317 来到哥本哈根推进恢复战时敌对双方之间的科学交流。尽管索末菲也努力争取同样的目标，但他不同意哈代和平主义者的信念，并避免与他讨论政治。其他方面，他喜欢到哥本哈根郊区的短途旅行，以及主人的殷勤招待。他没有什么花钱的机会。“经常坐在车里兜风；总起来看，就像突然回到战前美好的旧时光。”[92]在哥本哈根的短暂逗留之后，他前往斯德哥尔摩和乌普萨拉。在那里阿列纽斯的招待之周到不逊于隆德的西格班和哥本哈根的玻尔。“乌普萨拉也非常美

[92]致玛格丽特，1919 年 9 月 24 日。

丽，是北边历史最悠久的科学重镇。”他这样描述此番旅程的最后一站。“只是，见到这么多新的人和不停的讲课，有时是有点累，不过总体上我觉得神清气爽。”[93]回到慕尼黑的时候，他觉得自己状态不错，可以克服寒冷、阴郁的德国等待着他的“一切污秽”。[94]

丹麦和瑞典的主人期望能从索末菲的访问获得未来的收益。1919 年，阿列纽斯一再指出在战争中保持中立的斯堪的纳维亚，可以在战时敌对的诸强之间扮演调停角色。[95] 丹麦和瑞典觉得，战时的中立是一种投资，现在是收取回报的时候了。以前他们在科学强国中仅占据外围位置，现在通过帮助遭到协约国抵制的科学家，他们成功地提高了自己的地位。[96]

在建议哥本哈根的卡尔斯堡基金会把支持玻尔的研究所作为国际科学政治手段的时候，索末菲心里也有类似的打算。“德国曾慷慨地支持自己众多的大学和工学院开展实验研究。战争的负担和难以忍受的和平条件早已使得它不可能像以前一样支持科学。不只是德国，实际上整个欧洲大陆都变穷了。幸运的丹麦可以填
补这个空白。以它杰出的儿子的名义，这个工作将水到渠成，为丹麦带来荣誉。 318
玻尔教授的研究所不仅将为丹麦自己的科学后起之秀服务，还将成为一个国际机构，接受那些自己国家已经无法继续提供宝贵的科学工作自由的天才。”[97]

在索末菲访问哥本哈根时，玻尔甚至还不是自己工作的研究所的主人，哥本哈根还未拥有原子物理学世界中心的声誉。玻尔的弟弟写信给索末菲说，玻尔希望建立一所“和原子有关”的研究所，以便“丹麦和国外的年轻研究人员”开展理论和实验研究工作。他希望索末菲写给卡尔斯堡基金会的支持信能够推进这个计划。[98] 索末菲对玻尔写道：“在哥本哈根建立一个伟大的研究所的想法非常精彩；我试图强调她的政治影响。”并把自己起草的给卡尔斯堡基金会的“文档”附在信封内，并请玻尔“毫无保留地”做他认为适当的任何改动。[99]

---

[93]致约翰娜，1919 年 10 月 2 日。

[94]致玻尔，1919 年 10 月 26 日。NBA，Bohr. 亦见 ASWB II.

[95]Widmalm，*Science and Neutrality*，1995.

[96]Lindqvist，*Center*，1993.

[97]致卡尔斯堡基金会，1919 年 10 月。NBA，Bohr. 亦见 ASWB II.

[98]哈罗德・玻尔(Harald Bohr)来信，1919 年 10 月 14 日。NBA，Bohr. 亦见 ASWB II.

[99]致玻尔，1919 年 10 月 26 日。NBA，Bohr. 亦见 ASWB II.

在这件事情上，他的建议达到了预期的效果。[100] 之后不久，索末菲的学生鲁宾诺维奇来到哥本哈根与玻尔共事，绝非巧合。[101] 在战后的混乱中，鲁宾诺维奇经历了坎坷的职业生涯。1918 年，他回到了切尔诺夫策这个在战争中三次被奥匈帝国占领的地方。战争结束后此处属罗马尼亚。新政府颁布指令规定罗马尼亚语为教学语言，迫使大多数教授转到邻近讲德语的国家求职。1920 年，他在莱巴赫[102]大学接受教授职位。但战后这个城市和切尔诺夫策一样也不再属于奥匈帝国，认同德国的鲁宾诺维奇没有得到永久性职位的前景。他到莱巴赫上任不久索末菲建议“既然玻尔正在建立新的研究所，你可以请假去那里试试”。[103] 鲁宾
319 诺维奇听从了他的建议，在哥本哈根待了几个月时间才回到这时已改名卢布尔雅那的莱巴赫。在 1922 年，他又在哥本哈根待了不长一段时间与玻尔从事研究，然后去了波兰担任伦贝格（利沃夫）理工大学的理论物理学教授。尽管他没有把这个位置当成是永久性的，但是未能在德国找到教授职位。[104]

8.4 一个新的量子数

鲁宾诺维奇属于在 1920 年代来到哥本哈根玻尔研究所征服新的原子的量子世界的少数雄心勃勃的理论学家。像鲁宾诺维奇一样，他们中的大部分人已经完成了自己的物理学业，在哥本哈根主要是通过前沿研究扬名立万。在慕尼黑，索末菲在 1919 年曾把自己的理论物理学所称为“摇篮”。战争结束后，原子和量

---

[100] Robertson，*Early Years*，1979.

[101] 致鲁宾诺维奇，1919 年 10 月 26 日和 11 月 1 日；玻尔来信，1919 年 11 月 19 日。DMA，HS1977—28/A，28. 亦见 ASWB II.

[102] Laibach，即卢布尔雅那，现为斯洛文尼亚首都。——译者注

[103] 致鲁宾诺维奇，1919 年 12 月 26 日。

[104] 致爱尔莎·鲁宾诺维奇（Else Rubinowicz），1921 年 11 月 27 日；Robertson，*Early Years*，1979，S. 158；Rubinowicz，与卡汉（Théo Kahan）和海尔布伦（John L. Heilbron ）的访谈，1963 年 5 月 18 日。AHQP.

子物理学在这里同样也是重点领域，因此这两个中心之间很快表现出某种竞争。在索末菲眼中，玻尔当然是“一个非常好的人”，而且正像他从瑞典写给希尔伯特的信中所说的那样，他觉得与玻尔和西格班的“友谊不仅在科学方面，而且也在个人关系上”。[105] 但不久他们在量子论上的概念分歧就显露出来。玻尔希望让索末菲接受“量子理论类比的一般原则”，也就是后来的对应原理。[106] 但索末菲认为自己和鲁宾诺维奇的观点更为根本。就算到了后来，他承认对应原理的重要性时，还是加上了限制：“不过，我必须坦白我觉得您的原理与量子论有相当距离，很别扭。当然我还是承认它展示了量子论和经典电动力学的重要联系。”[107]

对索末菲和玻尔两人来说，问题不是针对一个特定的量子事物的分歧，而是 320
反映各自机构的特征与研究策略的根本不同，触及他们在原子论的进一步发展上作为潮流引领者的声誉。玻尔以对应原理为中心，并用原子光谱确认自己理论的一个个结论。索末菲则从光谱总结出进一步行动的基础。光谱位移律之后，他在反常塞曼效应中发现了谱线的精细分离的“磁光分裂规则”。在前往瑞典前不久写给这类问题上的首席权威龙格的信中，他说发现这些分离间距“是准经验性的”。龙格很久以前就发现了正常和反常塞曼效应中谱线分离间距之间的关系，它被称为“龙格规则”(异常和正常分离间距成正比关系)。索末菲的“磁光分裂规则”来源于组合原则，即每个谱线，甚至那些在一个磁场中分离的谱线，都可以表示为两个项的差。在不同组分的情况下，按照龙格的建议，分子和分母遵守很简单的整数关系。索末菲给龙格的信中说，他是在帕邢报道双线和三重线的分离间距时想到这些规则的。[108] 最初完全不清楚这个鲁宾诺维奇称为“数字之谜”的意义。他认为这个词很犀利，用它作为关于“磁光分裂规则”一篇论文的标题。[109] 他写信给爱泼斯坦说：“这不是量子音乐?”爱泼斯坦当时去了苏黎世当讲师，之后不久收到帕萨迪纳加州理工大学理论物理学教授的聘书。“当然理论上什么也做不了。但

---

[105]致希尔伯特，1919 年 9 月 25 日。SUB，Cod. Ms. D. Hilbert 379 A.

[106]玻尔来信，1919 年 7 月 27 日。DMA，HS1977—28/A，28. 亦见 ASWB II.

[107]玻尔来信，1920 年 11 月 11 日。NBA，Bohr. 亦见 ASWB II.

[108]致龙格，1919 年 8 月 16 日。DMA，HS1976—31. 亦见 ASWB II.

[109]致鲁宾诺维奇，1919 年 12 月 26 日。Sommerfeld，*Zahlenmysterium*，1920；Sommerfeld，*Gesetze*，1920.

经验规则对我来说和以模型为依据的的解释一样有意思。”[110]

“数字之谜”和刚刚确立的“光谱位移律”最初无法在玻尔—索末菲原子模型
321 的框架内得到解释。他们关系到与氢不相似的原子，其光谱不遵循简单的巴尔末系。尽管如此，这里的系列还是必须由一个原子模型来解释，并由量子数规范。1920年的玻尔—索末菲模型提供了三个量子数：规范核与电子距离的径向量子数；规范轨道内的旋转运动的角量子数；和规范不同空间轨道平面的赤道量子数。但即使是最简单的拥有一个以上的电子的元素都没法用模型解释。当探讨有两个电子围绕核旋转的中性氦原子时，索末菲在《原子结构和光谱线》中引述了歌德《浮士德》中的句子：“我暂停下来，糊涂了！现在谁能帮助我?”[111]在有内层和外层原子的情况下，他推测二重—三重能级的项不是角量子数的结果，因为角量子数仅仅对应一个“外层旋转”。原因应该是一个属于原子内部“隐藏的旋转”的“内量子数”。[112]

除了这个模糊的“隐藏旋转”，内量子数没有一个对应的具体物理概念。在索末菲原子模型中，径量子数、角量子数和赤道量子数都通过三个围绕原子核电子轨道量化条件被赋予了物理意义，但是却无法解释“内量子数”。这只是一个暂时的附加条件，用以解释大量的观察到和未观察到的双重和三重态的能级之间的跃迁。这些跃迁是许多原子系列光谱的特征。在反常塞曼效应的二重和三重结构的间距中，他也看到了这些“假设的‘内量子数’”的作用。[113]

但假设性质和概念模型的缺乏，并没有阻碍索末菲推广经验基础。光谱位
322 移律和反常塞曼效应的规律是他在战后指定的第一个博士论文题目。在位移律上他关注的主要是周期表上相继元素“(双重或三重系统)线条特征的对等”，而不是一个理论解释。[114] 索末菲在一份博士论文的报告中承认：在反常塞曼效应中也有很多“最初在理论上是不可理解的”。但在这个“目前还不清楚的领域”最重

---

[110]致爱泼斯坦，1919年10月26日。Pasadena，CalTech，Epstein 83.

[111]Sommerfeld，*Atombau*，1919，S. 70.

[112]Sommerfeld，*Gesetze*，1920，S. 231—232.

[113]同上引，S. 253.

[114]就菲斯(Erwin Fues)博士论文投票致哲学学院二部，1919年12月18日。UAM，OC I 46 p.

要的是确认“某些规律”，从而为将来建立理论开展“有用的基础性工作”。[115]

索末菲之前的学生阿尔弗雷德·朗代，在法兰克福大学马克斯·玻恩手下完成教授资格考试，也致力于这些经验规则，作为研究反常塞曼效应的新途径。[116] 在研究索末菲磁光分裂规则时，他想到通过利用“内量子数”还可以建立其他经验规则。和鲁宾诺维奇一样朗代也和玻尔共事过一段时间。在给后者的信中，他对这个新量子数的物理意义作了推测：“一个项中各种不同的‘内’量子数很可能代表原子在价电子绕核不同的空间取向中对其不变轴的总量子数。”[117]“好极了！您这是在变魔术！”当索末菲得知朗代的进展时欢呼道，“您对塞曼双线类型的构建非常精彩”。[118]

此时这个构想的吸引力仅仅在于它与图宾根的帕邢实验室光谱学实验发现相符。在那里，恩斯特·巴克选择反常塞曼效应作为教授资格考试的主题，并与朗代几乎同时发现同样的经验规则。索末菲因此“紧急”请求朗代等到巴克完
成论文后再发表自己的结果。[119] 索末菲写信给朗代的导师马克斯·玻恩说，当朗 323
代拒绝时，自己“非常愤怒”，他愤慨地写道：“抢在一个实验者之前发表实验结论，是不恰当的行为。”此外，巴克的“情绪还没从战争中恢复过来”，现在需要和平和安静。朗代“急不可耐的雄心正损害自己在圈子里的名声”。他补充说新的信息来自于图宾根实验室未发表的测量结果。风险是“如果我们滥用帕邢或者巴克的慷慨，帕邢会停止从他的研究所提供任何信息”。[120]

几天以后，朗代写信告诉索末菲，“关于巴克博士的事情”，他已和图宾根

115就克勒纳特（Josef Krönert）博士论文投票致哲学学院二部，1920 年 2 月 20 日。UAM，OC I 46 p.

116Forman，*Alfred Landé*，1970.

117朗代致玻尔，1921 年 2 月 16 日。引自 Forman，*Alfred Landé*，1970，S. 242. 有关在哥本哈根的早期研究者，见 Robertson，*Early Years*，1979，S. 156—159.

118致朗代，2 月 25 日 1921 年。SBPK，Landé，70 Sommerfeld. 亦见 Forman，*Alfred Landé*，1970，S. 208 und 249.

119致朗代，1921 年 3 月 3 日。SBPK，Landé，70 Sommerfeld. 亦见 ASWB II；Forman，*Alfred Landé*，1970，S. 251—252.

120致玻恩，1921 年 3 月 8 日。DMA，NL 89，025. 亦见 Forman，*Alfred Landé*，1970，S. 257.

实验物理学家们讨论过，“在理论和实验两方面之间应该不会有什么分歧”。与此同时他还细化了自己的“塞曼分裂规则”。[121]与巴克的竞争促使他为自己反常塞曼分裂构想提出与巴克不同的理论方面的表述。帕邢写信给索末菲说：“既然朗代对塞曼类型的推导不同于巴克，并且这些推导更具有根本性，他应该发表自己的结果。”不过，他暗示自己对“朗代推测”评价不高。“归根到底，一个重要的有根据的事实比任何猜想更有价值。一个猜想可能刺激出新的观念，不过很快会变得乏味。”[122]

朗代的“猜想”后来被证明是有远见的。“内量子数”成为反常塞曼效应的量子理论的中心。朗代论证说如果把电子跃迁开始和结束状态“磁干扰能量之间的差异”乘上一个“g 因子”，反常塞曼间距就类似正常塞曼分离间距。这个结合不
324 同的方位，赤道，和“内”量子数的因子，包含了所有的经典理论无法理解的现象。[123]在和巴克开展对反常塞曼间距的新测试时，帕邢很快承认朗代 g 因子被很精彩的证实了。对帕邢来说，作为“内量子数和朗代规则之父”的索末菲才是这个领域真正的先锋。[124] 对他来说，“内量子数概念”是“最重要和可喜的工作”，适合“作为一个对将来工作有用的假说……朗代的工作以它为基础，项的组合来源于它，所有的东西都顺理成章”。[125]

8.5 教师和学生

索末菲提出的新量子数得到很好的确认，他应该是很满意了。不过朗代没

[121]朗代来信，1921 年 3 月 17 日。DMA，HS1977—28/A，192. 亦见 Forman，*Alfred Landé*，1970，S. 259—261.

[122]帕邢来信，1921 年 5 月 21 日。DMA，HS1977—28/A，253.

[123]Landé，*Zeemaneffekt*，1921；Forman，*Alfred Landé*，1970.

[124]帕邢来信，1921 年 7 月 24 日。DMA，HS1977—28/A，253.

[125]帕邢来信，1921 年 9 月 13 日。DMA，HS1977—28/A，253.

有让巴克先发表结果，使他很不高兴。对于一些具体内容，他也表示反对。他致信帕邢说："他的一些关于量子数的评述对我来说显得很疯狂。"[126]索末菲指的是朗代用了半整数量子数来取得理论和实验之间的一致。从大部分内容来说，索末菲很欣赏朗代的洞察力("好极了！你这是在变魔术！")，但是在1921年3月，他觉得朗代提交的待发表文章的内容"仍然不够成熟，不适于发表"。他告诉朗代，他的一个("第一学期"的！)学生有了同样的发现，但是结果还不能发表。[127]

这个学生的名字是维尔纳·海森伯(Werner Heisenberg，1901—1976)。[128]他在1920/21年冬季学期开始学习后，很快表示希望参加研讨会，在前沿问题的研究上一试身手。他最初的计划是学习数学，但与数学教授费迪南德·林德曼的初步面谈，使得雄心勃勃的海森伯很失望，因而转向了理论物理学。经过近25年的学术教学，索末菲知道如何对付自命不凡的学生。一般说来，直接面对课 325
题的难点，就足以使学生不至于眼高手低，同时让他明白天才一开始也需要集中注意力学习物理学基础。但另一个名叫沃尔夫冈·泡利(Wolfgang Pauli，1900—1958)的物理神童，刚刚让索末菲觉得有时候也可以不必循规蹈矩。1918/19年冬季学期泡利对广义相对论的理解让索末菲很吃惊。他对一个同事这样描述泡利到他门下的最初表现："第一学期的学生！他的能力超过德拜几倍！"[129]之后索末菲把本来想让爱因斯坦完成的一项工作交给泡利：为《数学科学百科全书》撰写《相对论》条目。泡利出色地完成了任务，这一条目当即被奉为经典。[130]

当海森伯作为第一学期学生，也提出要求参加关键研究课题讨论的时候，索末菲可能是想起了泡利的例子。多年后海森伯回忆索末菲的反应就是："好吧，您对数学有兴趣；说不定是因为您真有什么想法，也说不定是因为您什么都不懂。我们等着瞧吧。"这时候研讨会已经演变成为一个试验场，高年级的博

126 致帕邢的回信草稿，1921年7月24日。DMA，HS1977—28/A，253.

127 Forman, *Alfred Landé*, 1970, S. 261.

128 Cassidy, *Uncertainty*, 1992; Rechenberg, *Werner Heisenberg*, 2010.

129 致盖特勒，1919年1月14日。亦见 ASWB II, S. 46—47.

130 WPWB I, S. 13—14 und 58.

士生可以以此了解研究前沿的课题，但是第一学期的新生肯定是听得一头雾水。没有太多的介绍，索末菲向研讨会的新人们讲述了反常塞曼效应的光谱测量。海森伯需要从记录到的谱线中确定原子跃迁的初态和终态。因为还不熟悉玻尔和索末菲的原子论，海森伯用一种类似数字游戏的方式处理这个研讨会上的任务。“大概一两周”之后，海森伯提交了自己的解答，索末菲“完全被震惊了”，因为海森伯的方案只有假设半整数量子数才行得通。他回复说：“这是绝对不可能的；我们对量子论的唯一的了解就是量子数是整数，而不是半整数；那是不可能的。”海森伯自己不觉得半整数量子数有什么不对头。朗代在大约同一时间也得到同一结论，这应该让索末菲觉得不那么肯定了。虽然他不想让海森伯立刻发表他的结果，但他鼓励他继续工作，并寻求一个物理上可行的解释。不管怎么说，索末菲很想知道海森伯的研究热情最后会导致什么结果。海森伯回忆说，他“至少每个隔天早上”都会被索末菲叫去汇报进展，以及对可能的结果的看法。[131][132]

在这种情况下，索末菲回忆起玻尔提出原子模型之前，福格特曾经把原来解释正常赛曼效应的洛伦兹理论推广到反常塞曼效应上。为了简化这一理论并把它用到帕邢—巴克效应上，他几乎和福格特发生矛盾(见第七章)。福格特理论使用了很多参数，确实能够很好描述谱线在磁场中的分裂。如果能够把福格特方程转换一下，成为组合原理的形式，那么至少在这点上就和玻尔理论一致了。组合原理指的是把谱线之间的间隔表示为不同能级项之差。到目前为止，所有的谱线还都能表达为能级项之差；如果福格特理论也符合组合原理，就可
327 能推导出一个量子论模型。索末给论证道：“福格特振荡理论能给出谱线的间隔，但是在量子论中，我们要的是两项之差。”结果项的方程形式如此简单，肯定让他感到惊讶：“和最初的振动表述相比，磁光结果最后的量子论表述明显地更加简明一致。”在这个“量子理论重构”的最后，他没有忘记“感谢我的学生海森伯先生在整个反常塞曼效应问题上的成功合作”。[133]

---

[131]海森伯与库恩和海尔布伦的访谈，1962 年 11 月 30 日，AHQP. http://www.aip.org/history/ohilist/4661_1.html（上网时间：2012 年 10 月 8 日）。

[132]原书此处附有大段英文引文，为避免重复，中译本省略。——译者注

[133]Sommerfeld, *Umdeutung*，1922，S. 267，269，272.

索末菲的“重构”给出了不同的能量项。代替福格特理论中的频率的，是方位角、赤道和内量子数。但是只要内量子数是基于经验的，就没有办法赋予它任何模型概念。通过给出索末菲推测的内量子数代表的“隐藏旋转”的具体表达，海森伯开展了这一步的工作。他把一个或几个价电子的角动量和从内部轨道电子的总角动量区别出来，并且把内部轨道及其电子和原子核结合起来看作一个“原子实”。1921—1922 年冬季学期是海森伯的第 3 个学期，一开始他就给泡利作了一个关于“反常塞曼效应的原子学”的书面研讨会报告，在其中为自己“双原子”(比如钠)模型作了澄清。他对泡利解释说，这些元素周期表第一列中的原子，包含一个价电子和一个“原子实”。“在原子常态下(s 项)，总动量是 1，由原子实和电子在平均时间上均分(关键就在这里!)。因此平均动量是$\frac{1}{2}+\frac{1}{2}$。”原子实和价电子之间应该存在一个“磁耦合”。通过更多计算，他展示了如何从这个概念导出索末菲寻求的对“福格特方程”的重构。[134]

在这封信件，以及其他的给老生泡利和朗代的信件中，海森伯讨论的内容后来成为原子论中的原子实模型。[135] 虽然索末菲还是不喜欢其中的半整数量子
数，他还是被这个第 3 学期学生的才华打动，允许他在《物理学报》上发表了一 328
篇文章。海森伯的文章和索末菲关于福格特理论的量子论重构的文章同期发表，前后相继，向读者清楚显示师徒之间的合作关系。[136] 在向玻尔提交论文时，索末菲写道：“海森伯是一个第 3 学期的学生，极富才华。我不能再抑制他发表结果的热情，而且结果也非常重要。所以虽然推导形式还不是那么确定性的，我还是同意发表。”他并且指出了论文与玻尔观念的根本性不同之处：“您会看到我们认为项的多重化是磁作用造成的。”[137]“项的多重化”是指多于一个电子的原子表现的双重和三重特性。与海森伯的原子实和价电子的磁作用观念不同，玻尔认为项的多重化是原子中电荷的非对称分布的后果。[138]

海森伯模型中不但有半量子数，还在索末菲精细结构理论中表述的双线结

---

[134]海森伯致泡利，1921 年 11 月 19 日。重印于 WPWB I.

[135]Cassidy，*Core Model*，1979.

[136]Heisenberg，*Quantentheorie der Linienstruktur*，1922.

[137]致玻尔，1922 年 3 月 25 日。NBA，Bohr. 亦见 ASWB II.

[138]Cassidy，*Core Model*，1979，S. 217.

构的相对论解释之外，提出了磁作用解释。这些都影响了索末菲对它的热情。他给爱因斯坦的信中说："结果不错，但是深层的基础不清楚。""我的工作只是在量子论的技术方面，您来设计它的哲学。"[139]在泡利精彩的百科全书相对论条目之后，爱因斯坦首先通过海森伯的原子实模型看到索末菲富于魅力的教育特色。他回信说："我尤其钦佩您的是，您神速般地培养出了一大批年轻的天才。这真是太神奇了。您肯定有一种能把您的听众的精神精炼和激活的特殊才能。"[140]

除了泡利和海森伯，那些年里慕尼黑"摇篮"中的其他学生也成为现代理论
329 物理学苍穹中冉冉升起的明星。战后的第一个学期，索末菲依赖助手楞茨和埃瓦尔德帮助他在战后革命风暴中保持教学事业顺利前行。他们不单帮助索末菲组织研讨会和讨论会，也担负起讲课任务。在"1919年1月到4月的半年战时紧急状态"中，楞茨教授了电动力学的一个复习课程，之后还给高年级学生教授了量子论、气体动力学(冬季，1919—1920)、相对论(夏季，1920)和热辐射理论(冬季，1920—1921)。在"半年战时紧急状态"中，从1919年开始，埃瓦尔德教授了一个力学课程复习课程，然后是向量演算的基础课程，以及理论物理学基础(1919年和1920年夏季)、高级晶格动力学(冬季，1919—1920)、电子光学选题(夏季，1920)和热力学势(冬季，1920—1921)。[141]

1919年秋，研究所的阵容中曾加了维也纳来的讲师卡尔·赫茨菲尔德(Karl Herzfeld，1892—1978)作为物理和化学之间的桥梁。[142] 1921年中，楞茨与埃瓦尔德被汉堡和斯图加特大学聘为理论物理学教授。阿道夫·克拉策(Adolph Kratzer，1893—1983)和格雷戈尔·文策尔(Gregor Wentzel，1898—1978)接替他俩成为索末菲的助手。克拉策是战争中伤残人员，1918年10月来到慕尼黑，

[139]致爱因斯坦，1922年1月11日。AEA，Einstein. 亦见 ASWB II.

[140]爱因斯坦来信，未标日期[1922年1月11日之后不久]。DMA，HS1977—28/A，78. 亦见 ASWB II.

[141]讲座目录 http://epub.ub.uni-muenchen.de/view/subjects/vlverz_04.html（上网时间：2012年10月9日）。

[142]Herzfeld，未发表的自传 [1971]，typescript，Washington D.C.，Catholic University of America，Archive，Herzfeld-Papers，Karton 2.

并于1920年2月在楞茨指导下完成博士学位。[143] 文策尔在1921年夏季学期以X射线谱论文完成了他的博士研究。[144] 索末菲致信爱因斯坦说这个学期他"累坏了"，"需要一个假期"，"在这个学期，我指导了4个博士(其中包括泡利)，还有一个讲师(克拉策)，非常辛苦。"[145]

不过正如他给自己之前的学生，当时在加州理工学院担任理论物理学教授的爱泼斯坦信中所言，索末菲很高兴地看到慕尼黑的物理学又恢复勃勃生机。 330
自从1920年秋威利·维恩接替长期患病的伦琴担任主任之后，"伦琴睡美人研究所"重获新生。索末菲自己的研究所里也重现"俊杰之士"不断成长的景象。文策尔瞄准X射线谱的重大进步，"克拉策负责谱带。不过最突出的还是海森伯这个第3学期的学生，他对塞曼效应和项的多重化模型的理解似乎还要远胜玻尔"。所有这些都将被包含在即将出版的《原子结构和光谱线》一书的第3版中。[146]

8.6 原子物理学的圣经

《原子结构和光谱线》一书的前四版，几乎是一年一版。从内容的变动我们可以看到索末菲领导弟子们参与原子论构建的程度。第二版和第一版间隔太短，没有时间做彻底的改动，只是把书最后附录的数学部分作了一些修改。索末菲把大部分工作交给泡利完成。[147]

不过对于第3版，索末菲希望全面地加入最新的发现，因此需要彻底修改。他在写于1922年1月的前言中解释道："我的主要任务是支持寻求一般系列光谱

---

[143]就克拉策博士论文投票致哲学学院二部，1920年2月19日。UAM，OC I 46p. Schmitz，*Adolf Kratzer*，2011.

[144]就文策尔博士论文投票致哲学学院二部，1921年6月21日。UAM，OC I 47p.

[145]致爱因斯坦，1921年8月10日。AEA，Einstein.

[146]致爱泼斯坦，1922年2月12日。CalTech，Epstein 8.3.

[147]Sommerfeld，*Atombau*，1921b，S. IX.

的规则。”他进一步指出：“我特别强调内量子数的引入，”“以及反常塞曼效应系统。”在专门介绍这些创新的一章结尾，他明确提到海森伯的协作。虽然他认为原子实模型多少有些推测性质，不适合放入教科书正文中，但是也不想忽略它，因此将其作为系列光谱一章的附录加入。就这一节他评论说，海森伯有能力“通过一个模型解决”项多重化难题。他也再次点名感谢泡利、克拉策和文策尔对他书中各个部分的“忠实、有见识的”帮助。[148]

331 至少在第三版时，《原子结构和光谱线》一书已经成为“圣经”，索末菲也成了“量子教皇”。马克斯·玻恩在浏览新书之后写道，在这个新版本中又有“很多新鲜有价值的内容”，“今天，这是现代物理学家的《圣经》”。[149] 数学家赫尔曼·外尔(Hermann Weyl，1885 —1955)称之为自己的“物理圣经”。[150] 一年后实验物理学家卡尔·威廉·迈斯纳(Karl Wilhelm Meissner，1891 —1959)将第四版称为“光谱学家的圣经”。[151] 帕邢在自己的图宾根实验室对原子光谱做了最多的探索工作，他也认为这本书是“实用光谱学家的圣经”。帕邢回忆自己被引导进入光谱的量子物理解释的过程，并把它与本书的顺序版本联系起来。他致信索末菲说“最后，是您的工作”使他对这个主题有了清晰的认识，“而且我相信绝大多数的光谱学家也会有同感”。[152]

对索末菲在量子论和原子论发展中所扮演的角色，也不是每个人都怀有如此的感激之情。“量子教皇”的头衔也不完全是一种恭维。它起源于保罗·埃伦费斯特。索末菲从爱因斯坦那里得知，由于《原子结构和光谱线》第三版对他在所谓绝热假设上的贡献没有给予足够的重视，埃伦费斯特感到恼火。[153] 他给爱因斯坦的一封信里面说“圣索末菲是量子教皇”。索末菲之后写信给妻子谈起这封信：“埃伦费斯特是一个讨厌的家伙，我早就知道他生我的气。”[154]绝热假设最初用于热力学。与之相关的系统态的变化，不是因为热交换，而是通过改变系统

[148]Sommerfeld，*Atombau*，1922，S. V-VIII and 496.

[149]玻恩来信，1922 年 5 月 13 日。DMA，HS1977—28/A，34. 亦见 ASWB II.

[150]外尔来信，1922 年 5 月 19 日。DMA，HS1977—28/A，365. 亦见 ASWB II.

[151]K. W. 迈斯纳来信，1924 年 12 月 2 日。DMA，NL 89，011.

[152]帕邢来信，1925 年 1 月 27 日。DMA，NL 89，012.

[153]爱因斯坦来信，1922 年 9 月 16 日。DMA，HS1977—28/A，78. 亦见 ASWB II.

[154]致约翰娜，1922 年 10 月 8 日。

态依赖的条件间接地导致。1911 年，埃伦费斯特发现光量子假设和态的绝热变化之间的联系，并在后面几年把它变成了一个量子原理，在实质上帮助了玻尔原子论的建设。[155] 尽管索末菲用了很长的一段章节介绍绝热假设，并以埃伦费斯 332
特为其创立者，在书的第三版他仅将埃伦费斯特 1916 年的总结陈述作为参考给出，并未涉及埃伦费斯特扮演了先驱者角色的早期历史。直到第四版，埃伦费斯特在这个量子原理上的多年工作才被提及。

玻尔对索末菲的新版本的反应也多少有些冷淡。在他看来，索末菲对于对应原理仍有保留。他在信中没有直接谈到对应原理，而是表达了“看到这个感觉是一个修订版”时的高兴心情。在寻求量子论原理的努力中，他“经常感到自己在科学上的孤立”，“当然不可能指望每个人对每件事看法相同”。他这里指的是新版本中索末菲通过内量子数解释系列光谱中双线和三线和反常塞曼效应的部分。玻尔感觉到这背后的物理假设不承认他心目中的“量子论的统一概念”。不过他还是感谢索末菲评价他工作时的“友好的精神”。[156]

第 3 版刚出版，就从意想不到的地方得到了内量子数概念的新证据。1922 年 3 月，索末菲获邀到西班牙讲演时，在马德里会见了光谱学家米格尔·卡塔兰(Miguel Catalán，1894 —1957)。刚刚从英格兰研究访问归来的卡塔兰告诉索末菲自己在伦敦帝国理工学院阿尔弗雷德·福勒(Alfred Fowler，1868 —1940)实验室对锰谱的研究结果。卡塔兰向索末菲展示自己所谓的“多重分裂”，也就是 5 重、6 重甚至更多重的谱线。这是对已知的双线和三线系统的扩展。并且他指出了多电子原子光谱的非常复杂的结构。卡塔兰多年后回忆说，索末菲带着兴奋的心情研究他的结果，以寻找内量子数理论的证据。[157] 回到德国，索末菲首 333
先把来自西班牙的进展告诉了帕邢，帕邢立刻在自己的实验室开展类似的调查。并报道说自己实验室对于铬谱多重化的相互关系和塞曼分裂的研究结果“全部都符合朗代模式”。[158] 这种内量子数描述的相互关系在之前只是在双线和三线中被实验确认。现在，较高的多重分裂也成为内量子数的经验基础。

---

155 Navarro/Pérez, *Paul Ehrenfest*, 2006; Pérez, *Adiabatic Theory*, 2009.

156 玻尔来信，1922 年 4 月 30 日。DMA，HS1977—28/A，28. 亦见 ASWB II.

157 Sanchez-Ron, *Relations*, 2002, S. 11.

158 帕邢来信，1922 年 5 月 24 日。DMA，HS1977—28/A，253.

1922年6月，玻尔受邀到格丁根做为期一周的讲座。来自德国全国各地的物理学家汇集于此，聆听关于原子论的最新近的第一手信息。这个很快被称为“玻尔节”的主要议题，是去年发表在《自然》杂志的一篇标题为《原子结构》的文章中提出的元素周期表中的元素排列的玻尔概念。[159] 这个“第二玻尔原子论”的目的是用量子数区分各种不同的电子排布，不过并未用到索末非的内量子数。在这种情况下，新多重态正好成为索末菲向玻尔证明内量子数的工具。格丁根讲座前两周他在一封给哥本哈根的信中说：“我有一些和内量子数有关的新东西要带去格丁根。”[160]在格丁根，索末非作了一个《锰的谱线结构》的报告，不过在其中他只是表示可以用合适的各电子层内量子数解释锰谱线结构，而把全面介绍留给两个月后提交给《物理学年鉴》的一篇长文。几乎同时，索末菲和海森伯联合展示了另一个关于多重态强度的结果。这些论文的实质确立了内量子数在多电
334 子原子论中的坚实地位。这是区分不同系列项组分的决定性量子数；从物理上可以把它们想象为“相应原子态的总冲动”，也就是总角动量的特征等级。[161]

玻尔的元素周期表概念和索末菲对复杂光谱的解读指出了描述多电子原子的未来之路。索末菲决定在《原子结构和光谱线》的第四版中更深入地介绍这方面的内容。但是现在，来自各方的对第三版的赞美已经可以使他满足。索末菲从马德里给他的妻子写道：“关于我的书的西班牙语翻译，也快要完成与出版商的协商了。”[162]这里用“也”是因为之前已有以第三版作为基本文本的法语和英语翻译。“索末菲的精湛著作”在美洲尤其受到最高的赞誉。[163]

159Kragh, *Atomic Theory*, 1979; NBCW 4, S. 19—20, 177—180.

160致克拉默斯，1922年6月1日。NBA, Bohr.

161Sommerfeld, *Linienstrukturen*, 1922; Sommerfeld, *Deutung*, 1923, S. 33; Sommerfeld/Heisenberg, *Intensität*, 1922, S. 132.

162致约翰娜，1922年4月24日。

163Saunders, *Aspects*, 1924, S. 49.（索末非关于原子结构的杰出著作表明理论对拓展我们视野的非凡作用……）

8.7 路西塔尼亚纪念章

在遭到抵制的年月里，得到来自海外的承认，对德国学者来说，其意义超出了个人荣誉。索末菲利用对他个人的兴趣促进外部与德国的政治和解。1921年9月，华盛顿国家标准局光谱学部主任威廉·弗雷德里克·梅格斯(William Frederick Meggers，1888—1966)在其欧洲之行中访问了索末菲，给他提供了一个很好的机会。梅格斯邀请索末菲在《美国光学会杂志》上发表文章。这份隶属于美国光学会的期刊由梅格斯在光谱学部的同事保罗·富特(Paul Foote，1888—1971)负责出版。在梅格斯的慕尼黑之行后，索末菲致信他说："富特先生友善地邀请我提交论文，并写信告诉我论文将被翻译成英文发表。"他感谢对方的邀请，但是用什么语言发表成了一个政治问题。除非《美国光学会杂志》原 335
则上只发表英语论文，他才会同意自己的文章也翻译成英文。"如果是这样的话，但是像《美国天体物理杂志》这样的期刊有时也发表法语论文，那么对我来说，您们也允许发表德语论文就很重要。您肯定知道，我们的敌人不但在像阿尔萨斯，上西里西亚这些他们从德国夺取的领土上压制德语的使用，而且积极扼杀作为文化交流工具的德语。对此我当然不能同意。"[164]

当他被告知《美国光学会杂志》原则上只发表英语文章时，这方面就没有什么问题了。[165] 尽管他向美国方面提交的论文并非关于光学，但还是被欣然接受。索末菲自己解释向美方送交这篇文章的理由是，这是对《美国国家科学院院刊》上一篇文章的回应；他只是想澄清一个"误解"。对索末菲来说，在《美国光学会杂志》上发表文章也是一个机会，可以借此赢得梅格斯在另一个完全不同的事情

---

[164]致梅格斯，1921年11月22日。College Park，AIP，Meggers；关于一战后交流语言上的争论，见 Reinbothe，*Wissenschaftssprache*，2006.

[165]梅格斯来信，1921年12月9日。DMA，NL 89，011.

上的支持。这件事在索末菲头脑中已经萦绕了数月之久。他在信中将话题从物理转到政治，说“我们的政治局势越来越困难”，“自从英国这么可耻地背叛了我们，将欣欣向荣的上西里西亚交给波兰糟蹋之后，我们确信英国和法国一样希望看到我们毁灭。当然二者的手段不同。法国是野蛮，英国是流氓。我不知道哪一个更卑劣”。他附上自己的一篇“简短的政治文章”，其中他严厉抨击了协约国的战争宣传，并希望梅格斯会转给美国报纸发表。[166]

这篇文章关注的，是德国U型潜艇鱼雷击沉英国丘纳德船运公司客运汽船路西塔尼亚号事件，此事对于美国加入第一次世界大战起了不可忽视的作用。1915年5月1日，航行在在纽约至利物浦途中的路西塔尼亚号船上共有近2000
336 人。尽管知道运输“违禁品”会给德国一方视之为敌船加以攻击的借口，船上还是装载了英国的军需品。路西塔尼亚号在爱尔兰南部海岸被击沉，导致超过1200人死亡，其中包括超过100名美国公民。[167]

随后国际媒体报道德国人发放纪念章庆祝这一野蛮行为，激起了前所未有的公愤。索末菲认为这些新闻报道是战争宣传，觉得自己有责任澄清事实。他在1921年6月发表在《慕尼黑最新新闻报》的一篇文章《原因—结果！路西塔尼亚纪念章》中写道：“我敢肯定这个纪念章是英国人捏造的。”然而，在调查过程中，他不得不承认这个纪念章确实存在；当然背景和动机与外国媒体报道的完全不同。它并非官方机构发放，而是由一个名叫卡尔·格茨（Karl Götz，1875—1950）的慕尼黑讽刺作家私底下小批量制作的。在海外报道之前，德国国内对此几乎一无所知。纪念章的一面是文字图案“没有违禁品”下的一艘沉船，另一面是文字图案“商业高于一切”，下面画着售票亭里的一个骨架。索末菲解释说，纪念章的意思是谴责丘纳德船运公司为追求利润，用客轮运送军火。这与庆祝受害者丧命毫无关系；奖章表达的不是满足，而是谴责。索末菲明确表示他不喜欢这种表达方式。但觉得“敌人”利用它达到宣传目的行为更应该受到谴责。“他们试图把这个纯粹的私人行为搞得像是德国人民的情绪表达或德国政府的立场，

---

[166]致梅格斯，1922年1月14日。College Park，AIP，Meggers.

[167]Preston，*Lusitania*，2002.

在庆祝消灭无辜旅客。”[168]

要是索末菲知道战争宣传机器利用这件事作了多大的文章，他一定会更加
愤怒。1917 年外交部在一份报告中愤怒地指出：“在英国，这个纪念章的铜质复 337
制品被大量分发。”“从这里就可以看出它的制造者分发它们给我们敌人的宣传帮了多大的忙。”[169]反过来，柏林也想利用这个国外媒体关于路西塔尼亚纪念章的低级错误报道达到宣传目的。外交部一名外交官写道：“陛下命令外交部下属宣传部在国外媒体上纠住英国人的谎言不放。”[170]即使到了战后，这一事件仍然被宣传利用：驻伯尔尼的外交官向柏林汇报说：“顺便说一下，这个纪念章最近在瑞士市场又出现了，卖得不错。”“在协约国，据说也有大量的复制品在流转，被人成功地作宣传利用。”[171]

可能就是在瑞士到处散布的这些纪念章引发了索末菲的文章。他在给梅格斯的信中说自己是在“和孔兹教授的谈话之后”，才决定诉诸纸笔的。雅各布·孔兹(Jacob Kunz，1874—1939)是瑞士人，在 1908 年就任伊利诺伊大学厄尔巴纳分校数学物理教授之前，曾经在索末菲那里做过短暂研究。索末菲觉得自己反驳文章的影响只限于《慕尼黑最新新闻报》的读者，是不够的。因此向梅格斯请求：“如果您觉得合适，而安排一家美国报纸转载这篇文章(属我的名字)的话，我会非常高兴。”[172]尽管梅格斯确认路西塔尼亚纪念章在美国也被报道过，但是他没有按照索末菲的要求向美国报纸转交这篇《慕尼黑最新新闻报》的文章。人人都知道路西塔尼亚号置旅客安全于不顾而运送军火；用不着重新炒作这起事件。[173]

索末菲也曾寻求爱因斯坦帮助将文章提交给一家英文报纸发表。但是爱因 338
斯坦明确地告诉了他自己对这种解释的看法。在收到索末菲送来的文章后，他

---

[168]Sommerfeld，*Ursachen*，1921 年。

[169]外交部(出自 Radowitz)致帝国内务部，1917 年 1 月 25 日。BA，R 901 71964.

[170](法律顾问)格吕瑙(Grünau)致外交部电报，1916 年 11 月 15 日。BA，R 901 71964.

[171]德国驻伯尔尼公使克歇尔(Köcher)致外交部，1920 年 2 月 19 日。BA，R 707 14.

[172]致梅格斯，1922 年 1 月 14 日。College Park，AIP，Meggers.

[173]梅格斯来信，1922 年 2 月 24 日。College Park，AIP，Meggers.(“我觉得继续讨论这个问题没有益处，因为人人都知道那艘船上运载了军火而置乘客生命与危险之中。”)

回复说："坦率地说，我很遗憾您写了这篇文章。"在德国，也不是没有"不负责任的低级谎言。大家合力把这些战时龌龊的东西放到光天化日之下，没有什么好处。反正我在这件事情上是帮不上忙，而且还要为重建国际间的和解请求您放弃这些无益的行为。在美国和英国，我到处感受到人们对理解的真诚希望，对德国知识界的高度尊重，对您科学工作的敬仰以及对您个人的同情。所以，请您从过去的怨恨中解脱出来"。[174]但是索末菲并未气馁，继续费力试图在这个战争宣传事件上教导其他国家，可惜毫无成果。他后来又给爱因斯坦写信说："另外，除了您之外，其他三个中立的同事在收到我的路西塔尼亚文章后也保持沉默未加理会。"[175]

8.8　麦迪逊的卡尔·舒尔兹教授

除了像西班牙这样的中立国(索末菲在访问之后被选为马德里科学院院士)，在美国也有很多人敬仰德国科学。在威斯康星大学麦迪逊分校，德裔美国人1911年为德国科学家设立了一个客座教授职位，以纪念1848年的革命者，后来的美国国务活动家卡尔·舒尔兹(Karl Schurz，1829—1906)。这个教授席位每两年一次，每次一个学期。索末菲是战后第一个卡尔·舒尔兹教授。他的任期是1922/23年冬季学期。这个倡议来自于亚历山大·鲁道夫·霍尔菲尔德(Alexander Rudolf Hohlfeld，1865—1956)。他从1904年起即担任威斯康星大学
339 麦迪逊分校德国研究系主任，并在一战中奋力反击反德情绪。[176] 霍尔菲尔德在德裔美国人社群的报纸《密尔沃基星期日邮报》上宣布，邀请"德国科学界的一位代表在公立教育结构担任正式职位"一事早在1921年底就开始酝酿。"那时整个国

[174]爱因斯坦来信，1921年7月13日。DMA，HS1977—28/A，78)．亦见 ASWB II.

[175]致爱因斯坦，1922年1月11日。Jerusalem，AEA，Einstein. 亦见 ASWB II.

[176]Nollendorfs，*First World War*，1988；Zenda，*Loyalty*，2010.

家的气氛，尤其是在各大学里，比现在的气氛更不利。”[177]

这个事件的影响超出了德裔美国社区。即使是1921年对爱因斯坦的邀请，都遭到天文学家乔治·埃勒里·海耳(George Ellerly Hale，1868—1938)的强烈反对。作为威尔逊山天文台的建立者，海耳深得索末菲赞赏，并且是美国科学界影响力屈指可数的发言人之一。在一战中，美国将同盟国科学家与协约国科学家分开，打入“敌营”，并在战后将科学界的冷战延续数年，海耳在其中起了决定性的作用。[178] 美国的《科学》杂志1922年8月11日的文章，向读者报道索末菲将来到麦迪逊就任卡尔·舒尔兹教授时指出：“对索末菲的教授任命，标志着战争中断之后，这一教授职位的恢复。”[179]就连《纽约时报》也在大字标题“德国科学家来了”下报道了这一任命。[180]

之前被任命担任这一教授职务的有1912年的文献学者欧根·屈内曼(Eugen Kühnemann，1868—1946)和1915年的国民经济学家莫里茨·波恩(Moritz Bonn，1873—1965)。现在这个职位转向由理论物理学家担任，绝非偶然。20世纪20年代初，量子物理和相对论在美国还默默无闻。但是在美国大学开展这些方面研究的呼声越来越高。最早的安排是邀请海外权威来做报告。爱因斯坦之后索末菲是第二个获此殊荣的德国科学家。[181]就连《纽约时报》和《科学》的报道文章也没有忘记提到索末菲将要讲授的课程是“原子结构”和“相对论”。

索末菲将要来访的消息像野火燎原一样传布开来。他还没有接受麦迪逊的 340
邀请，就又收到其他的邀请。哈佛大学光谱学家西奥多·莱曼(Theodore L. Lyman，1874—1954)致信索末菲，说自己从梅格斯那里知道他明年来访的消息，并邀请索末菲访问自己的实验室。“在这次访问中我们希望您能做3到4个讲座，每个讲座我们付100美元。”[182]1922年5月，梅格斯听到麦迪逊邀请索末菲的消

---

[177]德国大学各系记录之报刊剪辑，Series 7/14/4，University Archives of the University of Wisconsin，Madison.

[178]Kevles，*Camps*，1971；Kevles，*Physicists*，1979，Kap. X（“Cold War in Science”）.

[179]*Science*，56，1922，S. 166.

[180]《纽约时报》(*The New York Times*)，1922年8月6日。

[181]Coben，*Establishment*，1971；Holton，*Rise*，1988；Sopka，*Quantum Physics*，1988.

[182]莱曼来信，1922年5月27日。DMA，NL 89，019，Mappe 4，1.

息，主动向他简单介绍了美国的情况，并且安排了其他的诸如来自哈佛莱曼的访问邀请。他还向索末菲介绍了美国大学的排名情况。有私立和公立两类大学。哈佛、芝加哥和哥伦比亚是私立的，麦迪逊、明尼苏达和其他一些地方的大学是公立的。他恭维索末菲的邀请者说，威斯康星大学麦迪逊分校是最好的大学之一。[183]

1922年6月，霍尔菲尔德来到慕尼黑，为麦迪逊的邀请营造气氛。索末菲在给一个同事的信中写道："今天晚上，我要迎接一位德裔美国人，他想把我拐到美元之地待一个冬天。""按计划我将作为卡尔·舒尔兹教授住在威斯康星大学，并从那里开始'艺术之旅'(路过哈佛)。尽管我不是那么急切，但是因为政治理由也不想拒绝。"[184]霍尔菲尔德的访问之后不久，来自麦迪逊大学校长的电报就正式落实了邀请。电报明确了1922年9月18日到1923年2月1日之间的学期里，他将完成每周6小时的讲座，报酬共4000美元。[185] 索末菲很快做出决定，并向校方申请1922/23年冬季学期的假期。在正式申请信中他表示觉得接受这一邀请是自己的"责任"。[186]

341 在不断恶化的通货膨胀时期，除了政治方面的责任感，金钱方面的刺激也绝非无足轻重。战前1美元可兑换4.2马克。战后，兑换率每年增加10倍：从42马克(1920年1月31日)到420马克(1921年10月3日)再到4430马克(1922年10月21日)。就算索末菲不能想象他在美国期间马克的价值会继续跌到哪里，在1922年夏天，4000美元的酬金外加再美国各大学做报告的几百美元收入，已经明摆着是一大笔钱，远远超过他在慕尼黑当教授的年薪16000马克(战争结束时)。[187]

通货膨胀时期金钱方面考虑的分量，也表现在7月底他提交给外交部的申请中。他申请了800美元和8000马克的预支款，以支付旅费。在客船舱位费一

---

[183]梅格斯来信，1922年5月29日。College Park，AIP，Meggers.

[184]致安许茨·肯普费，1922年6月25日。

[185]伯奇(Birge)来信，1922年7月3日和5日。DMA，NL 89，019，Mappe 4，1.

[186]致巴伐利亚文化部和慕尼黑大学，1922年7月4日。DMA，NL 89，004.

[187]http://de.wikipedia.org/wiki/Deutsche_Inflation_1914_bis_1923（上网时间：2012年10月9日）；Eckert/Pricha，*Berufungen*，1984.

项他写的是“50 美元＝ 27000 马克”，其他旅行费用超过 300 美元。为了避免汇率风险，他请求预支美元，“现金或者信用证都行。因为要带儿子作为旅伴和助手，我的旅行费用会增加”。[188]外交部最后让他预支 25000 马克，但是没有美元。不过他可以从纽约的德国总领馆借到最多 650 美元。[189]索末菲还从邀请方得到一笔额外的报酬。他在信中解释自己费用增加的原因时说：“我会把大儿子带去，在圣诞节前他要去麦迪逊学习电子工程。”结果是美国方面将酬金提高了 500 美元。[190]

出发之前，索末菲还得为自己离开的期间做一些安排。他把在慕尼黑的课程和研讨会工作交给自己的讲师卡尔·赫茨菲尔德。格里高·文策尔负责研究所的其他事情。海森伯和其他 3 个高年级学生被送到格丁根的马克斯·玻恩那 342
里。后者刚刚来信挑战，说要让自己的学生也做点“量化”工作，“和您搞一点竞争”。[191] 1921 年完成博士学位之后，泡利就成为玻恩的助手，打开了慕尼黑和格丁根之间量子物理交流的大门。对海森伯的非常规的物理学家教育，格丁根是最理想的地方。索末菲写信给自己以前的学生，加州理工学院教授爱泼斯坦说：“我对海森伯期望甚高，在我的所有学生中，包括德拜和泡利，他无疑是最有才华的。”当时爱泼斯坦正在微扰理论上和玻恩展开竞赛。在格丁根玻恩和泡利刚刚针对天体力学微扰理论专门开了一个研讨会，希望能够通过逼近方法至少从数学上着手解决多体问题。这个问题只有在少数特例中有精确解，并且与多电子原子问题相关。爱泼斯坦刚刚发表了一系列相关论文。索末菲激励爱泼斯坦说：“玻恩和泡利觉得自己的微扰理论更加收敛。”不过他自己知道那怕是最简单的多体问题，一个原子核加两个电子的氦原子，在当时也无法求解。“到现在为止，虽然做了很多计算，还是没人知道如何处理氦原子，连克拉默斯[192]也不知道。”不过索末菲这封信的目的不是讨论专业本行，而是向爱泼斯坦提起访问加

---

[188]致外交部，1922 年 7 月 31 日。DMA，NL 89，025，Mappe Körperschaft.

[189]外交部来函，1922 年 8 月 10 日和 30 日。DMA，NL 89，019，Mappe 4，1.

[190]致施利希特(Slichter)，1922 年 8 月 13 日。DMA，NL 89，019，Mappe 4，1.

[191]玻恩来信，1922 年 5 月 13 日。DMA，HS1977—28/A，34. 亦见 ASWB II，S. 117—119.

[192]即荷兰物理学家 Henrik Anthony Kramers(1894—1852)。——译者注

州的可能性。动机还是科学交流、金钱和政治混杂在一起。“我当然热切希望能瞻仰天体物理的圣地威尔逊山，以及密立根(Millikan)教授在帕萨迪纳努力建成的第一流研究所。与伯奇(Birge)教授在伯克利的交流对我也很有吸引力，更别说西海岸的旖旎风光。不过作为德国人我不能毛遂自荐。所以您不要把这封信当成直接的示意。我只是大概描述一下可能的一些条件，具体地说就是时间(1月中旬到2月下旬之间)、金钱(至少不能让我倒贴旅行食宿的钱吧)，以及仪式(我需要一封来自校方的正式邀请信)。”[193]

343 在接受邀请之前，索末菲希望得到保证不会遭遇反德情绪。正像他给自己格丁根和克劳斯塔尔时代的老朋友，哈佛大学数学家威廉·奥斯古德(William Osgood，1864—1943)的信中写道的那样，他强调自己不愿意成为“一个仅仅是被容忍的，甚至是不受欢迎的客人”。对于莱曼的邀请，他接受的前提是对方必须走官方形式。在致奥斯古德德信中他提到慕尼黑同事中的情绪：“在德国大家认为很多哈佛教授在战时非常反德。”几个同事还建议他不要访问哈佛。因此他必须“坚持自己的立场，比如大学校长必须同意他在哈佛作报告。我相信莱曼教授在这方面已经作了必要准备。不过还是希望从您这里确认，如果我要正式拜访校长的话，将会受到他的欢迎”。[194]奥斯古德回信让他放心：“没问题，您来吧。接待仪式不会有麻烦。”“莱曼是个很好的同事，他既然邀请了您，就一定让您受到体面的接待。如果没有事先在校长那里安排妥当，他不会向您发出邀请函。”不过他承认哈佛确有反德情绪，并提示莱曼和校长不会同意索末菲对战争的看法，不过这也“给我们一个机会了解德国方面对此事的看法”。[195]

1922年9月6日，索末菲和他的儿子恩斯特在不莱梅登上开往纽约的乔治·华盛顿号。“闲暇中打发时光的感觉真是难以置信，”他在船上写信回家说，“你悠闲地从一个躺椅或安乐椅换到另一个，从阅览室到吸烟沙龙，或者沿着过道散步。不幸的是，我一直是说德语多过英语，因为桌友和接近的熟人都是德裔美国人。”在船上，人们就想从著名的物理学家这里听到这门科学最新发展的

[193]致爱泼斯坦，1922年7月29日。Pasadena，CalTech，Epstein 8.3.

[194]致奥斯古德，1922年7月17日。DMA，NL 89，019，Mappe 4，1.

[195]奥斯古德来信，1922年8月1日。DMA，NL 89，019，Mappe 4，1.

第一手信息。他给一小群观众讲授了相对论。“效果不是很好，”他抱着自我批评 344
的态度补充说，“尽管我用的是德语。”[196]对索末菲来说，英语是个问题。抵达麦迪逊后不久他致信爱泼斯坦：“目前，我的英语很糟糕，不得不避免政治讨论；不过以后，我打算与比较了解的人谈论政治。不然的话当初就不会接受威斯康星的邀请。”[197]

他对自己的课程做了一个安排，好让自己能够更顺利地熟悉英语授课。课程开始一周后，他写信给妻子：“两门课程的班上都有一个程度比较高的学生，我预习的时候和他们过一遍材料，当然我不讲注释。”[198]他觉得只要自己不被邀请到处讲课作报告，这个学期应该“相当轻松”。但是各种邀请接踵而来。第一封来自加州理工学院院长及下属的诺曼·布里奇实验室主任罗伯特·安德鲁·密立根(Robert Andrews Millikan，1868—1953)，他是从爱泼斯坦那里得知索末菲的访问意向。密立根建议索末菲在帕萨迪纳讲课两周，接着去加州大学伯克利分校讲课两周，然后再去斯坦福大学。“我至少可以保证支付您的费用，也许还能付些额外报酬。”[199]接着莱曼重申的哈佛的访问邀请。[200] 一天以后，孔兹寄来伊利诺伊大学厄尔巴纳分校的邀请。[201]这还不是全部。在给妻子的下一封信中，索末菲说他收到了“来自其他地方的很多邀请”。他接受了来自加州 3 个大学的邀请，2 月去讲学。在访问哈佛大学的同时他可以受邀在麻省理工学院讲学，并且在这同一个东海岸之行中他还想访问纽约的哥伦比亚大学和已经向他发出邀请的位于斯克奈塔第的通用电气公司。他还想接受“来自于附近(12 小时火车之 345
内)”的邀请，这里指的是到明尼苏达、艾奥瓦、安阿伯、密尔沃基和辛辛那提的短途访问。最后，梅格斯也来拜访了索末菲，并邀请他去华盛顿。预想中一段“轻松的”的旅居已然烟消云散。两星期后，他就要启程“在火车上和讲学中度过[没有课程安排的]周四中午到周日晚的时间”。[202]

---

[196]致约翰娜，1922 年 9 月 12 日。

[197]致爱泼斯坦，1922 年 9 月 24 日。Pasadena，Cal Tech，Epstein 8. 3.

[198]致约翰娜，1922 年 10 月 1 日。

[199]密立根来信，1922 年 9 月 29 日。DMA，NL 89，019，Mappe 4，1.

[200]莱曼来信，1922 年 10 月 4 日。DMA，NL 89，019，Mappe 4，1.

[201]孔兹来信，1922 年 10 月 5 日。DMA，HS1977—28/A，185.

[202]致约翰娜，1922 年 10 月 8 日。

虽然如此，索末菲暂时还觉得日子“比在家轻松多了”。他喜爱两湖之间的大学城的秋天，半岛像手指一样深入湖中。和霍尔菲尔德一起泛舟湖上，还有从校园出发散步到半岛顶部的野餐点。或者晚上在霍尔菲尔德系里某个教授的家里演奏音乐。在一个音乐之夜后，他给家里写道：“我演奏了莫扎特的三重奏和贝多芬的一段乐章。另外聆听了韦伯、舒伯特、莫扎特、勃拉姆斯——换句话说，最好的德国人聚会上，所有的音乐应有尽有。”他儿子在麦迪逊也很快交到了朋友。“恩斯特晚上和那个年轻物理学家出去了，待在湖边一个叫黑鹰的小木屋里……木屋名字来源于最后的印第安酋长。他明天中午才回来。”[203]恩斯特的英语很快就超过了父亲。在课堂上索末菲觉得自己的英语还凑合。“我的英语讲课还行。交谈和理解就差些。”不过主人的热情驱散了异乡的感觉。在霍尔菲尔德家他几乎成为其中一员。德文系的教授们邀请他参加野餐会。“就是在篝火旁吃晚饭唱很多好听的德国民歌。夏天的气温，色彩灿烂的树林，气氛浓厚。”他用钢琴演奏弥补了英语能力的不足。“上个星期几乎每个晚上我都演奏音乐，有时候是独奏，有时候有小提琴伴奏。霍尔菲尔德请来了一些听众。”对反德情绪的担忧被证明是没有根据的。在每周毫无保留的长篇家信中，只记录了一个不
346 友好的事件：芝加哥大学收回了发出的邀请，而且没有解释原因。他怀疑这显然和“德国的死对头”，阿尔伯特·亚伯拉罕·迈克耳孙（Albert Abraham Michelson，1852—1931）有关系。[204] 迈克耳孙出生在一个前普鲁士波森省斯切尔诺的犹太家庭，于1855年随家庭移民美国。他是一战后拒绝和前同盟国同事一切合作的美国科学家之一。[205]邀请索末菲到芝加哥附近伊万斯顿的西北大学讲学，几乎肯定要导致一个尴尬局面，因为该大学已经邀请了芝加哥附近的迈克耳孙和亨利·戈登·盖尔（Henry Gordon Gale，1874—1942）来作为听众。索末菲避免了这一幕的发生。他致信伊万斯顿的主人亨利·克鲁（Henry Crew，1859—1953）说，“我告诉您这后面的原因是什么”，——就是“迈克耳孙教授和盖尔教授”撤

---

[203]致约翰娜，1922年10月16日。

[204]致约翰娜，192210月22日；Kunz来信，1922年10月17日，DMA，NL 89，019，Mappe 4，1.

[205]Kevles，*Camps*，1971，S. 50.

销了邀请他到芝加哥的计划。[206]三天的讲学之旅回来后，他详细描述了自己的经历。“克鲁是一个光谱学家；我的书就摆在他桌子上；对他来说我有如神明。”克鲁还开车带他沿密歇根湖去芝加哥，并且带他参观一些景物，其中包括德国移民战前竖立的歌德纪念碑。晚上他们坐在一起，索末菲可以“自由讲述德国和战争的情况”。第二天他受到密尔沃基德语中学的校长，以及其他有德国背景的美国人的接待，“很多漂亮，有礼貌，有教养，倾向德国的女士和同情德国的男士。我们谈话的话题是：德国如何熬过这一个冬天？这里巨大的奢侈和祖国冬天阴暗沉重的背景形成鲜明的对照”。[207]

几乎每封给妻子的信中，索末菲都告诉妻子，在通货膨胀如此猖獗的情况下，如何管理他讲学挣来后转移到瑞士账户的美元。在这方面，精于财务和商
业的研究所机械师卡尔·泽尔迈尔(Karl Selmayr，1884—1974)帮了很多忙。索 347
末菲在一封信中写道：“叫泽尔迈尔替我买一台打字机，最好是和研究所里那台同一个类型的，要质量最好的。肯定和自行车一样是个很好的投资。”“如果有机会，我还想买一个正牌地毯。”[208]他也在信中直接谈到接下来讲学的收入：“从加州我将得到700美元，路费200美元；从厄尔巴纳，200美元。明尼苏达的讲学收入只够路费。我拒绝了俄亥俄的一个类似的邀请。你也能看出来，我让美国佬破费了。”[209]战争之后，他研究所的机械师开始在老板许可下，通过接受订单(和付款)向全世界发送晶体结构的晶格模型的方式，利用研究所地下室的实验X射线设备研究赚钱。索末菲带了一大箱子选出的这些模型到美国，希望“能让泽尔迈尔猛捞一笔”。[210]在安阿伯的密歇根大学几天讲学挣到400美元后回到麦迪逊(“你看，美国财主的钱确实不少啊！”)后，他指导妻子，在如何投资他寄回的美元方面，完全依靠研究所机械师。“让泽尔迈尔管这些事就行了，打字机也让他

[206]致克鲁，1922年11月13日。Evanston，Northwestern University Archives，Crew Papers，Box 3，Folder 2.

[207]致约翰娜，1922年11月19日。

[208]致约翰娜，1922年11月12日。

[209]致约翰娜，1922年11月19日。

[210]致爱泼斯坦，1922年9月24日。Pasadena，CalTech，Epstein 8.3.

管。这边每个小毛孩都有一部打字机，我为什么不能有？这是一项投资。”[211]

索末菲没有在麦迪逊和儿子一起度过圣诞节。他接受了孔兹的邀请，来到芝加哥南边厄尔巴纳这个小小的大学城讲学。正当佳节，远离家庭，难免泛起乡愁。妻子寄来了皮封面的诗集作为圣诞礼物，索末菲翻阅之际，一时难以自控。圣诞节那一天，他写信谈起东道主们和自己的情绪：“再也没有比这更珍贵的礼物了，美丽形式中的美丽灵魂，四分之一世纪的精华。下楼吃早饭，大家
348 和我打招呼时，我的眼睛还是红的。我也不需要在这些善良的人们之前掩饰。”如果不是妻子不允许，他会在孔兹家的小圈子里诵读她的几首诗。他向妻子保证要“把这金色皮封面的诗集像秘藏的珍宝一样保管，不让孔兹锐利的眼睛发现”。在索末菲看来他以前的这个学生就像“一个大孩子，每天都发现新鲜的造物之美，嘲笑人类的愚蠢。他看上去比在慕尼黑的时候更结实，科学上也更深刻，这是我以前未曾意识到的最重要的天赋。他的妻子也很棒：清新，活跃，聪明”。字里行间还是显现出过去几个星期中频繁讲学带来的疲惫。“孔兹非常在意让我安静不受打扰，非常注意保护我。这真是大草原上的一个德国圣诞小岛。”这样他把厄尔巴纳的圣诞之行称为“孔兹之旅”，以区别于其余他称为“艺术之旅”的讲学。[212]儿子马上就要启程返回德国，这更加深了他的忧伤。“他会带回
349 不小的一笔钱。你须要迅速地花在合适的地方，一些你个人花，一些用在需要帮助的朋友和熟人身上。”这里他再次提到令人痛苦的“当前财政灾难”问题。从1922年10月到1923年1月，1美元对马克的汇率，从4500马克升到49000马克，还是看不到通货膨胀的尽头。“我还是倾向于购买地毯和其他这类值钱东西；我们有足够的钱；有的钱已经拿到，在我这里，有的很快就会到手。”[213]

索末菲本来想从厄尔巴纳顺便去圣路易斯（“这里他们说有7小时路程”），不过“因为我要访问的人来了厄尔巴纳待了10个小时”，[214] 他就不用跑这一趟了。圣路易斯来的访问者是阿瑟·霍利·康普顿（Arthur Holly Compton，1892—

[211]致约翰娜，1922年12月17日。

[212]德文中“艺术之旅”（“Kunstreise”）和“孔兹之旅”（“Kunztreise”）很接近。——译者注

[213]致约翰娜，1922年12月28和29日。

[214]致约翰娜，1923年1月8日。

图 21　1922—1923 年圣诞节和新年，索末菲和他以前的学生，当时已成为伊利诺伊大学厄尔巴纳分校物理教授的雅各布·孔兹

1962)。他向索末菲介绍了自己最近的用散射 X 射线照射石墨的实验。他发现散射射线的波长比入射波长大。在一篇之前不久发表的文章里，埃尔温·薛定谔(Erwin Schrödinger，1887—1961)证明作为物理学家熟知的典型波动现象，多普勒效应(静止观察者看到接近/离开的声波或光波的波前被压缩/拉长)与量子论并不矛盾。这个可以用来解释康普顿发现的波长变大现象么?[215]在厄尔巴纳 10 小

[215] Stuewer，Compton Effect，1975，S. 219—222.

时的逗留中，康普顿和索末菲一定讨论了这个后来很快被称为康普顿效应的各种解释。如果这是多普勒效应的一个例子，那么波长的拉长可以解释为散射过程中散射电子被石墨原子排斥，飞离记录散射 X 射线的仪器。

但是量化分析表明从这个理论计算得到的数值不符合实验结果。X 射线在石墨原子上的散射很像是粒子行为。索末菲毛遂自荐，表示可以开展康普顿效应的理论工作，康普顿高兴地接受了。作为一个实验物理学学家，他对理论物
350 理学不太在行。[216]索末菲计划在《原子结构与光谱学》的下一版中讨论康普顿效应。[217]现在他只是向玻尔报告了这一进展，信中说："根据这个结果，最后不得不放弃 X 射线的波动理论。"在这件事情上他"还是有一点不确定"，而且也不想在在康普顿之前发表结果。但是他想让玻尔知道，"我们很可能得到一个根本性的解释"。[218] 除了玻尔，索末菲还把这个新效应的消息告诉了其他人。在他的"艺术之旅"中，索末菲推波助澜，使得这个消息在其他美国大学引起强烈反应，并使得康普顿效应成为大量研究的课题。[219]

8.9 加州印象

"孔兹之旅"标志着卡尔·舒尔兹教授任期的终结。1923 年 1 月，索末菲回到麦迪逊待了几天，不过只是为了向新结识的朋友和同事道别，同时准备西行之旅。1 月 18 日，他写信回家说："明天中午，我开始向离家更远的方向地旅程。"之后的信件都是从加利福利亚发出的。他将在那里的帕萨迪纳(1 月 24 日到 2 月 7 日)和伯克利(2 月 8 日到 2 月 22 日)各做为期两周的讲学。在总结自己在麦迪逊作为卡尔·舒尔兹教授的几个月时他说："总起来说，我的讲学受到好

[216]A. H. 康普顿来信，1923 年 1 月 17 日。DMA，NL 89，019，Mappe 4，1.

[217]Sommerfeld，*Atombau*，1924，S. 52—56.

[218]致玻尔，1923 年 1 月 21 日。Copenhagen，NBA，Bohr. 亦见 ASWB II.

[219]Stuewer，Compton Effect，1975.

评。”“我结交了很多朋友。”[220]绕道访问厄尔巴纳的记忆格外愉快。孔兹写信给索末菲谈起他留下的印象时说：“每个人——无论是学生还是教授——仍然在谈论你深刻的讲座，几个化学专业的学生希望你能永久留下来。就连那个老大恶魔也承认这些讲座是彻底的成功。”[221]这个“大恶魔”指的是物理系主任阿尔贝特·卡 351
曼(Albert Carman，1861—1946)。索末菲写信给几天前已经启程回德国的儿子说：“对德国咬牙切齿的卡曼，被我驯服了。”“不管是是学生还是教授(包括我拜访过的校长)都没有表现出任何战时反德意识。我的访问没有白费——不过可惜的是，美国态度的变化无助于我们度过目前的危机。”[222]

索末菲指的是一战战胜国沉重的赔偿要求，在1923年1月导致了重大事件。1月11日，法国和比利时军队推进到莱茵地区，确保对煤矿生产的控制。索末菲针对这些天的新闻报道写道：“形势令人不快，几乎和1914年7月一样。”“迄今为止我所知道的就是：法国人在埃森和盖尔森基兴，立陶宛人在默梅尔地区，俄罗斯与波兰互相威胁，纳粹在慕尼黑起事，柏林政府消极抵抗。”[223]他认为政治局势危险，以至于想中断行程，这样在危机升级后能和家人在一起。不过最后还是决定继续自己的旅程。孔兹劝告他说：“请保持高昂的情绪完成您通过美国大地的朝圣之旅。”在孔兹自己这边，他希望“在美国学生中间开展一个普遍的同情运动。如果每个美国学生每年对一个德国学生捐赠半美元，就可以有很大用处，美国这边却感觉不到什么”。[224] “孔兹的信对我来说是真正的补药，”索末菲致信妻子说，“他知道如何治愈伤口。我的情况并不好。过去的几年里阅读报纸一直令人痛苦，但是现在在这里它是折磨。现在你一人在家一定很艰难。但对我来说也不容易！”[225]

他的下一封信是在所乘坐的“加州铁路有限公司”的“俱乐部房间”火车通过 352
新墨西哥时开始写的。“哪怕是三天三夜的行程，在这样舒适环境里旅行也非常

[220]致约翰娜，1923年1月18日。
[221]孔兹来信，1923年1月16日。
[222]致恩斯特，1923年1月8日。
[223]致约翰娜，1923年1月13日。
[224]孔兹来信，1923年1月16日。
[225]致约翰娜，1923年1月18日。

轻松。如果不是离你和德国的灾难越来越远，这趟旅行将是多么惬意。”两天前，为了在堪萨斯大学做一个演讲，他在劳伦斯停留24小时。在那里，他也有“几个关于政治的谈话，因为美国人普遍不喜欢法国，这些谈话现在比以前更容易”。在到达帕萨迪纳之前，他在大峡谷停了最后一站。“一个难以置信的景观结构，黄—红—紫色石灰岩沉积，平坦的高原被切割，覆盖着浅浅的积雪，下面1800米是科罗拉多河床。”在几小时的时间里，大自然的美超越了德国灾难对他的折磨。另外，由于危机发展的步伐之快，对“政治前途的观察”已经没有什么意义；信件到达慕尼黑的时候，它们“早就过时”了。尽管如此，他觉得现在比在麦迪逊最后的日子多少好些了。“我认为法国人正在活该倒霉，凡尔赛和约的日子已经屈指可数了。我也觉得消极抵抗比积极好。鉴于我们目前的情况，美国和英国的道义支持是肯定的。”到了帕萨迪纳这个“美国退休百万富翁的家园”，遥远的德国的情况几乎是在另一个世界。“我来到了这里，在亚热带的加州！棕榈树、玫瑰、橡胶树、胡椒树、金链花尽情绽放；橘子树结果沉甸甸，不堪重负。”[226]

鲁尔区被占领导致德国经济形势恶化。德国政府呼吁人们消极抵抗影响了工业生产；国家被迫印刷更多的钱支付鲁尔地区罢工工人工资，进一步加速了通货膨胀。与此同时，索末菲所在的帕萨迪纳，到处是财富和奢侈。1923年2月1日索末菲回复妻子来信时写道：“当然在德国一切都变得更糟。”“国内团结抵抗能否坚持下去，还是消极抵抗演变为鲁莽行为?”“同一封信中，他描述了在
353 一个加州理工学院赞助人家里举行的“百万富翁社团”的欢乐聚会。“我相信昨天来的人可以买下整个慕尼黑。”索末菲自己住在密立根家“非常舒服”。在这里也很看重德国古典音乐。“密立根夫人演唱的舒伯特、勃拉姆斯非常棒，我为她伴奏。”[227]

从科学的角度来看，帕萨迪纳也很特殊。索末菲写信给妻子，和她一起期待与密立根的会见：“这里是美国科学的最高水平。”同年密立根获得诺贝尔奖。

---

[226]致约翰娜，1923年1月22—26日。

[227]致约翰娜，1923年2月1日。

“在这里计划了一个为时两周的讨论，我不能简单依靠自己的名声。”[228]从附近的威尔逊山天文台赶来的天文学家和物理学家参加了他的讲座，“很多一流的学者”。[229] 为了不辜负听众很高的期望，索末菲并没有为他们提供半通俗的“原子结构”讲座，而是选择了“空间量子化，磁子理论”和“利用内量子数方法处理复杂谱线结构”这样具有挑战性的主题。[230]

通过这些讲座，他将注意力集中转向威尔逊山和密立根的研究所开展的光谱研究。在这里对恒星的光谱进行了测量，并与实验建立的各种地球元素的光谱对比。帕萨迪纳的天体物理学家寻求索末菲的理论解释，并把“巨量的包括尚未发表的数据，交由他处置”。索末菲热情地写信给妻子。“14 天的时间不够看所有的东西。”[231]他一直渴望参观“威尔逊山的天体物理学的圣地”，[232] 帕萨迪纳的东道主欣然同意。他到达的第一个星期里，天公不作美，但是最后转晴，在一天晚上天体物理学家们把他带上两千米高的威尔逊山，整夜向他展示望远镜和分光镜。最后，对于自己在帕萨迪纳两周的停留，他至少和东道主一样高兴。 354
此外，密立根付给他的酬金，比事先约定的还要多。他们对自己的 12 个讲座非常“高兴”。他的妻子和研究机械师可以等着收到又一笔款子。为表达敬意，密立根付给了一张“500 美元(而不是约定的 400 美元)的支票；另外一张 110 美元的是给泽尔迈尔的”。[233]

在索末菲 1923 年 2 月 8 日到达的伯克利分校，天体物理学光谱学也是一个重要的研究领域，附近还有另外一个世界著名的天文台需要去参观。1923 年 2 月 16 日索末菲的家信中写到自己的周末计划：“明天和后天，我将去汉密尔顿山的利克天文台。”晚上回来后，他继续自己的报告。“现在是 18 日的晚上，我从汉密尔顿山回来了。17 日 6 点离开去乘渡船，中午登上山顶，下午，晚上，检

---

[228]致约翰娜，1923 年 1 月 22—26 日。

[229]致约翰娜，1923 年 2 月 1 日。

[230]致密立根，1922 年 11 月 6 日。DMA，NL 89，019，Mappe 4，1.

[231]致约翰娜，1923 年 2 月 1 日。

[232]致爱泼斯坦，1922 年 7 月 29 日。CalTech，Epstein 8. 3.

[233]致约翰娜，1923 年 2 月 11 日。

查。凌晨2点半醒来，通过世界上最大的望远镜看木星和土星。”[234]和在帕萨迪纳一样，他在伯克利也根据东道主对光谱的兴趣做了一系列的讲座。[235] 在第一个讲座后他给妻子写道：“讲座和对话中，我越来越自信能满足对我的要求。”虽然对他本人的兴趣带来繁重的压力，他几乎没有拒绝任何邀请。对他打击最大的是关于鲁尔区被占领后德国政治形势的报道。“是的。每天早餐后阅读报纸绝非轻松之事。我认为没有人能预测接下来会发生什么。但政府和德国人民采取的立场让我满意。”[236]热情和抑郁经常在一封信的同一页上交织在一起。“加州是非常美丽的，绽放花朵的水果和杏树，海洋和白雪覆盖的山脉。流溢着牛奶和蜂蜜的土地。好了，明天开始回家！漂泊许久之后，踏上归程，有一种奇怪的感觉。祖国近来何以残破如斯。不！我今天从报纸上看到，法国要求我们彻底屈服，英国立场再次后退！我们悲情时代的结束还遥遥无期。”[237]

355

8.10 实用光谱学

1923年3月1日，索末菲预计到达华盛顿特区的国家标准局，给梅格斯和他的光谱学团队做10天的顾问。就像来的时候一样，从西海岸回去的路上他也预定了要停留几站。他描述自己在丹佛的第一站：“我在科罗拉多大学博尔德的停留短暂而轻松：晚餐之后是演讲，第二天乘车游览。”“接下来是艾奥瓦州艾姆斯，3个讲座，非常热情的接待，包括100美元的酬金。”2月28日，他到达芝加哥，在那里的芝加哥第一国民银行开了一个账户，与德国总领事共进午餐，并参观了菲尔德自然历史博物馆。

---

[234]致约翰娜，1923年2月16—20日。

[235]致刘易斯(E. P. Lewis)，1922年12月4日。DMA，NL 89，019，Mappe 4，1.

[236]致约翰娜，1923年2月11日。

[237]致约翰娜，1923年2月16—20日。

一下子陷入雨雪雾的天气中，使他觉得过去几周里加州的明媚阳光恍如梦幻。在其他方面，他也不得不适应华盛顿的不同环境。邀请到国家标准局这样一个政府机构工作，和邀请到一个大学讲学有所不同。首先，他要面对官僚的仪式。他写信回家说："今天，我必须宣誓效忠美国宪法。""我被正式任命工作10天。"[238]战争刚结束不久就"任命"一个德国教授，对国家标准局的官员来说有些非同寻常。但梅格斯竭尽全力确保索末菲过得愉快。梅格斯在1923年3月1日的日历上记下："我在4：20和索末菲见面。""访问参议院和众议院。"那天晚上，在索末菲在华盛顿期间下榻的优雅的宇宙俱乐部，他们与工程物理部门和未来的国家标准局主任莱曼·布里格斯(Lyman Briggs，1874—1963)在一起共进晚餐。梅格斯第二天的日记记着"9点到办公室"。"到市区接教授完成任命手续。"[239]

对索末菲来说，在美国首都的10天都是真实的工作日，很艰苦，但是他也享受到认可。在下一封每周一封的家信中他写道："待在华盛顿很满意，我的工作受到高度重视。每个人都想给我讲自己的工作，他们都争相来找我，恨不得 356
把我撕成碎片。非常热情的招待。我现在可以和别人完全公开谈论政治。这里的一切都有点冠冕堂皇；我的礼服终于排上用场。我和梅格斯与富特的关系坦率而友好。"[240]

对梅格斯和他的团队来说，索末菲的访问是他们职业生涯中最富有成效的时期之一。在这些年来，光谱学发展成为对工业应用越来越重要的一门科学。 357
国家标准局因此在美国获得巨大的声誉。在19世纪，人们已经学会了通过谱线识别化学元素，并使用这个物理指示方法与化学分析结合，来评估物质组合。但是在1920年代之前，这些调查仅限于几个光谱。铁和其他元素周期表中档的多电子原子的"复杂结构"，有几千条谱线，一直深不可测。只有能在这些复杂谱线中看出规律，才能对广泛的化学物质进行光谱分析。索末菲的"内量子数"可以规范谱线多重分裂，是确认不同化学元素的关键。没有索末菲在原子论上

[238]致约翰娜，1923年2月27至3月2日。

[239]Meggers Diary，College Park，AIP，Meggers，Additions，Karton 28.

[240]致约翰娜，1923年3月9日。

图22　1923年3月，索末菲在白宫前。作为国家标准局顾问，他在华盛顿待了几天，给梅格斯和他的光谱学团队简述原子论的最新发现，反过来，他也获得实用光谱学的许多宝贵见解

的初步工作，梅格斯和他的团队所专注的这类光谱的实验分析，将永远是一个不可能完成的任务。梅格斯在把对铂、钛、锆、铀等元素的测量结果交给索末菲时说："您对华盛顿的访问极大地推动了这些研究。"这些元素现在都可以进行光谱分析了。[241]

[241]梅格斯来信，1923年6月15日。College Park，AIP，Meggers. 亦见 Sweetnam，Command，2000，Kap. 8.

在标准局光谱学工作者发表的文章里，也讨论了原子论对这方面研究活动爆发性发展的贡献。1924 年梅格斯和他的团队报告最近工作时写道："玻尔、索末菲和朗代的研究，激励光谱学家攻克复杂光谱。很快地，通过系统性和逻辑性的分析，破解了一个接一个的光谱结构的秘密。"[242]就连报纸也报道正在进行中的应用。《纽约邮报》以标题新闻《频谱检测出金属杂质》报道光谱分析的这个新趋势。文章是通过标准局用新方法澄清一个看似令人费解的实例说明这个发展 358
趋势。锅炉爆炸导致轮船沉没。锅炉装有安全阀，在过热的情况下应该融化，但在这个事件中，安全阀失效了。标准局想知道"为什么"，通过光谱分析确定阀门不是纯锡做的，而是含有微量的铅、锌和其他金属，提高了它的熔点。[243]

由于索末菲推进的光谱复杂结构的量子理论解释，在德国，光谱学也征服了新的领域。1923 年 7 月奥托 · 拉波特(Otto Laporte，1902 —1971)在《自然科学》发表了标题为《钒谱的多重线》的文章。[244] 和索末菲之前发表的《根据内量子数的方法解释的复杂光谱(锰、铬、等等)》一样，这篇文章主要不是建立什么数学理论，而是在摸索规律。对拉波特来说，研究钒是为研究铁光谱解释的一种预备。后者是索末菲为他指定的博士论文题目，也是标准局全面实验研究的主题。梅格斯写信给索末菲说自己和团队也在从事类似的分析。最初看上去像是慕尼黑和华盛顿之间的竞争，在梅格斯安排下，成为一个理论和实验双双获益的合作项目。关于分工问题，梅格斯提议，需要很多光谱评估经验的实验分析在华盛顿进行，而把结果数据的解释放在慕尼黑。他进一步具体表明自己的愿望："这不是很公平吗? 例如，我们将很高兴得知您在钼、铁、钛等的内量子数和选择原理上的想法。" [245]

慕尼黑理论家与美国光谱学家的合作扩展到密立根在帕萨迪纳的工作组的天体物理学家们。例如，威尔逊山天文台的哈罗德 · D. 巴布科克(Harold D. Babcock，1882—1968)将钒的塞曼效应数据转发到慕尼黑研究所。关于这一点索 359

---

[242] Meggers/Kiess/Walters，Displacement Law 日 1924，S. 356.

[243]《纽约邮报》(*New York Post*)，1924 年 3 月 5 日。("Spectrum detects metal impurities")剪报，College Park，AIP，Meggers，Additions，Box 7.

[244] Laporte，Multipletts，1923 年。

[245] 梅格斯来信，1923 年 6 月 15 日。College Park，AIP，Meggers.

末菲写信给梅格斯："现在我想请求你把威尔逊山天文台的铁光谱(连同巴布科克的来信)寄给我。"在朗代提供了任意多重态塞曼效应的半理论半经验解释之后，他们已成功地识别一些钛和钒光谱中的多重线("我们已经收到了来自帕萨迪纳的钛和钒的塞曼效应数据")。"所以与铁光谱的比较将会很有意思。"[246]

一年后，索末菲和拉波特将会用后者的博士论文庆祝这种半理论半经验量子物理与实用光谱学的合作成功。论文解释了有数百条谱线的铁光谱。索末菲在他的博士报告中宣称，这种光谱"在几年前还被认为是复杂得不可救药。但用上在简单光谱系列规整中被证明的新方法，也可以在复杂光谱中找到规律。引入一个'内'量子数在这里很有帮助，通过其选择原则可以确定哪些项可以互相结合"。完成这篇博士论文之后，拉波特现已成为"复杂结构问题的顶级专家"。[247]

此后不久出版的《原子结构和光谱线》第四版中，索末菲用了专门一章，全面介绍复杂结构。[248] 波茨坦天体物理观测台的光谱学家沃尔特·格罗特里安(Walter Grotrian，1890—1954)在《自然科学》杂志发表题为《破解复杂光谱，尤其是铁谱》的文章，引起人们关注这一领域的进展。[249] 格罗特里安所谓"破解"和索末菲所谓"确立规律"都还不是物理机制的解释。尽管如此，各种原子的谱线来源于电子跃迁的说法无可争辩，作为其基础的数值规则也是毫无疑问的。索
360 末菲在在《原子结构和光谱线》中这一章的开头写道："量子论的算术特征在系列项的复杂结构中表现得最为简单和优雅。"只有物理诠释仍存在争议。在原子论的当前状态，"最好对模型相关的诠释保持开放，主要关注对事实的量子理论确认"。[250]

---

[246]致梅格斯，1923 年 6 月 30 日。College Park，AIP，Meggers.

[247]就拉波特(Otto Laporte)博士论文投票致哲学学院二部，7 月 26 日 1924 年。UAM，OC I 50p.

[248]Sommerfeld，*Atombau*，1924，Kap. 8.

[249]Grotrian，*Entwirrung*，1924.

[250]Sommerfeld，*Atombau*，S. 575.

第九章　波动力学 361

回过头来看，量子物理学似乎是在第一次世界大战后经历了关键性的发展，并在20世纪20年代的情况中期以革命性的方式一举突破旧量子论的诸多矛盾。作为这一突破标志的矩阵力学，由维尔纳·海森伯在1925年夏天独自灵机一动地勾勒出轮廓，然后"三驾马车"——海森伯、帕斯库尔·约尔当(Pascual Jordan，1902—1980)和马克斯·玻恩——为它奠定了坚实的基础。1926年初，埃尔温·薛定谔的波动力学以一个完全不同的方式独立地革新了旧量子论。很快人们发现矩阵力学和波动力学二者之间的等价性。从此以后，物理学家们将这一新物理学的核心简洁地称为"量子力学"。

与此同时，物理学史家们将量子力学的这一略显粗糙的历史概述不断丰富与精细化，[1] 形成一个相当复杂的景象，但也并未改变认为这是一个革命性剧变的普遍观念。然而如果我们着眼看索末菲这个与学生们一起在确立以量子力学为基础的原子论上青史留名的人物，革命性剧变的观念就不是那么理所当然。即使关于物理思想的激进动荡本身并无疑义，对索末菲和一些他同时代的人来说，量子力学的转换并不像一场革命，而是一个对不断变化的现实的必要的适

---

[1] Jammer, *Development*, 1966; Mehra/Rechenberg, *Development*, 1982; Darrigol, *c-Numbers*, 1992; Rechenberg, *WernerHeisenberg*, 2010; Meyenn, *Entdeckung*, 2011.

应过程。1928年索末菲在《原子结构和光谱线的波动力学补充》的序言中写道："新的发展不代表推翻旧理论，而是旧理论的适当发展，使得原理上更清楚，结
362 果更精确。"[2]当一位物理学同事送给他一本关于量子力学基础的著作时，他回复说："您认为是革命，我认为是进化。"[3]

即使在一个进化过渡的时期，也可以有关键性的发展和改变，以及表面上互斥的概念和范式转换。这些都是科学革命的特征。[4]不过，与真正的革命危机不同的是，在进化发展中，哪怕相关联的概念互相矛盾，新旧可以同时并存很长一段时间。有相当多的证据表明，量子力学的发展正是这种进化的关键进程。物理学家学会去适应矛盾，他们以非常不同的方式处理这种情况。每个积极参与了量子力学发展的人都经历过一段时间的适应过程，这个过程总体上来说从来都不是一个革命性的行动。通常所说的量子革命实际上是一个多年的过程，在慕尼黑、哥本哈根和格丁根这几个量子学派，具有个性特点，经历各自不同。

9.1 模型的危机

1923年4月，当索末菲从美国回来时，对基于直观的、模型化的量子现象解释，物理学界已经产生了明显怀疑。这也清楚地表现在一年后《原子结构和光谱线》第四版的论复杂光谱结构一章中。索末菲离开时，海森伯和玻恩计算了氦原子处于激发态时两个电子之一的所有可能的轨道。这个范式来自于天体力学中计算围绕中央恒星的行星运动的微扰理论方法。但是未能计算出可以结合量子规则从氦原子光谱读出的能态。玻恩和海森伯总结他们的模型计算时写道：

---

[2] Sommerfeld，*Ergän7zungsband*，1929.

[3] 致阿瑟·马奇（Arthur March），1931年1月12日。DMA，NL89，025. 亦见ASWBII.

[4] Kuhn，*Structure*，1962。有关革命危机概念的批评，见 Seth，*Crisis*，2007.

“我们的计算结果是否定的。”[5]就在不久以前，玻恩对天体力学方法在原子模型 363
的量子理论计算中的应用还满怀信心。[6] 海森伯甚至敦促要把它作为慕尼黑1923年夏季学期研讨班唯一的主题。[7]

但在1923年的夏天，所有这些乐观的迹象都已消失。玻恩和海森伯模型计算的失败不是孤例。泡利在海森伯之前就在类似的计算上碰壁。由于泡利被认为是天体力学方法领域的专家，卡尔·施瓦兹希尔德作品集的出版商曾向他要求提供一篇文章，讲述天体力学微扰理论在原子研究中的应用。1923年6月，泡利致信索末菲说：“既然多电子原子的理论很多东西还没搞清，这个做法并不适合。”“所以没有理由让一个物理学家承担这项工作，天文学家可能更合适。”考虑到这个“经典力学的崩溃”，对他来说使用天体力学的方法来计算多电子原子的光谱没有任何意义。“这个崩溃现在几乎是毫无疑问的，在我看来，近年来最重要的一个发现，就是原子的多体问题的困难之处在于物理，而不在于数学方面。”他评论最近的基于模型的原子光谱诠释的尝试时指出，如果玻恩—海森伯的氦计算失败了，原因“肯定不是逼近法不够有效”。[8]

尽管如此，这并不代表彻底放弃模型。几周后当泡利把自己最近的关于反常塞曼效应的文章交给慕尼黑时，他向索末菲承认，尽管在文字中，自己小心翼翼地避免提及模型，但是“如果没有遵循模型的表达”，他就不会得到某些结果。[9] 此时索末菲自己还没有准备好放弃基于模型的解释。例如，他向前助理鲁宾诺维奇衷心地推荐氦模型，作为一个特别的挑战，用来帮助他克服抑郁。[10]

模型表达不可能被完全放弃，尤其是当结合考虑光谱研究结果与其他物理 364
现象的时候。在1920年，泡利已经指出，塞曼效应引入的空间量子化也可以澄清基本磁铁难题。这也就是索末菲1916年原子模型中假设的电子绕核旋转轨道平面倾斜的量子化。根据皮埃尔·魏斯(Pierre Weiss，1865—1940)的实验调查，

---

5 Born/Heisenberg，*Elektronenbahnen*，1923，S. 229.

6 玻恩来信，1923年1月5日。DMA，HS1977－28/A，34. 亦见ASWBII.

7 海森伯来信，1923年1月15日。DMA，HS1977－28/A，136. 亦见ASWBII.

8 泡利来信，1923年6月6日。Geneva，CERN-Archive. 亦见ASWBII.

9 泡利来信，1923年7月19日。DMA，HS1977－28/A，254.

10 致爱尔莎·鲁宾诺维奇，1923年8月18日。

原子或分子磁矩的最小单元，比根据玻尔原子模型预计的绕核轨道中电子最小磁矩要小很多。但是，如果轨道平面可以以不同方式适应外场，玻尔磁子可以是魏斯磁子的整数倍。当奥托·施特恩（Otto Stern，1888—1969）和瓦尔特·革拉赫（Walter Gerlach，1889—1979）的空间量子化被实验确认后，[11] 寻找尽可能最小的磁矩进入一个新的阶段。1923 年 8 月，索末菲向《物理杂志》发送一个简短的通知，提请注意这样一个事实：最新的多重线光谱发现证实了空间量子化预期的磁子的存在。[12] 正常塞曼效应导出的方程肯定必须修改，因为显示的多电子原子的多重线展现的是外磁场下的反常塞曼效应。1923 年 9 月，索末菲把他的磁子理论送交《物理学报》[13]，其中他再一次描述一个“优雅的规律性”，而且适用范围扩展到“元素周期表相应区域之外”。但它预先假定的模型表达中，原子中的电子在不同的变量轨道平面内运动，从而使角动量适应施加的外磁场。泡利很不喜欢这个模型。1923 年 7 月他致信索末菲谈起自己在反常塞曼效应的最新尝试时写道：“正如您将看到的，”“所有基于模型猜测的失败，让我刻骨铭心，
365 甚至刻意回避冲量（=角动量）这个词。”[14]对海森伯来说也是这样，一方面，模型表达是必要的，但在另一个方面，它对物理理解并无实际约束力。他表达这个模棱两可观念的一个例子是在 1923 年 12 月，向索末菲汇报自己在核心模型的框架内处理塞曼效应的尝试时：“当一个人回顾自己实际上做了什么的时候，他清楚地看到，所有的模型表达都没有什么真正意义。无论是从频率还是能量上看，轨道都不是真实的。”[15]

半年后在给朗代的信中，索末菲对这一矛盾情况尖锐地指出：“最近我们一再碰上算术规律比模型表达走得更远的情况。”前不久，密立根已经告诉他，自己和同事埃拉·S. 鲍恩（Ira S. Bowen，1898—1973）测量了“被剥光的原子”（原子在强烈火花放电中失去所有价电子）的紫外光谱。像 X 射线光谱一样，这个紫

---

[11] Friedrich/Herschbach，*Stern and Gerlach*，2005；Schmidt-Böcking/Reich，*Otto Stern*，2011，Kap. VII.

[12] Sommerfeld，*Magnetonenzahlen*，1923.

[13] Sommerfeld，*Theorie des Magnetons*，1923.

[14] 泡利来信，1923 年 7 月 19 日。DMA，HS1977－28/A，254.

[15] 海森伯来信，1923 年 12 月 8 日。DMA，NL 89，009. 亦见 ASWB II.

外谱也显示特征双线结构，也可以用相同的方程计算。索末菲表示很高兴看到“相对论方程不但没有被丢弃或驳倒，反而扩展到光学领域”。[16] 这个方程源自精细结构理论，把双线结构解释为一种相对论效应，而不是像钠等碱金属的光学双线结构那样，被核心模型解释为来自于价电子轨道相对原子核的不同取向。这样，双线现象的两个不同的模型互相对立。[17] 帕邢对索末菲写道：“您和密立根展示的矛盾很重要。”[18]索末菲其实是迫不得已。他在 1924/25 年冬季学期即将结束时致信密立根说：“这个学期，我全面教授了您和鲍恩的紫外光谱结果。”[19]
他“暂时不能够解决”“严重的矛盾”，但他希望自己的助手，当时正在处理这一 366
问题的格里高·文策尔能够很快得到结果。然而文策尔最后也无法解决双线结构的难题。薛定谔也写道：“对我来说，‘相对论’双线结构问题一直悬而未决，非常不满意，”“正像您一直强调的那样。”[20]对薛定谔来说，在没有一个模型基础的情况下，索末菲仍然能够借着内量子数解释多电子原子的多重态，看上去难以理解。“在没有一个实际模型的情况下，仅仅从有限的证据，基于与经典理论的类比，您是如何推断出这些从根本上完全不同的规律，对于我来说仍然是一个谜。我一直在慢慢努力理解这些只涉及整数的规则的相当复杂的结构，而您已经使这些规则与观测数据达到完美的一致。”[21]

对泡利来说，基于模型的诠释的失败，既是危机，也是动机。他甚至称赞索末菲，说《原子结构和光谱线》第四版中复杂光谱结构的表达“完全没有基于模型的先入之见”：

“目前模型表达已经陷入原理性的危机，我相信这会导致经典和量子理论之间更严重的矛盾。特别地，在密立根和朗代关于碱金属光学双线结构能否用相对论方程表达的发现之后，原子中具体而特有的电子轨道的概念已经难以维持。人们已经产生强烈的印象，就是所有这些模型都不足以体现量子世界的简洁和

---

[16] 致朗代，1924 年 4 月 20 日。SBPK，Landé.

[17] Forman，*Doublet Riddle*，1968.

[18] 帕邢来信，1925 年 1 月 27 日。DMA，NL 89，012.

[19] 致密立根，1925 年 2 月 9 日。DMA，NL 89，003. 亦见 ASWB II.

[20] 薛定谔来信，1925 年 3 月 7 日。DMA，HS1977－28/A，314. 亦见 ASWB II.

[21] 薛定谔来信，1925 年 7 月 21 日。DMA，HS1977－28/A，314. 亦见 ASWB II.

优美。”[22]

为了从“模型成见”中解放出来，得到经验规律的最简明形式，泡利制定了以他名字命名的“泡利不相容原理”。[23] 在多电子原子中，描述电子的能级和电子
367 壳层组成的量子数被归结到每个电子身上，同时规定每个电子的量子数不能完全相同。换句话说，每个原子的量子态只能被一个电子占据。

单独看起来，量子力学突破前夜泡利给索末菲的信件中的相关段落似乎是模型危机的革命性发展。但是如果考虑到复杂光谱和其他现象迫使旧观念被一再地重新诠释，我们就可以看出这不过是远远没有结束的进化发展中的又一次调整过程。对“基于模型的成见”的认识并不意味着放弃所有的模型思想。这一点清楚地表现在莱顿大学埃伦费斯特研究所两位科学家乔治·乌仑贝克(George Uhlenbeck，1900—1988)和塞缪尔·古德斯米特(Samuel Goudsmit，1902—1978)的工作中。通过角动量矢量的空间取向，朗代、海森伯和索末菲曾经解释了谱线的磁致分裂。现在乌仑贝克和古德斯米特根据泡利的思想重新诠释了这一矢量模型。在旧矢量模型中，矢量被归结到原子核，这就导致了一系列困难，以及对这一观念的质疑。乌仑贝克和古德斯米特因此得出结论，必须把原子核剔除出去，剩下的矢量框架模型就比较合理。和泡利建立不相容原理的做法类似，他们关注以前附属于原子核的单个电子。对这个电子，除了 3 个空间自由度之外，他们又赋予了第 4 个代表“自旋”的自由度。在经典力学中，这个新的自由度是不可理解的(球体沿自身轴旋转在经典力学中可以用 3 个空间坐标描述，因此并不增加一个新的自由度)，不过现在原子核不再成为一个问题。莱顿的理论学家指出，这样，电子就接过了这个以前被认为属于原子核的“尚未理解的性质”。[24]

这样“自旋”就作为一个新的量子现象登上原子论的舞台。泡利顽固地拒绝把新自由度看作自身旋转的基于模型的诠释，原因是没有空间大小的物体，是谈不上自旋的。尽管如此，物理学家们还是接受了这一模型。

---

[22] 泡利来信，1924 年 12 月 6 日。DMA，HS1977－28/A，254. 亦见 ASWB II.

[23] Meyenn，*Paulis Weg I and II*，1980 and1981；Massimi，*Pauli's Exclusion Principle*，2005.

[24] Uhlenbeck/Goudsmit，*Ersetzung*，1925.

9.2 “我们相信海森伯，但是用薛定谔方程计算” 368

在这一演变的过程中，索末菲对量子论提出的基本问题采取了看起来是中立的立场。1924 年秋天，他在茵斯布鲁克召开的自然研究者大会上评论研究的现状时说：“原子物理学的困难近来越发清晰，在我看来，与其说是过度应用量子理论，不如说是过于相信模型的表达的真实性。”[25]

模型危机并不是对诸如原子中的电子轨道这样的经典概念进行批判性回顾的唯一理由。另一个危机源自波粒二象性。这场危机也已出现多年，并迫使物理学家们一再调整他们的理论以符合实验发现。1923 年 1 月，在康普顿告知索末菲自己尚未发表的，后来被称为康普顿效应的散射实验结果之后，索末菲致信玻尔说：“根据这个结果，最后不得不放弃 X 射线的波动理论。”[26]在《原子结构和光谱线》第四版序言中，他描述了自己在这个问题上的转变过程：“尽管我曾试图尽可能坚持纯粹传播过程中的波动理论，康普顿效应迫使我越来越接受极端的光量子理论。”[27]当时还不能确定哥本哈根正在发展的理论能否成功地以波的概念解释康普顿效应。[28] 到了 1925 年的春天，实验结果否定了哥本哈根的努力之后，康普顿效应中 X 射线的粒子行为就确定无疑。自那时以来，物理学家对光本质的描述就变得模棱两可，尽管波和粒子的类比是互不相容的。

对海森伯来说，在 1925 年，也仍然需要“基于模型的象征意义的图景”来理 369
解量子过程。1925 年 4 月，他向《物理学报》提交了一篇题为《关于多重分裂结构和反常塞曼效应的量子理论》的论文，表达了这一观点。[29]两个月之后，他完成了

---

[25] Sommerfeld, *Grundlagen*, 1924, S. 1049.

[26] 致玻尔，1923 年 1 月 21 日。Kopenhagen, NBA, Bohr. 亦见 ASWB II.

[27] Sommerfeld, *Atombau*, 1924。

[28] Hendry, *Bohr-Kramers-Slater*, 1981.

[29] Heisenberg, *Quantentheorie der Multiplettstruktur*, 1925.

导致量子力学的突破性文章《关于运动学和力学关系的量子论重新诠释》。[30] 这篇文章通过理论上最简单的一维振荡形式，讨论运动电子的辐射问题，公式表达中只包含那些可以通过实验来确定的量，以及大家熟悉的量子定律。[31]

在玻恩的研究所，这个新理论几个月内就发展成为矩阵力学。在剑桥大学，一个叫保罗·狄拉克(Paul Dirac，1902—1984)的科学独行侠在一个非常不同的方向上建立量子力学。除此之外，海森伯的"重新诠释"一开始遭遇的是保留和怀疑。1925 年 9 月，爱因斯坦写信给莱顿的埃伦费斯特说："海森伯刚刚下了一个大个儿的量子蛋。""在格丁根，他们相信这个新理论。(我不信。)"[32]就连索末菲和他的学生们一开始也没有什么热情。海森伯的新量子力学，在发表的半年前，还是慕尼黑讨论会上的题目。[33] 索末菲 1923 年从美国回来之后，海森伯在自己的博士考试中被搞得狼狈不堪。他的第二个审考官(威利·维恩)很不满意，使得索末菲费了很大力气才让自己的高徒得以通过。[34] 在这之后，海森伯匆忙离开慕尼黑，到了格丁根的玻恩和哥本哈根的玻尔那里继续自己的学术生涯。很
370 显然，他和索末菲都觉得跑到竞争的学派那边寻求避难难免有点忘恩负义。无论如何，收到索末菲送来的《原子结构和光谱学》第四版的时候，海森伯是松了一口气，看起来索末菲对自己"没有那么生气"。[35]

在索末菲看来，从大量光谱学实验数据归纳出理论定律，当时是一条硕果累累的康庄大道。而海森伯以自己的量子力学开辟的途径，则是有点离经叛道。1925 年前后，索末菲几乎所有在量子理论方向的学生，都在从事这种光谱数据归纳工作。1924 年作为洛克菲勒访问学者来到慕尼黑的米格尔·卡塔兰，与卡尔·贝歇特(Karl Bechert，1901—1981)一起在《物理学报》上发表了钴和钯的光

---

[30] Heisenberg，*Umdeutung*，1925.

[31] Rechenberg，*Werner Heisenberg*，2010，Kap. 5.

[32] 引自 Fölsing，*Albert Einstein*，1993. S. 644

[33] 1926 年 2 月 19 日发表的演讲，星期三物理研讨会。DMA，1997－5115.

[34] Rechenberg，*Werner Heisenberg*，2010，S. 138.

[35] Heisenberg 来信，1924 年 11 月 18 日。DMA，HS1977－28/A，136. 亦见 ASWB II.

谱结构。1925 年 5 月，在索末菲指导下贝歇特完成了关于镍光谱研究的博士论文。[36] 而在文策尔之后担任索末菲助手的海因里奇·奥特(Heinrich Ott，1894—1962)则致力于《X 射线的几个问题》。[37] 另一位博士生赫尔穆特·亨尔(Helmut Hönl，1903—1981)关注的是谱线的强度描述。[38]以这些文章为背景，海森伯的“重新诠释”几乎像是另一个世界的东西。他的讨论限于一维电子运动，因此无法与实验数据作对比。在另一方面，海森伯之前的一篇关于多重分裂的论文就比较符合慕尼黑的传统。对此索末菲在不到半年的时间就有所反应。他觉得这篇文章非常重要，还推荐给美国光谱学家、天体物理学家亨利·诺里斯·罗素(Henry Norris Russell，1877—1957)，建议后者做进一步研究。[39]

当泡利展示了如何利用这个“新量子力学”处理氢原子时，[40] 他在慕尼黑物理
学家中赢得了第一批的支持者。收到在汉堡与泡利共事的文策尔寄来的泡利手 371
稿时，索末菲承认“我也相信必须毫无保留地转向海森伯的新力学”。当然他还是觉得新力学需要能够处理更复杂困难的情形。文策尔能否从泡利那里也搞到“这样的结果”？[41] 这里他已经表露了对量子力学未来发展的期望。从类氢原子光谱的精细结构到复杂的多电子原子，新量子力学应当解释之前从不现实的模型推导得出的，或者从数据归纳得到的所有结果。

就是在这个时候，埃尔温·薛定谔向《物理学年鉴》编辑威利·维恩提交了一份重要手稿，并要求他转给索末菲审阅。早在 1921 年，索末菲在推荐薛定谔担任苏黎世大学理论物理学席位(前任为爱因斯坦、德拜和劳厄)时就评价说他

---

[36] 就贝歇特(Bechert)博士论文投票致哲学学院二部，1925 年 5 月 18 日。München，UAM，OC I 51p

[37] 就奥特(Ott)博士论文投票致哲学学院二部，1924 年 7 月 12 日。München，UAM，OC I 50p.

[38] 就亨尔(Hönl)博士论文投票致哲学学院二部，1926 年 2 月 24 日。München，UAM，OC I52p.

[39] 致罗素，1925 年 7 月 3 日。Princeton，University Archive，C0045，Karton 63，Mappe 35.

[40] Pauli，*Wasserstoffspektrum*，1926.

[41] 致文策尔，1926 年 1 月 13 日。DMA，NL 89，004.

具有“杰出的头脑，良好的教养，批判的眼光”。[42] 5年之后，薛定谔证明了自己无愧于这个声誉卓著的席位。薛定谔希望知道索末菲是否也像自己一样，对这篇提交给《物理学年鉴》的题为《作为特征值问题的量子化》的文章“充满期望”。[43]这反映了他对文章重要性的认识。

索末菲立即的反应是觉得薛定谔的方法比海森伯的更有吸引力。他在给苏黎世的回信中写道：“这真是非常有意思。”“我正在准备伦敦的讲座(今年3月)的主题，想的还是老一套。然后就收到您的手稿，像闪电一样！我的印象是您的方法是海森伯、玻恩和狄拉克的新量子力学的一个替代。”他承认自己还不清楚这二者之间有什么内在联系，但是“确信其中能产生一些全新的东西，解决目前
372 困扰我们的种种矛盾”。[44] 当天索末菲又致信泡利告诉他薛定谔已经在氢原子光谱上重复了泡利根据矩阵力学通过繁琐计算得到的结果。“不过是通过相当不同的，完全难以置信的方式，没有矩阵算术，而是通过边界值问题。”[45]

在薛定谔发表自己文章之前，矩阵力学和波动力学的竞争已经开场。泡利在回信中谈到薛定谔的方法时说：“他的方式也许没有那么让人难以置信。”[46]泡利对薛定谔方法的最初了解仅仅是来自于索末菲的概述。1926年，薛定谔在《物理学年鉴》的不同期上以4篇通讯的方式发表了自己的论文。之后他把这些分散的通讯编辑成一本书，题为《波动力学选集》，于1927年出版。[47]薛定谔觉得矩阵力学是“无法支持的”，他致信维恩说自己希望矩阵力学“很快会消失……因为一想起以后某个时候需要把矩阵计算当成原子的基本特性教给年轻学生，就不禁

---

[42]致埃德加·迈尔(Edgar Meyer)，1921年1月28日。Zürich，University Archive，Papers of the Office of the Dean ALF. 亦见 ASWB II；Moore，*Schrödinger*，1989，S. 139ff.；Meyenn，*Entdeckung*，2011，S. 51ff.

[43]薛定谔来信，1926年1月29日。DMA，NL 89，013. 亦见 ASWB II；Meyenn，*Entdeckung*，2011，S. 170—172.

[44]致薛定谔，1926年2月3日。纸质复印件 in DMA，NL 89，004. 亦见 ASWB II；Meyenn，*Entdeckung*，2011，S. 173—175.

[45]致泡利，1926年2月3日。DMA，NL 89，003. 亦见 ASWB II.

[46]泡利来信，1926年2月9日。DMA，HS1977—28/A，254. 亦见 ASWB II.

[47]Meyenn，*Entdeckung*，2011，S. 176—208.

浑身发抖”。[48] 泡利则确保格丁根的矩阵力学一派将苏黎世的对立理论研究透彻。他致信帕斯库尔·约尔当谈到薛定谔的第一篇“通讯”：“我相信这是近年来最重要的文章之一，”“请仔细阅读，不要轻视它。”[49]尽管薛定谔要彻底根除矩阵力学的愿望并未实现，两种方法的物理等效性很快就被证明。很多之前研究过的原子物理学问题可以被这两种方法中的任何一种解决。这样由于数学运算更简单，波动力学取得了人们的偏爱。在 1926 年 3 月的英伦之行中，索末菲赞扬波动力学时指出比起海森伯方法，薛定谔方法“要简单得多，而且更方便”。它应用了“振动理论的语言”。[50]

每个物理学家都熟悉这种语言。对于薛定谔波动力学中到底是什么在振荡， 373
什么在以波的形式传播，看法可能大相径庭，但是数学形式没有根本的困难。振荡的弦、调音的音叉、振动的膜、风琴中振动的空气——每一个这样的系统，根据其材料特性，都有其振动的固有模式。这些固有模式的幅值和分布都是数学上特征值问题的解。一旦相应问题的边界条件给定，特征函数(振动形式)和特征值(基振和高次谐振频率)即可以通过标准程序计算得到。按照薛定谔方法，绕原子核旋转的电子也可以按同样的数学形式表达为一个驻波，其特征值对应玻尔和索末菲 10 年前以完全不同方式计算的各个能量项，而各个量子数则成为特征函数(这里是球谐函数)的指标。

索末菲在英国的讲学大受欢迎。第一个星期后他写信回家说：“我相信每一个人都很满意。”[51]东道主是伦敦国王学院的物理教授，欧文·W. 理查德森(Owen W. Richardson，1879—1959)。两年之后他以在金属热电子发射方面的工作获得诺贝尔奖。但这次访问不仅仅只是是关于物理学。索末菲很享受这段旅程。又一个星期后，当索末菲外出去其他城市讲学归来回到伦敦后，他向妻子报告：“我甚至试着打高尔夫球(在牛津)和乒乓球(在伦敦的印度学生俱乐部，和达萨纳查里亚[Dasanacharya]一起)，经常弹钢琴，例如在爱丁堡，为歌曲和

---

[48]薛定谔致 W. 维恩，1926 年 2 月 22 日。引自 Meyenn，*Entdeckung*，2011，S. 184－187.

[49]泡利致约旦，1926 年 4 月 12 日。引自 WPWB I.

[50]Sommerfeld，*Lectures*，1926，S. 3.

[51]致约翰娜，1926 年 3 月 11 日。

大提琴伴奏。”“我以自己的方式完全赢得了结实的理查德森太太的心。”[52]著名进化论生物学家的孙子查尔斯·高尔顿·达尔文(Charles Galton Darwin，1887—1962)和威廉·劳伦斯·布喇格分别邀请他到爱丁堡和曼彻斯特做客，两人都很欣赏他的社交能力。索末菲从曼彻斯特写道：“布喇格跟我特别亲切，他和埃瓦尔德是好朋友。”[53]

几周后薛定谔致信感谢：“您在英国推销我的理论，真是非常友善。”[54]当索
374 末菲在英国讲学的时候，只是大致提了一下轮廓，但是一旦回到德国，他立即向学校的学生和研究同事阐明波动力学。他致信理查德森告诉对方自己在1926年夏季学期研讨会的主题：“在这里，我们正在细致地学习薛定谔的新量子论，我们对它评价非常高。”[55]学期结束时，他邀请薛定谔访问慕尼黑，这样他和他的学生可以直接了解新理论。[56] 在这个过程中，与也为同一目的前往慕尼黑的海森伯发生了激烈的交流。海森伯对波动力学的批判如此强烈，使得索末菲都开始动摇。事后他写信给泡利让他担任这个辩论裁判的角色：“薛定谔在我们这里，和海森伯一起。”“我的印象是，尽管波动力学是一种令人钦佩的微观力学，但是它一点都没有解决根本的量子难题。”[57]这些怀疑沉渣泛起的主要原因还是挥之不去的老问题，也就是薛定谔理论的波动的概念到底是什么。他和爱因斯坦也谈到这个问题。爱因斯坦写道：“所有从最新的实验结果提取量子定律更深刻形式的尝试中，我最喜欢薛定谔的。”“海森伯-狄拉克理论肯定是令人钦佩的，但对我来说它们似乎不那么实在。”[58]

对于汉斯·贝特这样的高年级学生，第一次接触波动力学成为不可磨灭的记忆。1926年贝特从法兰克福来到慕尼黑，以一个第5学期学生的身份，在索

---

[52]致约翰娜，1926年3月19日。

[53]致约翰娜，1926年3月23日。

[54]薛定谔来信，1926年4月28日。DMA，HS1977－28/A，314. 亦见 ASWB II.

[55]致理查德森，1926年6月12日。Austin，Ransom，Richardson.

[56]致薛定谔，1926年7月10日。DMA，NL 89，025. 7月23日，薛定谔就“波动力学的基础”，第二天就“波动力学的新结果” 发表演讲。Physikalisches Mittwoch-Kolloquium. DMA，1997－5115.

[57]致泡利，1926年7月26日。Geneva，CERN. 亦见 ASWB II.

[58]爱因斯坦来信，1926年8月21日。DMA，HS1977－28/A，78. 亦见 ASWB II.

末菲指导下做研究。正如索末菲在向向学生介绍量子力学时所说：“我们相信海森伯，但是用薛定谔方程计算。”[59]每一个研讨会参与者都必须对薛定谔到1926年夏天为止发表的“通讯”的一节做一个报告。此后，研讨会参与者就准备好撰写一篇关于任何量子力学题目的博士论文。[60]

第一个着手使用薛定谔方法在慕尼黑完成博士论文的学生是阿尔布雷希 375
特·翁泽尔德(Albrecht Unsöld，1905—1995)。多年后翁泽尔德回忆说，索末菲最初提出用波动力学处理氢离子，这是五年前泡利博士论文的主题，不过那时是在原子论的框架内使用天体力学模型。“我很快就发现这不会成功，并且开始从事各种更容易处理的光谱题目的研究。”翁泽尔德回忆道。索末菲变得“真的很生气……但当他看到我在球面谐波领域找到了一些新方法和定理，他就给我的论文评了最优等”。[61] 在评论翁泽尔德的论文时索末菲强调，波动力学的一个特点是可以让人们施展边界值问题的数学方法。因此，翁泽尔德首先推导出球面函数的加法定理，从而证明电子壳层对外部点的影响显示简单的球对称。从这里，可能计算出碱金属和碱土金属的能级。[62] 一年后，翁泽尔德的论文成为德意志博物馆一个展览的基础，这个展览中游客可以看到量子力学原子模型。[63]

大约在这个时候，应薛定谔要求，索末菲安排洛克菲勒基金会资助自己以前的学生弗里兹·伦敦(Fritz London，1900—1954)和瓦尔特·海特勒(Walter Heitler，1904—1981)研究波动力学的应用。[64] 通过一个经典理论无法解释的反应(所谓交换反应)他们成功阐明了电中性原子之间的化学关系。这个量子力学

---

[59] Bethe in Eckert/Pricha/Schubert/Torkar, *Geheimrat*, 1984, S. 8.

[60] Bethe, *Sommerfeld's Seminar*, 2000.

[61] Unsöld，个人谈话，1982年9月1日。

[62] 就翁泽尔德(Unsöld)博士论文投票致哲学学院二部，1926年12月11日。München，UAM，OC I 52p. Unsöld，*Beiträge*，1927.

[63] Eckert，*Atommodelle*，2009.

[64] 薛定谔来信，1926年4月28日和5月11日。DMA，HS1977－28/A，314. 亦见ASWB II；埃瓦尔德来信，1926年7月15日。DMA，NL 89，007；致埃瓦尔德，1926年7月20日。DMA，NL 89，001；海特勒来信，1926年8月29日。DMA，NL 89，009.

图 23　1927 年，索末菲为德意志博物馆构想了这个金原子模型。根据量子力学，用电子处于某个位置的空间分布概率代替了电子轨道概念。图中围绕原子核的球壳代表电子基态。每个壳层距离原子核的距离是根据量子力学算出，代表电子出现的概率最大处；壳层的厚度正比于每个态中的电子数

376　效应有力地反映了新理论对化学的重要性。[65]

---

[65] Heitler，接受海尔布伦(John L. Heilbron)的访谈，1963 年 3 月 18 日。AHQP. http://www.aip.org/history/ohilist/4662_1.html (上网时间：2012 年 10 月 9 日). Heitler/London, *Wechselwirkung*，1927.

索末菲在慕尼黑的研究所也成为访问学者经常光顾的地方。美国大学主要利用洛克菲勒基金会的国际教育委员会以及其他支持组织提供的研究资助为自己的学生提供机会，让他们自己选择一个欧洲著名的科学中心开展研究。这种“旅行奖学金生”明显地帮助了量子力学等新的科学领域在欧洲之外的美国迅速地广泛传播。[66] 在慕尼黑，最早来自美国的资助生是一对兄弟维克多·吉耶曼(Victor Guillemin，1896—1985)和恩斯特·吉耶曼（Ernst Guillemin，1898—1970)。维克多·吉耶曼在1923年参加过索末菲在麦迪逊的讲座，深受吸引，希望深入了解原子论。在慕尼黑期间，他目睹了量子力学的第一次辩论。“因此对我来说，量子力学不是仅仅从书里读到的东西，”多年后他回忆道，“我目睹了她的诞生。”[67]1926年夏天，莱纳斯·鲍林作为美国访问学生也来到慕尼黑。不久之前，他在帕萨迪纳市加州理工学院完成了物理化学博士学位，并得到古根海姆基金会资助在慕尼黑做研究。多年后他回忆道：“对我来说最有趣的事情是索末菲关于薛定谔量子力学的讲座，当然还有那些相关的研讨会。”[68]

9.3 金属电子论

根据泡利不相容原理，原子的每一个能态上最多只能有一个电子。如果除了原子中的电子之外，气体中的粒子也遵守这个原理，那么在这样一个量子理论的“简并”气体中粒子在各能级上的分布，就会显著不同于正常气体的经典统计结果。1926年，在泡利不相容原理的基础上，恩里科·费米(Enrico Fermi，

---

[66] Sopka，*Quantum Physics*，1988；Assmus，*Creation*，1993.

[67] 维克多·吉耶曼致卡特琳·索布卡(Katherin Sopka)，1972，引自 Sopka，*Quantum Physics*，1988，S. 2. 41.

[68] Pauling，Interview by John L. Heilbron，1964年3月27日。AHQP. http://www.aip.org/history/ohilist/3448.html（上网时间：2012年10月9日）。

1901—1954)和保罗·狄拉克建立了一个新的统计，泡利称之为“房产管理所”统计。[69] 1926年12月，他将论文《关于气体的简并和顺磁性》手稿提交给《物理学报》。论文阐述了在“带有角动量的气体原子”这一理论特例中，新统计对于这种气体磁特征的影响。根据“房产管理所”统计，在外磁场中，所有粒子无法像磁铁附近的铁屑那样排列起来。只有当一个粒子由于其重新取向而占据一个空的
378 能态时，才对磁化有贡献。泡利用现实例子解释这一概念：“如果把金属中的导电电子看成理想简并气体，根据现在这个发展出来的统计，我们至少可以定性地从理论上理解，为什么电子本身具有磁矩，但是很多金属(尤其是碱金属)在固体状态却没有或者只有微弱的和温度相关的顺磁性。”[70]

1927年2月，索末菲到汉堡访问了泡利。看到泡利拿出的论文《关于气体的简并和顺磁性》的校样时，索末菲想到也可以用这个套路解释金属的其他特性。然而泡利的主要兴趣是用这个例子验证新的费米·狄拉克统计，而不是金属理论。索末菲提议自己接下去利用这个方法解释金属的其他特性。多年后泡利回忆说：“既然我不是很热心，他就自己去开展进一步的应用研究。”[71]

泡利反感固体物理学的态度是众所周知的。有一次，当一个助手计划研究金属电阻理论时，他轻蔑地说这是一个“垃圾效应，人不应该去拱垃圾”。[72] 与此相反，索末菲就很喜欢金属电子论。在原子间自由移动的电子气是一个历史很久的概念。与电子被原子所束缚的绝缘体不同，金属的电导性需要假设其中的电子可以自由移动。当然这会导致对“自由电子气”概念不利的矛盾。如果电子运动能够形成电流，那么热运动又如何？金属的比热和绝缘体并无显著差别，这说明电子不能自由移动。

索末菲早就了解这些矛盾。[73] 他觉得应该研究“房产管理所”统计是否可以解

---

[69] 泡利致文策尔，1926年12月5日。In WPWB I.

[70] Pauli，*Gasentartung*，1927，S. 81.

[71] 泡利致拉塞蒂(Rasetti)，1956年10月，AHQP.（“[...] 人们应该应用到金属理论的其他部分，比如 Wiedemann-Franz 定律。在我不急于这样做时，那时他自己已做出更进一步的应用了。”)

[72] 泡利致派尔斯，1931年7月3日。引自 WPWB II.

[73] Eckert，*Elektronengas*，1989.

释比热以及其他的金属特性。在发表任何关于这个题目的文章之前，他通过特 379
别讲座的方式，让自己和高年级学生了解电子气理论。这是他着手进入新理论研究的一贯套路，屡试不爽。为此他在1927年夏季学期安排了“物质结构”的特别课程。首先他解释了比热悖论：“房产管理所”统计规定只有少数电子可以参与热运动，因此金属比热的增加只是绝缘体的百分之一。[74] 接下来的课程时间，他处理金属的电子发射(理查德森效应)以及不同金属间接触时发生的现象(伏打效应)。学期结束时他写信给帕邢说“这学期”他“对费米统计和气体简并非常感兴趣”。并且“有强有力的证据支持费米的简并公式”。[75] 两星期之后，他向《自然科学》提交了一个“尽可能全面的(相关)报告”。“我的文章试图利用费米的新统计方法，为伽伐尼电流、伏打电位、热能等古老的课题寻求规律。”[76]

在此之后，金属电子论就和波动力学一样成为索末菲研究所的研究焦点。在这个题目上发表的第一篇综述文章中，索末菲就已经提到自己研究所里美国奖学金得主在这方面的跟进研究。[77] 1927年秋天，从帕萨迪纳来的两位古根海姆基金学生到达慕尼黑后，索末菲致信密立根：“您的两位学生埃卡特博士和休斯敦博士让我非常满意。”“我和埃卡特讨论电子论的根本问题，非常有意思。我钦佩他观察的敏锐和广度。休斯敦也出色地证明了自己。他从我金属电子论的笔记中找到具体课题，努力研究，成果显著。”[78]威廉·W：休斯敦(William V. 380
Houston，1900—1968)回忆说自己本来想研究自旋这个在量子物理中越来越重要的问题，但是索末菲劝他改变主意。并给他看自己利用量子统计研究电子气的文章校样。[79] 索末菲让休斯敦搞出一个金属中电子的平均自由程的波动力学诠释。[80] 在薛定谔的系列文章发表后不久，卡尔·埃卡特(Carl Eckart，1902—1973)证明了波动力学和矩阵力学的等价性。在来到慕尼黑之前，也一直惦记着

---

[74] 翁泽尔德(Unsöld)的演讲笔记，DMA.

[75] 致帕邢，1927年7月25日。DMA，NL 89，003.

[76] 致柏林讷尔(Berliner)，1927年8月6日。DMA，NL 89，001. Sommerfeld，*Elektronentheorie der Metalle*，1927.

[77] Sommerfeld，*Elektronentheorie der Metalle* 1，2，1928.

[78] 致密立根，1927年11月28日。DMA，NL 89，025.

[79] Houston，菲利普斯(G. Phillips) 和金(W. J. King)的访谈，1964年3月3日。AIP.

[80] Houston，*Leitfähigkeit*，1928.

量子力学的根本问题。他也被索末菲劝说转去研究金属电子论。[81] 半年后索末菲致信密立根表示感谢："休斯敦和埃卡特两位绅士都非常和蔼，对我的工作直接帮助很大。"[82]

对金属电子论的研究也扩展到其他研究所。索末菲一直宣传金属电子论是今后研究的有希望的领域。[83] 这一理论还有可能阐明一直无法解释的固体性质。起初索末菲只是用费米-狄拉克统计代替经典统计，在其他方面还是将电子当作自由气体。显然这只是一个临时方案。如果电子在原子中遵守量子力学定律，那么在晶格中原子之间运动时也应如此。在 20 世纪 20 年代末，电子论的量子力学推广这个题目可以使研究者跻身"现代物理学家"之列。"现代"的意思就是精通量子力学，而对于想扬名立万的理论物理学来说，固体物理现象不啻是一个宝库，可以展示自己的量子力学知识"。[84]

第一个这方面的新物理中心是莱比锡大学，1927 年索末菲的两个学生海森
381 伯和德拜被任命为理论和实验物理教授。之后不久，泡利和文策尔分别担任了瑞士联邦理工学院和苏黎世大学的理论物理学教授。这样慕尼黑"摇篮"的分支已经延伸到莱比锡、苏黎世、斯图加特(埃瓦尔德)和汉堡(楞次)。就像所有的从一个母体出来的分支机构一样，索末菲学派各分支之间知识和人员的交流都很活跃。各个分支的主任在有职位空缺需要招人的时候互相之间用的口气就是："您想挖人家助手？肯定只要最好的那个！"[85] 量子力学固体理论的创立者们——汉斯·贝特、菲利克斯·布洛赫(Felix Bloch，1905—1983)、鲁道夫·派尔斯(Rudolf Peierls，1907—1995)以及其他人——都在这些分支中的某一个开始自己的研究生涯，并且有时从一个地方转到另一个。高年级学生和刚毕业的理论物理学博士也是这样，他们由洛克菲勒或者其他机构资助，在索末菲学派的分支开始自己的学术生涯。海森伯一次致信泡利说："我觉得在苏黎世和莱比锡

---

[81] Eckart，*Elektronentheorie der Metalle*，1928.

[82] 致密立根，1928 年 3 月 26 日。DMA，NL 89，025.

[83] Eckart，*Propaganda*，1987.

[84] Hoddeson/Baym/Eckert，*Development*，1987.

[85] 致海森伯，1927 年 11 月 15 日。DMA，NL 89，002.

之间建立某种物理学家交换机制，是一个很好的主意。”[86]在庆祝索末菲 60 岁生日时，他同时希望索末菲在慕尼黑能够“长时间地掌管这个摇篮，培养物理学生，像当初培养泡利和我一样”。[87]

9.4 普朗克的继任者

尽管索末菲的研究所成为新量子学派的摇篮，理论物理学家们眼中地位最高的席位，还是属于柏林大学马克斯·普朗克，而不是索末菲。这个席位来源于古斯塔夫·基尔霍夫。1875 年，作为德国第一个理论物理学正教授，他使得理论物理学成为一个独立的学科。除了大学的教学活动，作为普鲁士科学院数学物理组的终身秘书，普朗克发挥着重要的代表功能。1926 年人们就在比利时筹办 1927 年 382
的索尔维大会，战后德国物理学家第一次被邀请参加。普朗克的参与意义重大。大会主题是量子力学。除了普朗克之外，德国方面只有玻恩、海森伯和泡利被邀请，索末菲不在其列。这使得一些被邀请者感到不快。普朗克觉得和索末菲相比，自己已经不在量子论发展前沿，也不处于首先应当被邀请者之列。[88] 玻恩听说索末菲未被邀请也“吃了一惊”，觉得“在受邀参加这个量子大会的德国科学家中，您应该名列前茅”。[89] 这个会议的比利时主办者预备最多只邀请 4 个德国科学家：玻恩、海森伯和泡利是毫无争议的名列前茅的德国量子理论物理学家，普朗克——而不是索末菲——则是因为德国科学界的卓越代表而被邀请。[90]

尽管如此，在发扬德国科学在海外的影响方面，索末菲并不逊色于年长他 10 岁的普朗克。因此当 1926 年普朗克以 68 岁高龄退休时，作为继任者大家立

---

[86] 海森伯致泡利，1929 年 8 月 1 日。In WPWB I.

[87] 海森伯来信，1929 年 2 月 6 日。DMA，HS1977—28/A，136.

[88] 普朗克致洛伦兹，1926 年 6 月 13 日。AHQP.

[89] 玻恩来信，1926 年 6 月 15 日。DMA，NL 89，006. 亦见 ASWB II，S. 255.

[90] Heilbron，*Dilemmas*，1986，S. 107—108.

即想到索末菲。普朗克的职位必须由一个和他一样适合当科学发言人的人来继承。在任命继承者最初的审议工作中，索末菲呼声最高。其他的候选人有玻恩，汉斯·蒂林和薛定谔。爱因斯坦和劳厄也曾被一度考虑过，但是他们自己退出了。爱因斯坦不愿意放弃自己在科学院的职位去当教授。现在他可以自由地搞研究。当了教授就必须承担教学任务。劳厄已经是柏林大学第二个理论物理学教授，任命他继承普朗克的位置会引起更多争议。这样第一份候选人名单就包括了“索末菲、玻恩、薛定谔”。[91] 聘任委员会接下来的审议中，索末菲毫无争议
383 地在名单上名列第一。至于第二和第三位的排序，“经过仔细考虑”，聘任委员会认定，比起玻恩，“薛定谔的物理成就具有更深刻的内在首创性，和更大的创新能力”。因此薛定谔排第二，玻恩第三。作为年轻一代的代表，海森伯也被考虑。他“在将来肯定会成为一流科学家”，但是目前还不能作为普朗克继任者的科学发言人角色。[92]

在柏林文化部的正式通知到来之前，索末菲就已经得知自己将要被任命的消息。能斯特提前写信告诉他说：“您肯定知道，整个学院，已经把您放在名单首位。”[93]普鲁士文化部的任命通知到来之时，索末菲正在巴尔干出差。不过他妻子知道如何回复。索末菲从拉古萨写信回家说：“你肯定已经按照计划好的回复柏林了。我自己会先给普朗克写信，故意等一段时间后再回复柏林，说自己要到复活节之后那个星期才能回来。”[94]他想和普鲁士文化部谈判自己接受任命的条件。普朗克很清楚要把索末菲从慕尼黑挖来绝非易事。他向索末菲保证尽量争取更好的条件，并在信件结尾请求索末菲的妻子：“在丈夫面前说柏林的好话。”[95]

普朗克和柏林物理学家期望的，也正是索末菲在慕尼黑的同事担忧的。两位数学家奥斯卡·佩龙(Oskar Perron，1880—1975)和康斯坦丁·卡拉特奥多里(Constantin Carathéodory，1873—1950)立刻来到巴伐利亚文化部，代表学院紧

---

[91] 柏林威廉大学哲学学院聘任委员会，1926 年 6 月 18 日。UAB.

[92] 1926 年 11 月 18 日学院会议记录，以及 1926 年 12 月 4 日学院致普鲁士文化部的报道。UAB.

[93] 能斯特来信，1927 年 3 月 19 日。DMA，NL 89，019，Mappe 5，9.

[94] 温德尔班德(Windelband)来信，1927 年 3 月 24 日。DMA，NL 89，019，Mappe 5，9. 亦见 ASWB II；致约翰娜，1927 年 3 月 30 日。

[95] 普朗克来信，1927 年 4 月 7 日。DMA，NL 89，019，Mappe 5，9. 亦见 ASWB II.

急要求大学监管人在将要发生的谈判中把索末菲留在慕尼黑。卡拉特奥多里后
来告诉索末菲："我努力让他明白，失去您对大学意味着什么。"[96]巴伐利亚科学
院院长致信索末菲："我为您获得的荣誉感到欣喜，也为慕尼黑可能失去您感到 384
同等的担忧。"[97]大学校长卡尔·福斯勒同时也是索末菲的私人朋友，宣布自己
"会采取一切措施让您留在慕尼黑。我相信董事会会支持我的所有作法"。他提
起两个家庭以及孩子之间的友好关系，指出索末菲的妻子和孩子会"因为您离开
慕尼黑而在人际圈子上受到无法弥补的损失。告别对我们将是非常沉重的，我
们没有理由让您和家人的告别会轻松起来"。[98]

索末菲可能一开始就没有打算离开慕尼黑。不过柏林的邀请给他提供一个
机会提高自己在慕尼黑的身价。为了达到这个目的，他需要首先与普鲁士文化
部协商得到一个比现在慕尼黑更优厚的待遇，这样接下来就可以与巴伐利亚文
化部讨价还价。这些谈判持续了两月之久。柏林准备出比慕尼黑更高的工资，
外加租用公寓或者购买别墅的补贴。另外，他还得到保证会改善研究所的条件。
普朗克当时就已经对研究所的条件感到不满了。[99] 在谈判自己留在慕尼黑的条件
时，索末菲最关心的是理论物理学副教授的职位。他明白在目前的财务状况下，
无法满足他的这一要求。但是希望代表大学与文化部将保证记录在案，一旦情
况允许就设立这一副教授职位。[100] 得到这一保证以及其他待遇提高之后，他就回
绝了柏林的邀请，给出的主要理由是："慕尼黑的生活和工作条件要简单得多，
研究所条件好得多。"[101]他致信柏林说巴伐利亚文化部"完全满足了他个人待遇以 385
及研究所的组织和教学相关的所有愿望"。[102]

---

[96]卡拉特奥多里来信，1927 年 3 月 28 日。DMA，NL 89，019，Mappe 5，9. 亦见 ASWB II.

[97]格鲁贝尔(Gruber)来信，1927 年 3 月 28 日。DMA，NL 89，019，Mappe 5，9.

[98]福斯勒来信，1927 年 3 月 30 日。DMA，NL 89，019，Mappe 5，9. 亦见 ASWB I.

[99]A 普鲁士文化部案卷附注(Aktenvermerk)，1927 年 4 月 29 日。DMA，NL 89，019. Mappe 5，9.

[100]致哲学学院二部院长，1927 年 5 月 16 日。DMA，NL 89，004. 巴伐利亚文化部来信，1927 年 5 月 25 日和 6 月 20 日。DMA，NL 89，019. Mappe 5，9.

[101]致 C. H. 贝克尔(信件草稿)，未标日期[1927 年 5 月 31 日至 6 月 11 日之间]。DMA，NL 89，019. Mappe 5，9.

[102]致普鲁士文化部，1927 年 6 月 11 日。DMA NL 89，004. 亦见 ASWB II.

这之后普朗克继任者的任命提议就转向候选人名单上第二位的薛定谔。经过冗长的谈判，薛定谔接受了任命，条件“几乎”和索末菲提出的一模一样。索末菲事先把柏林决策内幕告诉了薛定谔，薛定谔向他的“顾问”[103]汇报说：“合约的差别在于薪水没有那么高，年薪少了1700马克。”[104]

9.5 “不是索末菲，而是舍普费尔”

索末菲决定留在慕尼黑不完全是因为个人薪水增加，以及研究所设备改善。最主要地是他不想离开自己过去20年来亲手建立的富有成效的教学事业。在《南德意志星期日邮报》的一篇文章中，他写道：“我觉得在庞大而繁忙的柏林，与学生的交流很难组织得像在慕尼黑一样密切。”当然作为一个“老普鲁士人”，回绝柏林任命时内心不可能没有矛盾。“亥姆霍兹和基尔霍夫曾在此工作，普朗克和爱因斯坦在这里生活，柏林是德国知识界和工作的中心。”但是他珍视巴伐利亚的轻松生活方式，以及附近的山脉，这是他和学生滑雪的好去处，赋予他的教学一种独特个性。“人在柏林很快就被榨干，而在山脚下的慕尼黑，老人都能焕然一新。”[105]

对于在挽留他不要去柏林的谈判中许诺的副教授职位，索末菲已有具体计
386 划。他要求将谈判结果再次付诸文字纪录，[106]并致信自己心目中的副教授人选海森伯，描述他对“摇篮”的未来的愿景。作为第一步，他建议海森伯：“请你准备好来慕尼黑作副教授。一些年后你就可以继任我的正教授席位。当然这些只是

---

[103]顾问(Berater)，此处指索末菲。——译者注

[104]薛定谔来信，1927年7月14日。DMA，NL 89，019，Mappe 5，9.

[105]Sommerfeld，*Berlin*，1927.

[106](巴伐利亚文化部)戈德堡戈(Goldenberger)来信，1927年6月20日。DMA，NL 89，019，Mappe 5，9.

我个人的意图，和对学院没有约束力的提议。但我看不出实现起来会有什么问题。”[107]

索末菲可能觉得在普朗克继任者一事的谈判中表现出来的对自己的重视是慕尼黑教授们的普遍想法。实际上，他的许多同事表达了大相径庭的看法。这在1927年7月即将到来的校长选举中表现得尤其明显。索末菲报名参加了福斯勒继任者的选举，引起了反犹和右翼圈子的不满。纳粹党报《人民观察家报》写道：“对于现任的民主和平主义和亲犹校长福斯勒博士的不满是普遍性的。”并且不惜一切代价阻止“犹太人和索末菲博士教授”成为被人憎恨的福斯勒的继任者。[108] 纳粹后来承认，虽然索末菲到高祖父这一辈都没有犹太人，也不影响新闻宣传。他和福斯勒一样都被认为是亲犹和自由派的。福斯勒在纪念德意志帝国建立的年度仪式上的行为招致了右翼圈子的敌意。自由派的《福斯日报》强调，福斯勒安排让魏玛共和国的黑—红—金三色旗和代表德意志第二帝国的黑—白—红三色旗一起升起，“是符合宪法的”。与《人民观察家报》不同，《福斯日报》认为福斯勒开始的“自由主义时期能够继续下去”，符合慕尼黑大学的利益。对自由派报纸来说，索末菲能够维持这一传统。竞选的对手是一位名叫文岑茨·舍普费尔(Vinzenz Schüpfer)的林学家，《福斯日报》强调说：“他在科学上的地位丝毫无法和著名的物理学家索末菲比美。”[109]

索末菲以50票对对手的68票落选。《柏林日报》以“不是索末菲，而是舍普 387
费尔”为标题，报道“科学上无足轻重，但是‘让人放心的国家主义者’林学家舍普费尔”击败了“世界闻名的物理学家阿诺尔德·索末菲”。[110]《法兰克福日报》评论慕尼黑校长选举结果时说这是“政党政治的胜利”。其中“多数教授的右翼情绪再一次被记录在案”。舍普费尔的当选是“德国国家主义者以及和他们志同道合的巴伐利亚人民党信徒中的教授们”的一次胜利。[111]

随着索末菲的落选，福斯勒代表的慕尼黑大学的自由主义时期还没有真正

---

[107]致海森伯，1927年6月17日。DMA，NL 89，019，Mappe 5，9.

[108]*Völkischer Beobachter*，1927年7月8日。

[109]*Vossische Zeitung*，1927年7月12日。

[110]*Berliner Tageblatt*，1927年7月22日。

[111]*Frankfurter Zeitung*，1927年7月21日。

开始就结束了。在一封致福斯勒的信中，索末菲对他“杰出的岗位服务”表示敬意，并代表签署人全体，期望“它能够成为慕尼黑大学的历史传统”。然而信件手稿底部的“未发送”标记，显示由于没有足够的签署人，这份声明最后胎死腹
388 中。[112] 最后索末菲常常后悔自己没有接受普朗克的席位，他写信给爱因斯坦说：“我时常后悔没有去柏林，这期间我真的很讨厌这些亲爱的慕尼黑同事。”[113]

图 24 1926 年路德维希·马克西米利安大学(1826 年该大学从兰茨胡特搬到慕尼黑成为后来的慕尼黑大学)百年纪念游行中的慕尼黑教授队伍。1927 年，索末菲参与竞选校长，因为“多数教授的右翼情绪”落选(《法兰克福日报》)

[112]致福斯勒，未标日期[约 1927 年 7 月]。DMA，NL 89，019，Mappe 5，9.

[113]致爱因斯坦，1927 年 11 月 1 日。AEA，Einstein. 亦见 ASWB II.

9.6 伏特大会

索末菲对物理学的兴致，压倒了大学政治带来的烦恼。1927/28 年冬季学期和 1928 年夏季学期，他开出了题为《论量子力学》和《波动力学选题》的专题讲座。他以自己的金属电子论推动量子力学固体理论的最初尝试。除此之外，理论物理学家们觉得量子力学在很多其他领域也将取得突破。1926 年，玻恩首次应用量子力学处理碰撞过程，并由此给出了薛定谔波动方程的新的诠释。薛定谔方程中描述的并不是的电子本身在空间的“弥散”，而是在某处发现电子的概率。[114] 1926 年 12 月，狄拉克和约尔当用“转换理论”将量子力学提升到一个新的抽象高度。[115] 1927 年 3 月，海森伯提出“不确定性原理”进一步推动了量子力学的发展。[116] 在不到两年的时间里，在基本原理和应用方面，量子力学都使物理学发生了前所未有的翻天覆地的变化。

1927 年 9 月，在纪念阿莱桑德罗·伏特(Allessandro Volta，1745—1827)逝世 100 周年之际，在科莫召开了国际物理学家会议，各种量子力学的概念首次得到广泛交流。起初，索末菲怀疑会议背后有政治宣传动机。他致信詹姆斯· 389
弗兰克：“我受邀参加一个 1927 年在科莫举行的大人物的小型会议，纪念伏特逝世一百周年。”“我估计意大利人一定会利用这个机会搞政治，推销墨索里尼，所以对是否接受邀请持严肃的保留态度。”[117]就像慕尼黑校长选举的这个小宇宙里的风波一样，在更大的环境里，科学也无法独立于政治。在索末菲看来，在法西斯刚刚掌权的意大利召开国际会议，像是墨索里尼的一招棋，让自己的政治登

114Beller，*Quantum Dialogue*，1999，S. 39—49.

115Mehra/Rechenberg，*Development*，2000，Part 1，Kap. I. 5；Janssen/Duncan，*Transformations*，2009.

116Rechenberg，*Werner Heisenberg*，2010，Kap. 8.

117致弗兰克，1926 年 7 月 20 日。DMA，NL 89，001. 亦见 ASWB II.

上国际舞台。在接受邀请之前，他想知道自己是不是唯一怀有这样顾虑的人。他问劳厄："您是否也受到邀请，您计划怎么办？""普朗克会去吗？如果我们对待这件事能够达成一致会比较好。"[118]和索末菲一样，弗兰克、劳厄和普朗克都受到去科莫的邀请，并倾向于接受。劳厄回复说："如果意大利人做出不明智的举动，只能对他们自己不利。"[119]

这样索末菲就把顾虑放在一边，接受了邀请。一战之后，伏特大会首次把不久前还是敌对国家的物理学家们汇集在一起。索末菲之前想象的"大人物的小会议"实际上成为有60多位参加者的大会，与会成员来自超过12个国家(丹麦、德国、英国、法国、印度、意大利、加拿大、荷兰、奥地利、瑞士、苏联、美国)，其中包括了像尼耳斯·玻尔、亚瑟·H. 康普顿、亨德里克·A. 洛伦兹、埃内斯特·卢瑟福和罗伯特·A. 密立根这样的杰出科学家。大会报告覆盖了最广泛的物理学领域。索末菲在科莫报告了自己金属电子论的最新结果。[120] 其他一些报告也是关于固体物理的。但是对与会者来说，这次大会最令人难忘内容是
390 关于量子力学诠释的讨论。玻尔的互补原理在会议期间引起了激烈争论，而且并未随着会议闭幕而停息。[121]

就像1926年的英伦之行一样，索末菲利用伏特大会在同事中展开社交活动，内容也不限于纯粹的专业话题。他结识了苏联物理学家雅科夫·弗伦克尔(Jakow Frenkel，1894—1952)，并在会后和他一起游历南意大利。弗伦克尔和索末菲一样对金属电子论很感兴趣，后来对固体物理也做出了重要贡献。索末菲告诉妻子说："在这里和西西里，和我在一起的是来自圣彼得堡的物理学家弗伦克尔。"[122]他们踏上南意大利之旅应属即兴之举，因为二人曾经一度囊中羞涩，以至于索末菲不得不要求自己"显赫的朋友"图里奥·列维-奇维塔（Tullio Levi-Cività，1873—1941)从帕多瓦寄钱来解燃眉之急。[123]他向妻子报告自己临时决定

---

[118]致劳厄，1926年7月22日。DMA，NL 89，002.

[119]劳厄来信，1926年7月27日。DMA，NL 89，010.

[120]Sommerfeld，*Elektronentheorie der Metalle und des Voltaeffektes*，1927.

[121]Beller，*Quantum Dialogue*，1999，Kap. 6. 亦见 http://www.science20.com/don_howard/revisiting_einsteinbohr_dialogue（上网时间：2012年10月9日）。

[122]致约翰娜，1927年9月29日。

[123]致列维·契维塔，1927年9月28日。Rom，BANL，Levi-Cività.

延长旅程时说："10 月 1 日，我还在拿波利！这叫我怎么回家?!"并且兴奋地描述自己最近的旅行经历："先是是庞贝，接下来是维苏威火山，还是骑在马背上(!)""今天可能我又破产了，不过这经历好极了，下到火山口底下(15 里拉的额外费用)，像神话一样，每两分钟喷发一次水和硫黄蒸汽，轰然作响，可怕的火山口[……]第二天早上到了卡普里，去蓝洞坐的是小船，不是一大群人坐汽船。"[124]

9.7 波动力学补充

伏特大会之后过了两个月，在布鲁塞尔的第 5 届索尔维大会上，玻尔和爱因斯坦就如何诠释经典物理学无法理解的量子力学，展开了生动的讨论。然而伏特和索尔维大会成为物理学史上重要事件的原因，还不仅仅是一个诠释问题。从固体物理、核物理、天体物理到化学，一个又一个的领域对量子力学打开应 391
用之门。对于理论物理学家来说，它越来越像一个巨大的建筑工地，没有一个总体的计划作为基础，也不知道要打造什么样的建筑。在这种情况下，很快地自然产生了对全面调查的需求。鲁道夫·泽利格在 1927 年 11 月致信索末菲说这一需求是"如此强烈，也许会有一篇关于目前研究状况报告的约稿"。泽利格 1910 年在索末菲手下完成博士学位，目前在格里夫斯瓦尔德大学教授理论物理。作为《物理杂志》的合作编辑，泽利格熟悉自己同事以及科学出版社当前发表文章的焦点。很多不同的方面都请求他"提供一篇关于波动力学的全面报告"，他则把这一需求转发给自己从前的导师。除此之外，一位计划撰写一本关于 X 射线谱著作的同事最近写信给他让他"考虑这方面研究的迅速发展"，索末菲《原子结构与光谱线》最新版本中的相关内容"是否仍然有效，您是否仍然同意，还是需要修正"。[125]

---

[124]致约翰娜，1927 年 10 月 1 日。

[125]泽利格来信，1927 年 11 月 20 日。DMA，NL 89，013.

距离《原子结构与光谱线》第 4 版首次面世已经过去了 3 年，索末菲不可能没有动过新版本的念头。就算他认为量子力学不是一场革命，而是原子论进化发展中的一个步骤，这个步骤也是非常重要的，必须在新版中给予适当介绍。但是由于索末菲在之前的版本中“完全没有涉及基于模型的成见”(至少在最重要的谱线复杂结构的部分是这样的)，那么一开始新版本主要的任务就是修补根本性的理论原理，而不是修正前量子力学描述。正像索末菲在前 4 个版本中描述的那样，前量子力学概念系统完全可以符合谱线定律，尽管按照泡利不相容原理以及自旋的引入，原来认为是属于原子核的内量子数被转移到单个电子身上，
392 但是这并不改变在经验基础上以玻尔-索末菲原子模型概念表达的定律。举例来说，在 1928 年的一本关于谱线的书中，天体物理学家瓦尔特·格罗特里安表达了这样的看法，就是“只要牢记玻尔的电子轨道只是概念化的一个说明性的帮助手段，并非真实存在，那么在现有理论情况，没有必要反对前量子力学概念”，尽管这些概念已被量子力学取代。[126]

由于这些原因，对第 4 版中主要基于经验的谱线定律的全面描述，索末菲没有做重新处理，而是完全集中在量子力学上。换句话说，(至少当前)不需要《原子结构和光谱线》的第 5 版，只要为第 4 版加上一个“波动力学补充”即可。他特意使用了“波动力学”这个词，不用越来越广义的“量子力学”，“因为在实际应用中，薛定谔方法明显优于狭义的量子力学方法”。另外，他“尽量只讨论具体问题”。对“不确定性和可测性的根本问题”只是旁敲侧击而已。[127]

和《原子结构和光谱线》一书的各个版本一样，《波动力学补充》不是象牙塔里独自写作的产物，它反映了索末菲学派的研究事业。任何一个在 1925 到 1928 年间在索末菲手下做博士、助手或者讲师的人，都能在书中某章节找到自己的工作，或者知道某些段落的内容是自己埋下种子结出的成果。举个这方面的例子，1928 年贝特博士论文的课题，是之前不久才在实验中发现的“电子波的晶体干涉”，现在成为书中一章的内容。[128] 在关于“S 项的球对称”的一章中，提到索

---

[126]Grotrian，*Darstellung*，1928，S. VII.

[127]Sommerfeld，*Ergänzungsband*，1929，Vorwort.

[128]哲学学院二部对贝特(Bethe)的博士论文进行投票，1928 年 7 月 24 日。UAM，OC—Np—1928. Sommerfeld，*Ergänzungsband*，1929，S. 241—250.

末菲学派上“一个神童”翁泽尔德的工作。[129] 索末菲特别感谢了自己的助手卡尔· 393
贝歇特，没有他的“努力协助”，就不会有现在这样的结果。[130]

与10年前索末菲在做通俗讲座时构想的《原子结构和光谱线》大纲不同，《波动力学补充》并非为普及波动力学而作。球谐函数和贝塞尔函数，复变积分以及其他这类可能吓跑理论知识不多的读者的内容的数学说明，都留在正文中，而不是被塞到“附录与补充”部分。尽管主要对象是理论物理学家，索末菲也试图向专业之外的读者传播这一理论。第一个机会出现在1928年5月，德国本生应用物理化学学会当年在慕尼黑开会，邀请索末菲在会上作报告。本生协会历史悠久，就像其主席在欢迎辞中指出的，协会以“将物理领域中基础性思想和结果的精华应用到化学科学和工程中”为荣。[131] 索末菲不想在报告中说化学家们刚刚熟悉的原子概念已经被量子力学所推翻。他在给同时也被邀请作报告的弗里德里希·洪德(Friedrich Hund，1896—1997)的信中说：“当然我会强调最初模型的很多东西仍然有效，比如量子数、光谱、元素周期表和泡利不相容原理。”他建议洪德也在自己的科学之酒中掺入“一些通俗之水”，并提议以共价键化学公式的量子力学诠释作为主题。[132]

在自己的报告中，索末菲将当时面目尚不清晰的新原子论描绘得条理分明。当诸如显微镜之类的精细光学设备代替粗糙的装置，几何光学也就为波动光学
所取代。类似地，处理原子尺度的事物时，我们日常经验的“普通宏观力学”就 394
被波动力学代替。然而波动力学也是一个统计理论，它描述的是遵守类似波的定律的“大量电子”的行为。但是它们不是空间波，而是一种描述电子位置几率的“抽象的东西”。索末菲以氢原子为例解释了这个“抽象的东西”。氢原子中薛定谔波函数的平方表示原子核周围电子电荷云的密度。为了排除那种电子在空

[129]致弗罗因德里希(Finlay Freundlich)，1927年1月14日。DMA，NL 89，001. 哲学学院二部对翁泽尔德(Unsöld)的博士论文进行投票，1926年12月11日。UAM，OC—I—52p). Sommerfeld，*Ergänzungsband*，1929，S. 101—105.

[130]Sommerfeld，*Ergänzungsband*，1929，Vorwort.

[131]*Zeitschrift für Elektrochemie und angewandte physikalische Chemie* 34 (1928)，S. 425—426.

[132]致洪德，1928年2月29日。DMA，NL 89，002.

间延展分布的错误图像，他接下去问道："电子云的密度是什么意思?""我们认为电子是一个点结构，所有电荷都集中分布在这一点。"电荷云的密度表示作为点结构的电子在某处出现的概率。旧原子模型的行星轨道显示"碟形对称"；新理论提供了电荷如何填充原子内空间的一个更合理的解释。分子的形成和晶体中离子间的作用力也可以得到令人满意的解释。他在报告最后总结道："总的来说，我的印象是，对于化学家的需求来说，和早先的单个电子轨道的概念相比，新理论更巧妙也更好用。"[133]

[133]Sommerfeld, *Bedeutung*, 1928.

第十章　文化信使 395

“在海外旅行时，我感觉自己不仅仅是一个普通个人和观光者，而且是科学领域中德国文化的信使。”这是 1928 年 12 月 8 日，索末菲在东京演讲的开场白。”[1]在长达 8 个月之久的世界之旅中，索末菲自告奋勇承担了这一文化使命。东京则是其中的一站。1927 年 9 月伏特大会之后，密立根提议他在 1928/29 年冬季学期去芝加哥大学和加州理工学院各做一半学期的客座教授。[2] 这个计划最后没有实现，但是密立根想把索末菲至少请到加州理工学院来。他致电索末菲：“帕萨迪纳殷切盼望您 1929 年冬季学期到来。”[3]短暂考虑之后，索末菲接受了邀请，并宣布这次要从东方横穿太平洋到达美国。[4]他这样做也许是想让自己于 1928 年 12 月 5 日在日本某地过一个特别的 60 岁生日，或者是想躲开这天在家里的庆祝活动？贝特相信“这次旅行的一个主要动机就是他不想在 60 岁生日时待在慕尼黑”。[5]

不管怎么说，索末菲的旅行计划很快就传播开来，各国的邀请接踵而来。

---

1 Sommerfeld，*Entwicklung*，1929b.

2 密立根来信，1927 年 10 月 22 日。DMA，HS1977－28/A，232.

3 密立根来信，1927 年 11 月 25 日。DMA，HS1977－ 28/A，232.

4 密立根来信，1928 年 2 月 6 日。DMA，NL 89，011. 亦见 ASWB II.

5 Eckert/Pricha/Schubert/Torkar，*Geheimrat* 导言，1984，S. 9.

第一份邀请是来自印度的电报。[6] 邀请他去加尔各答讲学的是钱德拉塞卡·文卡塔·拉曼(Chandrasekhara Venkata Raman，1888—1970)。索末菲请求拉曼和在科莫伏特大会遇见过的梅格马吉·萨哈(Meghnad Saha，1893—1956)帮自己安
396 排一个在印度为期 4 周的讲学和观光。[7] 在日本方面，他以前的学生奥托·拉波特现任安阿伯密歇根大学教授，当时正在东京大学做客座教授，提供了日本的一些联系人。1928 年 3 月高岭俊夫(Toshio Takamine，1885—1959)致信索末菲说自己刚从拉波特那里听到“这个喜讯”，在即将来临的冬季，可能有机会荣幸地接受索末菲的访问，并请求他在日本做几个讲座。[8] 为清楚表明自己将讲学作为一项文化使命的态度，他就旅行计划咨询了外交部的文化部门，得到的建议是向德国科学应急协会申请一笔资助。[9] 除此之外，索末菲还需要安排人员在 1928/29 年冬季学期替代自己在慕尼黑大学的工作。他的讲师海恩里希·奥特将担任他的主要课程。他的第二个助手则负责练习课。高级讲座的任务交给了拉波特，他 1928 年夏季从日本回到德国看望自己在慕尼黑的父母，在 1929 年 1 月回去美国之前，要在德国待上几个月。[10]

10.1 国际舞台上的德国科学

就在索末菲动身开始这一重要的环球之旅之前，又一个事件使他再次体会到一战结束后的 10 年中德国科学的处境：他的西班牙同事布拉斯·卡布雷拉(Blas Cabrera，1878—1945)告知索末菲，国际研究理事会准备向德国科学家开

---

[6] 拉曼来信，1928 年 2 月 11 日。DMA，NL 89，024，Mappe India.

[7] 致拉曼，1928 年 2 月 28 日。DMA，NL 89，024，Mappe India.

[8] 高岭俊夫来信，1928 年 3 月 19 日。DMA，NL 89，019，Mappe 4，3. 亦见 ASWB II(此处省略原书中的英文。——译者注)

[9] 致“科学应急协会”，1928 年 5 月 1 日。DMA，NL 89，020，Mappe 6，6.

[10] 致慕尼黑大学，1928 年 3 月 2 日。UAM，E-II-N.

放会员资格。这个理事会是一战后为了代替同盟国主导的国际科学院协会而成立的。[11] 但是对索末菲来说，这个国际研究理事会是一战后抵制孤立德国科学行动的一个遗物。当然德国不应该继续被这个国际科学组织排除在外，但是以何 397
种方式进入却引发了新的不满。弗里茨·哈伯花了几个月时间试图达成一个双方都能接受的解决方案，结果徒劳无功。最后只是去掉了排除德国的段落，却没有满足德国希望承认自己为科学大国的要求。哈伯以建立公正的国际科学组织目前时机还不成熟而提出辞职，同时批评说德国得到的待遇和像暹罗[12]这样的国家没有什么不同。[13]

作为哈伯的同事，索末菲也一样地感到愤慨。他回复卡布雷拉说，自己对国际研究理事会的看法是“不敢恭维”，因为“这个理事会诞生于政治仇恨之中，花费不菲，据我所知，到目前为止，成果乏善可陈”。他认为这个研究理事会的组织有问题。“摩洛哥、埃及和突尼斯都有独立代表权！名义上是民主，实际上只是为了支持法国的疯狂主张。”索末菲觉得最好的办法是重建国际科学院协会，但是不知道如何实现。他承认“基于国际礼貌，德国不得不加入这个理事会”，不过条件是停止“对德国科学的无谓侮辱”。此事在外交部的圈子里以及各国科学院谈判代表之间引发大量商讨和激烈争论，为了避免卡布雷拉将他的声明当成是德国的官方立场，索末菲写道：“我是在出发之前匆忙写下这些内容，只是个人看法。”不过他也明白指出在这件事情上自己绝非孤家寡人。“不过我相信自己很多同事都有同感。大家都认为现状必须改变。我个人希望这个改变能本着友好互信的精神，但是从以前的历史看，我看这个研究理事会很难做到这一点。”[14]

1931 年国际研究理事会被改组为国际科学联盟理事会，并逐渐地淡化了与 398
同盟国对立的协约国组织色彩。[15] 但是在 1928 年，国际研究理事会在一战后对

---

[11] 卡布雷拉来信，1928 年 8 月 7 日。DMA，NL 89，006. 亦见 ASWB II.

[12] 泰国在 1939 年前的称谓。——译者注

[13] Szöllösi - Janze，*Fritz Haber*，1998，S. 588 — 590；有关这一论题的概述，见 Forman，*Internationalism*，1973；Schröder-Gudehus，*Wissenschaftsbeziehungen*，1990.

[14] 致卡布雷拉，1928 年 8 月 11 日。DMA，NL 89，001. 亦见 ASWB II.

[15] Greenaway，*Science* International，1996.

德国科学的抵制孤立是众所周知的事实。在世界之旅启程前几天受到的刺激，更增强了索末菲的信念，要把这次出行当作一个文化传播任务，帮助德国科学恢复声誉。

10.2　印度的旅行印象

1928年8月21日，在贝歇特的陪同下，装备着热带服装的索末菲从热那亚登上一艘开往苏伊士运河的轮船，开始了自己的世界之旅。与往常不同的是，这次他有了一部旅行日记。船过西西里的时候，他记下："8月23日，早，爱奥尼亚群岛，斯托姆波里，风景如画。"进入苏伊士运河时，他写道："27日，运河，神话般，引人入胜。"轮船激起的波浪，离开一定距离后，仿佛自行向前，使索末菲着迷。他想起雷诺[16]或者开尔文写的"苏格兰运河的马"的故事，并记在在日记的"科学部分"中"苏伊士运河中的波浪"标题下。索末菲这里指的是一种在19世纪曾经引起英国物理学家兴趣的特殊的波动现象[17]，他想今后做一些理论分析。[18] 几天后他致电妻子："红海，顺利通过：不会在亚丁上岸；现在太热；湿度降低。"[19]

到印度之前贝歇特一路陪同他，并完成了对带着上船来的《波动力学补充》校样的最后修改。

航程的第一阶段通过亚丁湾和阿拉伯海到达锡兰(即现在的斯里兰卡)。红海上非常闷热，以至于晚上乘客在船舱里都待不住。索末菲在日记里描述当时
399 的场景时写道："悄无声息，穿着浴衣的梦游人影，""我在甲板的椅子上躺了几

---

[16]此处很可能指的是爱尔兰物理学家奥斯本·雷诺(Osborne Reynolds，1842—1912)。——校者注

[17]指孤波。——译者注

[18]环球旅行日记。

[19]致约翰娜，1928年9月1日。

图 25　卡尔·贝歇特和索末菲在前往印度的船上

个小时，还过得去，当然浑身是汗。很奇怪没得风湿病倒下。”[20]这段旅程不会留下什么愉快的记忆，对他来说红海是一个“被上帝遗忘的角落”，并且还夺去了船上一名厨师的生命。“甲板下有 40 度，中暑了。因为医护人员自己也彻底筋疲力尽，昨天晚上贝歇特坐在他旁边。伴随唱诗的海葬，年轻牧师致辞，德国国旗下船长的祷告，非常感人。”[21]

在科伦坡上岸之后，他们向北通过锡兰(今斯里兰卡——译注)北部。在 9
月 9 日，他们登上轮船，渡过狭窄海峡，到达印度大陆，然后乘火车继续行程。 400
“在旅途中，贝歇特计算了塞曼效应的要素。乡村建设不错，有灌溉系统。”索末

[20]致约翰娜，1928 年 9 月 5 日。

[21]同上引。

菲记下南印度之旅的见闻。[22] 这段行程的终点是马德拉斯(即现在的钦奈)，他计划在当地大学讲学。在家信中索末菲说自己住“在学院校长的不错的英式房屋里”。虽然“当时被蚊子叮咬”，他还是感觉无论从“个人和职业角度”都很好。[23] 贝歇特在他们文化使命第一站的报告中，加上了南印度所有的游客的共同印象：“我们已经看到：巨大的寺庙群、宽阔的阴暗大厅，装饰繁复的塔，牧师，僧侣，深浅肤色的，黑头发的人，严重的贫困，友善和好客，棕榈，红砂和蓝绿色田野，色彩鲜艳的鸟类，蓝色和金褐色山脉，香蕉，大米，深暗蓝色的大海和鲜花盛开的花园。”他向索末菲的妻子保证说，教授情况不错，不过到现在为止，因为炎热的天气，他们不是非常勤奋。“在这样炎热的天气，不干活都会很疲倦，工作肯定是不可能的，对吧?”[24]两天后，贝歇特动身返回慕尼黑，顶替索末菲负责一部分即将到来的冬季学期课程。

从马德拉斯出发，索末菲乘火车进入印度内地，到达迈索尔邦(即现在的卡纳蒂克)首府班加罗尔。在这里，他的文化使命包括对南印度科学协会作关于德国大学和学生以及其他题目的报告。当地土王的代表邀请他参加一个茶会，并和他讨论了歌德。东道主是一个英国物理学家，使索末菲立即产生宾至如归的感觉。在日记中他这样描述展现在遥远的印度的德国文化：“晚上我和主人一起演奏了贝多芬的小提琴奏鸣曲，并和他妻子合唱了勃拉姆斯的《旷野的寂寞》。一直都是窗户打开，蚊子猖獗。”第二天醒来时他发了高烧。“我感觉不妙，热得像在红海上一样，就叫了医生，是个英国军医。今天早上他让我住进他的医院，
401 躺在一个可爱的亭子里，四面透风，要吃一大堆各种各样的药。”[25]

高烧反复了几次，让索末菲在医院待了10天。怀疑是疟疾，但是没有肯定。最后终于出院回到主人家里之后，他在日记中写下：“相当虚弱，需要睡眠。”[26] 在下一封家信中他让妻子放心，自己受到的照顾让人感动。不过耽误的时间让人烦恼。“我只好缩短印度的节目。”除此之外，慕尼黑物理系的情况也使人担

[22]环球旅行日记。

[23]致约翰娜，1928年9月12日。

[24]贝歇特致约翰娜·索末菲，1928年9月13日。

[25]致约翰娜，1928年9月18日。

[26]环球旅行日记。

心。他从家里来信得知威利·维恩在一次胆结石手术后死去。索末菲担心长期一直与自己不和的约翰尼斯·斯塔克会被任命为维恩的继任者。他致信妻子："打电话给施毛斯告诉他我生病耽误了给他写信，不过在出发之前会寄出。"他叫妻子转达给学院主任奥古斯特·施毛斯(August Schmauss，1877—1954)的担心，是怕在收到自己的推荐信之前慕尼黑就做出决定。[27] 不过他在慕尼黑化学系的同事海因里希·威兰(Heinrich Wieland，1877—1957)向索末菲保证会等待他的意见。詹姆斯·弗兰克、瓦尔特·革拉赫、古斯塔夫·赫兹(Gustav Hertz，1887—1975)和罗伯特·维夏德·波尔(Robert Wichard Pohl，1884—1976)被列入最初的暂时任命名单。"关于头两名的名次的不同意见可以在电报中讨论。"学院中没有一个人提名斯塔克。"不过我们会记住这个名字的危险性。"[28]

由于住院，索末菲在耽误了两周后才得以出发前往印度之行的下一站。他写信告诉担忧自己健康的妻子，考虑到旅途漫长艰辛，他"这时雇了一个男生"。"这个男生非常周到得体，知道我每件衣服放在哪里，给我钉扣子，带我去餐车，而且在车厢一直等我回来。"由于这个原因，对他来说这个漫长的旅程变得 402
"极其舒适"。当然气候还是很炎热，但是"如果不动弹"，还是能够忍受。他的这个"男生"，其实是个30多岁的已婚男子。他的报酬是"四个星期大约40马克，当然我付了他的三等车票，但是不管伙食"。[29]

在加尔各答，索末菲受到对政治家般的欢迎。邀请他作三周讲学的拉曼，见面时把花环戴到他的脖子上。德国副领事也现身火车站迎接。索末菲被安排下榻于德国领事馆，"非常舒适"。他向妻子描述周围环境说："卧室里一株巨大的芙蓉正在开花。晚上萤火虫飞进来。持续不断的中等热度的温室气体。""这个下午在地区学院(Residency College)又举行了一场欢迎仪式。晚餐在德国公使馆，8位客人。"加尔各答大学授予他荣誉博士学位。另外3个印度科学组织，加尔各答数学协会、印度科学培育协会以及印度科学院都授予他荣誉会员资格。[30]

在加尔各答，索末菲高兴地记录了印度物理学家对自己著作的熟悉："这个

---

[27] 致约翰娜，1928年9月27日。

[28] 威兰来信，1928年9月10日。DMA，NL 89，019，Mappe 5，10. 亦见 ASWB II.

[29] 致约翰娜，1928年10月3日。

[30] 致约翰娜，1928年10月10日。

图 26　在加尔各答，索末菲与东道主、拉曼效应的发现者克里希南(K. S. Krishnan)(左)和拉曼(右)在一起

403 国家最边远的地方都知道我著作的英文版。"[31]除此之外他还目睹了名垂青史的重要实验。访问拉曼实验室之后他在日记中描述道："在这个研究所，见到散射，蓝一绿，在一块冰中。"这个后来所谓的拉曼效应，指的是照射到原子和分子上的入射光，被散射后频率降低，降低幅度取决于散射物质的特性。几个月前才刚刚发现这一现象。索末菲为自己记下了"间接答应提名拉曼角逐诺贝尔奖"。[32]他告诉印度《政治家》(*The Statesman*)报的一位记者说自己很荣幸现场目睹拉曼的最新实验，并希望能够帮助从理论上诠释这一散射效应。他认为这是近年来最有意思的发现之一。[33] 两年后，拉曼因此获得诺贝尔奖。[34]

---

[31] 致约翰娜，1928 年 10 月 3 日。

[32] 环球旅行日记。

[33] 引自 Singh，*Arnold Sommerfeld*，2001，S. 1491；Torkar，*Meeting*，1986.

[34] Singh/Riess，*Seventy Years*，1998.

从加尔各答出发，索末菲访问了北印度的其他一些城市。10月15日，他来到恒河边的印度教中心贝拿勒斯(即现在的瓦纳那西)，在印度大学作报告。大学校长是“甘地的朋友，绝对的婆罗门”。他邀请索末菲乘船游览恒河，并与他谈论“歌德、海克尔、斯宾诺莎、物质和精神”。[35] 第二天他参观了贝拿勒斯以北10千米的鹿野苑，这是早期佛教的历史胜地。索末菲在日记中写道：“无数的僧房，每一个都有一幅佛像和一座小的佛塔。”这让他想起庞贝古城。[36]

他利用在印度各个大学和学院演讲和谈话的机会，与教授和学生们讨论政治形势。“在每个地方，人们都强烈同情德国，仰慕我们的快速重建，都想来德国留学，不过只有剑桥回来的才能找到学术界位置。”他在笔下批判殖民地对英 404
国的依赖。“印度人全都谴责目前的系统，要求在英帝国体系内得到尊重。”[37]

与泰戈尔(Rabindranath Tagore，1861—1941)的邂逅使索末菲对印度—孟加拉文化有了特别的理解。他住在珊地尼克坦，是一个小小的学者艺术家社区的精神领袖。泰戈尔以前在访问慕尼黑时见过索末菲，现在很高兴能够让来自德国的教授领略“一份印度之秋的宁静”。[38] “被大家称为‘诗人’的泰戈尔，处于一种寂静的氛围之中。”索末菲津津乐道自己的珊地尼克坦之行。“作为诗人、音乐家、哲学家和教育家，泰戈尔在各个方面都孜孜不倦。”他在印度文化发展中的角色，怎样评价都不过分。泰戈尔将“‘爵士’这个词丢回到英国人脸上”，并且致力于“恢复衰亡中的乡村生活”。不过与圣雄甘地(Mahatma Gandhi，1869—1948)不同的是，他反对后者的“不合作运动”。索末菲把甘地比作歌德，主要是因为他对印度社会上层知识界的影响。

索末菲其实也想访问德里，但是未能成行。拉曼这样形容这个首都城市：“在那里您会看见很多纪念物，有的属于已然灭亡的帝国，有的属于一个还没有灭亡的大帝国。”在给妻子的信中，索末菲引用了这一尖刻的描述，以说明自己

---

[35] 致约翰娜，1928年10月28日。

[36] 环球旅行日记。

[37] 同上引。

[38] 泰戈尔来信，1928年10月15日。DMA，NL 89，024，Mappe Indien.

到处遇到的反英情绪。“印度教授中对英国现行统治方式的谴责非常普遍。”[39]

考虑到邀请方的这些反英态度，索末菲“被秘密警察监视”也就毫不奇怪。
405 这也是德国副领事警告过他的。不过在日记的《加尔各答政治内容》标题下，他并未记载任何相关迹象。根据与东道主的诸多政治讨论，他得出结论，大多数印度人期望的独立不是从英国分离，而是自治权，就像之前大英帝国赋予一些自治领的那样。目前印度被迫从英国进口“从火柴到火车”的一切物品。整个印度只有一个技术研究所(在班加罗尔)。人们普遍批评教育投入不够。“万般皆下品，唯有导师(Guru)高。”[40]

这些日记内容清楚表明在其文化使命中，索末菲不是那种象牙塔中的学者，毫无顾忌地宣扬德国科学，不顾及当地的社会政治现实。他精确把握了东道主的期望和需求，当机会出现时，则因势利导。

10.3 德国科学在中国的据点

在6个星期的逗留之后，索末菲于10月26日在加尔各答再次登上客轮，启程前往缅甸的仰光。在船上渡过平静的3天之后，等待他的将是又一轮讲学和观光。抵达目的地后索末菲致信妻子说：“今天是茶会和各种客套，我当然都得应付。”“明天一早，游览庇古(Pegu)；晚上是大众讲座：德国大学和印度大学；后天是光谱线讲座。中间插入访问研究所和医院，等等。”[41]在仰光的三天，索末菲是其实想住在船上，需要完成讲学任务时才上岸。不过英国东道主不愿意放过机会，邀请他住到自己家中，让他享受殖民主义特权带来的一些舒适。与之

[39]致约翰娜，1928年10月22日。(You will find there the monuments of many big empires now destroyed and the monuments of one more big empire not yet destroyed.)

[40]环球旅行日记。

[41]致约翰娜，1928年10月29日。

形成鲜明对照的是，绝大部分缅甸人都生活在赤贫之中。一个人力车夫只能挣“几个可怜的卢比”。索末菲在描述自己的仰光印象时写道：“这些车夫在炎炎烈日下快步奔走，很多30岁左右就死了。”他还告诉妻子自己碰上一个佛教徒，“本 406
来是爱尔兰人，一名英国军官！英国人转信佛教和印度教的不算稀罕，在这里好像已经成为一种现象”。[42] 从仰光出发，旅程的下一站是槟城和新加坡。在这里的几天没有讲座任务，索末菲可以舒舒服服当一个旅游者。不过时间也不是完全属于个人的。他写信回家说自己“经常和德国总领事在一起”。还曾与美国和法国领事共进午餐和晚餐。[43]

下一站是菲律宾。乘德国轮船科布伦茨号离开新加坡 3 天后，经过南中国海时索末菲写信给妻子说：“离马尼拉还有一天航程。过去两天我都躺在床上。得了让人讨厌的关节炎，还发了点小烧。”[44]不过到达马尼拉时，烧已经消退。他描述自己下榻的旅馆时说：“非常优雅、非常昂贵、非常喧嚣。”从 1898 到 1941 年，菲律宾是美国殖民地。索末菲在日记中记下了它和英国殖民地的区别。与印度和缅甸不同，在马尼拉人们坐的是“一匹马拉的车厢……显然美国人不能容忍人力拉车，代之以以漂亮的小马拉的车子”。[45]

从马尼拉出发继续穿过南中国海到达香港，并从那里沿中国海岸线北上到达上海。在日记中索末菲记下自己被热带气候折磨之后的恢复：“我们到站了；不再是热天气；我穿上毛衣。我的烧也退了，胃口也慢慢恢复。”[46]在上海又安排了讲学。第一份邀请来自一个大众科学俱乐部“探索社”，希望索末菲作“关于原子论”的报告。[47] 另一份邀请来自上海吴淞的讲德语的同济大学。德国总领事 407
致信索末菲：“本地的德国社区热切期盼您的光临”，同济大学校长表示“希望与您联系”，“由于期望一位杰出德国学者的到访能够给中国学生留下长久的特别

---

[42] 致约翰娜，1928 年 11 月 3 日。

[43] 致约翰娜，1928 年 11 月 12 日。环球旅行日记。

[44] 致约翰娜，1928 年 11 月 15 日。

[45] 环球旅行日记。

[46] 致约翰娜，1928 年 11 月 22 日。

[47] 赫伯特・夏特利(Herbert Chatley)来信，1928 年 8 月 16 日。DMA，NL 89，019，Mappe 4，3.

印象，加强德国文化对同济大学的影响”，因此总领事“更加高兴地”转达了这一请求。这所包括一个医学院和一个高等工学院的技术大学，是“德国在中国最重要的文化项目之一”。[48]正像上海的德国总领事在20世纪初义和团运动之后表述的那样，其成立的目的是“保证德国、德国人和德国精神对中国的改革进程产生相当的影响力”。1914年6月成立的这所由德国管理的工程学校，目的是在与欧洲列强竞争开发庞大的中国市场时，首先保证德国的优先地位。然而第一次世界大战的结果粉碎了这一希望。同济大学被中国没收，德中关系的主旨不得不转向文化领域。大学保留了全体德国教工并从新的中国主人那里继续享受支持。[49]

在给妻子的三天上海逗留总结中，索末菲写道：“第一个晚上，‘Quest Society’(探索社)讲学；第二天晚上宝隆医院[50]讲学；第3天，访问同济大学，在民族英雄孙逸仙画像下给学生做报告。后面两个都是用德语做的，这所大学课堂
408 上是德语教学。”[51]在日记中他再次记录了自己讲话中“对学生的结束语”:他们“和千千万万的其他人相比，有德国老师教授最好的科学，是幸运者”，因此“对理想主义负有责任”。[52]《同济医学月刊》以德文和中文刊出索末菲的讲话，使得他在这一“德国科学和文化最边远的据点”的布道工作影响所及，超出了这次访问的期限。[53]

正当索末菲在中国完成他的文化使命之时，维恩继任者的任命一事发生转折，使他有些担心。索末菲希望德拜、弗兰克和革拉赫并列第1位，古斯塔夫·赫兹第2，恩斯特·巴克第3。然而聘任委员会列出的名单，只有德拜和弗兰克排在第1位，革拉赫和赫兹分列2、3位。[54]索末菲向妻子解释说：“如果德拜和弗兰克不接受文化部的任命，我希望第1位上还有一个会接受职位的革拉赫，这样就不容易去任命斯塔克了。”在这一事情上约翰娜·索末菲成为丈夫和学院

[48] 蒂尔(Fritz August Thiel)来信，1928年11月13日。DMA，NL 89，021，Mappe 9，6.

[49] Bieg-Brentzel，*Tongji-Universität*，1984；Steen，*Beziehungen*，2006.

[50] 即同济医院，德国医生宝隆1900年创立。——译者注

[51] 致约翰娜，1928年12月1日。

[52] 环球旅行日记。

[53] Sommerfeld，*Entwicklung*，1929a.

[54] 威肯斯(Wilkens)来信，1928年10月31日和11月15日，附有索末菲回信的草稿。DMA，NL 89，019，Mappe 5，10.

之间的媒介。就连斯塔克也知道索末菲的妻子能够施加一些影响力。但是当他试图通过约翰娜来缓解和索末菲的紧张关系时，碰上了大麻烦。索末菲对于斯塔克竟然利用他不在的时候“耗垮”自己的妻子十分愤怒。他更加希望看到斯塔克滚蛋。“我真的很想看到你平静地、礼貌地、无邪地告诉吉奥瓦尼·罗伯斯托[55]滚开。”[56]

10.4 在日本过生日

1928年11月29日，索末菲离开上海，登上“长崎丸”轮船前往日本。经过平静的旅程渡过东海，轮船第2天到达长崎，在这里索末菲受到日本物理教授代表团的迎接。经过短暂停留之后，他继续前往神户，并从那里乘火车去东京。几天后他从东京写信回家说：“日本人确实知道如何让客人过得舒适。”[57]在这里， 409
遥远的德国来客再一次受到非常周到的照顾。受人尊敬的日本理化学研究所(RIKEN)职员杉浦义胜(Yoshikatsu Sugiura，1895—1960)曾于1925—1927年间在哥本哈根作访问学者，他全程陪伴索末菲并“奉上级命令”支付了索末菲的一切花费。索末菲写信给妻子说：“我管他叫自己的财政部长。”[58]杉浦和一个“副手”能预知他所有的意愿。“我要在日本度过生日被看成是对东道主的一个善意的表示。不过他们把我的生日说成6号，几乎把它变成一个全国节日。”[59]

由于这一差错，在索末菲的实际60岁生日当天，什么也没有发生。除了在东京旅馆收到的来自欧洲的贺电之外，这一天对他来说和普通的工作日没有什么两样。为了不让东道主尴尬地把安排在6号的庆祝紧急改期到5号，他没有更

---

[55] Giovanni Robusto，这是约翰内斯·斯塔克的意大利语化，劳厄、索末菲等人私下用这个名字称呼斯塔克。——译者注

[56] 致约翰娜，1928年12月1日。

[57] 致约翰娜，1928年12月4日；Ozawa，*Aufenthalt*，2005.

[58] 致约翰娜，1928年12月24日。

[59] 致约翰娜，1928年12月4日。

正日期的差错，并按照计划在东京帝国大学作了关于"波动力学的根本问题"的讲座，这是几个 2 小时讲座中的第一个。[60]

这样在第二天，索末菲"惊喜"地遭遇了一场盛大的生日庆祝。在讲座之后，受邀而来的客人们，其中包括德国在东京的大使威廉·海因里希·索尔夫(Wilhelm Heinrich Solf，1862—1936)，移到大学的三条宫(Sanjo Palace)参加招待会。生日晚餐是日本式传统的，由理化学研究所主任大河内正敏(Masatoshi Okochi，1878—1952)子爵主持，这天也正好是他的 50 岁生日。"在晚餐上，德国人和日本人相间而坐。"索末菲给妻子描述道："鞋子当然脱掉，坐垫代替了椅子，地板上铺着稻草垫，筷子代替了刀叉。我已经练习过筷子，自豪地拒绝了
410 刀叉。唯一的要求是把我的坐垫加高，因为自己已经不能舒服地盘腿而坐。在我们面前，可爱的小个子日本女孩子坐(或者说蹲伏)在稻草垫上，与客人说些场面话，端上数不清的菜肴，全都是单独盛在漆碗中上来的。晚宴的高潮是：两位艺妓的舞蹈，高雅的艺术，舞蹈和舞台都极其优雅，随你怎么讲。当然还有大河与我的致辞。"[61]

经历了生日庆祝和又一个在东京大学的讲座之后，索末菲于 1928 年 12 月 8 日作为客人参加了日德协会的一项活动。他把在同济大学作过的《原子物理学在过去 20 年的发展》报告在这里又重复了一次，并再次激起听众极大兴趣。[62] 他告诉家里，自己使用了恩斯特的评论作为报告的开场介绍，说"我这次是作为德国文化使者出国访问的"。[63] 翻译的妙语也成为报告幸福回忆的一部分，他把玻尔比做哥白尼，把索末菲比作开普勒。[64]

也许是因为这个比喻，让索末菲想起，和玻尔不同的是自己还未获得诺贝尔奖。3 天前，他在日记中袒露心迹："读家里寄来的信件和诗，关于诺贝尔的消息让人伤心。"[65]几天后他写信给慕尼黑同事，当年诺贝尔化学奖得主海因里

[60] Ozawa, *Aufenthalt*, 2005, S. 51. 作者感激中根美知代(Michiyo Nakane)寄来杉浦義勝对这些演讲内容的日文翻译。

[61] 致约翰娜，1928 年 12 月 24 日。

[62] Sommerfeld, *Entwicklung*, 1929b.

[63] 致约翰娜，1928 年 12 月 21 日。

[64] Ozawa, *Aufenthalt*, 2005, S. 52.

[65] 环球旅行日记。

希·威兰："上帝保佑，成功啦！我也要向您妻子祝贺，她有个了不得的丈夫。根据我对您的了解，这次获奖是实至名归。不过为了澄清所有假装谦逊的猜疑，我同时要指出自己仍然无缘诺贝尔奖，已经渐渐成为一桩公开的耻辱。"在印度他听到传闻说，"出于竞争的关系"，玻尔在阻止他获奖。他对诸如此类阴谋一无所知，不过自己已经几次进入最后的少数最有希望候选人名单之内。"有一次斯德哥尔摩媒体还来要过我的照片。不管怎么说，玻尔 1922 年获奖后，1923 年诺 411
贝尔奖的唯一正当人选就是鄙人。当初玻尔和我就是一起当选瑞典皇家学会会员的，我获奖是非常合情合理的事情。"[66]

图 27　在游览箱根之旅，日本物理学界德高望重的长者长冈半太郎（Hantaro Nagaoka，1865—1950）带索末菲领略了东京周围的自然之美。在这个自然保护区，到处是火山活动的迹象

[66]致威兰，1928 年 12 月 13 日。DMA，NL 57.

然而索末菲无暇为迟迟不来的诺贝尔奖而陷入郁闷之中。日本方面殷切期待他的讲学，索末菲努力不让对方失望。在京都，索末菲再次重复了《原子物理学在过去 20 年的发展》的普及讲座。他的听众中包括未来的诺贝尔奖得主朝永振一郎（Shin-ichiro Tomonaga，1906—1979）和汤川秀树（Hideki Yukawa，1907—1981），他们当时还是 3 年级学生，对这个“难忘的和超级的”的讲座留下深刻的记忆。[67] 朝永振一郎回忆起索末菲在这次讲座中也提到可以接受一个电子的氢能级。“接下来发生了这一幕：在讲解这一点时，他在讲台上绕圈跑。由于是在向后跑，他没有注意台坎，结果掉了下来。我的老师玉城嘉七郎教授坐在第一排，赶紧把他扶起来。索末菲不慌不忙，接着讲下去：‘正像我刚才掉下去一样，电子也会到处跃迁。’我记得他赢得听众大笑。”[68]而索末菲在他的日记中只是简单记录了“讲座听众很多，用英语，非常好，非常受欢迎”。[69] 在京都，索末菲去参观了庙宇和皇家庭院，这个城市给了他一个特别的日本文化经历。

1928 年 12 月 17 日，索末菲回到东京，在登船开始横越太平洋的漫长之旅的前几天，来到理化学研究所观察试验，并特别要和日本物理学之父长冈半太郎会面。为了能在家乡会见索末菲，长冈提前从欧洲回来。在索末菲为期 3 周
412 的日本之行的最后一天，长冈陪他来到富士山脚下的箱根，使他能够留下一个作为火山之国的日本印象（“弥漫火山口峡谷的硫磺气味，女巫魔法厨房，还有温泉”）。[70] 离别之际，长冈送给他一支装饰精美的竹拐杖作为礼物，“是用鼠牙！雕刻 100 多个日本面孔，是一件真正的艺术精品，还有艺术家的签名”，就像索末菲从日本发出的最后一封给妻子的信中所述，他对“这个国家的古老历史和文化肃然起敬”。[71]

---

[67] 引自 Ozawa, *Aufenthalt*, 2005, S. 55.

[68] 同上引。

[69] 环球旅行日记。

[70] 同上引。

[71] 致约翰娜，1928 年 10 月 24 日。

10.5 帕萨迪纳的客座教授 413

在从横滨出发经夏威夷开往美国西海岸的日本轮船上，索末菲度过了圣诞和新年。“现在餐厅中放着一棵圣诞树(装有电灯)，还有一棵枫树(假叶子，上面是棉花假雪)，装饰着樱花、日本画，等等。”他写信回家谈起自己不寻常的圣诞节。旅途遭遇暴风雨，“整个大海都是灰色的，翻着白色浪花；很难用笔写字，很多人晕船，我还没有”。[72] 在日记中他记录说自己大部分时间都在写信(“20 封信和大量的明信片”)[73]除了这些通信之外，他还为慕尼黑艺术家杂志写作了一篇关于自己印度印象的长文。[74] 至于他在夏威夷的逗留，因为只是上岸待了几个小时，所以乏善可陈：“夏威夷女孩舞蹈，一些胖子伴舞。”[75]

尽管在美国的 3 个月还没开始，索末菲仍把横跨太平洋当作回归之旅的第一段。他以风趣的文字回顾之前的几个星期：“日本人没有把这个大师切成 3 段。”在亚洲之行中，各种荣誉接踵而来，索末菲幽默地回顾了其中几次的情形。一次在授予他荣誉会员时，一位印度数学家，“以极其严肃认真的态度”，仔细分析了他的数学论文，使得索末菲回敬说：“我不知道一只青蛙在被活体解剖时的感受。不过我在被您友好地活体解剖时的感觉还行。”[76]他到处被人家要求亲笔签名，还有诸如“研究中最重要的事情是什么”之类的格言。在这种情况下他机智应对，比如“向前，向上”或者“积分 $p\,\mathrm{d}q = nh$。”[77]

到达旧金山，意味着索末菲的世界之旅中，他自认为属于科学布道的那一

---

[72] 致约翰娜，1928 年 12 月 25 日。

[73] 环球旅行日记。

[74] Sommerfeld，*Reiseeindrücke*，1929.

[75] 环球旅行日记。

[76] 致约翰娜，1928 年 12 月 25 日。

[77] 致玛格丽特，未标日期(大约 1928 年 12 月 27 日)。

414 段结束了。6 年前的第一次访问中，美国物理学已经赢得他的高度尊重。他这次将要以访问教授身份工作两个月的加州理工学院，正在成为一个和欧洲大学相比毫不逊色的现代物理中心。他之前的学生爱泼斯坦、鲍林和休斯敦都在这里工作，即将成为他的同事。对于索末菲来说，这里是美国最让他感到像家的地方。而这一次东道主们让他觉得尤其亲切。刚到帕萨迪纳后不久他就写信回家，"今天中午我要和密立根一家共进午餐，晚上是鲍林一家"。"已经拜会过休斯敦一家；昨晚受爱泼斯坦邀请去了剧院。"另外，他下榻的教工俱乐部公寓风景优美，"可以看到棕榈和果实累累的柑橘树，远处是青色群山"。[78]

和亚洲文化大使的任务比起来，访问教授的工作更接近于他在慕尼黑熟悉的教学体制。他的教学任务是每周四节课，每节一小时，同时参加各种研讨会。课程的主题处处对应刚刚出版的《波动力学补充》一书的内容，所以不需要做什么备课。"在加州，人们总是尽量安排得让生活更轻松，"他致信鲁宾诺维奇，"当然，除了讲课，其他所有的各种会议我都得讲英语。" 在社交层面，帕萨迪纳也不是空白。[79] "昨天有一个教工舞会。很不错，也很放松，"到达两周后他在家信中写道，"尽管是爵士乐，我也跳了。上周在爱泼斯坦的一个职业小提琴家朋友的家里，我听到了不错的音乐，弦乐五重奏。下周我还要去。一周前我加入了鲍林的三重奏。在一个协会的午餐上，我作了关于印度和日本的半小时报告。另外，在普通课程之外，还有一个讨论会讲座。下周我得在洛杉矶的一个类似的协会上做报告。不过高兴的是每天我还有几个小时属于自己的安静时间来收
415 拢自己的思绪，在印度和日本就没有。而在 3 月 15 日之后在美国会比在印度和日本时更忙。"这里最后一句指的是他在帕萨迪纳收到大量讲学邀请，从而对接下来的访问教授日程，必须做出仔细的旅行安排。在属于自己的安静时间里，索末菲还必须抽出很大一部分致信回复大量的生日问候。另外还有《现代原子物理学的问题》，他的 30 多位学生已经为这一纪念文集贡献了文章。[80]

在帕萨迪纳的几周里，慕尼黑实验物理主任的继任者一事也终于水落石出。

---

[78]致约翰娜，1929 年 1 月 13 日。

[79]致鲁宾诺维奇，1929 年 1 月 15 日。

[80]致约翰娜，1929 年 1 月 20 日。Debye, *Probleme*, 1929.

和弗兰克并列第一的德拜退出了竞选，原因是他不久前才被任命担任莱比锡的职位。马上又接受慕尼黑的任命的话，会破坏各州文化部之间学术主任两年内不得接受新职的协议。[81] 这样这个任命的邀请就落到弗兰克头上，但是对他提出的改善慕尼黑该研究所设备的要求，巴伐利亚文化部并不接受。[82] “我听说任命的邀请已经发给弗兰克，”1 月底索末菲写信给慕尼黑的妻子，“作为同事我很看重他。不过革拉赫更合适。”[83]他担心最后会考虑斯塔克，因此请求弗兰克接受任命。但是弗兰克在一封长信里向索末菲解释，由于文化部不准备接受他的要求，他不打算接受任命。[84]

与此同时，斯塔克抱怨说索末菲一直阻止他继任维恩的职位。他说有人告
诉他，但是不愿意说出是谁：“您是维恩席位继任者候选名单的最后的而且是决
定性的作者。既然这个名单不包括我，这就等于是一个正式的对我个人和科学
成就的不信任。您要明白我会对这个不信任发起抗争，并且对您在科学方面贬
低我的根据，我打算公开自己的观点。”[85]索末菲冷静地回复斯塔克说自己不能回 416
应匿名的影射，而且任命名单并非根据自己的推荐确定。[86]“我看下场不妙，”他给
妻子的信中说，“最后我们可能不得不搬到柏林或者美国。”[87]不过当院长通过电
报告诉他任命书给了革拉赫，索末菲的情绪又好转了。他在信中告诉妻子自己
立刻致电革拉赫：“无条件接受。”斯塔克可以“带着他的要挑起争端的威胁投河
去死”。[88] 不过革拉赫并未马上接受任命，而是去了文化部继续谈判，并且通知 417
了索末菲的妻子。约翰娜写信给帕萨迪纳的丈夫说这“纯粹是做戏”。革拉赫留
给她的印象是最后他会接受这一任命。“那时候你就可以长出一口气了。不过这
一任命要到 10 月才开始。”[89]

---

[81] 德拜来信，1928 年 12 月 21 日。DMA，HS1977－28/A，61. 亦见 ASWB II.

[82] 威兰来信，1929 年 1 月 19 日。DMA，NL 89，019，Mappe 5，10.

[83] 致约翰娜，1929 年 1 月 27 日。

[84] 弗兰克来信，1929 年 2 月 5 日。DMA，NL 89，019，Mappe 5，10.

[85] 斯塔克来信，1929 年 1 月 30 日。DMA，NL 89，019，Mappe 5，10. 亦见 ASWB II.

[86] 致斯塔克，1929 年 2 月 18 日。DMA，NL 89，019，Mappe 5，10. 亦见 ASWB II.

[87] 致约翰娜，1929 年 2 月 17 日。

[88] 致约翰娜，1929 年 3 月 3 日。

[89] 约翰娜来信，1929 年 3 月 21 日。

慕尼黑任命的反复转折并未显著影响索末菲在帕萨迪纳怡然自得的感觉。在一个周末，鲍林一家带他去沙漠远足。晚上他们在星空下的漆谷[90]中宿营。

图 28　1929 年 2 月索末菲与鲍林一家参观漆谷(Painted Canyon)(图中可见鲍林的妻子和小莱纳斯)

“尽管夜晚很凉，但是睡袋里很暖和。早上我们爬了一会儿山，大部分时间大莱纳斯都背着小莱纳斯。回来的时候开车在无边的柑橘和柠檬树丛中穿行了很久，青色群山，最高达 3600 米，山峰白雪覆盖。高处整洁的乡村，精彩的公路。一切都让人惬意。”[91]

“帕萨迪纳的温暖生活”还包括教工俱乐部晚餐后每周一次和瑞士天体物理

---

[90] 漆谷(Painted Canyon)，著名风景区，以岩层色彩艳丽著名。——译者注

[91] 致约翰娜，1929 年 2 月 10 日。

学家弗里茨·茨维基(Fritz Zwicky，1898—1974)的桥牌聚会。弗里茨于1925年来到加州理工学院。这些晚上让他想起在柯尼斯堡的童年时代，他在家里“和父亲、小敏婶婶、奥卿婶婶打牌。奥卿总是打错牌，每次都让父亲很生气”。经常跟着小提琴高手参加音乐晚会也很惬意。“在我停留期间，我们演奏完了贝多芬和舒伯特所有的小提琴奏鸣曲。在经常受邀参加的社交聚会中，我也经常演奏钢琴。”[92]

在科学上，索末菲也有如鱼得水的感觉。他的波动力学课程大受欢迎。课程开始两周后他致信妻子：“这里的学生(主要是年长的，非常聪明的)已经开始带着他们的问题和新发现来找我了。”[93]他要菲韦格出版社寄来20本《波动力学补充》，然而这还不够满足听众的需要。[94] 最让他高兴的是收到薛定谔对这本书的 418
反应。“和书的主卷一样，这个补充也只有您能完成。您是总建筑师，负责总体建筑，而我们其他人只提供小单元。在您不愿意自己定下调子的地方，这些提供的单元往往极其粗糙不合适，需要精心修整。”[95]这个来自波动力学创建者的反应，很快地让当天收到的斯塔克要继续无谓的抗争的威胁信件变得无足轻重。他在家信里写道：“薛定谔带来的欣喜盖过斯塔克带来的不快。”[96]

对《波动力学补充》的大量需求很快引起了对其英语版本的兴趣。在加州理工学院一处，学生们就订购了60本德文版。[97] “我的波动力学已经要被翻译成英语了。”索末菲高兴地写道。另外，他还一直在“努力地做计算”。[98] 这里指的是用量子力学解释X射线的 电子轫致辐射问题。从日本到美国的路上，他开始研究这个问题，并称之为“太平洋问题”。[99]

---

[92] 致约翰娜，1929年2月24日。

[93] 致约翰娜，1929年1月20日。

[94] 致约翰娜，1929年2月3日。

[95] 薛定谔来信，1929年1月29日。DMA，HS1977－28/A，314. 亦见 Meyenn，*Entdeckung*，S. 462－464.

[96] 致约翰娜，1929年2月17日。

[97] 致约翰娜，1929年2月3日和3月10日。

[98] 致约翰娜，1929年2月10日。

[99] 致约翰娜，1929年1月27日和2月3日。

10.6 第二次穿越美国

在美国的最后6个星期，索末菲经常回想起1923年中，他结束了在麦迪逊的卡尔·舒尔兹教授任期之后，横穿整个美国广大的国土，一路上到处讲学的经历。这一次完成了在加州的访问教授任期后，他登上加州铁路有限公司的客车，开始前往芝加哥的4天旅程。3月15日他在火车上致信妻子说："昨天白天
419 在大峡谷，这是我生命中的第二次。"和6年前的访问一样，离开帕萨迪纳对他来说绝非易事。被他称为"那些男生"的课程的学生，为他组织了一个盛大的告别聚会，在其中表演了一个原创舞台剧、两个贝多芬三重奏、一个格里格奏鸣曲、中国音乐，以及各种美食。"在明显的轻松气氛中，每个人都非常高兴。"[100]一天后，"在密苏里附近，"他写信给一位同事，"您可以想象印度和日本多么有意思，每个人都殷勤地赋予我他们国家最好的最舒服的事物。但是我印象最深的是这最后一站：南加州美丽的自然风光和令人惊异的进步。这里的人们身上有一种特殊的乐观、快活以及亲和的特征。前辈移民的能力带来了后代的快乐主义。"[101]

在芝加哥，亚瑟·霍利·康普顿和卡尔·埃卡特准备了一个热情的欢迎仪式。他致信妻子说："康普顿一家很迷人，他们带我去听了一场很好的四重奏，还在家里安排了音乐节目。"[102]索末菲没有提到"德国的死对头"迈克耳孙。上次访问美国时，他曾经撤销了对索末菲的邀请。这一次也只是在康普顿的一封信后面附带了一个简短的例行公事的问候。[103] 在短短的4天访问中，索末菲差点见到海森伯。后者在他之后不久也在芝加哥大学作了一个邀请报告。和索末菲一样，海森伯也利用这次邀请顺道完成了一次环球旅行，第一站就是1929年4月在芝

[100]致约翰娜，1929年3月15日。

[101]致格林(Grimm)，1929年3月16日。DMA，HS1978－12B/172.

[102]致约翰娜，1929年3月23日。

[103]A. H. 康普顿来信，1928年5月4日。DMA，HS1977－28/A，54.

加哥的讲学，不过方向正好相反。在科学内容上，海森伯讲的东西也不同。在帕萨迪纳的讲座中，索末菲推销的是薛定谔方法的优越性，而海森伯却致力于推广“哥本哈根精神”。[104]

从芝加哥出发，索末菲的下一站是安阿伯。在这里，他受到刚刚成为物理
系教授的拉波特的欢迎。接着是麦迪逊。大量来自老朋友和熟人的邀请，使他 420
不得安生。[105] 经过在俄亥俄州哥伦布市以及宾州匹茨堡市的短暂停留之后，下一站就是费城。他用“斯特拉特佛德美景”酒店的信笺给妻子写每周一封的家信，开头是：“我正在宽阔而精致的费城一家精美酒店的 9 层。”“这其实是最合适的待客之道。住在酒店里，无拘无束，享用早餐和其他伙食的时候签一下单，其他一切都让酒店打理。在匹茨堡的体育俱乐部也是这样。在俄亥俄德哥伦布，我住在 14 层，晚间春风在窗外盘旋作响，就像在苏德尔菲尔德[106]一样。”在费城的东道主富兰克林学院巴托尔研究基金会主任是一个小有名气的大提琴演奏家。他邀请索末菲参加自己家里的音乐晚会。费城交响乐团的一场晚间音乐会，提供了放松享受。在利奥波德·斯托科夫斯基(Leopold Stokowski，1882—1977)领导下，费城交响乐团当时已经享誉全球。“我在费城基本上还是很轻松的。”[107]

不过最后的一段旅程又是忙乱不堪。在纽约他须要处理自己在美国讲学所得报酬的税务问题，在北德劳埃德公司办公室预订返回欧洲的船票，并在贝尔实验室作报告。然后他受美国传奇人物，物理学家、银行家以及科学赞助人阿尔弗雷德·李·卢米斯(Alfred Lee Loomis，1887—1975)邀请，去塔克西多公园参加会议。“卢米斯先生是美国的安许茨，来听报告的有他的 30 位留宿客人和今天赶来的另外 110 位客人。”索末菲在给妻子的信中把卢米斯比作方向陀螺仪的德国发明者，艺术与科学的赞助人赫尔曼·安许茨-肯普费(Hermann Anschütz-Kämpfe，1872—1931)。这位“美国安许茨”在塔克西多公园的实验室后来在二战中因为研制微波雷达而成为传奇。而在 1920 年，卢米斯已然成为笼罩着光环的人

---

[104]Rechenberg，*Werner Heisenberg*，2010，S. 631；Heisenberg，*Prinzipien*，1930，S. V-VI；海森伯来信 1929 年 3 月 28 日。DMA，HS1977－28/A，136.

[105]致约翰娜，1929 年 3 月 29 日。

[106]Sudelfeld，德国巴伐利亚滑雪胜地。——译者注

[107]致约翰娜，1929 年 4 月 7 日。

物。索末菲觉得“他是华尔街大人物，不过内心更倾向于做一名物理学家”。[108]

塔克西多公园之后，他来到华盛顿。在国家科学院的报告，成为美国之旅
421 的正式科学告别演出。对索末菲来说，最后的这两场报告都是愉快的经历。听众不再是外行，而是美国物理界的精英。他在加州收到这两个讲学邀请时，正致力于自己的“太平洋问题”，因此建议以《X 射线产生的波动力学解释》作为报告题目，以便给自己施加压力，把关于 X 射线韧致辐射的临时计算变成一个可以展示的理论。[109] 索末菲在华盛顿的报告也是同一个题目。他把这看成是“太平洋和加州冥想的成果”。[110]

这样，在没有发表任何结果之前，索末菲的“太平洋问题”就引起一定关注。这个问题最初的源头来自慕尼黑高等工学院的实验物理学家赫尔穆特·库仑坎普夫(Helmuth Kulenkampff，1885—1971)，他经常参加索末菲这边的讨论会。在索末菲动身开始环球旅行之前，他进行了一系列 X 射线韧致辐射方向分布的精确测量。为了消除普通对阴极中的二次效应(扩散以及多次散射)，他在实验中他使用了极薄的铝箔作为对阴极。通过这些测量，他证明了 1909 年索末菲关于直线减速电子的经典辐射的推导本质上是正确的。[111] 现在索末菲面临的挑战是推广这一理论，使得在波动力学基础上也能证实以前的结果。[112]

初看上去，库仑坎普夫的实验和索末菲对结果的诠释算不上什么很大的挑战。如果经典理论已经能够解释这些实验中的韧致辐射，为什么还需要波动力学解释呢？实际上，其中关系到的不只是代替经典理论的新推导。用量子论处理电磁辐射的吸收、发射和散射过程是难度很大的工作。在量子力学之前，人
422 们已经投入大量努力，试图以量子论重新诠释 X 射线的韧致辐射。[113] 在客船在夏

---

[108]致约翰娜，1929 年 4 月 15 日。Conant，*Tuxedo Park*，2002；有关 Anschütz-Kämpfe，见 Broelmann，*Intuition*，Kap. Ⅳ. 3.

[109]卢米斯(Loomis)来信，附有索末菲回信草稿，1929 年 2 月 11 日。DMA，NL 89，019，Mappe 4，4.

[110]致约翰娜，1929 年 3 月 10 日。

[111]Kulenkampff，*Untersuchungen*，1928，S. 629.

[112]Sommerfeld，*Production*，1929a and1929b.

[113]Kramers，*Theory of X-ray Absorption*，1923；Wentzel，*Quantentheorie des Röntgenbremsspektrums*，1924.

威夷靠岸之前的一个早上，洗过一个热水澡之后，索末菲在日记中写下“根据与杉浦的讨论，开始致力于韧致辐射”，“似乎很有希望，不过很复杂”。[114]

在早期量子论中，问题在于计算电子能量的损失。电子从高能双曲轨道接近原子，从低能轨道离开，中间的能量差就对应 X 射线韧致辐射的能量。以波动力学观点，可以把入射电子看成是平滑波被散射到原子上。索末菲认为，在这个散射过程中电磁波的确定能量，就是对应电偶极矩的“矩阵元”。计算方式是将入射和反射电子波的乘积，再乘以到散射中心的距离，并在整个空间积分。至少他在国家科学院的“太平洋问题”报告里就是这么讲的。尽管他用了一些计算支持自己的基本想法，但是并未给出完整的数学形式。“这个要等到以后在《物理学年鉴》上发表完整文章时才能给出。”[115]只有在这篇等了两年之久才最后发表的文章中，人们才得以看到“太平洋问题”的全部复杂性。[116]

索末菲在纽约登上返回德国的客船之后，收到来自华盛顿的电报，宣布他被选为国家科学院外国院士。[117]这是以科学院当值秘书密立根为首的美国同事能够给与他的最好的告别礼物。[118] 从东京他也收到最高敬意的表示。“您对日本的访问将载入日本数学物理发展的历史”，长冈的来信辞藻华丽。索末菲的讲座 423
“无疑就像芳香之露洒在正要发芽的嫩叶上”。[119]

收获的诸多礼物，冲淡了环球旅行的一路辛劳。回到家后，索末菲利用一切机会报告自己的旅行见闻。首先是他对印度的深刻印象。[120] 在德国物理协会巴伐利亚区域协会的会议上，他赞扬了“印度当时主流的伟大科学研究活动，尤其

114环球旅行日记。

115Sommerfeld，*Production*，1929b.

116Sommerfeld，*Beugung*，1931.

117密立根来信，1929 年 4 月 24 日。DMA，NL 89，020，Mappe 6，3.

118致密立根，1929 年 4 月 25 日。Millikan Papers，42. 17.

119长冈半太郎来信，1929 年 5 月 3 日。DMA，NL 89，019，Mappe 4，3. 亦见 ASWB II.（Your visit to Japan marks an event in the history of the development of mathe-matical physics in Japan [.. Your lectures had no doubt an effect of balmy dew falling on the tender leaves beginning to sprout. We are ever anxious to reap rich harvest of science in the Far East by tightening the band of connexion between the scientific circles of Germany and Japan in course of time. I must call for your help in fulfilling this ardent desire.）

120Sommerfeld，*Reiseeindrücke*，1929.

是拉曼在加尔各答的学校”。在日本他也看到了让人印象深刻的物理研究范例。他向大会全体同事展示了电子在晶格中多次散射形成的衍射图案“菊池线”的照片。这是菊池正士(Seishi Kikuchi，1902—1974)在他参观东京理化学研究所之前不久发现的。[121]他也在巴伐利亚科学院报告自己的世界之旅。另外还有一个叫“不羁者”(“Zwanglosen”)的有丰富传统的慕尼黑学者和艺术家协会，三年前吸收索末菲加入组织。[122]“不羁者”的编年史学家指出：“对我们这些在现场的人来说，最有益的，同时也是我们真正骄傲的，是索末菲顾问作为德国科学的代表受到的高度不寻常的欢迎。在那些地球上遥远的地方，我们想当然地以为科学落后，德国科学绝非普通人可以接近。”[123]

424

10.7 对实证主义的批判

被“不羁者”封为“世界旅行家”的索末菲，迟早也要重新适应家乡的日常生活。他最关心的是还尚未有主人的维恩研究所。虽然革拉赫的继任看上去是板上钉钉了，但是只要这个位子还空着，革拉赫还在图宾根没有来，索末菲就担心最后斯塔克可能得到任命。只有到了1929年6月，他收到来自图宾根大学的问询，是否推荐斯塔克继任革拉赫在那里的职位，才终于尘埃落地。“约翰尼斯·斯塔克的优点和缺点是众所周知的，”他向图宾根大学写道，“由于我极力阻止他在慕尼黑竞选，而他则极力争取当选，由我来推荐他去图宾根是不适宜的。”[124]德拜也和索末菲一样，对“避免了强烈的危险”感到高兴。[125]

---

[121]Sommerfeld，*Physik in Japan*，1929.

[122]Sommerfeld，Bericht，1929；Rohmer，*Zwanglose Gesellschaft*，1937.

[123]Chroniken der Gesellschaft der Zwanglosen，1924—1931，hier，S. 152. BSB，Handschriften，Cgm. 8026(13a.

[124]致蒂宾根大学，1929年6月11日。DMA，NL 89，030，Mappe Gutachten.

[125]德拜来信，1929年6月21日。DMA，NL 89，007.

从这以后，索末菲又可以安心集中精力工作了。他在布拉格德国物理学家日的讲话表明，对具体问题的偏爱，并不意味着他对量子力学提出的基本原则问题漠不关心。对基本问题的关注是由“维也纳学派”的物理学家引发的，其中主要人物是在布拉格德语大学任教的理论物理学家菲利普·弗兰克（Philipp Frank，1884—1966）。他发起一个会议，会议节目单上有一个讨论“当前物理理论”认识论含义的报告。里夏德·冯·米塞斯（Richard von Mises，1883—1953）谈到了因果律及其统计解释；因果关系原则受到量子物理学的质疑。弗兰克和米塞斯希望维也纳圈子的“科学哲学”能够为到会的物理学家广泛接受。通过联系现代物理学的新发现，他们试图进一步发展恩斯特·马赫（Ernst Mach，1838—1916）代表的实证主义的遗产。[126]

然而索末菲并未在最近的物理发现中看到任何复兴马赫实证主义的理由。尽管在引入量子力学之时海森伯将注意力放到可观测量上面，但这并非它和前量子理论的根本区别。索末菲在自己的报告中争辩道：“旧量子论的错误不是引 425
入了不可观测量，而是对经典力学的过分依赖。波动力学巧妙地改正了这一错误，引入了比旧量子论更多的不可观测量。”他也不认为因果律受到量子力学的质疑，它只需要破除18世纪的力学强加的束缚，并且以“目的性”原理加以推广。“20世纪的因果律不仅仅局限于初态，还需要把终态作为同等重要的决定性时刻加以考虑。”在量子力学之前，光谱组合原理已经表明了这一点。谱线的频率最终由初态和终态的能量差别同时决定。一般认为由量子力学引发的非决定论是波粒二象性的必然后果。索末菲认为新物理学发现的真正的哲学意义正在于此，而波动力学则给与了适当的表达。当然这一二象性还未得到合理解决。索末菲不相信“在物理领域能够得到解决……更可能的是，也许通过某种哲学综合”。在报告结尾，他总结说，也许有一天可能通过二元世界观把握“极其困难，极其精巧，但是无法逃避的思维与身体的结合。对我们这代人来说，幸运的是，在具体的真正物理层面还有很多工作要做”。[127]

几个月之后，在维也纳的讲话中，尽管索末菲也表现出对马赫实证主义的

[126] Stöltzner/Uebel, *Wiener Kreis*, 2006, S. X—XV.

[127] Sommerfeld, *Bemerkungen*, 1929.

一些同情，但是他还是提出波粒二象性作为决定性的反击：“根据实证主义观念，电子的二元性，还有光的二元性，意味着两个描述相关经验事实的不同方式。这就说明了一切吗？没有遗漏什么？这个推测本身难道没有提示这一物理领域的二元性和贯穿我们整个生活的二元性有某种联系么？思维和物质、我与
426 非我、身体和心灵？……也许维也纳学派的科学世界观觉得这些问题不重要可以丢到一边，但是我不相信人类精神会满足于这一逃避性的解答。”[128]

在1930年4月在维尔茨堡的一个题为《现代物理的明晰性》的报告中，索末菲再一次强调了波粒二象性是对现代自然世界观的真正挑战。量子论不容许精确预测耦合在海森伯测不准关系中的量；它体现了一个“无法逾越的局限，在此之上确切地空间—时间描述成为虚幻”。这一不确定性只是我们的“思维图像”，不是可以确认的物理事实。“哲学”，他这里暗指最近与维也纳学派的讨论，“将会谨慎地跟进，并且只有在克服暂时的困难之后才取得进步”。维尔茨堡报告发表在德国高中教师协会的机关报：《数学和自然科学教学报》上，并因为《科学》(*Scientia*)的转载而广泛地为世界读者所知。[129]

在这一报告中，索末菲并未点出维也纳学派哲学的名字。但很清楚的是，通过提到“思维图像”以及号召寻求一个将目的性加以扩充的因果律，他在与马赫实证主义及其门徒划清界限。当1922年起即成为马赫在维也纳大学的继任者莫里茨·石里克(Moritz Schlick，1882—1936)加入这一讨论时，索末菲对维也纳学派代表对自己批评所表现出的“宽容态度和理解的愿望”表示高兴。尽管维也纳学派根本上也看到哲学适应现代物理发现的必要性，索末菲觉得物理事实加强了自己的观念。“我不是宗教意义上的教条主义者，但是在自然界的规律上，我是一个教条主义者。虽然有测不准关系，我无法遵循马赫的‘不修边幅的自然规律原则’。爱因斯坦也拒绝接受。他曾经对我说道：‘所有的物理学都是形而上学。’”[130]

---

[128]Sommerfeld，*Elektronentheorie*，1930

[129]Sommerfeld，*Anschaulichkeit*，1930.

[130]致石里克，1932年10月17日。DMA，NL 89，025. Friedl/Rutte，*Moritz Schlick*，2007，S. 317—319

10.8 与斯塔克的争吵 427

索末菲和维也纳学派代表之间的争论涉及现代物理发现的哲学结论。他在布拉格、维也纳和维尔茨堡的报告，却为另一场仅仅在表面牵涉到上面提出的这些问题的争吵提供了资料。在慕尼黑职位的希望破灭之后，约翰尼斯·斯塔克抓住机会，给自己对索末菲的怨恨披上科学争论的外衣。斯塔克一直领导了反对现代原子理论的运动。他的原子构想是一个绕轴旋转的结构，以“量子漩涡”的形式发射电磁能量，并转换为“光漩涡”。起初他辩论的对象是玻尔-索末菲模型。现在则对准了量子力学。他的攻击在1930年以《物理学年鉴》上系列文章的形式达到高潮。[131] 在讽刺薛定谔波函数 Ψ 的统计诠释时，他写道：人们当然可以“根据这个定律在头脑中构建这么一个大群电子飞来飞去的景象。”但是这是与经验矛盾的。“上面描绘的这种狂乱的运动”从没有被观察到过。“为了根据索末菲对 Ψ 函数的诠释建立电子在原子场中的空间-时间行为，人们不得不跳出物理学领域，假设电子了解薛定谔方程而且有能力遵照方程行动。”[132]

在这里，斯塔克觉得自己击中了玻尔之后量子物理的要害：对因果律的违背。他用了一整页篇幅引用了索末菲在布拉格报告中关于必须修正因果律含义的内容。那是为了澄清量子论中作光谱线计算时需要包括初态和终态的不合理性。他写道：“索末菲构建的新因果律不但意味着我们所熟知的因果律概念的瓦解，而且还模糊了我们的时间概念。其原因是为了在特定频率的辐射发生在从初态到终态的跃迁之后这一观念的基础上，解释频率对终态的依赖。然而并没有实验证明 428
这一观念符合物理现实。同时也没有证据证明这是唯一可能的物理观念。”[133]

---

[131]Kleinert, *Axialität*, 2002.

[132]Stark, *Axialität*, 1930, S. 717.

[133]同上引。S. 718—721.

索末菲已经习惯了斯塔克给他惹麻烦。1909 年关于 X 射线轫致辐射的争论，还主要是在科学方面。到了 1921 年，当索末菲面对斯塔克的攻击捍卫玻尔原子模型时，没有谁把这位实验物理学家当回事。虽然斯塔克刚刚获得诺贝尔奖不久，但他这是在理论物理学领域发表自己的观点。索末菲曾经对另一位被斯塔克最近的攻击羞辱的同事表达了“同时一起被攻击的同志之情”，同时清楚地指出斯塔克的文章“更多地是人身攻击而非根据事实”。因此他不想“认真地回复”这篇文章；不过在维尔茨堡的报告中他对于“斯塔克的几项异议”还是有所回应。[134] 在这里他指的是《现代物理的明晰性》，其实和与斯塔克的争吵并无关系。在报告印刷版的注脚中他也写明口头版中并无相关内容。但是在印刷版中他忍不住指出了“斯塔克阐述中的明显的概念错误 ”。[135] 这刺激了斯塔克展开更多的攻击。在《数学和自然科学教学报》上，他警告高中教师们索末菲在利用自己的理论散布“教条主义”。[136] 就连在《物理学年鉴》上，斯塔克的文字现在也明显是在抬杠。索末菲在德意志博物馆也开始传播“电子大群乱飞的理论”。那里展出了“应该是他参与策划搞出来的”模型，“代表球对称形式的围绕原子中心的大群乱
429 飞的电子云”。[137] 在这篇文章发表之后，索末菲新上任的同事革拉赫通知《物理学年鉴》责任编辑爱德华·格吕奈森(Eduard Grüneisen，1877—1949)，指出斯塔克主要关注的是和索末菲个人的争吵而不是此事的事实根据。格吕奈森向索末菲写信道歉说：“我现在明白，自己至少应该把校样送给您过目，使您有机会标注觉得应该修改的地方。”他承认自己对斯塔克观点的评价没有像革拉赫那么负面：“ 不是因为我同情他，事实正相反，我根本不同情他。原因在于，尽管观点奇特，粗鄙无文(我自己也曾有一次受害)，但他是一位重要的研究者，《年鉴》的读者希望知道他在科学问题上的看法。”斯塔克说不到点子上是一回事，他的表达“出自不客观的动机，并且带有侮辱性”则是自己不能容忍的。斯塔克“的理解大错特错”。因此他建议索末菲“从您的观点向《年鉴》读者阐明斯塔克辩论围绕的问题”。[138]

---

[134]罗纳尔德·弗拉瑟致(Ronald Fraser)，1930 年 5 月 13 日。DMA，NL 89，001.

[135]Sommerfeld，*Anschaulichkeit*，1930a，S. 165.

[136]Stark，*Dogmatismus*，1930.

[137]Stark，*Axialität*，1930，S. 677.

[138]格吕奈森来信，1930 年 10 月 4 日。DMA，NL 89，024，Mappe，Starkiana.

“您何以认为斯塔克是有所根据呢?”索末菲回复《年鉴》的编辑。“他对我的怒气来源于学院没有让他继任维恩的位子。首先，他利用我 60 岁生日的机会套交情，甚至怀着这样的目的在我不在的时候打扰我妻子。接下来，当他知道自己名字没有列上名单的时候，就给我写了一封粗暴的信件。现在他把对量子力学发展的敌意砸到无辜的我头上。碰巧他对这一发展的了解都是来自于我的一个讲座，而不是海森伯等人的原始资料。”索末菲不责怪格吕奈森发表斯塔克的文章，尽管诸如“谈到德意志博物馆”的段落不应该出现在文章中。“不过我们不必为此剑拔弩张。我知道当编辑不容易。”无论如何，他还没决定是否接受格吕奈森的邀请在《物理学年鉴》上发文反击斯塔克的指责。“不管怎样，我会留有余地；不然的话，您会收到斯塔克又一打回复，作为杂志的一名董事，我得避免这种情况发生。”[139]

不过索末菲最后还是向《物理学年鉴》送去长达 3 页的文章，题为《对斯塔克 430
教授非难的答复》。他拒绝和斯塔克争论现代物理的因果律以及波粒二象性，原因是“斯塔克教授在其非难中，对 1926 年以来理论的综合演进，以及与理论一起被发现的电子衍射实验事实都不了解”。另一方面，他非常清楚表明了自己对斯塔克向化学家阐述的原子“轴结构”的看法。“除非有人准备彻底放弃对实验研究必不可少的波动力学及其大量结论，否则就无法质疑已填充壳层电荷分布的球对称，以及氢、碱金属，贵金属等的基态能级。”关于化学键，这一问题十分复杂，但是目前已知的事实与量子力学并不矛盾。正好相反，为了解释极化键，需要用到量子力学的交换作用。对于非极化键，自旋概念则是必不可少的。不能指望哪个物理理论能够解释大量的化学现象；它“只能处理简单、典型的例子”。斯塔克曾经几次提出碳键作为例子，但是索末菲不认为这个领域中尚未解决的问题可以作为反对现代物理的根据，因为如此复杂的分子结构应该属于化学领域。“代替或者改进化学家在这上面的努力不是物理学的任务。但是物理学能帮助从基本上搞清楚共价键概念，就像帮助搞清原子结构和周期表问题一样。任何拒绝接受这一点的人都不是参与量子力学现代发展的圈内人。”[140]

---

[139]致格吕奈森，1930 年 10 月 9 日。DMA，NL 89，024，Mappe，Starkiana.

[140]Sommerfeld，*Erwiderung*，1930.

想解决这些争论是不可能的。在发表这个答复之后，索末菲就把“与斯塔克相关的问题”抛到脑后。“与斯塔克相关的问题”是他在存放关于这次争吵的不愉快的证据文件夹上标记的名字。尽管他的耶拿大学的同事乔治·约斯(George Joos，1894—1959)觉得应该“毫不客气地”揭露一些“斯塔克的胡说八道”，以便“不太了解情况的人”也会知道如何看待这位诺贝尔奖得主的言论，[141] 索末菲没有
431 接受他的建议。大部分同事都很清楚在这次争吵中斯塔克再次成为错误的一方。玻尔写信给他说：“海特勒和我阅读并讨论了您的‘答复’。我们都认为它的实质内容和语气都很精彩：事实上敏锐而又不失委婉。您批评斯塔克没有阅读原始资料，这点很好。”[142]奥雷尔·施托多拉(Aurel Stodola，1859—1942)是苏黎世一位退休工程讲授，在悲叹通过经典力学理解自然现象的时代一去不返之时，他也对现代物理的发展报有积极的兴趣。在致索末菲的信中，他不觉得“头脑发热的斯塔克的非难”有什么好处。很明显斯塔克是“搞错了对象，而且他提出与离子碰撞的‘光漩涡’，不过是渴望根据旧作用和动量的力学得到一个诠释而已，可悲的是这已经过时了”。[143]

10.9 再度踏上旅途

当索末菲在《物理学年鉴》、《数学和自然科学教学报》上以及与许多同事的通信中与斯塔克的这场争吵尚未完全平息时，他已经又一次踏上旅途。他告诉鲁宾诺维奇自己出访的事情时说“我想去敖德萨参加俄国物理日”。[144] 鲁宾诺维奇当时在已经属于波兰的伦伯格[Lemberg，现为乌克兰的的利沃夫(Lwów)]担任理论物理学教授，索末菲计划路过访问他。当然这一趟旅行不像他的世界之旅

[141]约斯来信，1930 年 11 月 20 日。DMA，NL 89，024，Mappe Starkiana.

[142]玻恩来信，1930 年 11 月 13 日。DMA，NL 89，024，Mappe Starkiana.

[143]施托多拉来信，1930 年 12 月 14 日。DMA，HS1977－28/A，331.

[144]致鲁宾诺维奇，1930 年 8 月 14 日。

那么舒适。和鲁宾诺维奇一起在伦伯格的一天“明显是整个旅程中最愉快的”。从敖德萨回来后他写道：“因为在苏维埃俄国，一切都不舒服。不过黑海之旅还是很有意思，阳光明媚，几乎和热带一样。”[145]

1930 年 10 月，索末菲受邀前往布鲁塞尔参加第 6 届索尔维大会。也许是为
了补偿一年前没有邀请他的失礼，这一次他当之无愧地受邀就大会主题做开场 432
报告“磁学”。

图 29　索末菲和和奥古斯特·皮卡德(Auguste Piccard，1884—1962)在1930 年布鲁塞尔的索尔维大会上

索末菲利用这个机会结合最新发现从光谱学的观点处理古老的“磁子”问题。[146] 为了准备这次大会的报告，他特地为之前 1930 年夏季学期的特别讲座选择了相应的题目。他告诉泡利说：“我还没有真正开始着手索尔维大会报告，不过现在讲的课程就是这个题目。”泡利也要在即将到来的大会宣读主要论文，同

---

145 致鲁宾诺维奇，1930 年 9 月 18 日。

146 Sommerfeld, *Magnetismus*, 1932

433 时也是一位重要的对话伙伴，特别是在磁学方面。在同一封信中，他还一笔带过地提到自己正在“盖一所小屋子”。[147] 就在索尔维大会前不久，索末菲一家从利奥波德大街搬到了自己未来的地址，毗邻英国花园的杜南特大街 6 号。[148]

索尔维大会不久，索末菲再一次出国。巴黎的昂利·庞加莱研究所邀请他于 1931 年 4 月间做关于波动力学的讲座。[149] 1922 年的西班牙之旅路过法国，那时对他来说还是敌国领土，在巴黎的停留也毫无乐趣可言。这一次则不同了，他内心不再满怀敌意。首度游览市容之后，他写信回家：“我必须改变自己之前的判断。巴黎确是一座美丽城市。”他也不觉得用法语作报告是一个负担。“我显然没有犯什么语言错误，而且几乎不用偷看手稿。”[150]郎之万在一战之前的索尔维大会上就对他十分友好，现在也是格外周到。“在他家我们享用了最优雅的午餐，”索末菲在谈起受邀拜访郎之万家的时候这样写道，“早餐之后，与他的儿子和女婿一起爬埃菲尔铁塔，在塞纳河上泛舟，游览旧城区。”一天晚上他还被带去听歌剧。不过这次访问巴黎他觉得自己的讲座引起的反应不如预期。连郎之万也没有来听他的讲座。“这不奇怪。大家都没有时间。”[151]

在从巴黎回来的，对美国的为期两个月的访问排上了索末菲的日程。1929 年 7 月他已经致信巴尔的摩的赫茨菲尔德：“我非常想在 1931 年去安阿伯。”赫茨菲尔德和帕萨迪纳的爱泼斯坦，安阿伯的拉波特一起，成为索末菲学派在美国的代表。[152] 从 1923 年起，在安阿伯每年都有夏季课程，在轻松的气氛中讨论理论物理学的进展。其讲座和讨论的抱负和水准很快赢得很高的声望，使得安阿
434 伯成为欧洲理论物理学专家都向往的地方。[153] 1931 年夏，除了索末菲外，泡利、克拉默斯都是来自海外的贵宾。索末菲高兴地对泡利写道：“我相信我们会有一个很好的聚会。”[154]由于安阿伯的活动 6 月就开始，他不得不缺席慕尼黑一半的夏

---

[147]致泡利，1930 年 6 月 24 日。DMA，NL 89，003. 亦见 ASWB II.

[148]致菲韦格，1930 年 10 月 17 日。Wiesbaden，Vieweg-Archive，Sommerfeld.

[149]Sommerfeld，*Problèmes*，1931.

[150]致约翰娜，1931 年 4 月 21 日。

[151]致约翰娜，1931 年 4 月 25 日。

[152]致赫茨菲尔德，1929 年 7 月 25 日。DMA，NL 89，002. 亦见 ASWB II.

[153]Schweber，*Empiricist Temper*，1986，S. 78—79.

[154]致泡利，1930 年 6 月 24 日。DMA，NL 89，003. 亦见 ASWB II.

季学期。[155] 密立根也邀请他参加早一个星期在洛杉矶和帕萨迪纳召开的美国科学促进会大会，不过索末菲没有时间绕这么个大圈子去加州。[156]

登上横穿大西洋的“哥伦布”号客船后，索末菲又一次开始享受远洋客轮上的舒适生活。“7 点 1 刻起床，锻炼半小时，虽然挺累，不过很有必要。接着是海水热水浴(澡盆里)。”他在信中向妻子描述自己途中的日常生活，“接着是早餐，很多上好咖啡、葡萄，我坚拒一切肉食。天气不错，在阳台甲板上和一位年轻美国女人以及两位美国绅士打圆盘游戏。这是一个很好的锻炼方式。1 点吃午饭，通常是鱼子酱作为开胃菜。”到了下午他回到客舱休息。作为旅途消遣读物，他买了一本埃米尔·路德维希(Emil Ludwig，1881—1948)写的拿破仑传记以及萧伯纳(George Bernard Shaw，1856—1950)的《美国皇帝》。正像副标题标明的，后者是“一部政治幻想曲”，“我觉得这第二本书不像萧伯纳的其他作品那样引人入胜。第一本写得非常好，很有意思，而且到目前为止内容真实可信”。晚上着装就需要比较正式。“7 点半在船长的桌上进晚餐；自然地，我需要穿上自己的晚礼服出席。”[157]

一到安阿伯，可怕的酷暑就使他想起上一次环球旅行。不过密歇根大学的物理学家尽量让他舒服些。由拉波特、泡利和沃尔特·科尔比(Walter Colby，1880—1970)陪同，他被带着去“一个僻静的湖里游泳，水不冷不热，我们一直游到天黑”。他记下自己的初次印象。“很多萤火虫，比我们德国品种的和自家 435
院子里的那种萤火虫大；它们能一直飞到树梢上。”他住在兄弟会的别墅里，有机会就被车接出去兜风。就连泡利这个社交礼仪上比较差劲的人，举止“也很得体”。第二天，索末菲在信里又添加了几行。天气比昨天“还热”，不过到了晚上他们“在湖里高兴地游了一会儿泳”。当然又有人请求他演奏钢琴。“昨天晚上在兄弟会馆别墅，我与一个(水平相当一般的)小提琴手演奏了两首贝多芬的奏鸣曲。”[158]

---

[155]致慕尼黑大学哲学学院，1931 年 1 月 14 日。UAM，E-II-N.

[156]密立根来信，1931 年 2 月 7 日。DMA，NL 89，011；致密立根，1931 年 2 月 25 日。DMA，NL 89，025.

[157]致约翰娜，1931 年 6 月 19 日。

[158]致约翰娜，1931 年 6 月 30 日和 7 月 1 日。

这次访问再次让他觉得美国生活方式很对自己的胃口。“在这个国家所有的事情都安排得很好：教课、财务方面、社交方面(男人穿衣的随便简直难以想象，我几乎经常是穿拖鞋和印度衬衫到处跑)。所有的安排都是尽量让人舒服，用尽量少的努力和麻烦达到目的——和我们正好相反!”[159]但是正如他在 1931 年 7 月 12 日的家信中所写，和 1923 以及 1929 年一样：“政治又一次败坏了在美国的愉快心情。”在美国报纸上他再次读到“关于德国的令人担忧的消息”：“极端的财务紧急状况，法国极其无耻，布吕宁和兴登堡威胁辞职，胡佛计划未能阻止危机恶化。”3 周前，美国总统建议德国暂停支付对法国的赔偿以及对美国的战争债务，为期一年。索末菲觉得这一延期“很了不起”，尽管胡佛“的目的是保护美国在德资本以及海外商业利益，而不是出于对德友好”。[160] 除了大的政治环境，慕尼黑大学的事情也让他烦恼。在那里纳粹像瘟疫一样蔓延。他从报纸新闻读到由于纳粹学生闹事两所大学已经关闭。他想从妻子那里知道“其中有慕尼黑吗?校长选举的事情怎么样了?”“我对家乡发生的事情非常担心。”[161]

436 事实上，慕尼黑大学几天前发生了骚乱。诱因是自由派宪法学者汉斯·纳维亚斯基(Hans Nawiasky，1880—1961)讲的大课。1931 年 6 月 26 日，慕尼黑大学的纳粹学生发动首次抗议游行，《人民观察家报》借此在“纳维亚斯基丑闻”一事上煽动学生。6 月 30 日，德国纳粹学生联盟领袖在慕尼黑大学礼堂的一个讲话中公开指责纳维亚斯基。在这个通常是学术演讲的场所，现在响起霍斯特·维塞尔之歌[162]。激动的学生高呼“希特勒万岁”“犹太人去死”和“纳维亚斯基去死”。对此校方认为唯一的对策就是叫警方清场并将学校关闭一周。[163]

然而美国报纸的报道主要是关于德国外交以及经济政治局势，而不是索末菲大学的情况。1931 年 7 月 24 日，索末菲在给妻子的信中写道：“德国正在发生什么？无论是在谈话中，还是个人独处时，我都无法回避这一可怕问题。”“经济灾难显然很严重。”就像上次去美国时，不断恶化的通货膨胀使他担忧一样，

---

[159]致约翰娜，1931 年 7 月 8 日。

[160]致约翰娜，1931 年 7 月 12 日。

[161]致约翰娜，1931 年 7 月 8 日。

[162]Horst-Wessel-Lied，纳粹党歌。——译者注

[163]Behrendt，*Hans Nawiasky*，2006.

这次他也寄回美元和支票帮助减轻国内经济压力。搬进去刚一年的新房子也是额外的经济负担。“问题在于：我在安阿伯挣的钱，最后才能拿到手，是用来支付房屋债务，还是至少存一些在美国?”[164]与个人的财务担忧交织在一起的是对法国政治的愤怒。索末菲把胡佛延期计划岌岌可危的原因归罪于法国。“对法国蛮横行为的怨恨非常普遍，尤其是伦敦的报纸，就像一个英国人今天告诉我的；美国报纸也丝毫不原谅法国的敲诈方式，以及对胡佛计划的恶意拖延。法国佬真是厚颜无耻！”[165]

由于金钱和政治方面的担忧，他在安阿伯夏季学校的见闻就显得不那么重要了——至少在给妻子的个人信件中，他只是谈到一些晚间在主人家的音乐活 437
动，或者他和泡利在夏季学期结束时为教授和学生以及“他们的女朋友们”组织的告别会。这次他们组织的是“超物理学研讨会”，索末菲“在仪式上做了主持”，会上作了“很多滑稽的报告”。“接着是职业钢琴家(德裔美国人)的音乐，然后跳舞。会上提供冰激凌和混合饮料(不含酒精)。非常成功的聚会，大家都很满意。”[166]这肯定不是索末菲和泡利在安阿伯举办的唯一聚会，这些联欢聚会也不可能都禁酒。学期开始时的一件倒霉事很说明问题。泡利可能是自己喝醉了，搞成复杂性肩膀骨折。由于禁令的缘故，消费含酒精饮料是不能公开销售的。但是从泡利的通信看，那些清规戒律也不是那么严格。泡利受伤的正式说法是他在游泳池边滑倒了。然而泡利的信件中谈到这个事件的地方我们看到一个惊叹号。不管泡利是如何受伤的，他还得承受同事的取笑。一位他课堂上的学生说，泡利自己支着打了石膏的胳膊跑来跑去，“就像一个交通警察在执勤”。泡利对大家拿自己形象开玩笑似乎还挺高兴，并且自嘲地加上说这是自己唯一的一次举起胳膊行希特勒礼。[167]

尽管形式很轻松，索末菲对当前理论物理学问题的讲座以及讨论还是让他多少感到疲惫，最后又开始期待回程“越洋航行的宁静”。[168] 和以前的讲学一样，

---

[164]致约翰娜，1931 年 7 月 24 日。

[165]致约翰娜，1931 年 7 月 30 日。

[166]致约翰娜，1931 年 8 月 19 日。

[167]引自 WPWB 2，S. 84.

[168]致约翰娜，1931 年 8 月 19 日。

他在安阿伯课程的内容是关于自己那些年最喜欢的理论物理学题目金属电子论和波动力学。[169] 这些领域的进步之快，使他无法依赖之前做好的讲义。后来因为
438 合作发现晶体管获得诺贝尔奖的瓦尔特·布拉顿(Walter Brattain，1902—1987)当时还处于事业的起点。多年后他回忆索末菲讲座给自己留下的深刻印象。这些讲座的内容热电子发射正是他在贝尔实验室的工作。“我们中的几个人和他讨论了热电子发射和场发射的几个问题，当时这方面的理论诠释还有疑问。”[170]

10.10 整合新理论

晶体管发明者提到的电子场致发射和热电子发射，属于金属电子论的范畴。1927 年索末菲利用自由电子气的费米—狄拉克统计建立的金属电子论，是理论固体物理很有希望的一个部分，到了 20 世纪 30 年代早期，仍然是索末菲研究所的一个工作重点。索末菲把细节工作主要地交给学生，自己仅仅作为合作作者发表结果。例如，他把金属的热电子和磁性质的工作交给 1929 年从麻省理工学院由美国国家研究理事会(National Research Council，NRC)资助来到慕尼黑的物理学家纳塔涅尔·弗兰克(Nathaniel Frank，1903—1984)，以使自己的理论适应这个领域的最新结果。[171] 对于同样在 NRC 资助下于 1930 年来到慕尼黑的威廉·阿利斯(William Allis，1901—1999)以及菲利普·莫尔斯(Philip Morse，

---

[169] Symposium on Theoretical Physics and Courses in Physics. Summer Session，1931，June 29 to August 21. University of Michigan Official Publication，Vol. XXXII，Nr. 54，April 4，1931，S. 9.

[170] 布拉顿致古德斯米特，1955 年 12 月 15 日。引自 Schweber，*Empiricist Temper*，1986，S. 78.

[171] N. 弗兰克来信，1929 年 1 月 28 日；致 N. 弗兰克，1929 年 2 月 8 日。DMA，NL 89，022，Mappe 9，35；致 N. 弗兰克，1930 年 11 月 27 日。DMA，NL 89，001；N. 弗兰克来信，1930 年 12 月 15 日。DMA，HS1977 － 28/A，101. Sommerfeld/Frank，*Statistical Theory*，1931.

1903—1999)，索末菲让他们研究气体原子对慢电子的散射，并且在理论发表时
拒绝以合著者署名分享荣誉。这项工作是关于10年前发现的一个只有波动力学 439
才能解释的现象：拉姆绍尔效应(Ramsauer-Effekt)。实验发现电子束通过气体时的衰减与粒子碰撞经典概念的计算结果不一致。在极低能量下，反应截面小于气体动力理论计算值，也就是说慢电子比快电子更易穿透气体。在《物理学报》上发表自己的理论时，阿利斯和莫尔斯在文章结尾写道：“这篇文章的基本思路和动机来自于索末菲教授。”[172]他同意在柏林物理学会的一个报告中，公开自己研究所的这一成果。[173]

在那些年中，很多方面都表现出需要对量子力学特别是它对固体理论的意义加以整合。合集与手册的编辑们找到索末菲，希望说服他能承担这一最新物理理论的综合评述任务。例如在1929年秋，《放射学手册》的编辑从莱比锡学术出版社写信给他，希望得到“一个量子论观点的金属电导简明表述”。由于自己当时正忙于后来在1931年出版的《原子结构和光谱线》第5版，索末菲拒绝了这一要求。不过他建议这位编辑转去找他的学生：“苏黎世的派尔斯先生。或许他会接受要求，承担这一金属电导的工作。贝特现在慕尼黑我这里。我个人不会鼓励他接受这一工作，因为他几经够忙了。当然您可以自己去问他。”[174]

鲁道夫·派尔斯(Rudolf Peierls)的研究从慕尼黑的索末菲这里开始，并于莱比锡的海森伯那里结束。之后他去了苏黎世成为泡利的助手。1929年泡利谈到他的研究领域时说“派尔斯博士研究的是固体中的热传导”。[175] 在索末菲手下完成
博士学位后，贝特也成为某种意义上的学术流浪汉，量子力学固体理论也是他 440
赖以成名的研究领域。在没有得到安定的教授职位之前，为了增强自己申请空缺职位的分量，它们需要尽量发表有原创性的文章。像《放射学手册》编辑要求的这种综述文章，很费时间，按照惯例又没有展示原创研究的空间。因此对于他们的学术事业只有阻碍作用。尽管报酬颇丰，索末菲还是建议自己的弟子不要接受学术出版社的任务。

---

[172] Allis/Morse, *Theorie der Streuung*, 1931.

[173] Sommerfeld, *Theorie des Ramsauer-Effektes*, 1931.

[174] 致马克思(Marx)，1929年10月19日。DMA, NL 89, 003.

[175] 泡利来信，1929年5月16日。DMA, HS1977－28/A, 254. 亦见 ASWB II.

1931年当施普林格出版社开始寻找作者撰写《物理学手册》(*Handbuch der Physik*)中量子论和固体物理两章内容时，索末菲又是第一个被联系的人。在完成博士论文后的3年中，贝特已经发表了几篇论文，足够申请教授的资格，因此索末菲安心安排他准备手册中量子论的一章。1931年4月阿道尔夫·斯梅卡尔(Adolf Smekal，1895—1959)写信感谢索末菲，说自己对他安排贝特并得到贝特同意一事感到很高兴。为施普林格出版社担任手册中这些章节编辑的斯梅卡尔，又追加要求了一篇文章。预先为固体物理准备的一章中，金属电子论和铁磁性将被整合成一篇《金属态的量子论》。斯梅卡尔恭维索末菲是这一领域的实际创立者："如果您能够拨冗为自己的相关研究工作作一个权威的表述，对物理专业以及《物理学手册》都将是莫大的贡献。"[176]然而索末菲不想自己独立承担这个工作。他觉得贝特适合担任这一工作，虽然后者已经从他这里接手量子论一文。他将斯梅卡尔的信转给贝特，并讲明自己接受这一任务的条件是您享有90%的工作和报酬。文章署名将是索末菲和贝特。他"绝对不是"要劝说对方接受这一任务，并且甚至还警告说"不能随便乱写"。[177]

441 收到这一提议时贝特正靠着一份洛克菲勒基金在罗马与费米共事。他写信感谢索末菲："这件事本身对我很有吸引力。不过和你一样，我担心自己接受了过多的'乱写'任务。"他希望在罗马期间能够全心全意投入到研究工作中。在另一方面，这份工作的主题"和丰厚的报酬"又是那么诱人。在权衡利害之后他决定，如果交稿日期从斯梅卡尔期望的1932年1月1日推迟到比如说"32年4月"，他才能接受这一任务。[178] 贝特几周后从卡普里致信索末菲说，斯梅卡尔"欣然接受"这一条件，使他觉得自己只能"义不容辞"地也承担起这一篇的任务。[179] 然而事实表明一年内完成两本手册文章的期望是不切实际的。正像贝特1932年4月向索末菲坦白的，在议定的交稿日期，"只完成了《手册》第一篇文章的第一章"。斯梅卡尔答应贝特延长到1932年4月1日，但是后来证明这也不够。[180] 经常是只有在写作过程中才

---

[176]斯梅卡尔来信，1931年4月17日。DMA，NL 89，013. 亦见ASWB II.

[177]致贝特，1931年4月18日。DMA，NL 89，013. 亦见ASWB II.

[178]贝特来信，1931年4月25日。DMA，HS1977-28/A，19. 亦见ASWB II.

[179]贝特来信，1931年5月30日。DMA，HS1977-28/A，19. 亦见ASWB II.

[180]贝特来信，1932年4月20日。DMA，HS1977-28/A，19. 亦见ASWB II.

明白，某些方面需要进一步研究之后，才能变为《手册》中的权威教科书文字。所谓的“乱写”需要长达数月的细致工作，而不仅仅是一般写作。不过最后的结果是大家都满意的。贝特关于“单个和双电子问题的量子力学”的文章，包含在《物理学手册》第 24 卷的第一部分中，于 1933 年发表。它内容的广度比得上一整本书，并成为现代物理的一本经典之作。[181] 它是很多后来量子力学教科书的模板。第 2 卷中的《金属电子论》一文也是如此。协议好的作者顺序(索末菲和贝特)没有改变，不过索末菲的贡献仅仅是 36 页的一章介绍，内容为自己的半经典电子气理论。而贝特则用 254 页篇幅阐述了刚体中电子行为的量子力学理论。[182]心怀感激的斯梅卡
尔在 1933 年致信索末菲，说这一理论现在有了一个“权威阐述”。“对其他部分的 442
写作者来说与您为伍是一个有表征意义的荣誉。”[183]

除了最有名的《物理学手册》，还有其他媒介在促进量子力学和迅速发展的理论原子物理学、分子物理以及固体物理的整合。学术出版社的《放射学手册》、菲韦格出版社的穆勒-普耶教科书系列等都在坚守这一趋势。和贝特一样，索末菲学派的其他门徒也被招徕撰写这类综述文章。[184] 索末菲也经常让自己那些年间的博士生负责一些题目，这些题目通过量子力学在固体物理问题中的应用，强调现代物理在广泛的物理现象中的重要性。例如给赫伯特·弗勒利希(Herbert Fröhlich，1905—1991)的任务是处理金属的光效应。索末菲在弗勒利希论文的报告开头写道：在单个原子情况，光照射引起的电子发射的“描述是自然和简单的”，但是在金属电子情况，对应的处理“有很高的实质性的难度”。[185] 弗勒利希一直致力于理论固体物理，对其传播和整合作出贡献。[186]

在索末菲研究所完成的另外两篇博士论文是关于波动力学与“太平洋问题”

---

[181]Bethe，Quantenmechanik，1933.

[182]Sommerfeld/Bethe，*Elektronentheorie der Metalle*，1933.

[183]斯梅卡尔来信，1933 年 11 月 28 日。DMA，NL 89，013.

[184]Peierls，*Elektronentheorie*，1932；Nordheim，*Statistische und kinetische Theorie*，1934；Nordheim，*Quantentheorie*，1934.

[185]就弗勒利希(Herbert Fröhlich)博士论文投票致哲学学院二部，1930 年 7 月 22 日。UAM，OC—Np—1930. Fröhlich，*Photoeffekt*，1930.

[186]Fröhlich，*Elektronentheorie*，1936

领域中的问题的结合。[187]奥托·舍尔策(Otto Scherzer，1909—1982)的任务是利用索末菲为电子制动发展的方法处理质子散射问题，并解释为何到目前为止在实验中还没有观察到任何质子的韧致辐射。[188] 奥古斯特·威廉·毛厄(August Wil-
443 helm Maue，1908—1970)则需要解释为何克拉默斯根据对应原理发现的 X 射线韧致辐射的最初解不符合波动力学。由于天体物理问题中也引用了克拉默斯理论，索末菲期望毛厄利用的理论可以澄清之前无法解释的天体物理中实验和理论中的不一致。[189]

通过这些文章，索末菲证明了自己的研究所在建立 30 年后，仍旧是一个多产的现代理论物理学“摇篮”。理论固体物理在 1930 年代早期得到重大促进，而其中很多先驱性的文章都出自索末菲学派。[190] 1932 年发现中子之后，核物理也发展成为一个新的物理分支，而其理论理解的关键又是量子力学。德国大学的物理研究所无法跟上理论物理学中的知识爆炸，所以连像贝特这样的著名理论家也面临教授职位空缺不够的瓶颈。尽管如此，在几年时间里，索末菲研究所和它在斯图加特(埃瓦尔德)、汉堡(楞茨)、莱比锡(海森伯)和苏黎世(泡利、文策尔)的“分支”仍在新物理学发展中取得丰富成果。[191] 然而 1933 年纳粹“夺取政权”带来了决定性的变化，使得慕尼黑“摇篮”被缓慢而痛苦地终结，并导致德国现代理论物理学整体的衰微。

---

[187]Sommerfeld，*Beugung*，1931.

[188]就舍尔策(Otto Scherzer)博士论文投票致哲学学院二部，1931 年 11 月 27 日。UAM，OC-Np-1931/32. Scherzer，Ausstrahlung，1932.

[189]就毛厄(August Wilhelm Maue)博士论文投票致哲学学院二部，1931 年 11 月 27 日。UAM，OC-Np-1931/32. Maue，Röntgenspektrum，1932.

[190]Hoddeson/Baym/Eckert，*Development*，1987；Eckert，*Sommerfeld*，1990.

[191]Eckert，*Atomphysiker*，1993，Chaps. 6 and 7 .

第十一章　下坡路 445

1933年1月30日，阿道夫·希特勒(Adolf Hitler，1889—1945)被任命为帝国总理。1933年3月5日国会选举之前，索末菲可能仍然觉得这位他喜欢开玩笑地称为“伟大的阿道夫”的新总理在位子上坐不了多久。[1] 毕竟希特勒的前任，弗朗茨·冯·巴本(Franz von Papen，1879—1969)和库尔特·冯·施莱谢尔(Kurt von Schleicher，1882—1934)在台上只待了几个月。在1932年德国国会的选举中，纳粹党遭受重大损失。然而，1933年3月5日的选举，纳粹党收复前一年的失地还有结余。加上他们的“元首”高居总理之位，纳粹掌控全国现在看来已经毫无疑问。随后的事件表明，纳粹“夺取政权”的后果将明显地在所有的社会领域全面展现。[2] 除非在国外寻求庇护，政治对手不是被关进集中营就是被谋杀。1933年4月1日，通过骚扰和故意破坏的行为，让公司、医院和其他设施的犹太老板们清楚地看到，如果不退出业务，他们在纳粹德国前景不妙。[3]

这个“抵制犹太人”事件一个星期之后的1933年4月7日，通过“公务员重组法”，纳粹的种族狂热扩展到公共服务领域，从而也进入大学校园。[4] 非雅利安

---

1 致约翰娜，1933年2月20日。

2 Frei，*Anmerkungen*，1983；Wirsching，*Das Jahr 1933*，2009.

3 Ahlheim，*Antisemitismus*，2011.

4 Adam，*Judenpolitik*，2003.

人血统的公务员被安排退休。在以前的政治活动中未能全心全意坚定支持民族国家的公务员可以被开除。要被归入“非雅利安人”，只要祖父母中有一个犹太人就够了。[5]

446 11.1 新公务员法的后果

1933年4月，索末菲正在大不列颠巡回讲学，最后一站是1933年5月1日在爱丁堡皇家学会的詹姆斯·斯科特讲座。[6] 他计划在6月前往美国代表德国物理学会参加芝加哥世界博览会，同时接受麦迪逊威斯康星大学授予名誉博士学位，[7] 并已经为此请假缺席半程夏季学期。但当他从英国回来后，得知新公务员法和它对自己学生的影响，这些计划就作废了。法律颁布几天后贝特写信告诉索末菲：“您可能不知道，我母亲是犹太人。”从此他在德国当上教授的希望灰飞烟灭。“当然不能认为，”他补充说，“反犹太主义会在可预见的未来降温，或者雅利安人的定义会被修改。所以无论好坏我可能不得不面对事实，并在国外某个地方找个职位。”作为一个讲师，贝特成为索末菲教学工作的一部分，但他没有编制。图宾根大学夏季学期的教学任务应该能够至少暂时地给他提供适度收入，但是现在他连这种可能性也没有了。没人知道图宾根那边怎么会得知他的“先天性缺陷”，不过来自图宾根大学实验物理正教授汉斯·盖革(Hans Geiger，1882—1945)的一封让他觉得“近乎侮辱性”的来信，使他明白对方不欢迎自己。[8] 两周后，贝特的未来岳父，保罗·埃瓦尔德通知慕尼黑，贝特的教学任务被

[5] 有关原文(Wortlaut)，见 http://www.documentarchiv.de/da/fs-antijuedische-verordnungen.html(上网时间：2012年10月9日)。

[6] 致约翰娜，1933年4月21、23、25和28日；致理查德森，1933年4月23日。Ransom，Richardson. Manuskript der “Scott Lecture” in DMA，NL 89，021，Mappe 9.9.

[7] 致巴伐利亚文化部，1933年3月28日。UAM，E-II-N.

[8] 贝特来信，1933年4月11日。DMA，HS1977－28/A，19. 亦见 ASWB II.

取消。[9]

1932年，埃瓦尔德当选斯图加特高等工学院校长。公务员法律公布几天后，他参加了一个校长会议，其中显然讨论到了“犹太人问题”。柏林大学校长说由于“很多本该关上的大门还开着”，给大学“犹太化”开了方便之门。[10] 埃瓦尔德后 447
来回忆说，虽然大多数校长都反对该法，并对是否发表一份抗议展开投票辩论，但是几位校长支持纳粹，要“立即制定一个反声明”。因此未能发布一致抗议。[11] 但埃瓦尔德不愿执行纳粹政治。回到斯图加特，他致信文化部长：“因为不能同意国家政府在种族问题上的看法，我请求立即中止我的斯图加特高等工学院校长职务，同时解除学监一职。”他将这封辞职信的摘要，以及部里同意他辞职的消息，一起送给斯图加特高等工学院董事会，并抄送一份给索末菲。[12] “对于那些无法在德国立足的人，我们能怎么办?”之后埃瓦尔德写信给索末菲的妻子。他甚至不确定是否他自己也会受到影响。由于外祖父是犹太人，他属于“非雅利安人”，不过他在第一次世界大战的服役经历可能会被算成“前线服役”，从而适用公务员法例外条例。另一方面，因为他的妻子是犹太人，四个孩子也成为“非雅利安人”。“无论如何，我们的孩子在德国都没有任何前途，只要有机会，我就得离开这个国家。”[13]

索末菲得知这些进展后，觉得必须放弃自己去美国的旅行计划。妻子在他回来后写信给自己的姐姐说他的英国之行“有趣和愉快”。“我们这里的情况则不很乐观。”埃瓦尔德和他的母亲宣布在接下来的几天里他们会来访问，“令人沮丧，因为这是一个很大的麻烦”。她也谈到了奥托·布鲁门塔尔在亚琛被“保护 448

[9] 埃瓦尔德致约翰娜·索末菲，1933年4月21日。DMA，HS1977—28/A，88.

[10] 慕尼黑高等工学院校长沙赫纳(Richard Schachner)记录，引自 Heiber，*Universität*，1994，S. 297.

[11] Ewald，Erinnerungen anlässlich des 175 jährigen Jubiläums der Universität Stuttgart，1979. University Archive，Stuttgart SN1/35，S. 17.

[12] 致斯图加特高等工学院评议会，1933 年 4 月 20 日。抄送 Sommerfeld. DMA，HS1977—28/A，88.

[13] 埃瓦尔德致约翰娜·索末菲，1933年4月21日。DMA，HS1977—28/A，88. Eckert，*Paul Peter Ewald*，2011.

性监禁”。[14] 此后不久，索末菲撤回了已经得到批准的出差申请。他向学院解释放弃这次旅行的原因：“对我来说，最关键是要参与我们大学的组织修订，不要缺席相关的教工审议。”[15]

然而在这场由官僚机构启动的组织修订中，教师实际上并没有发言权。1933 年 5 月 24 日，巴伐利亚文化部指示各大学的校长向“所有教员”分发调查问卷，填写后连同公务员法要求的雅利安人血统证书一起交回。[16] 根据这一法律，索末菲自己不属于有问题的群组。他的祖父和祖母都是新教徒。但因为“索末菲”这个姓听起来像是犹太人的，在这种情况下，当局的调查非常细致。四年后在另一个签名问卷调查底部，他在签名旁边写下：“巴伐利亚教育和文化部 1933 年 7 月 18 日的证书证实了我的雅利安人血统。”在这次问卷中他重复了 1933 年“雅利安血统证书”中相同的声明。[17]

然而 5 月 24 日的部长令，不仅关系到在职的大学教学人员，而且也包括象贝特这样没有公务员编制的教师和讲师。每一份问卷都通过校长送到巴伐利亚
449 文化部进一步审查。因此，直接面临失去“非雅利安人”同事的学院，无法干预官僚程序。由于这个原因，1933 年 7 月 5 日召开的夏季学期哲学学院会议，日程上都没有包括这些根据公务员法制定的措施。[18] 另一方面，在这个时候，经由校长讯问之后，一些讲师，已经被开除，“立即生效”。按照 1933 年 7 月 21 日的部长级令，其他非公务员编制的教授和讲师，包括贝特，最后被剥夺了教课的权利。[19] 此后，贝特的父亲写信给索末菲，说在这件事上最让他“吃惊”是同事之

---

[14] 约翰娜致海伦妮·隆布勒(Helene Rhumbler)，1933 年 5 月 6 日。Felsch，*Blumenthals Tagebücher*，2011.

[15] 致慕尼黑大学哲学学院二部，1933 年 5 月 13 日。DMA，NL 89，004. 亦见 ASWB II.

[16] 舍姆(Schemm)致巴伐利亚三所州立大学校长，1933 年 5 月 24 日，由冯·聪布施(Leo von Zumbusch)校长转送给慕尼黑大学的教授们。DMA，NL 89，030，Mappe Hochschulangelegenheiten。

[17] 致慕尼黑大学校长冯·聪布施，1933 年 6 月 10 日。UAM，E-II-N；聪布施来信，1933 年 7 月 29 日。DMA，NL 89，024，Mappe Nazizeit；问卷调查，1937 年 5 月 3 日签名，载于索末菲个人档案，BayHStA，MK 35736。

[18] Akt 1d：哲学学院二部会议。UAM，OC-III—27.

[19] Böhm，*Selbstverwaltung*，1995，S. 112—115.

间没有团结。“不管怎么说，在离职之前，大家都还是同事，应当要求校长对受影响的人表达对之前贡献的感谢。”对索末菲，他表示“很遗憾您失去了一个好同事。”并且最后又加上附笔：“这封信可以公开！”[20]

在其他大学索末菲也听说了类似的事态发展。在公务员法发布的 6 天后，路德维希·普朗特告知说自己的助手，刚刚收到卡尔斯鲁厄高等工学院力学教师职位任命的威廉·普拉格尔(Wilhelm Prager)，还没上班就被新东家干掉，原因是名字听起来像犹太人……可他有 3/4 的德国血统！”[21]以上这些事例中，开除的决定都没有受到学院决议的阻碍。毫不奇怪，大学自治的传统体系，由于贯彻纳粹路线，在 1933 年夏季学期后就面目全非了。校长和校董的选举，本来是索末菲觉得自己能有所影响的。在 1933 年 6 月 5 日的学院会议记录中简洁地记载着，按照文化部命令，这一规定“从日程中被去掉了”。对于院长的选举，学院也等待“部里的进一步决定。”[22]虽然教授们仍然可以提出建议，之后的决定还 450
是来自部里。按照“领袖原则”，大学里最重要的校长一职，必须由部里信任的狂热纳粹分子担任。[23]

虽然如此，在学院层面还是能够做一些多少反潮流的事情。“考虑到索末菲教授对情况的解释，学院和院长同意授予龙贝格博士学位。”[24]这个简短的决定，使得维尔纳·龙贝格(Werner Romberg，1909—2003)在 1933 年夏季学期能够结束学业。再往后，就不可能了。龙贝格是社会主义学生团体成员。[25] 大学之前曾经扣住龙贝格《隧极射线光的偏振》理论的奖金，理由是“因为他不够成熟”。而实际的理由除了他的社会主义信仰，还因为他是 1919 年被谋杀的独立社会民主党员，巴伐利亚总理库尔特·埃斯纳(Kurt Eisner)的远亲。尽管如此，索末菲还是为自己的学生作了妥善安排，把竞赛获奖论文转为博士论文，使得龙贝格能够完成学业。之后还帮助他移民出国。在一封推荐信中他写道：“龙贝格精通波

---

[20] 阿尔布莱希特·贝特(Albrecht Bethe)来信，1933 年 8 月 11 日。DMA，NL 89，024，Mappe Nazizeit.

[21] 普朗特来信，1933 年 4 月 13 日．MPGA，III. Abt.，Rep. 61，Nr. 1538.

[22] Akt 1d：哲学学院二部会议．UAM，OC－III－27.

[23] Böhm，*Selbstverwaltung*，1995.

[24] Akt 1d：哲学学院二部会议．UAM，OC－III－27.

[25] Eckert，*Atomphysiker*，1993，Kap. 7. 对龙贝格的访谈，1985 年 10 月 8 日。

动力学计算，”另外他还“很想去俄国；会很好地适应那里的环境。”在这一对龙贝格政治信仰的暗示之外，他还加上劝告对方在起草对龙贝格的回复时“多少小心一些”，“不然会让这里的当局给他造成某种危险。”[26]

由于纳粹政治，龙贝格和圈子里其他一些朋友和熟人在德国学术界的发展已经毫无希望。对他们的担忧成为索末菲那几个星期沉重的心理负担。1933年当选德国物理学会主席的马克斯·冯·劳厄，要求他和其他研究所主任提供自
451 己研究所内受“公务员法”影响人员的名单，以便采取救济措施。[27] 索末菲提出了贝特、赫伯特·弗勒利希和最近获得博士学位的瓦尔特·亨内贝格(Walter Henneberg，1910—1942)。像龙贝格那样在当时还没有拿到学位，因而没有资格在工业界或者国外申请职位的人，不在这个救济计划之内。“这些名字对我至关重要，”在荷兰支持这一提议的保罗·埃伦费斯特写信给索末菲，“由于巨大的道德压力，我希望那些受影响的人不要直接写信给我。”[28]

对埃伦费斯特的愿望，索末菲颇有同感，因为那几个星期他自己也一再感受到这一“道德压力”。除了埃瓦尔德和贝特这些特别接近的人，他还从其渠道了解到那种突然被抛到地狱边缘的第一手感受，杰出的个人成就也无助于事。在亚琛，受到公务员法影响的路德维希·霍普夫，以极其生动的辞句描述了这些感受：“然而从自己唯一熟悉的社会，被抛出到一个空白的空间，是非常痛苦的。人类不是一种独居的生物，这些过去的日子教给我家园、祖国和同胞(当然不是纳粹意义上的)的真正含义。出国对我来说等于流放，只有在迫不得已的情况下我才会这样做，好让孩子能有一个家。”当霍普夫写信给慕尼黑时，还在希望作为一名一战“前线士兵”自己能够适用公务员法中的例外条款。“常识告诉我3个月后大多数例外条款都会被取消。一个14年来一直抱怨例外法对自己不公

---

[26]给一位未提姓名的苏联物理学家的推荐信复写件，未标日期[1933年7月26日以后]。DMA，NL 89，030，Mappe Gutachten.

[27]劳厄来信，1933年5月21日。DMA，NL 89，024，Mappe Nazizeit. 亦见 ASWB II.

[28]埃伦费斯特来信，1933年5月21日。DMA，NL 89，024，Mappe Nazizeit. 亦见 ASWB II；致埃伦费斯特，1933年6月11日。AHQP，Ehr；Eckert，*Atomphysiker*，1993，Kap. 7.

的民族，肯定不会实施它。”[29] 几周后他回顾自己头几天的心态觉得很“糟糕”。接着他强迫自己向前看，“我们并不比那些我们以前当作同胞的其他人差；只是并不是所有人都注意到这一点。”[30]

学期快要结束的时候，索末菲病倒了，被迫停课。现在他成了关注的中心。 452
“对您因为健康原因中断课程，我们深表遗憾。”24 位忠诚的学生联名写道。“我们从内心深处希望您能在假期完全康复，下学期再次指导我们。”[31]索末菲保存这封信并将其归入“纳粹时期”档案的事实，暗示他觉得是纳粹对大学的“清洗”造成他的神经衰弱。他主要的症状是失眠和抑郁症。在假期的开始，他在劳特拉赫修养，慕尼黑大学资助者赫尔曼·安许茨-肯普费在这里有一座城堡供教授使用。然而，即使是阿尔卑斯山麓阿尔高的田园风光，也未能减弱他的神经紧张。他给妻子写信说觉得“自己情绪不定，因为晚上情况又不好，”“靠着 Compral[头痛药片]的帮助和阅读等勉强撑过来”。几天后，情况才有所改善。信中抑郁症不见了，代之而来的是他特有的信心——夹杂着对纳粹宣传的暗讽。“套用政府公告的辞语‘东普鲁士已经没有失业’，我也可以报告‘东普鲁士已经几天不用安眠药’，情况都还不错。”[32]一个星期后，他报告说只是在“极特殊情况下”才用一点安眠药，感觉好多了。[33] 8 月下旬，他来到博尔扎诺附近度假胜地，一个叫齐默尔的山地旅馆，在那里进一步渐渐康复。他向妻子写道：“好天气，但今天几乎算冷了。本来周日上山的时候就是冷气袭人。我晚上和下午都睡得挺好。”他要求把关于金属电子论的手册文章校样寄来，这样在物理上，他又可以继续向前。[34]

然而即使在南蒂罗尔山中，那些几个星期前让索末菲辗转反侧的事件也没
有放过他。马克斯·玻恩从多洛米蒂山[35]度假区来信写道：“我非常理解您对目 453

[29]霍普夫(Hopf)来信，1933 年 5 月 24 日。DMA，HS1977－28/A，148. 亦见 ASWB II.

[30]霍普夫来信，1933 年 6 月 28 日。DMA，HS1977－28/A，148. 亦见 ASWB II.

[31]“物理研究所成员”来信，1933 年 7 月 22 日。DMA，NL 89，024，Mappe Nazizeit。

[32]致约翰娜，1933 年 8 月 7 日。

[33]致约翰娜，1933 年 8 月 14 日。

[34]致约翰娜，1933 年 8 月 30 日。

[35]Dolomites，意大利南蒂罗尔地区度假山区。——译者注

前状况感到非常难过。"根据新公务员法，玻恩属于"非雅利安人"，并且在1933年4月已经从格丁根大学教授职位"退休"。5月中他离开了德国，并且在8月向普鲁士文化部申请永久离职。在信中他继续写道："老普朗克希望我请几年的假，这样以后还可以回来。但是我觉得这很不光彩。把人当成二等公民，孩子就更糟，我无法为这样的国家服务。"[36]

很多人觉得1933年夏天的纳粹政治只不过是新政府以戏剧性的方式向世人展示其统治的一种过度反应。1933年7月海森伯在给玻恩的信中写道，普朗克曾经"与政府首脑谈过话"，"并得到保证说在新公务员法以外政府决不会采取任何其他可能危害德国科学的措施。"[37]作为威廉皇帝学会主席和普鲁士科学院的"终身秘书"，普朗克觉得自己有责任在不得罪统治精英的前提下，至少是减轻纳粹政治对科学造成的最大损害。他评论爱因斯坦辞去普鲁士科学院院士职位时说，爱因斯坦"以其政治行为，堵死了自己在科学院的路。"[38]在爱因斯坦方面，他对普朗克的科学成就和个人十分崇敬，但是不能理解后者对纳粹的忠诚。1934年他对一位美国同事谈起普朗克时说，自己"就算不是犹太人，也不会继续待在威廉皇帝学会主席的位置上。"[39]薛定谔自己虽然没有受到公务员法的影响，但是却放弃了柏林的教授职位，并且按爱因斯坦说的，"把他们的垃圾丢在海盗脚下。"[40]在这件事上，普朗克也试图让薛定谔回心转意。海森伯在学期假期结束时致信索末菲写道："您会和我一样对薛定谔离开德国感到不快。"在同一封信
454 中，他表达了对刚刚发现的电子的反粒子，也就是正电子的欣喜之情。这是保罗·狄拉克从理论上预言过的。"我希望在冬季学期您能不再那么被政治困扰，从正面电子[41]这里得到一些喜悦。"[42]

---

[36]玻恩来信，1933年9月1日。DMA，NL 89，006. 亦见 ASWB II；Szabó，*Vertreibung*，2000，S. 414－416.

[37]引自 Hoffmann，*Max Planck*，2008，S. 92. 有关普朗克拜见希特勒之事，见 Albrecht，*Max Planck*，1993.

[38]引自 Hoffmann，*Max Planck*，2008，S. 87.

[39]同上引。

[40]引自 Meyenn，*Entdeckung*，2011，S. 511.

[41]原文 Positiven Elektronen 中的 Positiven 有正面，积极之意。原文双关。——译者注

[42]海森伯来信，1933年10月9日。DMA，HS1977－28/A，136. 亦见 ASWB II.

11.2 一个骗人的常态

1933年夏天之后，就根本谈不上有什么"安宁"了。由于早期和希特勒党的关系成为纳粹先驱的动物学家卡尔·利奥波特·埃舍里希(Karl Leopold Escherich，1871—1951)，被部里下令任命为"大学领袖"，这是校长一职的新称呼。新校长深受同僚尊重，并未利用自己的权力替纳粹为虎作伥。情势很快就变得很清楚，主要的危险不是校长，而是来自于所谓的"讲师军团"。"讲师军团"由狂热的纳粹讲师、助手和其他非公务员编制的讲师组成，其使命是在大学贯彻纳粹党的目的，在纳粹党的支持下，控制整个学术机构。[43]

不过在1933/34年冬季学期，还没有看到这一迹象。日常的学术生活还像往常一样进行。然而索末菲在很多方面感受到了这个常态的欺骗性。1933年12月19日，路德维希·霍普夫求他"帮忙"，不是为他自己，而是他儿子。1932年，霍普夫的儿子汉斯作为慕尼黑大学学生曾在一个反法西斯学生名单上签名。现在尽管他已经不再是慕尼黑大学学生，却仍在接受一项"纪律调查"。霍普夫怀疑这是要从手续上把他儿子从学校开除。因为整个家庭都要被迫移民国外，这本来也没有什么关系。"但是如果警察要对汉斯采取不利行动的话，就不是没有关系了。"他请求索末菲就此事专门问询一下。如果没有什么危险，他想"让汉斯老实待在温暖的家里度过圣诞，1月3日再按计划去伦敦。如果您写信告诉我大 455
学除了开除之外还要采取更严厉的惩罚，他马上就得动身。"[44]索末菲依照要求展开了情报侦察，结果似乎显示汉斯·霍普夫将要因为被怀疑是德国共产党成员而被大学"行政"开除。"从个人角度，我不觉得这事有多惨，"父亲回信说，因为"反正这孩子现在要去英国读书了。"不过他请求索末菲考虑到"警察可能受命重

---

43 Böhm, *Selbstverwaltung*, 1995, S. 150—168.

44 霍普夫来信，1933年12月10日。DMA，HS1977—28/A，148.

新盯上汉斯，说不定会吊销他的出境签证，或者限制他的自由。”他儿子确实是“对共产党的活动很积极，”甚至可能参加了“某些共产主义援助组织，比如慈善组织……我们的问题是：大学理事会和警察有无直接联系？”如果情况确实如此，他想把儿子立刻送到英国去。如果答案是肯定的，他请求索末菲给他发份电报，电文为“一路顺风”。[45] 如果是他自己“过虑了”，电文则是“圣诞快乐”。[46] 情势的发展似乎没有那么可怕，因为后来并没有留下警察迫害的记录。不过这一事件确实表明，在新的形势下，一个实际上不过是“荒唐胡闹”[47]的事情可以立即变得很严重。

在大学日常生活中，人们习惯了纳粹与传统的学术活动并行共存。大学录取工作被朝令夕改的规定和法律所左右。根据纳粹意识形态的精神，学生们通过工作任务、政治洗脑和军事体育操练受到锻炼。从 1934 年 9 月开始，文化部规定“非雅利安”学生不能再注册课程。根据 1934 年 12 月的“帝国教授资格法”，未来的大学教师必须获得教授资格博士学位(Dr. Habil)，并在“讲师训练营”证明他们的“个人才能以及适应纳粹国家大学教师的品质。”[48]

456 然而实际上，学术环境与教授、助手以及高年级学生这些教学者特定个人的关系也很大。因此，尽管文化部的命令禁止教授们“根据自己意愿”让“非雅利安”学生注册他们的课程，靠着革拉赫的帮助，一名“非雅利安”女学生在 1935 年仍然能够完成实验物理学博士论文。如果没有革拉赫的支持，这名学生是不可能完成她的论文的。革拉赫研究所里其他的博士生对这名女学生的存在表达了纳粹式的不满，并试图驱逐她。与自己的经历相比，她回忆说隔壁的索末菲研究所像一片“绿洲”。[49]

索末菲也担负起为那些被迫离开自己在德国职位的物理学家在外国寻找出路的任务。北卡罗来纳杜克大学物理系主任，请求他从一份在美国到处流转的移民物理学家名单中，为一个可能的职位推荐一位年轻理论家。索末菲首先推

---

[45]霍普夫来信，1933 年 12 月 16 日。DMA，HS1977－28/A，148.

[46]霍普夫来信，1933 年 12 月 10 日。DMA，HS1977－28/A，148.

[47]霍普夫来信，1933 年 12 月 10 日。DMA，HS1977－28/A，148.

[48]Olenhusen，*Studenten*，1966；Böhm，*Selbstverwaltung*，1995，S. 184－186.

[49]沙夫-戈德哈贝尔的访谈，1985 年 6 月 13 日。

荐了埃瓦尔德。当时 45 岁的埃瓦尔德不算年轻了，但他有家里 4 个孩子以及自己的母亲需要养活。在第二位，他提出了 50 岁的弗里茨·赖歇(Fritz Reiche，1883—1969)，他的名字根本都不在名单上。只有到了第三位，他才推荐更年轻些的理论学家，比如埃瓦尔德 35 岁的助手卡尔·赫尔曼(Carl Hermann，1888—1961)和最后被任命的 34 岁的洛塔尔·诺德海姆(Lothar Nordheim)。[50]

虽然埃瓦尔德、贝特以及其他索末菲的学生都在考虑移民，他们给慕尼黑的信件中却很少看到相关的麻烦和忧虑。1933 年夏季学期之后，贝特首先去曼彻斯特待了几个月，在那里的威廉·劳伦斯·布喇格实验室学习了合金的结构分析，并试图“建立相关理论”。在一封多页纸的信中，他对从固体物理到宇宙射线物理的最新发现大加赞美，滔滔不绝。[51] 贝特后来还期待 1934 年秋天在日内瓦的金属物理学会议上与索末菲再次见面。[52] 从这些信件看，似乎在 1933 年 457
夏天的麻烦之后，物理学家们迅速地恢复了通常的日子。但这个印象是靠不住的。经过一个表面上波澜不惊的学期，索末菲再次来到南蒂罗尔山，在齐默尔旅馆休养。他利用这个机会给爱因斯坦写了一封长信。“离我们上次直接通信已经很久了!”他从抒发自己的情感开始。“在此期间发生了多少事情！上次我们见面还是 1930 年在卡普特(Caputh)。自 1914 年来，世界就一直处于变乱之中，似乎从不止息。”在希特勒“夺取政权”之后，爱因斯坦去比利时旅行后就没有回柏林，并且在美国安了家。“难过的是，我不能原谅自己的同胞对您做的不义之事，也不能原谅柏林和慕尼黑科学院的同事们。”这里他指的是爱因斯坦不但作为一名公民被纳粹赶出德国，而且还被自己的同事从科学院开除。不过索末菲让爱因斯坦确信，在慕尼黑物理系的阶梯教室他仍以某种形式存在。“您可能想知道的是，我像前些年一样以四维形式总结冬季学期电动力学课程，并且加上一个对狭义相对论的介绍。学生们很感兴趣：没有一个人反对。夏季学期的光学课程也是一样，我以您的运动介质光学开篇。提起您的名字时没有任何反对。

[50] 埃瓦尔德来信，1933 年 11 月 24 日。DMA，HS1977－28/A，75；致 Edwards，1934 年 1 月 22 日。DMA，NL 89，015.

[51] 贝特来信，1933 年 12 月 23 日。DMA，HS1977—28/A，19. 亦见 ASWB II；Bethe 来信，1934 年 2 月 25 日，3 月 12 日和 4 月 12 日，DMA，HS1977—28/A，19.

[52] 贝特来信，1934 年 5 月 7 日。DMA，HS1977—28/A，19. 亦见 ASWB II，S. 412—414.

希望您能从中看出，德国学生对一小撮‘领袖’试图强迫他们接受精神暴政早已心怀不满，并渴望单纯的理性空气。”他又加上说没必要回信，因为在德国他不可能收到爱因斯坦的来信，这也是他要在意大利写这封信的原因。如果爱因斯坦想要回信，可以寄到日内瓦。10月份索末菲要去参加一个金属物理学会议，可以从一个日内瓦同事的“不会引人怀疑的地址”收到邮件。[53] 在一份没有寄出的
458 信件草稿上，他还写下了一句话，后来又划掉了：“顺便提一下，请您相信，由于我们的统治者滥用‘国家’这个词，我已经不再抱有曾经那么信奉的国家主义情结，不再反对德国作为一个强权被毁灭，然后融入一个和平的欧洲。”[54]

对索末菲来说，旅行总是能够使身体和精神焕然一新。在新的政治形势下，出国旅行有了新的意义。它使得他至少在短时间内逃脱新统治者越来越严格的限制。在金属物理学会议结束时，他写信回家说：“日内瓦在各个方面都已经很
459 优秀，不论是情感还是科学。”[55]在回家路上，他路过苏黎世去拜访他的朋友和前同事罗伯特·埃姆登。后者在被纳粹赶出慕尼黑后，回到他的祖国瑞士。在日内瓦，索末菲会见了贝特和派尔斯，他们的会议论文显示了德国以外在量子力学固体理论上的优势。[56] 这时索末菲一定痛苦地意识到，他的慕尼黑学派发展的理论，已经与其最优秀的代表人物一起被赶到了国外流亡。海森伯、洪德和德拜仍然在莱比锡保持着教学和研究事业的繁荣，但是其他地方现代物理学却处于阴影之中。在格丁根大学的路德维希·普朗特60岁生日时，索末菲给这位同事写了一封流露怅惘之情的祝贺信。此时普朗特的专业领域空气动力学正受到航空部长赫尔曼·戈林(Hermann Göring，1893—1946)的有力支持。“希望您能成为被残酷摧残的德国科学的一个长久的研究庇(护)所！”[57]

---

[53]致爱因斯坦，1934年8月27日。AEA，Einstein.

[54]致爱因斯坦，1934年8月26日。DMA，NL 89，015. 亦见 ASWB II.

[55]致约翰娜，1934年10月21日。

[56]Schweizer Physikalische Gesellschaft，*La théorie des électrons*，1934.

[57]致普朗特，1935年2月4日。MPGA，III. Abt.，Rep. 61，Nr. 1538. 有关空气动力学的提升，见 Eckert，*Dawn*，2006，Kap. 8；有关国家社会主义对各门学科的研究资助，见 Maier，*Rüstungsforschung*，2002；Flachowsky，*Notgemeinschaft*，2008.

29

Zimmerhof, Südtirol
26. VIII. 34.

Lieber Einstein!

Wie lange ist es her, dass wir nichts direkt
von einander gehört haben! Und was ist alles
seitdem passiert! Zuletzt sahen wir uns 1930
in Caputh. Es scheint so, als ob der Taumel,
in dem die Welt seit 1914 lebt, ~~jetzt seine~~ immer weiter geht
~~schlimmsten Stadien durchläuft~~.

Ich schreibe diesen Brief aus Italien. Wenn
ich ihn von Deutschland aus schriebe, würde
er ~~wohl~~ kaum in Ihre Hände gelangen.
Auch so werden Sie ihn verspätet erhalten,
da Sie wohl gegenwärtig in Europa sind ~~werden~~.

Leider kann ich meine Landsleute nicht ent-
schuldigen angesichts all des Unrechts, das Ihnen
und vielen anderen angetan worden ist; auch
nicht meine Collegen von der Berliner und
Münchener Akademie. Viel Schuld hat die poli-
tische Unreife, ~~Leichtgläubigkeit und~~ ~~[illegible]~~
des deutschen Volkes, ~~ebenso~~ viel Schuld auch die Politik
unserer Kriegsgegner. ~~Übrigens kann ich Sie~~
~~versichern, dass das~~ nationale Gefühl, das bei
mir ~~stark ausgeprägt~~ war, mir gründlich durch
Misbrauch ~~abgewöhnt~~ wird. Ich hätte jetzt nichts mehr
~~des Volkes National seitens~~ unserer Machthaber

图 30　索末菲在南蒂罗尔度假住处写给爱因斯坦的信草稿首页。爱因斯坦之前被他的“同事们”逼迫，退出慕尼黑和柏林的科学院

11.3 被推迟的"退休"

在这封贺信的祝愿背后，索末菲关心的不仅是科学在德国的命运，还有个人以及他的慕尼黑"摇篮"的未来。1934 年 12 月 13 日，希特勒内阁颁布一条"由德国大学教育重组引发的"法令，和之前不久颁布的《帝国教授资格法》一起，建
460 立了人事政策规范，将综合大学以及工科大学更严格地置于纳粹日程控制之下。这一在 1935 年 1 月 21 日生效的法律，开头段落就写道："根据本法律，帝国大学公务员编制的教师如在学期中年满 65 岁，学期结束时应当退休。"[58]大多数老教授都未能表现出年轻同事们身上的那种革命热情。现在他们得腾出教职，让给那些在训练营经过正确意识形态基础洗脑，可以胜任未来工作的年轻教授。这个被正式称为《大学教师退休和调任法》，结束了长期以来由教授自行决定各不相同的退休年龄的学术传统。[59] 它生效之时，索末菲已经 66 岁，因此属于受影响之列。当海森伯得知索末菲将要"退休"时，来信说："现在，正当这么多好的理论家被逐出德国之际，我们在相当一段时间都需要您的领导。""'索末菲学派'对德国科学的重要性是不需要我对您说的。但是政治有它自己的法则。"[60]

然而索末菲在慕尼黑的同事并不打算就这么屈服。海因里希·威兰立即写就一封信要求学院向校长请愿，延长索末菲的任期。数学家们参与了这一请愿活动。作为国际尊敬的教育家和科学家，例外的决定是合理的。"他的创造力长盛不衰，学生不论远近，络绎而来，在他门下求学。挽留他，符合这些选择我

---

[58] http://www.documentarchiv.de/ns/1935/beamte_hschule_ges.html（上网时间：2012 年 10 月 9 日）.

[59] Böhm，*Selbstverwaltung*，1995，S. 186 - 188.

[60] 海森伯来信，1935 年 1 月 18 日。DMA，HS1977 - 28/A，136. 亦见 ASWB II.

校的年轻学生的迫切利益。”[61]

校长将请愿书转交巴伐利亚文化部。在没有得到回音之际，学院得到了讲师军团的支持。到当时为止，讲师军团一直以天文学家威廉·菲雷尔(Wilhelm Führer，1904—1974)为首。他是一个满怀纳粹意识的积极分子，之后很快升到巴伐利亚文化部以及柏林的帝国科学、教育和大众教育部任职。[62] 菲雷尔和他学 461
生时代的好友布鲁诺·蒂林(Bruno Thüring，1905—1989)[63]不久后就导演了索末菲“摇篮”的不光彩的结局。不过在1935年，还没有任何这类迹象。学院的请愿书得到菲雷尔同意后，通过校长呈送慕尼黑和柏林的文化部。在那里，给与索末菲例外处理的决定没有得到支持。部长致信索末菲：“根据这项法律，从1935年3月底起，您将不再担负职责。”但是由于不可能在几周内找到继任者，在同一封信中，他又收回了刚刚宣布的命令，委托他“作为代理者在1935年夏季负责之前的教职”。[64]

对于自己的继任者一事，索末菲早就有了固定的想法。1927年，作为拒绝赴柏林继任普朗克职位的条件，他就得到巴伐利亚文化部的保证，在他的研究所设立副教授职位。他心目中的人选是海森伯。“一些年后您就可以继任我的正教授席位。”这是1927年他给海森伯和自己描绘的自己教席的未来展望。[65] 后来海森伯去了莱比锡当正教授，同时巴伐利亚的财务状况从未改善到能让文化部履行自己诺言设立副教授一职的程度。虽然如此，索末菲仍然坚持要让海森伯作为自己继承人的立场。当他告诉海森伯根据退休法自己将很快离职的消息时，也同时宣布早就在酝酿的计划很快就要实现。海森伯立即也向老师保证“如果就职他将竭尽全力保持‘索末菲学派’的传统”。由于深知自己政治上“过去的经历”在任命过程中会成为重要因素，他立即向索末菲汇报了一些相关事实。他曾“参

---

[61] 威兰致哲学学院二部，1935年2月6日；慕尼黑大学数学研究所致哲学学院二部，1935年2月9日。UAM，E-II-N Sommerfeld.

[62] Litten，*Astronomie*，1992，S. 237—238.

[63] 同上引，S. 256.

[64] 鲁斯特来信复本，1935年3月23日签发，1935年4月1日送到。UAM，E-II-N Sommerfeld

[65] 致海森伯，1927年6月17日。DMA，NL 89，019，Mappe 5，9. 见本书第九章。

462 与和巴伐利亚苏维埃共和国的斗争”，支持过一个德国青年组织“德意志义勇军”。他从未参加任何政党。[66]

既然帝国文化部长的决议拒绝了学院例外处理索末菲退休的请愿，其继任者一事就不能继续拖延。1935 年 4 月，索末菲向学院提交了仓促召集的聘任委员会提出的建议，将海森伯列为候选人第一位，德拜第二位，里夏德·贝克尔(Richard Becker，1887—1955)第三。“院长询问学院是否同意该建议，并确认学院同意。”会议记录中也没有提到讲师军团的两位代表威廉·菲雷尔和恩斯特·贝格多尔特(Ernst Bergdolt，1902—1948)曾提出任何反对意见。[67]

第二天，这份只做了很少变化的建议——海森伯和德拜并列第一，贝克尔第二——放在校长桌子上。[68] 不过索末菲和学院都清楚竞选者只有海森伯一人。放上德拜和贝克尔的名字只是为了符合需要三位候选人的惯例。身为柏林高等工学院理论物理学正教授的贝克尔，和德拜一样是地位崇高的现代理论家，并且具有实际应用的观念。海森伯对这一任命期望很大，但是和索末菲一样希望部里能让后者继续留任一段时间，不止一个学期。1935 年 6 月海森伯致信索末菲：“对德国理论物理学来说，您尽量继续留任以提携年轻一代，也是至关重要的。所以让我们期待最好的结果吧！”他还听说慕尼黑实验物理学那边也将有所变动。柏林高等工学院在寻找古斯塔夫·赫兹的继任者，传言说革拉赫已被选中。海森伯询问索末菲“慕尼黑那边对此有什么消息么”？[69] 作为德国两位杰出的实验物理学家，革拉赫和赫兹在确定维恩的继任者时，已经是很被看好的候选
463 人。菲雷尔向校长建议，在革拉赫这边的问题没有搞清之前，慕尼黑理论物理学主任继任者的事情应该推迟。[70] 这也完全符合索末菲、海森伯和学院的愿望。“几个迹象表明学校会让我今年冬天继续教书，”索末菲致信莱比锡，“不过我已经告诉校长，这种情况下我的任期应当延长到我 68 岁结束，这样我和学生才能

---

[66] 海森伯来信，1935 年 1 月 18 日。DMA，HS1977 - 28/A，136. 亦见 ASWB II.

[67] Akt 1d：哲学学院二部会议。UAM，OC - III - 28。有关 Bergdolt，见 Böhm，*Selbstverwaltung*，1995，S. 402.

[68] Senatsakte. UAM，Sen - I - 272；Litten，*Mechanik*，2000，Kap. 1. 2. 3

[69] 海森伯来信，1935 年 6 月 14 日。DMA，HS1977 - 28/A，136. 亦见 ASWB II.

[70] 菲雷尔致埃歇里希(Escherich)，1935 年 7 月 3 日。UAM，Sen - I - 272.

知道接下去的安排。”[71]校长将这一请求转交巴伐利亚文化部长，并很快得到回复说部长已经请求柏林的“帝国和普鲁士科学、教育和大众教育部长”推迟索末菲职位的更替。[72]

延迟退休的申请被批准了。但是关于继任者一事，柏林有自己的计划。他们想让索末菲意中的候选人海森伯尽快接任马克斯·玻恩在格丁根空出的席位。在柏林建立的威廉皇帝物理研究所就要开张[73]，等待德拜去管理。这样慕尼黑任命名单上的两个候选人都来不了。在与柏林科学院的相关官员会议之后，德拜致信索末菲说：“昨天和巴赫尔(Bachér)谈过了，”“他想让海森伯去格丁根，所以希望‘慕尼黑人’搞个新名单。”[74]同时慕尼黑的学院也收到相应的要求。聘任委员会于是组成了一个新名单，不过申明海森伯仍然是最中意的人选。最后，海森伯自己想来慕尼黑而不是去格丁根。“像海森伯这样水平的研究者，如果能够就任符合自己研究方向的职位，将会发展出在科学和教育方面都有同等价值的能力。”[75]

在格丁根，虽然海森伯是继承玻恩的最有力的候选者，但是名单上也还有 464
其他人(海森伯、洪德、贝克尔、约尔当)，以防第一选择落空。经过一些反复，部里选中了贝克尔。他接受了任命并于 1936/1937 年冬季学期就任玻恩的职位。[76] 这样海森伯的慕尼黑之路就畅通无阻了。冬季学期将要结束之际，柏林科学院的负责官员威廉·达梅斯(Wilhelm Dames，1904—?)[77]询问慕尼黑大学是否愿意在下一个夏季学期任命海森伯。校长立即回复说和之前一样，海森伯还是

---

[71] 致德拜，1935 年 7 月 7 日。MPGA，Debye. 亦见 ASWB II.

[72] 伯佩勒致埃歇里希，1935 年 7 月 13 日。UAM，Sen - I - 272.

[73] 该研究所之前并无自己的办公场所。——译者注

[74] 德拜来信，1935 年 9 月 20 日。DMA，HS1977 - 28/A，61. 亦见 ASWB II.

[75] 聘任委员会致哲学学院院长，1935 年 10 月 4 日。DMA，NL 89，004. 亦见 ASWB II. 洪德(Friedrich Hund)在新的名单中名列第一，Gregor Wentzel 第二，克罗尼格(Ralph Kronig，1904—1995)和施蒂克尔贝格(E. C. G. Stückelberg，1905—1984)并列第三，同时菲斯(Erwin Fues，1883—1970)、绍特尔(Fritz Sauter，1906—1983)和翁泽尔德(Albrecht Unsöld)也作为进一步的可能人选)。

[76] Rammer，*Nazifizierung*，2004，S. 49—54.

[77] 有关 Dames，参见 Lemmerich，*Angriff*，2005，S. 216.

学院最满意的候选人，“经过谨慎考虑所有相关因素之后”，他表示同意。“我还想加上一条。最近我从帝国学生领导处[78]得知，作为一名教师，海森伯也得到莱比锡纳粹学生领导处的高度评价。”[79]之后不久，海森伯收到慕尼黑职位的任命。从1937年4月起，他将接任索末菲的职位。[80]

11.4 “德意志物理学”

在局势悬置这么久之后，海森伯的任命来得相当突然。他希望在夏季学期之后再就任慕尼黑的职位。部里批准了这一延期，而索末菲则在自己的学术职位上再“代理”一个学期。然而在夏季学期结束之前，海森伯的任命又出现了障碍。1937年7月7日，索末菲写信给已移居美国的同事卡西米尔·法杨斯：“下个学期我将不得不继续上课，因为现在，顾及到勒纳德，政府不敢任命海森伯。”[81]

465 这里提到的菲利普·勒纳德正是问题的根源所在。勒纳德和约翰尼斯·斯塔克都是希特勒早期的追随者之一。在极端仇恨一切“犹太”事物方面，两人团结一致。勒纳德在自己的回忆录《国社党的战斗时间》中写道，作为“按照元首精神复兴德国的武装同志”，他与纳粹积极合作，并且立场“鲜明地反对犹太人爱因斯坦将其谬论强加到德国人民固有的自然观念之上的一贯企图。这一谬论得到很多甚至是像普朗克这样的非犹太人物理学家的支持”。[82] 1933年3月，在一份给希特勒的备忘录中，他毛遂自荐要帮助纳粹改革，并宣称自己准备为各文化部“检查大学提议”，“在人事方面，评估它们，影响它们，必要时抵制它们并用

---

[78] Reichsstudentenführung，纳粹学生组织领导机关。——译者注

[79] 科贝尔(Kölbl)致教育部(Ministerium)，1937年3月3日。UAM，Sen－I－272.

[80] Cassidy，*Uncertainty*，1992，S. 371.

[81] 致法扬斯，1937年7月7日。SBPK，Fajans，46 Sommerfeld.

[82] Schirrmacher，*Philipp Lenard*，2010，S. 252 und 265.

其他人替代他们”。[83] 作为诺贝尔奖得主，斯塔克和勒纳德享有一定声望。在第三帝国早期甚至能够上达纳粹高层的天听，因此他们对现代理论物理学的宿仇不只限于言论争辩，而且能够产生科学和政治的后果。1936 年，勒纳德把自己的教科书命名为《德意志物理学》(*Deutsche Physik*)，从而为意识形态树立了一面旗帜，在此之下向现代理论物理学及其留在德国的主要代表人物普朗克、索末菲和海森伯发起战斗攻击。[84]

在现存文档中找不到勒纳德对慕尼黑职位施加影响的直接记录。不过作为国社党在慕尼黑的代表，讲师军团的威廉·菲雷尔很快就表明他在海森伯之外另有人选。1936 年 4 月菲雷尔留下记录：“我已要求斯塔克教授和托马舍克教授就这一席位提出建议。”鲁道夫·托马舍克(Rudolf Tomaschek，1895—1966)是勒纳德的学生，之后不久被任命去了慕尼黑高等工学院。根据菲雷尔的问询，讲师军团擅自向部里递交了自己的索末菲继任者候选名单，与学院形成对立。斯塔克对问询的回复中提议任命莱比锡物理化学家汉斯·法尔肯哈根(Hans Falkenhagen，1895—1971)为索末菲继任者。托马舍克则介绍了弗里茨·绍特。然而柏林的[帝国]科学部对这些反建议都不感兴趣。正像 1936 年 10 月 1 日成为巴伐 466
利亚文化部负责大学事务的官员的菲雷尔在一份归档的备忘录中发现的那样，在慕尼黑职位一事上法尔肯哈根和绍特都“毫无可能”。[85] 这一命令来自菲雷尔的上级鲁道夫·门采尔(Rudolf Mentzel，1900—1987)。他是党卫军成员，有海因里希·希姆莱(Heinrich Himmler，1900—1945)撑腰，直接升到第三帝国主管科学的高层位置。[86]

门采尔是斯塔克的死对头，所以讲师军团推荐这些候选人失败毫不奇怪。如果算不上支持的话，勒纳德和斯塔克周围的狂热分子，至少明显地得到纳粹党高层代表的默许，在纳粹媒体上寻求建立一个论坛，因而被柏林的帝国科学部当成是讨厌的竞争者。1936 年 1 月 29 日，《人民观察家报》在标题“德意志物

---

[83] 同上引，S. 275－276.

[84] Beyerchen, *Wissenschaftler*，1982.

[85] 菲雷尔(Führer)的备忘录，1936 年 4 月 7 日和 5 月 26 日。UAM，Sen－I－272.

[86] Flachowsy, *Notgemeinschaft*，2008，S. 172－174.

理学和犹太物理学”下登出一篇文章，使这一问题尖锐化。门采尔找海森伯提交一份物理学家对于德意志物理学现状的看法的报告。与海森伯合作的是声名远扬的实验物理学家马克斯·维恩和汉斯·盖革。1936 年 5 月，他们向柏林的科学部提交一份由 75 位物理学家签名的备忘录，强调了现代理论物理学的必要性，并认为勒纳德和斯塔克的非难是有害的。这个所谓的“海森伯-维恩-盖革备忘录”清楚表明绝大多数德国物理学家拒绝了勒纳德和斯塔克挑起的运动。[87] 然而尽管菲雷尔因此受挫，并且索末菲代表的聘任委员会(包括革拉赫、威兰和数学家康斯坦丁·卡拉特奥多里[Constantin Carathéodory])被确认为实际的执行者，矛盾在表面之下继续阴燃。讲师军团的反提议未能占得上风，但是表达了和学院对立的立场。为了支持海森伯，1937 年 3 月校长在学院的提议中加上“作
467 为一名教师，海森伯也得到莱比锡纳粹学生领导处的高度评价”的做法，本身就显示他需要考虑到讲师军团的反对。不管怎么说，讲师军团后面是慕尼黑党部的国家社会主义讲师联盟[88]，这个圈子里个别狂热分子的意见不能被随便忽视。就连索末菲也不觉得对方已经认输，在 1937 年 7 月 7 日给法杨斯的信中提到“顾及到勒纳德”，就表明了这一点。

一周之后，党卫军杂志《黑色军团》登出一篇文章，在尖锐程度上超过了之前对现代理论物理学的攻击。索末菲向校长抱怨说：“几位深受尊重的理论物理学家被说成是‘白犹’，并且受到侮辱。”“点了我的名字，还有普朗克以及海森伯……很明显是斯塔克教授提供了攻击材料。”他要求校长向巴伐利亚文化部提出一份抗议。“为了德国科学的声誉，斯塔克教授所属的系应当采取行动，禁止此类言论在报上发表，并且他本人应当为这篇侮辱性的文章负责。”海森伯试图另外单独提出一份抗议。就索末菲来说，他认为斯塔克“剥夺了[他的]国家荣誉”。正好相反，他在海外旅行中“为德国科学挣得的利益超过斯塔克教授的放肆攻击给它造成的损害”，并为此感到自豪。在这份抗议的结尾，他极其少见地

---

[87] Beyerchen, *Wissenschaftler*, 1979; Cassidy, *Uncertainty*, 1992, Kap. 18; 盖革(Geiger)、维恩(Wien)和海森伯来信，未标日期(1936 年 5 月 9 日前)，DMA, NL 89, 024, Mappe Nazizeit.

[88] NS-Dozentenbund. Nagel, *Dozentenbund*, 2008.

在签名中使用了正式通信中必须的套话“希特勒万岁”。[89] 在柏林科学院，之前实际上已经决定的海森伯任命，现在被撤销了。《黑色军团》上的文章表明斯塔克对海森伯和现代理论物理学的攻击，背后有党卫军的支持。帝国科学部长通知慕尼黑大学校长：“关于任命海森伯教授担任慕尼黑大学理论物理职务一事，我在等待调查结果的进一步信息。”同时，索末菲再次被要求在1937/38年冬季学期为尚未任命的继承人临时代理职责。[90]

11.5 科学靠边站 468

这样，索末菲的继任者一事就被正式地政治化了。就在纳粹党和政府的各个科学管理机构不同势力之间在幕后为权力斗争大打出手之际，索末菲则在当时环境下竭尽所能维持正常的教学和研究工作。1937年1月，瑞士物理学会在苏黎世召开了一个固体物理学会议，纪念学会成立50周年。索末菲在那里写信给爱因斯坦：“我想象您在美丽的普林斯顿舒适的田园生活，有时候渴望那个没有麻烦、没有危险的‘上帝之国’。”[91]

像这样的国外会议的报告邀请现在需要得到柏林部里机构的批准。之前不久，索末菲和几个学术同事曾经徒劳无功地抗议这种把人当做小孩的限制。他们争辩说：“对于来自国外的邀请，如果回复说是否接受还要看上面同意与否，这会暴露我们在德国的处境。”这类命令会“损害德国科学在国外的声望”。[92] 结果这些措施不但没有收回，适用范围还扩大了。1937年3月，帝国科学部长的一份传阅指令强迫德国大学教师提交国外旅行的报告，并向纳粹党外交代表和其

---

[89] 致科贝尔(Kölbl)，1937年7月26日。UAM，E II N Sommerfeld.

[90] 致校长，1937年11月16日。UAM，Sen-I-272.

[91] 致爱因斯坦，1937年1月16日。AEA，Einstein. 亦见 ASWB II.

[92] 致校长，11月12，1936年11月12日。DMA，NL 89，004.

他外交部门汇报。教授们一开始显然没有将这个“私下”颁布的指令当回事，因此在 1937 年夏季学期将要结束之际，对他们再次重申了这一指令。[93]

在自己继任人一事上，索末菲也试图打出这张“德国科学在国外的声誉”牌。
469 在《黑色军团》的攻击文章之后，他找到外交部的高官，海森伯学生卡尔·弗里德里希·冯·魏茨泽克 Carl Friedrich von Weizsäcker，1912—2007)的父亲恩斯特·冯·魏茨泽克男爵(Ernst Freiherr von Weizsäcker，1882—1951)，希望引起他个人方面的关注。魏茨泽克回复说他已经“从外交部的观点就此事提起不同相关人士关注”，但是到目前为止，这一外交方面的努力并未奏效。[94] 1937/1938 年的圣诞节日期间，在致爱因斯坦的信中他垂头丧气地写道：“我的死对头吉奥瓦尼·佛提斯莫[即约翰尼斯·斯塔克]和李奥纳多·达·海德尔伯格[即菲利普·勒纳德]不想让海森伯继承我的位子，他们搞政治，逼我继续教学，照顾自己不断缩减的门生。”像美国在核物理学方面取得的那种进步，在德国是不敢想像的。“德国物理学看来前途黯淡。我只能安慰自己说毕竟经历过它在 1905—1930 年期间的黄金时代。”[95]他举出核物理学上美国和德国的对比绝非偶然。在绕道英国移民到美国并在艾萨卡的康奈尔大学就职后，贝特曾经在一封 13 页的信件中，向他描述当地物理学发展的迅猛步伐。一开始他觉得自己“像是一名传教士在非洲最黑暗的地方传播真正的信仰”，然而不到半年，他的看法就变了。那里主要的探究领域是核物理学。“百分之九十的成果都是在这一领域……您可以从《物理学评论》和《现代物理学评论》看出我自己大致都干了些什么工作。都是关于核物理学的。”[96]

尽管看上去前途“暗淡”，索末菲仍然竭尽全力维持自己 30 年中建立的教学研究事业。即时在 20 世纪 30 年代，索末菲学派仍然培养出著名的理论学
470 家。他最重要的学生包括贝歇特、毛厄、舍尔策和海因里希·韦尔克(Heinrich

---

[93] 校长来信，1937 年 7 月 30 日。DMA，NL 89，024，Mappe Nazizeit.

[94] 魏茨泽克(Ernst Freiherr von Weizsäcker)男爵来信，1937 年 9 月 30 日。DMA，HS1977-28/A，360. 亦见 ASWB II.

[95] 致爱因斯坦，1937 年 12 月 30 日。AEA，Einstein. 亦见 ASWB II.

[96] 贝特来信，1936 年 8 月 1 日。DMA，NL 89，005. 亦见 ASWB II. Bethe/Bacher/Livingston，*Basic Bethe*，1986.

图 31　1935 年退休后，索末菲被要求临时填补自己学术职位的空缺，代理了几个学期的课程。照片显示 1937 年他在讲授 X 射线晶体衍射课程

Welker，1912—1981）。索末菲为自己以及合作者设定巨大挑战：使《波动力学》适应迅速发展的量子力学。1939 年索末菲在新版前言中解释道，材料增长得很快，以至于新版的“广度和内容是之前的几倍”。其形式也不再是一个补充，而是成为《原子结构和光谱线》的第二卷。他的研究所 20 世纪 30 年代写成的很多论文多多少少都和这一工作有关。索末菲处理波动力学问题时介绍了复变分析方法，为自己科学事业生涯中最早钟情之物竖立了一座纪念碑，也给这个新版著作加上一些个人色彩。在 X 射线韧致辐射一章中，也可以看出他在“太平洋问题”上下了多少功夫。[97] 这些在慕尼黑“绿洲”实现的结果表明索末菲和他的学生们即使在“黄金时代”结束后仍然致力于理论物理研究的前沿问题， 471
取得的成果在今天的相关科学文献中仍然可以看到（索末菲—毛厄特征函数，埃尔韦特因子，等等）。[98]

---

[97] Sommerfeld/Maue，*Verfahren*，1935；Elwert，*Berechnung*，1939；Sommerfeld，*Atombau* 2，1939，Kap. 7.

[98] Haug/Nakel，*Process*，2004.

11.6　70岁生日

在《黑色军团》的攻击文章之后快一年，继任者一事还是没有最后决定，索末菲因此告知自己所在学院的院长，他不愿意继续负责代理自己的学术位置，而且自己的两个学生毛厄和韦尔克应当被赋予教学任务，担当起自己的职责。[99]然而，这时候在索末菲继任者一事上讲师军团(尤其是布鲁诺・蒂林，此时菲雷尔已经调任巴伐利亚文化部)已经有了自己心目中的候选人：科隆应用物理副教授，约翰尼斯・马尔施(Johannes Malsch，1902—1956)。[100] 讲师军团反对校长的意见，争辩说：“ 索末菲枢密顾问的告退”提供了“一个机会，最后终于可以坚决采取行动解决这一学术职位的问题”，并要求暂时聘用马尔施负责1938/39年冬季学期的工作。但是巴伐利亚文化部从柏林文化部得知马尔施不愿接受这一任务，因此指示大学聘任毛厄临时代理这一职位。[101]

这样索末菲研究所至少暂时避免了激烈变动。但是第三帝国的政治仍然带来多方面的影响。学院的院长，植物学家弗里德里希・冯・法贝尔(Friedrich von Faber，1880—1954)是一名狂热的纳粹分子。1938年12月，在一份“秘密”的备忘录中，他要求学院所有成员告诉他自己是否：1)积极参加纳粹党或其联盟组织活动；2)为罗森堡、托特、阿内纳尔贝或者其他纳粹机构办公室工作；3)为纳粹机构讲学(“最好提供讲座题目”)；4)与纳粹报纸合作；5)进行“联系当
472 前时事”的研究；或者6)其他为国家的模范服务。这份调查的目的是“表明”大学教师“在自己学术责任之内与之外对党和国家”的义务。在回复这一问卷时，索末菲写道：“1到5，不适用。对第6条——在出国旅行(美国和英国是多次，还

---

[99]致院长办公室，1938年7月7日。DMA，NL 89，004.

[100]有关马尔施，见 Litten，*Mechanik*，2000，S. 70—77.

[101]致校长，1938年10月15日。UAM，Sen-I-272.

去过印度、日本、法国等)时，包括最近的外交部特别感兴趣的1938年意大利之旅，我为德国争取名誉，获得巨大成功。”[102]之前不久有一个“关于参加纳粹党及其分支，联盟组织，纳粹飞行兵团(NSFK)，第三帝国防空联盟等组织以及活动”的问卷中，他报告了自己在5个组织(总共14个组织)中的成员身份：纳粹—公共福利、纳粹—教师联盟、纳粹—德国技术联盟(“是的，是做为德国化学学会会员”)、帝国防空联盟以及帝国殖民地联盟。就纳粹—教师联盟来说，他显然是不很确定自己的会员资格；在1941年3月的一份类似的问卷中，他在这个地方打了一个问号。[103]像纳粹—公共福利、纳粹—教师联盟、纳粹—德国技术联盟这样的“附属组织”都有大量成员；通过组织的“一体化”，前身组织的成员自动转为现组织成员，经常并不通知成员本人。这是纳粹—公共福利组织大量成员名单的来源。因此很难得知其成员的真实内心情绪。也有许多人通过参加这些组织表现自己与“人民”团结一致爱国，免得遭致纳粹邻居、同事或者上级的敌意。[104] 索末菲在5个“附属组织”的成员身份并不代表他认同纳粹，不然的话他就不会在院长的问卷中关于对纳粹党和国家义务的部分回答“不适用”。

之后不久，讲师军团再次试图质疑索末菲的雅利安血统证书。他们引用传记条目说明“多处经常有人提出索末菲枢密顾问有犹太血统”。然而，他们后来被迫承认事实：“帝国内务部种族研究专家”已经“确认了索末菲上至曾祖父母的 473
血统”，并发现“索末菲教授的祖先是雅利安人后代”。[105]

在这种情况下，索末菲在1938年12月5日的70岁生日，也被纳粹政治的漩涡波及。就连《物理学年鉴》为这个周年出版一份纪念专辑的计划，也只能在“附加政治条件”下才能得以实现。[106] 泡利写信告诉已经移民英国的派尔斯，德国出版社已经不敢发表“非雅利安作者”的文章。另外，“报纸上斯塔克团伙对索末菲新的攻击”也让人不安。因此“住在德国之外的索末菲学生们”决定为12月份

---

[102]致法贝尔(Friedrich von Faber)，1938年12月22日。DMA，NL 89，024，Mappe Nazizeit.

[103]Personalakte，UAM，E-II Sommerfeld.

[104]Feiten，*Lehrerbund*，1981；Vorländer，*NSV*，1988；Ludwig，*Technik*，1974.

[105]巴伐利亚文化部致全体大学教师(Dozentenschaft)，1939年4月18日。Personalakte. UAM，E-II Sommerfeld.

[106]海森伯致泡利，1938年7月15日。WPWB II.

的《物理学评论》组织一个索末菲纪念文集。[107]“关于出版社设立与科学无关的次要条件一事，”泡利致信海森伯说，“我希望越来越多的作者停止向这些出版社投稿，不论作者自己是否属于被歧视者的理论家之列。”[108]

对《物理学年鉴》的抵制并未实现。另外受影响的也不只是索末菲学生中已经流亡国外的那些人。路德维希·霍普夫曾是10年前索末菲60周岁生日纪念文集的编辑。在给德拜的信中，他奇怪自己居然没有听到任何关于索末菲70岁生日的计划。德拜回复说《物理学年鉴》是在准备一个专辑，但是“不会有非雅利安作者的文章”。另外，德国物理学会慕尼黑区会也在准备一场联欢，德拜假定“犹太人也被排除在外。恐怕我这里写的内容不会让您高兴，不过觉得最好是让您了解未加掩饰的真相……我明白您会不高兴。当然可以个人向索末菲祝贺他
474 生日快乐”。[109] 被迫无奈，霍普夫只能接受自己被《物理学年鉴》排除在外的事实，但是他坚持在为索末菲举办的物理学会联欢一事上自己“受到和其他会员一样的待遇”。作为一位按时付费的会员，过去每次的物理学会会议他都受到邀请。因为德拜是现任德国物理学会主席，所以霍普夫就此事写信给他。“如果不被邀请，我当然会辞职。”[110]

霍普夫没有收到邀请。“我做梦也没有想到您70岁生日时我会不在场。”在之后的贺信中霍普夫写道，“但是命运用各种办法捉弄我们，另外按照我和您的思维方式，到场参加祝贺不过是形式而已。”在贺信中他附加了自己的祝愿：“希望这几天您能忘掉所有那些令人沮丧的事情！”[111]与此同时，德国物理学会正准备清除犹太人会员。由德拜作为主席签署的1938年12月9日送出的文件声明：“在当前形势下，根据纽伦堡法，德国物理学会中犹太会员资格不再受到支持。”

---

[107]泡利致派尔斯，1938年7月18日。WPWB II.

[108]泡利致海森伯，1938年8月15日。WPWB II.

[109]德拜致霍普夫，1938年10月18日。MPGA，III. Abt.，Rep. 19 (Debye)，Nr. 377.

[110]霍普夫致德拜，1938年10月19日。MPGA，III. Abt.，Rep. 19 (Debye)，Nr. 377. 有关德国物理学会在第三帝国时期的历史，见 Hoffmann/Walker，*Physiker*，2007，尤其是 Wolff，*Ausgrenzung*，2007.

[111]霍普夫来信，1938年12月3日。DMA，NL 89，040.

受影响的会员被指示向德拜提出辞职。[112]“物理学会的那张烂纸也没有那么让人沮丧，”霍普夫再次写信给索末菲说，“但是文件最后的署名让我稍微吃惊。”这一生日贺信附笔还包含一条“与喜庆气氛不协调”的消息。一对夫妇朋友自杀了，“原因是不堪承受降临到自己头上的灾难。很悲惨，但是他们也许是对的”。[113]

4 个星期之前在“11 月大屠杀”中，整个德国范围内，犹太人被杀害、关进集中营或是遭受其他恐怖手段。数学家阿图尔·罗森塔耳(Arthur Rosenthal，1887—1959)在索末菲生日 3 周后向他道歉。在 12 月 5 日那天，虽然他“离慕尼 475
黑很近”，但是无法亲自到场祝贺，因为自己是被关在“达豪集中营”里。直到那之前，他还相信自己能坚持“彻底与世隔绝做自己的科学研究……11 月 10 日的事件”——他指的是所谓“水晶之夜”——让他明白自己是错的，现在他计划尽快移民。不过在上次见到索末菲时，他很高兴看到“从各个方面看您还是像以前一直的样子”。毫无疑问他是在暗指纳粹情绪不断增长，已经根植于德国民众之中。[114] 索末菲回信说：“我们经常谈起您。”在“11 月大屠杀”中罗森塔耳被关进集中营的消息在慕尼黑物理学家和数学家中迅速传开。“您的来信让我们松了一口气。来信内容已经传达给您在慕尼黑的朋友。”[115]罗森塔耳之后很快通过荷兰移民到美国。路德维希·霍普夫也设法移民爱尔兰，让自己和家庭免受灾害。不过不久之后他就在那里去世了。[116]

112Wolff，*Ausgrenzung*，2007，S. 111－112 以及 Hoffmann/Walker，*Physiker*，2007，Appendix，S. 564－565.

113霍普夫来信，1938 年 12 月 11 日。DMA，NL 89，040.

114罗森塔耳来信，1938 年 12 月 21 日。DMA，NL 89，040.

115致罗森塔耳，1938 年 12 月 23 日。作者感谢亚琛工业大学图书馆拉普曼(Roland Rappmann)博士复制这张明信片。

116Siegmund-Schultze，*Mathematicians*，2009，S. 151－152；Eckert，*Atomphysiker*，1993，S. 165－169.

11.7 继任者之争的决议

在这种情况下，索末菲的70岁生日对他自己来说，也不是无忧无虑的欢乐。《物理学年鉴》与《物理学评论》上的文章，让他想起过去自己慕尼黑"摇篮"宁静幸福的时光，但是生日前后发生的事件使人无法乐观看待将来。事实上最坏的事情还在后面。

自1938年以来主导讲师军团的布鲁诺·蒂林，在狂热的纳粹和反犹方面一如他的前任。作为《综合自然科学杂志》(*Zeitschrift für die gesamte Naturwissenschaft*)的合作编辑，他宣布自己投身于出版领域内对现代理论物理学的意识形
476 态战役。1938年9月8日，他向校长提交了自己的索末菲继任人候选名单，上面第一位是马尔施。亚琛高等工学院力学教授威廉·米勒(Wilhelm Müller, 1880—1968)和汉斯·法尔肯哈根分列2，3位。后面这两个名字是斯塔克向讲师军团提议的，主要是放在名单上上作为备选。1938年12月29日，学院的院长表示支持这一名单。与此同时，革拉赫觉得他已经"意识到任命海森伯到慕尼黑来已经不可能"。这样，学院"同意讲师军团的意见"，提议任命马尔施。所有3个候选人都是"党员"。马尔施是致力于重建"实验和理论物理学之间已经失去的团结"的"极少数当代物理学家之一"。[117]

当索末菲得知自己继任者一事上的这一转折，他请求路德维希·普朗特向学院提供一份关于米勒的报告。普朗特评估这位亚琛力学教授时写道：米勒关于流体力学的文章"可能在数学上是不错的"，"但是在我看来意义不大，因为他一直规避非线性问题"。基本方程的非线性特征是流体力学的核心挑战。对于一个以流体力学为专业的人，普朗特的评价决非赞美之辞。普朗特觉得米勒在其他方面"极其正统"，这对于一个反对理论物理学中形式主义的候选人，这也同

[117] Litten, *Mechanik*, 2000, S. 83－89.

样不是一个正面评价。普朗特在其鉴定报告中总结道："我学中不知道米勒教授在物理学上做过什么研究(毫无疑问他通过了高级物理学教师考试，但是这不足以证明它够格当一名教授)。"[118]

这样一来，作为候选人似乎米勒就不用考虑了。然而当索末菲得知另外两位候选者，马尔施和法尔肯哈根并不在柏林科学部的考虑之内时，他要求与校长会谈。在会议笔记中他写道，米勒是名单上"最差的一个"。索末菲坚持最初的名单，并希望校长在柏林支持它，以便让海森伯最后能到慕尼黑任职。[119] 根据 477
这次会谈之后索末菲写给海森伯的信，校长最后倾向于让柏林的部里来做决定，原因是"两份慕尼黑报告的观点之间未能达成一致……我希望您能通过与党卫军工作人员的关系，并且利用这封信，对柏林文化部施加影响，有助于您的任命。根据院长所言，难处在于党内领导反对您的任命"。[120]

海森伯的父母和"帝国党卫军领袖"海因里希·希姆莱的父亲互相认识。希姆莱曾保护海森伯不受《黑色军团》的攻击。[121] 从那以后，来自党卫军的抹黑文章就停止了。1938 年 4 月 21 日斯塔克致信勒纳德说《黑色军团》"不再接受和我之前那篇类似的文章"。[122] 海森伯因此乐观地觉得形势会转向有利于自己。他回复索末菲说自己"立刻找了党卫军"，希望"帝国领袖能推翻党对我任命的决定"。[123] 4 个星期后他再次致信慕尼黑，说形势对我们"相当有利，尽管政治在拖延决策"。[124]

然而在柏林[帝国科学]部里，1939 年 3 月的形势在向另一个方面发展。在巴伐利亚文化部给慕尼黑党部纳粹讲师联盟的一份指示中写着："帝国教育部的党员达梅斯同志[已经拒绝了]马尔施的候选资格。同时他觉得任命海森伯到慕尼黑在目前形势下是不现实的。"这样一来，与讲师军团名单上的第二人米勒的

---

[118]普朗特来信，1938 年 10 月 28 日。MPGA，III. Abt.，Rep. 61，Nr. 1538. 亦见 ASWB II.

[119]会议记录(Gesprächsnotiz)，1939 年 2 月 27 日。DMA，NL 89，019，Mappe 5，11.

[120]致海森伯，1939 年 2 月 28 日。DMA，NL 89，019，Mappe 5，11. 亦见 ASWB II.

[121]Cassidy，*Beyond Uncertainty*，2009，S. 277－281.

[122]Kleinert，*Briefwechsel*，2001，S. 259.

[123]海森伯来信，1939 年 3 月 3 日。DMA，HS1977－28/A，136. 亦见 ASWB II.

[124]海森伯来信，1939 年 3 月 30 日。DMA，HS1977－28/A，136. 亦见 ASWB II.

任命谈判就已经开始。[125]

之后不久就做出了决议。1939 年复活节假期海森伯致信索末菲说：“达梅斯最后任命的居然是候选人名单上最差的一位，可能可以这样解释吧，就是他希
478 望最终事情不成。”他还是希望“面对蒂林那种‘工人和士兵’苏维埃”自己能占据上风。[126] 索末菲也还没有在继任者一事上偃旗息鼓。他给自己在柏林德律风根当工程师和专利专家的儿子的信中写道：“威廉·米勒那件事看上去还不算太坏。”德拜也告诉他，柏林科学部“已经放弃”了米勒。“但是讲师们(蒂林)会尽其所能阻止事态进一步发展。”[127]对索末菲来说，结果还尘埃未定。两个星期后他向儿子坦白“在继任者一事上我的希望和担忧都起伏不定”。[128]

很快，海森伯就得以汇报纳粹党和党卫军在幕后进行的拔河比赛，他致信慕尼黑：“您的教授席位的任命一事已经变成纯粹的政治事件。”“我清楚地知道达梅斯在推进米勒的任命：他是想借此动员反对勒纳德集团的力量，如果不成功就通过米勒来羞辱他们。对他来说，勒纳德对讲师们的影响力这一政治问题显然比慕尼黑教授席位重要得多。”海森伯在党卫军的消息来源告诉他，“希姆莱的指示是毫无疑问的”。自己已经和慕尼黑党部的纳粹讲师联盟展开谈判。希姆莱支持任命海森伯去慕尼黑，但是讲师联盟的领导“可能在赫斯支持下”，坚持认为这会“损害党的威望”。希姆莱现在“不愿意像以前那样强力推进我的任命，因为我在慕尼黑可能会变成一个坏纳粹。蒂林及其同伙肯定会拼命证明这一点。可以说希姆莱不愿为我在党那里丢脸”。现在希姆莱想帮助他在其他地方任职。[129]在下一封信中，海森伯说具体作法是“让他去维也纳大学任职”。不过自己还未
479 答应这一计划，并且抛开自己的事业不谈，他也“表达了希望努力在米勒之外任命一个靠谱的物理学家到慕尼黑就职的迫切愿望”。[130] 索末菲也想再次向柏林的

---

[125]Litten，*Mechanik*，2000，S. 90—91.

[126]海森伯来信，1939 年 4 月 9 日。DMA，HS1977—28/A，136. 亦见 ASWB II.

[127]致恩斯特，1939 年 4 月 13 日。

[128]致恩斯特，1939 年 4 月 27 日。

[129]海森伯来信，1939 年 6 月 8 日。DMA，HS1977—28/A，136. 亦见 ASWB II.

[130]海森伯来信，1939 年 5 月 13 日。DMA，HS1977—28/A，136. 亦见 ASWB II.

部里投诉，但是一直没能找到负责的官员。[131]

索末菲和海森伯的愿望不可能再影响已经做出的决定。米勒被任命到慕尼黑就职，1939 年 12 月 1 日生效。[132] 从现存的资料我们已经无法清楚确定柏林科学部决定后面的关键因素。[133] 不过很多证据显示，正像海森伯推测的那样，达梅斯是想通过米勒羞辱"勒纳德集团"。[134] 之前不久斯塔克在给部里的一封投诉中，因为达梅斯曾经"有一段时间在格丁根当过现在已经移民的纯犹太人詹姆斯·弗兰克的助手"，把他也列为"海森伯周围有犹太意识的一伙人"之一。[135] 在这一任命上达梅斯肯定也得到自己上级门采尔的支持。他们两人都是党卫军成员。根据革拉赫在战后去纳粹化程序中对门采尔的报告，门采尔曾经对他表达过"不同意"任命米勒，并要求投诉米勒，理由是"在这件事情上一定要暴露讲师联盟插手干预的后果"。[136]

---

[131]致恩斯特，1939 年 6 月 22 日；致德拜，1939 年 7 月 12 日。MPGA，III. Abt.，Rep. 19.

[132]Litten，*Mechanik*，2000，S. 95.

[133]同上引，S. 95－104.

[134]Eckert，*Deutsche Physik*，2007.

[135]Lemmerich，*Angriff*，2005，S. 214.

[136]Gerlach，法定声明(Eidesstattliche Erklärung)，1948 年 12 月 13 日。DMA，NL 80，290；Nagel，*Dozentenbund*，2007.

481 # 第十二章　痛苦的岁月

1939 年 12 月，在给一位同事的信中，索末菲写道，“想像中最坏的继任者”就任后，他就“永久地退休了”。[1] 三个月前，随着对波兰的入侵，希特勒发动了第二次世界大战。大范围的灾难和小尺度上自己慕尼黑“摇篮”耻辱的终结结合在一起，使得索末菲郁闷地进入退休生活。就像在 1933 年的夏天所经历的那样，他再一次患上失眠症。[2] 1939 年中，在邻近的慕尼黑高等工学院，“勒纳德集团”也成功地给自己的成员鲁道夫・托马舍克安置了学术职位。“看来慕尼黑正在成为物理学的反动首都”，索末菲的前助手卡尔・贝歇特这样评论这一任命。作为吉森(尤斯图斯・李比希)大学理论物理学教授，贝歇特只能从远处观察事件在慕尼黑的发展。[3]

非物理学家就任索末菲的学术职位一事，不仅仅只在索末菲及其学生圈子里被认为是丑闻。如果帝国科学部的目的是通过任命米勒设立这一先例，来暴露纳粹讲师联盟纳粹党意识形态的有害的“插手干预”，那他们的算计不错。然而对索末菲来说，这只是些许的安慰而已。为了应付自己学术职位继任者一事

---

[1] 致保罗・罗斯鲍德(Paul Rosbaud)，1939 年 12 月 19 日。DMA，NL 89，025.

[2] 致恩斯特，1939 年 9 月 10 日和 1940 年 1 月 19 日。

[3] 贝歇特来信，1939 年 12 月 30 日。DMA，HS1977－28/A，12.

上的痛苦斗争，他给自己设立了一个新的挑战，就是出版自己的讲义。这一项目让他看见“为了将来(很多人)而保存自己讲义中大量有价值的个人经验”的“微弱可能”。[4]

12.1　丑闻加剧 482

讲师军团在慕尼黑大学的代表和他们在慕尼黑[纳粹]党部的支持者起初似乎赢得了一场胜利。科学哲学家胡戈·丁勒(Hugo Dingler，1881—1954)是蒂林父辈般的朋友，并且和他一样狂热地支持纳粹和反犹。当丁勒在《人民观察家报》上读到米勒的任命消息时，他致信蒂林说：“这当然是一个伟大胜利，它应当归功于你的强韧和纯洁的抱负……虽然我个人并不认识米勒，但是也要写信向他祝贺。”[5] 丁勒还把米勒介绍给斯塔克的学生路德维希·格拉泽(Ludwig Glaser，1889—?)。此人在反犹和纳粹革命热情方面绝不逊色于慕尼黑讲师军团成员。格拉泽于1921年在斯塔克手下完成教授资格考试，并以副教授身份在维尔茨堡大学教了几年书之后，于1928年离职。从那之后，尽管以冲锋队活动家而著称(著名事迹之一是1934年在德意志博物馆号召“清洗”图书馆中犹太作者的著作)[6]，他再没有回到物理学术界来。“为了让他能够重返自己的学术事业”，米勒要求学院院长给与格拉泽一个“偏重工程和军事科学需要的理论物理学”教学任务。并要求给与他“副教授的级别和头衔”。[7]

米勒这样做是防止别人攻击说他研究所没有理论物理学课程——而实际上这个攻击很快就来临了。即便已经退休，索末菲也不想拱手让出阵地。1940年7

---

[4] 致恩斯特，1945年4月1日。

[5] 丁勒致蒂林，1939年12月8日。Aschaffenburg，Hofbibliothek，Dingler-Nachlass.

[6] Hilz，*Bildungsanstalt*，2010，S. 274—276.

[7] 米勒致慕尼黑大学自然科学学院，1940年2月24日。DMA，NL 89，030，Akt Müller.

月他来到柏林的[帝国]科学部报告米勒上任后自己研究所的状况。他“提交了一封信件”，证明米勒“不论是在科学还是个人为人上都荒谬可笑”。后来索末菲自
483 己的笔录记载达梅斯的反应是“摇头”并且突然惊叹说出“太不像话了”。这就证实了任命米勒是为了“让讲师军团出乖露丑”的怀疑。“目的是达到了，但是我自己必须被当作实验兔子的滋味也不值得高兴。”当他向达梅斯报告，格拉泽将要开始的教学工作是因为米勒本人不能胜任物理课程的要求时，得到的回复是“如果米勒不讲授基本课程，大学应当向柏林汇报”。[8] 革拉赫随即正式向学院院长投诉米勒“还是没有教授理论物理学”。米勒驳斥革拉赫的投诉，称之为“小学校长式的无理干涉”，并争辩说自己的力学课程也包括了理论物理学。无论如何，他的学生不再需要面对索末菲时代教授的“教条和犹太法典式的物理学”。毫无疑问，是“索末菲教授及其同伙”发动了这场针对他的运动。“这是一场针对我的意识形态使命的战争，我对自己的使命责无旁贷。”[9] 随后索末菲、卡拉特奥多里和威兰又联署了一封投诉，[10] 米勒受到的压力就更大了。但是索末菲后来在信里告诉革拉赫，校长“自己不愿意做任何事”。另一方面，只有“慕尼黑先提出来”，达梅斯才能积极插手干预。[11]

对慕尼黑讲师军团来说，1940 年风向开始转变，还表现在柏林的[帝国科学]部干脆拒绝了其领导贝格多尔特对卡拉特奥多里出国申请中“政治可靠性保
484 证”的异议。[12] 在课程问题一时未决之际，又发生一件让人烦恼的事情。根据荣誉退休教授的传统权利，索末菲以为退休后还能有自己的一间办公室，同时可以使用研究所的图书馆。考虑到大学空间紧张，他自愿提出地下室就可以了。然而米勒拒绝让索末菲进入研究所，并得到学院院长的“完全支持”。[13] 校长和巴

---

[8] 与达梅斯(Dames)博士会谈备忘录，1940 年 7 月 16 日。DMA，NL 89. 亦见 Benz，*Arnold Sommerfeld*，1975，S. 183—184.

[9] 米勒致慕尼黑大学自然科学学院院长办公室，1940 年 9 月 11 日。DMA，NL 89，030，Akt Müller.

[10] 致校长办公室，1940 年 9 月 1 日。DMA，NL 89，018，Mappe 3，14. 亦见 ASWB II.

[11] 致革拉赫，1940 年 9 月 10 日。DMA，NL 89，015. 亦见 ASWB II.

[12] Hashagen，*Constantin Carathéodory*，2010，S. 22—23.

[13] 法贝尔(Friedrich von Faber)致大学建筑管理办公室(Bauamt)，1940 年 2 月 8 日。UAM，E—II—N.

伐利亚文化部让米勒自己去和索末菲就办公室一事达成协议。索末菲的反击是提议向研究所捐赠自己一部分藏书，然而米勒最后清楚地告诉他“要明白最后只有一个结果”，“以后不要再骚扰研究所”。[14] 对于索末菲这是前所未有的冒犯。他向儿子写道：“由于我的继任者恬不知耻，我今后绝不再踏入研究所一步。”“不过大学在其他地方给了我很好的办公室。”[15]他把这个消息告诉一位正要去柏林的同事，让他到“帝国文化部告状说我的继任人选决定是一件公共丑闻，他还把我赶出了自己的研究所”。[16]

在反对派那边，驱逐索末菲也成为一个庆祝的话题，因为它证明了米勒的执行力。丁勒写信给已经被任命负责维也纳天文台的蒂林：“研究所现在永久地摆脱了索末菲。”“现在他居然想把自己多余的书兜售给米勒，米勒没理他。”[17]现在轮到米勒和格拉泽反攻了。1940 年 10 月，在一份 13 页的对革拉赫和索末菲的投诉中，格拉泽指控索末菲让自己的机械师泽尔迈尔“清除罪证文件”。这里提到的文件记录了索末菲如何“提拔甚至是外国犹太人”担任学术职位。“我只想指出我们党内老同志以及冲锋队队员在 1933 年太好说话了——不然的话不会对 485
革拉赫和索末菲这样的亲犹分子与官僚这么客气。”[18]丁勒告诉维也纳的蒂林形势更加激化：“今天格拉泽来了。斗争公开化是好事，因为这样一来战线就划分清楚了。当然可怜的米勒的神经要承受更多压力。”[19]

---

[14]引自 Litten，*Mechanik*，2000，S. 107.

[15]致恩斯特，1940 年 4 月 4 日。

[16]致格林，1940 年 4 月 8 日。DMA，HS1978－12B/172.

[17]丁勒致蒂林，1940 年 3 月 10 日。Aschaffenburg，Hofbibliothek，Dingler-Nachlass.

[18]Glaser：对革拉赫的指责(Anklage gegen Gerlach)，1940 年 10 月 21 日。DMA，NL 89，030，Akt Müller.

[19]丁勒致蒂林，1940 年 10 月 6 日。Aschaffenburg，Hofbibliothek，Dingler-Nachlass.

12.2 “德意志物理学”的终结

这段时间，像索末菲和海森伯这样有声望的物理学权威被一小撮极端狂热分子压制，在其他大学里也被认为是丑闻。由于这件事情的发生显然得到慕尼黑党部的纳粹讲师联盟的同意，达姆施塔特纳粹讲师联盟的舍尔策和沃尔夫冈·芬克恩堡(Wolfgang Finkelnburg，1905—1967)试图劝说慕尼黑联盟的同志们撤回对狂热分子的支持。1940 年 11 月 15 日，纳粹党内展开了一场辩论，借用历史上关于宗教的著名辩论的名字，这场辩论很快被称为“宗教对话”。[20] 6 位现代物理学的支持者——舍尔策、约斯、芬克恩堡、C.F. 魏茨泽克、奥托·黑克曼(Otto Heckmann，1901—1983)、汉斯·科普费尔曼(Hans Kopfermann，1895—1963)——面对 6 位“德意志物理学”的代表——蒂林、米勒、托马舍克、阿尔方斯·比尔(Alfons Bühl，1900—1988)、哈拉尔德·佛克曼(Harald Volkmann，1905—1997)和路德维希·韦施(Ludwig Wesch，1909—1994)。纳粹讲师联盟的一位官员作为主持人，纳粹党介绍的两位物理学专家赫伯特·斯图尔特(Herbert Stuart，1899—1974)以及约翰尼斯·马尔施作为顾问。舍尔策后来带着讽刺的语气写道，这次讨论的结论是“以前不是没有人知道的道理，那就是直接经验是自然知识的根基；在观察的压力下清晰的概念不得不一次次被改写；当直接经验不能再进一步的时候，形式的数学处理可以给与需要的帮助”。最
486 后，所有的与会者达成决议认为，量子论和狭义相对论都是“物理学中已经确立的不可缺少的部分”，并且应当停止“党对物理学的无知的非难”。[21]

据说当索末菲得知辩论结果时，他用的词语是“不够有力，平淡无奇”。[22] 不

---

[20] Scherzer, *Physik*, 1965, S. 57.

[21] Scherzer, *Physik*, 1965; Beyerchen, *Wissenschaftler*, 1982, Kap. 9; Hentschel/Hentschel, *Physics*, 1996, S. 341; Eckert, *Deutsche Physik*, 2007, S. 155.

[22] Beyerchen, *Wissenschaftler*, 1982, S. 241.

过海森伯觉得能达成这样的一致决议还是“值得高兴”：“蒂林和米勒在签署决议前消失也没有让人觉得有什么不满之处。他俩可能是反对派中最蠢的，因而也是最极端的。狡猾的托马舍克已经感觉到来自上面的风向变了。”[23]劳厄也认为辩论结果是一个“伟大胜利”。[24]

仿佛是为了戳破这一胜利的假象，米勒在《综合自然科学杂志》上发表了一篇题为《各大学里理论物理学的状况》的文章。其中他不顾刚刚达成的妥协，大放厥词：“在创建新德国，清除我们文化生活中犹太影响的过程中，国际主义者兼爱因斯坦的同谋索末菲枢密顾问可以仍旧当他的理论物理学大师，但是以前的光环已经被剥去。”[25]在之前不久斯塔克受邀参加的另一个讨论会上，索末菲也受到抨击。其中的讲话发表在1941年的一本题为《犹太物理学和德意志物理学》的小册子上，包含了对索末菲的个人攻击——“犹太物理学的总宣传师索末菲不久前还是一名学术教师”。甚至达到了威胁的地步：“要让犹太思想的教条主义者明白他们在德国的好日子到头了。德意志物理学中已经没有他们的位置。”[26]

与此同时，为了反击说他对理论物理学不在行的非难，米勒提议将“应用力
学”加入研究所的名字中。只要撇一眼研究所图书馆藏书就能看出前任主任的 487
“教条主义倾向”，以及对一些比如“[德国]空军和弹道学的现代发展这样的极其重要”领域的忽视。这样他把对索末菲的言辞攻击结合到展开服务于战争的研究计划上。1941年3月11日，巴伐利亚文化部下令批准了他的建议。从此之后米勒的工作地址就变成“理论物理学和应用力学研究所”。[27]

新的工作方向很快就表现在格拉泽安排的与宝马(BMW)公司的一个合作项目上。格丁根空气动力实验室(Aerodynamische Versuchsanstalt，AVA)为此提供了一个风洞和各种测试仪器。但是由于这年夏天格拉泽被任命去了纳粹在新占领的波兰的学术前哨“波兹南帝国大学”，这套设备从未有人使用过。马上就要离开慕尼黑前往波兹南的格拉泽留给米勒一大堆账单要付，引发的争吵很快

---

[23]海森伯来信，1940年12月4日。DMA，HS1977-28/A，136. 亦见 ASWB II.

[24]劳厄来信，1940年12月4日。DMA，HS1977-28/A，197. 亦见 ASWB II.

[25]Müller，*Lage*，1940，S. 295.

[26]Stark/Müller，*Deutsche Physik*，1941，S. 21—22，30.

[27]Litten，*Mechanik*，2000，S. 105.

使得二人分道扬镳。蒂林为自己推荐了格拉泽到研究所向米勒道歉："我确实是好心，但是他现在和将来都是一个神经病。"[28]格拉泽把半途而废的项目归罪到宝马公司，并且保证下次去的时候"当面"解决一切问题。但是现在波兹南的组织工作都让他不堪重负。"我体重才60千克。"还要准备一个关于"自然科学的民族使命——犹太问题的引言"的系列讲座。[29]然而在慕尼黑不长的时间里，他的所作所为已经让米勒意识到这是一个在自己队伍中也不惜搞阴谋的人。米勒对波兹南的一个同事写道，他"完全改变了自己对格拉泽以前的看法"，"就此事而言
488 我迫切地建议您和帝国大学有关部门保持极端谨慎"。[30] 在另外一件事情上，他说格拉泽是"格别乌[31]间谍类型"的人[32]，而且是个"公敌"。"现在应该设法不给他机会再搞破坏，让他该去哪儿去哪儿。他损害了我们的斗争，玷污了我们的旗帜。"[33]

研究所的机械师泽尔迈尔与索末菲多年交情，对他忠心耿耿。通过他，索末菲得以了解这些事态的发展。对此米勒也很快有所察觉，因此竭尽所能要赶走泽尔迈尔。[34] 他向校长抱怨说这个研究所机械师"作为亲犹分子索末菲和革拉赫的搅事工具"积极活动。[35]最后泽尔迈尔被调到隔壁的物理化学研究所，但是仍然得以拍照和转抄米勒的一些通信，希望能够留下当时恶劣状况的有力证据。1941年10月，在从泽尔迈尔这里得知米勒和格拉泽的争吵之后，索末菲写信给普朗特说："米勒是个十足的蠢货；根本就不能胜任慕尼黑的工作，尤其是现在还当了院长(!!)"格拉泽定制的风洞，现在被"丢弃在大学后院"，更加暴露了米勒任命决定的荒唐。索末菲建议普朗特马上要求支付风洞的15000马克费用。米勒的研究所预算只有3000马克，肯定付不起。"风洞一事很容易成为他道德和专

---

[28]蒂林致米勒，1941年6月24日。DMA，NL 89，030，Akt Müller.

[29]格拉泽致米勒，1941年9月29日。DMA，NL 89，030，Akt Müller.

[30]米勒致格拉泽，1942年9月18日。DMA，NL 89，030，Akt Müller.

[31]苏联国家政治保安部。——译者注

[32]米勒致格拉泽，1943年1月4日。DMA，NL 89，030，Akt Müller.

[33]米勒致玻姆克(Bomke)，1943年1月4日。Akt Müller.

[34]Litten, *Mechanik*, 2000, S. 107—110.

[35]米勒致维斯特(Wüst)，1941年6月23日。DMA，NL 89，030，Akt Müller.

业上破产的祸根。祝您出手一击致命，马到成功。”[36]但是普朗特回复说，米勒已经“非常礼貌地”请求允许退回风洞，因此不可能“利用这件事打击他……不过现在不搞不等于永远不搞！”[37]

普朗特最后成为与米勒及其同伙斗争的有力的盟友。早在一年前，索末菲告诉他自己被研究所驱逐之后，普朗特就写了一份备忘录给戈林，在其中强烈谴责了对索末菲和海森伯的攻击。[38] 1941年11月，他告诉索末菲“现在正酝酿一 489
个新的行动反击对理论物理学的破坏，我4月的备忘录也是其中一部分”。[39] 他这里指的是芬克恩堡和卡尔·拉姆绍尔(Carl Ramsauer，1879—1955)的一个提议。作为德国物理学会代表，他们在1942年1月向帝国科学院提交一份《德国物理学会请愿书》，其中指出物理学在德国正在衰落。[40]

尽管米勒并未因为这些批评而下台，他受到的压力越来越大。《德国物理学会请愿书》的副本被送给军队和工业界不同人士。1942年3月索末菲给普朗特的信中说，“看上去米勒已经摇摇欲坠了”，“从您这边再推他一下，找他要风洞的钱，同时通知巴伐利亚文化部，就可以大功告成”。[41] 另外作为院长，米勒也太肆无忌惮了，以至于1941年来担任校长的瓦尔特·维斯特(Walther Wüst，1901—1993)和他的关系也恶化了。作为一名冲锋队高级成员，维斯特当然不会质疑米勒对纳粹的忠诚。1942年夏天，米勒已经到了自己要求调去高等工学院任职的地步。[42] 他的信件的大意显示了自己感到的压力。1942年6月他致信校长说：“最近的一些事件给我带来了极大伤害，我担心自己会彻底精神崩溃。”泽尔

---

[36]致普朗特，1941年10月10日。MPGA，III. Abt.，Rep. 61，Nr. 1538. 亦见ASWB II.

[37]普朗特来信，1941年10月22日。MPGA，III. Abt.，Rep. 61，Nr. 1538. 亦见ASWB II.

[38]重印于Vogel-Prandtl，*Ludwig Prandtl*，2005，S. 210—214.

[39]普朗特来信，1941年11月13日。MPGA，III. Abt.，Rep. 61，Nr. 1538. 亦见ASWB II.

[40]Eckert，*Deutsche Physik*，2007；Hoffmann，*Ramsauer-Ära*，2007.

[41]致普朗特，1942年3月12日。MPGA，III. Abt.，Rep. 61，Nr. 1538. 亦见ASWB II.

[42]Litten，*Mechanik*，2000，S. 130.

迈尔将这份文件的副本转给索末菲，并在空白处写下“部分是我造成的”。[43] 在一封给格丁根空气动力实验室的信中，米勒把自己描绘成一个受害者，在派不上用场的风洞这一烂摊子上推卸责任：“我和格拉泽以及宝马公司闹翻后，他们
490 都一走了之，把我一个人丢在这里。”“他们用难以置信的方式欺骗和出卖了我。”[44]就连米勒的同伙也觉得他是个失败者。1942 年夏季学期期末蒂林写信给丁勒说：“毫无疑问，米勒在慕尼黑实际上是在走下坡路。”“非常遗憾，但是毫无办法。他个人素质不能胜任负担的任务。”[45]

1942 年 11 月，纳粹讲师联盟主持了另一场关于“德意志物理学”的辩论，米勒连邀请都没有收到。这表现了倡议者自己内部的不和。蒂林抱怨说：“作为我方的唯一代表，我面对一整排的团结有序的敌人。”[46]海森伯判断这场辩论是一场“胜利庆祝”。[47] 在慕尼黑大学接下来的一场意识形态和专家之间的较量中，后者获胜绝非偶然。1938 年寻找卡拉特奥多里的继任人的程序开始之后，讲师军团和学院的数学家双方代表的立场都变得很坚定。1943 年，埃伯哈德·霍普夫(Eberhard Hopf，1902—1983)获任这一职位。他是一位国际水平的数学家，没有表现出任何纳粹倾向。[48]

12.3 政治怀疑

自己研究所令人沮丧的的情形并没有阻止索末菲继续遵循几个在几十年教

---

[43] 米勒致维斯特，1942 年 6 月 28 日。DMA，NL 89，030，Akt Müller.

[44] 米勒致空气动力学实验室，1942 年 10 月 31 日。DMA，NL 89，030，Akt Müller.

[45] 引自 Litten，*Mechanik*，2000，S. 128.

[46] 蒂林致丁勒，1942 年 11 月 2 日。Aschaffenburg，Hofbibliothek，Dingler-Nachlass.

[47] Beyerchen，*Wissenschaftler*，1982，S. 258.

[48] Litten，*Carathéodory-Nachfolge*，1994；Hashagen，*Constantin Carathéodory*，2010，S. 15—16.

学生涯中已经深植于他内心的传统。第一个就是自1909年就开始了的讨论理论物理学研究最新进展的研讨会。当这个传统在自己的研究所无法延续时，他寻求并在物理化学研究所找到了替代。法杨斯移民之后接过这个研究所的克劳斯·克鲁修斯(Klaus Clusius，1903—1963)成为索末菲与米勒和讲师军团斗争的盟友。“自从退休之后，我就和同事克鲁修斯一起参加他研究所的理论物理学研 491
讨会，参加这个研讨会的还有很多同事和学生”，1940年10月，索末菲致信德国物理学会主席，申请资金邀请国外学者前来讲学。[49]“因为担心其他研究所会提出类似要求”，这一申请未获批准。[50] 然而即使没有德国物理学会的经济资助，这个研讨会也很兴旺。索末菲的名声带来了踊跃的观众。1941年当一位参加者向索末菲祝贺他获得博士学位金色纪念(50周年)时，他加上了自己对德国很快迎来又一个理论物理学“黄金时代”的期望。“如果它总是迟迟不来的话，让我们这些有理性的人们在这个秘密的研讨会上保持团结，用那句成语‘对于愚蠢，诸神也无能为力’互相安慰!”[51] C. F. 魏茨泽克就曾在这个“秘密的研讨会”上作了“宇宙学和重元素的产生”的报告。[52]尽管战争使得交通困难，索末菲仍然继续邀请同事来参加这一“特殊的研讨会”。[53]

在德国物理学会中，他也努力保持理论物理学不至完全丧失声望。1938年他就任马克斯·普朗克奖章授予委员会主席。之前这个职位都是普朗克本人亲自担任。1942年德国物理学会主席拉姆绍尔曾经想把授予这一奖章的主导权力转交给帝国科学部，以作为“关于现代理论物理学的整个争论”的“终局和解”。但是索末菲坚持最多只能在奖章材料上“咨询”一下帝国科学部，获奖人选应由奖章委员会决定。[54]

索末菲的崇高声望使得他经常受到来自海外的访问邀请。由于出国需要得 492

---

[49]致施丁贝克(Steenbeck)，1940年10月26日。DMA，NL 89，018，Mappe 3，12. 亦见 ASWB II.

[50]施丁贝克来信，1940年10月31日。DMA，NL 89，018，Mappe 3，12

[51]迈斯讷(W. Meiβner)来信，1941年10月26日。DMA，NL 89，017，Mappe 2，4.

[52]魏茨泽克来信，1942年1月28日。DMA，HS1977—28/A，359.

[53]致奥伊肯(Eucken)，1943年4月17日。DMA，HS1977—28/A，86；Stueckelberg 来信，1944年12月26日。DMA，NL89，013.

[54]Beyler/Eckert/Hoffmann，*Planck-Medaille*，2007，S. 231.

到政治当局的同意，因此批准与否就清楚反映了后者对他的看法。比如1940年8月索末菲计划前往意大利时，柏林一名纳粹党官员向慕尼黑当地党的下属机构“比德尔斯坦”问询：“请详细告知关于此人的政治可靠性是否有疑问，如果有，这些疑问的事实根据是什么?”得到的回复是：“索末菲在哲学上的坚定性是否足够可以批准出国，目前还不能确定。”虽然这个主要是私人性质的旅行还是得到批准，但是他显然是被当局留意照看的。1941年1月，纳粹慕尼黑/上巴伐利亚地区党首领收到一家出版社的问询：索末菲在政治或者种族上是否有疑虑，给出的答复是，对索末菲应当“在政治上和科学上都断然拒绝”。[55] 尽管索末菲已经退休，大学继续将他归入另类，必须汇报自己与纳粹党及其附属组织的立场的异同。另一方面，大学也被征求提供索末菲政治可靠性的信息。比如在1942年3月，意大利总领事向慕尼黑大学问询是否可以批准一份邀请索末菲去米兰讲学的邀请。校长和大学理事会从各个当局机构收集信息，然后通知总领事“索末菲教授去米兰讲学一事遭到很多强烈反对”。这一“问询”显示“之前对于臭名昭著的物理学家之争一贯置身事外的安全服务部，[已经]对索末菲提出了反对”。[56] 这个冲锋队帝国安全总部特勤机关的一个部门对索末菲的怀疑究竟是什么，从现存的文件已经无从得知。米兰的邀请是由小吉奥瓦尼·金蒂勒(Giovanni Gentile jun.，1906—1942)提议的，他是墨索里尼内阁中第一个法西斯文化部长
493 的儿子。当时他父亲刚刚失势，因此安全服务部可能担心会有一些政治后果。小金蒂勒是米兰大学理论物理学教授，索末菲的崇拜者。[57]

最后看起来，对索末菲的怀疑也不是那么严重，因为意大利之旅还是被批准了。但是1942年3月，就在索末菲到达不久，小金蒂勒意外去世了。在意大利科学杂志《科学》(*Scientia*)1942年秋天的一期中一篇题为《慕尼黑光谱理论的20年》的文章(该文可能概述了索末菲米兰讲座的内容)中，索末菲称小金蒂勒为“我的年轻朋友”。[58] 他对金蒂勒最近关于量子统计的结果印象尤其深刻，觉得这

---

[55] 柏林文献中心(Berlin Document Center)中索末菲档案，BAB，VBS 307，8200002950.

[56] Personalakte Sommerfeld，UAM，E—II—3187.

[57] Bonolis，*Giovanni Gentile jr.*，2008.

[58] Sommerfeld，*Zwanzig Jahre*，1942，S. 123.

个方法很有希望解决极低温下氦的超流动性问题。[59] “我在米兰的讲座推迟到4月29日，而且我越来越把它看做一个年轻的金蒂勒的纪念仪式，”他从罗马写信给妻子说，“我在这里访问了他父亲。”索末菲还会见了费米移民后继承了他在罗马大学职位的吉安-卡洛·维克(Gian-Carlo Wick，1909—1992)，二人计划合作一篇理论物理学论文。[60] 索末菲和海森伯也邀请维克到慕尼黑和柏林作关于宇宙射线物理的报告。[61] 但是合作发表论文的计划并未实现，而是一直停留在信件讨论阶段，并且非常简短。“不然的话，可怜的检察员要读的东西就太多了!”[62] 1943年，维克再次费力试图邀请索末菲到意大利，但是由于战争时期的诸多困难，这些计划都未能实现。[63] 在1942年4月的罗马之行中，索末菲还会见了维克的母亲芭芭拉·阿拉森(Barbara Allason，1877—1968)，并在家信中写道，她是“一位迷人的女士，了解丽卡达·胡赫[64]，对《洛特在魏玛》[65]非常着迷”。[66] 他没 494
有提到，作为一位反法西斯主义者，她和丽卡达·胡赫一样反感纳粹。一年后索末菲在耶拿访问了“79岁仍然风采动人的丽查达·胡赫”[67]，这一次他们的交谈题目也不仅仅是围绕文学。

安全服务部的怀疑也可能和另一事情有关。关于此事的记录在索末菲预备意大利之行的个人文件中形成了一个专门条目。马德里的德国使馆听说索末菲在一封给同事的信中支持恩里克·莫莱斯(Enrique Moles，1883—1953)返回西班牙。莫莱斯是著名化学家，在西班牙内战中“支持左派”，当时正处于流放之中。帝国科学部致信慕尼黑大学校长瓦尔特·维斯特，说在马德里科学院索末

---

59 Sommerfeld，*Quantenstatistik*，1942。

60 致约翰娜，1942年4月19日。

61 致海森伯，1942年6月17日。München，Max-Planck-Institute for Physics；海森伯来信，1942年6月19日。DMA，HS1977—28/A，136.

62 维克来信，1942年8月28日。DMA，HS1977—28/A，366.

63 维克来信，1943年2月24日和3月22日。DMA，HS1977—28/A，366。

64 Ricarda Huch，1864—1947，德国著名女历史学家。——译者注

65《洛特在魏玛》(*Lotte in Weimar*)，托马斯·曼(1875—1955)的小说名作。——译者注

66 致约翰娜，1942年4月19日。

67 致布赫瓦尔德(Buchwald)，1943年7月13日。Danzig，TU-Archiv，Atomphysik (Sommerfeld).

菲的信被“当着交通部长的面朗读出来”。“在西班牙内战中”，莫莱斯“白纸黑字写了支持俄国，反对德国”。因此，校长被要求警告索末菲“以后要和这类推荐和提议保持距离”。[68]

除了像这次被校长明确警告之外，其他时候索末菲都不知道这类针对自己的有政治动机的怀疑。泽尔迈尔将米勒的指控转给索末菲，不过在当局政治高层疏远讲师军团之后，他就不再把这些东西太当回事。至于安全服务部对他的怀疑，索末菲大概并不知情。他从未将对纳粹权力结构中各个人物的看法付诸笔端，只是偶尔顺别暗示一下自己的看法。关于“我们的最高长官鲁斯特也曾出席的”柏林科学院的一项活动，他写道：“会议没完没了，我昏昏欲睡。”[69]

但是有一件事情却清楚无误地表现了索末菲家对纳粹统治者的看法。1941年5月10日，希特勒的代表鲁道夫·赫斯飞往苏格兰，最后被英国人扣下来。
495 索末菲的妻子大感振奋，创作了下面这首《致希特勒》的诗：[70]

现在已经开始！傲然耸立的城堡在颤抖，
一块角石塌落，屋顶栋梁吱吱扭扭，
恐怖的幽灵穿墙越壁、悄然行走，
外表生机盎然、内部极端腐朽。
百万般的痛苦是你埋下的种子，
声讨你、控诉你，将双手举起。
纵使你酣然入眠、沉入梦乡，
梦见的是你自己的末日、面色苍苍。
逃避有何用？你的谎言众所周知，
闻名天下，你将藏身无处。
你的巴别塔永无竣工之日，
明朝断送你性命的人，今天还在为你欢呼。

---

[68] 鲁斯特致维斯特，1942年3月6日。UAM，E—II—3187. 亦见DMA，NL 89，024，Mappe Nazizeit.

[69] 致布赫瓦尔德，1943年7月13日。Danzig，TU-Archiv，Atomphysik(Sommerfeld).

[70] 赫斯(Rudolph Heβ)飞抵苏格兰后，写给希特勒的信，1941年5月13日。

有朝一日，人们说起黑色瘟疫般死亡，
说起你，法庭审判不由你做主。
有朝一日，在世界历史的舞台上，
罪大恶极的魔鬼将是你的血腥横幅！

赫斯外逃苏格兰事件的背景一直没有对德国公众公开。表面上的“外逃”被看成是是秘密外交的开始，以便在对俄宣战的前夕，避免两线作战。[71] 不过，就算约翰娜·索末菲误读了希特勒的副手，那些与希特勒有关的词语（“骗子的嘴脸”“刽子手”“最大的恶魔”）清楚地显示她——应该还有阿诺尔德·索末菲——对统治者的感受。这首诗被妥善保存在自己家里，没有别人会看到。任何书信形式的意见表达都需要考虑安全。

---

[71] Schmidt，*Rudolf Heß*，1997.

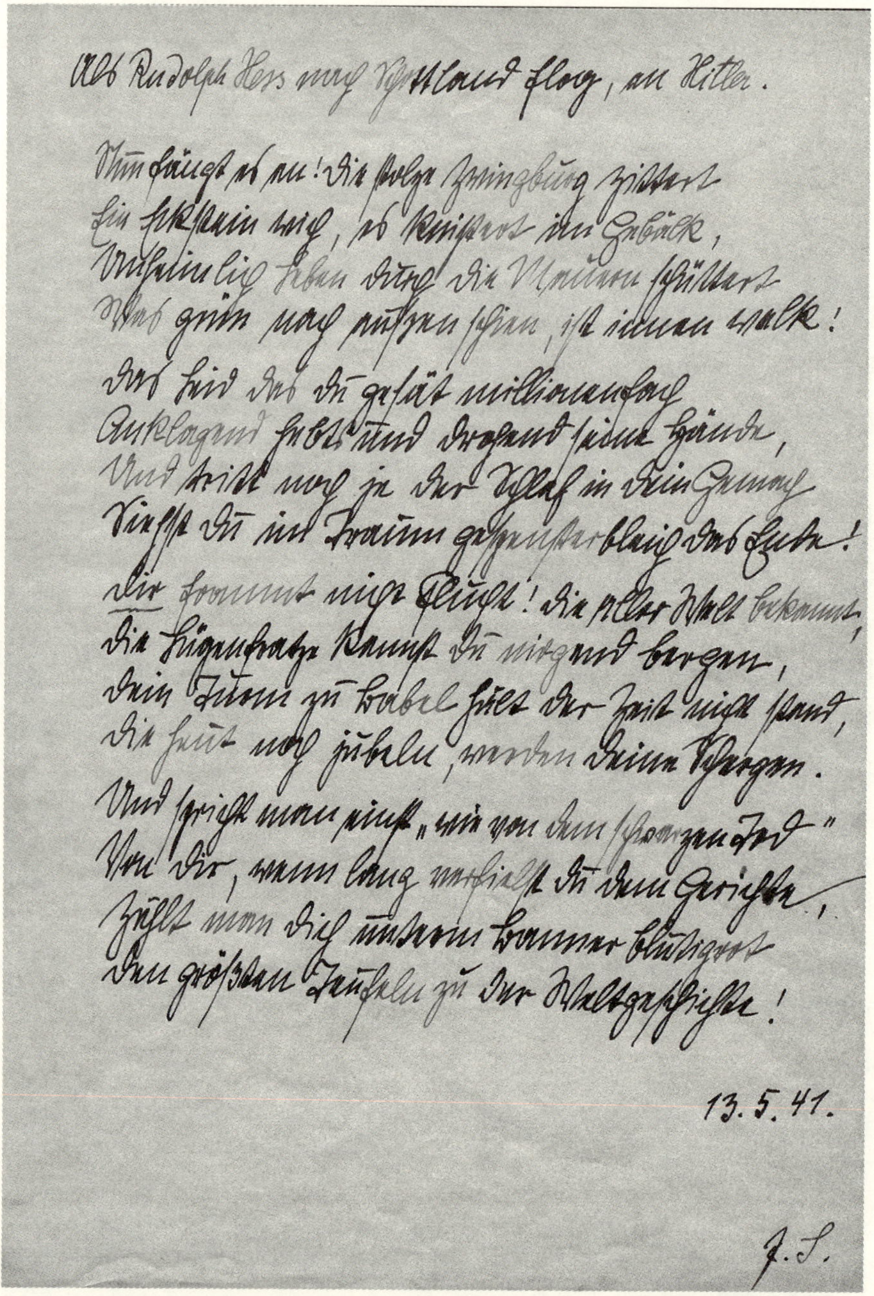

Als Rudolph Hess nach Schottland flog, an Hitler.

Nun fängt es an! Die stolze Zwingburg zittert
Ein Ächzen rings, es knistert im Gebälk,
Unheimlich Leben durch die Mauern schüttert
Was grün noch außen schien, ist innen welk!

Das Leid, das Du gesät millionenfach
Anklagend hebt es und drohend seine Hände,
Und weckt noch jäh den Schlaf in Deinem Gemach
Siehst Du im Traume gespensterbleich das Ende!

Dir frommt nicht Flucht! Die aller Welt bekannt,
Die Lügenfratze kannst Du nirgend bergen,
Dein Turm zu Babel hält der Zeit nicht stand,
Die heut noch jubeln, werden Deine Schergen.

Und spricht man einst „wie von dem schwarzen Tod"
Von Dir, wenn lang verfielst Du dem Gerichte,
Zählt man Dich unterm Banner blutigrot
Den größten Teufeln zu der Weltgeschichte!

13. 5. 41.

J. S.

图 32　约翰娜·索末菲以此诗评论鲁道夫·赫斯外逃苏格兰事件

12.4 海军舰队的研究任务

与一战时期的反应不同的是，对于国防军在初期令全国兴奋不已的的军事“成功”，索末菲热情有限。当“总督当局”在波兰已经建立，对丹麦和挪威的占领开始之后，索末菲在1940年4月希望“至少瑞典会被放过”。“迷人的莉泽·迈特纳，还有伟大的西格班以及很多其他朋友住在斯德哥尔摩。”[72]在1940年5月的“闪电战”中，德军横扫比利时、卢森堡、荷兰，最后法国也沦陷了，很可能在索末菲心中激起了普朗克所表达的那种感受：“我们的军事胜利是值得尊敬，军队的成就也令人赞叹。不过，在每天都有生命牺牲，无数财产被毁之时，我
们从心里也高兴不起来。”普朗克写下这些文字之时，正值部分法军和英军在敦 497
刻尔克被包围，希特勒的国防军似乎不可战胜之际。“想到在英国、挪威、丹麦和荷兰的朋友和同事，我便心痛不已。”[73]

索末菲对于“战争物理学”的投入，也不能和一战时相提并论。他最后的助手韦尔克被米勒挽留下来，不过又被调任去“格雷费尔芬无线电报和空气电力实验室”做与“战争相关”的研究。在信里索末菲告诉儿子说，韦尔克给自己骗到“一份不错的轻松工作”。[74] 1940年当维尔茨堡的一位同事问他是否可以为基尔的海军舰队通信技术实验指挥部(Nachrichtenmittel- Versuchskommando，NVK)承担一个研究任务时，又一次点燃了索末菲旧日对围绕电磁波传播的问题的热情。[75] 在给儿子的信中他写道：“与此同时我解决了交给我的一个问题。”不过最后促使他接受这一军事任务的既不是爱国主义召唤，也不是科学好奇心，而是“得到一名助手的可能性”。他希望能通过海军最高指挥部从他应征入伍的学生

[72]致恩斯特，1940年4月28日。

[73]普朗克来信，1940年5月23日。DMA，NL 89，012. 亦见ASWB II.

[74]致恩斯特，1940年2月22日。

[75]哈姆斯(Harms)来信，1940年2月12日。DMA，HS1977－28/A，132.

中召回一名作为自己的助手。[76] 一开始这一计划似乎难以实现，因为索末菲选中的京特·克里斯特莱恩(Günter Christlein，1915—2008)过于年轻，不符合“延期职位”的要求。NVK 叫他提名一个岁数大点的候选人，“原因是以后对年轻职员很难继续延期”。[77] 索末菲接下来提名于 1937 年在自己手下完成博士学位的弗里茨·伦纳(Fritz Renner，1907—1998)。他当时已经被分配到 NVK 进行其他军事研究工作。在博士论文[78]中伦纳也表现出自己是复变积分的高手，对他正在进行的军事研究工作很有用处。

498 NVK 为海军进行大量的无线电工程开发工作。[79] 不过索末菲接触的主要为 NVK 完成这一研究任务的德律风根的同事。他的任务是解决“无线电报领域的理论问题”。其中一个是计算地球曲率对电磁波传播及其在大气上层折射的影响。[80] 索末菲把相关的计算工作交给伦纳，自己只是指导使用的方法。伦纳住进索末菲家里的一个房间，还担负起秘书工作，处理堆积成山的通信，同时也帮
499 着做跑腿的差事。“伦纳非常勤奋和上进。”索末菲高兴地写道，“为人不错。”[81] 由于他们的孩子都已长大搬走，对索末菲和妻子来说家里有一个年轻壮劳力是个很大的解脱。伦纳很快就被当做家庭一员。战争的最后几年慕尼黑的日子更加难过，伦纳担当了家里各种购物任务。比如战时的最后一个冬天，他以索末菲家中有“战争任务”为理由从“煤站”获得加热用的燃油。[82] “他帮助做各种家务，非常努力”。[83] “战争任务”也成为一条理由，使得伦纳免于被征召到前线，能够帮助索末菲一家做家务。[84]

相比之下，海军对他们的工作在战争中的重要性看得不是很高。因为索末

---

[76] 致恩斯特，1940 年 4 月 20 日。

[77] NVK 来信，1940 年 6 月 3 日。DMA，NL 89，020，Mappe 7，2.

[78] Renner，*Theorie*，1937.

[79] 有关单个研究计划，见 BA-MA，M 697 E. 有关组织，见 Krauβ，*Rüstung*，2006，S. 165—174.

[80] 1940 年 8 月 30 日的一次会议记录。DMA，NL 89，020，Mappe 7，3。

[81] 致恩斯特，1940 年 9 月 13 日。

[82] 致恩斯特，1945 年 1 月 14 日。

[83] 致恩斯特，1945 年 2 月 3 日。

[84] 对伦纳(Fritz Renner)的访谈，1996 年 11 月 25 日。

图 33　1944 年 7 月的一场空袭过后，索末菲在杜南特大街的房前：索末菲(用一只平底锅当“头盔”(“Helm”))；他左边是邻居化学家奥古斯特·阿尔贝特(August Albert，1882—1951)。在街上(带纳粹臂章者)是街区一名纳粹党的官员(街区看守[Blockwart])

菲和伦纳没有受到什么进度上的压力，甚至还被允许发表一部分研究结果。[85] 在柏林德律风根的一个会议之后，索末菲写信给一位同事说，“幸运的是”，他的任务是不像伪装潜水艇之类的那么“重要”。“只是一个无足轻重的问题……我的助手就可以处理。”[86]1944 年 8 月，考虑到“即将发生的邮政限制，”索末菲让儿子恩斯特搞到一张证明，使他能够以“军备工作”的名义保留电话。[87] 显然他觉得德

[85] Sommerfeld/Renner，*Strahlungsenergie*，1942.

[86] 致布赫瓦尔德，1943 年 7 月 13 日。Danzig，TU，Atomphysik(Sommerfeld).

[87] 致恩斯特，1944 年 8 月 12 日。

律风根专利律师的儿子的关系比自己在海军的上级更有用。如果海军觉得重要的话，早就可以给他发放保有电话的证明。

12.5 理论物理学讲义

对自己的“军备工作”，索末菲时不时地也觉得很有兴趣，原因他在其中得
500 以再次接触最早引发自己科学热情的偏微分方程。这是所有关系电磁波的理论问题的中心。能够告诉儿子自己已经“巧妙地解决了”战争任务中出现的某些问题的确让他感到切实的快乐。[88]

不过他真正的目的，不是解决某个物理应用中的数学问题，而是发表自己在慕尼黑几十年的教学生涯中发展、完善并不断适应理论物理学最新进展的讲义。这一基于自己讲义的理论物理学教科书计划由来已久。但是因为害怕任务过于艰巨，付诸实施的行动一拖再拖。早在 1909 年，莱比锡的希策尔出版社就提议，作为理论物理学杰出代表的普朗克和索末菲合作出版一本相关教科书。[89] 1906 年，普朗克曾经将自己的《热辐射理论讲义》编成教科书出版。他很愿意与索末菲合作完成类似的工作。但是索末菲觉得两人的讲义相同之处太少。[90] 失望的普朗克写道：“在理论物理学教科书一事上您不愿合作，让我感到非常遗憾。”不过他最后也承认这样的一本教科书最好是让一个作者来完成。1924 年，希策尔出版社再次提出这一建议时，索末菲正忙于《原子结构和光谱线》一书，“需要不断地修改，出版新的版本”，无暇他顾。出版社甚至提议负责用打字机抄写讲义，不过索末菲还是拒绝了。“需要的工作量远远超过您的想象；一个秘书类的助手是不够的。”另外希策尔出版社刚刚出版了普朗克的 5 卷《理论物理学导论》

---

[88] 致恩斯特，1943 年 5 月 20 日。

[89] 希策尔来信，1909 年 2 月 15 日。DMA，NL 89，009；普朗克来信，1909 年 2 月 24 日。DMA，HS1977－28/A，263. 亦见 ASWB I.

[90] Seth，*Quantum Theory*，2004.

(*Einführung in die Theoretische Physik*)。于是他告诉出版社："我经常想到要出版自己的讲义，不过现在你们刚刚出版了普朗克的讲义，我觉得自己的就没有那么迫切了。"[91]

不过现在不做不等于永远不做。整个1930年代，索末菲都忙于修订《波动力 501
学补充》，使之适应量子力学的迅速发展。1939年这一工作结束之后，就可以实现自己的抱负了。另外正像1941年10月他给普朗特的信中所写，整理讲义的工作也可以帮助他忘掉"自己原来研究所的下流统治(我想不出其他词来形容!)"。[92]想必此时他已经着手开始讲义第一卷关于力学的部分，因为几个月后他告诉自己的学生，被送到苏联前线的克里斯特莱恩，自己正在"兢兢业业地"致力于出版讲义。[93] 克里斯特莱恩回复说："在艰难困苦之中，您从慕尼黑来信的内容有如天鹅歌唱。""出版讲义一事尤其让我兴奋。这对所有的索末菲学生都是一份大礼，尤其是像我这样被迫中断学业多年的人。"[94]

很多人都有同感。"以前如果不在慕尼黑的话，要得到您的讲义很麻烦。"奥古斯特·威廉·毛厄回忆道，"比如，我还记得自己用电影摄像机拍摄讲座的情形。"[95]索末菲在很多国家的学生都得知了这个消息。1937年逃过了斯大林在苏联的"大清洗"的维尔纳·龙贝格，在奥斯陆找到了一个位置。他从随着德国占领挪威而调任过来的核物理学家汉斯·延森(Hans Jensen，1907—1973)那里听到此事，在1943年12月致信慕尼黑说："1937年我狼狈逃出苏联时，遗失了几本您讲座的珍贵笔记，现在我可以期望能得到新形式的讲义。"[96]

此时作为系列第二卷的《力学》已经出版，第六卷《可变形体力学》正在准备
过程之中。然而战争影响了生产和销售计划。在负责印刷的莱比锡学术出版社， 502
第二卷的整套印版都毁于1943年12月的一场轰炸。不过按照儿子的建议，索末菲对这种战时的不测有所防备，让他的助手弗里茨·伦纳准备了一份副版。"所

[91] 致希策尔，1924年6月30日。DMA，NL 89，004. 亦见 ASWB II.

[92] 致普朗特，1941年10月10日。MPGA，III. Abt.，Rep. 61，Nr. 1538. 亦见 ASWB II.

[93] 致克里斯特莱茵(Christlein)，1942年3月5日。

[94] 克里斯特莱茵来信，1942年3月30日。DMA，NL 89，020，Mappe 7，1.

[95] 毛厄(Maue)来信，1942年10月5日。DMA，NL 89，020，Mappe 7，1。

[96] 龙贝格来信，1943年12月28日。DMA，HS1977－28/A，290. 亦见 ASWB II.

以，算不上彻底的损失，只是耽搁一些时间而已。”[97]

在这件事上，这一耽搁反而还有些益处。索末菲因此有机会在格丁根普朗特领导的威廉皇帝流体力学研究所专家的帮助下，改正了最初讲义中的几个有问题之处。由于从船舶的水力学到飞机的空气动力学的多方面的应用，使得像边界理论和湍流理论这样的分支领域在20世纪30年代后得到飞速发展。这些工程科学领域中非常重要的理论属于应用力学，而应用力学已然演化成为独立的学科。然而流体力学技术应用的迅速发展在物理学中并未引起重视。普朗特为索末菲重写了边界层部分的内容，索末菲致信感谢说：“您重写的边界层一节，我照单全收。”在“特别是关于湍流的有疑问的段落”以及其他部分，格丁根流体力学专家们也起到帮助作用。[98] 1944年11月索末菲完成了第二卷的工作。即使在战争最后几个月的混乱之中，印刷和装订也得以完成，当然分发销售是不可能的。1945年9月在向一位同事描述自己教科书项目的现状时，索末菲猜测说：“现在可能是放在莫斯科的某个地方。”[99]

503

12.6 没有爱因斯坦的相对论？

战争结束后，莱比锡学术出版社处于苏联占领区。索末菲将后面的几卷交给从莱比锡搬到威斯巴登的威廉·克莱姆(Wilhelm Klemm)的迪特里希出版社出版。但是由于学术出版社对这本教科书的兴趣不变，造成了东德和西德两个版本的混乱现象。

除去这些琐碎事项，很难从书的本身内容中看到其出版过程中历史背景的

---

[97] 致恩斯特，1943年12月21日。

[98] 普朗特来信，1944年2月15日和19日以及1945年2月20日；致普朗特，1944年2月24日，11月3日以及1945年1月31日。MPGA，III. Abt.，Rep. 61，Nr. 1538. 亦见 ASWB II.

[99] 致约尔当，1945年9月8日。SBPK，Jordan 606.

影响。然而相关的通信，却清楚反映了在1942年中“时代精神”对教科书作者的侵害。没有人比海森伯受到“德意志物理学”的攻击更多。即使受到的攻击停息后，不再可能像1933年之前讲授理论物理学后，没有人比海森伯被索末菲提到得更多。海森伯在信中告诉索末菲，在力学手稿中“相对论一节多次提到爱因斯坦”。一位“政治上活跃，过去对我们帮助很大”的熟人，已经表示希望“这个时候能够多照顾一下时代精神”。海森伯觉得读者只需要知道“狭义相对论是正确的。没有爱因斯坦也一样会被提出来。我处理这种敏感政治问题的办法是强调狭义相对论在事实上的正确性，完全不涉及它的历史发展”。[100]

对索末菲来说，这个难以采纳的建议似乎是“有些侵犯了著者的合法名誉权”，但是还是妥协并提出了一个折中的建议。相关章节一共5次提到爱因斯坦，3次是关系狭义相对论，2次是广义相对论。索末菲给莱比锡出版社的信中说，前面3次可以删掉；后面两次，一个“必须无条件保留”，另一个他也“希望保留”。由于政治监督机构检查手稿的时候“肯定不会没有您们的协助，”索末菲让出版商自己决定。“您们看着办吧！”[101]他把这封信的复印件以及自己的回复寄
给海森伯，并写道，这个方案可以“让您和您的‘熟人’满意”。不过他还是忍不 504
住表达了对“私下进行的全面的预先审查”的沮丧。[102]

出版社采纳了这一折中的建议，在《力学》卷中仅在广义相对论相关的部分提到爱因斯坦的名字。[103] 对“时代精神”的退让并未削减这部教科书的吸引力。为了满足市场需求，一年后出版社就不得不印发了第二版。[104] 战后这本书继续受到欢迎，因此很快又出版了更新的版本。这一成功反映了索末菲作为一名教师的成就。就像在前言中强调的，他希望“给读者提供一个从适当的数学物理观点看符合理论的丰富材料的生动图像”。在出版过程中，他一定曾经想起当初和普朗克合著一本理论物理学教科书的想法，因而使得自己的风格与普朗克大相径庭。

---

[100]海森伯来信，1942年10月8日。DMA，NL 89，024，Mappe Nazizeit. 亦见 ASWB II.

[101]致贝克尔(W. Becker)，1942年10月15日。DMA，NL 89，024，Mappe Nazizeit. 亦见 ASWB II.

[102]致海森伯，1942年10月14日。München，Max-Planck-Institut für Physik，亦见 ASWB II.

[103]Sommerfeld，*Vorlesungen I*，1943，S. 15 und 203.

[104]Sommerfeld，*Vorlesungen I*，1944.

与普朗克不同，他不寻求一个不间断的系统性的构架，而是更看重“材料的丰富性”。他试图“尽快推进到本质的物理问题上”。与普朗克相反，他“对数学工具的处理更加自由”。[105]

写作时激起的回忆，在战争时期出版的成功，帮助索末菲战胜了眼看自己的“摇篮”不断衰落，以及被迫对“时代精神”妥协带来的悲苦。海外来信表现出国际上对自己的敬仰和认可之情依然不减。“您的力学卷在我们这里非常受欢迎，”1943 年 7 月瑞士法语区的一位物理学家向他写信说道，“实际上我在洛桑的
505 学生们已经订购了整个系列。”[106]1949 年当回顾自己讲义的出版时，他仍然很清楚自己年过七旬毅然决定着手这一艰巨工作时的心态。“如果没有这个工作，我很难渡过战争年代的政治动荡。”[107]

---

[105]Sommerfeld，*Vorlesungen I*，1943，S. VI.

[106]施蒂克尔贝格来信，1943 年 7 月 21 日。DMA，NL 89，013.（Votre livre sur la mécanique trouve beaucoup de succès chez nous [...] en effet mes étudiants de Lausanne ont déjà commandé toute la série.）

[107]自传概要(Autobiographische Skizze)，ASGS IV，S. 679.

第十三章　继续前行 507

1944 年夏天的一场空袭将慕尼黑大学的大部分建筑摧毁，也结束了索末菲以前研究所的“下流时代”。米勒被疏散到加米施·帕滕基兴[1]。1945 年 4 月 30 日，慕尼黑市停止反抗。之前几年以纳粹精神管理大学的“领袖”——校长瓦尔特·维斯特，也被美国宪兵逮捕，并关入达豪监狱。代替他的是 1933 年前担任校长的著名反纳粹人士阿尔伯特·雷姆(Albert Rehm，1871—1949)。1945 年 7 月 12 日，米勒被解除职务。到 8 月底为止，共有 33 名教授和 63 名助手失去工作，之后的几个月中继续有人被解职。慕尼黑大学的全部 250 名教授中，只有 60 名不是纳粹党员。1946 年春军事当局才准许慕尼黑大学各学院恢复授课。[2]

很多德国人都感觉“第三帝国”的覆灭是一场灾难。只有集中营的幸存者以及政权反对派才觉得战争的结束意味着解放。就连很多和纳粹保持距离的人也把盟军看作征服者和敌人，而不是解放者。《新物理学报》(*Neuen Physikalischen Blätter*)编辑把占领军和德国人的关系比作“猫抓老鼠游戏”。[3] 这个“游戏”的真

---

1 Garmisch-Partenkirchen，德国巴伐利亚高山旅游区。——译者注

2 Huber，*Universität*，1984；Müller，*Universitäten*，1997；Boehm/Spörl，*Ludwig-Maximilians-Universität*，1972，S. 369；Schreiber，*Walther Wüst*，2008，S. 347；Litten，*Mechanik*，2000，S. 159；Wiecki，*Denazification*，2008，S. 537 und 541。

3 Ernst Brüche zitiert in Hentschel，*Mentalität*，2005，S. 32.

正名字叫“去纳粹化”，是盟国在1945年7月的波茨坦会议上制定的。其目的是将纳粹连同其法律、组织以及其他表现形式全部根除，并据此对德国民众施行重新教育。为达到这一目标4个占领区采取了不同的途径。

508

13.1 去纳粹化

在包括慕尼黑在内的美国占领区，所有人口都按照对纳粹活动的参与程度分为5类：1)主犯；2）罪犯；3）轻犯；4）追随者；5）无罪者。一个人到底属于哪一类，需要一套官僚程序认定，有时可能拖很久。程序从一个问卷调查开始，最后由去纳粹化法庭决定。之后才知道一个人能否在熟悉的位置上继续从事自己的专业，还是被迫去找新工作。除了少数一上来就被归入“主犯”或者“无罪”的人，大部分人都开始了令人心神不安的等待时期。

早在1946年3月5日的《消除纳粹主义和军国主义法》中的去纳粹化程序细节公开之前[4]，很多之前曾经在某些方面表现积极的纳粹分子已经开始寻找无罪证人。比如托马舍克就在1945年7月写信给索末菲说：“我觉得现在正在进行针对我的程序，目的是以纳粹活动为由解除我的职务。”“我相信，作为最重要的物理学家和不带偏见的证人，您对此事的看法非常重要。不知道我能否请求您的帮助，并转交一些解释性的声明。”[5]他用了11个打字页的篇幅，请求理解他在“第三帝国”时期的行为。读着这封信，索末菲可能要想起在关于“德意志物理学”的争吵中海森伯的评价：“尽管托马舍克是反对派中唯一一个懂行的人，从人品上说，他显然是最烂的。”[6]索末菲写信告诉托马舍克还没有人向他询问此

[4] 有关解除国家社会主义和军国主义的法令104条，见 http://www.verfassungen.de/de/bw/wuerttemberg-baden/wuertt-b-befreiungsgesetz46.htm（上网时间：2012年10月22日）。有关美占区的去纳粹化，见 Tent，*Mission*，1982.

[5] 托马舍克来信，1945年7月25日。DMA，NL 89，013. 亦见 ASWB II.

[6] 海森伯来信，1941年1月5日。DMA，HS1977－28/A，136. 亦见 ASWB II.

事，并且把对方来信转交高等工学院的“负责官员”。[7] 托马舍克后来被解职，不得不去英国私营企业从头开始。对索末菲来说，托马舍克的来信是第一个迹象， 509
显示在接下来的几个月中他将承担去纳粹化证人这一新的角色。

当然首先他要完成自己的去纳粹化程序。第一件是填写“依照 1946 年 3 月 5 日的《消除纳粹主义和军国主义法》的登记表格”。第一个问题是关于纳粹组织的会员身份；填写人也必须列出纳粹奖金和其他利益。对所有的 3 个问题，索末菲都回答“没有”。只有在关于向纳粹党“或其他纳粹组织”付出钱款的问题上，他承认曾向纳粹公共福利以及冬季救济机构捐款。对最后一个问题：“您觉得自己应该属于法律中规定的哪一个类别?”他的回答是“无罪”。[8] 占领区的官员同意这一评定，这样索末菲就完成了自己的去纳粹化手续。由于对他的回答并未提出任何疑问，去纳粹化法庭也就没有展开程序。[9]

尽管 77 岁的索末菲在大学没有任何正式职务，他仍然关心自己以前那个“摇篮”的将来。首先，研究的重建包含很多实际工作，这些工作也需要从去纳粹化开始。1945 年 8 月，索末菲致信校长：“既然目前由我来照管之前我的这个研究所，我请求收回开除总机械师泽尔迈尔的决定。”在“遭受强烈轰炸的地方”幸存设备的专业修复，只能由泽尔迈尔这个“不可或缺的设备保管员”完成。泽尔迈尔由于在 1932 年加入纳粹党而被归入去纳粹化的第二类。不过索末菲认为，泽尔迈尔加入纳粹党只是“因为他以前是社会民主党多数派[10]党员，在该党面临倒台之际害怕因此失去自己在研究所的职位”。实际上，泽尔迈尔“一直反

[7] 致托马舍克（草稿），未标日期。DMA，NL 89，013. 亦见 ASWB II. 有关托马舍克在慕尼黑高等工学院的工作，见 Wengenroth，*Aufruhr*，1993.

[8] Meldebogen，见 DMA，NL 89，008. 纳粹组织(按下面的排序)如下：德国国家社会主义工人党(NSDAP)、普通党卫军(Allg. - SS)、武装党卫军(Waffen - SS)、盖世太保(Gestapo)、党卫军的安全警察(SD，Sicherheitsdienst der SS)、秘密战地警察(Geheime Feldpolizei)、冲锋队(SA)、纳粹汽车队(NSKK，NS. -Kraftfahr-Korps)、纳粹飞行队(NS-FK，NS. -Flieger-Korps)、纳粹妇女组织(NSF，NS. -Frauenschaft)、纳粹学生联盟(NSD-STB，NS. -Studentenbund)、纳粹教师联盟(NSDoB，NS. -Dozentenbund)、希特勒青年团(HJ)和纳粹少女团(BdM)。

[9] 在慕尼黑的州档案馆(StAM)里没有索末菲的法庭档案(Spruchkammerakte)。

[10] 指弗里德里希·艾伯特领导的社会民主党，一战后成为魏玛共和国执政党。——译者注

对纳粹。作为希姆莱在哈尔的邻居，他对纳粹的越轨暴行早已知晓”。他还“以
510 实际行动”“表现”对纳粹的反对，因而“使自己处于极度危险之中”。[11]

不过泽尔迈尔的去纳粹化程序没有像索末菲的那么顺利。他的纳粹党员身份对他十分不利。可能是已经预计到要争取无罪判定并非易事，在1945年5月2日，他告知美国占领军政府自己编制了一份关于米勒“迫害犹太人”的“广泛的证据材料汇编”。另外泽尔迈尔提供了大学校长兼党卫军指挥维斯特的藏身之处。[12] 另外早在1945年5月，索末菲为泽尔迈尔的无罪划定起草了一份声明，在其中解释了自己的机械师参加纳粹党的原因：“预计到希特勒1933年会夺取政权，泽尔迈尔于1932年加入了纳粹党，明显的目的是为了更好地照顾我的利益和事业。到我1939年离开为止，他利用在党内得到的消息帮助我避免了很多麻烦。”泽尔迈尔与米勒进行了“一场真正的斗争”，“没有党员身份是不可能做到的”。[13]

去纳粹程序还揭露了过去的一些事件，这些事件从政治观点展现了索末菲研究所的日常生活。泽尔迈尔在抗辩书中写道：“我入党的目的是保护索末菲枢密顾问及其研究所在即将来临的风暴中不受我众所周知的社会民主倾向的连累。”他想“通过党员身份为研究所服务”，并且要“在伪装掩护下”“反抗”即将开始的纳粹政权。当时采取这一预防措施还有一个特别的理由。弗里茨·基希纳(Fritz Kirchner，1896—1967)本来在维恩研究所做讲师，1928年维恩死后就失去学术靠山。索末菲因此在自己研究所里为他安排了一个位置。按照泽尔迈尔的说法，基希纳因此野心勃勃，觉得自己“很快就会成为索末菲枢密顾问的继承人”。虽然基希纳是一位“优秀的物理学家”，但也是一个“赤裸裸的纳粹”。“我一直抗议他的纳粹言论。”泽尔迈尔解释道。基希纳试图将他作为一个政治对手
511 从研究所赶走。“1933年春”当基希纳听说他是党员后“才偃旗息鼓”。没有党员身份他也不可能开展和米勒的斗争。“如果不是党员的话，这么干等于找死。”泽尔迈尔还能找到可信的证人证明自己的反纳粹立场。其中一个回忆说泽尔迈尔曾经拒绝一个冲锋队队员搭他的车，对他说“走开，冲锋队应该走路前进”。[14] 物

[11] 致慕尼黑大学校长，1945年8月9日。DMA，NL 89，018.

[12] 泽尔迈尔致艾森豪威尔总部，1945年5月2日。DMA，NL 89，020，Mappe 8，3.

[13] 草稿，1945年5月。DMA，NL 89，020，Mappe 8，3.

[14] 这本是纳粹党歌歌词中一句，却被泽尔迈尔用来让搭车者走开。——译者注

理化学研究所的精密机械师曾经在汉斯·康拉德·莱佩尔特[15]的抵抗小组积极活动，他回忆说秘密警察、盖世太保和元首总理府的调查让泽尔迈尔“受到很大压力，因为他为前述目的[和米勒的斗争]获取材料的方式是非法的”。泽尔迈尔还通过他向抵抗组织提供武器和弹药。最后去纳粹化法庭认为说明举证很有说服力，在 1948 年 3 月 24 日判决泽尔迈尔“无罪”。[16]

索末菲也想加快自己最后一位助手海因里希·韦尔克的去纳粹化手续。1945 年 8 月，他请求校长恢复韦尔克原来的职务，这样在即将到来的冬季学期学校开门的时候，他可以“在与我商定的情况下担负起理论物理学必修课程和联系的工作……关于他的政治立场，我可以向您保证，根据我们多年紧密合作的了解，他是强烈反对纳粹的。您可以从他填写的问卷表了解细节”。[17] 然而韦尔克的问卷表也有一些内容不利于快速完成去纳粹化程序。对关于纳粹党员身份的问题，他的回答是“是(候补)”。另外，他还是冲锋队成员。对此韦尔克的解释是作为学生他加入了“钢盔党”组织[18]，之后随着组织合并转为“现役冲锋队”。他的候补纳粹党员身份也是自动取得的。1939 年他脱离了这两个组织。在为韦尔克所作的无罪报告中，索末菲解释说：“从下面的事例可以看出韦尔克与纳粹党的真正关系：讲师军团宣布他延长讲师任期的申请毫无成功的可能；执行党的极端路线的 M. 米勒博士教授纯粹因为政治原因就解除了他的研究所助手职务。”韦尔克曾经居住的普拉内格(Planegg)市长证明说，他“似乎在政治上一点也不活跃”，而且他的“邻居确认他是反纳粹的”。最有分量的无罪证明来自 1943 年 512
被盖世太保逮捕后就一直在集中营被关押到战争结束的“白玫瑰”成员米里亚姆·大卫(Miriam David)。她于 1942 年在大学的物理化学研究所遇上韦尔克，“因为是索末菲的学生并且反对纳粹这一意识形态的原因，他被慕尼黑大学解职之后，成为克鲁修斯教授的客人”。韦尔克一直“不仅仅是在意识形态上反对纳

---

[15] Hans Conrad Leipelt，1921—1945，即下面提到的“白玫瑰”组织领袖，1945 年被捕牺牲。——译者注

[16] Spruchkammerakte Selmayr，Karton 1518，StAM. Wagner，*Hans Leipelt*，2003.

[17] 致慕尼黑大学校长，1945 年 10 月 25 日。DMA，NL 89，030，Mappe Hochschulangelegenheiten

[18] “钢盔党”(Stahlhelm)，一战后德国保守派准军事组织。——译者注

粹，而且公开在纳粹和反纳粹人士面前表达自己的对立情绪。我经常听见他讨论如何打击与削弱纳粹系统，并且散布自己从国外电台收听到的消息”。1945 年 4 月，韦尔克成为抵抗组织“巴伐利亚”的成员，这一组织破坏“人民冲锋队”[19]的行动，并试图逮捕“危险的纳粹分子”。初步检查小组将韦尔克定为“无罪”。不过最终的去纳粹化法庭在 1947 年 2 月的判决中将他归入“追随者”一类，并“罚款”500 马克。[20]

13.2 临时性的新起点

1946 年 2 月索末菲就自己重建慕尼黑大学理论研究所计划一事致信海森伯说：“我们的名单将会是：1)海森伯，2)魏茨泽克，3)洪德。”[21]他这是在重新捡起 20 世纪 30 年代关于自己后继者一事的讨论，当时海森伯也是他最中意的候选人。名单上其他人只是为了尊重要有 3 个候选者的习惯而已。当然对于任何理论物理学的学术主任职位，卡尔·弗里德里希·冯·魏茨泽克和弗里德里希·
513 洪德都是杰出的候选者。但是和海森伯相比，显然他们只有在后者因为某种原因不能到任的情况下才会被考虑。之前海森伯向索末菲介绍了自己在英国“农场礼堂”[22]被拘禁的经历，并描述了阻碍他接受慕尼黑任命的特别情况。“英国和美国政治家已经安排要把威廉皇帝化学和物理研究所搬到英国占领区，当然还需要和法国人谈判，不过这是政治家的事，不由我们决定。所以我们会怎样还不知道。英国物理学家们在竭力让我们有个合理的工作条件，不过我最后不会再

---

[19]人民冲锋队(Volkssturm)，纳粹在最后阶段组织的民兵组织之一。——译者注

[20]Spruchkammerakte Welker，Karton1944. StAM.

[21]致海森伯，1946 年 2 月 17 日。München，Max-Planck-Institut für Physik. 亦见 ASWB II.

[22]农场礼堂(Farm Hall)，二战末期，盟军曾在此拘禁了包括海森伯在内的 10 位可能从事核物理研究的德国科学家，调查纳粹德国的原子弹研究进展情况。——译者注

待在美国占领区，要待也是暂时的。”[23]

这样索末菲就不能指望海森伯的任命会很快顺利完成，只好寻求一个暂时方案。他的想法是由泽尔迈尔负责繁重的研究所重建工作，而让韦尔克临时担任他的主任职务，直到海森伯就任。但是泽尔迈尔和韦尔克拖延不决的去纳粹化程序使他的计划泡汤。索末菲气愤地写道，韦尔克的任命“由于政治原因（因为他是冲锋队成员）被否决”。他通知海森伯，慕尼黑这边通过的紧急方案是“甘斯会临时担任这一职位，他会高高兴兴地一直干下去，多久都行”。[24]

作为“非雅利安人”，理查德·甘斯（Richard Gans，1880—1954）在 1935 年失去了在柯尼斯堡的理论物理学教授职位，可能全凭着侥幸才活过了“第三帝国”时代。[25] 战时他一直住在上弗兰肯地区，战争结束后他致信巴伐利亚文化部：“请求考虑任命我填补任何理论物理学或者相关领域的空缺教职。”[26]文化部将他的申请转交慕尼黑大学。索末菲与甘斯相识多年，批准了他的申请。他告诉甘斯，如果韦尔克因为政治原因被否决，就要准备“接手”。在给甘斯的信中索末菲谈到让他代理慕尼黑职位的背景，“当然我们还是希望能够任命海森伯或 514
者另外一个杰出原子物理学家永久担任这一职务。我汇报了您将来要去阿根廷的打算，这对我们的临时安排是很重要的”。[27] 甘斯曾于 1912 到 1925 年间在拉普拉塔大学教学，对阿根廷的物理学领域做出很大贡献。[28] 在给校长的书面声明中，自然科学学院的院长明确指出这只是一个暂时方案，“学院对这一理论物理学的学术职位的最后人选另有打算，据我所知，甘斯教授和索末菲顾问都明了这一点”。[29] 1946 年 1 月 16 日，大学校长批准了这一“暂时安排”，这样从 1946

---

[23] 海森伯来信，1946 年 2 月 5 日。DMA，HS1977－28/A，136. 亦见 ASWB II.

[24] 致海森伯，1946 年 2 月 17 日。München，Max-Planck-Institut für Physik. 亦见 ASWB II.

[25] 友好的物理学家们为他安排了“为战争服务的”研究任务。有关的全面概述，见 Swinne，*Richard Gans*，1992.

[26] 甘斯致巴伐利亚文化部，1945 年 11 月 19 日。BayHStA，MK 69781.

[27] 致甘斯，1945 年 12 月 6 日。引自 Swinne，*Richard Gans*，1992，S. 133－134.

[28] Reichenbach，*Richard Gans*，2009

[29] 克卢修斯(Clusius) 致校长，1946 年 1 月 4 日。UAM，OC－IX－070.

年 3 月 1 日起，甘斯得以开始上任。[30]

虽然甘斯很清楚自己并非第一人选，而且在 66 岁的年纪，也不能指望可以继续工作很久，不过他还是希望搬到慕尼黑后，这一临时任命可以转为永久的教授职位。在这方面革拉赫给了他很多鼓励。[31] 不过索末菲没有放手的意思。在 78 岁高龄，他还同意再次出任研究所主任，并安排给甘斯的授权仅限于使用研究所的基金。[32] 由于泽尔迈尔和韦尔克的去纳粹化程序拖延不决，甘斯很快觉得自己只是一个什么都干的打杂女仆。[33] 1946 年夏季学期结束时他向学院院长抗议说，尽管韦尔克的去纳粹化程序没有问题，两个编制中的助手位置还是一直
515 空缺，是“无法忍受的状况”。[34] 9 个月后，他辞去了这一学术职务。一个原因是想和在俄国被释放后移居阿根廷的儿子团聚，另一个理由，正如他在 1946 年 12 月 24 日给院长的信中所言，是在没有助手和机械师的情况下，他觉得自己“无法有效地开展教学和研究工作，也难以让设备和机器恢复到可以使用的状态”。[35] 在韦尔克那边，他之后很快全家搬到巴黎，在美国西屋电子公司的法国分部建立了一个半导体实验室。[36]

与此同时，索末菲思考在英国占领区当局不放海森伯走的情况下谁来继承自己在慕尼黑位置的问题。海森伯的麻烦同样适用于魏茨泽克。后者致信索末菲说：“到现在为止，我们在这类事情上的处理是完全平行的。”[37]海森伯建议说：“如果您把魏茨泽克和我的名字放到名单上去，就能看到高高在上的大人们会如何反应。不过他们不大可能放我们去巴伐利亚。就算放，也要考虑到前景才能做出合适的决定。所以现在只能抱着等着瞧的态度，看看接下来会发生什么事

[30] 巴伐利亚文化部致慕尼黑大学校长，1946 年 3 月 26 日。BayHStA，MK 69781.

[31] 革拉赫致甘斯，1946 年 11 月 12 日。引自 Swinne，Richard Gans，1992，S. 139.

[32] 巴伐利亚文化部来信，1946 年 3 月 14 日；致校长，1946 年 5 月 24 日。UAM，E－II－3187.

[33] 革拉赫致甘斯，1946 年 11 月 27 日。引自 Swinne，Richard Gans，1992，S. 139－140.

[34] 甘斯致院长，1946 年 7 月 16 日。UAM，OC－VIII－3.

[35] 甘斯致院长，1946 年 12 月 24 日。UAM，E－II－01403.

[36] Handel，*Halbleiterforschung*，1998，S. 122－125.

[37] 魏茨泽克来信，1946 年 11 月 16 日。DMA，NL 89，014. 亦见 ASWB II.

情，世界历史在大尺度和小范围会如何发展。”[38]索末菲也曾考虑贝歇特，并告诉他：“海森伯的来信非常友好，但是他能来的希望并不大。”贝歇特对美国人占去纳粹化程序不满，不愿意来慕尼黑，还拒绝了让他当黑森州文化部长的提议。在给贝歇特的信中，索末菲进一步提到：“我们也写信联系了洪德，他有一大家子人，离开俄占区不容易。约尔当涉入纳粹政治太深根本不用考虑。我们也在考虑菲斯，他一年之后可以就职。”[39]贝特也在被考虑之列。“如果海森伯肯定来不了慕尼黑，您会愿意回到德国来吗?”[40]索末菲的信发出了几个月才收到贝特
1947 年 5 月的回复。“如果 1933 年之后发生的一切可以被逆转，我会很高兴接 516
受这一任命。不幸的是，我无法抹去过去 14 年的时光……对于我们这些从自己在德国的位置上被人赶出来的人来说，过去是不可能忘记的。1933 年那些学生不愿意跟着我学理论物理学(很多学生，也许还是大多数)，就算 1947 年的学生想法不同，我也不敢相信他们。而且我还听说在很多大学学生以及其他民众中国家主义情绪在重新复苏，这些都不让省心。”[41]

虽然索末菲自己的继任者还没有找到，但至少研究所的第二个助手的人选保罗·奥古斯特·曼已经确定。[42] 曼已经被归于“无罪”类。战前他曾在索末菲手下短暂学习过，之后在德律风根当物理学家，和索末菲的儿子恩斯特频繁接触。1947 年 2 月，他写信给索末菲谈到自己的移民计划：“您儿子恩斯特最近写信给我，说您觉得我能去瑞士是很幸运的事情。”然而他的离境申请未获军事当局批准，所以请求索末菲“至少在离境管制放松之前，是否能在您研究所找点事做”。[43] 曼的移民计划最终没有实现，他在研究所当了很多年的助手。

甘斯离开后，另一位资深的物理学家恩斯特·拉姆拉(Ernst Lamla，1888—1986)担负起了研究所领导的责任。拉姆拉于 1912 年在普朗克手下完成博士学位之后一直当中学老师和学校检察员。1933 年因为社会民主党员的身分他

---

[38]海森伯来信，1947 年 2 月 7 日。DMA，HS1977－28/A，136. 亦见 ASWB II.

[39]致贝歇特，1947 年 2 月 15 日。Bremen，私有财产(Privatbesitz).

[40]致贝特，1946 年 11 月 1 日。DMA，NL 89，015. 亦见 ASWB II。

[41]贝特来信，1947 年 5 月 20 日。DMA，HS1977－28/A，19. 亦见 ASWB II.

[42]生卒年不详。

[43]曼(Mann)来信，1947 年 2 月 3 日。UAM，OC－VIII－3.

被迫退休。在12年的纳粹统治中，他作为“独立的理论物理学家”靠着各种研究
任务挣扎着活过来。战后由社会民主党员巴伐利亚总理威廉·赫格纳(Wilhelm
Hoegner，1887—1980)推荐来到慕尼黑。巴伐利亚文化部的记录中写道“没有考
517 虑让他担任永久职位，不过他非常适合教课”。[44] 从1947年4月1日起，到夏季
学期结束，拉姆拉担任“理论物理学和应用力学”临时正教授。此时职位的名字
还未改回。索末菲利用这个机会请求恢复被米勒更改的教授席位名称，被文化
部毫无保留地批准了：从1947年5月起，教授席位和研究所正式名称中的“和应
用力学”字样都被去掉。[45]

学术职位的永久任命事项到1947年夏天还是未能确定。在1947年3月给儿
子的一封信中，索末菲抱怨说：“我的继任人一事还是麻烦很大。不是不愿意
来，就是来不了。”[46]这种情形让人想起20世纪30年代。自然科学学院的院长在
向文化部推荐弗里茨·博普(Fritz Bopp，1909—1987)作为最后唯一候选人时，
介绍说：“早在1935年，就想让维尔纳·海森伯成为索末菲的后继者。但是由于
纳粹讲师军团的强力反对而未能实现。”1935年中也曾经“秘密询问”了其他被提
名的可能的候选人，但是他们都拒绝了。“海森伯、冯·魏茨泽克、洪德以及波
动力学的发现者，都柏林的埃尔温·薛定谔，全部都拒绝了，因为他们无法接
受任命。有的是因为自己没有决定的自由，有的是因为要等待政治和经济发展
结果。”文策尔、克罗尼希、贝歇特和“索末菲最后的优秀学生”贝特，也都拒绝
了。“在这种情形下，学院确信必须放弃寻求任命一位功成名就的年长学者；它
提议任命1909年出生，年轻有为，前途远大的弗里茨·博普博士担任副教授职
务，当然同时也不放弃寻找一位永久性的正教授的努力。”[47]博普是索末菲学生埃
尔温·菲斯的学生，战时曾在海森伯领导下的“铀俱乐部”工作。战后他曾受托
518 负责照管位于法国占领区赫辛根的“铀俱乐部”残余，接下来在图宾根大学教授
理论物理学。学院向文化部解释说，按照习惯提出一份包括3位候选人的名单

[44]登记(Vormerkung)，1947年1月9日。BayHStA，MK 69781.

[45]文化部致慕尼黑大学校长，1947年5月28日。BayHStA，MK 69781.

[46]致恩斯特，1947年3月2日。

[47]院长致文化部，1947年7月4日。BayHStA，MK 69781.

是不可能的，“因为所有被考虑的先生们不是已经拒绝了，就是自己没有决定的自由”。[48]

索末菲很可能是通过自己的学生格哈德·埃尔韦特(Gerhard Elwert，1912—1998)注意到博普的。1946年12月，格哈德曾经在信中兴奋地提到“赫辛根研讨班”，以及博普最近的量子论文章。[49] 1947年4月，索末菲问博普是否能再准备在下个冬季学期到慕尼黑来。“当一名副教授，可能会和荣誉教授菲斯合作；或者一开始当临时代理。”索末菲的措辞显示他仅仅把博普作为又一个临时代理，而不是最后的继任者。博普的任命也牵涉到去纳粹化程序的问题。“您经过去纳粹化法庭程序了吗？有罪吗？能否随时离开赫辛根？”[50]

博普“心里是想来慕尼黑”，但是他已经答应海森伯，要去格丁根与他合作。博普当时还没有拿到去纳粹化法庭判决书，不过法占区原子能高级专员弗雷德里克·约里奥·居里(Frédéric Joliot-Curie，1900—1958)口头保证他可以“继续工作”。博普还告诉索末菲自己没有参加过纳粹党。但是参加了布雷斯劳一个飞行俱乐部，因而在1937年被“自动”转到NSFK(纳粹飞行俱乐部)，不过“从1938年起就逐渐淡出，在战争爆发前后从法律上也确认了会员资格中止。我不清楚巴伐利亚州那边会如何看待这件事”。[51] 索末菲觉得NSFK成员不是什么大不了的事，不过还是建议博普这边尽力尽快获得法庭决议。[52] 慕尼黑的学院也在催促文化部尽快做决定。他们提到“理论物理学课程的危机从1940年就一直存在，学
生们的体会尤其迫切。甘斯教授移民之后就更严重，索末菲先生个人的干预也 519
只能暂时有所裨益。[53] 虽然还需要有一些保留和解释的回合，但是在博普的去纳粹化手续和从法占区转调到美占区的问题上，任命过程还算迅速。1947年8月10日，巴伐利亚文化部颁发了博普的任命书，一周后博普接受任命。[54] 8月29

---

[48] 校长办公室致文化部，1947年7月7日。UAM，E－II－00948.

[49] 埃尔韦特来信，1946年12月2日。DMA，HS1977－28/A，82.

[50] 致博普，1947年4月25日。DMA，NL 89，006. 亦见 ASWB II.

[51] 博普来信，1947年5月10日。DMA，NL 89，006. 亦见 ASWB II.

[52] 致博普，1947年5月15日。DMA，NL 89，006.

[53] 院长致文化部，1947年7月4日。BayHStA，MK 69781.

[54] 文化部致博普，1947年8月10日；博普致文化部，1947年8月17日。BayHStA，MK 69781.

日，法庭将博普归入“无罪”一类的判决书也被加入他的个人档案。[55] 索末菲致信海森伯，如释重负地说“他的任命相当顺利”。“菲斯的荣誉教授的任命也该很快就会完成，虽然他现在还在斯图加特的主任办公室。”[56]菲斯的荣誉教授职位和教学任务都被批准，“只等法庭的最后判决”，收到判决文件后即可回头颁发任命文件。[57]

这样，临时代理的暂时任命就已经完成。1947/48 年的冬季学期成为一个新时代的开始。索末菲期望慕尼黑理论物理学传统能够继续，哪怕是以一位副教授搭配一位荣誉教授的方式。埃瓦尔德觉得索末菲对这一方案应该感到满意：“一位有前途的副教授好过一位只有过去的正教授。”[58]

13.3 “我也赌英美会赢”

索末菲的“摇篮”在其“黄金时代”涌现了诸多现代量子力学的先驱人物。即使在临时方案已经得以实施之后，也无法延续当年的辉煌。索末菲在信中告诉
520 海森伯：“博普干得不错，他知道如何将学生带到抽象物理学的高度。”但是同时也认为：“虽然如此，我们还未放弃让我们最初提出的候选人[59]来这里的希望。”[60]

然而到了战后，就算是海森伯也无法恢复 20 世纪 20 年代研究所享有的崇高声望。德国已然向美国和英国拱手交出物理学的领先地位。二战中盟国的雷达、原子弹以及其他军事项目中，物理学家们研制并投入使用的实际武器已经表明

---

[55] UAM，E—II—00948.

[56] 致海森伯，1947 年 9 月 24 日。München，Max-Planck-Institut für Physik.

[57] 文化部长洪德哈默尔(Hundhammer)致校长，1947 年 8 月 26 日和 1948 年 1 月 15 日，UAM，E—II—01391.

[58] 埃瓦尔德来信，1947 年 11 月 28 日。

[59] 指海森伯——译者注

[60] 致海森伯，1948 年 1 月 15 日。München，Max-Planck-Institut für Physik. 亦见 ASWB II.

了这一点。在这方面，索末菲有比传闻更确切的信息来源。埃瓦尔德请他注意描述英国—美国原子弹项目的《史密斯报告》。[61] 贝特不愿意继承索末菲职位的原因除了“对德国的负面记忆”之外，还有他在美国的正面经历。正像他给索末菲的信中写道的：“作为一个刚到不久的移民，我被准许进入战时实验室工作，职位显赫。现在战争结束了，康奈尔大学已经建立了一个很大的新核物理实验室，基本上是‘以我为中心的’。另外还有两三个美国最好的大学向我开出诱人的价码。”[62]泡利战时待在普林斯顿，没有参加军事研究。从美国回来之后他报告了那里在“现代雷达技术”方面的进展。这些技术推动了量子电动力学的发展。[63]

泡利这封信里指的是后来在现代物理学史上被称为“兰姆移位”的现象。[64] 它描述的是氢原子电子与自己电磁场互相作用而产生的微小能量移动。二战中，罗伯特·奥本海默（1904—1967）的学生威利斯·兰姆（Willis Lamb，1913—
2008）成为雷达技术中所应用的微波技术专家。战后在哥伦比亚大学，他与罗伯 521
特·雷瑟福（Robert Retherford，1912—1981）一起研究之前无法进行的波长范围内的原子光谱测量。在描述从战时研究到基础研究的转换时，兰姆和雷瑟福写道：“3 厘米左右波长范围的微波技术在战时的巨大进步，使我们可以利用新的物理工具进行氢原子 $n=2$ 精细结构的研究。”[65]他们发现氢原子的两个激发态能级与索末菲—狄拉克精细结构公式的结果不完全一致。二战以前的光谱学仪器无法观察到这一对理论的偏离。利用厘米波照射可以测出的能量差别比使用可见光更为精细。兰姆和雷瑟福发表的这一偏离结果，立刻成为 1947 年 6 月在纽约附近长岛东端的一个名为避难岛的小镇召开的物理学会议的主题，美国理论物理学精英们在那里展开了对量子电动力学的讨论。会议之后贝特立即发表了

---

61 埃瓦尔德来信，1947 年 4 月 1 日。DMA，007. 亦见 ASWB II. Smyth，*General Account*，1945.

62 贝特来信，1947 年 5 月 20 日。DMA，HS1977－28/A，19. 亦见 ASWB II.

63 泡利来信，1947 年 10 月 31 日。CERN (PLC). 亦见 ASWB II.

64 Schweber，*QED*，1994，Kap. 5.

65 Lamb/Retherford，*Fine Structure*，1947，S. 241，引自 Forman，*Swords*，1995，S. 426.（The great wartime advances in microwave techniques in the vicinity of three centimeters wavelength make possible the use of new physical tools for a study of the n＝2 fine-structure states of the hydrogen atom.）

这一效应的理论解释。[66]

1948 年夏季，贝特自二战开始后第一次回到欧洲，并到慕尼黑拜访了他以前的老师，以及自己最早开始物理研究的地方。在一个研讨会的报告中，他向慕尼黑物理学家介绍了哥伦比亚大学进行的新的微波测量，精度超过以往。[67] 由此对自己 1916 年建立的原子论在美国难以置信的发展程度，索末菲有了第一手印象。两年后，兰姆和雷瑟福将自己这一发现的综述文章手稿寄给索末菲。对他来说，这是自己一生事业的令人感动的证明书。“在发表之前，您们将精彩的
522 文章寄给 81 岁高龄的精细结构的鼻祖，考虑得真是非常周到。”他满怀感激地写道。“在您们做出发现不久，贝特就写信告诉了我，并且在我们这里作了报告。”[68]

赫茨菲尔德也表达了对旧日“摇篮”的热爱。1948 年夏季学期，他向华盛顿天主教大学请假作为客座教授来到慕尼黑与博普一起教学。[69]一年之后，爱德华·G. 兰贝格(Edward G. Ramberg，1907—1995)也作为客座讲师来到慕尼黑。1932 年他曾作为美国交换学生来到慕尼黑在索末菲手下完成博士学位。现在他带回慕尼黑的是自己作为美国无线电公司工业物理学家在电子光学方面成果的讲座。这样慕尼黑物理学家能够从多方面了解到美国物理学的成就，以及这些成就与索末菲“摇篮”的不解之缘。兰贝格还将索末菲讲座的第 3 卷关于电动力学的部分翻译成英语，以使这一传统能在美国长久发扬。[70]

1922—1923 年作为麦迪逊的客座教授时，索末菲已经意识到物理学的未来在美国。1929 年对帕萨迪纳以及 1931 年对安阿伯的访问，进一步加强了他对美国物理学的这一判断。对他来说，在政治上美国也是未来之国。他希望来自美国的调解性的干预，能够保护德国在一战后不受法国复仇主义的侵害。轻松的生活方式也增加了他对美国的好感。二战结束后不久，在美国编辑为在美战区

---

[66] Schweber，*QED*，1994，Kap. 5. 6.

[67] Josef Brandmüller und Eduard Rüchardt：Zum Problem der spektroskopischen Einheiten. Manuskript，1948 年 12 月 4 日。DMA，NL 89，042.

[68] 致兰姆和雷瑟福，1950 年 5 月 30 日。亦见 ASWB II，S. 644－645.

[69] 赫茨菲尔德来信，1948 年 1 月 9 日。DMA，NL 89，009.

[70] 与兰贝格的通信，in DMA，NL 89，012 und 043.

实行政治再教育发行的《新报》(*Die Neue Zeitung*)上，他发表文章，清楚表明了自己的亲美立场毫无改变。[71] 去纳粹化和美国人为德国重建采取的不得人心的措施都没有动摇索末菲对美国的好感。1948 年 1 月，他致信海森伯，说：“当巴伐 523
利亚资产阶级市侩把钱投在泽姆勒先生[原文如此]身上的时候，我赌英国—美国人会赢。我与他们打交道有很多愉快经历。”[72]在这里索末菲指的是巴伐利亚基督教社会主义联盟(CSU)的联合创始人约翰尼斯·泽姆勒(Johannes Semler，1898—1973)，他是英美联合占领区经济顾问委员会成员，由于反对美国提出的重建德国计划的几次失言而声望大跌，[73] 后来被成为联邦德国第一任经济部长的路德维希·埃哈德(Ludwig Erhard，1897—1977)所替换。

此时索末菲还不知道，自己很快会面临又一个海外的“愉快经历”。1948 年 11 月，美国物理教师协会主席杰伊·威廉姆·布克塔(Jay William Buchta，1895—1966)来信说自己的组织要授予他 1949 年的奥斯特奖章。[74] 这是美国物理教师的最高奖励。对索末菲来说，可能意义要超过其他很多荣誉。而由布克塔来传达这一消息又有格外的个人色彩。布克塔是 1922/23 年冬季学期索末菲在威斯康星大学讲学时课堂上的学生，之后曾经安排定期向慕尼黑研究所寄送《天体物理学杂志》。[75] 在通货膨胀猖獗的年代，这份杂志的费用正像一份可贵的礼物，就如“二战”后索末菲收到的来自美国同事和朋友通过“美国向欧洲汇款组织”寄送的包裹(CARE-Pakete)一样[76]。

---

[71] Sommerfeld，*Atomphysik*，1945.

[72] 致海森伯，1948 年 1 月 15 日。München，Max-Planck-Institut für Physik. 亦见 ASWB II.

[73] 《明镜》(*Der Spiegel*)周刊，12/1951，S. 26.

[74] 布克塔来信，1948 年 11 月 26 日。DMA，NL 89，005. 亦见 ASWB II.

[75] 布克塔来信，1923 年 1 月 13 日。DMA，NL 89，019，Mappe 4，1；致布克塔，1948 年 12 月 14 日。DMA，NL 89，043.

[76] CARE 是“国际救助贫困组织”(Cooperative for Assistance and Relief Everywhere)的简称，其前身为 1945 年成立的美国向欧洲汇款组织”(Cooperative for American Remittances to Europe)。这是一项人道救援项目，由美国民众出资购买食品救济包裹寄到欧洲帮助亲友。——译者注

13.4 教师的荣誉

奥斯特奖章颁发仪式于1949年1月28日在纽约哥伦比亚大学麦克米兰大厅举行。起初索末菲想在儿子陪同下亲自前往，不过计划未能实现。1920年代曾以洛克菲勒奖金得主身份在格丁根和慕尼黑学习的爱德华·康顿(Edward Condon，1902—1974)为索末菲代领了奖章。在场的一名参与者来信说康顿的致
524 辞非常精彩，麦克米兰大厅挤得水泄不通。出版了索末菲多卷本讲义的美国出版社也热情地赞扬了康顿在“热烈生动的致辞”中对索末菲贡献的敬意。[77]

索末菲是第一个获得奥斯特奖章的德国人，而且这时距离二战结束不过4年。下一次德国人获此奖要等到11年之后(罗伯特·维夏德·波尔，Robert Wichard Pohl)。熟悉美国物理教师协会内部运作的舍尔策(Scherzer)事先写信告诉索末菲，“这是一个很古板，有点市侩传统的俱乐部”，“因此他们认真考虑授奖给一个德国人，就更让人觉得惊讶和可喜”。推动此事的是劳埃德·普雷斯顿·史密斯(Lloyd Preston Smith，1903—1988)。[78] 1935年在邀请贝特来康奈尔一事上他起了决定性的作用。作为索末菲获奖的理由，奖章委员会主席首先提到了《原子结构和光谱线》。此书在传播原子论方面贡献最大。为了使每一个物理学家都能掌握理论，而不只是少数专家专有，需要有一位具有特殊教学才能的使者。“索末菲就是这样一名使者。作为《原子结构和光谱线》补充卷的第二卷，他的《波动力学补充》是最有影响力的波动力学早期科学诠释。”接下来是一个索末菲杰出学生的名单，以及他们来信中描述自己老师的一些摘抄。对休斯敦来说，索末菲是两次世界大战之间最有影响力的物理教师之一。贝歇特认为

---

[77] 贝特(Beth)来信，1949年2月6日；雅科比(Jacoby)来信，1949年3月12日。DMA，NL 89，005。

[78] 舍尔策(Scherzer)来信，1948年11月18日。DMA，NL 89，043。

索末菲是在世的最重要的理论物理学教师之一。舍尔策尤其赞扬了他吸引鼓励年轻人才的能力。拉波特觉得索末菲对这一代物理学家影响无人能比。在描述索末菲的教学激发的魔力时，文策尔提到了他能够向学生传递一个感觉，那就是科学是一个有生命的事物，即便是一个初学者也能成为这个组织中有用的一部分。之前从未有物理学家因为这样有亲和力的教学风格获奖。显然地，与其说这是一个对慕尼黑教学事业的客观分析，不如说是索末菲学生们的观点的表达。他们回顾自己成功的事业时，感到从导师那里受益良多。不管怎么说，这 525
是索末菲学派在美国广泛影响力的一个令人印象深刻的展示。[79]

作为回报，索末菲利用这一机会赞扬他的美国学生。他告诉鲍林，美国物理教师协会请自己为《美国物理学杂志》写一份关于他的"教学活动"的报告。"在其中我提到了您曾听过我的波动力学课，当时波动力学还处于萌芽状态。"[80]他向这个面向美国物理教师的杂志的读者坦白，在授课过程中他自己的受益不亚于鲍林和其他听众。在1927年的一个特别讲座中，他还讲解了金属电子论，并在其后与自己的美国客人卡尔·埃卡特和威廉·V. 休斯敦合作将其发表。索末菲还提到曾经听了自己一学期课的伊西多尔·拉比(Isidore I. Rabi，1898—1988)和爱德华·U·康顿(Edward U. Condon，1902—1974)。尤其是在面向高年级学生的特别讲座中，良好的个人关系是教学成功必不可少的先决条件。[81]

作为教师的索末菲在美国获奖还有另外的意义。在冷战时代美国对物理学家的需求大量增加。战后5年期间，博士生的数量增加了10倍，达到每年500名博士毕业生的规模。冷战时美国物理学家的培养速度和股票价格在崩溃前臭名昭著的增长曲线很一致，背后的机制也类似。[82] "纸夹"计划也向美国的冷战项目输送德国科学家和工程师。[83] 20世纪50和60年代，联邦德国物理学家完成学

---

[79] Kirkpatrick, *Recipient*, 1949, S. 313－314. (Sommerfeld was such a messenger. His *Ergänzungsband*, the second volume of *Structure and Spectral Lines*, was perhaps the most influential of the early scholarly interpretations of wave mechanics.)

[80] 致鲍林，1949年3月6日。Corvallis, Oregon State University, Special Collections, Pauling Papers.

[81] Sommerfeld, *Reminiscences*, 1949.

[82] Kaiser, *Cold War*, 2002, S. 135, Fig. 2.

[83] Gimbel, *Project Paperclip*, 1990.

526 业后去美国做几年"博士后"研究已经成为一个习惯。在这种背景下，美国物理教师协会授奖给索末菲似乎是在预示联邦德国物理学的日益增长的美国化。作为冷战时期美国的盟友，德国的科学模式也要以美国为榜样。[84]

13.5 80 岁生日

对索末菲来说，获得奥斯特奖章的消息来得几乎就像一份 80 岁生日礼物。1948 年 12 月 5 日前后，他了解到自己远远没有被当成一个"废物"。为了纪念他的生日，慕尼黑物理学家组织了一个自编的戏剧和一个展览，表现索末菲慕尼黑的生涯和轶事。[85] 从几十封生日贺信中，他看到自己在遍布世界的学生、同事和朋友们心目中的崇高地位。几个月前刚刚庆祝完自己的 80 岁生日的密立根，回忆了自己作为一名美国交换学生在哥根廷认识索末菲的情景，那时他还是一名崭露头角的讲师。在生日贺信中他写道："我仍然能记起 1896 年春天，您还是克莱因助手时的样子，总是带着您的小旅行箱，进出格丁根的各个教室。我那时就在那些教室里听福格特、克莱因和能斯特的课。"信中也回忆了 20 世纪 20 年代索末菲的帕萨迪纳之行。"我希望您能再次光临参加我们的讨论，就像在那些难忘的过去年代一样。您的画像仍旧悬挂在布里奇实验室(Bridge Laboratory)那个讨论室的墙上。在那里我们都从您的领导中受益良多。"[86]

---

[84] Metzler，*Internationale Wissenschaft*，2000；Metzler，*Nationalismus*，2002.

[85] DMA，NL 89，017，Mappe 2. 5.

[86] 密立根来信，1948 年 11 月 26 日。DMA，NL 89，042. 亦见 ASWB II.（[...] as I saw you in Göttingen in the spring of 1896，when you were Klein's assistant，always carrying your little portmanteau as you moved in and out of the class rooms in Göttingen in which I was visiting lectures by Voigt，Klein，and Nernst [...]. I wish you could be here again and meet in our discussions as you did in those memorable years. Your picture still hangs on the wall in that discussion room in the Bridge Laboratory，in which we all got so much out of your leadership.）

天体物理学家瓦尔特·格罗特里安回忆起遥远过去中的另一个事件："您知道我对您的最初印象是什么？那是在我父母在亚琛特雷茜恩大街房子的花园里。父母给我们这些孩子装了一架双杠，好让我们做最早期的体操练习。一天下午您到花园来找我父母，在双杠上做了优雅的体操表演，让我们这些孩子们好生惊叹佩服。当然之后让我们敬仰并且作为学习榜样的主要是您的智力。"让他难忘的还有索末菲对纳粹的立场。"您是第一个明确告诉我纳粹政权的首脑们是一群犯罪的人。那是在战时我有一次访问慕尼黑的时候。我被您的看法震惊，不愿意相信。"[87] 527

威廉·马格努斯(Wilhelm Magnus，1907—1990)曾在二战时与索末菲一起研究电磁波的传播。他在生日祝贺的诸多温馨回忆中又加上了自己的一笔。"那是在一个酒馆，公开场合，在战争时期，您举起酒杯，平静地说，'好吧，现在祝法兰西万岁！'我仍然清楚地记得您，还有德律风根和海军来的先生们脸上惊愕不解的表情。"他没有忘记"在那个时期高声说出这几个字意味着什么：勇气、独立以及超出科学圈子之上的不羁的洞察力。"[88]

另一封来信让索末菲了解到巴伐利亚文化部里发生的一件和他75岁生日有关的滑稽事件。根据大学检察员在其前任的文件中发现的这一事件记录，索末菲在1943年的75岁生日成了纳粹教育官僚机构的一件头疼事。当时没有向索末菲发出生日贺信，但是却费了一些周折说明这不是简单的疏忽，而是官僚主义的处事考虑。"文件中举出的根据，首先是应该只祝贺双数10年的生日；其次是关于您[索末菲]还有相当多的政治争论。"当时的检查员在文件中又加上"根据纳 528
粹的5年计划，80岁生日的时候怎么处理，要等到适当的时候研究决定。"[89]

索末菲的80岁生日不仅仅是一场怀旧的盛典。它还提供了又一个机会，来回顾索末菲的工作对当代物理的广泛影响。《自然研究杂志》(*Zeitschift für*

---

[87] 格罗特里安来信，1948年11月20日。DMA，NL 89，042.

[88] 马格努斯来信，1948年12月4日。DMA，NL 89，042。

[89] 莱因费尔德(Rheinfelder)来信，1948年12月2日。DMA，NL 89，042. 这张纸条在签署日期为1943年11月23日的索末菲个人档案中被发现，上面用红笔写着：阿诺尔德索末菲75岁生日注意事项(Vormerkung betr. 75. Geburtstag von Arnold Sommerfeld). BayHStA，MK 35736.

图 34　尽管年事已高，索末菲仍然参与理论物理学的发展。1948 年，在他 80 华诞之际，学生们借机表达对他作为一位教师和学者的敬仰和感激之情

Naturforschung)为此出的一个专辑，覆盖了物理研究的广泛领域。在专辑的序
529 言部分，海森伯写道：他“教出了一整代理论物理学家，桃李满天下。今天弟子们想起导师，满怀敬爱之情”。“他的教学不仅仅满足于介绍根本的理论关系，而是向学生展示‘这些关系是如何得到的’，应该如何用数学方法处理物理问题从而得出结论。”[90]

总共接近 200 页篇幅的 34 篇专辑文章，其作者来自大西洋两岸。他们以自己当前研究的例子，有力展现了一些问题的发展脉络。在一篇关于湍流的文章中，海森伯描述了从索末菲 1908 年关于层流稳定性(见边码第 214 页)的工作到统计湍流理论的发展，后者最近已经成为很有希望的研究方向。[91] 利用湍流研究

---

[90] Heisenberg, *Arnold Sommerfeld*, 1948.

[91] Heisenberg, *Turbulenzproblem*, 1948; Davidson/Kaneda/Moffatt/Sreenivasan, *Voyage*, 2011.

得到的最新知识，魏茨泽克分析了宇宙气态物质的动力学。[92] 在一篇关于连续X射线谱的文章中，埃尔韦特推广了索末菲的“太平洋问题”，在天体物理中显示出重要性。[93] 韦尔克的文章是关于超导性这一几十年未能得到解决的难题。[94] 然而即使是经典物理的一些问题，比如衍射理论和板的振动理论，仍然值得进行新的研究。[95]

13.6 晚年的工作

作为一个八旬老人，索末菲仍然在发表科学文章。尽管不再开辟新的领域，
他仍旧饶有兴致地跟踪当前的很多研究领域，并努力在旧的结果的基础上，做
一些延伸发展的工作。比如在1946年一篇关于量子统计的文章中，他再次设法
解决自己长期以来一直关注的超流动性氦的难题。[96] 在极低温度下，氦和其他气 530
体一样会变成液体，但是性质却不同寻常。它会成为两种液体的混合物。一种
(氦I)的性质和正常液体类似，在气态边界会大量发泡。另一种(氦II)会以清澈
液体形式沉留在容器底部，并展现出与正常液体完全不同的特性。氦II几乎没
有黏滞性，这是超流动性名字的由来。同时热导性也非常好。索末菲猜测这一
特性可以用小吉奥瓦尼·金蒂勒1940年提出的修正形式的玻色-爱因斯坦统计从
理论上加以解释。不过他也仅仅只是粗略地提及。尽管金蒂勒和索末菲的这个
“中介量子统计”成为很多文章研究的对象，但是最终未能成为超流动性理论的

---

92 Weizsäcker, *Rotation*, 1948.

93 Elwert, *Absorptionskoeffizient*, 1948.

94 Welker, *Modell*, 1948.

95 Meixner, *Theorie der Beugung*, 1948; Sauter, *Schwingungstheorie*, 1948; Niessen, *Earth's Constants*, 1948.

96 Sommerfeld, *Quantenstatistik*, 1942 und1946.

主流。[97]

在1948年发表的另一篇文章中，索末菲更正了自己1943年在《物理学年鉴》上发表的《活塞隔膜的自由振动》理论中的一个错误。[98] 这个问题大概是来自弗里茨·伦纳在海军通信技术实验指挥部的研究课题“水下噪声问题”。[99] 他后来被索末菲召回作为助手。在这个例子中，索末菲感兴趣的主要是数学处理，而不是相关的物理问题。仔细研究声学的相关文献之后，他发现有一个自己觉得很有用处的解决边界值问题的方法，在声学领域似乎不为人所知。索末菲还曾与数学家古斯塔夫·赫格洛茨(Gustav Herglotz)通信讨论这一问题。后者对于有物理基础的问题很有灵感，与索末菲在惯用手法上十分接近。在写作过程中索末菲很快发现了一个“很大的错误”，并随后发表了一个更正。[100]

1950年在《物理学年鉴》上发表的另一篇文章主题是关于另一个不同的边界
531 值问题的处理。[101] 这一次涉及的领域是电动力学，而文章的合作者爱德华·兰贝格正是索末菲讲义《电动力学》卷的英译者，很可能也是发表这篇文章的推动者。对于索末菲在一封来信中将这篇文章称为“我们的”工作，兰贝格感到受宠若惊。他还和博普一起促使索末菲将相关的一个重要问题(磁力的计算)作为另一篇文章的主题发表。[102]

所有这些论文都是以前处理过的问题的一个简述或者修正；它们并未占用索末菲所有的精力。他主要关注的还是自己讲义的出版。其中的两卷在战争结束一年之后得以面世，“第三卷正在印刷，第四卷在过程中”。索末菲1946年中写信告诉薛定谔，“这是我对付战争与和平的灾难的唯一方式。”[103]第三卷《电动力学》于1948年由威斯巴登的迪特里希出版社出版。“到现在为止，我所知道的是您们不能向西部的书店供货。”1948年索末菲致信出版头两卷的莱比锡出版社，

---

97 Dingle，*Helium II*，1952，S. 123.

98 Sommerfeld，*Kolbenmembran*，1943；Sommerfeld，*Berichtigungen*，1948.

99 致通信工具实验指挥部，1940年6月25日。DMA，NL 89，020，Mappe 7，2.

100 致赫格洛茨，1943年10月2日。SUB，Herglotz F 135.

101 Sommerfeld/Ramberg，Drehmoment，1950.

102 兰贝格来信，1950年3月6日。DMA，NL 89，012. Sommerfeld/Bopp，*Problem*，1950.

103 致薛定谔，1946年5月31日。DMA，NL 89，015.

解释自己在西部另找出版商的理由。“您会理解我投入这么多精力出版自己的讲义，不可能只是满足于您有限的发行范围。”[104]

东部和西部各版本的错综复杂的情况是这样形成的：第一卷《力学》1948 年
在东部已经出到了第 4 版，1949 年在西部重印。第二卷《可变形介质力学》和第
六卷《物理学中的偏微分方程》于 1945 年在东部出版，并分别于 1947 年和 1948
年在西部出版了第 2 版。第三卷《电动力学》于 1948 年首先在西部出版，并于
1949 年出版了同样的东德版本。第四卷《光学》和第五卷《热力学和统计》于 1950
年和 1952 年以西德版本问世，几年后才有了东德版。[105] 到 1947 年，各卷都开始
被翻译成英文、意大利文和俄文。“能够为您的毕生事业在英语国家的发行尽自 532
己的一份力量，我们感到骄傲，”纽约学术出版社的编辑在第六卷英文版出版之
前致信索末菲，“我们很高兴能够告诉您，将要翻译出版物理学中的偏微分方程
的消息已经引起热烈的反应。”[106]

13.7 晚年时光

三个成年的子女和许多孙儿辈使得索末菲和妻子的个人生活也充满刺激和挑战。在其整个一生中，约翰娜都是索末菲与家庭以及学生和同事的重要联系人。对于埃瓦尔德来说，被称为“索末菲阿姨”的约翰娜和索末菲一样，都是他最亲近的通信朋友之一，即使在后者移民离开德国之后二人还保持着经常的信件往来。[107] 在慕尼黑男子俱乐部“不羁者”之中，索末菲的妻子有着崇高声望。1948 年索末菲的儿子也加入了这个俱乐部。1947 年 12 月 24 日，当阿洛伊斯·文茨尔(Aloys Wenzl，1887—1967)以慕尼黑大学校长身份祝贺索末菲夫妇金婚纪念时，他说这是“以大学全体教职员工的名义，以‘不羁者’俱乐部和慕尼黑友

[104]致坡蒂希(Portig)，1948 年 10 月 22 日。DMA，NL 89，005.

[105]见 ASGS IV 中的概述，S. 685－686.

[106]雅科比来信，1948 年 12 月 16 日。DMA，NL 89，005。

[107]埃瓦尔德来信，1949 年 11 月 16 日。

协的名义，最后以我个人的名义”。[108]“不羁者”俱乐部另一位成员也肯定“索末菲这个名字能有今天，和50年的婚姻有很大关系”。[109]

由于年事已高，索末菲的听力越来越差，参加会议和公开活动越来越费劲。
533 一次他写信给贝歇特说，糟糕的听力使自己“无法欣赏音乐。我对上位音符的听觉完全错误——年纪不饶人啊”。[110] 1947年4月索末菲去大学耳科诊所作检查，根据诊所主任的诊断，他的病症是“内耳听力丧失”。与一般的老年听力下降不同的是，他在“差不多整个频率范围内”都丧失听觉。[111]

在与很多人一起的公共活动中，索末菲不得不依赖听觉，因此感到愈发困难。虽然如此，他并不想隐退到与世隔绝的状态。1948年7月，他去苏黎世参加一个国际物理学会议，“由赫茨菲尔德照料，”约翰娜写信给姐姐说，“希望平安无事。”[112]“不羁者”的活动他也不想错过。之前的1948年7月30日，他曾在慕尼黑大学的一个国际假期课程中作过一个“当今世界观中的哲学和物理学”的报告。对“不羁者”他再次讲演这一“应时之作”，作为自己“信仰的哲学坦白”。[113]

对于自己领域的哲学基础，索末菲不像爱因斯坦和普朗克那样投入。这是一个公开的秘密。然而实际上他对于基本问题的兴趣比自己表现出来的要大。尽管在对无条件的自然法则的信仰上，他与普朗克和爱因斯坦并无二致，但是索末菲不同意后二者的严格决定论。他宣扬的是“根据海森伯测不准原理松散的因果性”。[114] 爱因斯坦的基本观念是认为所有事物，包括基本粒子，归根结底都应该由一个“连续性物理学”导出。索末菲对此表示怀疑。在纪念爱因斯坦70大寿的一篇文章里，他写道，这一观念迄今“并未导致任何确实的成果”。“现今大

---

[108]文策尔来信，1947年12月24日。

[109]安东·外厄(Anton Weiher)来信，1947年圣诞节。

[110]致贝歇特，1947年12月13日。波恩，艾伯特基金会档案馆（Nachlass Karl Bechert)。

[111]布吕宁斯(Brünings)来信，1947年4月16日。DMA，NL 89，006.

[112]致海伦妮·隆布勒(Helene Rhumbler)，1948年7月1日。

[113]致朗代，1948年12月。SBPK(Nachlass Landé 70 Sommerfeld)；致格林(Grimm)，1948年10月7日。DMA，HS1978－12B/172；Sommerfeld，*Philosophie*，1948；Zwanglose Gesellschaft，*Hundertfünfzig Jahre*，1987，S. 157。

[114]Sommerfeld，*Philosophie*，S. 100.

多数物理学家都认为爱因斯坦的目标难以达到，并且转而接受他自己首先建立
的波粒二象性。”[115]在自己的“信仰坦白”中他清楚地表示自己赞同大多数人的看 534
法，并从中演绎出了更深刻的哲学思想。他“在很多方面对这种二象性都很满意”。在他看来，波粒二象性是“对普遍哲学的最高级问题的一个有益的贡献。这些最高级的问题就是古老的物质和精神、肉体和灵魂的相互关系。我们整个的生命都决定于一个二重性，一方面是物理和化学过程。另一方面是思维过程。和‘二象性’比起来，我们更喜欢用玻尔的‘互补性’来表示这两个概念只有结合起来才反映光和粒子的性质。未来某个康德的任务就是建立一个‘纯粹理性批判’，其中两个概念都有自己的位置并相互补充”。[116]

1948 年 8 月从报纸得知爱因斯坦正在制订一个环球旅行计划后，索末菲邀请对方“向我们慕尼黑物理学会”做自己最新研究结果的报告。由于知道爱因斯坦反对核武器，索末菲也试图安排他“在慕尼黑和平协会”做一个演讲。[117] 不过爱因斯坦回复说报纸的报道“和往常一样”是不正确的。“现在我已经是一个怪老头子了。对人类的各方面了解都很充分，也就不用再旅行。”[118]索末菲觉得爱因斯坦的话很好玩，一年后在纪念爱因斯坦 70 大寿的文章里还加以引用。[119] 虽然他比爱因斯坦几乎要年长 10 岁，但并不觉得自己是个“怪老头子”。作为一个八旬老人，他还计划再去美国一趟，应邀参加二战爆发后的第一个国际数学大会。[120] 这次会议于 1950 年 8 月在马塞诸塞州剑桥召开，原计划由他作偏微分方程部分的
开场报告。到 1950 年 5 月份，索末菲的美国朋友们还期望他能借机访问他们。[121] 535
不过到了最后他觉得自己不胜旅途劳顿，因而由约翰·冯·诺伊曼(John von Neumann，1903—1957)代行他在大会中的角色。[122]

除了担心旅途的劳顿，索末菲取消美国之行可能也是因为剑桥大会与 1950

---

[115]Sommerfeld，*Albert Einstein*，1949，S. 145—146.

[116]Sommerfeld，*Philosophie*，1948，S. 100.

[117]致爱因斯坦，1948 年 8 月 4 日。AEA，Einstein. 亦见 ASWB II.

[118]爱因斯坦来信，1948 年 9 月 5 日。AEA，Einstein. 亦见 ASWB II.

[119]Sommerfeld，*Albert Einstein*，1949，S. 145.

[120]致雅科比回信草稿，1949 年 9 月 9 日。DMA，NL 89，005.

[121]兰贝格来信，1950 年 5 月 29 日。DMA，NL 89，012.

[122]冯·诺伊曼(John von Neumann)来信，1950 年 9 月 18 日。DMA，NL 89，011.

年 10 月在巴德瑙海姆的德国物理学家会议时间上间隔太近。这一会议导致德国物理学会联盟的成立。而之前各个占领区内的地区物理学会在 1945 年后一直各行其是。[123] 索末菲不想错过这一大事。他前往巴德瑙海姆还有一个个人原因，那就是 1950 年的马克斯·普朗克奖章将要颁发给德拜，计划由索末菲致颁奖辞。当时也在英国占领区内努力促成德国物理学会重组的劳厄来信说“考虑到您和德拜先生之间的友谊，这样安排最好不过”。[124] 德拜无法从美国赴会，因此索末菲未能当面将奖章颁给自己第一位助手。他在致辞开始说：“我们非常遗憾今天的主角未能出席。”接着指向墙上的一幅德拜年轻时的照片，这样“至少在肖像里”德拜是到场了。“这是德拜从家乡马斯特里赫特镇高中毕业后来到亚琛高等工学院学习电子工程时的样子。”对 82 岁的索末菲来说，关于德拜的回忆也是关于他自己事业早年的回忆。致辞结束时，他将这枚由于战争导致物质短缺不得不改成铜质的奖章交给一位正在德国旅行，自告奋勇充当信使的美国物理学家。“我很荣幸能够把普朗克奖章交给受人信任的芝加哥来的迈尔教授先生。遗憾的是奖章的材料从金质变成了铜质，不过这不是什么核物理变化，而从政治因素的变化能得到很好的理解。”[125]

巴德瑙海姆的物理学家会议是索末菲最后一次出现在公共场合。1951 年 3
536 月 28 日，他在自己家附近走路的时候，被一辆汽车撞倒，并送去慕尼黑医院。

除去一根下腿骨和一根上臂骨骨折，看不出还受了其他什么伤。“他非常平静，没有脑损伤迹象。”恩斯特·索末菲报告父亲的情况时写道，“然而大约 10 天后，他的精神萎靡，丧失功能——思维、记忆、分辨，最后是讲话的能力。”医生认为他已失去意识，完全是靠“体质强”在支撑。索末菲于 1951 年 4 月 26 日去世。“我们相信他有幸不必经受离开自己心爱的物理学和亲友的悲痛。”[126]

4 年之后的 1955 年 7 月 27 日，约翰娜去世。他们夫妇俩被安葬在慕尼黑城北墓地。

---

[123] Walcher，*Physikalische Gesellschaften*，1995。

[124] 劳厄来信，1950 年 8 月 26 日。DMA，NL 89，010.

[125] Sommerfeld，*Planck-Medaille*，1950.

[126] 恩斯特·索末菲致贝歇特，1951 年 4 月 27 日。波恩，艾伯特基金会档案馆(Archiv der Ebert-stiftung)贝歇特遗物(Nachlass Karl Bechert).

第十四章　对后世的影响 537

学者死后享有尊荣的历史由来已久。巴黎科学院的一个传统就是向死去的院士致以崇高的悼词。这已经成为一个仪式，为几乎所有的科学协会所采用。这其中固然有着古老的英雄崇拜和中世纪圣徒传记的影子，但是关于科学家的悼词、生平回忆、纪念讲话以及讣告也是珍贵的科学史资料，因为它反映了紧接着的下一代人心目中，一位著名科学家最重要的贡献是什么。一位学者的工作在他死后继续发挥着影响，生平回忆则是另一种形式的承认。学生们不断地修改他的教科书，作为新版出版。后世的物理学家通过出版的论文集了解他的工作。每隔 10 周年的纪念会议则以后来的发展彰显当初先驱性成就的重要性。在极少数情况下，一位学者吸引的关注可以超出以上的程度，扩展到他专业影响圈子之外的范围。像爱因斯坦和玻尔这样在生前即享誉世界的杰出人物，以及其他的影响力超出自己领域达到其他学科的学者，情况就是如此。最后还有另一种科学上的身后之遗产，也就是以提出者或者发现者命名的定律、公式或者自然现象。

在所有的这些形式中，索末菲都留下了精彩的典范。从 1951 年的讣告到当前以他名字命名的许多概念，反映了理论物理学家对待自己领域历史的多个侧面。

14.1 讣告

对索末菲去世的第一波反应，主要是个人回忆。荷兰菲利浦研究实验室一
538 位物理学家在给索末菲遗孀的信中写道："我非常清楚地记得，以前和我们在一起的时候，索末菲教授早上很早就开始写书。""正像您感激过世的丈夫和您共度漫漫人生之旅，我们这些学生对他的教科书和领导力，以及他的文章带给我们的巨大享受也充满感激之情。"[1]"不羁者"俱乐部的一位成员在给约翰娜的慰问信中回忆说，索末菲一直是一个"真正的不羁者。他总是拥有很多听众。很多后来发表的内容可能最初都是先高声读给我们听的"。他总是"乐于助人"，"我们中很多人都从他那里得到很好的建议和帮助，他的忠诚、喜悦和幽默使得这个团体更加团结"。[2]

不过也不是每个人回忆起他来都充满崇敬之情。得知索末菲去世的消息后，胡戈·丁勒写信给趣味相投的布鲁诺·蒂林说："他的逝世使得不和谐物理学的恐怖统治失去了最有力的代表人物"。[3] 尽管距离"第三帝国"的覆灭已经 6 年，对这些极端分子来说，与现代理论物理学的斗争仍然没有结束。

在索末菲的悼词中看不到这些敌意的痕迹。讣文中列举的是他对自己学科永恒的贡献，同时也反映作者与索末菲的个人关系的一些内容。泡利敬佩索末菲一生"恰当地"体现了"学者和教师的典范"。[4] 对海森伯来说索末菲是一位慈祥的老师，对学生的问题和需求总是表示同情，并且"像朋友一样关心学生的个人

---

[1] 尼森(Niessen)来信，1951 年 5 月 7 日。DMA，NL 89，017，Mappe 2. 6.

[2] 安东·外厄(Anton Weiher)来信，1951 年 8 月 3 日。DMA，NL 89，017，Mappe 2. 7.

[3] 丁勒致蒂林，1951 年 5 月 8 日。Aschaffenburg，Hofbibliothek，Dingler-Nachlass.

[4] Pauli，*Arnold Sommerfeld*，1951.

生活、愉悦、平静，以幽默化解紧张，善于宽容学生的不足之处”。[5]

索末菲其他学生的悼词也大致如此。每人根据自己的个人体验举证了一些 539
其他的方面。埃瓦尔德在《自然》(*Nature*)杂志上的文章中解释道：“索末菲教学成功的原因是对自己观点清晰具体的表达。”就连初学者在他的课堂上也了解到“在已经确立的理论后面都有很多待解决的问题”。[6] 贝歇特也认为索末菲成功的秘诀在于“他教学和布置任务的方式，以及乐于支持在他身边工作的人发挥自己的个性”。作为索末菲长期的助手，贝歇特得以补充若干关于索末菲教学机构日常生活的内容。他引述索末菲关于大课程的观念：“课程的构建和讲授不能搞得过于圆滑，过于平坦，让听众觉得自己无所不知。总要留下一些东西让人思考。”对于高年级学生和博士生，更重要的是特别讲座和研讨班。“他经常以自己想要了解的东西作为小讲座的主题，并由此发表了不少文章。”在研讨班上，如果觉得自己有什么地方没搞清楚，他就经常打断发言者并提问。“在讨论中他非常大度，对相反的观点也很开放；在科学问题上，他只关心事实。在讨论中自己正确与否对他来说都不值一提。”[7]

劳厄的悼词重点是索末菲的科研，但是也赞扬了他的教学。作为费利克斯·克莱因的学生，索末菲为自己的教学法打下了极好的基础。克莱茵这位“伟大的教师”，把自己的授课艺术，以及更“广泛的表现艺术”，还有“了解人情世故和待人接物的技巧”都教给了索末菲。劳厄还把索末菲和自己通过多年在柏林共事了解到的普朗克和爱因斯坦做了比较。后二者都非常注重“物理学的根本原
理”，与之相反，索末菲则关注于“模型，或者至少是具体的范例”。“总的看来， 540
普朗克、爱因斯坦和索末菲代表了两个不同的学者类型。”[8] 这里劳厄第一个阐述了原理导向和问题导向之间的区别。而索末菲的工作后来经常被归于后者(见本书跋)。

大多数悼念文章都只有几页。劳厄 10 页篇幅的讣文已经算是非常详细。然

---

5 Heisenberg, *Arnold Sommerfeld*, 1951.

6 Ewald, *Arnold Sommerfeld*, 1951.

7 Bechert, *Arnold Sommerfeld*, 1951.

8 Laue, *Sommerfelds Lebenswerk*, 1951, S. 514 und 518.

而最全面的颂辞来自于马克斯·玻恩。作为伦敦皇家学会会员，索末菲逝世的消息也出现在这个组织的《讣闻》之中。在大不列颠的科学家中，再也找不到一个比玻恩更合适撰写这篇讣文的人选。对于传统悠久、高规格的皇家学会讣告，玻恩显然花费不少心血，才能满足会员们的期望。讣文中必不可少的内容包括一份严谨的死者生前发表的所有科学文章目录，对死者在科学上的重要意义的阐述也较一般的讣告更完整而广泛。[9]

14.2 物理学史上的领军人物

索末菲去世10年后，他对后世的影响开始进入第二个阶段。美国物理学家和物理史学家规划了一个关于现代科学史的开拓性的项目："量子物理学历史文献"(Sources for History of Quantum Physics，SHQP)项目。最初的相关探索工作从一些"样本传记"开始。项目的合作者在解释选择索末菲作为第一位着手研究的人物时写道："第一个传记是索末菲的，它显示了这位讣文众多的杰出物理学家能带给我们的东西。"玻恩在皇家学会《讣闻》上发表的全面综合的讣告为进一步向前推进工作提供了宝贵的基础。项目的中心点是搜集资料，索末菲又是第一个目标。弗里茨·博普将慕尼黑大学理论物理学研究所保存的索末菲的文件和其他所有物交给该项目使用。恩斯特·索末菲则提供了他在父亲房子里发
541 现的信件中的一部分。所有这些搜集到的文件都被转拍到缩微胶卷上，然后原件被送回德国。加上其他来源的资料，一起组成了一个内容广泛的缩微胶卷档案，作为研究现代量子物理历史的基础。[10]

SHQP项目使得现代物理学史开辟了应用历史学方法论并注重原始资料的

[9] Born，*Sommerfeld*，1952.

[10] Kuhn/Heilbron/Forman/Allen，*Sources*，1967. http://www.amphilsoc.org/guides/ahqp/index.htm（上网时间：2013年1月31日）.

历史学科。1960 年代在托马斯·库恩(Thomas Kuhn，1922—1996)领导下该项目完成的工作，是在现代物理史上的一个里程碑，其中也包括了对索末菲在现代原子和量子物理学的出现过程中所做贡献的研究。[11] 在美国人的资料收集工作之后，德国方面也开始研究量子论的历史，索末菲也再次成为物理史学家研究工作的中心。[12]

索末菲对量子物理的贡献开始引起研究者关注之时，正赶上许多物理学家计划在 1968 年以适当方式纪念索末菲诞辰 100 周年。博普设立的一个委员会受巴伐利亚科学院委托准备了一个四卷本的索末菲文集。[13] 1968 年 9 月，他在慕尼黑大学组织了一个"双重会议"："阿诺尔德·索末菲百年纪念会议"，以及"单电子和双电子原子物理学国际讨论会"。[14] 索末菲的教科书也仍然受欢迎。1957 年弗里茨·绍尔在第六卷第 4 版前言部分中写道："为了尊重索末菲教授在去世前不久表达的意愿，我很高兴地担负起他讲座第六卷新版的工作。"第 5 版和第 6 版分别于 1961 和 1965 年面世。1978 年哈里·多伊奇出版社接过了《原子结构和光谱线》2 卷以及《理论物理学讲座》6 卷的出版工作。到 1992 年还进行第二卷和第 542
六卷的重印。[15]

SHQP 项目资料广泛，包含了大量的索末菲学生的访谈录，使得深度研究他的生平成为可能。[16] 现在索末菲及其学生对原子论的贡献已经成为物理史学中的关键研究课题。[17] 索末菲在金属电子论领域的文章也引起 1980 年一个关于固体物理学史的国际项目的极大关注。和 SHQP 类似，这个项目的主要任务也是搜集整理相关资料。[18]

---

[11] Heilbron，*History*，1964；Forman，*Environment*，1967.

[12] Hermann，*Diskussion*，1967；Hermann，*Frühgeschichte*，1969.

[13] Sauter，ASGS，1968.

[14] Bopp/Kleinpoppen，*Physics*，1969.

[15] Sommerfeld，*Atombau*，1992.

[16] Benz，*Arnold Sommerfeld*，1975；Forman/Hermann，*Sommerfeld*，1975.

[17] Heilbron，*Kossel-Sommerfeld Theory*，1967；Nisio，*Formation*，1973；Forman，*Doublet Riddle*，1968；Forman，*Alfred Landé*，1970；Cassidy，*Core Model*，1979；Kragh，*Structure*，1985.

[18] Hoddeson/Bam/Eckert，*Development*，1987；Eckert，*Propaganda*，1987；Eckert，*Sommerfeld*，1990.

通过这些研究项目，新的原始资料被发掘出来。索末菲的遗产是如此丰富，有人提议将其中一些文件选出来展览，使得学者的一生能够更广泛地为人所知。[19] 对于理论物理学在 20 世纪前半部分发展成为世纪科学的社会背景，索末菲和他的"学派"也是一个很好的代表。[20]

这样，索末菲的遗产开始了一个新的生命阶段。对于物理理论的历史重建，他的科学通信是一笔真正的宝藏，激发了广泛的研究。[21] 与出版的爱因斯坦、玻尔和泡利的通信集一样，索末菲的通信也表明理论物理学绝非仅仅是观念争斗的结果。它和其他科学一样，受到社会发展和时代潮流的影响。仅仅研究发表的科学论文很难发现这些影响，但是在私人通信中却一直清晰可鉴。最近的物理学史有无数这样的例子，索末菲也不例外，而且特别恰当。[22]

14.3 精细结构常数

543 在以发现者名字命名的永恒而崇高的自然科学概念中，我们看到的是另一种形式的遗产。"玻尔兹曼常数""普朗克作用量子"以及其他以发现者命名的常数和效应，使得科学家在物理学共同的记忆中得到不朽的声名。抛开其他值得纪念的成就不提，"索末菲精细结构常数 α"已经足够使他名字在物理学教科书中占据长久的位置。

起初，α 只是一个其他几个自然常数组合的简称，类似于"玻尔半径"，或者
544 "玻尔磁子"。与这些可以看成是基本长度或者基本磁矩的量相反，α 不对应任何基本物理单元，这是由于它是无量纲的，数值非常接近 1/137。1916 年，在他的精细结构理论中，索末菲引入这个量，作为氢原子中电子的"相对论边界动量"

[19] Eckert/Pricha/Schubert/Torkar, *Geheimrat*, 1984.

[20] Eckert, *Atomphysiker*, 1993.

[21] Eckert/Märker, ASWB, 2000 und 2004

[22] Seth, *Crafting*, 2010.

图 35　慕尼黑路德维希·马克西米利安大学物理学院用这个放在"阿诺尔德·索末菲讲座大厅"之外的头像纪念精细结构常数。1916 年引入的这个常数被认为是索末菲最重要的成就

$p_0 = e^2/c$ 与 n 个"量子动量"的 $p_n = nh/2\pi$ 中第 1 个的比值：$\alpha = p_0/p_1 = 2\pi e^2/hc$。他认为 α"将在后面的公式中发挥重要作用"。[23] 在 1916 年的时候，他仅仅是提示这个"关系量"可能与更基本的物理问题相联系。在《原子结构和光谱线》中，α 被更清晰的诠释为电子在氢原子"第一玻尔轨道"上的速度和光速之比。[24]

量子电动力学的发展揭示了精细结构常数更深刻的意义。[25] 1930 年代海森

---

[23] Sommerfeld, *Quantentheorie*, 1916, S. 51.

[24] Sommerfeld, *Atombau*, 1919, S. 244.

[25] Kragh, *Magic Number*, 2003.

伯和泡利的通信见证了这个领域中投入的大量的努力，尽管结果并不成功。在一封给索末菲的信中，海森伯写道："对您的常数的数值的真正理解，是将来的事情。我没有取得任何进展。"[26]兰姆位移实验（见第 13 章）使得精细结构常数再一次成为各种理论解释的中心。泡利在纪念索末菲 80 诞辰的文章中写道：非常微小的能级位移是因为"所谓的精细结构常数非常小"。"您的精细结构常数数值的理论诠释是原子物理学尚未解决的最重要的问题之一。"[27]

量子电动力学使得物理学基本过程的理论诠释开始了一个新的方向。[28] 电动力学的相互作用被认为是带电粒子交换光量子的的过程，而精细结构常数则是
545 衡量这个相互作用力的大小的尺度。对自然界每一个基本的力——电磁力、重力、强力和弱力——在量子场论中都有一个特征交换粒子以及表述作用力大小的耦合常数。对于精细结构常数，基本电荷的大小是最大的谜题。基本电荷的普遍性通过精细结构常数以一种神秘的方式反映出来，并延伸到整个电磁相互作用领域。1968 年海森伯在为索末菲诞辰百年所写的一篇文章中指出："不只是电子和光量子的耦合由精细结构常数决定，电磁辐射领域中其他任何基本粒子的耦合也是如此。""如果不能搞懂所有基本粒子的电荷都是基本电荷的整数倍，也就无法指望能够导出索末菲常数。因此对整个基本粒子谱的了解，至少是定性的了解就成为前提条件。二战之后的几年中，我也曾和索末菲谈到过这一点。"[29]精细结构常数成为基本粒子物理学的重大谜题。

然而对于理论学家来说，索末菲常数不仅仅是关于物理学最根本基础的重大难题，意外幸运地是，它也对实际工作颇有帮助。在量子电动力学各种相互作用的计算中它也表现为一个耦合常数。由于 α 的值很小，依靠一个精致的图像技术（费恩曼图），推导出的积分可以近似计算出来。在理论和实验结果的吻合方面，量子电动力学属于物理学中最精确的领域。理查德·费恩曼（Richard Feynman，1918—1988）由于在这个领域的工作获得诺贝尔奖，他与海森伯和泡利一样，为精细结构常数唱赞歌，绝非偶然。在自己关于量子电动力学的著作结尾，

---

[26]海森伯来信，1935 年 6 月 14 日。DMA，HS1977－28/A，136. 亦见 ASWB II.

[27]Pauli，*Beiträge*，1948，S. 132.

[28]Schweber，*QED*，Kapitel 2.

[29]Heisenberg，*Ausstrahlung*，1968，S. 536.

他说“这是物理学最神秘的事物之一”，“一个有魔力的数值，超出人类的理解，仿佛由‘上帝之手’写成”。[30]

到了 20 世纪末，这个难题又有了一个新的转折。天体物理学家发现类星体光谱的精细结构常数为 1/137.037，而不是地球上的 1/137.03599976。区别看上 546
去可能很小，但是考虑到其他理论和实验结果一向符合得很完美，这不能不引起理论学家的关注。类星体的光是几十亿年前发射出来的。一些理论物理学家不禁要问，是不是这个自然常数并非常数，而是随着时间变化的呢？尽管这个基于极小的差异的推测听起来也许很荒谬，但是自然常数的不变性问题还没有确定答案，依然是新的实验和理论要解决的课题。[31]

14.4 “索末菲之谜”

1916 提出的精细结构理论是关于沿椭圆轨道绕原子核旋转的电子的。12 年后，根据狄拉克的电子论，对类氢原子能级推导出了几乎同样精细结构公式。按照索末菲在《波动力学补充》中的说法，只有“可以忽略的项的改变”[32]：

$$E=E_0\left\{1+\frac{(Z\alpha)^2}{(n-k+\sqrt{k^2-(Z\alpha)^2})^2}\right\}^{-1/2}$$

1933 年的《物理学手册》中的这个公式已经包含了那些“可以忽略的改变”。[33] 对应量子数 $n-k$ 的差值，索末菲精细结构公式用的是径向量子数 n_r，k 用的是方位角 n_φ. E_0 是电子静止能量，Z 是核电荷数，α 是精细结构常数。为何两个如此不同的理论会导致相同的精细结构公式？狄拉克的电子论并未考虑椭圆轨道。连轨道这个概念都毫无意义。狄拉克电子论通过“自旋”的概念创造出一个

---

30 Feynman，*QED*，1990，S. 148.

31 Fritzsch，*Konstanten*，2003.

32 Sommerfeld，*Ergänzungsband*，1929，S. 337.

33 Bethe，*Quantenmechanik*，1933，S. 316.

新的自由度，而这在索末菲观念中并无对应物。两个理论殊途同归，是否是一个美丽的巧遇？

547 对索末菲来说，这个一致性不是巧合。1942 年他概括二者一致性的基础时，回顾性地写道，不管怎么说，“按照狄拉克理论”，自旋“是相对论波动方程的结果。我的精细结构公式也是如此”。但是这仅仅是他自己看法的一个表露，觉得两个非常不同的理论都以相对论为基础，还算不上是解释。1948 年泡利在纪念索末菲 80 寿辰所写的文章中指出：“令人吃惊的是，索末菲 1916 年的原始能级公式从这个考虑电子自旋的新理论也可以导出。[34] 20 年后，在纪念自己老师百年诞辰的文章中，海森伯也对此表示了惊异。“仿佛奇迹一般地，在尚不完善的旧量子论的基础上，针对球对称电子计算得到的索末菲公式，被证明也是属于量子力学的，由狄拉克发展的自旋电子相对论的精确解。探索这是否真的是一个奇迹，还是作为索末菲和狄拉克推导基础的问题的群论结构决定了这一公式，将是一个让人兴奋的项目。”[35]

有意思的是，索末菲、泡利和海森伯都没有着手这一“让人兴奋的项目”。另一方面，其他杰出的理论学家多次表示不解。1956 年薛定谔在给一本关于量子论中的数学方法的书的作者们的信中写道：“索末菲推导的精细结构公式只是偶然地给出了符合实验数据的结果。”其中的分析得出的结论是这是一个很特别的巧合。狄拉克理论是通过波动力学和自旋得到精细结构公式的；索末菲的推导中没有包括这二者。如果索末菲仅仅利用了相对论波动力学（就像薛定谔最初打算做的），他就会得到一个不同的公式。此书的作者们的结论是：“索末菲的解释能够成功的原因是他同时忽略了波动力学和自旋，在氢原子的情况，这二者正好互相抵消。”[36]

548 不过几年后这个看法遭到以群论在物理学中的应用而闻名的劳伦斯·C. 比

---

[34] Pauli，*Beiträge*，1948，S. 131.

[35] Heisenberg，*Ausstrahlung*，1968，S. 534.

[36] Yourgrau/Mandelstam，*Variational Principles*，1968，S. 113—115.（Sommerfelds derivation of the fine-structure formula provides only fortuitously the result demanded by experiment [...]. Sommerfelds explanation was successful because the neglect of wave mechanics and the neglect of spin by chance cancel each other in the case of the hydrogen atom.）

登哈恩(Lawrence C. Biedenharn，1922—1996)的驳斥。他认为“索末菲之谜”不是偶然巧合，而是像海森伯推测的那样来源于一种深层对称。描述精细结构的不同微分方程，就其中出现的量值而言，作为一个数学结构，在两个不同的理论中导致了相同的结果。“就像前面我们对索末菲之谜的解答中详细讨论的那样，正是这个对称性导致了索末菲方法与量子解之间细节上的非常的一致。”[37]

不过这也没有最后解决索末菲精细结构公式的疑问。或者更准确地说，当利用“半经典方式”处理这个问题时，又出现了其他解释。半经典量子化可以用近似方法处理量子力学无法解决的问题。随着 1970 年代混沌理论的出现，开始了对作为量子力学和经典力学中混沌系统的边缘领域(量子混沌)的探索，半经典量子化也吸引了格外的关注。其本质上是通过增加一个量子数(马斯洛夫指数 μ)来推广 $\oint p\mathrm{d}q = nh$ 类型的玻尔—索末菲量子化条件，使之成为 $\oint p\mathrm{d}q = \left(n+\frac{\mu}{4}\right)^{h}$ 的形式。为了通过半经典方法导出精细结构公式，还需要在量子化公式中加入另一个自旋量子数。这里看上去两个新加的量子数正好互相抵消。[38] 至于这个结果是符合比登哈恩的分析，或者实际上是两个不同的数学语言描述同一件事情，就没有确切结论了。

“索末菲之谜”展示了理论物理学一个令人惊异的永恒而根本的特性。那就 549
是旧结果偶尔也能被新理论再次确认，尽管物理理解和相关的数学方法都已根本改变。索末菲还有其他文章也有这种后来又重生的经历。例如在非线性动力学中，振动系统之间能量交换中的反馈引起的现象被称为“索末菲效应”或者“索末菲-科农恩科(Kononenko)效应”。[39] 索末菲名字与这些现象联系在一起的来源是他 1902 年的一篇分析驱动不平衡质量的摩托的论文(见边码第 166 页)。这个“摇床”现象清楚表明在某些条件下，输送给摩托的能量带来的是床面更剧烈的摇动而不是更高的转速。联系到现实世界，索末菲写道：“可以把这个实验大致比作一个工厂主拥有一台安装在劣质基础上的机器，当他跑到 30 马力时，其实

---

[37] Biedenharn, *Sommerfeld Puzzle*, 1983, S. 32.

[38] Keppeler, *Phase*, 2004.

[39] Kononenko, *Vibrating Systems*, 1969; Krasnopolskaya /Shvets, *Chaos*, 1993.

有效值只有 1/3。因为只有 10 马力在做有用功，其他 20 马力都传到作为基础的砖石结构上了。”[40]问题的实际意义确保理论分析也能够得到真正的关注。几十年后，当非线性系统的研究热度迅速升温，这个“摇床”现象也再次走红。其中发生的物理过程及其数学描述的意义远远超出了索末菲描述的“摇床”本身。倘非如此，这个现象就不会以他的名字被命名为“索末菲效应”。[41]

14.5 从“太平洋问题”到暗物质

天体物理学家们讨论的话题是另一个不同的索末菲效应。天文学家通过望远镜和射电望远镜接收电磁辐射能观察到的恒星与宇宙气体云的物质总和，比宇宙中应该存在的物质总量明显要少。天体物理学家中的主流看法是所谓“弱相
550 互作用大质量粒子”(WIMPs) 组成了这部分不可见的“暗物质”。根据这个理论，大爆炸后 1 纳秒后，这些弱相互作用大质量粒子之间除了重力就不再有其他相互作用。如果他们不是隔开很远，而是碰巧相互碰撞的话，就会通过弱相互作用一起湮灭。这个过程中会发射出一个理论上可观测的 γ 射线光子，因此可以作为暗物质存在的证据。不过第一个模型计算得到的辐射强度非常之低，实际上是无法确证的。但是后来的模型计算显示在银河系某些区域 WIMPs 湮灭产生的辐射比预想的要强很多。在 2009 年的一份相关研究报告中，我们读到“明确地探测到银河系暗物质湮灭将解开粒子物理和宇宙学最引人关注的谜题之一。最近的发现激发的几个模型显示湮灭速率被索末菲效应所放大。这是一个长程引力导致的非微扰性放大”。[42]

在索末菲去世半个世纪之后，他如何还能有此殊荣，发现一种可能最后导

---

[40] Sommerfeld, *Beiträge*, 1902, S. 393.

[41] Eckert, *Sommerfeld-Effekt*, 1996.

[42] KuhlenMadau/Silk, *Dark Matter*, 2009.

致证实暗物质存在的效应呢？在这个也被称为“索末菲放大”的效应中，有两个过程同时在起作用。在第一个过程中，辐射强度与发生碰撞的粒子流成正比。在另一个过程里，它依赖于作用截面。后者可以形象地表示为一个竖立在碰撞粒子行进方向上的圆盘，其大小就是粒子相互作用的距离。由于 WIMPs 在共同湮灭前一直互相吸引，他们越来越集中，所以反应截面和粒子流都被放大。[43] 一般来说，只有利用在二战之后发展起来的量子场论的微扰理论，才能计算这种粒 551
子相互作用。但在他的“太平洋问题”中，索末菲曾考虑了非相对论性的范围，其中薛定谔波动力学方法已经足够。在其 1931 年的《论电子的衍射和制动》一文中，他已经使用这个方法计算 X 射线轫致辐射。[44] 其中两个相互吸引的小动能粒子相互作用的计算正是这样一个“非相对论性量子效应”，而设想的银河系特定区域中 WIMPs 粒子的碰撞和共同湮灭也是如此。索末菲处理的是 X 射线轫致辐射中飞过原子核的电子的制动过程。在暗物质的情况，可以想象 WIMPs 在缓慢(非相对论性)碰撞过程中以类似的形式相互作用。按照费恩曼图的语言，他们相互作用的形式是梯形图，其中梯子的横档表示 WIMPs 之间的相互吸引是由交换粒子(矢量玻色子)实现的，由于相互运动速度不高(非相对论性)，这种交换要进行多次，直到共同湮灭，将能量以 γ 射线发射出来。[45]

1931 年当索末菲发表自己的 X 射线轫致辐射的论文时，还没有费曼图和交换粒子的说法。虽然如此，他自己和这个问题打交道也是由来已久。1909 年他第一次描述电子在 X 射线管对阴极制动时所发射的电磁波，按照入射电子的速率的不同，多多少少汇聚在电子入射方向。1911 年在第一届索尔维大会上，他试图利用量子论确定这个过程的制动时间，不过很快就承认如此处理这个问题不能成功(见第 6 章第 5 节)。1929 年与在东京物理化学研究所致力于 X 射线轫致辐射研究的杉浦义胜讨论时，他再次遇到这个问题。在从日本越洋到加州的途中，他以波动力学的方法处理这一问题，但是并未完全把握它(见边码第 421 552
页)。“太平洋问题”成为他一生的挑战。即便是在 1931 年的全面处理之后，索末

43 Iengo, *Sommerfeld Enhancement*, 2009.

44 Sommerfeld, *Beugung*, 1931.

45 Lattanzi/Silk, *WIMP Annihilation*, 2009.

菲还是觉得问题尚未得到解决。他将这一挑战转交给几个学生，并且在1939年的《波动力学补充》新版中全面介绍了这一课题(见边码第470页)。即使在用费恩曼图的量子场论语言重新表达后的“太平洋问题”中，索末菲传统的迹象仍然清晰可见，绝非偶然。[46] 在现代天体物理和粒子物理学中的“索末菲效应”之后，是一个跨越一个世纪的漫长的科学问题的历史。

14.6 遗恨诺贝尔奖

自从1900年以来，能够使得一位科学家在身后获得远超同事的最高嘉奖，便是诺贝尔奖。而索末菲未能获奖。1928年12月，当希望又一次破灭时，他信中的语句由衷地表明了自己对此事的看法：“我仍然无缘诺贝尔奖，已经渐渐成为一桩公开的耻辱。”[47]对于信中提到的他是因为“和玻尔的对立”而被放弃的推测，并没有清晰的答案。诺贝尔档案文件显示的只是从1917年起，他几乎每年都被提名，并于1924年进入最后的小名单。为什么在这一年他也未能得奖的原因，我们可以从他的瑞典同事，诺贝尔委员会物理组的卡尔·威廉·欧森(Carl Wilhelm Oseen，1879—1944)的报告中看出端倪。报告是这样写的：“由于索末菲强烈而且是自觉的对系统思想的厌恶，因此很自然，他的成就经常是昙花一现。”[48]

553 每一次的诺贝尔奖的颁布，都是在很多有资格的成就中做出的选择，总会面临这人或那人是否更有资格得奖的问题。核物理学家瓦伦丁·泰莱格迪(Valentine Telegdi，1922—2006)因为在弱相互作用宇称不守恒以及其他核物理重要

---

[46] Elwert/Haug, *Calculation*, 1969.

[47] 致威兰，1928年12月13日。DMA，NL 57. 亦见 ASWB II.

[48] Protokoll vid Kungl. Vetenskapsakademiens Sammankomster för behandling af ärenden rörande Nobelstiftelsen år 1924, hier S. 29. Nobel Archives, Royal Swedish Academy of Sciences, Stockholm.

发现中起了决定性作用而险些获诺贝尔奖，在好几个场合都回应了索末菲为何未能获奖的问题。他对1924年欧森那份认为索末菲对玻尔原子论的推广不够获奖资格的报告做了批判分析。针对认为索末菲的理论缺乏系统性并且不久就经历多处细节修改的指责，泰莱格迪反击说，玻尔的三部曲也同样展示了“一个整体看来不那么有逻辑性的建筑”，但却被认为够格获奖。他写道：欧森先是“贬低了”索末菲，然后试图“彻底消除任何他可能是受玻尔影响的怀疑”。[49]

欧森和玻尔确实很友好，但是据此推测有一个针对索末菲的合谋那就是纯粹的猜测而已。欧森在诺贝尔委员会内对物理学领域的评价在其他事情上也引起过不快，和玻尔施加影响扯不上一点关系。[50] 不管背后的原因是什么，索末菲未能获奖在当时已经觉得不可思议。密立根曾经在1925和1930年两次提名索末菲。[51] 他认为《原子结构和光谱线》已经让他够格获奖。1948年在索末菲80寿辰时他来信说“这个杰出的工作早就应该让您获得诺贝尔奖”。[52]

索末菲去世多年后，对诺贝尔档案的检查揭示了他频繁被提名的事实，使
得科学史学家们感到惊讶。在对诺贝尔奖颁发50年的一份调查中，索末菲成为
一个让人不快的纪录的保持者：在所有物理学奖候选人中，他被提名次数最多。
“阿诺尔德·索末菲应该是物理学中最不走运的人。”调查的作者这样写道，因为 554
以1917到1950年间的81次提名，他拥有“一个不一定值得羡慕的荣誉，那就是
在1901到1950年间被提名最多的人，却从未获得诺贝尔奖”。[53]

---

[49] Telegdi：“Why did Arnold Sommerfeld never get the Nobel prize?”（为何阿诺尔德·索末菲从未得诺贝尔奖?）2002年3月7日在加州理工学院物理研讨会上的演讲，http://www.pma.caltech.edu/PhysColl/PhysColl01-02.html（上网时间：2012年10月9日）。本书作者感激泰莱格迪（Valentine Telegdi）提供了在慕尼黑大学所做的一个差不多相似的演讲稿。亦见 Lippincott，*Conversation*，2008，S. 106.

[50] Friedman，*Politics*，2001.

[51] Crawford，*Nobel Population*，2002.

[52] 密立根来信，1948年11月26日。DMA，NL 89，042. 亦见 ASWB II.

[53] Crawford，Nobel Population，2001.

555

跋

“普朗克是权威，爱因斯坦是天才，索末菲是老师。”这是一位作家对理论物理学的黄金时代最重要的代表人物的角色所做的尖锐而简洁的总结。[1] 另一位作家则强调索末菲及其学派理论物理学的问题导向的特征，这与普朗克、爱因斯坦和玻尔的原理导向形成对照。[2] 索末菲的生平为这个看法提供了很多例子。“这东西怎么来的还完全不清楚，但是假设的后果要认真考虑清楚。”[3] 这是 1927 年索末菲搁置所有关于费米－狄拉克统计基本问题的态度。回避这些纠缠使他可以利用这一新的统计着手解决一系列金属电子论中的问题(见第 9 章)。同样格言也可以用来作为索末菲的大量其他工作的开场白。

虽然如此，一个长久而多方面的科学生涯不可能浓缩到如此简单的程式中。“索末菲是老师”只是他个性的一个方面；“问题导向的研究”这个标签不能作绝对理解。正像在 h 假设(第 6 章第 5 节)例子中的情况，索末菲也能展现出对原理的强烈倾向。当一个问题的基本表述与原理密不可分，原理导向和问题导向就不再是互相排斥的两个选择。

---

[1] Hermann, *Max Planck*, 1973, S. 56.

[2] Seth, *Crafting*, 2010.

[3] Sommerfeld, *Elektronentheorie der Metalle*, 1927, S. 825.

不管怎么说，索末菲自己的那种简洁表述的风格，也加深了与“原理导向”的同事势不两立的印象。在给爱因斯坦的一封信中他曾阐明自己的立场：“我的工作只是在量子论的技术方面，您来设计它的哲学。”[4]但是不能就据此推测他对 556
相对论和量子论引发的哲学和认识论问题没有兴趣。在自然哲学的争论问题上，他有清晰的立场。考虑到早先在和维也纳学派支持者的争论，他明确反对带有马赫印痕的实证主义(第 10 章第 7 节)，他明确声称自己是一个“自然律上的教条主义者”就没有什么奇怪的。[5] 1933 年 5 月 1 日，在受皇家学会邀请在爱丁堡作的一个报告中，他也类似地自明心志。[6]报告的主体是当时出版不久的一本普朗克的讲话和报告集，名为《通向物理知识之路》。索末菲知道自己与普朗克在自然哲学的很多问题上看法是一致的。他也提到了玻尔兹曼。后者在自己的《电动力学》第二卷介绍麦克斯韦方程时引用了歌德的《浮士德》中的名句：“难道是神的手镌刻了这些符号?”对自然律的和谐性的根本信仰，在索末菲身上和玻尔兹曼、普朗克和爱因斯坦一样深刻。也许他的哲学言论与普朗克和爱因斯坦的略有距离，但都是由衷之言(第 13 章第 7 节)。在所有的哲学运动中，他无疑最认同康德的认识论，当然需要一些修正以适应广义相对论。1948 年，在讨论康德关于空间和时间的“先验性”概念时，索末菲写道：“当然它不可能维持最初的形式，”“空间和时间需要一个经验性的物理结构，来源于其中发生的事件。今天的康德会调整自己的观念适应爱因斯坦的学说。从爱因斯坦之后，物理学家和哲学家就亲如一家了。物理学家们都变成了哲学家，而哲学家们都小心不要违反物理学。”[7]

如果说在自己的科学文章中，索末菲大体上对哲学和观念学的题目持回避态度，但是不能把这个自行选择的含蓄判断为对哲学不感兴趣。但是即使加入哲学信念也不足以概括其教学和研究活动。一个完整的总结必须包括音乐。索 557
末菲对音乐的爱好贯穿了他的一生，从家庭私人生活到同事圈子的交际聚会，

---

[4] 致爱因斯坦，1922 年 1 月 11 日。AEA，Einstein. 亦见 ASWB II.

[5] 致莫里茨・石里克(Moritz Schlick)，1932 年 10 月 17 日。DMA，NL 89，025.

[6] 斯科特演讲(Scott Lecture)，1933 年 5 月 1 日。演讲手稿在 DMA，NL 89，021，Mappe 9.9.

[7] Sommerfeld，*Philosophie*，1948，S. 98.

最后到科学生活。对他来说，原子论不仅仅代表解决问题的挑战，以及促进自己学生圈子在理论物理学中的职业发展。它也是(而且可能最主要地是)"符合美学的、和谐的、唯一可以和音乐媲美的事物"。按照他1924年在普鲁士科学院的一个报告中所言，谱线理论中的数字关系是"真正的量子音乐"。[8]

最后，所有试图这样那样地简单概括索末菲一生工作的努力都是不合格的。这使人们想起他最喜欢的诗人歌德的一首二言体诗句：[9]

如果你想从整体吸取力量，
必须从细微之中看到整体。

---

[8] Sommerfeld, *Erforschung*, 1924, S. 875

[9] Goethe, *Werke*, 1981, S. 304 (I).

摘要 559

阿诺尔德·索末菲(1868—1951）与马克斯·普朗克（1858—1947)、阿尔伯特·爱因斯坦(1879—1955）和尼耳斯·玻尔(1885—1962）同为现代理论物理学的创始人。他在一生中，经历了这门科学的萌芽发展，也目睹了那个时代许多科学、社会和政治的戏剧性事件。他的家信提供了自己科学生涯中诸多挑战和喜悦的生动见证。

索末菲最著名的成就在于原子物理学领域。他推广了玻尔于 1913 年创立的原子论。直到 100 年后的今天，“玻尔-索末菲原子”和“索末菲精细结构常数”仍然是物理学家们熟知的概念。索末菲的名字还与现代理论物理学的第一个“学派”联系在一起。他在慕尼黑大学的理论物理学研究所，是维尔纳·海森伯(1901—1976）杰出的理论物理学研究生涯的起步之地(这只是索末菲学派涌现的著名诺贝尔物理学奖得主中的一位）。这个被索末菲自己称为慕尼黑“理论物理学摇篮”的地方，是新量子物理学的圣地。他于 1919 年首次出版的《原子结构和光谱线》成为原子物理学的“圣经”。这一传奇式的教科书的诸多版本被译成多种语言流行于全世界。另外，索末菲于 1940 年出版的 6 卷本理论物理学讲义，以及去世多年后还不断修订发行的新版，展现了这位富于魅力的教师的个性。

然而和海森伯以及他的学派其他的诺贝尔奖得主不同的是，索末菲并不广泛为人所知。81 次的诺贝尔奖提名成为他保持的一项令人伤感的纪录：得到提名次数最多的物理学家，却从未有幸获得这一殊荣。与此同时，现代物理学史几十年的学术研究，却充分证明了索末菲科学成就的重要意义。

不过在索末菲科学生涯的开始，他并不是一位量子理论学家，甚至不是一位理论物理学家。他出生于柯尼斯堡，在那里度过整个青少年时期，以一篇数学论文完成在柯尼斯堡大学的学业。之后索末菲来到格丁根，成为富于企业家
560 精神的数学家菲利克斯·克莱因的助手。按照克莱因倡导的数学方向，索末菲学术生涯早期曾在克劳斯塔尔矿业学院（1897—1900）和亚琛高等工学院（1900—1906)分别担任数学和力学教授。他利用自己作为数学家的优势解决物理问题，在亚琛时工程问题也成为处理对象。受菲利克斯·克莱因之托，他在编辑《数学科学百科全书》的物理卷时，开始接触理论物理学。在编辑像路德维希·玻尔兹曼（1844—1906）和亨德里克·A. 洛伦兹（1853—1928）这样的理论物理权威们的评论文章时，他得以了解这个领域尚未解决的重要问题，并受到激发，在各个问题上投入自己的研究。索末菲与这些《百科全书》作者之间的通信，揭示了他如何在范围广泛的研究对象中时常地从当前主题发展出新的研究。这样他就把自己多方面的数学能力与对当前物理学研究前沿的了解结合起来。

因此，绝非偶然，他很快就成为一个理论物理学教授席位的合适人选。1906年索末菲受命担任慕尼黑大学理论物理学教席，他认为这是一个机会，得以将理论物理学作为自己毕生事业。当时正式编制的理论物理学教授席位很少，索末菲的位置很特别。作为自己研究所的主任，他对研究问题和领域的选择有相当的自由。在慕尼黑最初的年代，他的研究课题范围广泛——从湍流、电子论和X射线到无线电报——有时甚至涉及成功前景未知的实验和理论研究。尽管这些年杂乱的研究尚未能产生出色的成果，但索末菲研究所仍很快就成为理论物理学专业雄心勃勃的学生们向往的地方。

就职慕尼黑6年之后，他终于得以发布第一个令人瞩目的成果：晶体的X射线衍射。一项实验发现居然是在一个理论物理学研究所完成的，初看上去似乎令人吃惊。另外关键的实验也不是索末菲研究项目的核心，而是在马克斯·冯·劳厄的（1879—1960)请求下，由伦琴研究所的两位实验物理学家完成的。劳厄于1909年成为索末菲研究所的讲师。然而这项发现也绝非偶然：索末菲已经投入很多努力探索X射线的本质。X射线起源之谜也启发了他研究量子论的
561 方法(h 假设)。在1911年于布鲁塞尔举行的第一届索尔维大会上，他宣读了这

一假设。虽然最后并不成功，但这些问题却是和X射线衍射的发现紧密联系在一起的。尽管这一发现是试验性的，索末菲还是将它看作自己研究所历史上最重要的事件。不管是在索末菲研究所还是其他地方，实验发现常常激发新的研究兴趣。晶体的X射线衍射的发现，开辟了两个新的研究领域：晶体结构分析和X射线谱。前者利用X射线确定固体原子的空间排列；后者则成为分析原子内部世界，也就是电子绕原子核运动形式的工具。1912之后两个领域都蓬勃发展，给固体和原子物理学带来革命性的变化。

在这一发现之后不久，原子之谜的名单上又添加了其他的现象：谱线在强磁场(塞曼效应和帕邢—巴克效应)以及电场(斯塔克效应)中的分裂。作为回应，索末菲决定专注于原子论。1913年尼耳斯·玻尔发表了基于量子概念的新的原子理论(玻尔原子模型)之后，索末菲试图应用玻尔理论解释新现象，起初并不成功。然而这次失败启发了索末菲将玻尔模型推广成为一个能够解释原子光谱的理论，细节的精确程度超出人们的想象。原子中电子从一个能态到另一个能态之间的“跃迁”，伴随着可见光或者X射线的发射或者吸收，而索末菲的理论能够解释极微小的能量差别。它涉及一个新的基本物理常数(索末菲精细结构常数)，后来被证明是基本粒子普遍理论最本质的要素之一。在第一次世界大战之中和之后，玻尔—索末菲理论成为一个主要的研究领域，最初是在慕尼黑的索末菲研究所，接着又包括了哥本哈根和格丁根：在这两个分别以玻尔和马克斯·玻恩(1882—1970)为中心的学派中，原子论都成为研究的中心课题。

尽管原子论是一个焦点，但是却很难清晰地指出索末菲的研究课题中，哪一个是他最偏爱的。1915年起的10年中，他和学生们的研究都是围绕原子论，并且导致了1925/1926年间量子力学的诞生。在那之后，索末菲以金属电子论作为研究目标。就像对玻尔模型的推广开辟了一条通往量子力学的道路一样，索
末菲1927年的半经典金属电子论为固体量子论铺平了道路。但是不应当把索末 562
菲的研究成果仅仅看作是经典物理学和现代物理学的过渡环节。《索末菲全集》的编辑者们将他发表的文章归为13类：数学、力学、电动力学、电子论和相对论、统计力学、金属电子论、电磁波、原子结构和光谱线、量子力学、基本作用、X射线衍射、X射线韧致辐射以及通俗读物。

这一多样性对于其学派的建立非常关键。不仅是在德国，全世界的许多理

论物理学家都觉得自己在某些方面与索末菲学派相联系。索末菲是自己学科的雄心勃勃的外交大使。他被许多国家邀请去做讲演，并接纳外国学生到自己在慕尼黑的研究所。1949 年美国物理教师协会授予索末菲奥斯特奖章，验证了他与美国物理学的联系。二战之后不久就将这一奖项授予一位德国人，表明美国物理学界认为索末菲是极少数没有与纳粹扯上关系的德国物理学家之一。在一战之中和之后，索末菲以其强烈的国家主义情绪而知名，但是在经历纳粹上台掌权之后，他不再抱有国家主义。1935 年退休之后，他的继任者一事成为一场与“雅利安物理学”意识形态的拉锯战。后者的倡导者们认为现代理论物理学是一个“犹太骗局”，他们中的一位在 1939 年终于得以继承索末菲的职位，使得索末菲研究所的名声受到严重损害。

这一丑闻加速了“雅利安物理学”的衰落，甚至纳粹系统的代表也将其看作是狂热分子的荒唐剧。不过这并不能使索末菲感到些许的安慰。已经年过七旬的他，开始编辑自己的理论物理学讲义。战争结束后，他再次成为自己研究所的临时主任，一直到一位称职的理论学家弗里茨・博普（1909—1987)受命继任这一职位为止。1951 年，当 82 岁的索末菲去世之后，博普和索末菲的众多领导其他理论物理研究所的弟子们，通过完成索末菲讲义的最后几卷，以及出版新的版本，继续着他的事业。然而，那个像海森伯这样的物理学奇才辈出的 20 世纪 20 年代慕尼黑理论物理学的黄金时期，已经一去不返了。

这本传记在重建索末菲的生活和工作的时候，不仅仅是以他在理论物理学上的成就为出发点，而是试图在特定社会和政治环境中描绘一位科学家的生涯。
563 作为本书主要基础的索末菲的大量通信，使人们得以了解他科学和个人生活的内容，并且提供了影响索末菲事业发展的不同地方以及不同机构和学科环境的真实描述，这些地点是柯尼斯堡、格丁根、克劳斯塔尔、亚琛、慕尼黑，而学科则包括矿物学、数学、工程和物理学。尽管这本传记并不是对索末菲学派的研究，它也阐明了这个物理学家群体的独特之处，及其创立者作为一位教师的魅力所在。索末菲在全球旅行中所受到的东道主们的崇敬，尤其清楚地表明了这一点，而他自己也赋予这些旅行以文化使命的意义。在这些场合，国际政治、个人热忱以及科学兴趣紧密地交织在一起。这种联系在科学史上绝非罕见，但是很少像在索末菲身上这样，表现得如此执着。

缩写词 564

AEA　阿尔伯特·爱因斯坦档案馆，耶路撒冷希伯来大学(Albert Einstein Archives)，The Hebrew University of Jerusalem

AHQP　量子物理学史档案(Archive for the History of Quantum Physics)

AIP　美国物理学联合会，美国马里兰州大学(American Institute of Physics)，College Park，Maryland，USA

ASGS　《阿诺尔德·索末菲全集》(Arnold Sommerfeld. Gesammelte Schriften.) 4 卷本. Herausgegeben im Auftrag und mit Unterstützung der Bayerischen Akademie der Wissenschaften von Prof. F. Sauter. Braunschweig 1968

ASWB　《阿诺尔德·索末菲科学通信集》(Arnold Sommerfeld. Wissenschaftlicher Briefwechsel.)第一卷：1892—1918 年；第二卷：1919—1951 年，Michael Eckert 与 Karl Märker 编. München，Berlin，Diepholz 2000 und 2004

BA　联邦档案馆，柏林(Bundesarchiv)，Berlin

BA-MA　联邦档案馆—军事档案部，弗莱堡(Bundesarchiv-Militärarchiv)，Freiburg

BANL　意大利国家科学院图书馆，罗马(Biblioteca dell'Accademia Nazionale dei Lincei e Corsiana)，Rom

BayHStA　巴伐利亚州总档案馆，慕尼黑(Bayerisches Hauptstaatsarchiv)，München

BDM　德国少女联盟(Bund deutscher Mädchen)

BSB　巴伐利亚州立图书馆，慕尼黑(Bayerische Staatsbibliothek)，München

CalTech　加州理工学院，美国加利福尼亚州帕萨迪纳市(California Institute of Technology)，Pasadena，California，USA

DMA　德意志博物馆档案馆，慕尼黑(Deutsches Museum，Archiv)，München

ESPC　巴黎市立高等物理与化工学院历史资源中心，巴黎(École supérieure de physique et de chimie industriellesde la ville de Paris)，Centre de ressources historiques，Paris

ETH　瑞士联邦理工学院，苏黎世(Eidgenössische Technische Hochschule)，Zürich

Gestapo　国家秘密警察(Geheime Staatspolizei)

GOAR　格丁根德国航空航天中心档案馆(Göttingen，Archiv des Deutschen Zentrums für Luft- und Raumfahrt)

GSA　秘密国家档案馆，柏林(Geheimes Staatsarchiv)，Berlin

HJ　希特勒青年团(Hitlerjugend)

KWKW　威廉皇帝战争技术科学基金会(Kaiser-Wilhelm-Stiftung für Kriegstechnische Wissenschaft)

MPGA　马克斯·普朗克学会档案馆，柏林(Max-Planck-Gesellschaft，Archiv)，Berlin

NBA　尼尔斯·玻尔档案馆，哥本哈根(Niels Bohr Archiv)，Kopenhagen

NBCW　《尼尔斯·玻尔全集》(Niels Bohr Collected Works.)12 卷 . Amsterdam，New York，Oxford，1972—2006

NSDAP　德国国家社会主义工人党(Nationalsozialistische Deutsche Arbeiterpartei)

NSFK　国家社会主义航空军团(Nationalsozialistisches Fliegerkorps)

NVK　通讯试验指挥部(Nachrichtenmittel-Versuchskommando)

Pg　[纳粹]党员(Parteigenosse，Mitglied der NSDAP)

RANH　北荷兰皇家档案馆，哈勒姆(Rijksarchief in Noord-Holland)in Haarlem

Ransom　得克萨斯大学奥斯汀分校哈里·兰瑟姆人文研究中心(Harry Ransom Humanities Research Center)，The University of Texas at Austin

RIKEN　日本东京理化学研究所，东京(Rikagaku Kenkyüjo (Physikalisch-chemisches Institut) in Tokio)

SBPK　柏林国家图书馆-普鲁士文物收藏处手稿部(Staatsbibliothek zu Berlin -

Preβischer Kulturbesitz), Handschriftenabteilung

SD [党卫队]的帝国元首保安部(Sicherheitsdienstdes Reichsführers der SS)

SHQP 量子物理学史原始资料(Sources for the History of Quantum Physics)

SPGK 普鲁士柯尼斯堡物理—经济学会杂志(Schriften der physikalisch-ökonomischen Gesellschaft zu Königsberg in Preuβen)

SS 纳粹党卫队(Schutzstaffelder NSDAP)

StAM 慕尼黑州立档案馆(Staatsarchiv München)

SUB 下萨克森州立与大学图书馆，格丁根(Staats- und Universitätsbibliothek), Niedersachsen, Göttingen

UAB 柏林洪堡大学档案馆，柏林(Universitätsarchiv der Humboldt-Universität Berlin)

UAG 格丁根大学档案馆，格丁根(Universitätsarchiv, Göttingen)

UAM 慕尼黑大学档案馆，慕尼黑(Universitätsarchiv der Ludwig-Maximilians-Universität, München)

WIMPs 大质量弱相互作用粒子(Weakly Interacting Massive Particles)

WPWB 《沃尔夫冈·泡利：科学通信集》(Wolfgang Pauli: Wissenschaftlicher Briefwechsel), 4 卷本 . Karl von Meyenn 编辑 . New York, Berlin 1979-2005

566 # 参考文献

Abraham，Max：Dynamik des Electrons. In：Nachrichten von der Königl. Gesell-schaft der Wissenschaften zu Göttingen. Mathematisch-physikalische Klasse (1902)，S. 20 - 41.

Abraham，Max：Prinzipien der Dynamik des Elektrons. In：Annalen der Physik 10 (1903)，S. 105 - 179.

Adam，Uwe Dietrich：Judenpolitik im Dritten Reich. Düsseldorf 2003.

Ahlheim，Hannah：》Deutsche，kauft nicht bei Juden!《 Antisemitismus und politi-scher Boykott in Deutschland 1924 bis 1935. Göttingen 2011.

Aitken，Hugh G. J.：Syntony and Spark：The Origins of Radio. New York，NY 1976.

Albrecht，Helmuth：》Max Planck：Mein Besuch bei Adolf Hitler《—Anmerkungen zum Wert einer historischen Quelle. In：Albrecht，Helmuth (Hg.)：Naturwissen schaft und Technik in der Geschichte. Stuttgart 1993，S. 41 - 63.

Allis，William P. /Morse，Philip M.：Theorie der Streuung langsamer Elektronen an Atomen. In：Zeitschrift für Physik 70 (1931)，S. 567 - 582.

Anonym [L. B.]：George Hartley Bryan，1864 - 1928. In：Obituary Notices of Fellows of the Royal Society 1：2 (1933)，S. 139 - 142.

Appell，Paul：Sur l'équation et la théorie de la chaleur. In：Journal de Mathématiques 8 (1892)，S. 187 - 216.

Ash，Mitchell G.：Wissenschaft-Krieg-Modernität：Einführende Bemerkungen. In：Berichte zur Wissenschaftsgeschichte 19 (1996)，S. 69 - 75.

Assmus, Alexi: The Creation of Postdoctoral Fellowships and the Siting of American Scientific Research Students. In: Minerva 31 (1993), S. 151 - 183.

Bachmann, Wolf: Die Attribute der Bayerischen Akademie der Wissenschaften 1807 - 1827. Kallmünz 1966.

Baldus, Richard/Buchwald, Eberhard/Hase, Rudolf: Zur Geschichte der Richtwir- kungs- und Peilversuche auf den Flugplätzen Döberitz und Lärz. In: Jahrbuch für drahtlose Telegraphie und Telephonie 15 (1920), S. 99 - 101.

Barkan, Diana Kormos: The Witches' Sabbath: The First International Solvay Congress in Physics. In: Science in Context 6 (1993), S. 59 - 82.

Bauer, Richard: Prinzregentenzeit. München und die Münchner in Fotografien. München 1988.

Bauer, Richard: Geschichte Münchens. München 2008.

Bechert, Karl: Arnold Sommerfeld. 5. Dezember 1868—26. April 1951. In: Experientia 7 (I95I), S. 477 - 478.

Behrendt, Michael: Hans Nawiasky und die Münchner Studentenkrawalle von 1931. In: Kraus, Elisabeth (Hg.): Die Universität München im Dritten Reich. Aufsätze. Teil 1. München 2006, S. 15 - 42.

Beller, Mara: Quantum Dialogue. The Making of a Revolution. Chicago, IL, London 1999.

Benz, Ulrich: Arnold Sommerfeld. Lehrer und Forscher an der Schwelle zum Atomzeitalter 1868 - 1951. Stuttgart 1975.

Berg, Matthias/Thiel, Jens/Walther, Peter (Hg.): Mit Feder und Schwert. Militär und Wissenschaft - Wissenschaftler und Krieg. Stuttgart 2009.

Berghahn, Volker: Der Erste Weltkrieg. München 2003.

Bethe, Hans A.: Quantenmechanik der Ein- und Zwei-Elektronenprobleme. In: Handbuch der Physik 24: 1 (1933), S. 273 - 560.

Bethe, Hans A.: Sommerfelds Seminar. In: Physics in Perspective 2 (2000), S. 3 - 5.

Bethe, Hans A. /Bacher, Robert F. /Livingston, M. S.: Basic Bethe: Seminal Articles on Nuclear Physics, 1936 - 1937. New York, NY 1986.

Beyerchen, Alan D.: Wissenschaftler unter Hitler. Physiker im Dritten Reich. Berlin 1982.

Beyler, Richard/Eckert, Michael/Hoffmann, Dieter: Die Planck-Medaille. In: Hoffmann, Dieter/ Walker, Mark (Hg.): Physikerzwischen Autonomie und Anpassung. Die Deutsche Physikalische Gesellschaft im Dritten Reich. Weinheim 2007, S. 217 - 235.

Biedenharn, Lawrence C.: The Sommerfeld Puzzle Revisited and Resolved. In: Foun-dations of Physics 13: 1 (1983), S. 13 - 34.

Bieg-Brentzel, Rotraut: Die Tongji-Universität: zur Geschichte deutscher Kultur-arbeit in Shanghai. Frankfurt am Main 1984.

Bittner, Lotte: Geschichte des Studienfachs Physik an der Wiener Universität in den letzten hundert Jahren. Dissertation an der Universität Wien. Wien 1949.

Böhm, Helmut: Von der Selbstverwaltung zum Führerprinzip. Die Universität Mün-chen in den ersten Jahren des Dritten Reiches (1933 - 1936). Berlin 1995.

Boehm, Laetitia/Spörl, Johannes (Hg.): Ludwig-Maximilians-Universität. Ingolstadt, Landshut, München, 1472 - 1972. Berlin 1972.

Bohlmann, Georg: Uber Versicherungsmathematik. In: Felix Klein und Eduard Riecke: Uber Angewandte Mathematik und Physik in ihrer Bedeutung für den Unterricht an den höheren Schulen. Nebst Erläuterung der bezüglichen Göttinger Universitätseinrichtungen. Leipzig 1900, S. 114 - 145.

Bohr, Niels: On the Series Spectrum of Hydrogen and the Structure of the Atom. In: Philosophical Magazine 29 (1915), S. 332 - 335.

Bohr, Niels: On the Quantum Theory of Radiation and the Structure of the Atom. In: Philo-sophical Magazine 30 (1915), S. 394 - 415.

Boltzmann, Ludwig: Uber ein Medium, dessen mechanische Eigenschaften auf die von Maxwell für den Electromagnetismus aufgestellten Gleichungen führen. In: Annalen der Physik 48 (1893), S. 78 - 99.

Boltzmann, Ludwig: Vorlesungen über Maxwells Theorie der Elektricität und des Lichtes. 1. und 2. Teil. Graz 1982.

Bonolis, Luisa: Giovanni Gentile Jr. a Milano. In: Atti del XXV Congresso Nazionale di Storia della Fisica e dell'Astronomia, Milano, 10 - 12 novembre 2005. Mailand 2008, S. C03. 1 - C03. 6.

Bopp, Fritz/Kleinpoppen, Helmut (Hg.): Physics of the One- and Two-Electron Atoms. Proceedings of the Arnold Sommerfeld Centennial Memorial Meeting and of the International Symposium on the Physics of the One- and Two-Electron Atoms, Munich, 10 - 14 September 1968. Amsterdam 1969.

Born, Max: Arnold Johannes Wilhelm Sommerfeld. 1868 - 1951. In: Obituary Notices of Fellows of the Royal Society 8 (1952), S. 274 - 296.

Born, Max/Heisenberg, Werner: Die Elektronenbahnen im angeregten Heliumatom. In: Zeit-schrift für Physik 16 (1923), S. 229 - 243.

Bottazzini, Umberto : The Higher Calculus : A History of Real and Complex Analysis from Euler to Weierstrass. New York, NY 1986.

Brocke, Bernhard vom: Hochschul- und Wissenschaftspolitik in Preußen und im Deutschen Kaiserreich 1882 - 1907: Das System Althoff. Stuttgart 1980.

Broelmann, Jobst : Intuition und Wissenschaft in der Kreiseltechnik 1750 – 1930. München 2002.

Brush, Stephen G.: Nineteenth-Century Debates About the Inside of the Earth: Solid, Liquid or Gas? In: Annals of Science 3 6 (1979), S. 225 – 254.

Bryan, George H.: Allgemeine Grundlegung der Thermodynamik. In: Enzyklopädie der mathematischen Wissenschaften V: 1 (1903), S. 71 – 160.

Burchfield, Joe D.: Darwin and the Dilemma of Geological Time. In: Isis 64 (1974), S. 301 – 321.

Burkhardt, Heinrich: Entwicklungen nach oscillierenden Functionen und Integra-tion der Differentialgleichungen der mathematischen Physik. In : Jahresbericht der Deutschen Mathematiker-Vereinigung 10 (1908), S. 1 – 894 (Teil 1) und S. 895 – 1804 (Teil 2).

Busse, Detlev: Engagement oder Rückzug? Göttinger Naturwissenschaften im Er-sten Weltkrieg. Schriften zur Göttinger Universitätsgeschichte. Band 1. Göttingen 2008. http://webdoc. sub. gwdg. de/univerlag/2008/SGU1_dbusse. pdf (上网时间: 2012 年 11 月 15 日).

Carson, Cathryn/Schweber, Silvan S.: Recent Biographical Studies in the Physical Sciences. In: Isis 85 (1994), S. 284 – 292.

Cassidy, David C.: Heisenberg's First Core Model of the Atom: The Formation of a Professional Style. In: Historical Studies in the Physical Sciences 10 (1979), S. 187 – 224.

Cassidy, David C.: Uncertainty: The Life and Science of Werner Heisenberg. New York, NY 1992.

Cassidy, David C.: Beyond Uncertainty: Heisenberg, Quantum Physics, and the Bomb. New York, NY 2009.

Clausthal, Technische Universität (Hg.): Die Königliche Bergakademie zu Clausthal. Clausthal 1883.

Clausthal, Technische Universität (Hg.): Die Königliche Bergakademie zu Clausthal. Ihre Geschichte und ihre Neubauten. Festschrift zur Einweihung der Neubauten am 14., 15. und 16. Mai 1907. Leipzig 1907.

Coben, Stanley: The Scientific Establishment and the Transmission of Quantum Mechanics to the United States, 1919 – 32. In: The American Historical Review 76: 2 (1971), S. 442 – 466.

Cochell, Gary G.: The Early History of the Cornell Mathematics Department: A Case Study in the Emergence of the American Mathematical Research Communi-ty. In: Historia Mathematica 25 (1998), S. 133 – 153.

Cochrane, Rexmond C.: Measures for Progress. A History of the National Bureau of Standards. Washington, D. C. 1966.

Conant, Jennet: Tuxedo Park. New York, NY u. a. 2002.

Cranz, Carl: Theoretische und experimentelle Untersuchungen über die Kreisel-bewegungen der rotierenden Langgeschosse während ihres Fluges. In：Zeitschrift für Mathematik und Physik 43（1898），S. 133－162，169－215.

Cranz，Carl：Äussere Ballistik. 5. Auflage. Berlin 1925.

Crawford，Elisabeth：Nobel Population 1901－50：Anatomy of a Scientific Elite. In：Physics World，November 2001. http://physicsworld. com/cws/article/print/3432（上网时间：2012年1月9日）.

Crawford，Elisabeth：The Nobel Population 1901－1950：A Census of the Nominators and Nominees for the Prizes in Physics and Chemistry Tokio 2002.

Darrigol，Olivier：From c-Numbers to q-Numbers：The Classical Analogy in the History of Quantum Theory. Berkeley 1992.

Darrigol，Olivier：The Electrodynamic Origins of Relativity. In：Historical Studies in the Physical and Biological Sciences，26：2（1996），S. 214－312.

Darrigol，Olivier：Electrodynamics from Ampère to Einstein. Oxford 2000.

Darrigol，Olivier：The Historians' Disagreement over the Meaning of Planck's Quantum. In：Cen-taurus 43（2001），S. 219－239.

Darrigol，Olivier：Worlds of flow. Oxford 2005.

Daston，Lorraine/Sibum，Otto（Hg.）：Scientific Personae and Their Histories. In：Science in Context 16：1/2（2003），S. 1－8.

Davidson，Peter A. /Kaneda，Yukio/Moffatt，Keith/Sreenivasan，Katepalli R.（Hg.）：A Voyage Through Turbulence. Cambridge，MA 2011.

Debye，Peter：Das elektromagnetische Feld um einen Zylinder und die Theorie des Regenbogens. In：Physikalische Zeitschrift 9（1908），S. 775－778.

Debye，Peter：Der Lichtdruck auf Kugeln von beliebigem Material. In：Annalen der Physik 30（1909），S. 57－136.

Debye，Peter：Quantenhypothese und Zeeman-Effekt. In：Nachrichten von der Königl. Ge-sellschaft der Wissenschaften zu Göttingen. Mathematisch-physikalische Klasse（1916），S. 142－153.

Debye，Peter：Quantenhypothese und Zeeman-Effekt. In：Physikalische Zeitschrift 17（1916），S. 507－512.

Debye，Peter(Hg.)：Probleme der modernen Atomphysik. Arnold Sommerfeld zu seinem 60. Geburt-stage gewidmet von seinen Schülern. Leipzig 1929.

Debye，Peter/Sommerfeld，Arnold：Theorie des lichtelektrischen Effektes vom Standpunkt des Wirkungsquantums. In：Annalen der Physik41（1913），S. 873－930.

Dehlinger，Walter：Uber spezifische Wärme zweiatomiger Kristalle. München 1915.

Dingle, R. B.: Theories of Helium II. In: Advances in Physics 1: 2 (1952), S. 111 - 168.

Dowson, Duncan: History of Tribology. London 1998.

Düwell, Kurt: Gründung und Entwicklung der Rheinisch-Westfälischen Techni-schen Hochschule Aachen bis zu ihrem Neuaufbau nach dem Zweiten Weltkrieg. Darstellung und Dokumente. In: Klinkenberg, Hans Martin (Hg.): Rheinisch- Westfälische Technische Hochschule Aachen, 1870 - 1970. Stuttgart 1970, S. 19 - 77.

Dyck, Walther von (Hg.): Katalog mathematischer und mathematisch-physikalischer Modelle, Apparate und Instrumente. München 1892. (Mit Nachtrag 1893.)

Eckart, Carl: Uber die Elektronentheorie der Metalle auf Grund der Fermischen Statistik, insbesondere über den Volta-Effekt. In: Zeitschrift für Physik 47 (1928), S. 38 - 42.

Eckert, Michael: Propaganda in Science : Sommerfeld and the Spread of Electron Theory of Metals. In: Historical Studies in the Physical Sciences 17: 2 (1987), S. 191 - 233.

Eckert, Michael: Das 〉freie Elektronengas〈—Vorquantenmechanische Theorien über die elektronischen Eigenschaften der Metalle. In: Wissenschaftliches Jahrbuch des Deutschen Museums (1989), S. 57 - 91.

Eckert, Michael: Sommerfeld und die Anfänge der Festkörperphysik. In: Wissenschaftliches Jahrbuch des Deutschen Museums (1990), S. 33 - 71.

Eckert, Michael: Die Atomphysiker. Eine Geschichte der theoretischen Physik am Beispiel der Sommerfeldschule. Braunschweig 1993.

Eckert, Michael: Der Sommerfeld-Effekt: Theorie und Geschichte eines bemerkenswerten Resonanzphänomens. In: European Journal of Physics 17 (1996), S. 285 - 289.

Eckert, Michael: Mathematik auf Abwegen: Ferdinand Lindemann und die Elektronentheorie. In: Centaurus 39 (1997), S. 121 - 140.

Eckert, Michael: Mathematics, Experiments, and Theoretical Physics : The Early Days of the Sommerfeld School. In: Physics in Perspective 1 (1999), S. 238 - 252.

Eckert, Michael: The Dawn of Fluid Dynamics. Weinheim 2006.

Eckert, Michael: Die Deutsche Physikalische Gesellschaft und die Deutsche Physik. In: Hoff-mann, Dieter/Walker, Mark (Hg.): Physikerzwischen Autonomie und Anpassung. Die Deutsche Physikalische Gesellschaft im Dritten Reich. Weinheim 2007, S. 139 - 172.

Eckert, Michael: Quantenmechanische Atommodelle zwischen musealer Didaktik und ideologi-scher Auseinandersetzung. In: Bigg, Charlotte/Hennig, Jochen (Hg.): Atombilder. Ikonografie des Atoms in Wissenschaft und öffentlichkeit des 20. Jahrhunderts. Göttingen 2009, S. 83 - 91.

Eckert, Michael: The Troublesome Birth of Hydrodynamic Stability Theory: Sommerfeld and the Turbulence Problem. In: European Physical Journal History 35: 1 (2010), S. 29 - 51.

Eckert, Michael: Plancks Spätwerk zur Quantentheorie. In: Hoffmann, Dieter (Hg.): Max Planck und die moderne Physik. Berlin, Heidelberg 2010, S. 119 - 134.

Eckert, Michael: Paul Peter Ewald (1888 - 1985) im nationalsozialistischen Deutschland: eine Studie über die Hintergründe einer Wissenschaftleremigration. In: Walker, Mark/Hoffmann, Dieter (Hg.): Fremde Wissenschaftler im Dritten Reich. Die Debye-Affäre im Kontext. Göttingen 2011, S. 265 -289.

Eckert, Michael: Disputed Discovery: The Beginnings of X-ray Diffraction in Crystals in 1912 and Its Repercussions. In: Acta Crystallographica A68 (2012), S. 30 - 39. Auch in: Zeitschrift für Kristallographie 227 (2012), S. 27 - 35.

Eckert, Michael/Kaiser, Walter: An der Nahtstelle von Theorie und Praxis. Arnold Sommerfeld und der Streit um die Wellenausbreitung in der drahtlosen Telegraphie. In: Schür-mann, Astrid/Weiss, Burghard (Hg.): Chemie-Kultur-Geschichte. Festschrift für Hans-Werner Schütt anlässlich seines 65. Geburtstages. Berlin, Diepholz 2002, S. 203 - 212.

Eckert, Michael/Märker, Karl (Hg.): Arnold Sommerfeld. Wissenschaftlicher Briefwechsel. Band 1: 1891 - 1918. München u. a. 2000. (Zitiert als ASWB I)

Eckert, Michael/Märker, Karl (Hg.): Arnold Sommerfeld. Wissenschaftlicher Briefwechsel. Band 2: 1919 - 1951. München u. a. 2004. (Zitiert als ASWB II)

Eckert, Michael/Pricha, Willibald: Boltzmann, Sommerfeld und die Berufungen auf die Lehrstüh-le für theoretische Physik in Wien und München, 1890 - 1917. In: Mitteilungen der österreichischen Gesellschaft für Geschichte der Naturwissenschaften 4 (1984), S. 101 - 119.

Eckert, Michael/Pricha, Willibald/Schubert, Helmut/Torkar, Gisela: Geheimrat Sommerfeld—Theoretischer Physiker: Eine Dokumentation aus seinem Nachlaß. München 1984.

Eckert, Michael/Schubert, Helmut/Torkar, Gisela: The Roots of Solid State Physics Before Quantum Mechanics. In: Hoddeson, Lillian/Braun, Ernest/Weart, Spencer/Teichmann, Jürgen (Hg.): Out of the Crystal Maze. Chapters from the History of Solid-State-Physics. New York, NY, Oxford 1992, S. 3 - 87.

Elwert, Gerhard: Verschärfte Berechnung von Intensität und Polarisation im kon-tinuierlichen Röntgenspektrum. In: Annalen der Physik 34 (1939), S. 178 - 208.

Elwert, Gerhard: Der Absorptionskoeffizient an der langwelligen Grenze des kontinuierlichen Röntgenspektrums. In: Zeitschrift für Naturforschung 3a (1948), S. 477 - 481.

Elwert, Gerhard/Haug, Eberhard: Calculation of Bremsstrahlung Cross Sections with Sommerfeld-Maue Eigenfunctions. In: Physical Review 183: 1 (1969), S. 90－105.

Enzyklopädie der mathematischen Wissenschaften. Band 5 (Physik). Leipzig 1903－1926. http://de.wikipedia.org/wiki/Enzyklopädie_der_mathematischen_Wissenschaften (上网时间：2012年11月15日).

Epstein, Paul S: Kraftliniendiagramme für die Ausbreitung der Wellen in der draht-losen Telegraphie bei Berücksichtigung der Bodenbeschaffenheit. In : Jahrbuch der drahtlosen Telegraphie 4 (1910), S. 176－187.

Epstein, Paul S: Zur Theorie des Starkeffekts. In: Physikalische Zeitschrift 17 (1916), S. 148－150.

Eucken, Arnold (Hg.): Die Theorie der Strahlung und der Quanten. Verhandlungen auf einer von E. Solvay einberufenen Zusammenkunft (30. Oktober bis 3. Novem? ber 1911). Halle 1914.

Evans, Richard J: Tod in Hamburg. Stadt, Gesellschaft und Politik in den Cholera- Jahren 1830－1910. Reinbek 1990.

Ewald, Paul P: Bericht über die Tagung der British Association in Birmingham (10. bis 17. September 1913). In: Physikalische Zeitschrift 14 (1913), S. 1297－1307.

Ewald, Paul P.: Die Intensität der Interferenzflecke bei Zinkblende und das Gitter der Zinkblende. In: Annalen der Physik44 (1914), S. 257－282.

Ewald, Paul P: Arnold Sommerfeld. In: Nature 168 (1951), S. 364－366.

Ewald, Paul P: (Hg.): Fifty Years of X-Ray Diffraction. Utrecht 1962.

Ewald, Paul P: Erinnerungen an die Anfänge des Münchener Physikalischen Kolloquiums. In: Physikalische Blätter 24 (1968), S. 538－542.

Ewald, Paul P: The Myth of the Myths : Comments on P. Forman's Paper on 〉The Discovery of the Diffraction of X-Rays in Crystals〈. In: Archive for History of Exact Science 6 (1969), S. 72－81.

Ewald, Paul P: Arnold Sommerfeld als Mensch, Lehrer und Freund. Rede, gehalten zur Feier der ioosten Wiederkehr seiner Geburt. In: Bopp, Fritz/Kleinpoppen, Hans (Hg.): Physics of the One- and Two-Electron Atoms. Amsterdam 1969, S. 8－16.

Ewald, Paul P/Friedrich, Walter: Röntgenaufnahmen von kubischen Kristallen, insbesondere Pyrit. In: Annalen der Physik44 (1914), S. 1183－1196.

Feiten, Willi: Der Nationalsozialistische Lehrerbund. Entwicklung und Organisa-tion. Ein Beitrag zum Aufbau und zur Organisationsstruktur des nationalsozia-listischen Herrschaftssystems. Weinheim 1981.

Felsch, Volkmar (Hg.): Otto Blumenthals Tagebücher. Ein Aachener Mathematik-professor erleidet die NS-Diktatur in Deutschland, den Niederlanden und There sienstadt. Konstanz 2011.

Feynman, Richard P.: QED. Die seltsame Theorie des Lichts und der Materie. München, Zürich 1990 (am. Original 1985).

Fischer, Joachim: Instrumente zur Mechanischen Integration. Ein Zwischenbericht. In: Schütt, Hans-Werner/Weiss, Burghard (Hg.): Brückenschläge. 25 Jahre Lehr-stuhl für Geschichte der exakten Wissenschaften und der Technik an der Tech-nischen Universität Berlin 1969 – 1994. Berlin 1995, S. 111 – 156.

Fischer, Joachim: Instrumente zur Mechanischen Integration II. Ein (weiterer) Zwischenbericht. In: Schürmann, Astrid /Weiss, Burghard (Hg.): Chemie-Kultur-Geschichte: Festschrift für Hans-Werner Schütt anlässlich seines 65. Geburtstages. Diepholz 2002, S. 143 – 155.

Flachowsky, Sören: Von der Notgemeinschaft zum Reichsforschungsrat. Wissen-schaftspolitik im Kontext von Autarkie, Aufrüstung und Krieg. Stuttgart 2008.

Flitner, Andreas/Wittig, Joachim (Hg.): Optik-Technik-Soziale Kultur. Siegfried Czapski, Weggefährte und Nachfolger Ernst Abbes. Briefe, Schriften, Dokumente. Rudolstadt, Jena 2000.

Fölsing, Albrecht: Albert Einstein. Eine Biographie. Frankfurt am Main 1993.

Forman, Paul: The Environment and Practice of Atomic Physics in Weimar Germa-ny: A Study in the History of Science. Dissertation an der University of California. Berkeley, CA 1967.

Forman, Paul: The Doublet Riddle and Atomic Physics Circa 1924. In: Isis 59 (1968), S. 156 – 174.

Forman, Paul: The Discovery of the Diffraction of X-Rays by Crystals; A Critique of the Myths. In: Archive for the History of Exact Sciences 6 (1969), S. 38 – 71.

Forman, Paul: Alfred Lande and the Anomalous Zeeman Effect, 1919 – 1921. In: Historical Studies in Physical Sciences 2 (1970), S. 153 – 261.

Forman, Paul: Scientific Internationalism and the Weimar Physicists: The Ideology and Its Ma-nipulation in Germany after World War I. In: Isis 64 (1973), S. 150 – 180.

Forman, Paul: The Financial Support and Political Alignment of Physicists in Weimar Germany. In: Minerva 12 (1974), S. 39 – 66.

Forman, Paul: Swords Into Ploughshares : Breaking New Ground with Radar Hardware and Technique in Physical Research After World War II. In : Reviews of Modern Physics 67 (1995), S. 397 – 455.

Forman, Paul: Die Naturforscherversammlung in Nauheim im September 1920. In: Hoffmann, Dieter/Walker, Mark (Hg.): Physiker zwischen Autonomie und Anpassung. Die Deutsche Physikalische Gesellschaft im Dritten Reich. Weinheim 2007, S. 29 – 58.

Forman, Paul/Hermann, Armin: Sommerfeld, Arnold (Johannes Wilhelm). In: Dictionary of Scientific Biography 12 (1975), S. 525 – 532.

Föppl, August: Vorlesungen über Technische Mechanik, Vierter Band: Dynamik. Leipzig 1899.

Föppl, August: Das Pendeln parallel geschalteter Maschinen. In: Elektrotechnische Zeitschrift 23: 4 (1902), S. 59-64.

Frank, Gelya: , Becoming the Other: ' Empathy and Biographical Interpretation. In: Biography 8: 3 (1985), S. 189-210.

Frei, Günther (Hg.): Der Briefwechsel David Hilbert—Felix Klein (1886-1918). Göttingen 1985.

Frei, Norbert: »Machtergreifung«. Anmerkungen zu einem historischen Begriff. In: Vierteljahrshefte für Zeitgeschichte 31 (1983), S. 136-145.

Frewer, Magdalena: Das mathematische Lesezimmer der Universität Göttingen unter der Leitung von Felix Klein (1886-1922). Köln 1979.

Fröhlich, Herbert: Zum Photoeffekt an Metallen. In: Annalen der Physik 7 (1930), S. 103-128.

Fröhlich, Herbert: Elektronentheorie der Metalle. Berlin 1936.

Friedl, Johannes/Rutte, Heiner (Hg.): Moritz Schlick. Die Wiener Zeit. Aufsätze, Beiträge, Rezensionen 1926-1936. Band 6 der Moritz Schlick Gesamtausgabe. Berlin 2007.

Friedman, Robert Marc: The Politics of Excellence: Behind the Nobel Prize in Science. New York, NY 2001.

Friedrich, Bretislav/Herschbach, Dudley: Stern and Gerlach at Frankfurt: Expe-rimental Proof of Space Quantization. In: Trageser, Wolfgang (Hg.): Stern-Stunden. Höhepunkte Frankfurter Physik. Frankfurt am Main 2005, S. 149-171.

Friedrich, Walter: Röntgenstrahlinterferenzen. In: Physikalische Zeitschrift 14 (1913), S. 1079-1087.

Friedrich, Walter/Knipping, Paul/Laue, Max: Interferenzerscheinungen bei Röntgenstrahlen. (Vorgelegt von A. Sommerfeld in der Sitzung am 8. Juni 1912). In: Sitzungsberichte der mathematisch-physikalischen Klasse der K. B. Akademie der Wissenschaften zu München (1912), S. 303-322.

Fritzsch, Harald: Sind die fundamentalen Konstanten konstant? In: Physik Journal 2: 4 (2003), S. 49-52.

Gause, Fritz: Die Geschichte der Stadt Königsberg in Preussen. 3 Bände. Köln 1996.

Germania. Festschrift zu ihrem neunzigjährigen Stiftungsfeste. Königsberg 1933.

Gimbel, John: Project Paperclip: German Scientists, American Policy, and the Cold War. In: Diplomatic History 14 (1990), S. 343-366.

Goethe, Johann Wolfgang von: Werke—Hamburger Ausgabe Bd. 1, Gedichte und Epen I, Sprüche, 12. München 1981

Goethe, Johann Wolfgang von: Torquato Tasso. Ein Schauspiel. Ditzingen 2005.

Goldberg, Stanley: The Abraham Theory of the Electron: The Symbiosis of Experiment and Theory.

In: Archive for History of Exact Sciences 7 (1970), S. 7 - 25.

Greenaway, Frank: Science International: A History of the International Council of Scientific Unions. Cambridge, MA 1996.

Grotrian, Walter: Die Entwirrung der komplizierten Spektren, insbesondere des Eisenspektrums. In: Die Naturwissenschaften 12 (1924), S. 945 - 955.

Grotrian, Walter: Graphische Darstellung der Spektren von Atomen und Ionen mit ein, zwei und drei Valenzelektronen. Berlin 1928.

Grundmann, Siegfried: Einsteins Akte. Wissenschaft und Politik—Einsteins Berliner Zeit. Berlin 2004.

Handel, Kai: Anfänge der Halbleiterforschung und -entwicklung, dargestellt an den Biographien von vier deutschen Halbleiterpionieren. Dissertation RWTH Aachen. Aachen 1998.

Hankins, Thomas L.: In Defence of Biography: The Use of Biography in the History of Science. In: History of Science 17 (1979), S. 1 - 16.

Hashagen, Ulf: Walther von Dyck (1856 - 1934). Mathematik, Technik und Wissen-schaftsorganisation an der TH München. Stuttgart 2003.

Hashagen, Ulf: Ein ausländischer Mathematiker im NS-Staat: Constantin Carathéodory als Professor an der Universität München. München 2010.

Haug, Eberhard/Nakel, Werner: The Elementary Process of Bremsstrahlung. Singapur 2004.

Heiber, Helmut: Universität unterm Hakenkreuz. Teil II: Die Kapitulation der Hohen Schulen. Band 1. München 1994.

Heilbron, John L.: A History of the Problem of Atomic Structure from the Discovery of the Electron to the Beginning of Quantum Mechanics. PhD thesis, University of California, Berkeley, CA 1964.

Heilbron, John L.: The Kossel-Sommerfeld Theory and the Ring Atom. In: Isis 58 (1967), S. 451 -485.

Heilbron, John L.: H. G. J. Moseley: The Life and Letters of an English Physicist, 1887 - 1915. Berkeley, CA 1974.

Heilbron, John L.: The Dilemmas of an Upright Man. Max Planck as Spokesman for German Science. Berkeley, CA 1986.

Heisenberg, Werner: Zur Quantentheorie der Linienstruktur und der anomalen Zeemaneffekte. In: Zeitschrift für Physik 8 (1922), S. 273 - 297.

Heisenberg, Werner: Zur Quantentheorie der Multiplettstruktur und der anomalen Zeemaneffekte. In: Zeitschrift für Physik 32 (1925), S. 841 - 860.

Heisenberg, Werner: Uber quantentheoretische Umdeutung kinematischer und mechanischer Beziehungen. In: Zeitschrift für Physik 33 (1925), S. 879 - 893.

Heisenberg, Werner: Die physikalischen Prinzipien der Quantentheorie. Leipzig, 1930.

Heisenberg, Werner: Arnold Sommerfeld zum 5. Dezember 1948. In: Zeitschrift für Naturforschung 3a (1948), S. 429.

Heisenberg, Werner: Bemerkungen zum Turbulenzproblem. In: Zeitschrift für Naturforschung 3a (1948), S. 434 - 437.

Heisenberg, Werner: Arnold Sommerfeld. In: Die Naturwissenschaften 38 (1951), S. 337 - 338.

Heisenberg, Werner: Ausstrahlung von Sommerfelds Werk in die Gegenwart. In: Physikalische Blätter 24 (1968), S. 530 - 537.

Heitler, Walter/London, Fritz: Wechselwirkung neutraler Atome und homöopolare Bindung nach der Quantenmechanik. In: Zeitschrift für Physik44 (1927), S. 455 - 472.

Hendry, John: Bohr-Kramers-Slater: A Virtual Theory of Virtual Oscillators and Its Role in the History of Quantum Mechanics. In: Centaurus 25 (1981), S. 189 - 221.

Hensel, Susann: Die Auseinandersetzungen um die mathematische Ausbildung der Ingenieure an den Technischen Hochschulen in Deutschland Ende des 19. Jahr-hunderts. In: Hensel, Susann/Ihmig, K. M. /Otte, M. (Hg.): Mathematik und Technik im 19. Jahrhundert in Deutschland. Soziale Auseinandersetzungen und philosophische Problematik. Göttingen 1989, S. 1 - 111.

Hentschel, Klaus: Die Mentalität deutscher Physiker in der frühen Nachkriegszeit. Heidelberg 2005.

Hentschel, Klaus/Hentschel, Ann (Hg.): Physics and National Socialism: An Anthology of Primary Sources. Basel 1996.

Herglotz, Gustav: Zur Elektronentheorie. In: Nachrichten von der Königl. Ge-sellschaft der Wissenschaften zu Göttingen. Mathematisch-physikalische Klasse (1903), S. 357 - 382.

Hermann, Armin: Die frühe Diskussion zwischen Stark und Sommerfeld über die Quantenhypothese (1). In: Centaurus 12 (1967), S. 38 - 59.

Hermann, Armin: Frühgeschichte der Quantentheorie 1899 - 1913. Mosbach in Baden 1969.

Hermann, Armin: Max Planck in Selbstzeugnissen und Bilddokumenten. Reinbek 1973.

Hilz, Helmut: Eine Bildungsanstalt für alle Stände unseres Volkes. Die Bibliothek des Deutschen Museums in der Zeit des Nationalsozialismus. In: Vaupel, Elisabeth/Wolff, Stefan L. (Hg.): Das Deutsche Museum in der Zeit des Nationalsozia lismus. Eine Bestandsaufnahme. Göttingen 2010, S. 244 -286.

Hoddeson, Lillian/Baym, Gordon/Eckert, Michael: The Development of the Quantum Mechanical Electron Theory of Metals. In: Reviews of Modern Physics 59 (1987), S. 287 - 327.

Hoddeson, Lillian/Braun, Ernst/Teichmann, Jürgen/Weart, Spencer (Hg.): Out of the Crystal Maze. Chapters from The History of Solid State Physics. Oxford, New York, NY 1992.

Hoerschelmann, Harald von : Über die Wirkungsweise des geknickten Marconischen Senders in der drahtlosen Telegraphie. In: Jahrbuch der drahtlosen Telegraphie und Telephonie 5 (1911), S. 14-34, 188-211.

Hoffmann, Dieter: Zur Etablierung der technischen Physik in Deutschland. In: Guntau, Martin/Laitko, Hubert (Hg.): Der Ursprung der modernen Wissenschaften. Studien zur Entstehung wissenschaftlicher Disziplinen. Berlin 1987, S. 140-153.

Hoffmann, Dieter: Die Ramsauer-Ara und die Selbstmobilisierung der Deutschen Physikalischen Gesellschaft. In: Hoffmann, Dieter/Walker, Mark (Hg.): Physiker zwischen Autonomie und Anpassung. Die Deutsche Physikalische Gesellschaft im Dritten Reich. Weinheim 2007, S. 173-215.

Hoffmann, Dieter: Max Planck: Die Entstehung der modernen Physik. München 2008.

Hoffmann, Dieter/Walker, Mark (Hg.): Physiker zwischen Autonomie und Anpassung. Die Deutsche Physikalische Gesellschaft im Dritten Reich. Weinheim 2007.

Holton, Gerald: On the Hesitant Rise of Quantum Physics Research in the United States. In: Holton, Gerald: Thematic Origins of Scientific Thought: Kepler to Einstein. Cambridge, MA 1988, S. 147-187.

Hondros, Demetrios: Über elektromagnetische Drahtwellen. Annalen der Physik 30 (1909), S. 905-950.

Hondros, Demetrios/Debye, Peter: Elektromagnetische Wellen an dielektrischen Drähten. In: Annalen der Physik 32 (1910), S. 465-476.

Hong, Sungook: Wireless: From Marconi's Black-Box to the Audion. Cambridge, MA 2001.

Hopf, Ludwig: Turbulenz bei einem Flusse. In : Annalen der Physik 32 (1910), S. 777-808.

Houston, William V.: Elektrische Leitfähigkeit auf Grund der Wellenmechanik. In: Zeitschrift für Physik 48 (1928), S. 449-468.

Hoyer, Ulrich: Introduction. In: Hoyer, Ulrich (Hg.): Niels Bohr Collected Works. Band 2. Amsterdam, New York, NY, Oxford 1981 (abgekürzt als NBCW 2), S. 103-134.

Huber, Ursula: Die Universität München-Ein Bericht über den Fortbestand nach 1945. In: Prinz, Friedrich (Hg.): Trümmerzeit in München: Kultur und Gesellschaft einer deutschen Großstadt im Aufbruch 1945-1949. München 1984, S. 156-160.

Hughes, Jeff: Radioactivity and Nuclear Physics. In: Jo Nye, Mary (Hg.): The Cambridge History of Science. Band 5: The Modern Physical and Mathematical Sciences. Cambridge, MA 2003,

S. 350 – 374.

Iengo, Roberto: Sommerfeld Enhancement: General Results from Field Theory Diagrams. In: Journal of High Energy Physics 5 (2009), S. 1 – 14.

Ioffe, Abram F.: Begegnungen mit Physikern. Basel 1967.

Jackson, Derek/Launder, Brian: Osborne Reynolds and the Publication of His Papers on Turbulent Flow. In : Annual Review of Fluid Mechanics 39 (2007), S. 19 – 35.

Jacobs, Konrad (Hg.): Felix Klein. Handschriftlicher Nachlaβ. Erlangen 1977.

Jammer, Max: The Conceptual Development of Quantum Mechanics. Los Angeles 1989 (Erstauflage 1966).

Janssen, Michel/Duncan, Tony: From Canonical Transformations to Transformation Theory, 1926 – 1927: The Road to Jordan's Neue Begründung. In: Studies in History and Philosophy of Modern Physics 40 (2009), S. 352 – 362.

Janssen, Michel/Mecklenburg, Matthew: From Classical to Relativistic Mechanics: Electromagnetic Models of the Electron. In: Hendricks, Vincent F. /Jörgensen, Klaus F. /Lützen, Jesper/Pedersen, Stig A. (Hg.): Interactions: Mathematics, Physics and Philosophy, 1860 – 1930. Dordrecht 2007, S. 65 – 134.

Jarausch, Konrad Hugo: Deutsche Studenten, 1800 – 1970. Frankfurt am Main 1984.

Jenkin, John: A Unique Partnership: William and Lawrence Bragg and the 1915 Nobel Prize in Physics. In: Minerva 39 (2001), S. 373 – 392.

Jo-Nye, Mary: Scientific Biography: History of Science by Another Means? In: Isis 97 (2006), S. 322 –329.

Jungnickel, Christa/McCormmach, Russell: Intellectual Mastery of Nature: Theo-retical Physics from Ohm to Einstein. Band 2: The Now Mighty Theoretical Physics 1870 – 1925. Chicago 1990.

Kaiser, David: Cold War Requisitions, Scientific Manpower, and the Production of American Physicists after World War II. In: Historical Studies in the Physical and Biological Sciences 33 (2002), S. 131 –159.

Kaiserfeld, Thomas: When Theory Addresses Experiment. The Siegbahn-Sommer- feld Correspondence, 1917 – 1940. In: Lindqvist, Svante (Hg.): Center on the Periphery. Historical Aspects of 20th-Century Swedish Physics. Canton, MA 1993, S. 306 – 324.

Kant, Horst: Albert Einstein, Max von Laue, Peter Debye und das Kaiser-Wilhelm- Institut für Physik in Berlin (1917 – 1939). In: Brocke, Bernhard vom/Laitko, Hubert (Hg.): Das Harnack-Prinzip. Die Kaiser-Wilhelm-/Max-Planck-Gesellschaft und ihre Institute: Studien zur Geschichte. Berlin 1996, S. 227 – 243.

Keppeler, Stefan: Eine geometrische Phase rettete Sommerfelds Theorie der Fein-struktur. In: Physik Journal, 3: 4 (2004), S. 45 – 49.

Kevles, Daniel J.: Into Hostile Political Camps: The Reorganization of International Science in World War I. In: Isis 62 (1971), S. 47 – 60.

Kevles, Daniel J.: The Physicists. The History of a Scientific Community in Modern America. New York, NY 1979.

Kirkpatrick, Paul : Recipient of the 1948 Oersted Medal for Notable Contributions to the Teaching of Physics. In: American Journal of Physics 17 (1949), S. 312 – 314.

Klein, Felix: Uber den mathematischen Unterricht an der Göttinger Universität im besonderen Hinblicke auf die Bedürfnisse der Lehramtskandidaten. In: Zeitschrift für mathematischen und naturwissenschaftlichen Unterricht 26 (1895), S. 383 – 388.

Klein, Felix: Ausgewählte Kapitel der Zahlentheorie. Band 1. Vorlesung, gehalten im Winter-semester 1895/96. Ausgearbeitet von A. Sommerfeld. Leipzig 1896.

Klein, Felix: Ausgewählte Kapitel der Zahlentheorie. Band 2. Vorlesung, gehalten im Sommersemester 1896. Ausgearbeitet von A. Sommerfeld und Ph. Furtwängler. Leipzig 1896.

Klein, Felix: Gesammelte Mathematische Abhandlungen. 3 Bände. Berlin 1921 – 1923.

Riemannsche Flächen. Vorlesungen, gehalten in Göttingen 1891/92. Leipzig 1985. (Originalausgabe 1894; nachgedruckt 1906 und 1985 mit Kommentaren neu herausgegeben.) http://www.archive.org/details/rieflachvolesungooklierich (Stand: 7. 1. 2012).

Klein, Felix/Sommerfeld, Arnold: Uber die Theorie des Kreisels. Heft 1 – 4. Leipzig 1897 – 1910.

Klein, Felix: Ernst Ritter f. In: Jahresbericht der Deutschen Mathematiker-Vereinigung 4 (1895), S. 52 – 54.

Klein, Martin J.: Einstein and the Wave-Particle Duality. In: The Natural Philoso- pher 3 (1964), S. 3 – 49.

Klein, Martin J.: Paul Ehrenfest. Band 1: The Making of a Theoretical Physicist. Amsterdam 1970.

Kleinert, Andreas : Paul Weyland, der Berliner Einstein-Töter. In : Albrecht, Helmuth (Hg.): Naturwissenschaft und Technik in der Geschichte. 25 Jahre Lehrstuhl für Geschichte der Naturwissenschaft und Technik am Historischen Institut der Uni-versität Stuttgart. Stuttgart 1993, S. 198 –232.

Kleinert. Andreas: Der Briefwechsel zwischen Philipp Lenard (1862 – 1947) und Johannes Stark (1874 – 1975). In : Jahrbuch 2000 der Deutschen Akademie der Naturforscher Leopoldina, R. 3, 46 (2001), S. 243 – 261.

Kleinert. Andreas: Die Axialität der Lichtemission und Atomstruktur. Johannes Starks Gegenentwurf zur Quantentheorie. In: Schürmann, Astrid/Weiss, Burghard (Hg.): Chemie-Kultur-Geschichte. Festschrift für Hans-Werner Schütt anlässlich seines 65. Geburtstages. Berlin, Diepholz 2002, S. 213-222.

Kleinert. Andreas/Schönbeck, Charlotte: Lenard und Einstein. Ihr Briefwechsel und ihr Verhältnis vor der Nauheimer Diskussion von 1920. In: Gesnerus 35 (1973), S. 318-333.

Koch, Ernst-Eckhard: Das Konservatorenamt und die mathematisch-physikalische Sammlung der Bayerischen Akademie der Wissenschaften. Arbeitsbericht aus dem Institut für Geschichte der Naturwissenschaften der Universität München. München 1967.

Koch, Peter: Die Bedeutung Göttingens für die Entwicklung der Versicherungswis-senschaft und -praxis. In: Versicherungswirtschaft. Beiträge zur Geschichte des deutschen Versicherungswesens. Teil 2. Karlsruhe 2005, S. 33-38.

Kononenko, Viktor Olimpanovich: Vibrating Systems with a Limited Power Supply. London 1969.

Kossel, Walther: Bemerkung zur Absorption homogener Röntgenstrahlen. In: Verhandlungen der Deutschen Physikalischen Gesellschaft (1914), S. 898-909.

Kossel, Walther: Bemerkung zur Absorption homogener Röntgenstrahlen II. In: Verhandlungen der Deutschen Physikalischen Gesellschaft (1914), S. 953-963.

Kox, Anne J.: The Discovery of the Electron: II. The Zeeman Effect. In: European Journal of Physics 18 (1997), S. 139-144.

Kragh, Helge: Niels Bohrs Second Atomic Theory. In: Historical Studies in the Physical and Biological Sciences 10 (1979), S. 123-186.

Kragh, Helge: The Fine Structure of Hydrogen and the Gross Structure of the Physics Community, 1916-26. In: Historical Studies in the Physical Sciences 15 (1985), S. 67-125.

Kragh, Helge: Magic Number: A Partial History of the Fine-Structure Constant. In: Archive for History of Exact Sciences 57 (2003), S. 395-431.

Kramers, Hendrik A.: On the Theory of X-ray Absorption and of the Continuous X-ray Spectrum. In: Philosophical Magazine 46 (1923), S. 836-871.

Krasnopolskaya, Tatyana S. /Shvets, Alexander Yu.: Chaos in Vibrating Systems With a Limited Power-Supply. In: Chaos 3 (1993), S. 387-395.

Krauβ, Oliver: Rüstung und Rüstungserprobung in der deutschen Marinegeschichte unter besonderer Berücksichtigung der Torpedoversuchsanstalt (TVA). Disserta-tion Universität Kiel. Kiel 2006.

Körber, Hans-Günther (Hg.): Aus dem wissenschaftlichen Briefwechsel Wilhelm Ostwalds. 1. Teil.

Berlin 1961.

Kuhlen，Michael/Madau，Piero/Silk，Joseph：Exploring Dark Matter with Milky Way Substructure. In：Science 325（2009），S. 970－973.

Kuhn，Thomas：The Structure of Scientific Revolutions. Chicago 1962.

Kuhn，Thomas：Black-Body Theory and the Quantum Discontinuity，1894－1912. Oxford 1978.

Kuhn，Thomas/Heilbron，John L. /Forman，Paul/Allen，Lini：Sources for History of Quantum Physics. Philadelphia 1967. http://www. amphilsoc. org/guides/ahqp/(上网时间：2012年11月15日).

Kulenkampff，Helmuth：Untersuchungen der kontinuierlichen Röntgenstrahlung dünner Aluminiumfolien. In：Annalen der Physik 87（1928），S. 597－637.

Lamb，W E. Jr. /Retherford，R. C.：Fine Structure of the Hydrogen Atom by a Microwave Method. In：Physical Review 72（1947），S. 241－243.

Lande，Alfred：Zur Methode der Eigenschwingungen der Quantentheorie. Disser-tation an der Universität München. München 1914.

Lande，Alfred：Uber den anomalen Zeemaneffekt. Teil I. In：Zeitschrift für Physik 5（1921），S. 231－241.

Langevin，Paul/de Broglie，Maurice（Hg.）：La théorie du rayonnement et les quanta：Rapports et discussions de la réunion tenueà Bruxelles，du 30 octobre au 3 novembre 1911，sous les auspices de M. E. Solvay. Paris 1912.

Laporte，Otto：Multipletts im Spektrum des Vanadiums. In：Die Naturwissenschaften 11（1923），S. 779－782.

Lattanzi，Massimiliano/Silk，Joseph：Can the WIMP Annihilation Boost Factor Be Boosted by the Sommerfeld Enhancement? In：Physical Review D 79（2009）. http://link. aps. org/doi/10. 1103/PhysRevD. 79. 083523（上网时间：2012年11月15日）.

Laue，Max von：Das Relativitätsprinzip. Braunschweig 1911.

Laue，Max von：Eine quantitative Prüfung der Theorie für die Interferenzerscheinungen bei Röntgenstrahlen. In：Annalen der Physik 41（1913），S. 989－1002.

Laue，Max von：Uber die Auffindung der Röntgenstrahlinterferenzen. Nobelvortrag. Stockholm，3. Juni 1920. In：Max von Laue. Gesammelte Schriften und Vorträge. Band 3. Braunschweig 1961，S. 5 － 18. Englische übersetzung in http://www. nobelprize. org/ nobel_prizes/physics/laureates/i9i4/present. html（上网时间：2012年11月15日）.

Laue，Max von：Röntgenstrahlinterferenzen. In：Physikalische Zeitschrift 14（1913），S. 1075－1079.

Laue，Max von：Wellenoptik. In：Enzyklopädie der mathematischen Wissenschaften 5：3（1915），S. 362－487.

Laue, Max von: Sommerfelds Lebenswerk. Nachruf, gehalten am 15. Juni 1951 vor der Physikalischen Gesellschaft zu Berlin. In: Die Naturwissenschaften 38 (1951), S. 513 - 518.

Laurent, Joseph: Die städtebauliche und bauliche Entwickelung der Bade- und In-dustriestadt Aachen von 1815 - 1915. Aachen 1920.

Lemmerich, Jost: Ein Angriff von Johannes Stark auf Werner Heisenberg über das Reichsministerium für Wissenschaft, Erziehung und Volksbildung. In: Kleimt, Christian/Wiemers, Gerald (Hg.): Werner Heisenberg im Spiegel seiner Leipziger Schüler und Kollegen. Leipzig 2005, S. 213 - 221.

Lertes, P.: Die drahtlose Telegraphie und Telephonie. Dresden, Leipzig 1923.

Liebmann, Heinrich: Zur Erinnerung an Heinrich Burkhardt. In: Jahresbericht der Deutschen Mathematiker-Vereinigung 24 (1915), S. 185 - 195.

Lindemann, Ferdinand: Uber Molekularphysik. Versuch einer einheitlichen dynami-schen Behandlung der physikalischen und chemischen Kräfte. In: Schriften der physikalisch-ökonomischen Gesellschaft zu Königsberg in Pr. 29 (1888), S. 31 - 81.

Lindemann, Ferdinand: Über die Bewegung der Elektronen. Erster Teil : Die translatorische Bewegung. In : Abhandlungen der K. Bayer. Akademie der Wiss. II. Kl. (1907), S. 235 - 335.

Lindemann, Ferdinand: Über die Bewegung der Elektronen. Zweiter Teil: Stationäre Bewegung. In: Ab-handlungen der K. Bayer. Akademie der Wiss. II. Kl. (1907), S. 339 - 375.

Lindemann, Ferdinand: Zur Elektronentheorie. In: Sitzungsberichte der mathematisch-physikalischen Klasse der K. B. Akademie der Wissenschaften zu München (1907), S. 177 - 209.

Lindemann, Ferdinand: Zur Elektronentheorie II. In: Sitzungsberichte der mathematisch-physikalischen Klasse der K. B. Akademie der Wissenschaften zu München (1907), S. 353 - 360.

Lindqvist, Svante (Hg.): Center on the Periphery: Historical Aspects of 20th-Centu-ry Swedish Physics. Canton, MA 1993.

Lippincott, Sara: A Conversation with Valentine L. Telegdi - Part II. In: Physics in Perspective 10 (2008), S. 77 - 109.

Litten, Freddy: Die Trennung der Verwaltung der Wissenschaftlichen Sammlungen des Staates von der Bayerischen Akademie der Wissenschaften - Ein Beitrag zur Geschichte der Wissenschaftsorganisation in Bayern. In: Zeitschrift für Bayerische Landesgeschichte 55 (1992), S. 411 - 420.

Litten, Freddy: Astronomie in Bayern 1914 - 1945. Stuttgart 1992.

Litten, Freddy: Die Korn-Röntgen-Affäre. In: Kultur & Technik 17: 4 (1993), S. 42 - 49.

Litten, Freddy: Die Carathéodory-Nachfolge in München 1938 - 1944. In: Centaurus 37 (1994), S. 154 -172.

Litten, Freddy: Mechanik und Antisemitismus- Wilhelm Müller (1880 - 1968). München 2000.

Lorentz, Hendrik Antoon: Maxwells elektromagnetische Theorie. In: Enzyklopädie der mathematischen Wissenschaften, 5: 2 (1904), S. 63 - 144.

Lorentz, Hendrik Antoon: Weiterbildung der Maxwellschen Theorie. Elektronentheorie. In: Enzyklopädie der mathematischen Wissenschaften, 5: 2 (1904), S. 145 - 280.

Lorey, Wilhelm: Das Studium der Mathematik an den deutschen Universitäten seit Anfang des 19. Jahrhunderts. Leipzig 1916.

Ludwig, Karl-Heinz: Technik und Ingenieure im Dritten Reich. Düsseldorf 1974.

Maey, Eugen : Uber die Beugung des Lichts an einem geraden, scharfen Schirmrande. In: Annalen der Physik49 (1893), S. 69 - 104.

Maier, Helmut (Hg.): Rüstungsforschung im Nationalsozialismus. Organisation, Mobilisierung und Entgrenzung der Technikwissenschaften. Göttingen 2002.

Malley, Marjorie C.: Radioactivity: A History of a Mysterious Science. Oxford 2011.

Manegold, Karl-Heinz: Universität, Technische Hochschule und Industrie. Ein Beitrag zur Emanzipation der Technik im 19. Jahrhundert unter besonderer Be-rücksichtigung der Bestrebungen Felix Kleins. Berlin 1970.

Marsch, Ulrich : Notgemeinschaft der Deutschen Wissenschaft: Gründung und frühe Geschichte, 1920 -1925. Frankfurt am Main 1994.

Massimi, Michela: Paulis Exclusion Principle. Cambridge, MA 2005.

Maue, August Wilhelm : Das kontinuierliche und kontinuierlich-diskrete Röntgen-spektrum nach der Theorie von Kramers und nach der Wellenmechanik. In: An-nalen der Physik 13 (1932), S. 161 - 190.

McCormmach, Russell: H. A. Lorentz and the Electromagnetic View of Nature. In: Isis 61 (1970), S. 459 - 497.

Meggers, William F. /Kiess, Carl C. /Walters, Jr. Francis M.: The Displacement Law of Arc and Spark spectra. In: Journal of the Optical Society of America 9 (1924), S. 335 - 374.

Mehra, Jagdish: The Solvay Conferences on Physics. Aspects of the Development of Physics Since 1911. Dordrecht 1975.

Mehra, Jagdish/Rechenberg, Helmut: The Historical Development of Quantum Theory. Band 1. New York, NY 1982.

Mehra, Jagdish/Rechenberg, Helmut: The Historical Development of Quantum Theory. Band 6. New York, NY 2001.

Meixner, Josef : Strenge Theorie der Beugung elektromagnetischer Wellen an der vollkommen leitenden

Kreisscheibe. In: Zeitschrift für Naturforschung, 3a (1948), S. 506 - 518.

Mertens, Lothar: Bildungsprivileg und Militärdienst im Kaiserreich. In: Bildung und Erziehung 44 (1990), S. 217 - 228.

Merton, Robert K.: Auf den Schultern von Riesen. Ein Leitfaden durch das Laby-rinth der Gelehrsamkeit. Frankfurt am Main 1980.

Metzler, Gabriele: Internationale Wissenschaft und nationale Kultur: Deutsche Physiker in der internationalen Community 1900 - 1960. Göttingen 2000.

Metzler, Gabriele: Nationalismus und Internationalismus in der Physik des 20. Jahrhunderts. Das deutsche Beispiel. In: Jessen, Ralph/Vogel, Jakob (Hg.): Wissenschaft und Nation in der europäischen Geschichte. Frankfurt am Main 2002, S. 285 - 309.

Meyenn, Karl von: Paulis Weg zum Ausschließungsprinzip, Teil I. In: Physikalische Blätter 36 (1980), S. 293 - 298.

Meyenn, Karl von: Paulis Weg zum Ausschließungsprinzip, Teil II. Physikalische Blätter 37 (1981), S. 13 - 19.

Meyenn, Karl von: (Hg.): Wolfgang Pauli. Wissenschaftlicher Briefwechsel, Bd. 1 - 4. New York, NY, Berlin 1979 - 2005 (abgekürzt als WPWB).

Meyenn, Karl von: Eine Entdeckung von ganz außerordentlicher Tragweite. Schrödingers Briefwechsel zur Wellenmechanik und zum Katzenparadoxon. Berlin 2011.

Minkowski, Hermann: Raum und Zeit. In: Jahresbericht der Deutschen Mathema-tiker-Vereinigung 18 (1909), S. 75 - 88.

Moore, Walter J.: Schrödinger, Life and Thought. Cambridge, MA 1989.

Müller, Georg: Carl Schnabel. Wissenschaftler und Musensohn. In: TUContact 7 (November 2000), S. 41 - 46. http://www.tu-clausthal.de/presse/tucontact/2000/November/tuci/23.pdf (上网时间: 2012 年 11 月 15 日).

Müller, Wilhelm: Die Lage der theoretischen Physik an den Universitäten. In: Zeit-schrift für die gesamte Naturwissenschaft 6 (1940), S. 281 - 298.

Müller, Winfried: Die Universitäten Erlangen, München und Würzburg nach 1945. Zur Hochschulpolitik in der amerikanischen Besatzungszone. In: Lanzinner, Ma-ximilian (Hg.): Landesgeschichte und Zeitgeschichte. Forschungsperspektiven zur Geschichte Bayerns nach 1945. Augsburg 1997, S. 53 -87.

München, Landeshauptstadt (Hg.): München—wie geplant. München 2004.

Nagel, Anne: Er ist der Schrecken überhaupt der Hochschule: Der Nationalsozia-listische Deutsche Dozentenbund in der Wissenschaftspolitik des Dritten Reichs. In: Scholtyseck, Joachim/Studt, Christoph (Hg.):

Universitäten und Studenten im Dritten Reich. Berlin 2008, S. 115 – 132.

Navarro, Luis/Pérez, Enric: Paul Ehrenfest: The Genesis of the Adiabatic Hypothesis, 1911 – 1914. In: Archive for History of Exact Sciences 60 (2006), S. 209 – 267.

Needell, Allan A.: Irreversibility and the Failure of Classical Dynamics: Max Planck's Work on the Quantum Theory 1900 – 1915. Dissertation an der Yale University, New Haven. New Haven, CT 1980.

Niemann, Erich: Funkentelegraphie für Flugzeuge. Berlin 1921.

Niessen, Karel Frederik: The Earth's Constants From Combined Electric and Ma-gnetic Measurements Partly in the Vicinity of the Emitter. In: Zeitschrift für Na-turforschung 3a (1948), S. 552 – 558.

Nisio, Sigeko: The Formation of the Sommerfeld Quantum Theory of 1916. In: Ja-panese Studies in the History of Science 12 (1973), S. 39 – 78.

Noether, Fritz: Uber analytische Berechnung der Geschosspendelungen. In: Nach-richten von der Königl. Gesellschaft der Wissenschaften zu Göttingen. Mathe- matisch-physikalische Klasse (1919), S. 373 – 391.

Nollendorfs, Cora Lee: The First World War and the Survival of German Studies: With a Tribute to Alexander R. Hohlfeld. In: Benseler, D. (Hg.): Teaching German in America: Prolegomena to a History. Madison, WI 1988, S. 176 – 195.

Nordheim, Lothar: Statistische und kinetische Theorie des metallischen Zustandes. In: Müller-Pouillets Lehrbuch der Physik, 4: 4 (1934), S. 243 – 389.

Nordheim, Lothar: Quantentheorie des Magnetismus. In: Müller-Pouillets Lehrbuch der Physik, 4: 4 (1934). S. 798 – 876.

Olenhusen, Albrecht Götz von: Die»nichtarischen«Studenten an den deutschen Hochschulen. In: Vierteljahrshefte für Zeitgeschichte 14 (1966), S. 175 – 206.

Olesko, Kathryn: Physics as a Calling. Discipline and Practice in the Königsberg Seminar for Physics. Ithaca, NY, New York, NY 1991.

Ostrowski, Alexander: Zur Entwicklung der numerischen Analysis. In : Jahresbericht der Deutschen Mathematiker-Vereinigung 68 (1966), S. 97 – 111.

Ozawa, Takeshi: Arnold Sommerfelds Aufenthalt in Japan. In: Historia Scientiarum 15: 1 (2005), S. 44 – 65.

Parshall, Karen Hunger/Rowe, David E.: The Emergence of the American Mathematical Research Community 1876 – 1900: J. J. Sylvester, Felix Klein, and E. H. Moore. Providence, RI, London 1994.

Paschen, Friedrich: über die durchdringenden Strahlen des Radiums. In: Annalen der Physik 14 (1904), S. 164 – 171.

Paschen, Friedrich: Über die Kathodenstrahlen des Radiums. In: Annalen der Physik 14 (1904), S. 389 - 405.

Paschen, Friedrich: Bohrs Heliumlinien. In: Annalen der Physik 50 (1916), S. 901 - 940.

Pauli, Wolfgang: über das Wasserstoffspektrum vom Standpunkt der neuen Quan-tenmechanik. In: Zeitschrift für Physik 36 (1926), S. 336 - 363.

Pauli, Wolfgang: Über Gasentartung und Paramagnetismus. In: Zeitschrift für Physik 41 (1927), S. 81 -102.

Pauli, Wolfgang: Sommerfelds Beiträge zur Quantentheorie. In: Die Naturwissenschaften 35 (1948), S. 129 - 132.

Pauli, Wolfgang: Arnold Sommerfeld. In: Zeitschrift für angewandte Mathematik und Physik 2 (1951), S. 301.

Pauli, Wolfgang: Wissenschaftlicher Briefwechsel, Bd. 1 - 4. Herausgegeben von Karl von Meyenn. New York, NY, Berlin, 1979 - 2005. (abgekürzt als WPWB)

Peierls, Rudolf: Elektronentheorie der Metalle. In: Ergebnisse der exakten Naturwissenschaften 11 (1932), S. 264 - 351.

Pérez, Enric: Ehrenfests Adiabatic Theory and the Old Quantum Theory, 1916 - 1918. In: Archive for History of Exact Sciences 63 (2009), S. 81 - 125.

Planck, Max: Die Kaufmannschen Messungen der Ablenkbarkeit der γ-Strahlen in ihrer Bedeutung für die Dynamik der Elektronen. In: Physikalische Zeitschrift 7

(1906), S. 753 - 761.

Pockels, Friedrich : Uber die partielle Differentialgleichung und deren Auftreten in der mathematischen Physik. Leipzig 1891.

Pohl, Robert Wichard: Die Physik der Röntgenstrahlen. Braunschweig 1912.

Poincaré, Henri: Sur la polarisation par diffraction. In: Acta Mathematica 16 (1892), S. 297 - 340.

Poincaré, Henri: Sur la polarisation par diffraction. In: Acta Mathematica 20 (1897), S. 313 - 355.

Popp, Emil: Zur Geschichte des Königsberger Studententums, 1900 - 1945. Beihefte zum Jahrbuch der Albertus-Universität Königsberg/Pr. XII. Würzburg 1955.

Prandtl, Ludwig: Kipperscheinungen: Ein Fall von instabilem elastischem Gleichge-wicht. Dissertation an der der Universität München 1900. In: Ludwig Prandt-Gesammelte Abhandlungen. Band 1. Berlin 1961, S. 10 -74.

Preston, Diana: Lusitania: An Epic Tragedy. New York, NY 2002.

Prinz, Friedrich/Kraus, Marita (Hg.): München - Musenstadt mit Hinterhöfen. Die Prinzregentenzeit

1886 bis 1912. München 1988.

Pyenson, Lewis/Skopp, Douglas: Educating Physicists in Germany Circa 1900. In: Social Studies of Science 7 (1977), S. 329 - 366.

Pyenson, Lewis: Einsteins Early Scientific Collaboration. In: Historical Studies in the Physical Sciences 7 (1978), S. 83 - 124.

Pyenson, Lewis: Physics in the Shadow of Mathematics. The Göttingen Electron-Theory Seminar of 1905. In: Archive for History of Exact Sciences 21 (1979), S. 55 - 89.

Radkau, Joachim: Das Zeitalter der Nervosität. Deutschland zwischen Bismarck und Hitler. München 1998.

Rammer, Gerhard: Die Nazifizierung und Entnazifizierung der Physik an der Uni-versität Göttingen. Dissertation an der Georg-August-Universität Göttingen. Göt-tingen 2004.

Rasch, Manfred: Wissenschaft und Militär: Die Kaiser Wilhelm Stiftung für Kriegs-technische Wissenschaft. In: Militärgeschichtliche Mitteilungen 44 (1991), S. 73 - 120.

Rechenberg, Helmut: Werner Heisenberg-Die Sprache der Atome: Leben und Wirken-Eine wissenschaftliche Biographie. Berlin 2010.

Reich, Karin : Die Rolle Arnold Sommerfelds bei der Diskussion um die Vektorrechnung, dargestellt anhand der Quellen im Nachlaβ des Mathematikers Rudolf Mehmke. In: Dauben, J. /Folkerts, M. / Knobloch, E. /Wussing, H. (Hg.): History of Mathematics: States of Art. Flores quadrivii-Studies in Honor of Christoph Scriba. San Diego, Boston u. a. 1995, S. 317 - 341.

Reichenbach, Maria Cecilia von: Richard Gans: The First Quantum Physicist in Latin America. In: Physics in Perspective 11 (2009), S. 302 - 317.

Reid, Constance: Hilbert. New York, NY 1996 (erste Auflage 1970).

Reiff, Richard: Elasticität und Electrizität. Freiburg 1893.

Reiff, Richard/Sommerfeld, Arnold: Standpunkt der Fernwirkung. Die Elementargesetze. In: Enzyklopädie der mathematischen Wissenschaften, V: 2 (1904), S. 3 - 62.

Reinbothe, Roswitha : Deutsch als internationale Wissenschaftssprache und der Boykott nach dem Ersten Weltkrieg. Frankfurt am Main 2006.

Renn, Jürgen (Hg.): Einsteins Annalen Papers. The Complete Collection 1901 - 1922. Weinheim 2005.

Renner, Fritz: Zur Theorie des atomaren lichtelektrischen Effektes. In: Annalen der Physik 29 (1937), S. 11 - 24.

Richter, Steffen : Die Kämpfe innerhalb der Physik in Deutschland nach dem Ersten Weltkrieg. In: Sudhoffs Archiv 57 (1973), S. 195 - 207.

Ricking, Klaus: Der Geist bewegt die Materie. 125 Jahre Geschichte der RWTH Aachen. Aachen 1995.

Riesenberger, Dieter: Das Deutsche Rote Kreuz. Eine Geschichte 1864 – 1990. Paderborn 2002.

Robertson, Peter: The Early Years: The Niels Bohr Institute, 1921 – 1930. Kopenhagen 1979.

Rohmer, Gustav (Hg.): Die Zwanglose Gesellschaft in München 1837 – 1937. Mün-chen 1937.

Rowe, David E.: Felix Kleins »Erlanger Antrittsrede«. A Transcription with English Translation and Commentary. In: Historia Mathematica 12 (1985), S. 123 – 141.

Rowe, David E.: Felix Klein, David Hilbert, and the Göttingen Mathematical Tradition. In: Osiris 5 (1989), S. 186 – 213.

Rowe, David E.: Felix Klein as Wissenschaftspolitiker. In: Umberto Bottazzini/Amy Dahan (Hg.): Changing Images in Mathematics: From the French Revolution to the New Millennium. London 2001, S. 69 – 92.

Saldern, Adelheid von: Göttingen im Kaiserreich. In: Thadden, Rudolf von/Trittel, Günter J. (Hg.): Göttingen. Geschichte einer Universitätsstadt. Band 3: Von der preußischen Mittelstadt zur südniedersächsischen Großstadt 1866 – 1989. Göttingen 1999, S. 5 – 62.

Sanchez-Ron, José Manuel: International Relations in Spanish Physics from 1900 to the Cold War. In: Historical Studies in Physical Sciences 33: 1 (2002), S. 3 – 31.

Saunders, FrederickA.: Some Aspects ofModern Spectroscopy. In: Science 59 (1924), S. 47 – 53.

Sauter, Fritz: Bemerkungen zur Schwingungstheorie dünner elastischer Platten. In: Zeitschrift für Naturforschung 3a (1948), S. 548 – 552.

Sauter, Fritz (Hg.): Arnold Sommerfeld. Gesammelte Schriften. 4 Bände. Braunschweig 1968 (abgekürzt als ASGS).

Scherzer, Otto: Über die Ausstrahlung bei der Bremsung von Protonen und schnel-len Elektronen. In: Annalen der Physik 13 (1932), S. 137 – 160.

Scherzer, Otto: Physik im totalitären Staat. In : Flitner, Andreas (Hg.) : Deutsches Geistesleben und Nationalsozialismus. Tübingen 1965, S. 47 – 58.

Schilling, Friedrich: Über darstellende Geometrie. In: Klein, Felix/Riecke, Eduard: Über Angewandte Mathematik und Physik in ihrer Bedeutung für den Unterricht an den höheren Schulen. Nebst Erläuterung der bezüglichen Göttinger Universitätseinrichtungen. Leipzig 1900, S. 42 – 56.

Schirrmacher, Arne: Das leere Atom: Instrumente, Experimente und Vorstellungen zur Atomstruktur um 1903. In: Hashagen, Ulf/Blumtritt, Oskar/Trischler, Helmuth (Hg.): Circa 1903. Artefakte in der Gründungszeit des Deutschen Museums. München 2003, S. 127 – 152.

Schirrmacher, Arne: Philipp Lenard: Erinnerungen eines Naturforschers. Kritische annotierte Ausgabe des Originaltyposkriptes von 1931/1943. Berlin 2010.

Schirrmacher, Arne: Ein physikalisches Konzil. Wie die Solvay-Konferenz und das Solvay-Institut vor hundert Jahren nicht nur der Quantentheorie zum Durchbruch verhalfen. In: Physikjournal 11: 1 (2012), S. 39 - 42.

Schlote, Karl-Heinz: Zu den Wechselbeziehungen zwischen Mathematik und Physik an der Universität Leipzig in der Zeit von 1830 bis 1904/05. Band 63: 1. Abhand-lungen der Sächsischen Akademie der Wissenschaften zu Leipzig, Mathematisch-naturwissenschaftliche Klasse. Leipzig 2004.

Schmidt, Rainer F.: Rudolf Heβ -Botengang eines Toren? Der Flug von Rudolf Heβ nach Groβbritannien vom 10. Mai 1941. Düsseldorf 1997.

Schmidt-Böcking, Horst/Reich, Karin: Otto Stern. Frankfurt am Main 2011.

Schmitz, Norbert: Adolf Kratzer (1893 - 1983). Münster 2011.

Schröder-Gudehus, Brigitte: Deutsche Wissenschaft und internationale Zusammen-arbeit 1914 - 1928. Ein Beitrag zum Studium kultureller Beziehungen in politischen Krisenzeiten. Genf 1966.

Schröder-Gudehus, Brigitte: Internationale Wissenschaftsbeziehungen und auswärtige Kulturpolitik, 1919 - 1933. Vom Boykott und Gegen-Boykott zu ihrer Wiederaufnahme. In: Vierhaus, Ru-dolf/vom Brocke, Bernhard vom (Hg.): Forschung im Spannungsfeld von Politik und Gesell schaft. Geschichte und Struktur der Kaiser-Wilhelm-/Max-Planck-Gesellschaft aus Anlaβ ihres 75jährigen Bestehens. Stuttgart 1990, S. 858 - 885.

Schreiber, Maximilian: Walther Wüst. Dekan und Rektor der Universität München, 1935 - 1945, München 2008.

Schulz, Karl: Theodor Liebisch f. In: Centralblatt für Mineralogie, Geologie und Paläologie (1922), S. 417 - 434.

Schwarzschild, Karl: Zur Elektrodynamik I-III. In: Nachrichten von der Königl. Gesellschaft der Wissenschaften zu Göttingen. Mathematisch-physikalische Klasse 1903, S. 126 - 131, 132 - 141, 245 - 278.

Schwarzschild, Karl: Bemerkung zur Aufspaltung der Spektrallinien im elektrischen Feld. In: Verhandlungen der Deutschen Physikalischen Gesellschaft 16 (1914), S. 20 - 24.

Schwarzschild, Karl: Über die maximale Aufspaltung beim Zeemaneffekt. In: Verhandlungen der Deutschen Physikalischen Gesellschaft 16 (1914), S. 24 - 40.

Schwarzschild, Karl: Zur Quantenhypothese. In: Sitzungsberichte der Preuβischen Akademie der Wissenschaften in Berlin (1916), S. 548 - 568.

Schweber, Samuel Silvan: The Empiricist Temper Regnant: Theoretical Physics in the United States 1920 - 1950. In: Historical Studies in the Physical and Biological Sciences 17: 1 (1986), S. 55 - 98.

Schweber, Samuel Silvan: QED and the Men Who Made It: Dyson, Feynman, Schwinger, and Tomonaga. Princeton, NJ 1994.

Schweidler, Egon von : Zur experimentellen Entscheidung der Frage nach der Natur der y-Strahlen. In: Physikalische Zeitschrift 11 (1910), S. 225-227, 614-619.

Schweizer Physikalische Gesellschaft (Hg.): La théorie des électrons dans les métaux: Conférences internationales des sciences mathématiques Genève, 15-18 octobre 1934. In: Helvetica Physica Acta 7 (1934), Supplementum.

Seth, Suman: Quantum Theory and the Electromagnetic World-View. In: Historical Studies in the Physical Sciences 35: 1 (2004), S. 67-93.

Seth, Suman: Crisis and the Construction of Modern Theoretical Physics. In: British Journal for the History of Science 40 (2007), S. 25-51.

Seth, Suman: Crafting the Quantum. Arnold Sommerfeld and the Practice of Theory, 1890 - 1926. Cambridge, MA 2010.

Siegmund-Schultze, Reinhard: Mathematicians Fleeing from Nazi Germany: Individual Fates and Global Impact. Princeton, NJ 2009.

Singh, Rajinder: Arnold Sommerfeld-The Supporter of Indian Physics in Germany. In: Current Science 81 (2001), S. 1489-1494.

Singh, Rajinder/Riess, Falk: Seventy Years Ago—the Discovery of the Raman Effect As Seen From German Physicists. In: Current Science 74 (1998), S. 1112-1115.

Smyth, Henry DeWolf: A General Account of the Development of Methods of Using Atomic Energy for Military Purposes Under the Auspices of the United States Government. London 1945.

Söderqvist, Thomas: Existential Projects and Existential Choice in Science: Science Biography as an Edifying Genre. In : Shortland, Michael/Yeo, Richard (Hg.): Telling Lives in Science: Essays on Scientific Biography. Cambridge, MA 1996, S. 45-84.

Söderqvist, Thomas(Hg.): The History and Poetics of Scientific Biography. Aldershot 2007.

Sommerfeld, Arnold: Uber die Genossenschaft freiwilliger Krankenpfleger im Kriege. In: Burschenschaftliche Blätter 4 (1890), S. 220-223.

Sommerfeld, Arnold: Eine Maschine zur Entwickelung einer willkürlichen Function in Fourier' sche Reihen. In: Schriften der Physikalisch-ökonomischen Gesellschaft zu Königsberg i. Pr. 32 (1891), S. 28-33.

Sommerfeld, Arnold: Die Willkürlichen Functionen in der Mathematischen Physik. Doktorarbeit an der Universität Königsberg. Königsberg 1891. Auch in ASGS I, S. 1-76.

Sommerfeld, Arnold: Mechanische Darstellung der electromagnetischen Erscheinungen in ruhenden

Körpern. In: Annalen der Physik 46 (1892), S. 139 - 151.

Sommerfeld, Arnold: Zur mathematischen Theorie der Beugungserscheinungen. In: Nachrichten von der Königl. Gesellschaft der Wissenschaften zu Göttingen. Mathematisch-physikalische Klasse (1894), S. 338 - 342.

Sommerfeld, Arnold: Zur analytischen Theorie der Wärmeleitung. In: Mathematische Annalen 45 (1894), S. 263 - 277.

Sommerfeld, Arnold: Diffractionsprobleme in exacter Behandlung. In : Verhandlungen der Gesellschaft Deutscher Naturforscher und Arzte 67 (1895), S. 34 - 35.

Sommerfeld, Arnold: Diffractionsprobleme in exacter Behandlung. In : Jahresbericht der Deutschen Mathematiker-Vereinigung 4 (1895), S. 172 - 174.

Sommerfeld, Arnold: Mathematische Theorie der Diffraction. In: Mathematische Annalen 47 (1896), S. 317 - 374.

Sommerfeld, Arnold: Über verzweigte Potentiale im Raume. In: Proceedings of the London Mathematical Society 28 (1897), S. 395 - 429.

Sommerfeld, Arnold: Geometrischer Beweis des Dupin'schen Theorems und seiner Umkehrung. In: Jahresbericht der Deutschen Mathematiker-Vereinigung 6 (1897), S. 123 - 128.

Sommerfeld, Arnold: Mathematische Annalen. Generalregister zu den Bänden 1 - 50. Leipzig 1898.

Sommerfeld, Arnold: Über das Problem der elektrodynamischen Drahtwellen. In: Jahresbericht der Deutschen Mathematiker-Vereinigung 7 (1898), S. 112 - 113.

Sommerfeld, Arnold: Über einige mathematische Aufgaben aus der Elektrodynamik. In: Verhandlungen der Gesellschaft Deutscher Naturforscher und Arzte 70 (1898), S. 14.

Sommefeld, Arnold: Über die numerische Auflösung transcendenter Gleichungen durch successive Approximationen. In: Nachrichten von der Königl. Gesellschaft der Wissenschaften zu Göttingen. Mathematisch-physikalische Klasse (1898), S. 360 - 369. (Vorgelegt von D. Hilbert in der Sitzung vom 10. Dezember 1898).

Sommerfeld, Arnold: Über die Fortpflanzung elektrodynamischer Wellen längs eines Drahtes. In: Annalen der Physik 67 (1899), S. 233 - 290.

Sommerfeld, Arnold: Theoretisches über die Beugung der Röntgenstrahlen. (Vorläufige Mitteilung). In: Physikalische Zeitschrift 1 (1900), S. 105 - 111.

Sommerfeld, Arnold: Neuere Untersuchungen zur Hydraulik. In : Verhandlungen der Gesellschaft Deut-scher Naturforscher und Arzte 72 (1900), S. 56.

Sommerfeld, Arnold: Beiträge zum dynamischen Ausbau der Festigkeitslehre. In: Zeitschrift des Vereines deutscher Ingenieure 46 (1902), S. 391 - 394.

Sommerfeld, Arnold: Zur Theorie der Eisenbahnbremsen. In: Denkschrift der Königlich Technischen Hochschule Aachen 1902, S. 58 - 71.

Sommerfeld, Arnold: Randwertaufgaben in der Theorie der partiellen Differentialgleichungen. In: Enzyklopädie der mathematischen Wissenschaften 2: 7c (1904), S. 504 - 570 (abgeschlossen im April 1900).

Sommerfeld, Arnold: Das Pendeln parallel geschalteter Wechselstrommaschinen. In: Elektrotechnische Zeitschrift 25 (1904), S. 273 - 276, 291 - 295, 469.

Sommerfeld, Arnold: Zur hydrodynamischen Theorie der Schmiermittelreibung. In: Zeitschrift für Mathematik und Physik 50 (1904), S. 97 - 155.

Sommerfeld, Arnold: Bezeichnung und Benennung der elektromagnetischen Größen in der Enzyklopädie der mathematischen Wissenschaften V In: Physikalische Zeitschrift 5 (1904), S. 467 - 470.

Sommerfeld, Arnold: Zur Elektronentheorie. I. Allgemeine Untersuchung des Feldes eines beliebig bewegten Elektrons. In: Nachrichten von der Königl. Gesellschaft der Wissenschaften zu Göttingen. Mathematisch-physikalische Klasse (1904), S. 99 - 130.

Sommerfeld, Arnold: Zur Elektronentheorie. II. Grundlagen für eine allgemeine Dynamik des Elektrons. In: Nachrichten von der Königl. Gesellschaft der Wissenschaften zu Göttingen. Mathematisch-physikalische Klasse (1904), S. 363 - 439.

Sommerfeld, Arnold: Vereenvoudigte Afleiding von Het Veldan, en de Krachten Werkende op een Elektren bij Willekeurige Beweging. In: Akad. Versl. Amsterdam 13 (1904), S. 431 - 452.

Sommerfeld, Arnold: Eine einfache Vorrichtung zur Veranschaulichung des Knickungsvorganges. In: Zeitschrift des Vereines deutscher Ingenieure 49 (1905), S. 1320 - 1323.

Sommerfeld, Arnold: Lissajous-Figuren und Resonanzwirkungen bei schwingenden Schraubenfedern; ihre Verwertung zur Bestimmung des Poissonschen Verhältnisses. In: Festschrift Adolph Wüllner gewidmet zum siebzigsten Geburtstage 13. Juni 1905 von der Königl. Technischen Hochschule zu Aachen, ihren früheren und jetzigen Mitgliedern. Leipzig 1905, S. 162 - 193.

Sommerfeld, Arnold: Zur Elektronentheorie. III. Ueber Lichtgeschwindigkeits- und Ueberlichtgeschwindigkeits-Elektronen. In: Nachrichten von der Königl. Gesellschaft der Wissenschaften zu Göttingen. Mathematisch-physikalische Klasse (1905), S. 201 - 235.

Sommerfeld, Arnold: Über die Mechanik der Elektronen. In: Verhandlungen des dritten Internationa-len Mathematiker-Kongresses in Heidelberg vom 8. bis 13. August 1904. Leipzig 1905, S. 417 - 432.

Sommerfeld, Arnold: Die Knicksicherheit der Stege von Walzwerkprofilen. In: Zeitschrift des Vereines deutscher Ingenieure 50 (1906), S. 1104 - 1107.

Sommerfeld, Arnold: Bemerkungen zur Elektronentheorie. In: Jahresbericht der Deutschen Mathematiker-Vereinigung 15 (1906), S. 51 - 55.

Sommerfeld, Arnold: Nachtrag und Berichtigung zu der Abhandlung: Über die Knicksicherheit der Stege von Walzwerkprofilen. In : Zeitschrift für Mathematik und Physik 54 (1907), S. 318 - 324.

Sommerfeld, Arnold: Über die Bewegung der Elektronen. In: Sitzungsberichte der mathematisch-physikalischen Klasse der K. B. Akademie der Wissenschaften zu München (1907), S. 155 - 171.

Sommerfeld, Arnold: Zur Diskussion über die Elektronentheorie. In: Sitzungsberichte der mathematisch-physikalischen Klasse der K. B. Akademie der Wissenschaften zu München(1907), S. 281.

Sommerfeld, Arnold: Ein Einwand gegen die Relativtheorie der Elektrodynamik und seine Beseitigung. In: Physikalische Zeitschrift 8 (1907), S. 841 - 842.

Sommerfeld, Arnold: Ein Beitrag zur hydrodynamischen Erklärung der turbulenten Flüssigkeitsbewe-gung. In: Atti del IV Congresso Internazionale dei Matematici (Roma, 6 - 11 Aprile 1908). Band3(1909), S. 116 - 124. http://mathunion.org/ICM/ICM1908.3/ICM1908.3.ocr.pdf (上网时间：2012 年 11 月 19 日).

Sommerfeld, Arnold: Über die Ausbreitung der Wellen in der drahtlosen Telegraphie. In: Annalen der Physik, 28 (1909b), S. 665 - 736.

Sommerfeld, Arnold: Über die Ausbreitung der Wellen in der drahtlosen Telegraphie. In: Sitzungsberichte der mathematisch-physikalischen Klasse der K. B. Akademie der Wissen-schaften zu München (1909), S. 1 - 19.

Sommerfeld, Arnold: Über die Verteilung der Intensität bei der Emission von Röntgenstrahlen. In: Physikalische Zeitschrift 10 (1909), S. 969 - 976.

Sommerfeld, Arnold: Zur Relativitätstheorie. I. Vierdimensionale Vektoralgebra. In: Annalen der Physik 32 (1910), S. 749 - 776.

Sommerfeld, Arnold: Zur Relativitätstheorie. II. Vierdimensionale Vektoranalysis. In: Annalen der Physik 33 (1910), S. 649 - 689.

Sommerfeld, Arnold: Ausbreitung der Wellen in der drahtlosen Telegraphie. Einfluß der Bodenbeschaffenheit auf gerichtete und ungerichtete Wellenzüge. In: Jahrbuch der drahtlosen Telegraphie 4 (1910), S. 157 - 176.

Sommerfeld, Arnold: Die Greensche Funktion der Schwingungsgleichung für ein beliebiges Gebiet. In: Physikalische Zeitschrift 11 (1910), S. 1057 - 1066.

Sommerfeld, Arnold: Über die Struktur der γ-Strahlen. In: Sitzungsberichte der mathematisch-physikalischen Klasse der K. B. Akademie der Wissenschaften zu München (1911), S. 1 - 60. (Vorgetragen in der Sitzung am 7. Januar 1911).

Sommerfeld, Arnold: Das Plancksche Wirkungsquantum und seine allgemeine Bedeutung für die Molekularphysik. In: Verhandlungen der Gesellschaft Deutscher Naturforscher und Ärzte 83 (1911a), S. 31 – 50.

Sommerfeld, Arnold: Das Plancksche Wirkungsquantum und seine allgemeine Bedeutung für die Mole kularphysik. In: Physikalische Zeitschrift 12 (1911b), S. 1057 – 1069.

Sommerfeld, Arnold: Sur I' application de la théorie de I' élément d' action aux phénomènes moléculaires non périodiques. In: Langevin, Paul/de Broglie, Maurice (Hg.): La théorie du ray onnement et les quanta. Brüssel 1912, S. 313 – 392.

Sommerfeld, Arnold: Über die Beugung der Röntgenstrahlung. In: Annalen der Physik 38 (1912), S. 473 – 506.

Sommerfeld, Arnold: Unsere gegenwärtigen Anschauungen über Röntgenstrahlung. In: Die Naturwissenschaften 1 (1913), S. 705 – 713. (Vortrag bei der Versammlung des Vereins zur Förderung des Unterrichtes in der Mathematik und den Naturwissenschaften, München. Gehalten Pfingsten 1913).

Sommerfeld, Arnold: Der Zeemaneffekt eines anisotrop gebundenen Elektrons und die Beobachtungen von Paschen-Back. In: Annalen der Physik40 (1913), S. 748 – 774.

Sommerfeld, Arnold: Die Bedeutung des Wirkungsquantums für unperiodische Molekularprozesse in der Physik. In: Eucken, Arnold (Hg.): Die Theorie der Strahlung und der Quanten, 1914, S. 252 –317.

Sommerfeld, Arnold: Probleme der freien Weglänge. In: Mathematische Vorlesungen an der Universität Göttingen 6 (1914), S. 123 – 166.

Sommerfeld, Arnold: Zur Voigtschen Theorie des Zeeman-Effektes. In: Nachrichten von der König-lichen Gesellschaft der Wissenschaften zu Göttingen. Mathematisch-physikalische Klasse (1914), S. 207 – 229 (Vorgelegt von W Voigt in der Sitzung vom 7. März 1914).

Sommerfeld, Arnold: Zur Theorie der Balmerschen Serie. In: Sitzungsberichte der mathematisch-physikalischen Klasse der K. B. Akademie der Wissenschaften zu München (1915), S. 425 – 458.

Sommerfeld, Arnold: Die Feinstruktur der Wasserstoff- und der Wasserstoff-ähnlichen Linien. In: Sitzungsberichte der mathematisch-physikalischen Klasse der K. B. Akademie der Wissenschaften zu München (1915), S. 459 – 500.

Sommerfeld, Arnold: Zur Quantentheorie der Spektrallinien. In: Annalen der Physik 51 (1916), S. 1 – 94, 125 – 167.

Sommerfeld, Arnold: Zur Theorie des Zeemaneffektes der Wasserstofflinien, mit einem Anhang über den Starkeffekt. In: Physikalische Zeitschrift 17 (1916), S. 491 - 507.

Sommerfeld, Arnold: Besuch an der Universität Gent. Monatshefte für den naturwissenschaftlichen Unterricht aller Schulgattungen (1918), S. 57 - 61.

Sommerfeld, Arnold: Ein Besuch in Gent. In: Süddeutsche Monatshefte (1918), S. 44 - 46.

Sommerfeld, Arnold: Die Entwicklung der Physik in Deutschland seit H. Hertz. In: Deutsche Revue (1918), S. 122 - 132.

Sommerfeld, Arnold: Über die Feinstruktur der Kβ-Linie. In: Sitzungsberichte der mathematisch-physikalischen Klasse der K. B. Akademie der Wissenschaften zu München (1918), S. 367 - 372 (Vorgetragen am 1. Juni 1918).

Sommerfeld, Arnold: Atombau und Spektrallinien. Braunschweig 1919.

Sommerfeld, Arnold: Ein Zahlenmysterium in der Theorie des Zeemaneffektes. In: Die Naturwissenschaften 8 (1920), S. 61 - 64.

Sommerfeld, Arnold: Allgemeine spektroskopische Gesetze, insbesondere ein magnetooptischer Zer-legungssatz. In: Annalen der Physik 63 (1920), S. 221 - 263.

Sommerfeld, Arnold: Sur les photogrammes quaternaires et ternaires de la blende et le spectre du ray-on-nement de Röntgen. In: Institut International de Physique Solvay (Hg.): La structure de la matiere. Rapports et discussions du conseil de physique, tenu a Bruxelles du 27 au 31 octobre 1913. Paris 1921, S. 125 - 140.

Sommerfeld, Arnold: Atombau und Spektrallinien. 2. Auflage. Braunschweig 1921.

Sommerfeld, Arnold: Ursachen-Wirkungen! Die Lusitania-Medaille. In: Münchner Neueste Nachrich-ten, 24. Juni 1921.

Sommerfeld, Arnold: Quantentheoretische Umdeutung der Voigt sehen Theorie des anomalen Zeeman-Effektes vom D-Linientypus. In: Zeitschrift für Physik 8 (1922), S. 257 - 297.

Sommerfeld, Arnold: Atombau und Spektrallinien. 3. Auflage. Braunschweig 1922.

Sommerfeld, Arnold: Über Linienstrukturen im Spektrum von Mangan. In: Verhandlungen der Deutschen Physikalischen Gesellschaft 3 (1922), S. 45 (Vortrag in Göttingen am 14. Juni 1922).

Sommerfeld, Arnold: Über die Deutung verwickelter Spektren (Mangan, Chrom usw.) nach der Methode der inneren Quantenzahlen. In: Annalen der Physik 70 (1923), S. 32 - 62.

Sommerfeld, Arnold: Spektroskopische Magnetonenzahlen. In: Physikalische Zeitschrift 24 (1923), S. 360 - 364.

Sommerfeld, Arnold: Zur Theorie des Magnetons. In: Zeitschrift für Physik 19 (1923), S. 221 - 229.

Sommerfeld, Arnold: Atombau und Spektrallinien. 4. Auflage. Braunschweig 1924.

Sommerfeld, Arnold: Grundlagen der Quantentheorie und des Bohrschen Atommodells. In: Die Naturwissenschaften 12 (1924), S. 1047 - 1049.

Sommerfeld, Arnold: Die Erforschung des Atoms. In: Strahlentherapie, Bd. 16, 1924, S. 873 - 882.

Sommerfeld, Arnold: Das Institut für theoretische Physik. In: Müller, Karl Alexander von (Hg.): Die wissenschaftlichen Anstalten der Ludwig-Maximilians-Universität zu München. Chronik zur Jahrhundertfeier im Auftrag des akademischen Senats. München 1926, S. 290 - 292.

Sommerfeld, Arnold: Three Lectures on Atomic Physics. London 1926 (Übersetzung von Henry L. Brose).

Sommerfeld, Arnold: Zur Elektronentheorie der Metalle. In: Die Naturwissenschaften 15 (1927), S. 825 - 832.

Sommerfeld, Arnold: Elektronentheorie der Metalle und des Voltaeffektes nach der Fermischen Statistik. In: Atti Congr. Intern, dei Fisici Como-Pavia-Roma, II (1927), S. 449 - 473.

Sommerfeld, Arnold: Warum ich Berlin abgelehnt habe? In: Süddeutsche Sonntagspost (1927), S. 3.

Sommerfeld, Arnold: Zur Elektronentheorie der Metalle auf Grund der Fermischen Statistik. 1. All-gemeines, Strömungs- und Austrittsvorgänge. In: Zeitschrift für Physik 47 (1928), S. 1 - 32.

Sommerfeld, Arnold: Zur Elektronentheorie der Metalle auf Grund der Fermischen Statistik. 2. Thermoelektrische, galvano-magnetische und thermomagnetische Vorgänge. In: Zeitschrift für Physik 47 (1928), S. 43 - 60.

Sommerfeld, Arnold: Zur Frage der Bedeutung der Atommodelle. In: Zeitschrift für Elektrochemie und angewandte physikalische Chemie 34 (1928), S. 426 - 430.

Sommerfeld, Arnold: Atombau und Spektrallinien. Wellenmechanischer Ergänzungsband. Braunschweig 1929.

Sommerfeld, Arnold: Indische Reiseeindrücke. In: Zeitwende 5 (1929), S. 289 - 298.

Sommerfeld, Arnold: Über die Entwicklung der Atomphysik in den letzten zwanzig Jahren. In: Tung-Chi Medizinische Monatsschrift (1929a), S. 75 - 88.

Sommerfeld, Arnold: Über die Entwicklung der Atomphysik in den letzten zwanzig Jahren. In: Japanisch-Deutscher Geistesaustausch 2 (1929b), S. 1 - 22.

Sommerfeld, Arnold: On the Production of X-Radiation, According to Wave Mechanics. In: Journal of the Franklin Institute 208 (1929a), S. 571 - 588.

Sommerfeld, Arnold: About the Production of the Continuous X-ray Spectrum. In: Proceedings of the National Academy of Sciences 15 (1929b), S. 393 - 400.

Sommerfeld, Arnold: Die Physik in Japan, Indien und Amerika. In: Verhandlungen der Deutschen Physikalischen Gesellschaft 10 (1929), S. 21 - 22.

Sommerfeld, Arnold: Bericht über Besuche bei den Akademien von Tokio und Washington. In: Sitzungsberichte der mathematisch-naturwissenschaftlichen Abteilung der Bayerischen Akademie der Wissenschaften zu München (1929), S. 11 (Sitzung am 6. Juli 1929).

Sommerfeld, Arnold: Einige grundsätzliche Bemerkungen zur Wellenmechanik. In: Physikalische Zeitschrift 30 (1929), S. 866 – 871.

Sommerfeld, Arnold: Über die Elektronentheorie der Metalle und die Natur des Elektrons. In: Monatshefte für Mathematik und Physik 7 (1930), S. 183 – 198.

Sommerfeld, Arnold: Erwiderung auf die Angriffe von Herrn J. Stark. In: Annalen der Physik 7 (1930), S. 889 – 891.

Sommerfeld, Arnold: Über Anschaulichkeit in der modernen Physik. In: Unterrichtsblätter für Mathematik und Naturwissenschaften 36 (1930a), S. 161 – 167.

Sommerfeld, Arnold: Über Anschaulichkeit in der modernen Physik. In: Scientia48 (1930b), S. 81 – 86.

Sommerfeld, Arnold: Über die Beugung und Bremsung der Elektronen. In: Annalen der Physik 11 (1931), S. 257 – 330.

Sommerfeld, Arnold: Sur Quelques Problèmes de la Méchanique Ondulatoire. In: Annales de I'Institut Poincaré (1931), S. 1 – 24.

Sommerfeld, Arnold: Zur Theorie des Ramsauer-Effektes. In: Zeitschrift für angewandte Chemie 44 (1931), S. 611.

Sommerfeld, Arnold: Magnetismus und Spektroskopie. In: Institut Internationale de Physique de Solvay (Hg.): Le magnetisme. Rapports et discussions du sixième Conseil de Physique tenu *à* Bruxelles du 20 au 25 octobre 1930 sous les auspices de I'Institut International de Physique de Solvay. Paris 1932.

Sommerfeld, Arnold: Atombau und Spektrallinien. Band 2 (= 2. Auflage des Wellenmechanischen Ergänzungsbandes). Braunschweig 1939.

Sommerfeld, Arnold: Zwanzig jahre spektroskopischer Theorie in München. In: Scientia (1942), S. 123 – 130.

Sommerfeld, Arnold: Die Quantenstatistik und das Problem des Heliums II. In : Berichte der Deutschen Chemischen Gesellschaft 75 (1942), S. 1988 – 1996.

Sommerfeld, Arnold: David Hilbert. Nachruf. In: Jahrbuch der Akademie der Wissenschaften in Götttingen, 1943, S. 87 – 92.

Sommerfeld, Arnold: Vorlesungen über theoretische Physik. Band 1 – 6. Leipzig 1943 – 1952.

Sommerfeld, Arnold: Die frei schwingende Kolbenmembran. In: Annalen der Physik 42 (1943), S. 389 – 420.

Sommerfeld, Arnold: Ludwig Boltzmann zum Gedächtnis. Zur hundertsten Wiederkehr seines Geburtstages (20. 2. 1944). In: Wiener Chemiker-Zeitung 47 (1944), S. 25 - 28.

Sommerfeld, Arnold: Vorlesungen über theoretische Physik. Band I: Mechanik. 2. Auflage. Leipzig, 1944. Atomphysik in Amerika. In: Die Neue Zeitung, 18. November 1945.

Sommerfeld, Arnold: Die Quantenstatistik und das Problem des He II. In: Zeitschrift für Naturforschung I (1946), S. 120.

Sommerfeld, Arnold: Vorlesungen über theoretische Physik. Band 6: Partielle Differentialgleichungen der Physik. Leipzig 1948.

Sommerfeld, Arnold: Philosophie und Physik seit 1900. In: Naturwissenschaftliche Rundschau I (1948), S. 97 - 100.

Sommerfeld, Arnold: Berichtigungen und Ergänzungen zu der Arbeit: Die frei schwingende Kolbenmembran. In: Annalen der Physik 2 (1948), S. 85 - 86.

Sommerfeld, Arnold: Vorlesungen über theoretische Physik. Band 3: Elektrodynamik. Leipzig 1949.

Sommerfeld, Arnold: Zum hundertsten Geburtstag von Felix Klein. In: Die Naturwissenschaften 36 (1949), S. 289 - 291.

Sommerfeld, Arnold: Some Reminiscences of My Teaching Career. In: American Journal of Physics 17 (1949). S. 315 - 316.

Sommerfeld, Arnold: Albert Einstein zum 70. Geburtstag. In: Deutsche Beiträge. Eine Zweimonatsschrift 3 (1949), S. 141 - 146.

Sommerfeld, Arnold: Aus den Lehrjahren von Walter Rogowski. In: Archiv für Elektrotechnik40 (1950), S. 3.

Sommerfeld, Arnold: Überreichung der Planck-Medaille für Peter Debye durch A. Sommerfeld. In: Physikalische Blätter 6 (1950), S. 509 - 512.

Sommerfeld, Arnold: Vorlesungen über Theoretische Physik. Band 6: Partielle Differentialgleichungen der Physik. Thun 1992.

Sommerfeld, Arnold: Gesammelte Schriften. 4 Bände. Herausgegeben im Auftrag und mit Unterstützung der Bayerischen Akademie der Wissenschaften von Prof. F. Sauter. Braunschweig 1968 (abgekürzt als ASGS).

Sommerfeld, Arnold: Wissenschaftlicher Briefwechsel. Band 1: 1892 - 1918; Band 2: 1919 - 1951. Herausgege-ben von Michael Eckert und Karl Märker. München, Berlin, Diepholz 2000 und 2004 (abgekürzt als ASWB I und ASWB II).

Sommerfeld, Arnold/Bethe, Hans: Elektronentheorie der Metalle. In: Handbuch der Physik, 24: 2

(1933). S. 333 - 622.

Sommerfeld, Arnold/Bopp, Fritz: Zum Problem der Maxwellschen Spannungen. In: Annalen der Physik 8 (1950), S. 41 - 45.

Sommerfeld, Arnold/Frank, Nathaniel H.: Statistical Theory of Thermoelectric Galvano- and Thermomagnetic Phenomena in Metals. In: Reviews of Modern Physics 3 (1931), S. 1 - 42.

Sommerfeld, Arnold/Heisenberg, Werner: Die Intensität der Mehrfachlinien und ihrer Zeeman-Komponenten. In: Zeitschrift für Physik 11 (1922), S. 131 - 154.

Sommerfeld, Arnold/Kossel, Walther: Auswahlprinzip und Verschiebungssatz bei Serienspektren. In: Verhandlungen der Deutschen Physikalischen Gesellschaft 21 (1919), S. 240 - 259.

Sommerfeld, Arnold/Maue, August Wilhelm: Verfahren zur näherungsweisen Anpassung einer Lösung der Schrödinger- an die Dirac-Gleichung. In: Annalen der Physik 22 (1935), S. 629 - 642.

Sommerfeld, Arnold/Ramberg, Edward: Das Drehmoment eines permanenten Magneten im Felde eines permeablen Mediums. In: Annalen der Physik 8 (1950), S. 46 - 54.

Sommerfeld, Arnold/Renner, Fritz: Strahlungsenergie und Erdabsorption bei Dipolantennen. In: Annalen der Physik 59 (1942), S. 168 - 173.

Sommerfeld, Franz: Über die Familie der Quarze. In: Schriften der Physikalisch-ökonomischen Gesellschaft zu Königsberg i. Pr. 41 (1900), S. 6 - 9. (Irrtümlich als Publikation von Arnold Sommerfeld abgedruckt in ASGS IV, S. 483 - 487).

Sopka, Katherine Russell: Quantum Physics in America: The Years Through 1935. Los Angeles, CA 1988.

Staley, Richard: Einsteins Generation: The Origins of the Relativity Revolution. Chicago, IL 2008.

Stark, Johannes: Die Axialität der Lichtemission und Atomstruktur. VII: Zur physikalischen Kritik eines Sommerfeldschen Theorems. In: Annalen der Physik 4 (1930), S. 710 - 724.

Stark, Johannes: Die Axialität der Lichtemission und Atomstruktur. EX. DieAxialitat der Valenzfel der des Kohlenstoff- und Stickstoffatoms. In: Annalen der Physik 6 (1930), S. 663 - 680.

Stark, Johannes: Über den Dogmatismus moderner Theorien in der Physik. In: Unterrichtsblätter für Mathematik und Naturwissenschaften 36 (1930), S. 305 - 309.

Stark, Johannes/Müller, Wilhelm: Jüdische und Deutsche Physik. Leipzig 1941.

Steen, Andreas: Deutsch-chinesische Beziehungen 1911-1927. Vom Kolonialismus zur Gleichberechtigung: eine Quellensammlung. Berlin 2006.

Stieda, Ludwig: Gedächtnisrede auf den am 15. August 1889 verstorbenen Präsidenten der Gesellschaft, Geheimen Sanitätsrat Dr. Wilhelm Schiefferdecker. In: Schriften der physikalisch-ökonomischen Gesellschaft zu Königsberg in Pr. 30 (1889), S. 50 – 62.

Stieda, Ludwig: Zur Geschichte der physikalisch-ökonomischen Gesellschaft. Festrede, gehalten am 22. Februar 1890. In: Schriften der physikalisch-ökonomischen Gesellschaft zu Königsberg in Pr. 30 (1890), S. 38 – 82.

Stöltzner, Michael/Uebel, Thomas (Hg.): Wiener Kreis. Texte zur wissenschaftlichen Weltauffassung von Rudolf Carnap, Otto Neurath, Moritz Schlick, Philipp Frank, Hans Hahn, Karl Menger, Edgar Zilsel und Gustav Bergmann. Hamburg 2006.

Stuewer, Roger H.: The Compton Effect. Turning Point in Physics. New York, NY 1975.

Sweetnam, George Kean: The Command of Light: Rowlands School of Physics and the Spectrum. Philadelphia 2000.

Swinne, Edgar: Richard Gans. Hochschullehrer in Deutschland und Argentinien. Berlin 1992.

Szabó, Anikó: Vertreibung, Rückkehr, Wiedergutmachung. Göttinger Hochschul-lehrer im Schatten des Nationalsozialismus. Göttingen 2000.

Szöllösi-Janze, Margit: Fritz Haber. 1868-1934. Eine Biographie. München 1998.

Szöllösi-Janze, Margit: Lebens-Geschichte-Wissenschafts-Geschichte. Vom Nutzen der Biographie für Geschichtswissenschaft und Wissenschaftsgeschichte. In: Berichte zur Wissen-schaftsgeschichte 23 (2000), S. 17 – 35.

Tazzioli, Rossana: Green's Function in Some Contributions of 19th Century Mathematicians. In: Historia Mathematica 28 (2001), S. 232 – 252.

Tent, James F.: Mission on the Rhine. »Reeducation« and Denazification in Ameri- can-Occupied Germany. Chicago 1982.

Thomson, William: Motion of a Viscous Liquid; Equilibrium or Motion of an Elas-tic Solid; Equilibrium or Motion of an Ideal Substance Called for Brevity Ether; Mechanical Representation of Magnetic Force. In: William Thomson: Mathematical and Physical Papers. Band 3: Elasticity, Heat Electro-Magnetism. London 1890, S. 436 – 465.

Thomson, William: Mathematik als Bestandteil der Kultur-Zur Geschichte des Unternehmens » Encyklopädie der mathematischen Wissenschaften mit Einschluss ihrer Anwendungen«. In: Mitteilungen der Österreichischen Gesellschaft für Wissenschaftsge-schichte 14 (1994), S. 1 – 90.

Thomson, William: Felix Klein und der Verein zur Förderung des mathematischen undnaturwissenschaftlichen Unterrichts. In: Der Mathematikunterricht 46 (2000), S. 22 – 40.

Thomson, William: The Development of Göttingen into the Prussian Centre of Mathematics and the Exact Sciences. In: Rupke, Nicolaas (Hg.): Göttingen and the Development of the Natural Sciences.

Göttingen 2002, S. 116-142.

Toepell, Michael : Mathematiker und Mathematik an der Universität München. 500 Jahre Lehre und Forschung. München 1996.

Torkar, Gisela: Sommerfelds Meeting With Raman in Calcutta During a World Tour, 1928-29. In: Journal of Raman Spectroscopy 17 (1986), S. 13-15.

Trischler, Helmuth: Die neue Räumlichkeit des Krieges: Wissenschaft und Technik im Ersten Weltkrieg. In: Berichte zur Wissenschaftsgeschichte 19 (1996), S. 95-103.

Turner, Laura E.: The Mittag-Leffler Theorem: The Origin, Evolution, and Recep-tion of a Mathematical Result, 1876-1884. Master's thesis, Simon Fraser University, Vancouver, 2007. http://people.math.sfu.ca/-tarchi/turnermsc2007.pdf (上网时间: 2012年1月5日).

Uhlenbeck, George/Goudsmit, Samuel: Ersetzung der Hypothese vom unmechani-schen Zwang durch eine Forderung bezüglich des inneren Verhaltens jedes einzel-nen Elektrons. In: Die Naturwissenschaften 13 (1925), S. 953-954.

Ullrich, Volker: Die Revolution von 1918/19. München 2009.

Ungern-Sternberg, Jürgen von/Ungern-Sternberg, Wolfgang von: Der Aufruf An die Kulturwelt! Das Manifest der 93 und die Anfänge der Kriegspropaganda im Ersten Weltkrieg. Mit einer Dokumentation. Stuttgart 1996.

Unsold, Albrecht: Beiträge zur Quantenmechanik der Atome. In: Annalen der Physik 82 (1927), S. 355-393.

Vogel-Prandtl, Johanna: Ludwig Prandtl: ein Lebensbild; Erinnerungen, Dokumente. Göttingen 2005.

Voigt, Woldemar: Uber die anomalen Zeemaneffekte. In: Annalen der Physik 40 (1913), S. 368-380.

Voigt, Woldemar: Weiteres zum Ausbau der Kopplungstheorie der Zeemaneffekte. In : Annalen der Physik 41 (1913), S. 403-440.

Voigt, Woldemar: Die anomalen Zeemaneffekte der Spektrallinien vom D-Typus. In: Annalen der Physik42 (1913), S. 210-230.

Volkmann, Paul: Beiträge zur Wertschätzung der Königsberger Erdthermometer- Station 1872-1892. Schriften der physikalisch-ökonomischen Gesellschaft zu Kö-nigsberg in Pr. 34 (1893), S. 54-61.

Volkmann, Paul: Franz Neumann. Ein Beitrag zur Geschichte deutscher Wissenschaft. Leipzig 1896.

Vorländer, Herwart: Die NSV Darstellung und Dokumentation einer nationalsozia-listischen Organisation. Boppard am Rhein 1988.

Wagner, Hans-Ulrich: Hans Leipelt und Marie-Luise Jahn-Studentischer Wider-stand in der Zeit des

Nationalsozialismus am Chemischen Staatslaboratorium der Universität München. München 2003.

Walcher, Wilhelm: Physikalische Gesellschaften im Umbruch. Zusammenschlüsse der Physiker in den Nachkriegsjahren bis zur Wiedergründung der Deutschen Physikalischen Gesellschaft. In: Physikalische Blätter 51 (1995), S. F107 - F133.

Walter, Scott: Minkowski, Mathematicians, and the Mathematical Theory of Relativity. In: Goenner, Hubert/Renn, Jürgen/Ritter, Jim/Sauer, Tilmann (Hg.): The Expanding Worlds of General Relativity. Boston, MA, Basel, Berlin 1999, S. 45 - 86.

Walter, Scott: Minkowski's Modern World. In: Petkov, Vesselin (Hg.): Minkowski Spacetime: A Hundred Years Later. Dordrecht, Heidelberg, Berlin, New York, NY 2010, S. 43 - 61.

Warburg, Emil: Bemerkungen zu der Aufspaltung der Spektrallinien im elektrischen Feld. Verhandlungen der Deutschen Physikalischen Gesellschaft 15 (1913), S. 1259 - 1266.

Warburg, Emil/Laue, Max von/Sommerfeld, Arnold/Einstein, Albert (Hg.): Zu Plancks sechzigstem Geburtstag. Ansprachen, gehalten am 26. April 1918 in der Deutschen Physikalischen Gesellschaft. Karlsruhe 1918.

Warwick, Andrew: Masters of Theory: Cambridge and the Rise of Mathematical Physics. Chicago, IL 2003.

Watson, Alexander/Porter, Patrick: Bereaved and Aggrieved: Combat Motivation and the Ideology of Sacrifice in the First World War. In: Historical Research 83 (2008), S. 146 - 164.

Wazeck, Milena: Einsteins Gegner. Die öffentliche Kontroverse um die Relativitätstheorie in den 1920er Jahren. Frankfurt am Main 2009.

Weizsäcker, Carl Friedrich von: Die Rotation kosmischer Gasmassen. In: Zeitschrift für Naturforschung 3a (1948), S. 524 - 539.

Welker, Heinrich: Ein wellenmechanisches Modell des Supraleiters. In: Zeitschrift für Naturforschung 3a (1948), S. 461 - 469.

Wengenroth, Ulrich: Zwischen Aufruhr und Diktatur. Die Technische Hochschule 1918 - 1945. In: Wengenroth, Ulrich (Hg.): Die Technische Universität München. Annäherungen an ihre Geschichte. München 1993, S. 215 - 260.

Wentzel, Gregor: Zur Quantentheorie des Röntgenbremsspektrums. In: Zeitschrift für Physik 27 (1924), S. 257 - 284.

Wheaton, Bruce R.: The Tiger and the Shark. Empirical Roots of Wave-Particle Dualism. Cambridge, MA 1983.

Widmalm, Sven: Science and Neutrality: The Nobel Prizes of 1919 and Scientific Internationalism in

Sweden. In: Minerva 33 (1995), S. 339 - 360.

Wiecki, Stefan: The Denazification of Munich University, 1945 - 1948. In: Kraus, Elisabeth (Hg.): Die Universität München im Dritten Reich. Aufsätze. Teil II. München 2008, S. 519 - 569.

Wien, Wilhelm: Uber die Energie der Kathodenstrahlen im Verhältnis zur Energie der Röntgen- und Sekundärstahlen. In : Festschrift Adolph Wüllner gewidmet zum siebzigsten Geburtstage am 13. Juni 1905 von der Königl. Technischen Hochschule zu Aachen, ihren früheren und jetzigen Mitgliedern. Leipzig 1905, S. 1 - 14.

Wirsching, Andreas (Hg.): Das Jahr 1933. Die nationalsozialistische Machteroberung und die deutsche Gesellschaft. Göttingen 2009.

Wolff, Stefan L.: Physicists in the Krieg der Geister: Wilhelm Wiens Proclamation. In: Historical Studies in the Physical Sciences 33: 2 (2003), S. 337 - 368.

Wolff, Stefan L.: Die Ausgrenzung und Vertreibung der Physiker im Nationalsozialismus. In: Hoffmann, Dieter/Walker, Mark (Hg.): Physiker zwischen Autonomie und Anpassung. Die Deutsche Physikalische Gesellschaft im Dritten Reich. Weinheim 2007, S. 91 - 138.

Wolff, Stefan L.: Die Konstituierung eines Netzwerkes reaktionärer Physiker in der Weimarer Republik. In: Berichte für Wissenschaftsgeschichte 31 (2008), S. 372 - 392.

Wulff, Georg: Uber die Kristallröntgenogramme. In: Physikalische Zeitschrift 14 (1913), S. 217 - 220.

Yourgrau, Wolfgang/Mandelstam, Stanley: Variational Principles in Dynamics and Quantum Theory. Philadelphia, PA 1968.

Zehnder, Ludwig (Hg.): W C. Röntgen - Briefe an L. Zehnder. Zürich, Leipzig, Stuttgart 1935.

Zenda, Benjamin: Subtle Loyalty: German and German-Americans in Wisconsin During the First World War. Madison, WI 2010. http://digital. library. wisc. edu/1793/44582 (Stand: 16. 1. 2012).

Zenneck, Jonathan: Über die Fortpflanzung ebener elektromagnetischer Wellen längs einer ebenen Leiterfläche und ihre Beziehung zur drahtlosen Telegraphie. In: Annalen der Physik 23 (1907), S. 846 - 866.

Zenneck, Jonathan: Leitfaden der drahtlosen Telegraphie. Stuttgart 1909.

Zinke, Otto/Brunswig, Heinrich: Hochfrequenztechnik 1. Berlin, Heidelberg 1999.

Zwanglose Gesellschaft (Hg.): Hundertfünfzig Jahre Zwanglose Gesellschaft Mün-chen, 1837 - 1987. München 1987.

图片目录

所有图片后面的编号均采用德意志博物馆图片档案馆目录编号。原始图片为私人所有，其中有些存于德意志博物馆档案馆中。

图 16：BN 40808，原图藏于德意志博物馆档案馆，NL 89，062.

图 17：CD 66354，原图藏于德意志博物馆档案馆，NL 89，056.

图 18：CD 66314.

图 19：CD 66355，原图藏于德意志博物馆档案馆，NL 89，056.

图 20：BN 47094，原图藏于德意志博物馆档案馆，NL 89，062.

图 21：CD 66315.

图 22：CD 66317.

图 23：BN 02947.

图 24：CD 66318.

图 25：CD 66356，原图藏于德意志博物馆档案馆，NL 89，062.

图 26：BN 38903，原图藏于德意志博物馆档案馆，NL 89，062.

图 27：CD 66319.

图 28：CD 66320.

图 29：CD 66358，原图藏于德意志博物馆档案馆，NL 89，062.

图 30：CD 66360，原图藏于德意志博物馆档案馆，NL 89，015.

图 31：BN 14351，原图藏于德意志博物馆档案馆，NL 89，062.

图 32：CD 66321.

图 33：CD 66322.

图 34：CD 66325.

图 35：CD 66597.

人名索引

人名后面出现的斜体数字表明该人名出现在该页的脚注中。[1]

[1] 人名后的页码为原书页码，即译文的边码。译名据新华通讯社译名室编：《世界人名翻译大辞典》，中国对外翻译出版公司(上、下册，1993年版)译出。——译者注

译后记

与普朗克、爱因斯坦和玻尔一道，索末菲是现代理论物理学的创始人，是最伟大的德国理论物理学家之一。他创立了著名的“慕尼黑学派”，培养了如海森伯、泡利、德拜和贝特等众多诺贝尔奖得主和知名学者，是真正的“大师之师”，一生更是创纪录地获得81次诺贝尔奖提名，但遗憾最终未能如愿。索末菲承前启后，亲历了理论物理学在德国的兴起和兴盛过程，也目睹了极权统治对科学的伤害。虽然也曾一度受盲目的爱国主义迷惑，但终其一生，历经众多动荡岁月，他还是保持了一位正直学者应有的风骨。埃克特集30年研究精华于一身，穷档案书信资料于一体的《阿诺尔德·索末菲》传，既体现了时代变迁，同时又具个性特质，内容详实、视野恢宏，是对索末菲这位无冕之王、大师之师的最权威的传记。

德国自1871年统一后，在三四十年间，从一个落后的农业国，一跃而成为欧洲最发达的工业大国。科学和技术在德国的崛起过程中扮演了十分重要的角色。在19、20世纪之交，绝大部分人认为20世纪应该是德国人的世纪。除了大西洋另一边的美国外，德国在科学、技术、经济、军事和文化等方面，都领先于世界水平。1933年希特勒上台后，科学界的大批精英离开德国，德国从此沦为一个二流国家。两次世界大战让德国引领世界的梦想彻底破灭。德国经历了一场又一场过山车式的变化，迅速崛起，迅速衰落。“二战”结束后，美国取代德国，成为真正的“世界科学中心”。

在这长达70年的激动人心却又动荡不安的岁月里，作为群体的德国物理学家们的表现可谓可圈可点。作为“清流”，他们被称为德国的“士大夫”（Mandarin），属于新兴的“有文化的或受过教育的中产阶级”(Bildungsbürgertum)。这个阶层其实也不是同质的，但却以“不问政治”(apolitisch)为共同特征。所谓“不问政治”，其实不过是一种过于天真的想法，并不是完全与政治无关，而是不直接参与政治活动。在和平时期，这一阶层为德国的迅速崛起做出不可磨灭的贡献；而在集权时代，他们却无意间成为了当权者的棋子，用来为暴政背书，被动地助长了统治者的暴行。德国的兴起和衰落与他们的命运息息相关。

像绝大多数威廉时代的德国学者一样，索末菲身上具有“受过教育的中产阶级”的典型特点：靠自身努力成就学术地位，忠君爱国，具有强烈的德意志认同。普鲁士的诸多美德：忠诚、守时、廉洁、自律、秩序、努力工作，用事业上的成绩来证明自己在世上的价值，在他身上都得到完美体现。与此同时，他不可避免地带有同时代德国科学家身上一些习而不察的特征：对国家无条件的忠诚，将“军事主义”(Militarismus，或译“军国主义”)视为德国文化不可分割的一部分。在大学时代他就热衷于参加表现男子汉气慨的“兄弟会”的活动，脸上的一道疤痕就是在决斗中留下的，这也成为后来职业道路上的一张通行证。虽然没有像大多数著名教授那样，在臭名昭著的《致文明世界的呼吁书》上签名，但他支持德国在比利时的军事行动。凡有利于德国的事，他都去做，不管这样做最后的反响如何。比如，当国外的媒体“夸大”德国占领比利时后的野蛮行径时，他非常气愤地给报社写信，为之辩护。他在1893年服完兵役，此后的8年间，他每年都自愿服8周的兵役，即使后来已升为教授，他也坚持义务服兵役。服兵役期间，有时晚上要待在非常寒冷的马厩里，不过这并没有让索末菲感到艰苦，他认为这是对人的意志的考验。

每个人都可以从自身或自己国家的利益出发来考虑问题，但前提是不能损害他人或他国的利益。由于德国曾经是一个落后的国家，在历史上饱受欺凌，德国人一直在寻找并强调自身的特殊性，很难设身处地地从其他国家的角度来看待问题。索末菲当然也不例外。只是在纳粹当政之后，他的态度才开始转变，尤其是其后继人选遭到种种匪夷所思的奇遇之后，他开始彻底反省了。

德国本来可以给献身学术的爱国学者持续不断地提供最佳的研究条件，但由于动荡的政治时局，加上人性中种种阴暗面在特殊时期的超级显现，使得纯粹的学者极难生存，留下更多的是一群甘愿被政治化的科学家，以及少数冠有学者之名，实为人类所不齿的跳梁小丑。极权制度固然要为这种大的趋势负主要责任，但能否经得住历史考验却是科学家们的自身选择。索末菲身上固然不可避免地具有时代的局限，但终其一生的表现，他配得上一位真正的学者的称号。这样的学者在任何一个时代都是稀缺品，我们这个时代尤其缺乏。

一

索末菲的学术生涯起源于19世纪90年代的格丁根大学，当时的世界数学中心。经过在相对封闭、视野狭隘的克劳斯塔尔矿业学院，以及以应用为主的亚琛高等工学院10年的摸爬滚打，1906年，他来到慕尼黑大学，担任理论物理学教席，形成了著名的"索末菲学派"。他是一位绝无仅有的优秀教师。

索末菲是如何做到的呢？这与他的特殊经历有极大的关系。索末菲在事业的起步阶段，曾在格丁根担任著名数学家费利克斯·克莱因(Felix Klein, 1849—1925)的助手。这是一份无所不包的工作，包括全面整理克莱因的讲课笔记，查找资料，完善讲义，誊写终稿，与此同时，还要管理阅览室。之后他与克莱因一起从事《数学科学百科全书》的编辑工作，成为这项长达30年(从1898年持续到1928年)的庞大工程的主要参与者。在这个过程中，他学到了太多的东西。首先，是挑选最合适的人选。为此，他与克莱因遍游欧洲，邀请当时最有名的学者进入《百科全书》的阵营。其次，对来稿进行编辑加工，其中包括修改前辈的手稿。比如，针对前辈洛伦兹(Hendrik A. Lorentz, 1853—1928)有关电动力学的文章，他就直言不讳："还可以在一些地方更详细一些，在物理学上更清楚一些。"洛伦兹比索末菲大15岁，享有很高的学术地位，非常受人敬重，索末菲甚至将自己二儿子取名"洛伦兹"，但这些因素并不影响索末菲修改洛伦兹的手稿。顺便说一句，爱因斯坦也非常敬重洛伦兹，把他看成是自己精神上的父亲。索末菲与爱因斯坦之间的关系也非常特别。他比爱因斯坦大10岁，成名也早，但遇到与相对论有关的问题时，他还是亲自跑到苏黎世向晚辈爱因斯坦请教。之后，他与爱因斯坦之间形成了一种特殊的友谊。在纳粹势力一手遮天，他孤独无援，所有的邮件都受到审查时，他就借出国开会的机会，给爱因斯坦写信，吐露自己内心的苦闷。在追求真理的过程中，学者之间建立了真正的友谊，这是非常难能可贵的。

索末菲这种兼收并蓄、不耻下问、以追求真理为导向的做法，在他留给后世的 6 卷本《理论物理学讲义》中表现得淋漓尽致。与一般教科书抄来抄去，从不解释说明的做法相反，他力求将问题的来龙去脉弄清楚。通过与当代学人之间的互动，不断地将最新的研究成果吸收进来，他的讲义成了理论物理学领域里最系统、最前沿的标志性读物。这本讲义名义上是他一人所著，其实吸收了同行和学生的许多研究成果。他善于发现天才，并想尽办法引导他们迅速成长。他发现和提携德拜、泡利和海森伯的过程，是物理学史上的经典例子。当他在亚琛高等工学院任教时，他就发现了德拜的天才，后来他到慕尼黑任教后，就将德拜带过来作为助手。许多习题课就交给德拜来上。当大学二年级学生海森伯有一些自己的想法时，索末菲鼓励他将想法写出来发表，并向同事郑重推荐，而且从一开始就清楚定位两人之间是合作关系，而不是上下级式的师生关系。19 岁上大学，21 岁就获博士学位的天才少年泡利，就是在索末菲手下毕业的。正是在他的鼓励下，还是大学一年级学生的泡利为《数学科学百科全书》的“相对论”写了词条，后来单独出版，为此得到爱因斯坦的称赞。泡利对同事和朋友常提出非常严厉的批评，被称为“上帝的鞭子”，但他在索末菲面前，从来毕恭毕敬。正是泡利和海森伯这样的少年天才的出现，形成了“索末菲学派”的神话。

在索末菲个人魅力的感召下，大批才华横溢的学生加入他的研究团队。他常与学生一起去酒吧喝酒，打保龄球，邀请学生和同事到他家中边聚边聊，到他位于阿尔卑斯山脚下的度假屋里一边欣赏大自然的美景，一边畅谈学术。通过与这些思想异常活跃的学生之间的不断交流，索末菲对于新的研究似乎就具有了一种直觉，知道哪些方向有发展前途。除了海森伯、泡利、德拜和贝特等四人是在索末菲手下获得博士学位，后来获得了诺贝尔奖外，在索末菲手下做过博士后或获得“教授资格”的人当中，还有三人获诺贝尔奖。他们是鲍林(Linus Pauling)、拉比(Isidor I. Rabi)和劳厄(Max von Laue)。他培养了大量的博士生，后来都成为各自领域的知名人物，如海特勒(Walter Heitler)、派尔斯(Rudolf Peierls)、贝歇特(Karl Bechert)、布吕克(Hermann Brück)、埃瓦尔德(Paul Peter Ewald)、芬伯格(Eugene Feenberg)、弗勒利希(Herbert Fröhlich)、菲斯(Erwin Fues)、吉耶曼(Ernst Guillemin)、亨尔(Helmut Hönl)、霍普夫(Ludwig Hopf)、克拉策(Adolf Kratzer)、拉波特(Otto Laporte)、楞次(Wilhelm Lenz)、迈斯纳(Karl Meissner)、泽利格(Rudolf Seeliger)、施蒂克尔伯格(Ernst C. Stückelberg)、韦尔克(Heinrich Welker)、文策尔(Gregor Wentzel)、朗代(Alfred Landé)和布里渊(Léon Brillouin)。另外还有一些博士后也在各自领域非常有名。如阿利斯(William Allis)、康顿(Edward Condon)、埃卡特(Carl Eckart)、肯布尔(Edwin C. Kemble)、休斯顿(William V. Houston)、赫茨菲尔德(Karl Herzfeld)、科塞尔(Walther Kossel)、莫尔斯(Philip M. Morse)、罗伯逊(Howard Robertson)和鲁宾诺维奇(Wojciech Rubinowicz)。玻恩(Max Born, 1882—1970)相信索末菲具有发现天才和培养天才的才能。爱因斯坦对索末菲的这种才能赞不绝口："我尤其钦佩您的是，您神速般地培养出一大批年轻的天才。这真是太神奇了。您肯定有一种能把您听众的精神聚焦和激活的特殊才能。"

二

对美国的多次学术访问，对索末菲的思想和生活产生了深远的影响。美国不但给他提供了急需的硬通货，改善了他的生活，让他的思想在美国得以传播，同时也让他比绝大多数德国教授更早地觉察到了美国的潜力。在德国的理论水平还处于顶峰时期时，他就看到了自身的危机。早在二战之前，索末菲就已经认识到，以前被德国学者所瞧不起的美国，在许多领域已经走在世界的前列，美国在经济实力上早已超过德国，并且似乎具有无限的潜力。

美国的生活方式很对索末菲的胃口。"在这个国家所有的事情都安排得很好：教课、财务方面、社交方面(男人衣着的随意令人难以置信，我经常穿拖鞋和印度衬衫到处跑)。所有的安排都是尽量让人舒服，用尽量少的努力和麻烦达到目的——和我们正好相反!"

从一个等级森严，事事都讲究秩序的国度，来到一个充满活力，欣欣向荣的新大陆，无疑是一种巨大的身心解放。轻松的生活方式增加了他对美国的好感。索末菲有不少学生后来也到美国任教，他们与索末菲交往密切。早在1922年，当他作为麦迪逊的客座教授时，他就已经意识到物理学的未来在美国。“1929年对帕萨迪纳以及1931年对安阿伯的访问，进一步加强了他对美国物理学的这一判断。对他来说，美国在政治上也是希望之土。”二战结束后，索末菲的亲美立场没有丝毫改变。尽管去纳粹化和为德国重建采取的一些措施并不得人心，但也没有动摇索末菲对美国的态度。

美国的政治体制是确保它替代德国的法宝。除此之外，灵活的科研体系，众多的资助渠道，充满朝气的生活态度，都是德国僵化的科研体系所无法比拟的。

必须承认，德国的科研体制最初的设计是非常理想的，典型的精英模式。通过不断竞争，每个教授席位都应由最优秀的人来担任。但现实情况却复杂得多。首先，教授席位过少，不能满足日益增长的新需求。其次，获得教授席位的时间过长。按照德国传统，要想在大学任教，首先必须要有博士学位。而获得博士学位后，还要提交一篇“教授资格论文”(Habilitationsschrift)。只有获得“教授资格”的人才能受聘成为大学教授。由于“僧多粥少”，许多人虽获“教授资格”多年，仍没有大学聘用，只能担任无薪讲师(Privatdozent)，靠学生缴纳的微薄听课费度日。最悲惨的是德国社会学家齐美尔(Georg Simmel，1858—1918)，在柏林大学获得“教授资格”后，当了15年的无薪讲师才被聘为副教授，1914年才获聘成为施特拉斯堡大学的正教授。为了能在这条狭窄的学术道路上生存下去，无数英雄竞折腰，半途而废者知多少。相比之下，在美国获得终身教职(tenure)时间要短不少。另外，获得实用主义传统的美国高等教育，与工商业联系密切，充满了活力。反观德国，长期以来，综合性大学(Universität)高高在上，由文化部管理；而高等工学院(Technische Hochschule)地位低下，由贸易部管理，两者井水不犯河水。但随着形势的发展，两者之间的关系不得不由竞争变成合作，尤其是在工程教育领域。索末菲通过自己的经历，将数学与工程完美地结合起来，在两者之间建筑了真正沟通的桥梁。正是由于他的努力，让高等工学院的同行认识到，数学在工程中是非常有用的工具，纯粹的实践经验已不足以解决日常复杂的工程问题，尤其是涉及动态情形时。索末菲等人的努力促进了综合大学与高等工学院之间的和解。到了19世纪末，迫于现实的巨大需求，高等工学院的地位得到提高，上升到与大学同等的地位，获得博士学位授予权。巧合地是，德国的综合国力的上升与德国高等教育的改革是同步的。阅读本书，我们对世界科学中心如何从德国转移到美国，至少多了一份感性认识。

三

不回避学者之间的矛盾，忠实呈现科学与政治之间的复杂关系是本书的两大亮点。1926年，当68岁高龄的柏林大学理论物理学教授普朗克准备退休时，他想到的最理想的接班人应该是索末菲。但索末菲不想放弃自己在慕尼黑20多年亲手建立的事业。虽然他本人也是普鲁士人，亥姆霍兹和基尔霍夫曾在柏林工作过，普朗克和爱因斯坦当时还在柏林，柏林才是德国真正的学术中心，但他觉得，“在庞大而繁忙的柏林，与学生之间的交流很难像在慕尼黑那样密切”。他喜欢巴伐利亚的生活方式，轻松愉快，接近自然。“人在柏林很快就会被榨干，而在山脚下的慕尼黑，老人都能焕发青春。”这一点确实不假。海森伯晚年也将马普物理研究所由格丁根搬回慕尼黑，可能也是得自老师的真传。

索末菲未能察觉的是他的同事们的保守态度和反犹主义。远的不说，当年埃伦费斯特(Paul Ehrenfest，1880—1933)虽在大名鼎鼎的玻尔兹曼手下获得博士学位，但因为他是犹太人，又没有获得“教授资格”，在慕尼黑求职没有成功。后来索末菲推荐他到了荷兰莱顿，就被遴选为洛伦兹的接班人。正因为不拘一格的做法，莱顿成为德国之外的少数几个物理学的中心之一。

索末菲与玻尔之间的关系，一开始非常融洽。索末菲的两位得意门生，海森伯和泡利都得到玻尔的欣赏。正是在玻尔的帮助下，在获得博士学位后，海森伯得到洛克菲勒基金会的资助，到哥本哈根跟随玻尔继续量子理论的研究。索末菲的重要成果，也是建立在将玻尔的氢原子模式进行推广的基础上。出于可以理解的理由，他在这一过程中发现(用“担心”或许更佳!)玻尔“开始在自己的园子里摘果子”，就迅速将研究成果提交给巴伐利亚科学院发表。将玻尔的“圆周轨道”扩展到索末菲的“椭圆轨道”，“玻尔—索末菲模型”得以建立。但两人的物理观念不同，认识论方面差异也很大，对待一些问题的看法就有差异。比如，索末菲就不认为玻尔后来提出的“互补原理”对量子理论有多大的用处。在他看来，没有“互补原理”的量子力学照样有效。学术界尤其应该允许这种不同观点的存在。只是后来，当玻尔获得1922年度诺贝尔奖，索末菲屡获提名却无缘诺贝尔奖时，他开始怀疑有可能跟玻尔有关系。无独有偶，在助手海森伯获奖多年后，玻恩都未能获奖，也曾在私下里抱怨有可能是玻尔在其中使坏。可是从目前公开的诺贝尔奖提名档案来看，没有任何材料说明玻尔曾阻止过索末菲和玻恩获奖。更大的可能性在于，当时诺贝尔奖委员会中负责物理学奖的学者，没能对索末菲和玻恩的成就给出恰当的评价。当然，玻恩比索末菲要幸运一些，在他晚年从爱丁堡退休返回德国格丁根附近居住后，1954年获得了诺贝尔奖。

1927年7月索末菲参加慕尼黑大学校长的竞选。最后以50票对对手的68票而败北，一位“科学上无轻重，但让极右势力放心的国家主义者”击败了“世界知名的物理学家”。这件事让索末菲开始清醒起来，他才意识到自己的处境并不佳，后悔当年没有接受普朗克的席位。只是他对物理学的兴趣暂时压倒了政治所带来的烦恼。但更大的麻烦还在后头。1935年4月，索末菲到了退休年龄，可他的继承者还没有选好。他只能被迫暂时代理自己的席位。他最钟意的人选当然是自己的得意门生海森伯，但他的建议没有得到学校当局和帝国科学部的支持。忠于纳粹的物理学家，诺贝尔物理学奖得主、“德意志物理学”的代言人斯塔克(Johannes Stark，1874—1957)想染指这件事，遭到了索末菲的强烈反对。最后纳粹教育当局任命力学教授威廉·米勒(Wilhelm Müller)作为索末菲的接任者，直接羞辱了索末菲。米勒没有发表一篇理论物理学方面的论文，甚至都不是德国物理学会的会员。尽管势单力薄，索末菲还是毫不退缩，与斯塔克之间展开了激烈斗争。虽然没有成功，但他的正直和勇气永远值得我们学习。除此之外，我们更要学习他追求真理的精神。

通过这本书我们看到，德国特定的社会和政治环境从根本上改变了科学家的日常生活。在索末菲身上，个人热忱、科学兴趣与国家命运紧密地交织在一起。但诚如作者所说，“任何简单地概括索末菲一生的努力都是不合格的”。索末菲的伟大体现在无数的细节当中！仔细检视就会发现，索末菲既深深根植于德国社会政治文化中，似乎又有能力超然于外，游刃有余。让我们仔细阅读这本传记吧。

四

本书的翻译计划是我提议的，得到了湖南科学技术出版社的积极响应。翻译初稿的最终分工如下：黄佳译序言、第一至第三章，朱慧涓、徐志凌对黄佳的译稿进行审校，王秋涛译第四章，从第五章到第十四章、跋及摘要均由何钧翻译，其余部分由我翻译。由于何钧和王秋涛的译稿是基于与德文版有不少出入的英译本，最后我统一对照德文版进行了校对，补译了英译本略去的内容，改正了不少错译之处。由于内容庞杂，牵涉面广，在翻译和校对的过程中，译者常有力不从心的感觉。除多次向作者当面请教外，还得到了目前生活在德国的施岷女士的帮助。施女士中德文均佳，尤其擅长翻译诗歌。我们曾就 Déjeuner 究竟应译成“早餐”还是“午餐”争论，发现权威的《德汉词典》和《法汉词典》的解释都不准确。通过她的确切举证，应该译成“午餐”。有施岷的翻译和解答作保证，本译本向忠实可靠又进了一步。这段愉快的交流，既增强我们之间的友谊，又让我学到许多在书本上学不到的东西。对于本书第一章和第三章中所出现的专有名词的翻译，我们专门请教了洪堡学者、北京理工大学的范天佑教授。在此一并感谢。

本书作者埃克特在今年退休前是挂靠在慕尼黑德意志博物馆科学史研究所的研究人员。他的研究经费主要来源于德意志研究会(DFG)的项目支撑。在一个项目(3 年或 5 年)快要结束前，就要寻找下一个项目。一般而言，这种没有保障的生活方式会让研究人员抓狂，造成精神焦虑，恐怕埃克特也很难不受影响。好在他每次任务都完成得非常出色，接下来的项目申请都能顺利通过。当埃克特 1981 年决定从理论物理学转向科学史研究时，他自己并没有想过这会给他的生活带来多大的改变。当时有一个为期 3 年，他本人非常感兴趣的“固体物理学史”研究项目，他不假思索就投入进去了，收集资料，进行采访。采访对象之一是索末菲教授席位的继承者弗里茨・博普(Fritz Bopp)。在交谈过程中，博普向他展示了一个装满了原始论文、通信的箱子，其中就有爱因斯坦写给索末菲的第一封信。索末菲的这些原始资料让他大喜过望，也萌发了想研究作为科学家和个人的索末菲的兴趣。索末菲在1927年提出的金属电子论是他最初的研究重点。随着研究的深入，他又顺藤摸瓜，从索末菲的孙辈们所保留的家信中，找到了索末菲留下来的一大批珍贵文件。将这些文献纳入已有的索末菲文献中，使得德意志博物馆档案馆成为索末菲遗物(Nachlass)的收藏处。利用这一优势，埃克特与同事普里卡(Willibald Pricha)、舒伯特(Helmut Schubert)和托尔卡(Gisela Torkar)在1984年举办了一个索末菲生平事迹展，并在此基础上出版了《枢密顾问索末菲——理论物理学家》(*Geheimrat Sommerfeld - Theoretischer Physiker: Eine Dokumentation aus seinem Nachlass*)。他还请索末菲的学生汉斯·贝特为此书写了序。在布展过程中，埃克特加深了对索末菲的认识。不能只将索末菲看成科学家，应该更多地从人的角度来考察他。他在与贝特的联系中，也深深地感受到了作为索末菲的学生的那种归属感和自豪感。

尽管之后又做过许多其他方面的项目研究，但静静躺在德意志博物馆中的索末菲档案，始终对他充满了诱惑和挑战。由于缺少经费支持，他们不可能出版像《爱因斯坦全集》和《玻尔全集》那样的鸿篇巨制，他与梅克尔(Karl Märker)合编了四卷本的《索末菲科学通信选集》。做为弥补，他们将索末菲的所有档案都做了完整的数字化处理，所有文档信件都可以上网查到(http://sommerfeld.userweb.mwn.de/)。功夫不负有心人。在编辑完《索末菲科学通信集》后，他想在此基础上写一本全面综合的"索末菲传"的计划得到了德意志研究会的支持。他将30多年的积累，全部融入这本600多页的传记中。2013年，在纪念玻尔-索末菲模型100周年之际，本书的德文版出版了，很快就被译成英文，两个版本都得到学术界好评。值得指出的是，当作者了解到科学传记类的图书在我国销路有限时，就无偿将本书的中文版权给予我们。

埃克特为人低调，几十年如一日，专心致志地做自己感兴趣的物理学史，不为其他诱惑所动。在他退休之际，德意志博物馆科学史研究所专门为他举办了一场学术研讨会。学界对他的学术成就的认可就是对他的最佳奖赏。近十年来，我曾多次在德意志博物馆做客座研究，期间几乎与作者每天见面。每次看到他安静地坐在地下一层那间与人分享的约10平方米的办公室中工作时，心中都有一种油然而生的感动和敬佩。

埃克特博士在量子物理学史方面用德文、英文和法文发表了大量的专业论文，每篇都掷地有声，引起学界持续的反响。除本书外，他还出版过《海因里希·赫兹传》(*Heinrich Hertz*)和《路德维希·普朗特传》(*Ludwig Prandtl*)。他在原子物理学史、量子物理学史以及作为科学与技术之间的学科的流体动力学发展史方面，发表了大量的论文和专著，是世界公认的科学史权威。他的《原子物理学家》(*Die Atomphysiker*)曾被译成日文，引起日本学界的重视。相信本书中文版的出版，一定会有益于我国学界对索末菲及其学派的研究，深化我们对于科学在德国的兴衰历程的了解。

由于水平有限，本译本一定还有不少缺点，还望方家不吝指正。

方在庆

2016 年 10 月 17 日于北京